AtV

Heinrich Mann, 1871 in Lübeck geboren, verließ das Gymnasium in der Unterprima und begann nach einer Buchhändlerlehre in Dresden, während der er Nietzsche studierte und Gedichte schrieb, ein Volontariat im S. Fischer Verlag. 1894 veröffentlichte er seinen ersten Roman »In einer Familie«, später Novellen, Essays und Schauspiele. 1929 verfilmte Josef von Sternberg Heinrich Manns Roman »Professor Unrat« unter dem Titel »Der blaue Engel« mit Marlene Dietrich in der Hauptrolle. 1930 wurde Mann Präsident der Sektion Dichtkunst an der Preußischen Akademie der Künste, mußte dieses Amt jedoch 1933 niederlegen und aus Deutschland fliehen. Die Nazis erkannten ihm die deutsche Staatsbürgerschaft ab. Im kalifornischen Exil war Heinrich Mann auf die Unterstützung seines Bruders Thomas angewiesen, da er sich wie die meisten Exilanten auf dem amerikanischen Buchmarkt nicht durchsetzen konnte. 1949 nahm er das ihm angebotene Amt des Präsidenten der Ost-Berliner Akademie der Künste an, doch kurz vor seiner geplanten Rückkehr nach Deutschland starb er am 12. März 1950 in Santa Monica.

Stefan Ringel, geboren 1963. Studium der Germanistik, Philosophie und Politikwissenschaft an der Universität Mainz. 1996 Promotion. Ringel arbeitet als Lehrbeauftragter an den Universitäten Mainz und Landau sowie als freier Mitarbeiter des SWR Mainz und des HR Frankfurt a. M.

Stefan Ringel

Heinrich Mann
Ein Leben
wird besichtigt

Eine Biografie

Aufbau Taschenbuch Verlag

Mit 16 Abbildungen

ISBN 3-7466-1801-0

1. Auflage 2002
Aufbau Taschenbuch Verlag GmbH, Berlin
Lizenzausgabe mit freundlicher Genehmigung der
Wissenschaftlichen Buchgesellschaft, Darmstadt

Einbandgestaltung Preuße & Hülpüsch Grafik Design
unter Verwendung eines Fotos aus dem Archiv
des Aufbau-Verlages
Satz LVD GmbH, Berlin
Druck Clausen & Bosse, Leck
Printed in Germany

www.aufbau-taschenbuch.de

Inhalt

1. Der Citoyen und der Aristokrat 7
2. Eine Jugend im Kaiserreich 16
3. Die Generation der Erben 53
4. Wanderjahre 85
5. Der brüderliche Gefährte 117
6. Der Rausch des Schreibens 157
7. Die Liebe, das Leben und der Tod 195
8. Betrachtungen eines Politischen 227
9. Zwischen Krieg und Frieden 272
10. Der Geist von Weimar 310
11. Jahre der Stabilität 362
12. Triumph des Hasses 398
13. Im Land des guten Königs 426
14. Jenseits von Europa 476
15. Verklärung 510

Anmerkungen 519
Zeittafel 565
Literatur 569
Personenregister 580
Bildnachweis 589

1. Der Citoyen und der Aristokrat

Am 28. April 1950 kam das polnische Schiff »Batory« in Gdynia an. An Bord des Schiffes hätte sich auch der frisch gekürte Präsident der Deutschen Akademie der Künste in Berlin befinden sollen, zumindest hatte er in einem Brief an Arnold Zweig vom 28. Februar 1950 diesen Termin genannt. Doch Heinrich Mann sollte nicht nach Deutschland zurückkehren. Am 12. März starb er im kalifornischen Santa Monica an einer Hirnblutung. Johannes R. Becher, der sich im Auftrag der kommunistischen Machthaber in der Sowjetzone seit längerem darum bemüht hatte, Heinrich Mann zur Rückkehr nach Deutschland zu bewegen[1], erhielt am 13. bereits die Nachricht von dessen Tod. In seinem Tagebuch notierte er kurze Zeit später: »Heinrich Manns Tod: eine Vollendung – bis auf die Rückkehr in die Heimat. Wie sehr wäre ihm dieser Triumph vergönnt gewesen! Aber immerhin, trotz allem: Tod im Exil. Von mir oft befürchtet als ein besonders Schreckliches.«[2] Auch wenn der Tod Heinrich Mann nach einem langen und erfüllten Leben ereilt habe, insofern die Vollendung eines abgeschlossenen Lebens gewesen sei, Becher hätte ihm die Rückkehr aus dem Exil gegönnt. So sei er in einem fremden Land gestorben – für Becher ein schreckliches Schicksal, das Heinrich Mann jedoch mit vielen anderen deutschsprachigen Schriftstellern teilte, die ihre Heimat hatten verlassen müssen: Stefan Zweig, Kurt Tucholsky, Walter Benjamin, Lion Feuchtwanger, Bruno Frank, Walter Hasenclever, Ödön von Horváth, Joseph Roth, Ernst Toller, Franz Werfel und andere weniger bekannte.

Auch Thomas Mann hatte für seinen Bruders eine späte Genugtuung erhofft. In einem ›Brief über das Hinscheiden meines Bruders Heinrich‹, der noch 1950 in der amerikanischen

Zeitschrift ›Germanic Review‹ erschien, sprach er von den letzten Tagen im Leben Heinrich Manns und von seiner Hoffnung für ihn: »Er lebte recht unerkannt, recht einsam hier, und wenn ich ihm, solange es nicht augenscheinlich zu spät war, zuredete, der dringenden Einladung der volksdemokratischen deutschen Regierung nach Berlin zu folgen, so war es, weil ich wußte, daß dort ein Lebensabend voller Ehren sein gewesen wäre. Den wünschte ich ihm, fand, daß es ihm zukam …«[3] Gleichzeitig jedoch musste sich Thomas Mann eingestehen, dass es für eine solche Wende im Leben seines Bruders vielleicht schon zu spät gewesen sei: Er hatte den Eindruck, dass der 79-Jährige »nichts mehr wünschte, als in Ruhe gelassen zu werden«[4]. Heinrich Mann wollte nicht mehr in das Rampenlicht des öffentlichen Interesses rücken. In seinen letzten Lebenstagen lebte er nach Auskunft seines Bruders zurückgezogen, las viel und hörte Musik. Wahrscheinlich liegt in dieser Sehnsucht nach Ruhe ein Grund für das lange Zögern Heinrich Manns, dem Angebot aus Ostdeutschland zu folgen, denn immerhin ließ er sich zwei Jahre lang von den kommunistischen Machthabern umwerben.[5]

In der Sowjetzone herrschte ein reges Interesse an Heinrich Mann und seinem Werk, das bis zum Untergang der DDR fortdauerte. Im Gegensatz dazu stand man ihm in Westdeutschland eher desinteressiert gegenüber. Hugo Dittberner überschreibt die Einleitung seines Berichts über die Heinrich-Mann-Forschung mit den Worten: »Heinrich Manns Werk – bei uns vernachlässigt und verfolgt.«[6] Obwohl diese Zeile bereits 1974 niedergeschrieben wurde, gilt sie bis heute. Ein Befund mag den Umgang mit Person und Werk Heinrich Manns in Westdeutschland verdeutlichen: Bundespräsident Theodor Heuss griff in den fünfziger Jahren die Idee einer Biografien-Sammlung großer Persönlichkeiten der deutschen Geschichte wieder auf: Bereits 1935/36 war eine solche Sammlung unter der Ägide von Willi Andreas und Wilhelm von Scholz unter dem Titel ›Die großen Deutschen‹ erschienen. Heuss verfolgte mit seinem Plan die Absicht, nach der nationalen Katastrophe des Dritten Reichs den Deutschen wieder die wahre Größe und die wahren historischen Leistungen berühmter Deutscher ins Bewusstsein zu rufen. In der fünfbändigen Buchreihe fehlt Heinrich Mann.

Dies muss überraschen: Heinrich Mann war nicht nur ein anerkannter Schriftsteller. Durch sein politisch-soziales Engagement nahm er zu Beginn des 20. Jahrhunderts eine wichtige Rolle im öffentlichen Leben ein. Kaum ein Schriftsteller hat sich für die Weimarer Republik so eingesetzt wie er. Sein ganzes literarisches und öffentliches Engagement zielte auf die Schaffung und den Erhalt dieser Demokratie. Kurzzeitig gab es im Jahr 1932 sogar Überlegungen, ob er nicht ein geeigneter Kandidat für die Wahl zum Reichspräsidenten am 13. März des Jahres sei, die schließlich mit der Wiederwahl Hindenburgs endete. Im Exil wurde er zur Galionsfigur der Volksfrontbewegung erhoben, die sich um eine Sammlung bürgerlicher und linker Kräfte gegen den Faschismus bemühte. Im Jahr 1937 startete man eine – allerdings fehlgeschlagene – Kampagne, um Heinrich Mann als Symbolfigur der exilierten antifaschistischen deutschsprachigen Literatur den Nobelpreis zu sichern. Ungeachtet dieser historischen Bedeutung der Gestalt Heinrich Manns fand er keinen Einzug in die Sammlung ›Die großen Deutschen‹ – sein Bruder Thomas hingegen ist darin vertreten.

Im Laufe der Jahre ist Heinrich Mann immer stärker in den Schatten seines Bruders Thomas getreten. Ein Blick in verschiedene Ausgaben der Brockhaus-Enzyklopädie zeigt dies eindrucksvoll. In der Ausgabe des Jahres 1923 werden beide Brüder mit einem gemeinsamen Artikel bedacht. Dabei entfallen auf jeden acht Zeilen. Die Ausgabe des Brockhaus von 1955 bringt getrennte Artikel, wobei der Artikel über Heinrich Mann 36 Zeilen umfasst, der über seinen Bruder Thomas 83. Das Verhältnis bleibt über die Jahre erhalten: Die Brockhaus-Enzyklopädie von 1991 widmet Heinrich 63, Thomas 114 Zeilen. All dies weist darauf hin, dass Thomas Mann im öffentlichen Bewusstsein eine immer größere Rolle spielt, während Heinrich Mann allmählich in den Hintergrund tritt.[7] Willi Jasper wusste 1992 seiner Heinrich-Mann-

Biografie keinen besseren Titel zu geben als ›Der Bruder‹.[8] Dies ist ein Indiz dafür, dass Heinrich Mann im öffentlichen Bewusstsein immer mehr ausschließlich in Bezug auf seinen bekannteren Bruder existiert.

Wenn zwei Schriftsteller sich verwandtschaftlich so nahe stehen, werden sie natürlich immer wieder aneinander gemessen. Nicht nur in der Öffentlichkeit und in der Wissenschaft geschieht dies, auch untereinander entstehen zwangsläufig Rivalitäten und Spannungen. Umso mehr muss dies hier der Fall sein, wo noch dazu derart unterschiedliche Persönlichkeiten und Anschauungen aufeinander prallen. Thomas Mann war der »raunende Beschwörer des Imperfekts«[9]; Heinrich Mann der engagierte Kämpfer für die Gegenwart. Wenn sich Thomas Mann auf die Position des erzählenden Imperfekts zurückzog, so erhob er sich als kühler Beobachter über seine Zeit. Diese Haltung wird durch ein weiteres Phänomen in seinem Werk noch verstärkt: die allgegenwärtige Ironie. Sie relativiert alles. In ihrem Lichte offenbart sich die Fragwürdigkeit aller hehren Ideale und aller tief reichenden Mythen, tritt der Mensch in seinem lächerlichen Narrenkleid auf und bemüht sich um einen bitteren Rest von Würde. Thomas Mann lässt ihm diesen Rest in einem Akt von Humanität: Der um seine Würde ringende Mensch, der oft genug in sinnlosen Anläufen zur Selbststilisierung gegen den notwendigen Gang der Dinge angeht, mag oberflächlich betrachtet lächerlich wirken, dennoch verdient sein unermüdlicher Eifer den Respekt aller, denn schließlich ist seine Rolle doch auch die Rolle aller. Dekuvrierung und nicht Engagement ist die Sache Thomas Manns. Er könnte niemals den optimistischen Fortschrittsglauben seines Bruders teilen, denn seine Sichtweise entdeckt in allem nur jenes eifrige Bemühen, das stets von tieferen, häufig unbewussten Beweggründen unterlaufen wird. Thomas akzeptiert den Gang der Dinge als notwendig vorgegeben und absolut unbeeinflussbar. So verharrt er in einer konservativen Grundhaltung, denn wozu sollte man das Gegebene durch ein Neues ersetzen, wenn dieses doch keinesfalls besser sein wird. Auch sein spätes Eintreten für eine sozialistische Demokratie wird noch davon getragen: Hier geht es nur um die Schaffung eines beglückenden Ideals, für das der Mensch würdevoll zu kämpfen wagt. Eine sozialistische Demokratie im Sinne Thomas Manns zeichnet sich durch ihren Glauben an den Menschen, durch ihre humanitäre Gesinnung aus, und ist damit als Ideal höher zu schätzen als der menschenverachtende Nationalsozialismus, der den Menschen seines letzten Rests an Würde beraubt. Die Illusion ist notwendig, aber sie ist ungeachtet dessen nur Illusion.

Die Ironie Thomas Manns hat noch einen weiteren, auf die Person des Autors gerichteten Effekt. Durch die Verweigerung eines Bekenntnisses, durch die permanente Relativierung alles Gesagten, wird der Autor zur unangreifbaren Instanz. Seine Bekenntnisse äußert er immer unter Vorbehalt. Wenn man einen solchen Autor wegen einer seiner Äußerungen angreift, entgleitet er dieser Attacke mit dem Verweis darauf, dass dies alles doch nur ironisch gebrochen gesagt worden sei, mithin seiner Ansicht nicht entsprechen müsse. Kann man einem Autor deswegen Vorhaltungen machen? Thomas Mann verwies immer wieder darauf, welche Opfer mit einer solchen Haltung verbunden sind. Der Wunsch nach persönlichem Ausdruck, nach persönlichem Bekenntnis, muss immer wieder unterdrückt werden, um jene kühle, distanzierte Beobachterposition einnehmen zu können, die der Sache des Menschen allein angemessen sei. Thomas Mann beschreibt diese Haltung als bürgerlich-aristokratische. Sinnbilder dafür sind Goethe und die Josephs-Gestalt: Bürger, die zu Aristokraten aufsteigen. Das Durchschauen der conditio humana hebt den Aristokraten von den gewöhnlichen Menschen ab. Wunschlos und glücklich schafft er sich eine entrückte Sphäre, die ihm persönliches Wohlergehen nach den vorgegebenen Möglichkeiten garantiert. Seine Sympathie mit den idealistischen Bemühungen der gewöhnlichen Menschen verbindet ihn mit diesen. Aber es ist nur Sympathie, niemals wirkliche Teilhabe. Vor den Augen eines solchen Künstlers vollzieht sich die ewige Wiederkehr des Gleichen, unbeeinflussbar von menschlichem Handeln und Wirken, dem er ungerührt, auch bei größter innerer Anteilnahme und Mitleiden, zu folgen hat. Für die Darstellung dieser Einsicht des bürgerlichen Aristokraten eignet sich einzig und allein das erzählende Imperfekt, weil es alles in den Blickwinkel des ewig schon Dagewesenen und sich stetig Wiederholenden rückt. Diese Haltung hebt Thomas Mann und sein Werk in eine Stellung jenseits von Zeit und Raum.

Ganz anders Heinrich Mann. Er fühlt sich nicht der Zeit und seinen Zeitgenossen enthoben, vielmehr nennt er sich in seiner Autobiografie ›Ein Zeitalter wird besichtigt‹ einfach nur »Jx«.[10] Er ist nichts Besonderes, er ist einzig und allein ein Platzhalter für viele andere Menschen seiner Zeit. So sagt er denn auch über sich: »Ich bin ebenso gewöhnlich wie auserlesen.«[11] Als das besondere Individuum, das er ist, ist er einmalig und auserlesen, aber doch wiederum nur ein Individuum unter vielen: »Was ich denke, mache und kann, sollte eigentlich jeder fertigbringen. Nur wenig fehlt ihm dazu.«[12] Seine individuelle Lebensgeschichte hat ihn zu dem werden lassen, der er ist. Wäre irgendjemandem Gleiches widerfahren, er hätte sich ebenso entwickelt. Er sieht in sich nicht – wie sein Bruder – einen aristokratisch herausgehobenen Charakter. Sein Leben ist zutiefst verwoben mit seiner Zeit. Zu dem wenigen, das ihn von vielen Mitmenschen unterscheidet, gehört seine Beschäftigung mit dem Geist: Heinrich Mann versteht sich als Intellektueller. Wie gesagt, nur wenig fehlt dazu, und andere wären wie er; das Potenzial hierfür hätten sie ohne Zweifel. Sich mit den Hervorbringungen des Geistes beschäftigen zu dürfen und zu können ist einfach nur die Folge seiner individuellen Biografie.

Der Intellektuelle ist seinem Verständnis nach der Vernunft verpflichtet. Sie dominiert den europäischen Geist seit der Zeit der Aufklärung. Auf der Vernunft beruhen die allgemeinen Vorstellungen von Sitte und Moral; aus den Forderungen der Vernunft erwachsen die Ideale von Freiheit, Gleichheit und Brüderlichkeit. Ihren ersten Höhepunkt fand die Aufklärung in der Französischen Revolution von 1789.

Die Revolutionäre proklamierten die Ideale der Vernunft als Grundbedingungen der menschlichen Existenz. Doch die Französische Revolution verwirklichte diese Ziele noch nicht umfassend. Erst die Oktoberrevolution 1917 in Russland erschuf nach Ansicht Heinrich Manns ein System, das diese Ideale endlich umsetzen konnte. Immer wieder zitiert Heinrich Mann in seiner Autobiografie den Dean of Canterbury, wenn dieser sagt: »Ein Land, das Arme und Reiche hat, ist nicht frei.« Denn der Reiche kann aufgrund seiner wirtschaftlichen Macht dem Armen immer wieder seine Ziele oktroyieren.

Mit Stolz verweist Heinrich Mann darauf, dass es die Intellektuellen gewesen seien, die in beiden Fällen, sowohl im Vorfeld der Französischen Revolution als auch vor der Oktoberrevolution, das Feld für den Umsturz bereitet hätten. Voltaire wird zum geistigen Vater der Ereignisse von 1789, die russischen Geschehnisse finden ihren Wegbereiter in Tolstoi. Die Kunst ist dem Menschen und seinem Wohlergehen verpflichtet. Da dieses nur durch eine wahrhaft gerechte Ordnung erreicht werden kann, ist sie letztlich der Vernunft verpflichtet. Der Intellektuelle ist der Aufklärer par excellence. So sieht Heinrich Mann auch in sich einen Vertreter der Aufklärung, einen Vermittler vernünftiger Einsichten, der durch sein Wirken einen Beitrag zur Verwirklichung einer besseren Ordnung leisten möchte. Die aktive Rolle, die er unter Freien und Gleichen einzunehmen gedenkt, macht ihn zum Citoyen. Der Citoyen ist das Ideal des Bürgers, wie es in der Französischen Revolution kreiert wurde: der freie und gleiche Bürger, der an der Weiterentwicklung seines Gemeinwesens passiv teilhat und aktiv teilnimmt, und der dazu kraft der ihm eigenen Vernunft auch berufen ist.

Der Citoyen und der Aristokrat – Heinrich und Thomas Mann. Unter diesen Umständen und in Anbetracht der tief greifenden Meinungsunterschiede zwischen den Brüdern mussten zwangsläufig Konflikte entstehen. Heinrich Mann ist als Citoyen zudem seiner Zeit in sehr viel stärkerem Maße verhaftet als der Aristokrat Thomas Mann. Seine Werke finden ihren Anstoß in den Geschehnissen seiner Epoche und ihre Erfüllung in der Wirkung, die sie bei seinen Zeitgenossen hervorrufen. Aufgrund dieser zeitlichen Gebundenheit ist das Ansehen des Schriftstellers Heinrich Mann an sein Zeitalter geknüpft. Mit dem Ende seiner Epoche musste auch das Andenken an Person und Werk zunehmend verblassen. Thomas Mann wirkte und wirkt demgegenüber über seine Lebensspanne hinaus. Aus diesem Blickwinkel ist es nur natürlich, dass Heinrich Mann allmählich in den immer größer werdenden Schatten des Bruders geriet.

Vor 50 Jahren starb Heinrich Mann. Seine Zeit schien mit dem Einbruch des Nationalsozialismus zu enden: Er sah im Faschismus stets die Ausgeburt des Irrationalismus, der die Gebote der Vernunft konsequent missachtet. Aber er glaubte auch daran, dass der Zweite Weltkrieg der ultimative Kampf zwischen Aufklärung und Faschismus, Vernunft und Irrationalismus, humaner Moral und unmenschlicher Gräuel werden könnte. Er zweifelte nicht daran, dass die Vernunft als Siegerin aus diesem Kampf hervorgehen wird. Denn die Humanität wird seiner Meinung nach am Ende immer triumphieren, weil der Mensch ausschließlich in einer humanen Ordnung das Glück wird finden können, nach dem er sich sehnt. Die gemeinsame Sehnsucht aller Menschen nach einer humanen Welt dauert ewig fort. Hierin liegt ebenso ein ewiger Anspruch wie in den unveränderlichen Gesetzen der Schöpfung, die Thomas Mann wirksam sah. Dadurch gewinnen Werk und Wirken Heinrich Manns eine Gültigkeit, die weit über seine Epoche, bis in unsere Tage hineinreicht. Das Bemühen um eine humane Welt ist heute ebenso aktuell, wie es dies stets war.

Sein 50. Todesjahr sollte äußerer Anlass genug sein, um den Citoyen Heinrich Mann aus dem Schatten seines aristokratischen Bruders Thomas heraustreten zu lassen. Aber wie kann dies in angemessener Weise geschehen? Ein Leben, das so eng mit den politischen und gesellschaftlichen Umwälzungen seiner Zeit verbunden ist, kann wohl nur in adäquater Weise dargestellt werden, wenn es in die Ereignisse dieser

Zeit eingebettet wird. Der Mensch Heinrich Mann kann nur dann vollständig in Erscheinung treten, wenn jene Epoche zum Vorschein kommt, als deren Teil er sich sah und verstand. Heinrich Mann selbst hat diesen Zusammenhang bereits hergestellt: Seiner Autobiografie gab er den Titel ›Ein Zeitalter wird besichtigt‹. In diesem Buch rückt er nicht sich selbst in den Mittelpunkt, sondern das Zeitalter, dem er angehörte. Er denkt über die Ereignisse und Einschnitte jenes Zeitraums nach und erläutert seine Position in den Fragen der Zeit.

Was kann der Biograf noch ergänzen, was der Autobiograf nicht selbst in dieser Hinsicht schon geleistet hat? Den Menschen in seiner Zeit, weniger die Zeit in der Sicht dieses Menschen, darzustellen, muss die Aufgabe nun sein. Der Mensch Heinrich Mann soll – stärker als er dies selbst tat – in diesem Buch in den Vordergrund treten. Denn auch dies ist eine humane Tat: Nur in der Begegnung und Auseinandersetzung mit anderen Menschen erfahren wir uns selbst als menschliche Wesen, erkennen wir uns in unserer Gemeinsamkeit und lernen die individuellen Unterschiede zu akzeptieren. Mensch sein heißt ein Individuum zu sein. Die Individualität ist das Gemeinsame: In der Anerkennung, dass jeder ein Besonderer ist, liegt das Verbindende. Daran erinnert auch ein Leitfaden, den sich Heinrich Mann für den Umgang mit anderen Menschen angeeignet hatte: »Der Zweifel macht höflich. Man will nicht immer recht haben, und man achtet die Schwächen anderer.«[13] Jedes Individuum ist zwangsläufig unvollkommen. Glaube niemand, die Wahrheit zu besitzen, bezeuge jeder eine liebevoll-ironische Skepsis gegenüber sich wie gegenüber dem anderen. Nur dann wird es ihm möglich sein, gerecht gegenüber dem anderen zu sein. Heinrich Mann hat in seiner Autobiografie ein Zeitalter besichtigt, nun soll sein Leben besichtigt werden.

2. Eine Jugend im Kaiserreich

Das Jahr 1871 war von besonderer Bedeutung in der jüngeren deutschen Geschichte. Der Untergang des zweiten französischen Kaiserreichs bedeutete nämlich zugleich den Anfang des zweiten deutschen Reichs. Am 18. Januar 1871 wurde im Spiegelsaal des Schlosses von Versailles der Preußenkönig Wilhelm I. zum deutschen Kaiser proklamiert. Die deutsche Einheit war das Werk Bismarcks, dabei war diese Einheit gar nicht einmal das primäre Ziel seiner Bemühungen. Sie war nur ein notwendiger Nebeneffekt. Bismarck dachte im Sinne seines Landes: Er strebte eine Vormachtstellung Preußens innerhalb des Deutschen Bundes an. Eine solche Hegemonie war jedoch nur zu erreichen, wenn er sich auf den Nationalstaatsgedanken einließ. Deshalb instrumentalisierte er ihn für seine Zwecke.[14] Für Bismarck war Politik die »Kunst des Möglichen«: Die Lage richtig einschätzen, dann das Vernünftige tun, wodurch das in diesem Moment Mögliche verwirklicht werden kann – dieses Verständnis von Politik liegt in Bismarcks Handeln. Wegen dieser Bindung der Politik an den Maßstab der Vernunft schätzte Heinrich Mann den Reichskanzler in seinem späten Rückblick, alles vergessend, was er in früheren Tagen über ihn gesagt und geschrieben hatte.[15]

1870 hatte Bismarck eine sich bietende Gelegenheit geschickt genutzt. Eine Depesche des preußischen Königs Wilhelm hatte er vor der Weitersendung an den französischen Kaiser Louis Napoléon leicht verändert öffentlich werden lassen und auf diese Weise den Deutsch-Französischen Krieg vom Zaun gebrochen. Bis dato hatte sich Bismarck alle Optionen offen gehalten. Durch die sogenannte »Emser Depesche« ergab sich nun die Gelegenheit, eine der vorgesehenen Möglichkeiten zu realisieren. Der Krieg gegen den Erzfeind im Westen sollte die abseits stehenden süddeutschen Staaten in ein Bündnis mit dem Norddeutschen Bund hineinziehen, der bereits unter preußischer Kontrolle stand. Bismarck hatte die Lage sondiert und war dabei zum Schluss gekommen, dass Preußen in diesem Falle nicht als Aggressor dastehen dürfte: Die Franzosen mussten den Anstoß für diesen Krieg liefern. Durch die manipulierte Depesche erreichte er sein Ziel. Unter diesen äußeren Umständen waren die katholischen süddeutschen Länder bereit, sich den protestantischen Staaten im Norden anzuschließen. Der Krieg endete siegreich. In einem letzten genialen Schachzug gelang es ihm, dass ausgerechnet der einflussreichste deutsche Staat im Süden, Bayern, dem preußischen König Wilhelm die deutsche Kaiserkrone antrug. Finanzielle Versprechungen des preußischen Kanzlers lockten den Bayern-König Ludwig II. zu diesem Schritt. Das zweite Kaiserreich war somit durch vernunftgeleitetes Kalkül verwirklicht worden.

Doch Bismarck wusste zugleich auch, dass dieses Gebilde im Zentrum Europas keinen dauerhaften Bestand haben konnte, wenn es in Rivalität zu den Großmächten in Europa stehen würde. Im Osten Russland, im Süden Österreich-Ungarn, im Westen Frankreich und schließlich das britische Empire als größte Wirtschafts- und Seemacht der Zeit waren jederzeit in der Lage, Deutschland zu schaden. Besonders groß würde die Bedrohung werden, wenn sich zwei Mächte untereinander gegen Deutschland verbünden würden. In den Folgejahren bemühte sich Bismarck um die Schaffung einer europäischen Friedensordnung, die eine Bedrohung Deutschlands verhindern konnte. Er installierte nach und nach ein Bündnissystem, das Deutschland mit allen größeren Mächten und auch diese Mächte untereinander verband. Dieses System schuf eine zweifache Sicherheit: Die bilateralen Vereinbarungen sicherten Deutschland gegenüber den einzelnen Großmächten ab, die multilateralen Verträge sorgten dafür, dass sich die europäischen Großmächte nicht untereinander gegen Deutschland verbünden konnten, weil Deutschland bei multilateralen Fragen immer mit am Tisch saß. Er verzichtete auf imperialistische Kolonialprojekte, um den ambitionierten Franzosen und Briten nicht plötzlich auf fremden Kontinenten als Rivale gegenüberzustehen. Er manövrierte sich schließlich in eine neutrale Position, die es ihm sogar erlaubte, anlässlich der Kongo-Krise als Vermittler glaubhaft aufzutreten. Mit seiner Flottenpolitik verfolgte Bismarck vergleichbare Interessen: Er vermied einen weiteren Ausbau der deutschen Marine, um einen Konflikt mit der Seemacht Großbritannien auf lange Sicht zu vermeiden.

Auf diese Weise gelang es Bismarck trotz der latenten Spannungen – vor allem mit Frankreich –, den Frieden in Europa zu sichern. Doch auch auf innenpolitischer Ebene mussten aufbrechende Risse im sozialen Gefüge dauerhaft geschlossen werden, um hier einen innergesellschaftlichen Frieden garantieren zu können. Dabei verfuhr er meistens zweigleisig: Einerseits unterdrückte oder verbot er gar jene gesellschaftlichen Gruppen, die aus dem Konflikt Nutzen ziehen konnten, andererseits versuchte er die Ursachen für die Konflikte durch staatliches Handeln zu überwinden.

Im sogenannten ›Kulturkampf‹ trat er der katholischen Kirche gegenüber. Durch die »Maigesetze« von 1873 versuchte Bismarck die Kirchen im Deutschen Reich der staatlichen Aufsicht zu unterstellen. Aufgaben der Kirche, wie zum Beispiel die Eheschließung, wurden auf den Staat übertragen. Der Jesuitenorden, seit seiner Gründung im öffentlichen Bewusstsein die Speerspitze Roms gegen Reformation und Säkularisierung, wurde verboten. Doch alle getroffenen Maßnahmen führten nur zu einer Stärkung der katholischen Kirche, die in der Zentrums-Partei noch dazu einen starken politischen Arm gewann. Nach 1880 musste Bismarck in dieser Frage allmählich nachgeben.

Ähnlich verlief die Konfrontation mit den Sozialdemokraten. 1878 verabschiedete der Reichstag die »Sozialistengesetze«: Verboten wurden darin sozialistische Vereine, Versammlungen und Druckschriften, eine Ausweisung sozialdemokratischer Führungspersönlichkeiten und Agenten wurde möglich. Bismarck begriff den Stimmenzuwachs für die Sozialdemokraten bei den letzten Wahlen als eine Reaktion auf die gesellschaftlichen Umwälzungen, die die Industrialisierung mit sich brachte. Um die sozialen Probleme zu lösen, schuf er in den achtziger Jahren ein umfangreiches Sozialversicherungswesen, das die Arbeiter bei Krankheit, bei Invalidität, nach einem Unfall und im Alter finanziell absicherte. Ungeachtet dieser Versuche, die Arbeiterklasse an den Staat zu binden und die Sozialdemokraten dadurch ihrer gesellschaftlichen Basis zu berauben, hielt der Stimmenzuwachs der SPD weiter an; 1890 waren sie schließlich erstmals die stärkste Partei im Reichstag.

Bismarck versuchte also auf außen- wie auch auf innenpolitischem Gebiet den Frieden zu sichern. Heinrich Mann lobt ihn dafür: »Ich bin verpflichtet, darauf zu bestehen, daß Deutschland in seiner Gestaltung durch Otto von Bismarck eine konservative Wohltat dieses Erdteiles gewesen ist.«[16] Bismarck habe die Abhängigkeit der Arbeiter von den Besitzenden reduziert. Dadurch habe er den »Absolutismus des Besitzes«[17] gebrochen. Zuvor seien die Besitzenden an keine gesellschaftlichen Regeln gebunden gewesen; rücksichtslos hätten sie ihre Machtstellung ausgenutzt und hätten im Falle, dass diese Stellung irgendwann bedroht gewesen wäre, zum letzten Mittel gegriffen, um ihren Besitz zu verteidigen: dem Krieg.

Trotz aller Bemühungen Bismarcks setzten sich die innen- und außenpolitischen Spannungen zumindest latent fort. Vieles blieb unter der Oberfläche verborgen und harrte nur auf einen günstigen Zeitpunkt um auszubrechen. Nach Ansicht Haffners liegt das Problem der bismarckschen Reichsgründung in dem Kompromiss, den Bismarck hatte schließen müssen: Wenn er die preußische Hegemonie in Deutschland errichten wollte, musste er sich dazu des Nationalstaatsgedankens bedienen. Dadurch habe er Kräfte heraufbeschworen, deren er nicht mehr Herr werden konnte. Die Idee von ›Kaiser und Reich‹ habe viele irrationale Elemente in sich geborgen, die im Gegensatz zum alten Preußen gestanden hätten, das seine Konflikte auf der Basis vernünftiger Übereinkünfte zu lösen versucht habe. Realpolitik sei unter diesen Umständen schwer zu verwirklichen gewesen. Nach der Ablösung Bismarcks im Jahre 1890 sollten all diese Probleme zunehmend aufbrechen, ehe sie im Ersten Weltkrieg kulminierten.[18]

Das von Bismarck mehr oder minder unfreiwillig heraufbeschworene Deutsche Reich war die Welt der Kindheit und Jugend Heinrich Manns. Etwa zwei Monate nach der feierlichen Kaiserproklamation in Versailles, am 27. März 1871, wurde Luis Heinrich Mann in Lübeck, einer »vieltürmigen Stadt mit unzähligen Treppengiebeln, im Halbrund umflossen von einem breiten Gewässer, auf dem Segelschiffe in ganzen Reihen lagen und fuhren«[19], geboren. Viktor Mann beschreibt hier das Panorama einer Hansestadt von mittelalterlichem Gepräge. Ein solches Bild hing in seinem Kinderzimmer und er sah es jeden Morgen, wenn er erwachte. Tatsächlich bewahrte die Hafenstadt an der Ostsee lange ihr überkommenes Flair. Lübeck hatte in der ersten Hälfte des 19. Jahrhunderts rund 37 000 Einwohner.

Zur Zeit der Reichsgründung hatte sich die Zahl der Einwohner immerhin auf 50 000 erhöht. Doch die politischen und sozialen Veränderungen Mitte des Jahrhunderts gefährdeten die Tradition der alten Hansestadt. Der Norddeutsche Bund und der Zollverein drohten die Stadt zu isolieren, wenn man sich nicht zum Beitritt entschließen konnte. 1868 trug man dieser Entwicklung Rechnung. Doch der Verlust der Zollautonomie wog schwer: Einnahmen gingen verloren. Die Hafenstädte Kiel, Hamburg und Stettin wurden durch den Wegfall der Zollgrenzen zu ernsthaften Konkurrenten. Lübeck wurde weiterhin von seinen Handelshäusern wirtschaftlich dominiert; industrielle Strukturen entwickelten sich nur langsam. Erst seit 1879 siedelten sich zunehmend Fabriken an. Die Fertigstellung des Nord-Ostsee-Kanals 1895 brachte einen neuerlichen Rückschlag. Hamburg verfügte nun über einen direkten Zugang zur Ostsee, der die Bedeutung der Hafenstadt Lübeck weiter schmälerte. Zu diesem Zeitpunkt jedoch existierte die Firma »Johann Siegmund Mann, Commissions- und Speditionsgeschäft« schon nicht mehr.[20]

Die Geschichte dieses Handelshauses hatte etwa 100 Jahre zuvor begonnen. 1775 war ein gewisser Johann Siegmund Mann als Kaufmannslehrling nach Lübeck gekommen. 1790 gründete er vor Ort das Familienunternehmen, das sich hauptsächlich dem Getreidehandel widmete. Er heiratete die gebürtige Hamburgerin Catharina Grotjahn und wurde, wie Viktor Mann in seinen Erinnerungen zu berichten weiß, »Aeldermann der Bergenfahrer«[21]. Ferner weiß Viktor aus der familiären Überlieferung zu berichten, dass der Vorfahre 1848 »an einem Schlaganfall, den ihm, dem Feudalrepublikaner, seine kochende Wut über die harmlos randalierende ›Canaille‹ eingetragen hatte«, verstorben sei.[22] Sein ältester Sohn gleichen Namens übernahm die Leitung der Firma. 1823 war dieser nach einer kaufmännischen Ausbildung in Hamburg und Amsterdam als Teilhaber ins väterliche Handelshaus eingetreten. Als er 1863 an einer Lungentuberkulose starb, hatte er die Firma wirtschaftlich weit nach vorne geführt. Das Firmenvermögen betrug in seinem Todesjahr 215 000 Courantmark. Seine Geschäftslaufbahn hatte er mit 10 350 Courantmark begonnen.

Auch das Ansehen der Familie wusste er zu steigern, nicht zuletzt durch seine beiden Eheschließungen. In erster Ehe war er mit der Kaufmannstochter Emilie Wunderlich verheiratet, die ihm in ihrer nur sechs Jahre währenden Ehe fünf Kinder schenkte. Fünf Jahre nach ihrem Tod heiratete Johann Siegmund 1837 ein zweites Mal, diesmal die Tochter eines wohlhabenden, aus der Schweiz stammenden Lübecker Kaufmanns, Elisabeth Marty. Dieser Ehe entstammten weitere fünf Kinder. Vor allem diese zweite Verbindung verschaffte Johann Siegmund Mann jun. zunehmenden Einfluss. Von seinem Schwiegervater übernahm er nach dessen Tod den Titel eines »Königlich niederländischen Konsuls«. 1848 wurde er in die Bürgerschaft gewählt. Er betätigte sich in zahlreichen städtischen Institutionen, darunter auch mehreren sozialen Einrichtungen. Das soziale Engagement der wohlhabenden Familien entsprang dem protestantischen Ethos: »Der Kaufmann legte Wert auf unbezahlte Arbeiten, die gemeinnützig dienten.«[23] Aus dem Familienbesitz der Martys stammte das Wohnhaus der Familie, ein schönes altes Stadthaus in der Mengstraße 4, das später als »Buddenbrook-Haus«

berühmt werden sollte und das die Familie für große Gesellschaften nutzte. All diese Leistungen trotzte Heinrich Manns Großvater seiner schwächlichen Gesundheit ab: Schon früh machte sich bei ihm ein Lungenleiden bemerkbar. Heinrich Mann sollte später dieses Lungenleiden vom Großvater erben. Mit dessen Tod fiel die Verantwortung auf den ältesten Sohn, Thomas Johann Heinrich Mann.

Heinrich Manns Vater, 1840 geboren, sollte nur 51 Jahre alt werden. Mit ihm erreichte die Familie Mann ihr höchstes Ansehen, wenngleich er niemals den geschäftlichen Erfolg seines Vaters wiederholen konnte. In seiner Autobiografie zitiert ihn Heinrich mit den Worten: »Ja. Ich bin überall dabei, wo nichts zu verdienen ist.«[24] Sein Wirken fiel ausgerechnet in die Zeit der großen politischen und wirtschaftlichen Umbrüche in Deutschland, die die Geschäfte nicht einfacher werden ließen. Thomas Johann Heinrich Mann hatte eine sorgfältige Ausbildung genossen: Seit 1855 hatte er im väterlichen Unternehmen eine kaufmännische Lehre absolviert. 1859 hatte ihn der Vater nach Amsterdam zu den Herren van Hensleben & Vollenhoven geschickt, damit der junge Mann lerne, über die Kirchturmspitzen Lübecks hinauszuschauen. Von seinem Vater übernahm er später den Titel eines »Königlich niederländischen Konsuls«. 1869 heiratete er die erst 18-jährige Julia daSilva-Bruhns, eine exotische, in Brasilien geborene Schönheit. Im Alter von nur 37 Jahren wurde er 1877 zum Senator auf Lebenszeit gewählt. Er gehörte damit einem exklusiven Gremium an: Die Stadtregierung umfasste 14 Senatoren, aus deren Mitte der Bürgermeister gewählt wurde. Thomas Johann Heinrich Mann war zuständig für die Steuern; darüber hinaus gehörte er der Baudeputation und der Kommission für Handel und Schifffahrt an. Heinrich Mann erinnert sich seines Vaters als eines gut aussehenden Mannes: »Mein Vater war damals ein schöner und stolzer junger Mann. Ob heiter, ob zornig, immer erschien er mir auf der Höhe des Lebens. Er trug weiches Tuch, niedrige Hemdkragen, an den Schläfen noch die vorgebürsteten Haarbüschel, die Napoleon III. getragen hatte. Er ging wiegend und so sicher wie ein Kapitän auf seinem guten Schiff. Trat er ein, ward das Zimmer ein bewegter Raum, worin etwas vorging.«[25] Trotz geschäftlicher Schwierigkeiten, ausgelöst durch den wirtschaftlichen Boom der Gründerjahre, präsentierte sich Heinrichs Vater in diesen Jahren als stolzer und würdevoller Repräsentant des Lübecker Kaufmannsstandes. Äußeres Zeichen für die Stellung des Hauses Mann wurde das prachtvolle Stadtpalais in der Beckergrube 52, das die Familie 1883 beziehen sollte.

Nach der Eheschließung hatte das junge Paar zunächst eine Etagenwohnung in einem dreigeschossigen Wohnhaus in der Breiten Straße 54 bezogen. In diesem Gebäude wurde Heinrich Mann geboren. Ein Jahr nach der Geburt des Ältesten zog man dann ein paar Häuser weiter in das Haus Nummer 38, ein Gebäude, an das sich Heinrich noch nach vielen Jahren erinnerte: »Unser Haus war das zweite von der Straßenecke, vorn hatte es Fenster in der Breiten Straße, hinten in der Beckergrube. Das kleine Eckhaus aber schob sich im Winkel hinein; ich war überzeugt, das unsere müsse es unsichtbar im Bauche haben.«[26] Schließlich war das neue Haus der Manns in der Beckergrube 52 fertig gestellt. Der Senator hatte sich das ihm angemessene Haus errichten lassen. Schräg gegenüber befand sich das Stadttheater und die Börse. Das Haus wurde zum Schauplatz zahlreicher großer Feste, in deren Mittelpunkt häufig die exotische Schönheit seiner jungen, anmutigen Frau stand.[27]

Julia da Silva-Bruhns war die Tochter eines aus Skandinavien stammenden Lübecker Kaufmanns, der 1849 in Brasilien eine portugiesisch-kreolische Frau geheiratet hatte. Drei Jahre später kam ihre Tochter Julia zur Welt. Julia daSilva-Bruhns hat ihre Kindheit und Jugend in einem Manuskript unter dem Titel ›Erinnerungen aus Dodos Kindheit‹ festgehalten. Dodo war der Spitzname des Mädchens. Viel zitiert sind vor allem die Passagen über ihre Geburt auf einer Reise durch den südamerikanischen Regenwald: »Im Urwalde, nahe dem atlantischen Ozean, südlich des Aequators war es, wo Dodo das Licht der Welt erblickte. ›Unter Affen und

Papageien‹ wie ihr der Pai (Vater) später in Deutschland erzählte. Sie erschien, als Pai und Mai im Begriffe waren, von einer kleinen Küstenstadt in die andere überzusiedeln. Eine Negerschar nahm sich der drei älteren Kinder und des Gepäckes an und marschierte voraus, während Pai und Mai welche zu Pferde waren, unter Zurückbehaltung einer Anzahl von Negern zu ihrer Bedienung, eine ausgedehnte Pause in der Reise machten. Darnach ging es in das neue Domizil, wo Dodo zwischen Meer und Urwald aufwuchs.«[28] Überhaupt scheint die Mutter viel von ihrer Kindheit in dem weit entfernten Brasilien erzählt zu haben. Das Manuskript, das sie 1903 schrieb, bildete wohl nur den Abschluss einer langen mündlichen Überlieferung, an der alle fünf Kinder der Eheleute teilhatten. Alle wussten sie »von den Ananas-Alleen, von Tropenregen und gelbem Fieber, den Kirchenfesten und dem wilden Karneval in Rio und von der riesigen Boa, die einmal mitten über dem Plantagenweg lag und durch Schwarze, die auf Annas Zetergeschrei herbeirannten, mit Knüppeln erschlagen wurde«[29].

Als seine Frau Maria 1856 starb, brachte Johann Ludwig Bruhns die Kinder zu Verwandten in seine Heimatstadt Lübeck. Schon bald musste der Vater jedoch der Geschäfte wegen nach Brasilien zurückkehren, besuchte seine Kinder in Deutschland aber noch mehrfach. Die kleine Julia und ihre Schwester Maria kamen in ein Lübecker Töchterpensionat. Julia führte das Leben einer Tochter aus hansestädtischer Kaufmannsfamilie, dazu gehörten in der Jugend die Badeausflüge nach Travemünde und später der Besuch von Gesellschaften, anfangs in Begleitung, bald darauf jedoch auch alleine oder mit Freundinnen: »Dodo hatte einmal ein grünes Tarlatankleid, mit weißen Atlasrollen besetzt und weißer Schärpe, und Heideröschen im Haar, dann einmal ein rosa Tüllkleid mit Rosenknospen, ein weißes Mull mit Ponceau-Schärpe, leichtes seidenes Unterkleid, über welches sie weiß Tüll anzog und es nochmal mit einem farbigen darüber trug, wieder mit Atlasröllchen garniert. Und auf einigen dieser Bälle, einem Polterabend und Hochzeit, sah sie ihren künftigen Gatten. Da war sie sechzehneinhalb Jahre alt, und ihr Schicksal war besiegelt.«[30] Mit 18 Jahren heiratete sie Thomas Johann Heinrich Mann. Zwei Jahre nach der Eheschließung wurde Heinrich geboren. Weitere vier Kinder folgten: Thomas (1875), Julia (1877), Carla (1881) und Viktor (1890).

Heinrich Mann war ein weiches Kind, das am liebsten träumte. Zu seinem Wohle wurden Kindermädchen angestellt, die sich um ihn kümmerten. Mal hießen sie Stine, ein anderes Mal Mine. Viktor Mann erinnert sich gern daran, wie ihm seine Mutter vorlas und auf dem Klavier vorspielte. Gleiches habe sie schon bei den älteren Brüdern getan. Thomas Mann erinnert sich beispielsweise an ein ›Lehrbuch der griechischen und römischen Mythologie für höhere Mädchenschulen und die Gebildeten des weiblichen Geschlechts‹ von Friedrich Nösselt, das die Mutter bereits in ihrer Internatszeit gelesen habe und das seiner kindlichen Fantasie zum Aufschwung diente, oder an Lesungen aus Fritz Reuters Erzählungen. Musikalische Reminiszenzen an diese Zeit sind ihm die Etüden und Notturnos von Chopin, die seine Mutter darbot. Heinrich brachte ähnliche Erinnerungen zu Papier: Auf einer Zeichnung malte er sich neben seiner Mutter am Klavier sitzend. Seine frühesten Erinnerungen an literarische Einflüsse beziehen sich auf deutsche Romantiker – Fouqué, Arnim, E. T. A. Hoffmann.

Ein besonderes Erlebnis war es auch, wenn er mit seinem Vater die Straßen seiner Heimatstadt durchschritt: »Er hatte ungemeines Ansehen genossen in der Stadt und dem kleinen Staat, dem sie vorstand. Mit ihm durch die Straßen zu gehen war eine meiner schärfsten Übungen hinsichtlich der Grüße, die ich, je nach Würdigkeit der Person, zu erwidern oder vorwegzunehmen hatte.«[31] Gleiches galt für die Fahrten über Land: »Mit ihm im gemieteten Zweispänner über Land zu fahren war ein Fest. Die großen Bauern erschienen auf ihren Türschwellen, wir wurden bewirtet, und alles Getreide ging dabei in seine Speicher über.«[32] An der Seite des geachteten Vaters verspürte Heinrich ein Gefühl der Geborgenheit. Er stand im Lichte des schönen, stolzen Senators und galt in den

Augen der Mitbürger und Handelspartner als dessen Nachfolger, dem man heute schon seine respektvolle Aufmerksamkeit bezeugte, um der Zukunft gewiss zu sein.

Die Geborgenheit in der Familie und in der Stadt färbte schließlich auch Heinrich Manns Bild jener Zeit. In seiner Autobiografie schreibt er über die Ära Bismarcks: »Der Friede, ein unabsehbarer, unbezweifelbarer Friede, war unsere Voraussetzung. Ich denke mich, zurückgewendet, nur mit dem lange, lange genossenen Frieden, und mit den Personen, denen ich mich für ihn verpflichtet weiß: einige wenige Europäer, aber voran ein Deutscher, Bismarck. Er hat, von 1875 bis 90, den Frieden nicht nur erhalten, ihn auch stark gemacht. Dank dem Fürsten ist der Frieden, dessen seine Nachfolger schlecht achteten, noch fünfundzwanzig Jahre fähig gewesen zu dauern, gegen Übermut und bösen Willen.«[33] Diese Beschwörung der Kinderjahre unter Bismarck mag sich der Perspektive des Exils, des Erlebnisses zweier Kriege verdanken, doch teilt sie mit den übrigen Erinnerungen den Charakter der Idylle, in der man sich, umsorgt von starken Persönlichkeiten, geborgen fühlen konnte. In diese Zeit gehört für Heinrich Mann auch die Achtung vor dem Geiste: »Das 19. Jahrhundert erhielt sich bis zum Schluß die Achtung vor der Intellektualität, mit der es angetreten war. Sein geistiges Lebensgefühl war stark genug, um in die ersten zehn Jahre des nächsten Säkulum fortzuwirken, worauf es ermattete, bis es zur bloßen Übereinkunft herabsank.«[34] Heinrich Mann nennt den Historiker Leopold Ranke, der sich als Rector magnificus der Universität Berlin in königlicher Pose abbilden ließ. Er erwähnt den Physiker Helmholtz, der jeden Kursus mit den Worten begonnen haben soll: »Vorausgesetzt, daß die Natur erkennbar ist.«[35] Ungeachtet dieses skeptischen Einwands habe sich der Physiker dem Erkennen der Natur verschrieben: Die Resultate seiner Experimente mochten für die Realität taugen oder auch nicht. Man folgte einfach seinem »Bedürfnis, uninteressiert zu denken«[36]. Gleiches habe für den jungen Schriftsteller gegolten: »Ich habe die ersten fünfzehn Jahre meine Romane unter der stillen

Zustimmung, etwas lauteren Ablehnung von zweitausend Personen geschrieben. Die Welt erfuhr nichts davon. Sie waren damals sozial unbrauchbar, ähnlich, wie die Experimente des jungen Physikers von der Natur abschlägig beschieden wurden.«[37] Dieses uninteressierte Denken und Schaffen wurde einzig und allein durch seinen inneren Wert sanktioniert: »Ein Werk der Wissenschaft war unbedingt lohnend, da es vornehm war: so auch der Dienst am Wort.«[38] Die Gesellschaft dankte es den Intellektuellen: Die Stadt Lübeck enthüllte am 18. Oktober 1889 zur Erinnerung an den in ihren Mauern geborenen Schriftsteller Emanuel Geibel ein Denkmal.

Voraussetzung für diese Wertschätzung von Geist und Wissenschaft sei der Frieden gewesen, denn nur in einer friedvollen Welt könne sich der Literat oder Wissenschaftler in der dafür notwendigen Ruhe seinen Werken und Forschungen widmen. Noch eine zweite Voraussetzung nennt Heinrich Mann: Die Angehörigen seiner Generation waren Erben reicher Väter. Der finanzielle Wohlstand erlaubte es ihnen, sich ihren interesselosen Träumen zuzuwenden.

Das weiche Kind, das gerne träumte, hätte in dieser Geborgenheit versprechenden Idylle allmählich reifen können. Doch der äußere Anschein zeigte Risse, die das sensible Kind sehr wohl spürte. Wer waren diese Kindermädchen, die Stines und Mines? Sie waren Mädchen vom Land. Kaum wussten sie mehr von der Welt, als das Kind, das sie betreuten: »Sie hatte dunkelrote Backen, kam vom Lande und sollte einen Gärtner heiraten. Ihre Kenntnis von Welt und Menschen war gering. Ich fragte sie noch vieles, was sie nicht zu beantworten verstand und was uns beiden unerklärlich blieb.«[39] Die Welt des Kindes war stark eingeschränkt: Sie reichte »vom Krämer Dreifalt bis zum Hotel Duft. Weiter reichte sie nicht, weil sie verboten war und in fremde Bereiche führte.«[40] Selbst an der Hand des Kindermädchens blieb die Welt jenseits dieses Kreises verboten. Doch reizte sie nicht gerade dadurch umso mehr?

Auch bei der Mutter verspürte Heinrich eine gewisse Unsicherheit: »Mitte der siebziger Jahre war meine Mutter eine ganz junge, ahnungslose Frau. Ich sitze vor ihrem Schreibtisch, spiele mit einer kleinen Truhe aus Bronze, das violett gepolsterte Innere duftet bezaubernd. Plötzlich legt meine Mutter von hinten den Arm um mich, sie flüstert mir zu: ›Wir sind nicht reich, aber sehr wohlhabend.‹ Sie mußte es gerade erst erfahren haben, und zwar mit genau diesen Worten.«[41] Die persönliche Unsicherheit der Mutter ließ den Sohn den Halt vermissen. Heinrich Manns Verhältnis zu seiner Mutter war gestört: In ›Ein Zeitalter wird besichtigt‹ wird sie mit keinem Wort erwähnt. In dem autobiografischen Novellenzyklus ›Das Kind‹ tritt sie meistens als drohende und strafende Instanz auf, die im Gegensatz zum jovialen Vater besonders rigoros an den gesellschaftlichen und familiären Konventionen festhält.[42] Zweifellos ist der Vater für Heinrich die stärkere Bezugsperson: Hier findet er die liebende Duldung seiner kindlichen Neigungen. Im gesamten Novellenzyklus ›Das Kind‹ wird die Mutter nur ein einziges Mal als die »liebe Mutter«[43] bezeichnet: An dieser Stelle ist der Sohn tief darüber gerührt, dass die Mutter nach einem Gewitter mehr Sorge um ihr Kind zeigt als über den im strömenden Regen vertändelten Kaffee. Dass ausgerechnet ein solcher Vorfall bei Heinrich dazu führt, der Mutter das Attribut »liebe« zu verleihen, lässt darauf schließen, dass er sie ansonsten gerade in gegenteiliger Erinnerung hat.

Ebenso unzweifelhaft fühlte sich der ältere Heinrich im Verhalten der Mutter gegenüber seinem jüngeren Bruder Thomas zurückgesetzt. Das Gefühl der Geborgenheit in der Familie erfuhr – so es überhaupt vorhanden war – durch die Geburt des jüngeren Bruders Einbuße. In seinem Zyklus ›Das Kind‹ schildert er diesen Umstand am Beispiel einer Geige. Immer wenn er aus der Schule zurückkehrte, pflegte er auf diesem Instrument zu spielen. Doch oft musste er feststellen, dass ein anderer die Geige bereits benutzt hatte, denn manchmal war eine Saite gerissen oder etwas anderes daran beschädigt. Sollte es der jüngere Bruder gewesen sein? Das Instrument lag unerreichbar für den Kleinen in einem Stehpult.

Wenn also Thomas an die Geige hätte gelangen wollen, hätte er die Unterstützung eines Erwachsenen gebraucht. Aber wer konnte sein heimlicher Helfer sein? Trotzig verteidigte der Ältere seine Geige: »Sein Zorn, wenn er aus der Schule heimkam und die Geige benutzt fand, war heftig, und er war in abschreckender Weise gekennzeichnet vom Bewußtsein erlittenen Unrechts und der eigenen Unangreifbarkeit.«[44] Heinrich fühlte sich im Recht und glaubte sich deshalb auch in der Position des Stärkeren. Aus dieser Position heraus zeigte er einen »unbeugsamen Rechtssinn«, der gerade dazu führte, dass sich alle von ihm abwandten und niemand eingestand, wer der heimliche Helfer des jüngeren Bruders war: »Dadurch wurde der kleine Bruder nur verstockt. Das Hausmädchen leugnete alles. Die Mutter des Knaben aber wandte sich strafend ab und wollte nichts hören. Ihr Blick und ihre Haltung straften – wen? Nicht den, der das Unrecht beging, nein, den Leidenden. War es nicht, um an allem zu verzweifeln?«[45]

Heinrich bestand auf der Einhaltung klarer Regeln. Wer die Regeln einhält, wer niemals jenen erlaubten Raum zwischen Krämer Dreifalt und Hotel Duft überschritt, war doch eingebunden in das Idyll. Hielt er sich etwa nicht an die Regeln? Heinrich wurde eifersüchtig: Die Bevorteilung seines Bruders durch die Mutter schmerzte ihn. Die Geschwister wollen sich erinnern, dass ein anderer Vorfall dazu geführt habe, dass Heinrich über ein Jahr nicht mit seinem Bruder sprach. Im Fall der Geige zeigt er eine Reaktion, die auch für sein zukünftiges Leben bestimmend werden sollte: Er bricht mit dem vermeintlichen Idyll, das sich als brüchig erwiesen hatte. Fortan spielt er nicht mehr Geige. Als er eines Tages aus der Schule heimkehrte, fand er die Geige zerbrochen am Boden liegend. Hatte er bisher stets trotzig auf seinem Recht bestanden, so begann er nun zu weinen. In diesem Augenblick nahm ihn die Mutter in den Arm und tröstete ihn mit den Worten: »Siehst du. Ob sie dir allein gehört hat oder euch beiden, jetzt ist sie kaputt.«[46] Im Rückblick zieht Heinrich Mann seine Lehren aus dem Erlebten. Er lernte, »daß Gerechtigkeit keine normale Tatsache dieser Welt ist und daß nicht einmal die Mutterliebe sich jederzeit richtig verteilen läßt«[47]. Wenn es auch Regeln geben mag, man kann nicht auf sie pochen, denn sie erweisen sich als gar zu brüchig. Sogar die Mutterliebe, jene ursprünglichste Form der Gerechtigkeit, ist keine feste Basis. Das Idyll ist immer nur ein provisorisches. Mochten ihm die erklärenden und tröstenden Worte der Mutter auch unlogisch erscheinen, eine Quintessenz zog er dennoch aus ihnen, nämlich, »es sei kindisch, sei nutzlos und trage zum Glück nichts bei, besitzen und nicht mitteilen zu wollen«[48]. Was nützt es dem Einzelnen, wenn er Recht haben mag, die umstrittene Sache jedoch letztlich darüber zerbricht?

In seiner Autobiografie wird Heinrich Mann dieser Erkenntnis eine andere Wendung abgewinnen. Dort bekennt er sich zum Wert der Skepsis. Skepsis meine nichts anderes als das Wissen, dass es nicht immer sinnvoll sei, Recht haben zu wollen: »Ich war streitsüchtig, bevor ich über den Menschen und seinen Bestand soviel gelernt hatte, wie mir beschieden ist. Die Direktheit oder Geradzügigkeit des Jungen noch abgerechnet, hielt es allmählich schwer, mit mir zu streiten.«[49] Nur langsam rang er sich zum Standpunkt des Skeptikers durch: »Der Zweifel macht höflich. Man will nicht immer recht haben, und man achtet die Schwächen anderer.«[50] Der Zweifel bezieht sich dabei nicht auf die Frage, ob man selbst im Recht sei, sondern darauf, ob es in dieser Situation ratsam sei, auf seinem Recht zu bestehen, wenn es doch stets nur eine brüchige Konvention zu sein scheint. Wäre die Geige nicht vielleicht heil geblieben, wenn die Situation nicht in dieser Weise eskaliert wäre?

Höflichkeit geht vor Recht, denn Höflichkeit erwächst aus dem Miteinander zweier Menschen und basiert nicht auf abstrakten Regeln. In diesem persönlichen Miteinander kann der Mensch Geborgenheit finden jenseits der brüchigen Idylle, die durch abstrakte Regeln geschaffen wird. Über die zerbrochene Geige hat der junge Heinrich Mann zu einer neuen Einsicht in das Wesen der Geborgenheit gefunden. Skepsis und Höflichkeit sind zwei Verhaltensweisen, die in einer brüchigen Welt eine Basis des humanen Umgangs miteinander garantieren können.

Auch der väterliche Glanz ruhte auf schwankendem Grund. Klar wurde dem jungen Heinrich dieser mögliche Wechsel des Glücks, als sein Vater einmal niedergeschlagen nach Hause kam: »Wir bemerkten es kaum, er saß schon, war auf seinen Platz geglitten und hielt nun die Augen in den geöffneten Händen. Er stöhnte, da grauste es mir. Er, der nur leichte und heitere Gespräche führte, stöhnte Namen von Leuten, die zusammenbrächen, alles verloren hätten und sein Geld mit.«[51] Sein Vater habe sein ganzes noch übriges Leben gebraucht, um das Geld, das er in diesen Tagen verloren hatte, zurückzugewinnen.

Innerhalb von zwanzig Jahren, von der Reichsgründung bis 1890, überwand das Deutsche Reich seine industrielle Rückständigkeit und zog mit der großen europäischen Wirtschaftsmacht Großbritannien gleich. Zweige des althergebrachten Wirtschaftssystems gingen zugrunde, worunter auch deren Geschäftspartner, die Lübecker Handelshäuser, litten. An Rhein und Ruhr entstand mit der Schwerindustrie der führende Wirtschaftszweig der neuen Epoche. Im Gefolge der Industrialisierung entwickelte sich ein modernes Börsen- und Banksystem. Nicht der Handel mit Erzeugnissen war nunmehr die lukrativste Einnahmequelle, sondern das Finanz- und Beteiligungsgeschäft. Aber in dieser Zeit der fieberhaften Industriegründungen erwies sich nicht jede Geldanlage als gewinnbringend: Viele, die ihr Vermögen an der Börse in neue Unternehmen investiert hatten, verloren ihren gesamten Besitz.

Die überhitzte Konjunktur der Gründerzeit führte zu zahlreichen Firmenzusammenbrüchen. 1873 wurde Deutschland zudem in eine weltwirtschaftliche Depression hineingezogen. Das neue Reich erlebte die ›Gründerkrise‹, die jedoch nur unwesentlichen Einfluss auf die wirtschaftliche Entwicklung hatte. Das wirtschaftliche Wachstum setzte sich kaum gebremst fort, allein die allgemeine Stimmung wurde von der Krise niedergedrückt. Antikapitalistische und antiliberale Einstellungen profitierten davon. Angst und Sorge ging um, dass eine einzige Fehlkalkulation in der fieberhaften Aufbruchstimmung schon das Ende bedeuten könne. Noch sehr viel schwerwiegender traf das Handelshaus Mann die so genannte ›Agrarkrise‹ von 1876, als die deutsche Landwirtschaft unter den Druck billiger Getreideimporte aus den USA und Russland geriet. Hinzu kam der bereits erwähnte Verlust der Vormachtstellung Lübecks an der deutschen Ostseeküste, der die alteingesessenen Handelshäuser in Mitleidenschaft zog.

Was wäre wohl passiert, wenn das Handelshaus Mann wirklich in den Strudel der Zusammenbrüche hineingerissen worden wäre? Der gesellschaftliche Aufstieg der neureichen Unternehmer signalisierte, dass der Reichtum einziger Gradmesser für die gesellschaftliche Position einer Person geworden war. Die Industriellen und Spekulanten wussten nichts von Geschichte, achteten keine Tradition, aus der sich die Kultur der Lübecker Handelsdynastien speiste. Die Leistungen der Väter, ihr Beitrag zum Aufstieg des Stadtstaates, zum Wohle seiner Bewohner – all dies ist vor den Augen der neuen Reichen belanglos geworden. Der Vater Heinrich Manns verdankte diesen Faktoren noch sein Ansehen in Lübeck: Vom Vater hatte er den Titel eines niederländischen Konsuls übernommen, seinem Herkommen war sein Aufstieg zum Senator zuzuschreiben. Doch nun war der Reichtum zum entscheidenden Kriterium geworden. Allenthalben forschte man lauernd, ob sich die Mühe noch lohnt oder ob hier eine weitere angesehene Familie ihrem finanziellen Niedergang entgegenging. Selbst dem halbwüchsigen Sohn entging nicht die Unaufrichtigkeit der Höflichkeiten und Komplimente. Er hatte einen klaren Blick für die unterschiedlichen Verhaltensweisen der Menschen seinesgleichen und anderen gegenüber. Heinrich begriff, dass das Ansehen der Familie ihm die heile Welt spendierte, in der er aufwuchs. Doch wäre seine Familie nicht wohlhabend, würde ihn das erworbene Ansehen der Vorväter in der jetzigen Zeit auch nicht mehr helfen, würde er genauso wie sein Freund Carl, unehelicher Sohn einer ehemaligen Fürstengeliebten, mit abschätziger Unfreundlichkeit behandelt werden.

Der wirtschaftliche Umbruch führte einen gesellschaftlichen Wandel herbei; die alten Werte wurden belanglos. Doch an ihre Stelle traten noch keine neuen. Die Gesellschaft im Umbruch besaß keine Orientierungen, weil das heute Gültige morgen bereits schon wieder überholt sein konnte. Einzig das Geld bot einen Wertmaßstab; doch wer heute reich war, konnte morgen im Strudel der Ereignisse bereits wieder sein junges Vermögen verlieren. Die überkommene Ständeeinteilung war in Fluss geraten. Nicht nur der Lübecker Kaufmannsstand war bedroht, alteingesessene Handwerkszweige waren in ihrer Existenz gefährdet. Unterhalb der bisherigen gesellschaftlichen Klassen bildete sich durch die Industrialisierung eine neue: die Arbeiterklasse. Sie war von den politischen Entscheidungen ausgeschlossen. Ihre Interessenvertreter – Sozialdemokratische Partei und Gewerkschaften – wurden bekämpft. In diesem Kampf war man sich einig. Die mittleren Schichten – Handwerker, Bürger, Kaufleute – hatten Angst, in die Arbeiterklasse abzugleiten und opponierten gegen deren Aufkommen. Wenn es keine Arbeiterklasse gab, konnten sie auch nicht darin versinken. Die Reichen fühlten sich durch die Agitation der Linken angegriffen: Die Forderung nach Teilhabe am gesellschaftlichen Reichtum oder gar nach einem revolutionären Umsturz, der die Produktionsmittel in gesellschaftlichen Besitz überführen sollte, sahen sie als einen Angriff auf ihr Eigentum. Durch diese Auseinandersetzung erlebte auch die neue wirtschaftliche Führungsschicht die Gründerzeit als eine Epoche krisenhafter Veränderungen.

In Deutschland kam noch ein weiterer Faktor hinzu, der die krisenhaften Zustände einerseits noch verschärfte, andererseits jedoch auch die Lage stabilisierte: die gescheiterte Revolution von 1848. Das Bürgertum wurde nach wie vor von der alten Herrschaftsschicht regiert. Unter diesen Umständen könnte man erwarten, dass sich die Forderungen des

Bürgertums und der Arbeiter nach politischer Mitbestimmung vereinigen müssten. Diese Vereinigung blieb jedoch aus, weil ein Teil des Bürgertums, die wirtschaftlich Erfolgreichen der Gründerzeit nämlich, faktisch an der Macht partizipierten. Tatsächlich war die politische Führung auf das Wohlwollen der Industrie- und Finanzkapitäne angewiesen. Schließlich finanzierten diese das Reich. Allerdings brauchte die Wirtschaft auch das Bündnis mit der politischen Macht. Schließlich sorgte diese dafür, dass die wirtschaftliche Expansion fortgesetzt werden konnte und die Forderung nach Mitbestimmung seitens der Arbeiter erfolglos blieb. Bismarcks permanente Suche nach Bündnispartnern in der Innenpolitik führte ihn anfangs mit den Nationalliberalen zusammen, die die wirtschaftlich Erfolgreichen im Reichstag vertraten. Doch fürchtete er die Abhängigkeit von dieser Gruppe so sehr, dass er später die traditionelle Schicht der Junker umwarb. Diese bangten um ihren ererbten Landbesitz und strebten nach einer konservativen Politik, die die Großindustrie nicht zu stark förderte. Weitere konservative Gruppen kamen hinzu, sodass Bismarck die Abhängigkeit von der neureichen Gründergeneration vermindern konnte. Doch die konservative Ausrichtung, die die Innenpolitik dadurch prägte, verschärfte die latente Krise noch, weil sie den gesellschaftlichen Änderungen nicht Rechnung trug.

Während also das reiche Bürgertum und der Adel kein Interesse an einem Wandel der Gesellschaft hatten, hoffte das wirtschaftlich bedrohte Bürgertum insgeheim noch auf einen verspäteten Sieg der Ideale von 1848. Doch war diese Hoffnung kaum von politischen Taten begleitet. Viel zu groß schien die Angst, durch weitere soziale Entwicklungen die latente Krisensituation zu verschärfen und dadurch in der gesellschaftlichen Schichtung endgültig weiter abzurutschen. Dies war nicht zuletzt auch die Situation im Elternhaus Heinrich Manns. Man gab sich zufrieden mit den Brosamen der bismarckschen Politik, aus Angst vor den Ereignissen, die durch einen Umsturz hervorgerufen werden könnten.

Schließlich offenbarte also auch das Idyll der bismarckschen Politik seine gefährdete Existenz. In der Zeitung las der Vater eines Tages einen Artikel über eine neue Rede des Fürsten: »Sie sollte lange in aller Munde bleiben, besonders der Satz: ›Wir Deutsche fürchten Gott, sonst nichts in der Welt.‹ Senator Thomas Heinrich Mann, geboren 1840, war skeptisch wie sein Jahrhundert. Er schnob Luft aus und meinte leichthin: ›In Wirklichkeit fürchten wir manches.‹ Dies mit Zärtlichkeit für den gewagten Ausspruch und seinen Urheber. Der Knabe, der ich war, las über die Schulter des Vaters mit.«[52] Der kritische Blick des Vaters auf die angebliche Unerschütterlichkeit des Deutschen Reiches und des erreichten Friedens teilte sich auch dem Sohn mit. Wenn der Knabe in seinem Alter die politischen Zusammenhänge auch noch nicht durchschauen konnte, so spürte er doch den enormen Druck, der auf seinem Vater lastete. Aus der Reaktion seines Vaters las er die Krise der Zeit heraus. Überall zeigten sich Risse, doch alle bemühten sich nur darum, sie zu übertünchen, fortzuleben wie bisher. Wie lange konnte das noch gut gehen? Heinrich Mann musste sich in dieser Welt seiner Kindheit unbehaglich fühlen.

Wenn es in dieser Welt der brüchigen Übereinkünfte ein unzerstörbares Idyll gab, so fand es der Knabe in seinen Träumen. Die Nahrung für seine Träume zog er aus Büchern. Durch das Vorlesen der Mutter schon früh zur Literatur hingeführt, begann er bald zu lesen. Auch die Großmutter förderte das literarische Interesse ihres Enkels. Heinrichs Lesestoff der Jugendzeit waren die Romantiker, die geheimnisvollen Welten eines Achim von Arnim, die Beschwörungen edler Ritter durch Fouqué und die Produkte der alles verwandelnden Fantasie E. T. A. Hoffmanns. Hinzu kam das Buch über die Macht der Träumerei schlechthin, Cervantes' ›Don Quijote‹. Welche ungeheure Bedeutung Bücher für den kleinen Heinrich hatten, davon berichtet die Novelle ›Das verlorene Buch‹: »Als Kind besaß ich einmal, vielleicht acht Tage lang, ein Buch mit Liedern, Bildern und Geschichten. Ich hatte es von meiner Großmutter bekommen, wollte es bei ihr auch lesen, sooft ich hinkäme, und ließ es daher in ihrem Hause, das weitläufig war.«[53] Eines Tages war dieses Buch verschwunden. Der Knabe bereute den Verlust bitter, nachts träumte er von ihm und »weinte um seine Schönheit sogar im Schlaf«[54]. Acht Tage lang hatte er sich mit dem Buch in der Hand aus der brüchigen Welt um ihn herum zurückziehen können. Durch den Verlust war ihm diese Möglichkeit genommen; doch aus dem Buch wurde fortan ein Traumbesitz, den ihm niemand mehr rauben konnte. Heinrich Mann bezweifelt nicht, dass er das Buch nochmals geschenkt bekommen hätte, wenn es sein Wunsch gewesen wäre, doch er wollte es nicht zurück. Später habe er seiner Tochter viele Bücher gekauft, doch das verlorene sei nie dabei gewesen. Heinrich Mann weiß für dieses Verhalten keinen Grund anzugeben, doch seine Verhaltensweise ähnelt jener, die er beim Missbrauch seiner Geige an den Tag legte: Aus dem Wissen um die Brüchigkeit der Dinge bricht er selbst, aus freiem Entschluss, mit der verlorenen Idylle. In dieser Verhaltensweise bekundet sich die Einsicht, dass das verlorene Paradies nicht wiederhergestellt werden kann. Einzig die Erinnerung an das erlebte Glück verhilft noch zu gelindem Trost. Auch die Kunst ist Traum. Sie rettet den Menschen vor der Realität und bietet ihm – innerhalb eines zeitlich begrenzten Rahmens – eine verlässliche Heimat. Wie glücklich müsste derjenige sein, der niemals aus seinen Träumen gerissen wird!

Der Vorhang öffnete sich; das Theater begann. Der junge Heinrich erwartete den Auftritt des Herrn Gewert: »Herr Gewert war der Sohn der Blumenfrau und spielte im Stadttheater mit.«[55] Heinrich befragte sein Kindermädchen Mine, was denn ein Theater sei. Er erfuhr, dass nachts, wenn er schliefe, das breite Haus komplett erleuchtet sei und man darin spiele. War also ein Theater ein Gebäude voller Spielsachen, nicht für Kinderhand jedoch, sondern für Erwachsene reserviert? Fortan träumte der Junge nachts von dieser zauberhaft-heimlichen Welt. Zahlreiche Gestalten zogen durch sein Zimmer, darunter der freundliche Herr Gewert, dessen lockerer Gang so auffallend mit dem eines Konsul

Plessen oder des Vaters kontrastierte. Im Traum erschien er in einem Mantel, den er wie ein Stück Tuch um seinen Leib geschlagen hatte. Diese Träume ließen Heinrich nicht mehr los. Schließlich kam der Tag, an dem sich die Eltern dazu entschlossen, den jungen Heinrich mit ins Theater zu nehmen. Erstmals sah Heinrich das Stadttheater hell erleuchtet, zahlreiche Kutschen fuhren vor, unzählige Menschen strömten herbei. Nach vielen Begrüßungen gelangte man endlich in eine Loge. Das gelbliche Gaslicht der Kronleuchter unter der Decke tauchte den Saal in ein schummeriges Licht, das kaum in die Logen drang, die sich entlang der rot gepolsterten Brüstung reihum öffneten. Das war also die Welt des Herrn Gewert, doch der junge Heinrich vermisste ihn. Nirgendwo im Saal konnte er ihn erkennen, also fragte er nach ihm und wurde mit der Antwort vertröstet, dass er gleich kommen werde. Plötzlich setzte die Musik ein, eine Wand rollte empor und ein buntes Bild erschien: »Ich hätte nicht geglaubt, dass irgendetwas in der Welt so schön sein könnte, und dies, obwohl ich nichts erkannte. Es war vielleicht gerade darum schön – außerdem aber, weil es mir Lust, eine bange Lust machte, selbst dorthin zu gelangen.«[56] Eine Traumwelt tat sich auf, unbekannt und gerade deshalb von unbezwingbarer Anziehungskraft für das träumerisch veranlagte Kind. So wie Herr Gewert nachts in seinem Kinderzimmer erschien, würde er auch bald hier erscheinen. Doch wo blieb er? Würde am Ende womöglich jene Wand wieder herunterrollen, ohne dass Herr Gewert aufgetaucht wäre? Auf einmal schlichen sich von hinten ein paar Räuber an einen schlafenden Herren heran. Der Vater machte ihn auf die dunklen Gestalten aufmerksam, als der Kleine wieder einmal nach Herrn Gewert fragte: »Von hinten aus dem Dunkel schlich er, und in seinem Mantel war nur die Hälfte seines Gesichtes zu sehen, aber ich erkannte es. Der Mantel war in ungewöhnlicher Art um ihn geschlagen wie ein Stück Tuch oder auch nur wie ein Stück Dunkelheit.«[57] Alles schien exakt so, wie es der Junge in seinem Kinderzimmer geträumt hatte. Seine Welt und die des Herrn Gewert war die gleiche: »Ich verstand seine Schönheit, seine schwungvollen Grüße und alles, was ihn im Wesen unterschied von Konsul Plessen und meinem Vater. Von mir? Von mir unterschied ihn nichts. Ich verband mich ihm, ich ging in ihm auf, indes mein Blick ihm inständig folgte.«[58] Doch plötzlich zogen sich die Räuber von der Bühne zurück und mit ihnen verschwand auch das Traum-Ich. Verzweifelt und ohne Unterlass rief sein junges Alter ego aus der Loge nach ihm, bis ihn schließlich die Eltern aus der Loge zerrten und dem Kindermädchen übergaben. Draußen befiel Heinrich schlagartig der Gedanke, dass Herr Gewert womöglich schon gar nicht mehr im Theater sei: Schließlich war er soeben von der Bühne geflohen. Aber wohin bloß? Der Junge rannte los, das verzweifelte Kindermädchen auf seinen Fersen. Ab und zu glaubte der Junge den wehenden Mantel von Herrn Gewert in der Ferne sehen zu können und beschleunigte seinen Lauf noch weiter, bis er an das Stadttor gelangte. Dort holte ihn auch Mine wieder ein. Sie versuchte Heinrich zu belehren, dass Herr Gewert doch gar nicht weggelaufen sei. Wahrscheinlich säße er schon längst am Küchentisch seiner Mutter im heimischen Blumenladen. Heinrich ließ sich von Mine dorthin führen und tatsächlich erkannte er ihn in einem Lichtstrahl: »Der Anblick des ruhig essenden Herrn Gewert ernüchterte mich und erfüllte mich mit Trauer.«[59] Die ganze Traumwelt brach in sich zusammen. Für einen Augenblick verwarf der Junge diese gaukelhafte Welt; doch schließlich empfand er wieder ihren ungeheuren Bann. Man konnte ein Buch verlieren, das einem eine Welt voller Träume eröffnete, man konnte erkennen, dass eine Traumgestalt doch nur ein Alltagsleben führt und wie der Vater von der Börse so vom Theater zum Essen nach Hause kam, doch in der Erinnerung lebte der Traum in seiner ganzen Macht fort. Im Grunde genommen war die Traumwelt, die die Kunst dem Menschen erschloss, unverlierbarer Besitz.

Wenn man aus der Distanz die geträumten Erlebnisse passieren lässt, wirken sie manchmal schon fremd: »Die Leidenschaften, Träume, Erlebnisse des Abends hatten sich mir entfremdet, es kostete mich Mühe, sie mir zuzutrauen. Dasselbe geschah damals, wie wohl später nach einer vollbrachten Erfindung, deren Ursprünge alsbald verlorengehen und schwer wieder auffindbar sind.«[60] Doch trotz der Entfremdung von den Träumen bleibt zugleich auch die Erinnerung an die ungeheure Intensität ihrer Hervorbringungen zurück, sodass sich Heinrich Mann sagt: »Ich dachte jetzt, er sei es nicht wert gewesen – was falsch war. Sie sind es immer wert.«[61] Die Träume bergen eine Intensität, die die brüchige Realität niemals aufweist. Ein scharfer Blick hinter die Oberfläche genügt, um die Realität fragwürdig werden zu lassen. Die Träume bestehen diese Prüfung, weil sie gar nicht vorgeben, allein gültige und unabweisbare Realität zu sein. Deshalb können sie auch gar nicht widerlegt werden. Der Rausch eines beseligenden Traumes übersteht darum auch dessen Ende. Die Rückkehr in die Realität zeigt nur an, dass das Vorhergehende ein Traum war und weckt von neuem die Sehnsucht, in die beglückende Sphäre der Fantasie hinabzutauchen.

Der scharfe Blick für die rissigen Fundamente, auf denen die Welt errichtet war, gepaart mit der Neigung zum Träumen disqualifizierte den ältesten Sohn für die Nachfolge seines Vaters im Geschäft: »Als Knaben nahm er mich auf die Dörfer mit. Damals hoffte er noch, ich könnte ihm nachfolgen. Das alles schlief ein, als ich zuviel las und die Häuser der Straße nicht hersagen konnte.«[62] Der junge Träumer zeigte kein Interesse am Geschäft: Er hatte begriffen, wie bedroht der familiäre Wohlstand war. Nur ein geringer äußerer Anlass konnte den über Generationen mühsam erworbenen Besitz mit einem Schlag vernichten. Sein Vater hatte am Ende seines arbeitsreichen Lebens, seiner fünfundzwanzig Jahre an der Spitze des Handelshauses, lediglich den Wohlstand der Familie gewahrt, dass er ihn vermehrt hätte, konnte man nicht sagen. In den Augen Heinrichs musste er Bismarck gleichen: »Er hat das Reich nicht nur geschaffen: es zu erhalten war schwerer. Die gefürchteten Koalitionen abwenden. Die Rache – nicht Frankreichs, sondern aller – ermüden. Den Frieden, trotz Bedrohungen und Verlockungen den Frieden durchsetzen. Andere haben genug getan, wenn sie ihn nicht brachen. Von 1875 bis 90 brütete Europa für seinen Krieg die Anlässe, wenn nicht sogar die begründeten Vorwände aus.«[63] Immerhin hatte Bismarck noch das Reich gegründet, während der Vater das Handelshaus nur ererbt hatte. Doch die Sorge beider galt der Bewahrung des Bedrohten. Aber Heinrich hatte nicht nur die bedrohlichen Risse erkannt, er wusste auch, dass sie irgendwann zwangsläufig den Zusammenbruch des mühselig erhaltenen Gebäudes herbeiführen würden. Aus diesem Wissen heraus versank er lieber in seine Traumwelten, die ihm niemand entreißen konnte.

Auch die schulischen Leistungen des Jungen machten wenig Mut, dass er eines Tages in die Fußstapfen des Vaters treten könnte. Der Unterricht hinderte ihn nur am ungestörten Fortträumen. Dem Besuch des Progymnasiums des Dr. Huttenius – Heinrich nannte ihn später aus der Erinnerung heraus Bussenius, was schon sein Desinteresse offenbart – folgten die Jahre im altehrwürdigen Katharineum. Noch im Unterricht sitzend sann Heinrich darüber nach, welche Bücher er auf dem Weg nach Hause aus der Leihbibliothek mitnehmen könnte. Wenn es doch nur nicht die lästigen Hausaufgaben gäbe, die selbst am Nachmittag den Schüler noch mit Beschlag belegten, sodass er kaum Zeit für die Lektüre der ausgeliehenen Werke fand! Die Zensuren in den Zeugnissen waren bescheiden, Heinrich arbeitete nicht mehr als unbedingt notwendig. So gelangte er zwar glatt bis zur Oberprima, aber nicht darüber hinaus. Sein Abgangszeugnis von 1889 bescheinigt ihm für Aufmerksamkeit und Fleiß die Note »befriedigend«. Immerhin wird sein Schulbesuch und sein Betragen mit dem Vermerk »regelmäßig und gut« gewürdigt. »Befriedigend« ist insgesamt die meist gewählte Note in seinem Zeugnis: Er erhielt sie in Religion, Lateinisch, Griechisch, Französisch, Geschichte, Geographie, Naturwissenschaft, Singen und Turnen. »Recht gut« attestierte man ihm in den Fächern Englisch und Deutsch. Doch für eine kaufmännische Laufbahn dürfte die Note in Mathematik enttäuschend gewesen sein: »im ganzen befriedigend« heißt es dort. Den Vater konnte dies unmöglich befriedigen.

Die vergebliche Mühe um das Handelshaus, das stete Ringen um das öffentliche Ansehen bei Personen, die – Heinrich hatte es doch gespürt – nur das Vermögen taxierten und nie den Menschen sahen: warum sollte sich Heinrich auf diesen Weg einlassen? Seine Träume entführten ihn in eine heile Welt, die von keiner Seite bedroht werden konnte. Was lag darum näher, als sich der Literatur zu widmen? Schon früh wuchs dieser Gedanke in ihm: »Fragen wir das Kind, das schon schreibt. Es kennt nur Märchen und es versucht, selbst eins zu machen. Warum nur? Es hatte auch Zehnpfennighefte, worin sowohl das Käthchen von Heilbronn wie Aschenbrödel für das Puppentheater bearbeitet waren. Aber das Kind unternimmt nicht ohne Erregung, ein neues Stück zu schreiben. Es könnte sich die Mühe doch sparen, besonders da zum Schluß keine reine Befriedigung bleibt. Die Erregung war glücklicher als das Erreichte. Dies seine früheste literarische Erfahrung.«[64] Mit dem Puppentheater verbanden sich jedoch nicht nur literarische Versuche. Thomas Mann weiß zu berichten, dass Heinrich zahlreiche Dekorationen für das kleine Theater entworfen und selbst gemalt habe. Auch glaubt er sich erinnern zu können, dass Heinrich gerne Maler und Zeichner geworden wäre.[65]

Der Vater unternahm noch einige Versuche, den Interessen des Sohnes entgegenzusteuern. Zu diesen Versuchen zählt zweifellos auch die Reise nach St. Petersburg. In den Schulferien des Jahres 1884 reiste Heinrich zu Verwandten in die russische Metropole. Offensichtlich wollte ihn der Vater von den Vorzügen des Kaufmannsstandes überzeugen; zu diesen Vorzügen gehörten auch die Kontakte in alle Welt. Für einen träumerisch veranlagten Jungen musste die Aussicht, mit vielen Ländern Handel treiben zu können, sie zu bereisen und kennen zu lernen, verlockend sein, so wohl das Kalkül des Vaters. In der Tat war der 13-Jährige beeindruckt: »Leningrad, die erste Kapitale, die das junge Kind einer alten deutschen Kleinstadt voreinst besucht hat, bleibt ihm nach langen Zeiten die überlebensgroße Erinnerung.«[66] An Bord war er vom Kapitän und seiner Familie bereits umhegt worden.

Bei einer Zwischenlandung in Reval machte er, wie er seinen Eltern in einem Brief zu berichten weiß, mit der Frau Kapitän und ihren beiden Söhnen eine Stadtbesichtigung. In Katharinenthal, einem Vergnügungsort außerhalb von Reval, besuchte er das so genannte »Peter-Häuschen«, das sein besonderes Interesse fand. In dem Gebäude hatten einstmals die Zaren gewohnt. Heinrich konnte darin noch die ursprüngliche Einrichtung bewundern. Am 28. Juni kam er in St. Petersburg an. Onkel Gustaf, der Schwager seines Vaters, holte ihn am Hafen ab.

Neben den Briefen an die Eltern erzählt ein weiteres Dokument von der Auslandsreise Heinrichs: ein Tagebuch. Heinrich schreibt an seine Eltern: »Mein Tagebuch führe ich ganz sorgfältig, und kann ich dann zu Hause hoffentlich Euch alles vorlesen.«[67] Heinrich schrieb seine Eindrücke nieder, um eine persönliche Erinnerung an die Reise zu besitzen und um seinen Eltern nach der Rückkehr vorlesen zu können. Das war wohl der primäre Zweck. Ganz im Sinne eines hanseatischen Kaufmannssohnes steht er auch den betrachteten Gegenständen gegenüber: »Die Säulen in der Kirche bestehen aus den kostbarsten Steinen; s. z. B. kosten zwei Säulen aus Lapislasolis zusammen 1 Million Rubel.«[68] Heinrich denkt hier in den Grenzen seines Standes: Er referiert über den materiellen Wert der Gegenstände. Deutlich ist darin eine Reminiszenz an die Eltern zu erkennen, denen später aus dem Tagebuch vorgelesen werden soll. Was wird den Vater interessieren? Die ästhetische Wertschätzung, die ein 13-jähriger Knabe einem Kunstwerk entgegenbringt? Oder nicht doch eher der objektive Wert, den ein Kunstwerk besitzt? Heinrich entscheidet sich für zweites: Der Vater wird nach dem materiellen Wert eines Gegenstandes fragen. Die Gegenstände, die Heinrich in seinem Tagebuch schildert, zeigen hingegen die Sicht des Jungen: Er schildert die Kasansche Kirche, nach dem Vorbild der Peterskirche erbaut, und die goldenen Kuppeln der Isaakskirche, die er schon von weitem über das Meer hat leuchten sehen. Außerdem wird er in die Eremitage eingelassen, wo er »eine fast zahllose Menge prachtvoller Bilder aus der holländischen, italienischen, spanischen, russischen Schule«[69] sehen kann. Auch hier reizt ihn jedoch wiederum ein Wohnraum Peters des Großen am meisten. In dem Zimmer waren Gerätschaften des Zaren, sein Pferd, seine Equipagen und viele Geschenke, die ihm dargebracht worden sind, ausgestellt. Aber auch persönlicher Besitz der Zarin Katharina II. fand sich hier: »Das Schönste hiervon ist ein goldener Pfau, welchen sie von dem Fürsten Potemkin geschenkt erhielt. Dieser Pfau spreizte, sobald die Uhr voll schlug, alle seine kleinen, goldenen Schuppen auf und schlug mit dem Schwanz ein Rad.«[70] Kunstgegenstände und Dinge aus dem persönlichen Besitz bedeutender historischer Persönlichkeiten finden die besondere Aufmerksamkeit Heinrichs. Falls die Reise dem Heranwachsenden die Weltoffenheit und die übrigen Vorzüge des Kaufmannslebens zeigen sollte, um den Sinn des Sohnes für diesen Beruf zu öffnen, so ist der Versuch des Vaters zweifellos gescheitert. Aus dem Tagebuch spricht ein beeindruckter Junge, der sich für die Eindrücke dieser Reise zu begeistern weiß, wobei sein Hauptaugenmerk vor allem auf Kunst und Geschichte liegt, nicht auf wirtschaftlichen Fragen.

Das Tagebuch ist ein Dokument für die Distanz zwischen der Weltsicht des Vaters und der des Sohnes. Mit Blick auf den Vater erfüllt der Sohn noch zuweilen dessen Erwartungshaltung, die er als materielle Sichtweise begreift. Aber dies geschieht bereits an Kunstgegenständen. Zumeist beschreibt das Tagebuch einfach nur die Schönheit dieser Gegenstände. Zwei Jahre nach dieser Reise überarbeitete Heinrich Mann sein Tagebuch nochmals: Er verfasste einen Nachtrag und machte stilistische Korrekturen. Der 15-Jährige sah in dem Tagebuch ein literarisches Werk und handelte an ihm als Schriftsteller. Das Tagebuch war ein zweiter Schritt auf diesem Wege: Er verfasste nun keine Theaterstücke für die Puppenbühne mehr, sondern er schrieb eigenes Erleben nieder. Mit der Distanz einiger Jahre zog er dann das Geschriebene noch einmal hervor und korrigierte es. An die Stücke für das Puppentheater hätte er diese Mühe nicht verschwendet. In dieser Maßnahme zeigt sich der erwachende Sinn für das schriftstellerische Handwerk.

»Den Übergang zum Jüngling begleitet ein Lieblingsdichter. Der Heranwachsende liebt den längst Verstorbenen lebendiger und mit mehr Tränen als die Mädchen, die er liebt. Er zeichnet sein Bildnis nach, er machte Verse wie die seinen. Er lebt seine Schicksale, seine Geisteshaltung noch einmal – unsichtbar für die Welt, in seinem engen Schülerzimmer, das Raum hat für diese Auferstehung, dies Mysterium.«[71] Für Heinrich Mann war dieser Lieblingsdichter Heinrich Heine. Was verband ihn mit dem sarkastischen Kritiker deutscher Zustände? Zunächst einmal verbindet die beiden – neben dem gemeinsamen Vornamen – die gleiche Herkunft. Heine stammt ebenso wie Heinrich Mann aus einer Kaufmannsfamilie. Beide waren für die Nachfolge ihrer Väter vorgesehen, doch beide wandten sich der Literatur zu. Neben diesen biografischen Parallelen gibt es zwischen Heinrich Heine und Heinrich Mann aber auch geistige Beziehungen. Heinrich Mann lernt früh, die Fragwürdigkeit seiner Zeit und der Welt, in der er lebt, zu durchschauen. Gleiches gilt für Heinrich Heine. In seinen autobiografischen Erinnerungen ›Ideen – das Buch Le Grand‹ schildert er, wie ein französischer Tambour, der während der Besetzung des Rheinlandes bei ihnen in Quartier lag, ihn mit den Ideen der Französischen Revolution bekannt gemacht habe: »Monsieur Le Grand wußte nur wenig gebrochenes Deutsch, nur die Hauptausdrücke – Brot, Kuß, Ehre – doch konnte er sich auf der Trommel sehr gut verständlich machen, z. B. wenn ich nicht wußte, was das Wort ›liberté‹ bedeute, so trommelte er den Marseiller Marsch – und ich verstand ihn. Wußte ich nicht die Bedeutung des Wortes ›égalité‹, so trommelte er den Marsch ›Ça ira, ça ira – – – les aristocrates à la lanterne!‹ – und ich verstand ihn.«[72] Der Kontakt mit dem französischen Soldaten begeisterte Heine für die Ideale der Revolution und ihre Inkarnation – Napoleon. Nachdem sein jugendlicher Blick in dieser Weise geschult worden war, konnte er sich nicht mehr mit der politischen Realität nach 1815 abfinden. Die

Macht der wieder auf ihre Throne gesetzten Fürsten war nur noch künstlich. Sie stützte sich auf einen Pakt, dessen Ziel es war, die politische Entwicklung so lange als möglich aufzuhalten. Die Erfahrung der Jugend hatte ihn jedoch gelehrt, dass sich politische Entwicklungen nicht aufhalten lassen: Der Umsturz musste irgendwann erfolgen. Hoffnungsfroh erwartete Heine diesen Tag; gleichzeitig dachte er beklommen an ihn, weil sich die restaurierte Macht nicht so einfach von ihren Thronen stoßen lassen würde. Auch Heinrich Mann hatte erkannt, auf welchen morschen Fundamenten die politischen und gesellschaftlichen Institutionen seiner Zeit ruhten; der Zusammenbruch schien ihm unausweichlich.

Doch zeigte sich bei Heinrich Mann wie auch bei Heinrich Heine ein Hang zur Idylle. Bei Heine offenbart sie sich in seinem Verhältnis zur romantischen Dichtung. Mit klarem Blick erkennt er, dass von der ursprünglichen Romantik nur Formen und Konventionen zurückgeblieben sind. Die romantische Dichtung hatte einst die Muster der Volkslieder aufgegriffen, um naiv sein zu können. In diesem verzweifelten Wunsch nach Naivität spürt Heine die ursprüngliche Sehnsucht nach der Geborgenheit der Kindertage, den Schrei nach Liebe. Er benutzt die Ironie, um die entstandene Formelhaftigkeit zu durchbrechen und dadurch die Sehnsucht am Leben zu erhalten. Er bedient sich der Formeln, an die niemand mehr glaubt, weil er weiterhin von ihrer ursprünglichen Botschaft beseelt ist: Seht her – so sagt er uns – ich weiß, dass ich nur Worthülsen benutze, aber bitte glaubt mir, diese Worthülsen waren einst von unendlicher Bedeutung erfüllt. Wir mögen darüber lachen, aber vielleicht sollten wir weinen, weil sie uns nichts mehr bedeuten. Beachtet nicht die Formeln, sondern lest zwischen den Zeilen, und euch durchdringt die urmenschliche Sehnsucht nach Geborgenheit und Liebe, für die diese Worte ehemals standen. Der Fortschritt, den Heine befürwortet, weil die Wiederherstellung des Alten Lüge wäre, hat die Idylle zerstört. Dennoch sehnen sich die Menschen nach dem verlorenen Paradies zurück.

Im Stile seines Vorbildes rechnet Heinrich Mann schließlich mit seiner Vaterstadt Lübeck ab: »Halten Sie sich nicht das Näschen zu, mein Fräulein, wenn Sie, zum ersten Male die Straßen meiner geliebten Vaterstadt durchschreitend, durch den in einigen derselben herrschenden, Fremde mehr oder weniger beleidigenden Unwohlgeruch unangenehm berührt werden sollten. Das ist nämlich kein gewöhnlicher Gestank, das ist ein Gestank, wie ihn nicht jede Stadt besitzt, das ist ein Millionengestank. ... ich kann es zur Ehre meiner Vaterstadt sagen – dieselbe riecht wahrhaft wohlhabend, stinkt sozusagen behäbig.«[73] In diesen ›Fantasieen über meine Vaterstadt L.‹ bedient sich Heinrich Mann der Vorlage der ›Reisebilder‹ Heines. Hier wie dort findet sich die Anrede an ein imaginäres Fräulein, welches der Adressat des Berichtes ist. In einem geistreich-ironischen Parlando schildert der Erzähler nun seine Eindrücke. Dabei geht es nicht nur darum, ein Bild des Gegenstandes zu entwerfen. Die geistreiche Erzählweise soll auch ein günstiges Licht auf den Erzähler richten. Mit seinem Esprit will der Erzähler das imaginäre Fräulein, das für den geneigten Leser steht, bezirzen.

Das Bild, das Heinrich Mann von seiner Vaterstadt zeichnet, ist wenig schmeichelhaft. Er berichtet von einer Stadt, die sich in ihrem Wohlstand bequem eingerichtet hat und die nichts mehr als Veränderungen fürchtet. Behäbig geben sich die Millionäre ihren Geschäften hin, um den Reichtum noch weiter zu mehren. Doch der Erzähler muss eingestehen, dass es in Lübeck auch eine Institution gibt, der nicht das Odium des Millionengestanks anhaftet: »Immerhin gibt es selbst in L. einige Straßen, welche an einer wahrhaft armseligen Geruchslosigkeit leiden, so besonders die Straße, in welcher das Theater liegt. Welch' ein bedauerliches Institut! Wer verdient denn etwas dabei? Kaum der Direktor; denn die weit einträglicheren und erfolgreicheren Geschäfte, welche gewisse Damen vom Theater zuweilen mit wohlaccreditierten L.'er Herren eingehen, sind viel zu diskreten – Geruches, um hier erwähnt zu werden.«[74] Das Theater, für Heinrich Mann der Inbegriff seiner jugendlichen Träume, spielt im Denken der Lübecker Bevölkerung nur eine untergeordnete Rolle, da es kein Geld einbringt. Da in Lübeck aber alles nach Reichtum riechen müsse, sei, wie Heinrich berichtet, in unmittelbarer Nähe des Theaters die Börse erbaut worden. Dadurch nehme auch dieser Winkel der Stadt das einzigartige Flair Lübecks an. Das einzige Interesse, das die männliche Bevölkerung dem Theater abgewinnen könne, gelte den Schauspielerinnen, die bei einem gönnerhaften Herren zu manchem Entgegenkommen bereit seien. Sarkastisch rechnet Heinrich Mann hier mit der Doppelmoral des Bürgertums ab: Der behäbige Handelsherr, glücklich verheiratet, erlaubt sich seine diskreten Vergnügungen, solange davon nichts ruchbar wird. Allerdings ist die Gefahr gering, weil es sich bei solchen Seitensprüngen um eine allgemeine Gepflogenheit handelt. Das Opfer dieser Gepflogenheit ist am Ende nur die Frau, die wegen eines möglichen unehelichen Kindes die Verachtung der Gesellschaft auf sich zieht. Heinrich mag sich hier an die Mutter seines Jugendfreundes Carl erinnert haben.

Eine weitere Institution erwähnt Heinrich in seinen ›Fantasieen‹: die Kirche. In seiner Vaterstadt existierten immerhin fünf Stück davon. Heinrich Mann warnt allerdings vor dem Fehlschluss, dass sich dies der Frömmigkeit der Lübecker verdanke. Mit Kirche und Glaube lasse sich kein Geld verdienen. Allerdings sei es dem Ansehen der Familie zuträglich, wenn man sich in der Kirche sehen lasse. Schließlich erfülle die Kirche auch eine soziale Aufgabe, der sich niemand zu entziehen gedenke. Also schicke man Vertreter in die Gotteshäuser, die so genannten »arme[n] Verwandte[n]«[75]. Zwar achte man darauf, dass die armen Verwandten wohlgenährt und gut gekleidet aufträten, weil sonst bald der Ruf der reichen Verwandten leide, doch ansonsten wolle man nichts mit ihnen zu tun haben. Deshalb schöbe man sie in die Kirchen ab. Die armen Verwandten seien in der Regel »stille, anspruchslose und sehr bescheidene Menschen«[76]. Da sie auch in normalen Gesprächen niemals ihre Ansichten laut werden ließen, störten sie sich ebenso wenig am kirchlichen Schauspiel, wo auch nur der Pastor rede und sie bevormunde.

Die alltäglichen Gespräche, an denen die armen Verwandten keinen Anteil hätten, kreisten gewöhnlich um Politik. Dabei vermeidet man jedoch die gefährlichen Sujets peinlich: »Da handelt es sich nicht um frevelhafte Umsturzideen, nicht um verbrecherische Revolutionen oder neu emporstrebende Fürstengeschlechter; gewiß sehr anregende Gesprächsstoffe, bei deren Behandlung jedoch seinerzeit den Großvätern der jetzigen L'er Generation recht unangenehme Dinge passiert, wovon auch noch jetzt ein steinerner Klotz beredtes Zeugnis ablegt, der genau an der Stelle steht, wo in jener schlimmen Zeit ein wackerer L'er Bürger, der seiner patriotisch-politischen Begierde etwas zu unvorsichtig die Zügel hatte schießen lassen, zum großen Schrecken seiner Mitbürger wie seiner selbst füsiliert wurde.«[77] Der gemeine Lübecker äußere sich nur zur Politik, wenn seine Äußerungen keine Gefahr für sein Leben und seinen Reichtum heraufbeschwörten. Ansonsten leide die Bevölkerung unter der »Krankheit des Jahrhunderts, der Nervosität«[78]. Diese Nervosität mache sich sofort bei ihm bemerkbar, wenn das »wohlthuende Gefühl der Sicherheit« nicht mehr durch seinen Körper riesele.[79] Folglich beschränke er also seine politischen Gespräche auf Themen wie »Invaliden- und Altersversorgungsgesetz, ... Tabacks- und Branntweinmonopol, und er hat dabei das Bewußtsein, daß ihm unter keiner Bedingung auch nur ein Haar gekrümmt wird«[80]. Aus dieser Haltung spreche nicht nur die Angst vor höheren Instanzen, die strafend eingreifen könnten. Tatsächlich sei diese Gefahr gar nicht so groß, wie es das Denkmal für den hingerichteten Mitbürger suggerieren könnte, denn als hanseatischer Stadtstaat erfreue sich Lübeck weit reichender Freiheiten; doch Umsturz und Revolution bedeuteten Veränderung, und vor dem Gedanken an Veränderung scheue der Lübecker Kaufmann zurück, da er darin sofort eine Bedrohung für seine saturierte Wohlhabenheit wittere.

Am Ende der Abrechnung mit seiner Heimatstadt Lübeck kommt Heinrich auf sein persönliches Anliegen zu sprechen: Poesie und Literatur. Er gibt die Ansichten der Lübecker zu diesem Gegenstand wieder: »Wie kann es denn in unserm durch u. durch praktischen Zeitalter noch Leute geben, die sich mit dergleichen unpraktischen Dingen beschäftigen? Und wer soll an diese Fabelwelt, welche die ›Dichter‹ begeistert, noch glauben? Die andern Märchen, die der Religion nämlich, sind doch längst abgeschafft, und es wird gewiß keinen vernünftigen Menschen einfallen, dieselben für Wahrheit zu nehmen – vielleicht nicht einmal den ›armen Verwandten‹, welche die L'er Kirchen füllen –, für diesen ›poetischen‹ Blödsinn aber soll man sich begeistern? – Blödsinn!«[81] Poesie und Literatur befriedigen keinen praktischen Sinn. Sie erfüllen weder einen Nutzen noch bringen sie Gewinn. Vielmehr errichten Poesie und Literatur eine Traumwelt, die geeignet ist, den menschlichen Sinn von der einzigen ihm angemessenen, der praktischen Tätigkeit abzuziehen. Der Lübecker Bürger wirft der Literatur vor, dass sie eine wirklichkeitsferne Idylle errichte. Doch Heinrich Mann zeigt auf, dass auch die Wirklichkeit, in der sich die Lübecker gut verdienend eingerichtet haben, eine Idylle ist. Sie lenken ihre Blicke von den notwendigen Veränderungen ab und geben sich dem Glauben hin, dass alles so weiterlaufen könne wie bisher. Insofern sei ihre Idylle verlogen, während die Literatur sich ehrlich als Produkt der Einbildungskraft zu erkennen gebe. Die Kunst ist die einzige Tür, die aus der allgemeinen Daseinslüge herausführt.

Heinrich Mann wollte für sich diese Tür öffnen, doch die familiären Widerstände hinderten ihn zunächst daran. Bis zu einem gewissen Grade gab die Familie seinem Wunsch nach: Er durfte sich mit Büchern und Literatur beschäftigen. Doch die praktische Seite des Daseins sollte darüber nicht vernachlässigt werden und für den gewöhnlichen Lübecker besteht die praktische Seite des Daseins im Geldverdienen. Also wird Heinrich Mann 1889 zu einer Buchhändlerlehre nach Dresden geschickt. In diesem Jahr schreibt er auch seine ›Fantasieen über meine Vaterstadt L.‹ nieder und vollzieht den Bruch mit der fragwürdigen Idylle seiner Kindheit. Nur noch zweimal wird er in seine Geburtsstadt zurückkehren: das nächste Mal, als sein Vater stirbt.

1891 sieht der Senator einer schweren Operation entgegen, die in seinem Wohnhaus in der Beckergrube 52 durchgeführt werden soll, doch der Eingriff hat fatale Folgen: Die Mutter ruft die Kinder herbei, damit sie von ihrem Vater Abschied nehmen können. Vor dem Haus hat sich unterdessen die Bevölkerung versammelt und wartet auf Nachricht über den Zustand des Senators. Dem Ältesten fällt schließlich die Aufgabe zu, den Wartenden den Tod seines Vaters mitzuteilen: »Der Tag ist da, mein Vater atmet aus. Ich habe, zwanzigjährig, die ersten ganz selbständigen Schritte statt seiner zu tun. Draußen stehen die Leute, dabei auch der herzliche Graubart. Ich suche, ohne es zu bedenken, die gewohnte Wärme, ich gehe hin. Wie? Der Lehrer wendet den Kopf weg. Er verlässt sogar die Gruppe, tritt in sein Haus, schließt die Tür. Ähnlich haben es dann andere gemacht, nur von dem Alten schien es mir am erstaunlichsten. Ich begriff aber: sie hatten es satt, noch Mühe an mich zu wenden, auf einmal hatten sie es auf das gründlichste satt. Vorher hatten sie zuviel getan, darum taten sie jetzt nicht einmal genug. Es war nicht besondere Härte, nur das Aufgeben eines unnütz gewordenenen Übereinkommens. So geschieht es jedesmal, wenn irgendein Erfolg sich rächt. Eine der Erfolgswellen, die jedes Leben hat, fließt zurück, alle geben den noch soeben Umworbenen um so schroffer auf, je eifriger sie bis jetzt um ihn bemüht waren. Wie wohl tut es ihnen, endlich das Gesicht zu wechseln. Nichts Lästigeres, als einer bestimmten Person dauernd nur das festliche Gesicht zu zeigen. Der Erfolg ist vorbei. Der Steuersenator ist tot.«[82] Der letzte Satz markiert die eigentliche Erkenntnis dieses Augenblickes: Die Aufmerksamkeit der Leute galt dem angesehenen Senator, und mit seinem Tod erlischt dieses Interesse. Wenn sich jemand für Heinrich interessiert hat, dann nur, weil er der Sohn des Senators war. Ist der Senator nicht mehr am Leben, fällt auch kein Licht mehr auf den Sohn. Heinrich selbst eignet sich nicht als Lichtgestalt, weil er nicht die Nachfolge des Vaters antritt. Er ist zwar nun das Oberhaupt der Familie, und als solches hat er den Tod des Vaters öffentlich zu verkünden, aber er tritt nicht in die Tradition der Handelsdynastie ein. Das Ansehen des Vaters geht nicht auf den Sohn über, weil er nicht Funktion und Ämter des Vaters übernimmt. Heinrich Mann hat die Welt der hanseatischen Kaufmannsstadt Lübeck verlassen.

Bezeichnend für seine Persönlichkeit ist jedoch, wie sich das neue Oberhaupt der Familie Mann bei seinen ersten selbstständigen Schritten benimmt. In der ausharrenden Menge entdeckt er einen ehemaligen Lehrer. Auf ihn schreitet er zu, um ihm die Nachricht vom Tode Thomas Johann Heinrich Manns zu hinterbringen. Er sucht die gewohnte Wärme, die der Vater nicht mehr spenden kann, sucht sie nunmehr bei einem ehemaligen Lehrer. Doch der wendet sich ab. Bislang war die Erfahrung der Brüchigkeit der heimatlichen Idylle hypothetisch. Selbst wenn Heinrich bewusst mit Lübeck brach, so beschirmten ihn die Konventionen und gesellschaftlichen Spielregeln weiterhin. Auch wenn er diese Lebensform verwarf, blieb er dennoch ein Teil von ihr, weil man sich nicht von ihm distanzierte. Der Tod des Vaters ändert dies. Der Vater war der Repräsentant der Familie in dieser Welt. Seinetwegen galten die Spielregeln der kaufmännischen Gesellschaft für alle Mitglieder seines Hauses. Durch sein Ableben fallen alle, die sich nicht aus eigenem Entschluss in diesen gesellschaftlichen Zusammenhang hineinbegeben, aus dieser in sich geschlossenen Welt heraus. Diese Erfahrung muss Heinrich in diesem Augenblick machen: Er gehört nicht mehr der Welt seiner Kindheit an. Sie hat mit ihm gebrochen. Seine Sehnsucht nach Geborgenheit findet hier kein Entgegenkommen mehr.

Wie stark diese Sehnsucht ist, zeigt auch die Szene am Totenbett des Vaters. In einer Zeichnung aus den späten Jahren zeigt er sich, wie er, die Hand des Vaters haltend, am Bett kniet. In einem Brief an Karl Lemke vom 27. Oktober 1948 schreibt er: »Dem Zwanzigjährigen sagte der Sterbende, was er längst gemeint, nur verschwiegen hatte: ›Ich will dir helfen.‹ Schriftsteller zu werden: beiden war es klar; der eine küßte dem andern die Hand, er küßt sie ihm noch heute.«[83]

Tatsächlich äußert sich Thomas Johann Heinrich Mann in seinem Testament, das er kurz vor seiner Operation verfasst hatte, ganz anders: »Den Vormündern mache ich die Einwirkung auf eine praktische Erziehung meiner Kinder zur Pflicht. Soweit sie es können, ist den Neigungen meines ältesten Sohnes zu einer s. g. literarischen Thätigkeit entgegenzutreten. Zu gründlicher, erfolgreicher Thätigkeit in dieser Richtung fehlen ihm m. E. die Vorbedingnisse; genügendes Studium und umfassende Kenntnisse. Der Hintergrund seiner Neigungen ist träumerisches Sichgehenlassen und Rücksichtslosigkeit gegen andere, vielleicht aus Mangel am Nachdenken.«[84] Unter diesen Umständen liegt der Verdacht nahe, dass Heinrich Mann die Versöhnungsszene am Sterbebett, einem inneren Bedürfnis folgend, in späteren Jahren erst in dieser Form seiner Erinnerung einverleibt hat. Wie stark muss der Wunsch nach väterlicher Zustimmung gewesen sein? Das testamentarische Urteil des Vaters musste Heinrich tief treffen. Trotz aller Differenzen war schließlich der Vater für ihn noch die wichtigste Bezugsperson unter den Eltern. Las der Vater nicht selbst französische Romane, hatten sie sich nicht in ihren Briefen über literarische Fragen ausgetauscht? Mit kritischem Blick hatte der Vater erkannt, dass die Hinwendung Heinrichs zur Literatur seiner Sehnsucht entsprang, in einer unberührten Idylle leben zu können. Diesem Bedürfnis wollte er entgegensteuern, indem er die Vormünder auf eine praktische Ausbildung des Ältesten verpflichtete. Befangen in inneren Wunschwelten vernachlässige sein Sohn die Menschen seines Umfeldes bis zur Rücksichtslosigkeit. Probleme löse er nicht durch Nachdenken, sondern er weiche ihnen aus. Der sterbende Senator hat den inneren Antrieb seines Sohnes wohl erkannt.

Wenn er ihn allerdings auf eine praktische Tätigkeit im Sinne der familiären Handelstradition verpflichtet wissen will, so zeigt sich hierin der Auffassungsunterschied zum Sohn deutlich. Thomas Johann Heinrich Mann blieb seiner Welt verhaftet: Trotz aller wirtschaftlichen Probleme, die sich ihm in den Jahren seines Wirkens entgegengestellt hatten, blieb die Hansestadt Lübeck mit ihrer kaufmännischen Tradition seine Idylle, die der Sohn schon längst in ihrer Fragwürdigkeit durchschaut hatte. Hing nicht letztlich auch der Vater einem Traum an, der glücklicherweise nicht vor seinem Tod endete? Dass dieser Traum eines Tages enden würde, wusste Heinrich bereits und hatte für sich persönlich mit ihm abgeschlossen. Doch seinem Wunsch nach fortwährender Geborgenheit folgend, hatte er an die Stelle einer Traumwelt eine andere gesetzt. Inwieweit sie sein Bedürfnis befriedigen kann, muss sich erst noch beweisen.

3. Die Generation der Erben

Die Gründerzeit war vorüber, das Zeitalter der Erben war angebrochen. Obwohl der Senator Thomas Johann Heinrich Mann noch lebte, als sein Sohn die Buchhändlerlehre in Dresden antrat, gilt dies auch in gewisser Weise für Heinrich Mann. Schon vor seinem Umzug hatte er – die ›Fantasieen über meine Vaterstadt L.‹ zeigten dies – mit Lübeck gebrochen. Fernab von der Heimat konnte er nun seinen eigenen Lebensstil ungestört praktizieren: In einem Brief an seinen Schulfreund Ludwig Ewers nennt er sich selbst einen »physische[n] Genußmensch«, den vor allem »Theater, Konzerte, Cafés, Puffs« anzögen.[85] Selbstverständlich bittet er seinen Freund diesbezüglich um Diskretion. Niemand sollte zu Hause erfahren, was er in Dresden so treibe.

Die Hinterlassenschaft der Gründerväter war eine Welt, in der die überkommenen Wertvorstellungen zur Makulatur geworden waren, entwertet durch die politischen, ökonomischen und sozialen Veränderungen. Die daraus resultierende Krise erlebten die einzelnen Generationen in unterschiedlicher Weise: Die ältere Generation hielt in einer sich verändernden Welt an den überkommenen Werten fest. Dieses Festhalten führte zu einer allgemeinen Erstarrung. Die junge Generation war im Bismarck-Reich groß geworden. Die Krise war für sie nur eine latente Erfahrung. Und eben weil sie niemals drängend zu Bewusstsein gekommen, weil sie nirgendwo offen hervorgebrochen war und rasche Bekenntnisse und Entscheidungen von jedem Einzelnen gefordert hatte, war es für die junge Generation nicht notwendig, sich ernsthaft mit ihr auseinander zu setzen. Eine Wertedebatte war unter diesen Umständen nicht notwendig. Nach 1890 kam diese junge Generation als Erben ihrer Väter an die Macht.

Im Grunde genommen besaß die Generation der Erben keine Werte mehr; sie war im Gegenteil stolz darauf, sie überwunden zu haben. Ohne Werte kein Widerspruch zwischen ihnen und der gesellschaftlichen Realität. Ohne diesen Widerspruch keine Krise. Dies war ihre simple Rechnung, und so ließen sie die Dinge laufen, wie sie eben liefen. Unterstützt wurde diese Abkehr von jeglicher Überzeugung von der Philosophie der Zeit. Besonders ein Philosoph wurde dabei zum Kronzeugen für die Jugend: Friedrich Nietzsche. Heinrich Mann schreibt über die damalige Jugend und ihr Verhältnis zu dem Denker: »›Überwinden‹ war sein Wort. Sie überwanden, fröhlicher als er, die christliche Moral. Was nachfolgt – keine Ahnung.«[86]

Mit Nietzsche trat eine Person in Erscheinung, die mit der brüchigen Vergangenheit abrechnete. Er demonstrierte, dass die überkommenen Vorstellungen schon längst von der gesellschaftlichen Entwicklung unterlaufen worden waren. Er forderte dazu auf, dieses Faktum anzuerkennen. Aber Heinrich Mann konstatiert im Rückblick auf die Zeit der Nietzsche-Rezeption auch deren Problematik: Wohin der Weg nämlich führen sollte, wusste niemand zu sagen. Die Philosophie Nietzsches führte geradewegs in die Haltlosigkeit der Moderne, weil sie die Relativität aller als absolut gesetzten moralischen Werte erkennen ließ.

Nietzsche habe für die Macht der Erkenntnis gestanden, so Heinrich Mann. Mit Hilfe dieser Macht habe man die alten Strukturen in ihrer Fragwürdigkeit durchschaut. Die junge Generation habe sich deshalb der Generation ihrer Väter überlegen gefühlt: »Wir vertrauten mit Freuden dem Individualisten, der es bis auf das Äußerste war, dem Gegner des

Staates, – noch eher wär' er ein Anarchist, als ein ergebener Bürger des ›Reiches‹. 1890 und die nächsten Jahre war dies eine Haltung der persönlichen Unabhängigkeit. Derart bereitete man sich auf die eigenen Leistungen vor, und höchst willkommen war dieser Philosoph. Er stellte an die Spitze der geforderten Gesellschaft den stolzen Geist, – warum nicht uns selbst? Nach uns der König, die Adligen und Krieger, dann lange nichts. Welcher Zwanzigjährige läßt sich das zweimal sagen?«[87] Als Überwinder des Alten war man auf der Höhe der neuen Zeit.

Auch Heinrich stürzte sich in die Lektüre Nietzsches. In seiner Buchhändlerzeit in Dresden studierte er eifrig dessen Werke.[88] »Gott ist tot! ... Und wir haben ihn getötet!«[89] Solche Worte mussten bei einem jungen Mann Wirkung hinterlassen, der kurz zuvor in seinen ›Fantasieen über meine Vaterstadt L.‹ noch davon erzählte, wie die armen Verwandten in die Kirche abgeschoben wurden, um jener Religion Tribut zu zollen, an die die wohlhabende Sippschaft schon längst keinen Gedanken mehr verschwendete; ihr Gott war der Reichtum.

Das allgemeine Gefühl, dass nun die Zeit angebrochen sei, um mit der Vergangenheit abzurechnen, hielt auch auf politischem Gebiet Einzug. Als 1888 Kaiser Wilhelm I. starb, erinnerte sich nur noch ein geringer Teil der Bevölkerung daran, dass der Regent ehemals »Kartätschenprinz« genannt worden war, weil er 1848 in Berlin mit Kanonen auf die revoltierende Volksmenge hatte feuern lassen. Er hatte die Kaiserwürde widerwillig übernommen und sie mit preußischem Pflichtgefühl ausgefüllt. Dadurch hatte er sich die Wertschätzung vieler erworben. Manche Freisinnige, die den Ideen der gescheiterten Deutschen Revolution nachtrauerten, hofften wohl auf seinen Nachfolger, Kaiser Friedrich. Unter dem Einfluss seiner Frau, der englischen Prinzessin Viktoria, neigte er zu liberalen Ansichten. Doch der schwerkranke Monarch sollte nur drei Monate regieren, dann starb auch er. Es folgte sein Sohn Wilhelm II., der schon bald Bismarck entlassen sollte – deutliches Zeichen seines Bruches mit der Vergangenheit.

Freudig rechnete er mit der vorhergehenden Generation ab, doch welche Überzeugungen an die Stelle der überwundenen setzen? Golo Mann charakterisiert den Kaiser mit folgenden Worten: »Er war kein böser Mensch. Er wollte geliebt werden, nicht Leid verursachen. Zu blutrünstigen Reden konnte er sich verirren; blutiges Handeln lag ihm gar nicht. Überhaupt das Handeln nicht. Er war faul und vergnügungssüchtig. Feste feiern, reisen, sich den Leuten zeigen, hoch zu Roß seine Garden zum Manöversturme führen, mit seinesgleichen bei fürstlichen Banketten Toaste wechseln, in der Hofloge sitzen, angetan wie ein Pfau, mit den Blicken ins Publikum, Schnurrbart streichend, huldvoll strahlend, das war seine Art. Und so hätte er es gern bis ans Ende seiner Tage getrieben: ein ewiges, goldenes, militärisches, friedliches Schauspiel das öffentliche Leben, und er im Mittelpunkt. Er war ein guter Schauspieler. Die flüchtig mit ihm in Berührung kamen, die bezauberte er; nicht deutsche Professoren nur, auch amerikanische Millionäre, englische Staatsmänner sogar (Sir Winston Churchill unter ihnen). Er besaß eine schnelle Auffassungsgabe, ein gutes Gedächtnis, eine besser als mittelmäßige Intelligenz. Selbst königliche Würde konnte er zeigen; wie man denn sagen muß, daß er das lange Exil nach seiner Abdankung nicht ohne Würde verbracht hat. Sein Humor freilich war taktlos (›Taktlosigkeit ist männlich‹, meinte entschuldigend einer seiner Freunde); die Stimme schnarrend, das Lachen unangenehm; seine Augen wichen aus, wenn man ihn fixierte. Die ihn näher kannten, wußten, wieviel mit ihm nicht stimmte, wie sehr er belastet war durch frühe Erfahrungen in der Familie, Überwertigkeits- und Unterwertigkeitsgefühle, Größenwahnsinn, Depressionen.«[90] Diese Gestalt birgt einen ganzen Komplex von Problemen. John C. G. Röhl sieht in ihm einen Fall »manisch-depressive[r] Gemütsstörung«, die sich in »periodische[m] Gestörtsein[]« manifestiere.[91] Als Gründe nennt er die unterbrochene Blutzufuhr des Gehirns bei der Geburt des Thronfolgers sowie das gestörte Verhältnis zur Mutter. Röhl überlässt bei der Analyse dieses Verhältnisses Freud das Wort: »In dem zur Rede stehenden Fall benahm sich die stolze Mutter anders, sie entzog dem Kind ihre Liebe wegen seines Gebrechens. Als aus dem Kinde ein großmächtiger Mann geworden war, bewies dieser durch seine Handlungen unzweideutig, daß er der Mutter nie verziehen hatte.«[92] Den Einfluss seiner Mutter drängte er folglich zurück, wo immer er nur konnte. Da auch der Vater unter dem Einfluss der Mutter stand, distanzierte er sich von diesem ebenfalls. Im Falle Wilhelms II. hatte also der Bruch mit der Generation der Eltern psychologische Gründe. Wilhelms einziges Ziel bestand in der Negation von deren Ansichten. Darin erschöpfte sich allerdings schon sein Bestreben. Aus der Negation erfolgte keine positive Standortbestimmung für das eigene Ich. Stattdessen hegte er lediglich Träume von der eigenen Bedeutung.

Wilhelm II. war ein Träumer: Allerdings lebte er seine Träume nicht in finanziell ruinösen Schlossbauten aus, wie es der bayrische Traumwandler Ludwig II. tat, sondern spielte eine Rolle – den ›deutschen Kaiser‹ – und füllte sie so aus, wie man sich eben einen Kaiser vorstellt: würdig, erhaben und mächtig. Da er jedoch nur spielte, wirkte er lächerlich, pomphaft und anmaßend. Hierin unterschied er sich nach Meinung Heinrich Manns von Friedrich Nietzsche. Auch dieser sei nur ein Schauspieler gewesen: Er gab den Darsteller des Helden, obwohl er kränklich und schwächlich war. Doch er bekannte sich zu seinem Schauspielertum: »Er gab seine Rolle zu, als sie ohnehin ablief, als das große Abschminken und Nachhausegehen in Sicht kam. Was ihn im geringsten nicht verdächtig machte, es zeigt im Gegenteil die Redlichkeit des Menschen, und die steht höher als jede erdachte Wahrheit mit ihrem Widerspruch.«[93] Hier spricht wieder die Begeisterung für die Scheinwelt der Kunst aus Heinrich Mann: Sie bekennt sich eben zu ihrer Scheinhaftigkeit und ist dadurch wesentlich ehrlicher als alle jene, die nur noch Werte vorgaukeln, ohne wirklich an sie zu glauben. Die Seligkeit der Träume lebt wieder in Heinrich Mann auf, wenn er auf Nietzsche zurückblickt.

Wilhelm II. war sich seiner Schwäche nie bewusst. Er inszenierte sein Kaisertum ohne Bewusstsein für das Illusionäre seiner Darbietung. Deshalb zeigt Heinrich Mann aus dem Rückblick wenig Verständnis für den Träumer auf dem Kaiserthron. Seiner Ansicht nach führte Wilhelm II. »das ›Reich‹ als Jahrmarkt ein, Rummel das ganze Jahr, tägliches Auftreten der ganz großen Attraktion Deutscher Kaiser«[94]. Zur wirklichen Attraktion wurde der Kaiser aber nur dann, wenn er das Unerhörte vollführte: »Wilhelm II. überschritt die zugewiesenen Grenzen überall, und nichts anderes war es eigentlich, was die Deutschen begeisterte. Aufgegeben wurde ihre vorübergehende Normalisierung, sie mußten sich nicht länger benehmen wie mittlere Europäer, mit Rechten, die zu wahren, und Verantwortlichkeiten, die zu erwägen sind. Sie konnten sich überbieten in orgiastischer Untertänigkeit, niemandem kam es gelegener, wenn nicht ihrem Kaiser; denn was wäre der gewesen ohne Untertanen, ohne die Empfänge und Gesänge, den immer dampfenden Extrazug, ohne seine Schmähreden auf den Sozialismus, Drohreden in die Welt hinein, Zornausbrüche gegen die ›Miesmacher‹, Anbiederungen an Gott.«[95] Die Deutschen applaudierten diesem Schauspiel. Bereitwillig gaben sie sich den Träumereien ihres Kaisers hin. Angetrieben von der expandierenden Wirtschaft fantasierten sie von deutscher Größe.

Wo war die klare Vernunft Bismarcks geblieben? Wer zeigte noch Sinn für die bedrohte Zentrallage Deutschlands zwischen den Einflusssphären der übrigen Mächte? Unmittelbar nach der Entlassung des Reichskanzlers durch den jungen Kaiser hat Heinrich Mann in einem Brief an seinen Schulfreund Ludwig Ewers am 21. März 1890 Bismarcks Leistungen gewürdigt: »Er hat der Diplomatie des Ancien régime, jener Intrigenkunst der Kaunitze, Metterniche und Konsorten, hoffentlich für immer, ein Ende bereitet. Er ist stets geradaus und ohne Seitenschliche vorgegangen, hat nichts beschönigt und alles beim rechten Namen genannt.«[96] Mit anderen Worten: Er schauspielerte nicht und vollbrachte keine Ränkespiele. Schon früh war Heinrich Manns positives Urteil über Bismarck geboren, das noch die Einschätzung seiner Person in ›Ein Zeitalter wird besichtigt‹ bestimmen sollte, wenngleich in den Jahren dazwischen Heinrich Mann Bismarck oft als Vertreter des militaristischen Deutschlands kritisierte, das zur Bewältigung seiner Probleme den Krieg benutzte. Zur Person Wilhelms II. gibt es kein zeitnahes Urteil; niemand weiß, wie Heinrich die Übernahme des persönlichen Regiments erlebt hat. Einerseits weist seine Wertschätzung Bismarcks darauf hin, dass er sich nicht von dem glänzenden Schauspiel seiner Zeit gefangen nehmen ließ. Andererseits: Die Jugend, das gestand Heinrich Mann ein, war fasziniert von den Überwindern des Alten – und er war jung.

Wilhelm II. war eben ein Repräsentant der Erbengeneration. Äußerlich gestärkt durch die Erfolge der Gründerjahre, innerlich durch den Verfall der Werte verunsichert, trumpften sie auf. Wer in dieser Zeit zur öffentlichen Geltung gelangen wollte, musste scharfe Reden halten und am besten noch Uniform tragen. Die großen Reden, die mächtigen Worte täuschten über die innere Leere hinweg. In dem Gedicht ›Reaktionär‹ von 1892 charakterisiert Heinrich Mann diese Generation. [97] Drei Themen greift das Gedicht auf: das Leben vormaliger Generationen, Charakteristik und Bewusstsein der Heutigen und den unausweichlichen Gang der Geschichte. Anlass für die Reflexionen ist die Besichtigung einer Burgruine. Sie lenkt die Aufmerksamkeit des Betrachters auf die Lebensweise früherer Geschlechter. Dabei gelangt er zu der Überzeugung, dass vormals das Recht des Stärkeren die menschlichen Verhältnisse bestimmt habe. Als stolze Burg ist sie von ihrem Besitzer ohne Rücksicht auf Verluste erbaut worden. Knechte mussten die Steine für das Bauwerk mühsam den Hang hinaufschleppen. Wer dabei in die Tiefe stürzte oder die aufgeladene Fracht nicht bewältigen konnte, starb. Somit war bereits die Errichtung der Burg eine Auslese der Stärksten.

Die Burg bot ihrem Besitzer so lange Schutz, wie er sie durch eigene Stärke verteidigen konnte. Ihr ruinöser Zustand verweist darauf, dass seine Stärke irgendwann einmal erlahmte. Ein Stärkerer nahm sie ein und schleifte ihre Mauern. War die Arbeit an der Burg das Ausleseverfahren unter den Knechten, so war der Krieg, die Verteidigung des Eigentums, die Probe auf die Stärke unter den Herrengeschlechtern. Auch hier unterlag der Schwächere ohne Erbarmen. Hier wie dort werden darwinistische Vorstellungen vom Gang der Evolution auf den Menschen übertragen. Banalisierend verstand man Darwins Theorie vom Überleben der Arten im Fortgang der Evolution als Durchsetzung des Stärkeren gegenüber dem Schwächeren. Darwin hatte hingegen die zufällige Anpassung an verschiedene Lebensumstände als entscheidendes Kriterium für das Überleben einer Art angesehen. In verfälschter Weise wurde Darwins Evolutionstheorie auf menschliche Verhältnisse übertragen: der Sozialdarwinismus war entstanden.

Der Erbe musste den Besitz seiner Väter permanent verteidigen, seine eigene Stärke unter Beweis stellen. Dadurch war er nicht als Erbe anzusehen, sondern musste das auf ihn Gekommene stets neu erringen. Der Stand der Erben sei ein Produkt der neuen Zeit. Er müsse nicht für seinen Besitz kämpfen, sondern menschliche Konvention schütze ihn vor dem Übergriff durch andere. Die fehlende Not schwäche ihn. Er besitze nicht die erprobte Kraft seiner Vorväter. Seine einzige Sehnsucht gehe nach Ruhe, die ihm durch sein Erbe auch vergönnt sei. So wird aus ihm ein Genussmensch: passiv und schwach. Den Gedanken aus dem Gedicht fortschreibend, kann man nun auch die Kunst ins Spiel bringen: Zu schwach für die Herausforderungen der Umwelt, flüchtet sich der moderne Mensch in Kunstwelten, die er selbst kreiert und darum beherrscht. Neigung zur Kunst wird als Lebensschwäche greifbar.

Trotzdem ist der moderne Charakter gezwungen, seinen Besitz zu verteidigen. Zwar gebe man sich den Anschein, menschliches Leben kostbar zu schätzen. Dennoch erfolgten weiterhin Angriffe auf Besitz und Leben der Erben. Allerdings sind es nicht mehr die Vertreter des gleichen Standes, sondern die Attacke kommt in der heutigen Zeit von den sozial Niederen. Im Namen des Menschenrechts werde heute die Zerstörung betrieben. Der Schwächere fordert im Namen der Humanität gleiches Recht vom Stärkeren. In diesen Zeilen des Gedichtes darf man einen Reflex auf die Kritik Nietzsches an der christlichen Mitleidsethik vermuten. Das Menschenrecht wird in den Händen der Schwächeren zum Kampf- und Druckmittel.

Sollten daher die Erben mit Blick auf die Gefährdung ihrer Besitztümer eine Rückkehr zu alten Verhältnissen erhoffen? Solchem Ansinnen erteilt Heinrich Mann eine Absage. Die heutige Generation sei viel zu schwach, um im Kampf bestehen zu können. Man kann die Alten für ihre Stärke bewundern, zurück in diese Zeiten, wie der Reaktionär es verlangt, kann man nicht. Eine reaktionäre Haltung ist daher grundfalsch. Die neue Zeit erfordert neue Maßnahmen. Der moderne Mensch muss sich den Herausforderungen seiner Epoche stellen. Aber hierfür sei Pessimismus angebracht: Heinrich Mann glaubt, dass die moderne Generation dem zeitgenössischen Überlebenskampf ebenso wenig gewachsen sei. Die Aussicht auf Zerstörung ihres Besitzes, die in dem Gedicht wiedergegeben wird, legt die Vermutung nahe, dass die Generation der Erben unterliegen wird. Um die Zerstörung zu verhindern, benötigten die Erben die Kraft und den Widerstandswillen der Alten. Aber diese Kraft besäßen sie in ihrer ›Niedergängerschwäche‹ nicht mehr. Somit münden die Reflexionen im Gedicht im Fatalismus, geboren aus Schwäche. Alles wird zugrunde gehen, während die Erben hilflos und passiv in ihrer Schwäche danebenstehen werden. In dieser Ansicht spiegelt sich auch die Verachtung des eigenen Ich.

Dieser Fatalismus teilt sich auch dem Leser Nietzsches mit. Nietzsche vermag zwar die Schwäche der eigenen Zeit und ihre Ursachen zu analysieren. Doch nach einem Gegenmittel gefragt, weiß er keines zu nennen. Das Alte überwinden – ja; aber wohin danach sich wenden? Die Interpretation Nietzsches durch Heinrich Mann zeigt, dass er schon zu diesem Zeitpunkt Nietzsches Lehre vom Übermenschen nicht akzeptieren kann. Schließlich habe Nietzsche nur den starken Menschen gespielt, sei aber seinerseits nichts anderes als der Vertreter seiner schwachen und kränklichen Generation gewesen, der sich nach Gesundheit gesehnt habe. Die eigene Stärke war nur Vorgabe. In diesem Lichte sieht Heinrich Mann wohl auch das Konzept des Übermenschen. Es ist die Maske der Schwachen, Wunschvorstellung derer, die schon längst der Passivität verfallen sind und nur noch vom Kampf träumen. Auch Wilhelm II. trägt die Kennzeichen der Schwäche. Sein krankes Erbe zeichnet ihn schon körperlich. Auch er versucht Schwäche und Passivität durch übermenschliches Gebaren zu kaschieren, wobei ihm – wie gesehen – Heinrich Mann allerdings attestieren muss, dass er diesen Zusammenhang nicht durchschaut habe und deshalb ein erbärmlicher Darsteller sei.

Die Generation der Erben hat mit der Vergangenheit zu brechen, darf sich von der Zukunft jedoch nichts erhoffen. Dies gilt auch für Heinrich Mann. Er genießt den Besitz, der ihm vom Vater hinterlassen wurde, doch ihn mühselig zu erhalten, ist seine Sache nicht. Er richtet sich in seiner Idylle ein, die ihm das Erbe gewährt und die ihm in seiner Kindheit unter väterlichem Schutz zuteil wurde, doch er unternimmt keinerlei Anstrengungen zu ihrem Schutz. Im Gegenteil spürt er schon zu des Vaters Zeiten die Brüchigkeit dieser Welt, und fröhlich überwindet er sie, erwachsen geworden, im Namen Nietzsches. Was kommen wird, erwartet er in passiver Haltung. Der Bruch mit der Vergangenheit ist also ein innerlicher. Äußerlich wahrt man die überkommene Lebensweise. Innerlich ist die Erstarrung überwunden, äußerlich bleibt alles beim Alten. Dadurch erhellt sich auch die Ambivalenz zwischen der Sehnsucht nach der Idylle der Kindheitstage und dem Bruch mit dem Vergangenen bei Heinrich Mann. Heinrich Mann zeigt sich als Abkömmling eines wohlhabenden hanseatischen Kaufmannshauses mit einem Hang zu großbürgerlichem Leben, wohl wissend, dass es nur noch eine vorübergehend zu wahrende Rolle ist.

In einer seiner ersten Novellen schildert Heinrich Mann wesentlich ausführlicher als in dem Gedicht ›Reaktionär‹

diesen Typus der Erben: »Er, im ganzen also ein Mensch, der sich stets vom Leben hatte durch das Leben treiben lassen; der keinen eigenen Entschluß kannte, geschweige denn ein eigenes zielbewußtes Streben ... hatte sich eingelebt in die eigene innere Verbitterung, Welt- und Ichverachtung.«[98] Die Erzählung trägt den Titel ›Haltlos‹. Entstanden ist sie während seiner Zeit in der Dresdner Buchhandlung von Zahn und Jaensch.

Noch in Lübecker Tagen hatte Heinrich erste literarische Arbeitsproben angefertigt, die teilweise auch anonym erschienen. Er sammelte sie in einem Ordner mit der Aufschrift ›Erste poetische und novellistische Versuche von 1885/6 bis Anfang 1891‹[99]. Auch ›Haltlos‹ ist von ihm in diesen Ordner einsortiert worden. Geschildert wird darin die Begegnung zweier junger Menschen: Er ist Buchhändler, gebürtig aus wohlhabendem Hause, sie arbeitet als Tabakverkäuferin. Anfangs glaubt er in ihr eine Seelenverwandte getroffen zu haben. Ihr Gesicht zeige die Züge eines »teilnahmslose[n] Hinwegsehen[s] über den gesamten Menschenpöbel, während man doch am Individuum, immer aus gemessener Entfernung natürlich, genaue Beobachtung anstellte, scharfe Kritik übte«[100]. Ihre Haltung signalisiere, wie wenig Anteil sie an der Welt nehme, ja noch mehr, sie verachte die Menschen um sich herum: »Und, vielleicht die Folge dieser Beobachtungen, ein unzufriedener, oft ironischer, zuweilen verachtender Zug des Gesichtes, zwischen Mundwinkel und Nasenflügel hin und her schielend.«[101] Der Zyniker, der an nichts mehr glaubt, kann die anderen Menschen, die noch ihren Illusionen nachhängen, nur verachten: Bemerken sie denn nicht, wie belanglos ihr ganzes Dasein, das sie für so wertvoll erachten, ist? Aber zuletzt offenbare sich in den Zügen des Mädchens noch ein weiter gehender Aspekt: »Und dann etwas schlecht Definierbares, was er ›ein Schmerzensmal, wie von tieferer Erkenntnis der Stirne aufgeprägt‹ gern nannte.«[102] Sie leide unter ihrem Zynismus, sie sehne sich nach einem Gefühl, dessen Wert fraglos und unberührt bleibe.

Trotz seines Zynismus muss sich der junge Mann eingestehen, dass auch er in manchen Augenblicken teilhat an der gemeinen Welt. Auch er bemüht sich vorwärts zu kommen, auch er strampelt sich im Alltagsleben ab. Ist sein Leben besser als das der anderen? Lediglich die Erkenntnis der Sachlage unterscheidet ihn von den dumpf dahinexistierenden Mitmenschen. Doch dies lindert sein Leiden nicht. Im Gegenteil, der Erkennende leidet umso bitterer, weil er sich des Verlustes im ganzen Ausmaß bewusst ist. Und hat er soeben nicht auch im Gesicht des jungen Mädchens genau diesen schmerzvollen Ausdruck der Erkenntnis wahrnehmen können?

Er sucht ihre Nähe, kommt jeden Mittag in den Tabakladen, wo sie arbeitet. Beide kommen sich näher. Er bewundert sie als eine ihm Ebenbürtige, wenn nicht gar Überlegene. In der Folge entfaltet Heinrich Mann mit subtiler psychologischer Differenzierungskunst, wie sich das Verhältnis der beiden weiterentwickelt.[103] Jede Reaktion von ihr, jede neu entdeckte Verhaltensweise an ihr, verschiebt die Balance der Kräfte allmählich zu seinen Gunsten. So bemerkt er eines Tages, dass sie, seit er sie kennt, immer den gleichen schwarzen Plisseefalten-Rock mit einer ärmlichen blauen Marine-Taille trägt. Sie stammt also im Gegensatz zu ihm nicht aus reichem, betuchtem Hause. Sie hat sich emporgearbeitet aus ihrem bitterarmen Milieu, wofür er sie noch mehr bewundern muss als zuvor für ihr spöttisches Wesen. Mit enormer Zielstrebigkeit, die ihm völlig fehlt, hat sie sich in dieser Welt durchgesetzt. Sie hat in diesem Augenblick den Höhepunkt in seinem Ansehen erreicht. In einem Gedicht deutet er ihr an, wie sehr er sie verstehen könne, und dieses Gedicht hinterlässt bei ihr einen tiefen Eindruck: Sie streift ihr höhnisch-kaltes Wesen ab, zeigt Gefühle, doch zunächst nur im Verborgenen.

Als er das Ladenlokal verlassen hat, sinkt sie erschöpft nieder. Sie muss sich eingestehen, dass sie sich zu diesem jungen Mann hingezogen fühlt, dass sie sich ihm hingeben wird. Denn sie ist nicht jene starke Persönlichkeit, als die er sie einschätzt. Ebenso wenig ist er der starke Beschützer, den sie sich im täglichen Kampf erträumt. Er ist schwach, zieht sich empor an ihrer vermeintlichen Stärke. Es wird die Leidenschaft zweier schwacher Menschen sein, erfüllt von der Sehnsucht nach Geborgenheit. Doch keiner von beiden wird stark genug sein, dieser Liebe Dauer zu verleihen. Ist der wollüstigen Sehnsucht Genüge getan, werden sie sich wieder trennen. Das wird alles sein, was sie sich erhoffen darf.

Sein Verhältnis zu ihr sollte sich erst in nächster Zeit verändern. Er rezitiert ein Gedicht, das von der Hoffnungs- und Ziellosigkeit der modernen Generation, den Erben der Gründerväter, handelt. Es erzählt von dem inneren Leid, das man sich zufügt, weil man äußerlich Stärke demonstriert. Sie zeigt sich von dem Gedicht tief bewegt. In diesem Moment verspürt er erstmals, dass sie weder die höhnische Kälte noch die Stärke der erprobten Kämpferin im Ringen um das tägliche Überleben besitzt. Unter dieser äußerlichen Schicht liegt ein leicht affizierbarer sentimentaler Kern. Augenblicklich fühlt er sich ihr überlegen, erstmals, seit sie sich kennen, ist er in der Position des Stärkeren. Umgehend nutzt er diese Gelegenheit, indem er ihre Hände ergreift und mit einem Geständnis seiner Zuneigung tiefer in die aufgebrochene Wunde hineinstößt. Er erinnert sich der Wortes Heines, dass das Mitleid der Beginn der Liebe sei. Doch welche Liebe ist dies? Zu der starken Frau fühlte er sich bewundernd emporgezogen. Nun empfindet er sich in einer Position der Stärke: Er hat das Diktat übernommen. Er spielt mit ihr. Aber ist es nur Spiel, oder offenbart sich auch in seinem Wesen ein affizierbarer sentimentaler Kern? War sein Geständnis nur gespielt, oder sprach er darin die eigene schreiende Sehnsucht aus, berührt, umarmt und geliebt zu werden? Die Grenzen zwischen Sein und Schein verwischen sich. Im Spiel drängen unbewusste Sehnsüchte nach oben und verwandeln es in das wahre Leben. In seiner Verwirrung greift der junge Mann schließlich zu einem erprobten Mittel: In der Nacht besucht er ein Bordell. Eine Prostituierte unterscheidet nicht zwischen Sein und Schein. Ihre Maxime ist klar: Wenn du mich bezahlst, kannst du mich haben. Bei ihr gibt es keine Verwirrung der Gefühle. Auch ihr Gast weiß, woran er ist; spätestens wenn sie das Geld von ihm fordert, muss er sich zu der einfachen Maxime ihrer Existenz bekennen, selbst wenn er sich nur allzu gerne der Illusion wahrer Zuneigung hingegeben hätte. Am nächsten Morgen empfindet der junge Mann ein schales Gefühl. Der Besuch im Freudenhaus hat ihm bewiesen, dass er seinen Gefühlen nicht gewachsen ist. Statt eine Klärung seiner Empfindungen herbeizuführen, hat er sich lieber einem kurzen oberflächlichen Sinnenrausch überlassen.

In dieser Stimmung geht der junge Mann wieder zu der jungen Frau im Tabakladen. Distanziert tritt er ihr gegenüber, um die eigene Schwäche nicht zu verraten. In der Szene macht die niedergeschlagene und verzweifelte Frau ihm ein Geständnis. Ihre Mutter ist schwer krank, doch sie kann sich die teure Medizin nicht leisten. Ihr Vermieter hat sich angeboten, ihr das Geld zu leihen, wenn – sie sich ihm hingebe. Der junge Mann bleibt von ihrer Verzweiflung unberührt: »Höchstens erleichtert fühlte er sich, von einer unbequemen Nervenspannung befreit.«[104] Die Befreiung resultiert aus der Rückführung ihres Verhältnisses auf das einfache Grundmuster, das er von der Prostitution her kennt. Er wird ihr das Geld geben, und damit gehört sie ihm. Sie ist nicht länger Objekt seines Begehrens, sie ist sein Besitz. Begehren zeigt die Sehnsucht nach etwas an, was man selbst nicht besitzt: Es offenbart eine Schwäche.[105] Man kann sich nun zu dieser Schwäche bekennen und sein Begehren eingestehen. Oder man erwirbt das, was einem fehlt, und besitzt es fortan. In diesem Falle ist kein Eingeständnis des Mangels vonnöten, weil man über ein Mittel verfügt, um den Mangel zu kompensieren: Geld. Man ist nicht auf das Entgegenkommen des anderen angewiesen, um den eigenen Mangel zu beheben; aus der Position des Stärkeren heraus kann man selbstbestimmt für Abhilfe sorgen. Also leiht er ihr das Geld.

Damit sinkt sie in seinem Ansehen auf die niederste Stufe: Fortan nimmt er keine Rücksicht mehr auf sie. Höflichkeitsformen verschwinden aus ihrem Umgang miteinander. Eines Abends wird er sie aufsuchen und sie sich nehmen. Beiläufig wird dies geschehen, wenn er das Bedürfnis danach empfindet. Sie wird in diesem Augenblick ein austauschbares Objekt für seine sexuelle Lust sein. Seine Bedürfnisse stehen im Mittelpunkt, sie sollen befriedigt werden, nach ihr wird niemand mehr fragen. Er erfüllt sich lediglich seinen Wunsch nach »'n bißchen Liebe«[106].

Am Morgen, nachdem er sie heimgesucht hat, findet er sich wieder in seiner Verwirrung der Gefühle gefangen. War das gestern eine oberflächliche Leidenschaft, ein Spiel, das ihn trieb, oder war es tiefere Sehnsucht nach Liebe? Wie soll er sich ihr gegenüber nach dieser gemeinsamen Nacht verhalten? Der junge Mann kann sich schließlich nicht dazu durchringen, die gestrige Nacht als Ergebnis seiner wahren Natur zu betrachten. Er hatte ihr Geld geliehen, dafür schuldete sie ihm das Vergnügen. Wahrscheinlich wird er ihr noch etwas mehr Geld geben, und die Sache ist vergessen. Er will sich nicht in seine Gefühle verstricken, will sein Ich weder vor ihr, noch vor sich selbst und erst recht nicht vor der Welt entblößen. Darüber ist er mit sich selbst einig geworden, als ihn ein Brief von ihr erreicht. In dem Brief liegt ein Schreiben von ihr und das geliehene Geld. Sie gesteht ihm, dass sie ihn liebe. Allein deshalb habe sie sich ihm in der vergangenen Nacht hingegeben. Ihre erste Liebesnacht wollte sie mit einem Mann verbringen, den sie wirklich liebe. Aus diesem Grunde habe sie zugestimmt, dass er ihr das Geld leihe, wohlwissend, welche Verpflichtung für sie daraus erwachse. Ihm gegenüber sei sie bereit gewesen, diese Verpflichtung einzulösen. Nach der Nacht mit ihm sei sie dann auch zu einer oberflächlichen, geheuchelten Leidenschaft bereit gewesen. Sie sei zu ihrem Vermieter gegangen und habe, den Prostituierten gleich, um des Geldes willen mit ihm geschlafen. Nun könne sie ihm das Geld zurückerstatten. Gleichzeitig nehme sie Abschied von ihm, denn sie spüre, dass zwei Menschen wie er und sie nicht zu einer dauerhaften Liebesbeziehung finden können. Unentschlossen und zutiefst verunsichert über sich selbst könnte der Rausch des Augenblicks ihre Gefühle wohl freilegen, doch sobald die Besinnung eintrete, schreckten beide vor sich selbst und den in ihnen lauernden wahren Leidenschaften zurück. Gestern Nacht hätten sie sich beide für diesen einen Augenblick von ihrem affizierbaren Kern übermannen lassen. Die Erinnerung daran soll ihnen beiden zeigen, zu welcher ungeheuchelten und reinen Leidenschaft sie im Stande seien.

Nach der Lektüre des Briefes ist der junge Mann empört und beschämt zugleich. Empört darüber, dass er, der sich als der Überlegene gefühlt hatte, in dieser Weise zurechtgewiesen wird. Beschämt, weil sie jenen Kern in ihm trifft, den er sich selbst nie hat eingestehen wollen; zugleich auch beschämt, weil sie sich so klar und deutlich zu ihren Gefühlen, zu ihrer Schwäche, bekennt. Am Ende erweist sie sich doch als die Stärkere.[107]

Heinrich Mann entwirft in dieser Novelle ein Porträt der Jugend seiner Zeit, gefangen zwischen Erkenntnis und der Sehnsucht nach wahren Gefühlen. Die Erkenntnis zerstört jede Unmittelbarkeit; jede innere Regung wird auf ihre Auslöser und ihre psychologischen Ursachen untersucht. Dabei erfährt sich der Mensch als determiniertes Wesen, ohne eigenen Entschluss. Vor diesem Selbstbild kapituliert er. So treiben zwei Menschen aneinander vorbei, ohne Bekenntnis zu den eigenen Gefühlen und damit ohne durchsetzungsfähigen Willen.

Mit der Herkunft und Tätigkeit des Helden, eines Buchhändlerlehrlings aus wohlhabendem Hause, schafft Heinrich einen autobiografischen Bezug. Dabei ist es unerheblich, ob sich diese Geschichte wirklich zugetragen hat. Durch die Einbindung der eigenen Person in diese Erzählung gestaltet Heinrich Mann ein Modell eigenen Handelns – oder vielmehr Nicht-Handelns. Indem er jedoch ein solches Modell zu kreieren weiß, führt er vor Augen, dass er sich der Fragwürdigkeit und Problematik einer solchen Existenz durchaus bewusst ist.[108]

Heinrich Mann ist auf der Suche nach Orientierung. Er begnügt sich nicht damit, die überkommene Ordnung überwunden zu haben. Er fragt, was an deren Stelle rücken könnte. Den Ort dieses Fragens bildet die Literatur. Dabei dient sowohl das eigene Schaffen als auch die Auseinandersetzung mit der zeitgenössischen Literatur diesem Zweck. Indem das eigene Schaffen Schauplatz einer Kontroverse wird, muss die Literatur die Bedeutung einbüßen, die sie bislang für Heinrich Mann hatte: Schließlich suchte er bisher als Leser einen Raum, in den er sich vor der Wirklichkeit zurückziehen konnte. Wird er eine Umwertung der Literatur ertragen können? Seine ›Fantasieen über meine Vaterstadt L.‹ hatten bereits bewiesen, dass er – seinem Vorbild Heine folgend – die Literatur als Form der Auseinandersetzung zu instrumentalisieren weiß. Die Satire kulminierte jedoch in einem Loblied auf die Literatur als, in den Augen der Bürger, nutzlosen Blödsinn. Ihre Nutzlosigkeit, ihre Abkehr von der Wirklichkeit, machte sie dem Erzähler gerade so wertvoll. Für die Zukunft muss dies bedeuten, dass die Kunst, die sich der Wirklichkeit öffnet, notwendig im Zeichen des Bruches mit der Vergangenheit steht. Ästhetizistische Formen deuten demgegenüber darauf hin, dass hier die eskapistische Qualität von Kunst in den Vordergrund rückt. Diese grundsätzliche Unterscheidung ist für die Zukunft zu beachten. Die Novelle ›Haltlos‹ ist zweifellos der ersten Kategorie zuzuordnen: Offen sucht Heinrich hier die Auseinandersetzung mit sich selbst, wendet sich also der Wirklichkeit zu.

Der wichtigste Ansprechpartner in literarischen Fragen wird der Schulfreund Ludwig Ewers, der mit Heinrich den Wunsch teilt, Schriftsteller zu werden. Ihre Korrespondenz wird zum Forum der gegenseitigen Kritik und der Aufmunterung zum eigenen Schaffen. Außerdem vollzieht sich in ihren Briefen eine heftige Debatte über aktuelle literarische Tendenzen.

Die zeitgenössische Literatur spiegelt die Erstarrung der Zeit in überkommenen Formen wider. Die großen Bezugspunkte bilden noch immer die deutschen Klassiker Goethe und Schiller und die deutsche Romantik. Sie werden von Schriftstellern wie Rudolf Baumbach und Julius Wolff nachgeahmt. Nicht die eigene Zeit liefert die Stoffe der Dichtung, nicht die Rezeption neuer Themen führt zu neuen Formen hin, sondern, indem man alte Stoffe und Formen nachexerziert, verschließt man sich vor den geschehenen Umwälzungen der Gegenwart.

Heinrich liest in seiner Dresdner Zeit ungemein viel, quer durch alle Richtungen. Er nutzt seine Tätigkeit im Buchhandel, um an alle interessanten Zeitschriften und Bücher zu gelangen. Schon bald bekennt er sich in seinen Briefen an Ewers zu den Bestrebungen des so genannten ›Realismus‹. In seinem Brief vom 8. Februar 1890 erläutert er, was Realismus seiner Ansicht nach sei: »Aber ich sehe ein, daß ich Dir – will ich überhaupt auch nur einen Achtungserfolg davontragen, in aller Ruhe Zweck und Ziel des Realismus vor Augen führen muß. Zuerst die Frage: Wozu ist der Dichter eigentlich da? Ich sehe hier von Natur und Liebe, den Stoffen, welche alle Zeiten selbstverständlich eigen sind, ab und gelange zur Antwort: Der Dichter soll unter allen Umständen der Herold seiner Zeit sein. Das können wir beide uns am besten an unsern Lieblingsdichtern, Heine und Geibel, klarmachen. Wer Heine gründlich studiert hat, der kennt jene ganze Zeit mit all ihrem jauchzenden Freiheitsenthusiasmus und all ihrer bitteren, ›arretierten‹ Verzweiflung. Und wer Geibels ›Heroldsrufe‹ und übrige Zeitgedichte gelesen, der ist eingeweiht in jene ganze Periode voll erwartungsvoller Sehnsucht nach einem neuen deutschen Kaiserreich.«[109] Der Dichter soll der Herold seiner Zeit sein, d. h., er soll die Stimmung und die Bestrebungen seiner Zeit objektiv wiedergeben. Er eigne sich besonders für diese Rolle, weil er an keine Partei gebunden sei. Für die zeitgenössische Dichtung jedoch sieht Heinrich diesen Anspruch nicht erfüllt: »Und was finden sie dann bei unsern erhabenen Wolffs und Baumbachs? Nichts, gar nichts als liebreizende Romantik, zuckersüß eingemachtes Mittelalter.«[110] Mann beklagt das Epigonentum seiner Zeit, kritisiert, dass eine solche Dichtung nicht auf der Höhe der Gegenwart sei. Zu ihrer Zeit mag die Romantik an ihrem Platze gewesen sein, heute nicht mehr. Mit überkommenen Formen müsse gebrochen werden: »Aber wozu diese Maskerade in unseren Jahrzehnten voll mächtigen Ringens nach geistiger Freiheit jeder Art?! In unserer großartigen Zeit, in der die gewaltigsten Veränderungen in sozialen und moralischen Verhältnissen angestrebt und – langsam aber sicher – durchgeführt werden?!«[111]

Eine Epoche, die mit den Werten der Vergangenheit breche, brauche auch eine Literatur, die sich von der Vergangenheit lossage – und das sei der Realismus: »Sie haben vor allem den Grundsatz der vollkommensten Objektivität. Sie schildern ganz einfach – so einfach ist es aber doch nicht! – das Leben, wie es ist. Sie verheimlichen nichts und setzen nichts hinzu. Sie lassen die Menschen handeln, wie sie in der hellen Wirklichkeit handeln, ohne sich viel um Gesetze der Ästhetik, um die Nasen alter Jungfern und die eventuell vielleicht gefährdete Unschuld höherer Töchter zu kümmern. Am Schlusse ziehen sie vielleicht nicht einmal die Folgerung aus ihren Schilderungen und Aufzeichnungen, aber jeder, der Ohren hat zu hören, muß es hören; aus jeder Zeile klingt es ihm entgegen: ›Seht, solch ein Morast verbirgt sich unter unserer spiegelblanken staatlich sanktionierten christlichen Moral. Weshalb wollt ihr fürderhin die Menschheit auf den schönen grünen Boden hetzen, der so fest und für die Ewigkeit haltbar aussieht und durch den die Meisten ahnungslos versinken? … Reißt doch lieber die dünnen Soden fort und zeigt den Abgrund! Wer wirklich Mut und Charakter besitzt, wird sich schon durch den Schlamm durchringen.‹«[112] Der Realismus sei einzig und allein der Wahrheit verpflichtet; diese wolle er darstellen. Dabei ignoriert er durchaus ästhetische Grundsätze, doch muss sich eben die Literatur den Erfordernissen einer neuen Zeit anpassen und nicht umgekehrt.[113]

Überhaupt – die Darstellung der Wahrheit »soll das wahrhaft ideale Streben des Dichters sein – und ist es bei allen wahren Poeten von jeher gewesen«[114]. Wenn Heinrich Mann von Realismus spricht, so bezieht er sich nicht nur auf eine literarische Strömung seiner Zeit, sondern in solchen Aussagen wird deutlich, dass Realismus für ihn eine grundsätzliche Haltung ist, die jederzeit und überall geboten erscheint. Die objektive Darstellung der Wirklichkeit erhebe den Dichter erst zur wahren Größe seiner Aufgabe. Dies gelte für gegenwärtige Autoren ebenso wie für verstorbene: Dieser Satz lasse sich ebenso auf Heine, Gutzkow und Geibel anwenden wie auf die Zeitgenossen Conradi, Sudermann und Bleibtreu. Heinrich Manns Bekenntnis zum Realismus ist deshalb mehr als nur eine Stellungnahme in einer modernen Debatte. Es ist darüber hinaus eine grundsätzliche Einschätzung der Aufgabe und Verpflichtung eines Dichters, die unabhängig von der Zeit ihre Gültigkeit bewahrt.[115] An diesem Grundsatz wird sich auch das gesamte Schaffen Heinrich Manns ausrichten. Die Verpflichtung zur Wahrheit wird seine Maxime.

Während seiner Beschäftigung mit der Literatur des Realismus stößt Heinrich Mann auf neue Vorbilder. Auf dem Gebiet der Lyrik ist dies Detlev von Liliencron, im Bereich der Prosa Theodor Fontane: »Immer deutlicher übrigens macht mir jedes neue Werk: Dieser Siebziger gehört ja auch zu den jungen Décadents, eigentlich. Er versteht alles und verzeiht alles. Er vertieft sich teilnahmsvoll in die grundverschiedensten Seelenzustände (›Seelenstände‹ würde Hermann Bahr sagen), zeigt überall die Notwendigkeit der einzelnen Entwickelung. Wem er selbst recht gibt, wird man sich am Schluß seiner Werke vergeblich fragen.«[116] Das vorurteilsfreie Schildern der Begebenheiten, die genaue Wiedergabe der Verhaltensweisen der einzelnen Charaktere, auch hier völlig neutral in der Erzählhaltung – diese Kennzeichen der Romane Theodor Fontanes bewundert Heinrich Mann. Die Parteinahme des Literaturkritikers Fontane für die junge Generation der Realisten wertet den 70-Jährigen, der erst in diesem hohen Alter seine großen Romane veröffentlicht, in den Augen Manns noch weiter auf.

Aber kann eine Literatur, die sich die objektive Schilderung des Gegebenen zur Aufgabe macht, die vorsätzlich kein Urteil fällen will, tatsächlich zu einer Neu-Orientierung beitragen? Wenn Heinrich Mann auf die Ziele des Realismus zu sprechen kommt, ist immer von einer Befreiung des Menschen die Rede: »Sodann: weshalb denn die Realisten die wahren Idealisten sind, fragst Du? Nun, weil sie, die Realisten, es sind, die zu allen Zeiten die eigentlichen Ideale vertreten haben. Denn die Ideale der Menschheit bestehen nicht in romantischer Schöngeisterei und ästhetischem Teegebäck, sondern in der Befreiung des Menschengeistes von den Fesseln, in die ihn besonders klerikale Tyrannei schlägt; sodann in der sozialen Aufklärung (im guten, nicht sozialdemokratischen Sinn), ferner und vor allem in der ›Sittenfrage‹, worunter ich nicht Verkündigung der ›Freien Liebe‹ zu verstehen bitte, sondern möglichste Unterdrückung aller Auswüchse der sogenannten bürgerlichen (d. h. philiströsen) Moral, welche fast immer auf Heuchelei hinausläuft.«[117] Der Realismus vertraue der Macht der Erkenntnis: Er führe die Bevormundung des Menschen durch Kirche und Moral vor Augen, um Kritik daran zu wecken. Er verfolgt somit ein aufklärerisch-emanzipatorisches Interesse. Die Befreiung des Menschen wird angestrebt, doch Befreiung wozu? Der Realismus ist, wie Nietzsche auf philosophischem Gebiet, der Bruch mit dem Überkommenen auf literarischem Felde. Was nachfolgt, bleibt jedoch offen. Wohin soll der Emanzipierte sich wenden?

Vom Sozialismus erwartet Heinrich Mann noch keine Lösung: »Ich habe mir die Bestrebungen dieser Partei kürzlich von unserm Antiquar … auseinandersetzen lassen. Was die Führer der Bewegung, wohlverstanden die Idealisten, wollen, ist sehr was Schönes: ›Keinen Geburts- oder Geldadel mehr. Keine Personenbevorzugung. Recht auf Arbeit. Nur geistige Aristokratie.‹ Aber an diesen beiden letzten Dingen klemmt sich die Sache. Arbeit! Ja, für die Masse der Sozialisten bedeutet der Zukunftsstaat ja gerade die Erlösung von jeder Arbeit! ›Dann bauen wir Korrektionshäuser.‹ Ja, wer soll bauen? Die Arbeiter werden sich bedanken! Dann die geistige Aristokratie, die den Staat leiten soll. Mein Gott, als ob dem Pöbel nicht der Titel ›Graf‹ und ein Beutel voll Geld viel mehr bedeutete als Talent und Geist! Bald wird Gevatter Bürstenbinder finden, ›da he dat denn am Enn doch grad so good könn' as so 'n Klookschieter‹ – und die Revolution ist wieder da.«[118] Heinrich Mann steht den Zielen des Sozialismus skeptisch gegenüber. Er hält sie zwar für durchaus wünschenswert, doch glaubt er nicht, dass sie sich realisieren lassen. Der unvollkommene Mensch passe nicht in einen idealen Staat. Der Arbeiter wolle nicht arbeiten, sondern reich sein. Auch die Leitung des Staates durch eine Geistesaristokratie werde scheitern müssen, weil das Volk den Geist ebenso wenig anerkennen werde wie den Adel oder den Reichen heute. Sozialisten sind nach Ansicht Heinrich Manns Idealisten, die wenig Sinn für die Realität aufweisen.

Aufgrund der Begeisterung Heinrich Manns für die Bemühungen der deutschen Realisten kann es nicht verwundern, dass er schon bald Kontakt zu der Zeitschrift ›Die Gesellschaft‹, dem Organ der Realisten, sucht. Er bietet dem Herausgeber, Michael Georg Conrad, mehrere Gedichte an und erhält zu seiner großen Freude eine positive Antwort, die er sofort dem Lübecker Freund Ludwig Ewers übermittelt: »Lies mal folgende Postkarte, die ich heute morgens [sic] erhielt, mit dem Poststempel ›München‹ und in großen, kräftigen Zügen. ›Das Gedicht ist eine gute Talentprobe. Ich nehme es mit Dank für die ›Gesellschaft‹ an. Der Abdruck kann im April- oder Maiheft geschehen, früher nicht. Ich bitte also um Geduld. Hochachtungsvoll Conrad.‹«[119] Bei dem akzeptierten Beitrag handelte es sich um das Gedicht ›Geh schlafen …‹, das jedoch erst einige Zeit später, im November 1890, abgedruckt wurde. Überhaupt schrieb Heinrich Mann in dieser Zeit hauptsächlich Gedichte. Die Gelegenheit zu literarischer Produktion fand er immer nur in der Mittagspause und während kurzer Arbeitsunterbrechungen in der Buchhandlung. Deshalb konnte er keine längeren Texte in Angriff nehmen und musste sich mit kurzen literarischen Formen begnügen. Nach Angaben von Gerhard Loose hat Heinrich Mann während seiner Schul- und Lehrzeit annähernd 200 Gedichte verfasst, meist angelehnt an das Vorbild Heines.[120]

Die eifrige Lektüre und die eigene literarische Produktion bei jeder sich bietenden Gelegenheit mussten auf die Dauer seinem ohnehin nicht sonderlich großen Eifer als Lehrling schaden. Heinrich empfand die Arbeit bei von Zahn und Jaensch als öde und langweilig: »Glaub mir, mein Leben in dieser Form ist zu öde. Den ganzen Tag am Kassapult mit einem Haufen zu ordnender Fakturen vor mir. Manchmal bleiben die Fakturen liegen, und ein paar Verse kommen zum Vorschein.«[121] Die Kollegen nennt er kurz und deftig »Fress- und Kackmenschen«[122] und verachtet sie für ihr geistloses Geschwätz. Als Quintessenz seiner Erfahrungen im Buchhandel kommt Heinrich Mann zu dem Schluss, dass er deutlich erkennen müsse, »daß ich überhaupt in keiner Stellung, in der ich mich befinden könnte, zufrieden sein würde. Ich bin ganz resigniert und tue, was ich muß.«[123] Im Laufe der Zeit wird ihm diese Arbeit zu einer immer größeren Last: »Dann die leidige Misere hier, im langsamen Sterben der totgequälten Tage. Es wird immer schlimmer.«[124] Er überdenkt Alternativen: »Mehr als einmal war ich nahe daran, mit einfacher Grobheit abzubrechen. Aber ich habe jetzt, soweit an mir liegt (und für den Fall, dass ich nicht gelegentlich hinausgeworfen werde), über mich entschieden. Ich halte hier aus; ein Vierteljahr vor Schluss der Tortur aber lasse ich mir, durch Zoozmann wahrscheinlich, in Berlin eine Stelle als Feuilleton-Redakteur besorgen. Glückt dies, so reise ich kühlen Bluts nach Hause und trete meinem Vater mit der vollendeten Tatsache vor Augen.«[125] Heinrich Mann rechnet mit dem Widerspruch des Vaters, sollte er die Lehre vorzeitig abbrechen. Um dies zu verhindern und dennoch der ungeliebten Lehre zu entrinnen, will er ihm vollendete Tatsachen in Gestalt einer neuen, besseren Anstellung unterbreiten.[126] Heinrich muss sich eingestehen, dass er es sich im Geschäft mittlerweile nach allen Richtungen hin derart verdorben habe, dass er die Tage bis zu seiner Entlassung abzählen könne. Mittlerweile rechnet er fest mit einer Zusage Zoozmanns und getraut sich deshalb »jede Grobheit im Geschäft mit einer dito Grobheit« zu beantworten.[127]

Nun hatte allerdings der Vater bereits seit einiger Zeit Kenntnis von der Situation seines Sohnes. Am 26. Mai 1890, also nur acht Monate nach Beginn der Lehrzeit Heinrichs bei von Zahn und Jaensch, sah sich der Vater schon veranlasst, dem Sohn brieflich mahnende Worte zukommen zu lassen: »Lieber Heinrich. Die Anfrage bei H von Zahn u. Jaensch ist von denselben so unerfreulich wie nur möglich beantwortet. Dein apathisches, indolentes Wesen wird überaus scharf gekennzeichnet und für Deine Zukunft wird mir nach der ganzen Schilderung bange.«[128] In seinem Antwortschreiben gelingt es Heinrich zunächst noch, die väterliche Kritik abzumildern: »Ich weiß zwar nicht, welche Eigenschaften an mir man eigentlich mit ›Apathie‹ und ›Indolenz‹ bezeichnen will. Ich springe, wenn mich einer der Chefs ruft, mit einer weder apathischen noch indolenten Schnelligkeit die Treppe hinauf und antworte auf jede Frage, wie es mir zukommt, kurz und bestimmt. Daß es zwischen Prinzipal und Lehrling nicht zu langen Unterhaltungen kommen kann, ist doch wohl selbstverständlich; was mit ›Wortkargheit‹ gemeint ist, begreife ich einfach nicht. Da sie mir hier jedoch nicht zum ersten Male vorgeworfen sind, müssen mir alle diese Eigenschaften doch wohl anhaften; – ich verstehe sie nur nicht.«[129] Im Fortgang des Briefes verweist Heinrich auf die Art und Weise, wie Herr Jaensch, den er als ungebildeten Mann beschreibt, mit den Lehrlingen umgehe. Er habe es sich zum Prinzip gemacht, sie so schlecht als irgend möglich zu behandeln, und bedenke sie häufig mit Schimpfwörtern. Manche seiner Leidensgenossen widersprächen, er habe es bisher vorgezogen zu schweigen. Möglicherweise rühre der Vorwurf der Apathie daher. Am Ende des Briefes beteuert Heinrich, dass er hinfort sein Benehmen ändern werde, damit seine Prinzipale mit ihm zufrieden sein werden.

Doch aus der Korrespondenz mit Ludwig Ewers wissen wir, dass sich die Lage spätestens mit Beginn des Jahres 1891 weiter zuspitzte. Zu diesem Zeitpunkt erwähnt Heinrich erstmals seinen oben bereits zitierten Plan, noch vor Ablauf der Ausbildung als Feuilleton-Redakteur nach Berlin zu gehen. Am 3. April 1891 sah sich der Vater genötigt, einen neuerlichen Brief mit mahnenden Worten an seinen Sohn zu senden. Diesmal stehen nicht die Vorwürfe der Lehrherren im Vordergrund der Ausführungen, sondern der Senator erinnert Heinrich an seine Pflichten gegenüber den Eltern: »In der Zeit da Deine Alters- und Schulgenossen nach beendigtem Examen in gehobenem Gefühl sich rüsten um hinauszuziehen und sich weiter für das Leben durch Studien vorzubereiten, muß es Deiner Mutter und mir beschieden sein durch unseren Sohn den Schmerz zugefügt zu erhalten, daß er durch Unbotmäßigkeit und Mangel an Willenskraft wiederum unsere Absichten durchkreuzt und in Bahnen einlenkt die nach meiner Meinung nicht zum Glück führen.«[130] Er habe eine Nacht verstreichen lassen, um seine Gedanken zu ordnen. Schließlich sei er zu dem Entschluss gelangt, Herrn Jaensch in zwei Tagen einen Besuch abzustatten. Energisch fordert der Senator von seinem Sohn: »Nur Eines melde ich dir schon gleich: Mein Sohn verläßt weder wie ein Flüchtiger noch wie ein Hinausgeworfener ein ehrenhaftes Haus. Wenn wir verhandeln wollen, verlange ich bis zu einem gewissen, nicht fernen Zeitpunkt über den wir uns verständigen können Dein Verbleiben bei H. v Z u. J und zwar unter Aufbietung der Rücksicht die, wenn sonst gegen Niemand Du uns, Deinen Eltern schuldig bist und des daraus hergeleiteten unbedingt anständigen und willigen Verhaltens gegen H. Jaensch und Deine Vorgesetzten. Gegen die sonstigen Lehrlinge verhalte Dich ruhig und glaube nur nicht sie auf Deiner Seite zu haben.«[131]

Heinrich hatte zu diesem Zeitpunkt schon längst seinen Abgang aus Dresden vorbereitet. Neben der Bewerbung bei Zoozmann hatte er mittlerweile auch ein Bewerbungsschreiben an den S. Fischer Verlag gerichtet. Während Zoozmann die erhoffte Redakteursstelle verweigerte, kam von dort das Angebot, in Berlin als Volontär im Lektorat anfangen zu können. Nach einer Aussprache mit dem Vater in Dresden wechselte Heinrich noch im gleichen Monat die Stelle. Zuvor allerdings hatte der Vater noch ein Gespräch mit dem Verleger geführt. Offensichtlich wollte er vorsorgen, dass es nicht ein zweites Mal zu Zwistigkeiten zwischen seinem Sohn und dem Lehrherren kommen werde.

Der Verlag S. Fischer war 1886 gegründet worden. Sein Inhaber, Samuel Fischer, stammte aus dem ungarischen Teil des Habsburgerreiches. Schon mit vierzehn hatte der Sohn jüdischer Eltern seine Heimat verlassen, um in Wien eine Buchhändlerlehre zu beginnen. Von dort zog es ihn nach Ende seiner Ausbildung 1880 nach Berlin, wo bereits einer seiner Brüder lebte. Drei Jahre lang sind wir ohne Zeugnis von ihm, dann taucht er plötzlich in einer Anzeige im ›Börsenblatt‹, dem Mitteilungsorgan der Buchhändler, auf. Am 20. September erschien darin eine Notiz, in der der Inhaber einer Buchhandlung im Central-Hotel und kleine Verleger Hugo Steinitz eine Veränderung seines Geschäftes ankündigt: »Berlin N. W., im September 1883. Hiermit die ergebenste Mittheilung, daß ich am 1. October d. J. meinen Verlag vom Sortiment trenne und unter der Firma: Hugo Steinitz & Co., Verlagsbuchhandlung, Berlin S. W., Kochstr. 63, II. Et. weiterführe. Hochachtungsvoll Hugo Steinitz.«[132] Hinter dem Zusatz ›& Co.‹ verbarg sich Samuel Fischer. In den Folgejahren publizierten beide eifrig: einen Taschenfahrplan für Nord- und Mitteldeutschland, den ›Berliner Hotel-Courier‹, ein Informationsblatt für Touristen, das in Berliner Hotels verteilt wurde, ein Werk Dr. Carl Werners über ›Die Massage. Ihre Technik, Anwendung und Wirkung‹ sowie ein Büchlein von Karl Bleibtreu mit dem Titel ›Wer weiß es? – Erinnerungen eines französischen Offiziers unter Napoleon I.‹. Der Taschenfahrplan sorgte gemeinsam mit dem ›Hotel-Courier‹ und dem Buch Bleibtreus für eine solide finanzielle Grundlage des Verlags.

Doch bald schon kündigte das ›Börsenblatt‹ neuerliche Veränderungen im Geschäft an. Unter dem Datum des 16. Februar 1885 ließen Steinitz und Fischer bekannt machen, dass der Geschäftszweig Sortimentsbuchhandlung künftig von den Gebrüdern Fischer übernommen werde. Offensichtlich hatte Samuel seinen Bruder Moritz nach Berlin geholt und ihn in das Geschäft eingeführt. 1886 folgte schließlich die endgültige Trennung von Steinitz. In den nächsten Jahren baute Fischer mit zehntausend Mark Startkapital seinen Verlag auf. Dabei bemühte er sich, mit der althergebrachten Literatur zu brechen: »Selten war eine Literatur nicht nur der Umwelt, sondern auch der eigenen Welt so völlig entfremdet wie die deutsche um das Jahr 1880. Sie wußte nicht nur von Europa nichts; sie wußte auch vom eigenen Land, von den eigenen Menschen nichts und wollte nichts wissen. Die krassen inneren Unvollkommenheiten des neuen Staatswesens, die Schattenseiten des wirtschaftlichen Aufschwungs, das wachsende Elend der Großstädte und ihres Industrieproletariats kamen in dieser Literatur nicht vor. Die Fortschritte der Naturwissenschaften, ethische, soziale, religiöse Probleme, Frauenemanzipation, Arbeiterbewegung, Sozialdemokratie, Gewerkschaften – nichts davon fand in der großen Erfolgsliteratur einen Widerhall. Diese Literatur war zu einer schundigen Fabrikware geworden. Sie schrieb sich von selbst, sie druckte sich von selbst, sie verlegte und verkaufte sich von selbst. Der Beruf des Verlegers schien mit ihr geradezu ad absurdum geführt: schöpferische Initiative war genau das, was in diesem Riesenbetrieb geistigen Leerlaufs ganz und gar nicht gebraucht wurde.«[133] S. Fischer ergriff die Initiative: Er entdeckte die ausländische Literatur für Deutschland und gab einer jungen Schriftsteller-Generation damit einen Maßstab an die Hand. Sein erstes Verlagsprogramm umfasste Werke von Ibsen, Dostojewski, Tolstoi und Zola. Deutsche Autoren waren noch nicht darunter, denn Fischer sah im eigenen Land noch kein Talent, das diesen Vorbildern ebenbürtig sein könnte. Doch um seine Person scharte sich schon bald eine Gruppe junger Autoren, die sich die »Jüngstdeutschen« nannten und eine realistische Literatur anstrebten. Die Anthologie ›Moderne Dichtercharaktere‹, herausgegeben von Wilhelm Arent, stellte sie der breiten Öffentlichkeit vor. Doch noch hielt sich S. Fischer als Verleger zurück: Er publizierte weder die Anthologie noch die Werke dieser Autoren. Er wartete weiter ab und weitete sein Engagement noch aus.

Im März 1889 traf sich eine Gruppe von Theaterfreunden, um in Berlin eine »Freie Bühne« zu gründen. Die Initiatoren dieser Idee waren der Theaterkritiker Otto Brahm, der Publizist Maximilian Harden und der Redakteur Theodor Wolff. Ihr Vorbild war das Théâtre libre in Paris, das naturalistische Dramen aufführte. Der Gründer dieses Theaters hatte allerdings in der Anfangszeit mit großen finanziellen Schwierigkeiten zu kämpfen, bis er die Zuschauer für die neuartigen Stücke gewonnen hatte. Dieses Problem wollte die Berliner Gruppe vermeiden: Man wollte einen Verein gründen, aus dessen Mitgliedsbeiträgen das Theater seinen Etat bestreiten konnte. Durch diese Konstruktion umging man noch eine zweite Gefahr: Bei naturalistischen Dramen war mit strikten Zensurmaßnahmen zu rechnen. Wenn aber nur die Mitglieder des Vereins Zutritt zu den Aufführungen hätten, so wären dies keine öffentlichen, sondern geschlossene Veranstaltungen, die nicht der Zensur unterlägen. S. Fischer gehörte dem dreiköpfigen Vorstand der »Freien Bühne« als Schatzmeister und Kassenwart an.

Die »Freie Bühne« eröffnete ihren Spielbetrieb am 29. September 1889 mit einer Aufführung von Ibsens ›Gespenster‹. Während der Proben zu diesem Stück wurde dem Vorstand ein neues Stück eines deutschen Autors zugesandt. Die führenden Mitglieder des Vereins zeigten sich einhellig begeistert. Das Stück wurde umgehend in den Spielplan aufgenommen, und so erlebte am 20. Oktober 1889 Gerhart Hauptmanns ›Vor Sonnenaufgang‹ seine skandalumwitterte Premiere. S. Fischer hatte mit ihm seinen Autor gefunden, auf den er so lange gewartet hatte; der 1862 geborene Hauptmann war das deutsche Talent, das den ausländischen Autoren nicht nachstand. Der Gründung des Verlags und der Mitarbeit am Verein der »Freien Bühne« ließ S. Fischer kurz darauf noch ein weiteres Projekt zur Förderung der modernen Literatur folgen: Er publizierte eine Zeitschrift mit dem Titel »Freie Bühne für modernes Leben«. Peter de Mendelssohn vermerkt zu diesem Blatt: »Die ›Freie Bühne für modernes Leben‹ erschien jeden Mittwoch und war ein schmales grünes Heft. Daß Fischer diese Farbe wählte, ist seltsam; denn auch ›Die Gesellschaft‹ war grün.«[134] Die Zeitschrift von Michael Georg Conrad, die Heinrich Mann eifrig las und der er seine Gedichte zur Veröffentlichung zuschickte, erschien in München und hatte sich schließlich auch zum Ziel gesetzt, die moderne, realistische Literatur zu fördern. Dass beide Blätter sich in ihrer Aufmachung derart glichen, hing wohl mit der Rivalität zwischen den Verfechtern der neuen Literatur in München und Berlin zusammen. Fischers Zeitschrift war eindeutig ein Konkurrenzprodukt zur ›Gesellschaft‹.

Dies waren die Voraussetzungen, unter denen Heinrich Mann, der Anhänger M. G. Conrads, im April 1891 in Berlin seine Stelle als Volontär im Lektorat des Verlags S. Fischer antrat. Seine Tätigkeit im Hause sollte nur ein Dreivierteljahr dauern. Peter de Mendelssohn überschrieb dieses Kapitel in seiner Geschichte des Verlags S. Fischer mit dem Titel »Episode: Der falsche Mann«[135]. Erst der Bruder Thomas sollte mit der Veröffentlichung seines ersten Romans ›Buddenbrooks‹ für den Verlag der richtige Mann werden.

Einer der ersten Schritte Heinrich Manns war die Mitgliedschaft im Verein der »Freien Bühne«. Der Vater hatte diese Ausgabe gebilligt, wie er überhaupt fortan ein sorgsames Auge auf die Finanzen seines Sohnes werfen wollte. Ungeachtet der väterlichen Kontrolle gelang es dem Sohn jedoch immer wieder, kleinere Beträge in seiner Abrechnung verschwinden zu lassen: Eine Theaterkarte, ein Essen wurden teurer als in Wirklichkeit abgerechnet und diese Beträge auf den nächtlichen Streifzügen durch Berlin für Prostituierte und in Bars ausgegeben.

Trotz seines Beitritts zur »Freien Bühne« stand Heinrich Mann den Bemühungen der Berliner »Jüngstdeutschen« distanziert gegenüber: »Weniger aus Neigung als aus ›Pflicht‹-Eifer, um Conrad über alle interessanten Berliner Theatererscheinungen berichten zu können«, sei er dem Verein beigetreten.[136] Schon zu Zeiten seiner Buchhändlerlehre in Dresden hatte er sich unter dem Einfluss der Zeitschrift ›Die Gesellschaft‹ von den ›Berliner Herrn‹ abgegrenzt: »Ich glaube, selbst ein Ur-Realist wie Heine, der ganz selbstverständlich als Realist auch Pessimist ist, hat Momente, wo ihn weder starke Leidenschaft noch Bitterkeit beherrscht, sondern nichts als eine gewisse Innigkeit, ein undefinierbares Glücksgefühl – und in solchen Augenblicken schreibt er weder ›Ich grolle nicht‹ noch ›Testament‹, sondern ›Leise zieht durch mein Gemüt‹. Aber Herr Hart, dieser ›konsequenteste‹ Realist (wie sich die Berliner Herrn von der ›Freien Bühne‹ zu benamsen pflegen), ist eben vom echten Realismus so weit entfernt, daß er nur mehr Poesien à la Hauptmann für lebenswahr hält.«[137] Diese Distanz wahrte er noch in Berlin. Hatte er stets darauf bestanden, dass es Ziel und Absicht realistischer Literatur sein müsse, die Wahrheit möglichst objektiv zu schildern, gingen ihm dennoch die konsequenten Realisten, die sich auch Naturalisten nannten, einen Schritt zu weit. Mit ihrer ausschließlichen Konzentration auf die dunklen, abgründigen Seiten der menschlichen Existenz verfehlten sie seiner Ansicht nach wesentliche Teile des menschlichen Lebens. Gibt es nicht auch hoffnungsfrohe Momente, wie sie Heinrich Heine besingt? Besteht das menschliche Leben ausnahmslos aus Niederlagen und Verzweiflung?

In der Folgezeit lässt sich beobachten, dass Heinrich Mann sich allmählich nicht nur vom Naturalismus in seiner Berliner Spielart abwendet, auch der Realismus wird ihm fragwürdig. Diese Entwicklung geschieht unter dem Einfluss des französischen Schriftstellers Paul Bourget: Langsam rückt Heinrich Mann von der Verpflichtung zur äußeren Wahrheit ab und wendet sich der inneren Wahrheit seiner Gestalten, deren Psyche, zu. Nach einer Lektüre von Bourgets ›Le Disciple‹ schreibt er an Ewers: »Ich möchte nur verstehen; möchte deutlich die psychologischen Gründe erkennen, aus denen jeder zu den Meinungen gekommen ist, die er hat.«[138] In diesem Sinne bestreitet er auch das Vorhandensein einer objektiven Wahrheit; seiner Meinung nach gibt es nur eine Vielfalt subjektiver Ansichten, die es zu verstehen gelte. Wenn sich keine psychologischen Gründe für eine Haltung mehr finden lassen, dann müssten sich zumindest pathologische Ursachen finden lassen, denn dann müsse es sich bei diesem

Verhalten um Symptone einer geistigen Krankheit handeln. So kann er schließlich am 16. Mai 1891 verkünden: »... beim Symbolismus bin ich nun glücklich angelangt, kommt es mir vor; bei der modernsten Note.«[139]

Noch immer verbirgt sich hinter dieser Haltung ein Bestreben des Realismus: Eine Sache soll möglichst exakt wiedergegeben werden. Das sei nach Mann auch das Ziel des psychologischen Romans à la Bourget: »Die Seele eines Menschen wird mit Umständlichkeit und Sorgfalt zerlegt in einzelne Fasern; jede Nervenschwingung festgehalten. Das leitende Motiv des Dichters ist einzig Interesse für das, was dabei wohl zutage kommt.«[140] Der Unterschied zwischen den Realisten und Bourget liegt in dieser Verlagerung des Interesses von der Außenwelt auf die Innenwelt. Die Symbolisten, deren Interesse auch die Analyse von Seelenständen ist, gingen noch ein Stück weiter: »Auch sie legen seelische Vorgänge oder ›Seelenstände‹ bloß, immer aber mit der Absicht, einen ganz bestimmten Eindruck beim Leser hervorzurufen. Nicht nur die Nerven ihres ›Opfers‹, auch die des Zuschauers interessieren sie. Sie müssen, um ihren Zweck zu erreichen, noch bedeutend deutlicher werden als die einfachen Psychologen und werden dies auf verschiedenem Wege.«[141] Mann nennt Beispiele für diese Wege: Maeterlinck gebe das naive Sprechen eines Charakters wieder, um dadurch den Seelenzustand des Betreffenden offen zu legen. Im Théâtre libre habe ein Autor eine graue Frau als Dialogpartnerin des Helden auftreten lassen. Bei dieser Gestalt habe es sich um eine Personifikation der ›Sorge‹, einer Seelenstimmung des Helden also, gehandelt. Während das individuelle Sprechen bei Maeterlinck durchaus noch im Bereich realistischer ästhetischer Vorstellungen liegt – auch Hauptmann oder Holz/Schlaf bemühten sich darum, mundartliches Sprechen in ihre Stücke als Ausdruck der Persönlichkeit der Handelnden zu integrieren –, ist das Auftreten einer Allegorie der ›Sorge‹ ein Element, das dem Realismus widerspricht. Die Faszination, mit der Heinrich Mann solche Versuche verfolgt, deutet darauf hin, dass auch er sein Interesse dem

Seelenleben des Menschen zugewandt hat und nun um die angemessene literarische Darstellungsform ringt. Genügt es, wie Bourget, das Innere eines Menschen dem Betrachter darzulegen, oder gilt es, wie die Symbolisten, den Zuschauern unterstützende Hinweise zu geben, wobei der Anspruch auf äußere Wahrheit hintangestellt werden kann, wenn dies erforderlich erscheint?

In diese Zeit der literarischen Orientierungsversuche fiel ein einschneidendes Ereignis: Am 4. Oktober 1891 schrieb Julia Mann aus Lübeck an ihren Sohn: »Dein Vater ist sehr krank. Nach meiner Ansicht ist es geraten, daß Du recht bald kommst, um, falls es nötig ist, ihm noch die Hand zu reichen u. ihm, mit uns allen, nahe zu sein. Nimm Dir von Fischer die Erlaubnis vorläufig auf einige Tage.«[142] Das Schreiben der Mutter rief Heinrich an das Totenbett seines Vaters. Die Episode ist bereits bekannt. Für Heinrich bedeutete sie den endgültigen Bruch mit der Heimat.

Wie markant der Tod des Vaters für Heinrich war, zeigt seine körperliche Reaktion auf die Ereignisse. Im Januar 1892 erlitt er einen Blutsturz. Zur Behandlung begab er sich zunächst in das Sanatorium eines Dr. Oppenheim. Im Februar übersiedelte er zur Kur nach Wiesbaden. Nun gehörte er endgültig der Generation der Erben an. Hatte die räumliche Distanz ihm zumindest die Illusion der Freiheit verschafft, so war er nun endgültig ungebunden. Er musste nicht länger auf die väterlichen Wünsche Rücksicht nehmen. Die Liquidation der väterlichen Firma erbrachte 400 000 Mark. Aus diesem Vermögen gingen den Brüdern Thomas und Heinrich monatliche Zinseinkünfte von ca. 180 Mark zu. Die testamentarische Verfügung des Vaters hatte es den Vormündern zwar zur Aufgabe gemacht, auf eine praktische Erziehung der Söhne zu achten und sich insbesondere den literarischen Neigungen Heinrichs zu widersetzen, doch die Erkrankung Heinrichs sorgte dafür, dass zunächst einmal an eine Fortsetzung seiner praktischen Tätigkeit nicht zu denken war. Die gewonnene Freiheit wollte genutzt sein: vielleicht um einen im September 1891 begonnenen Roman zu vollenden.

4. Wanderjahre

Rekapitulieren wir die Situation, in der sich Heinrich Mann Anfang des Jahres 1892 befand. Der Vater war tot. Die Zinseinkünfte sicherten die einfachsten Grundbedürfnisse. Aufgrund der Krankheit ruhte die praktische Tätigkeit im Verlag S. Fischer. Überhaupt hatte er die Buchhändlerlehre bei von Zahn und Jaensch in Dresden und das Lektoratsvolontariat bei S. Fischer primär dazu genutzt, seine Position in der zeitgenössischen literarischen und ästhetischen Debatte zu suchen. Dabei war der Realismus, wie ihn die Zeitschrift ›Die Gesellschaft‹ vertrat, ein erster Anhaltspunkt: Mit dessen Zielen konnte er übereinstimmen. Im Laufe des Jahres 1891 entdeckte er neue Tendenzen für sich. Diese Entwicklung geschieht unter dem Einfluss von Paul Bourget, doch nicht allein: Neben Bourget treten der Naturwissenschaftler Emil Du Bois-Reymond und der Literaturtheoretiker Hermann Bahr.[143]

Der Realismus war für Heinrich Mann gleichbedeutend mit einer Offenlegung der erstarrten Verhältnisse gewesen. Von dieser erwartet er sich einen Anstoß zur weiteren Emanzipation des Menschen. Die Schilderung des menschlichen Leids musste jeden human gesinnten Zuschauer oder Leser aufrütteln, sodass er willig zu einer Verbesserung der allgemeinen Situation beiträgt. Doch wie sollte diese Verbesserung aussehen? Mit dieser Frage waren sie von den Philosophen und Schriftstellern allein gelassen worden. Eine erste Begegnung mit sozialistischen Ideen konnte Heinrich Mann wenig befriedigen. Die Suche musste fortgesetzt werden. Aber gab es überhaupt einen allgemein verbindlichen Maßstab, wie der Mensch glücklich werden könne? Heinrich Mann war im Laufe der zwei vergangenen Jahre zur Einsicht gelangt, dass man den Ursachen für menschliches Verhalten nachspüren müsse, wolle man die Menschen und ihre Bedürfnisse verstehen. Für diese Eigenart hatte er Fontane und sein Werk bewundert. Diese Einsicht führte ihn auch zu Paul Bourget, dessen psychologische Romane eine Zergliederung der ›Seelenstände‹ anstrebten.

Die Frage musste erlaubt sein, ob der Mensch notwendig so handeln muss, wie er handelt. Steht seine Psyche in einem unausweichlichen Abhängigkeitsverhältnis zur Außenwelt? Heinrich Mann untersucht das Vorhandensein eines solchen Determinismus nicht zuletzt an der eigenen Psyche. Dabei drängt sich ihm die eigene Sexualität auf, die er als unwiderstehlich treibendes Begehren erlebt. Gegenüber seinem Freund Ewers schildert er seinen Seelenzustand in diesen Situationen: »Für mich ist ›Liebe‹ Einbildung wie alles übrige. Es sind in mir, bei Beginn des Prozesses, Reizungen der Sexualnerven vorhanden, die überhaupt keinen äußern, sondern nur in mir liegende physiologische und pathologische Gründe haben.« Mit anderen Worten: Heinrich Mann stellt fest, dass der Anstoß für sein sexuelles Begehren nicht von außen kommt, sondern von innen veranlasst wird. Die Gründe seien physiologischer und pathologischer Art, lassen sich jedoch nicht weiter bestimmen. Diesem innerlich aufgebauten Begehren tritt dann ein äußerer Reiz hinzu: »Das erste mir begegnende, meinem Geschmack einigermaßen zusagende und – zugängliche Weib wird dann Exzesse veranlassen. Wohlverstanden: Nicht jede relativ reizende Frau genügt meinen speziellen Ansprüchen. Es kommen natürlich Geschmacksfragen in Betracht. Zuweilen bin ich zwei Stunden Potsdamer, Leipziger, Friedrichstraße hin- und zurückgelaufen, ehe ich hatte, was ich brauchte. Aber im Hauptpunkt ist die Entwickelung so und nicht umgekehrt, wie man meist erzählt und sich glauben machen möchte. Man simuliert für den ganz intimen, in uns selbst abgeschlossenen Vorgang eine äußerliche Ursache, den berühmten Magnetismus der Frau. Und diese ist doch meist nichts weiter als das Objekt der Befriedigung, wie es für sie selbst mitunter ein Produkt der Gummi-Industrie sein kann.«[144] Der äußere Reiz ist sekundär: Er ist nicht auslösend, sondern lediglich der Gegenstand, an dem das innerlich aufgestaute Begehren abreagiert wird.

Für diese Selbstbeobachtungen findet Heinrich Mann eine Bestätigung in den Ansichten des Naturwissenschaftlers Emil Du Bois-Reymond. Im Jahre 1872 hielt dieser in Leipzig einen Aufsehen erregenden Vortrag ›Über die Grenzen des Naturerkennens‹. In seiner Rede ging Du Bois-Reymond auf den Widerstreit zwischen verschiedenen Weltbildern ein: Das kausal-mechanische unterstellt, dass jede menschliche Intention einen materiellen, d. h. nicht von der Psyche selbst ausgehenden Anlass habe. Der Mensch reagiere auf einen bestimmten materiellen Reiz immer in derselben Weise. Unter diesen Voraussetzungen ist keine menschliche Willensfreiheit mehr gegeben: Ethische Normen werden belanglos. Diesem Denken in kausal-mechanischen Zusammenhängen stellt Du Bois-Reymond sodann seine Ansicht von einer Autonomie psychischer Vorgänge gegenüber: Forschungen von Sinnesphysiologen hätten gezeigt, dass Empfindungen wie Schmerz oder Lust nicht aus einem materiellen Reiz erklärt werden könnten. Worin allerdings ihre Ursache liege, sei unbekannt. Ein mechanischer Kausalzusammenhang lasse sich ausschließen, doch für die tatsächlichen Ursachen von Empfindungen gelte: »Ignorabimus«[145] – wir können es nicht erkennen.

Von diesen Ansichten zehrt Heinrich Mann: Auch bei der Zergliederung seines sexuellen Begehrens musste er am Ende zu der Einsicht gelangen, dass er den eigentlichen Auslöser seines Verlangens nicht erkennen könne. Sehr viel wichtiger sind jedoch die Folgerungen, die er daraus für sein literarisches Schaffen zieht. Die Stücke Gerhart Hauptmanns legten den Eindruck nahe, dass die schreckliche soziale Lage von Menschen bei diesen nur Verzweiflung und Niedergeschlagenheit hervorrufen könne.[146] Die Außenwelt determiniere ihr Seelenleben. Einer solchen Sichtweise konnte Heinrich Mann unmöglich beipflichten. Seine Sympathien für Bourget und den Symbolismus erklären sich aus seiner Zustimmung für Du Bois-Reymonds Thesen: Wenn die menschlichen Seelenzustände ihre Ursache nicht in äußeren Faktoren haben, wird die exakte Darstellung der Umwelt nebensächlich. Viel wichtiger ist dann die aufmerksame Analyse der Psyche. Nur auf diesem Wege findet man zu den Ursachen menschlichen Verhaltens.

Die Gleichsetzung eines kausal-mechanistischen Weltbildes mit den Überzeugungen des Naturalismus sowie der Haltung ›Ignorabimus‹ mit neuen literarischen Tendenzen, die sich dem seelischen Innenleben der Menschen zuwendeten, entnahm Heinrich Mann der Schrift ›Die Überwindung des Naturalismus‹ von Hermann Bahr. In seinem Aufsatz verkündete Bahr das Ende des Naturalismus. Neue literarische Formen träten nun an dessen Stelle. Da sei zunächst die Psychologie, die der äußeren Welt den Rücken kehre, um die Rätsel der Seele zu erforschen. Doch der Psychologismus eines Bourget bildet nach Ansicht Bahrs nur einen Übergang. Am Ende der Entwicklung steht seiner Meinung nach eine neue Romantik: Aus der Kunst, die eine Weile Markthalle der Wirklichkeit gewesen sei, werde nun wieder, und Bahr bezieht sich hierbei auf eine Aussage Maeterlincks, ein Tempel des Traumes. In der Kunst würden dem Rezipienten die Traumwelten des Künstlers offen gelegt. Die neue Romantik unterscheide sich aber wesentlich von der alten; sie sei nicht einfach eine Wiederholung jener ästhetischen Formen am Ende des letzten Jahrhunderts. Alte und neue Romantik stimmten darin überein, dass sie beide Ausdruck des menschlichen Inneren seien, »aber wenn der Klassizismus Mensch sagt, so meint er Vernunft und Gefühl; und wenn die Romantik Mensch sagt, so meint sie Leidenschaft und Sinne; und wenn die Moderne Mensch sagt, so meint sie Nerven«[147]. Die neue, moderne Romantik zeichne sich durch eine übersteigerte Sensibilität aus, die noch die feinsten und leisesten Nuancen innerer Seelenzustände wahrnehmen lasse. Um zu dieser außerordentlichen Sensibilität gelangen zu können, bedurfte es der Schule des Naturalismus, der zwanghaften Auseinandersetzung mit der Wirklichkeit. Erst nach der Flucht vor der Wirklichkeit in das Innere sei der Sinn für die verborgensten inneren Regungen entstanden. Das Gespür für die feinsten nervlichen Regungen sei das Erbgut einer Décadence, die die Auseinandersetzung mit dem Realismus durchlaufen habe.

Im Sommer 1892 veröffentlichte Heinrich Mann in der

Zeitschrift ›Die Gegenwart‹, einem etablierten Forum der realistischen Literatur, seinen Aufsatz ›Neue Romantik‹. Er folgte darin in wesentlichen Punkten den Ansichten Bahrs. Heinrich Mann wendet sich gegen eine betonte Gegenüberstellung von Realismus und Romantik. Der Naturalismus verweigere sich ebenso einer außerliterarischen Inanspruchnahme wie die Romantik. Heinrich Mann setzt die »romantische[] Zwecklosigkeit« auf eine Stufe mit der »Tendenzfeindlichkeit des Naturalismus«[148]. Die Romantik befreit also durch ihre Zwecklosigkeit von der Welt und ihren Ansprüchen; der Realismus befreit durch seine Tendenzlosigkeit von den Ansprüchen der gegenwärtigen, veralteten Gesellschaftsordnung.

In dieser Deutung des Verhältnisses von Romantik und Realismus lässt sich, unmittelbar auf Heinrich Mann bezogen, eine persönliche Dimension erschließen. Der Realismus hinterlässt ein Vakuum: Er bricht mit dem Vergangenen, errichtet jedoch nichts Neues. Der heimliche Wunsch nach Geborgenheit, der bei Heinrich Mann stets zu beobachten war, kann von ihm nicht erfüllt werden. Wenn Heinrich Mann nicht nur den Bruch will, sondern sich auch weiterhin nach Geborgenheit sehnt, so könnte die Hoffnung auf eine neue Romantik diese Sehnsucht einlösen.

Worauf zielt nach Meinung Heinrich Manns die neue Romantik? In seinen Augen dient die ganze Seelenanalyse, die darin betrieben wird, »nur dazu, das Unerklärliche festzustellen, die Lücken und ›Grenzen des Naturerkennens‹ zu bestimmen«[149]. Hier fließen erneut Emil Du Bois-Reymonds Ansichten ein: Die neue Romantik strebt nach jenen Fundstellen, wo das menschliche Erkenntnisvermögen sich mit einem ›Ignorabimus‹ begnügen muss. Sie wird damit zur literarischen Umsetzung des Indeterminismus Du Bois-Reymonds. Aber sie gehe noch darüber hinaus, indem sie »das bloß Räthselhafte zum mystisch Unheimlichen und Grausigen vertieft«[150]. Die Beschränkung auf die Einsicht ›Ignorabimus‹ sei auch dem Psychologismus Bourgets gegeben. In der Steigerung dieses Befundes zum mystisch Unheimlichen überschreite die Neoromantik die Grenzen seines Psychologismus.

Heinrich Mann hat bereits ein Modell für die neue Romantik gefunden: ›Pelléas et Mélisande‹ von Maurice Maeterlinck erfülle alle genannten Kriterien, indem hier das Mysterium der Seele, das sich nicht erschließen lasse, zum Unheimlichen vertieft und mit den Mitteln der allerfeinsten Psychologie gestaltet werde. Prinz Golaud findet auf einer Reise die wunderschöne Mélisande, deren Herkunft unbekannt ist. Er nimmt sie zur Frau und führt sie heim in das Schloss seines Vaters. In der bedrückenden Atmosphäre des Schlosses findet Mélisande schließlich in Golauds Bruder Pelléas einen verständnisvollen Menschen, zu dem sie eine tiefe Zuneigung entwickelt. Das Verhältnis der beiden zueinander weckt in Golaud die Eifersucht. Er erschlägt seinen Bruder. Sein Tod erschüttert Mélisande so sehr, dass sie kurz darauf ebenfalls stirbt. Maeterlincks Stück baut auf feinster Beobachtung und Differenzierung der Seelenzustände der Beteiligten auf. Gleichzeitig schwebt das verhängnisvolle Ende bereits am Anfang des Dramas wie ein Damoklesschwert über allen Beteiligten. Der Großvater Golauds glaubt schon beim Eintritt Mélisandes künftiges Unheil spüren zu können. Dieser zwanghafte Zug zu einem unglücklichen Ende taucht das ganze Stück in eine geheimnisvolle Atmosphäre. Warum musste es so kommen, wie es dann auch kam? Das Geschehen wird durch seine merkwürdige Stringenz zu einem Rätsel: So viele Auswege sich andeuten mögen, ergibt sich letztendlich auch der Zuschauer in die Unvermeidlichkeit des Geschehens, wodurch bei ihm ein Gefühl des Unheimlichen entsteht.

Wie kann nun aber eine Literatur, die sich zum Gefühl des Unheimlichen steigern soll, Hort menschlicher Geborgenheit sein? Eine solche Literatur lebt von der Hoffnung, die immer wieder zunichte gemacht wird durch eine rätselhafte Zwangsläufigkeit der Ereignisse. Indem die Neoromantik dieses Wechselspiel von Hoffnung und Verhängnis in eine Rätselstruktur einbindet, Eindeutigkeit somit vermeidet, bleibt auch die Hoffnung bestehen. Der Determinismus, wie ihn Heinrich Mann beim Naturalismus beklagt, ist in der Neoromantik zumindest in Frage gestellt. Ein zweiter Aspekt tritt noch hinzu: die Abkehr von der Außenwelt und die Einkehr in das Innere des Menschen. Die Beschäftigung mit dem eigenen Ich macht den Narzissten unempfänglich für die Außenwelt. Die Versenkung in das eigene Ich wird als Heimkehr erfahren. Nirgendwo scheint der Mensch so sehr bei sich zu sein wie in seinem eigenen Innern. Durch die Zurückweisung äußerer Faktoren für das menschliche Seelenleben entsteht ein geschlossener Raum, in dem sich der Mensch geborgen fühlen kann. Dieser Solipsismus wird auch von dem Gedanken an ein unausweichliches Verhängnis nicht berührt, weil dieses Verhängnis seinen Ausgangspunkt im Inneren des Menschen hat. Doch man beachte auch die Lust am Untergang, die darin mitschwingt. Das Verhängnis wird zum Genuss, weil es – als Seelenerlebnis rezipiert – eine narzistische Gier befriedigt. Auch Mélisande erlebt ihren Tod als Erlösung von einer grausamen Welt. Somit ist selbst der Untergang eine – wenn auch bizarre – Form der Hoffnung.

Die Krankheit, die Heinrich Mann durchlebt, wird für ihn nicht zu einem narzisstischen Selbstgenuss. Aus seinem Kurort Wiesbaden beschreibt er Ewers die ihm auferlegten Torturen: »Meine Attacke war derart, daß sie in wenig wünschenswerter Weise den Gesamtzustand des Organismus beeinflußte. Der starke Blutverlust führte nicht nur körperliche Schwächung mit sich. Ich konnte in der ersten Zeit nur schwer und nur leichte Sachen lesen, und erst jetzt, nach ca. 7 Wochen, habe ich das Bedürfnis, gelegentlich eigene Gedanken zu fassen und Produktion – in Aussicht zu nehmen. Zudem ist eine sehr anhaltende und stark in Anspruch nehmende Kur im Gefolge meines Zustandes. Morgens kaltes Bad, Muskel- und Atemübungen, dann Luftkur nehmen fast den ganzen Vormittag weg. Nachmittags längerer Ausgang. Es bleiben höchstens zwei bis drei Stunden zur freien Benutzung.«[151] Die Kurbehandlungen schließen das Versinken in das eigene Innere nahezu aus, weil sie den Patienten rund um die Uhr in Anspruch nehmen. Für Heinrich Mann noch schlimmer ist jedoch die Untätigkeit. Die körperliche Schwäche erlaubt es nicht, eigene Projekte in Angriff zu nehmen. Auf diese Weise kann sich also das Ich ebenso wenig von der Welt zurückziehen.

Im Briefwechsel mit Ludwig Ewers lässt sich in dieser Zeit eine zunehmende Abkühlung des Verhältnisses beobachten. Der vertrauliche Ton früherer Tage verschwindet. Waren die Kommentare Heinrichs über die Werke seines Freundes ehemals auch bissig, so geschah dies immer in aufmunternder Absicht, wie man sich stets gegenseitig versicherte. Die bissigen Kommentare, die Heinrich nun niederschreibt, gehen aus einer gereizten Stimmung hervor. Gerade in dem soeben zitierten Brief lässt sich diese Verschärfung des Tonfalls ausgezeichnet beobachten. Ewers, der eine Buchhändlerlehre in Lübeck absolviert, klagt über die Osterremission, die bald ins Haus stehe. Heinrich fertigt seinen Freund kalt ab: Jetzt stehe eben die Osterremission an, nun gut, so sei eben das Leben als Buchhändler. Schließlich habe sich Ewers bewusst für dieses Leben entschieden. Die gemeinsamen Träume von einer Schriftsteller-Existenz sind verloren; Ludwig hat sich längst von dieser Chimäre abgewandt. Er hat sich in der Welt des Buchhandels eingerichtet. Sein Weg wird ihn später zum Journalismus führen: Ewers arbeitet ab 1896 als Redakteur bei der ›Anhaltischen Landeszeitung‹ in Dessau, 1897 wechselt er als politischer Redakteur zur ›Bonner Zeitung‹. In gleicher Funktion ist er dann ab 1904 bei der ›Königsberger Allgemeinen Zeitung‹ und ab 1914 bei den ›Hamburger Nachrichten‹, seiner letzten Station.

Heinrich äußert offen seine Zweifel, ob ihm der Schulfreund auf seinem Wege zu Psychologismus und Neoromantik noch folgen wird, nachdem der Briefwechsel der Vergangenheit immerhin noch dazu geführt hatte, dass Ludwig sich dem Realismus annäherte. Heinrich merkt allmählich, dass er auf einem weiteren Weg allein bleiben wird. Vielleicht kommt noch ein weiterer Grund hinzu: der Bruch mit Lübeck. Der Briefverkehr mit Ludwig Ewers verband

Heinrich immer noch mit seinem Herkunftsort. Hier hatte er in der Welt seiner Kindheit eine Kontaktperson, die aus dem gleichen Milieu stammte und dennoch ähnliche Interessen wie er entwickelt hatte. Nachdem nun Lübeck so spürbar mit ihm gebrochen hatte, nachdem Ludwig sich für einen anderen Lebensweg entschieden hatte als Heinrich, zog dieser für sich einen Schlussstrich: »Lieber Ewers« hieß nun fortan meist die Anrede, nicht mehr »Geliebtester«, »Viellieber Junge« oder »Lieber alter Junge«. Auch der Umfang der Briefe schmolz. Bestand ehemals eine Sendung aus einer Vielzahl von Schreiben, deren Niederschrift sich über mehrere Tage erstreckte, so wurden die Briefe nunmehr immer kürzer. Gedanken teilte Heinrich seinem Freund nicht mehr mit; seine Auskünfte erschöpften sich meist in einer kurzen Antwort auf die Fragen, wo er sich befinde und was er derzeit so mache.

Heinrich Mann bemerkt selbst die Abkühlung des Verhältnisses. Er sieht die Gründe dafür in der räumlichen Distanz, die beide voneinander nun schon seit langem trenne: »Wenn man so lange und so gründlich voneinander getrennt lebt, wie wir beide, ist es ja gar nichts Ungewöhnliches, daß man sich ein wenig fremd wird. In der Dresdener Zeit teilten wir uns alle unsere oder die uns aufstoßenden Ideen mit, wir führten wohl eigentlich den Hauptteil unseres geistigen Lebens in unsern Briefen. Heute verwenden wir's in anderer Weise und haben zu ausführlicher Korrespondenz kaum noch Zeit und Lust. Als dieser Briefwechsel allmählich weniger heftig ward, konnten wir uns anfangs auch noch mit halben Worten verstehen, so sehr waren wir ineinander eingeweiht. Wenn wir dazu jetzt nicht mehr imstande sind – und die Entwickelung geht ja in unsern Jahren so rapid, daß heute keiner vom andern weiß, wo er eigentlich steht –, so tun wir doch wohl besser, die Erneuerung unserer Bekanntschaft abzuwarten, die hoffentlich bald stattfinden kann (s. später), und uns fürs erste mehr mit unsern äußeren Vorgängen zu unterhalten.«[152] Tatsächlich ergab sich später die Gelegenheit zu einem Wiedersehen, doch der Charakter des Briefwechsels erneuerte sich dadurch nicht. Es blieb bei nüchternen Notizen über Aufenthaltsort, Gesundheitszustand und laufende Projekte. Einmal mehr hatte Heinrich Mann mit einem brüchig werdenden Verhältnis von sich aus gebrochen. Dieser Vorgang bedeutete für ihn ein Freiwerden für neue eigene Ziele und Bestrebungen.

Heinrich Mann verließ im Juni 1892 Wiesbaden und setzte seine Kur im Schwarzwald fort. Die Ruhe der Mittelgebirgslandschaft und sein allmählich sich konsolidierender Gesundheitszustand verschafften ihm den Freiraum, seine literarischen Pläne wieder aufzunehmen. Seine Versuche auf lyrischem Gebiet hatte er aufgegeben. Ein Preisausschreiben sorgte jedoch für neuen Aufschwung bei seinem Roman-Projekt. Der Verein der Bücherfreunde in Berlin hatte 5 000 Reichsmark für den besten Roman ausgeschrieben. Diese Aussicht veranlasste Heinrich, sein altes Projekt wieder in Angriff zu nehmen. Dabei rechnete er nicht unbedingt mit dem Gewinn des Wettbewerbs, aber er sah darin eine Chance, Juroren wie Fontane, Greif, Heiberg, Leixner, Mauthner, Roberts und Wolzogen bekannt zu werden, sowie sich selbst zu regelmäßiger Arbeit an dem Werk anzutreiben. Allerdings blieb ihm nur eine kurze Frist: In 120 Tagen, bis zum 1. Januar 1893, hätte der Roman fertig sein müssen. Heinrich kalkulierte, dass er vier Seiten pro Tag schreiben müsse, um rechtzeitig fertig zu werden. Ein sinnloses Unterfangen, auf das sich nur ein unerfahrener Prosaist einlassen konnte. Im Rückblick musste sich Heinrich Mann selbst eingestehen, dass er als Schriftsteller noch nicht reif für einen Roman gewesen sei: »Der innere Anlaß wird auch gefehlt haben. Nur der Beschluß zu schreiben war da.«[153] Der feste Wille, dieses Werk vorwärts zu treiben, musste mangelnde Inspiration und fehlende Erfahrung eben ersetzen.

Einen Titel für sein Werk hatte er bereits: ›In einer Familie‹. Ein erstes Konzept hatte er schon im September 1891 in Berlin niedergelegt: »Ich habe fürs erste die vier Charaktere des eventuellen Romans in kurzen Zügen, jeder für sich, zu Papier gebracht. In der bis jetzt nur im Kopfe vorgehenden

Ausführung der psychologischen Verknüpfungen, welche beim Aufeinanderplatzen dieser ganz bestimmten Charaktere einfach logische Folgerungen sind, suche ich die einzelnen Stationen festzuhalten.«[154] Diese kurze Schilderung der Vorgehensweise lässt das Vorbild bereits erahnen: Es ist der Psychologismus Paul Bourgets. In der Tat ist ihm das Buch sogar gewidmet. Die Romancharaktere sollen in ihren Seelenzuständen offen gelegt und analysiert werden. In einem Brief an Ewers vom 31. August 1891 skizziert Heinrich Mann die Verfahrensweise, die er am Vorbild des Franzosen entwickelt habe: »Ich beginne das Ganze, um die ›Analyse‹ sofort als Dichtung kenntlich zu machen, mit der Erzählung eines äußerlichen Vorgangs. Dann kommt die Erklärung (Analyse-Erklärung), wieso dieser Vorgang statthaben konnte; d. h. die Psychologie ... genau bis zu dem Punkte, wo jener Tatsachenbericht einsetzt. Es kann also auf ihn schließlich wieder angespielt und von ihm aus die Entwickelung fortgeführt werden.«[155] Auch für den Stoff hatte er ein Vorbild gefunden: kein geringeres als Goethes ›Wahlverwandtschaften‹. Den Hinweis auf den Roman Goethes fand Heinrich Mann ebenfalls bei Bourget. Im Vorwort zu seinem Roman ›La terre promise‹ hatte dieser das Werk als Beispiel für einen ›roman d'analyse‹ angeführt.

›In einer Familie‹ handelt von einem Ehebruch innerhalb einer Familie. Nur vier Charaktere sind an der Handlung beteiligt. Erich Wellkamp, Anfang dreißig, ist der haltlose junge Mann, wie er bereits in der Novelle ›Haltlos‹ eingeführt wurde. Ohne feste Ziele und Entschlüsse hat er sich bislang durch das Leben treiben lassen. Als typischer Décadent neigt er zu einer universellen Skepsis: Kein Ziel, kein Wert besitzt für ihn unanfechtbare Gültigkeit. Gleichgültig auch gegenüber sich selbst neigt er zu Minderwertigkeitsgefühlen und Fatalismus. Im Roman werden diese Charaktermerkmale auf das gestörte Verhältnis zum Vater zurückgeführt, der seinen Sohn als Kind vernachlässigt habe. Auf einer seiner zahlreichen Reisen lernt Wellkamp Herrn von Grubeck, Major a. D., und dessen Tochter Anna kennen. Der Major ist ebenso wie Wellkamp ein schwacher Charakter. Nach dem Tod seiner ersten Frau verlor er den Halt und verspielte nahezu sein gesamtes Vermögen. In seiner Tochter Anna ist ihm eine Bezugsperson erwachsen, die wieder Stabilität in sein Leben gebracht hat. Anna ist mit einem nüchternen Realitätssinn ausgestattet. Mit ihrem klaren Verstand sichtet sie die Möglichkeiten und trifft unumstößliche Entscheidungen. Hinzu kommt bei ihr eine außerordentliche Herzensgüte und Mitmenschlichkeit. Wellkamp verliebt sich in die 18-Jährige. Von ihr erhofft er sich Heilung von seiner dekadenten Unschlüssigkeit. Annas Hinwendung zu Wellkamp erklärt der Erzähler aus ihrer Sympathie mit unglücklichen Menschen: Sie will ihm in seiner depressiven Haltlosigkeit helfen. Beide verloben sich. Schon bald folgt Wellkamp Anna nach Dresden, um sich bei seiner zukünftigen Schwiegermutter, Dora von Grubeck, vorzustellen.

Der Major hat sie nach dem Tod seiner ersten Frau geheiratet: Die wohlhabende Tochter eines reichen Amerikaners deutsch-jüdischer Herkunft und einer südamerikanischen Kreolin kam ihm gelegen, weil er in den letzten Jahren viel Geld verspielt hatte. Ihr Motiv für die Eheschließung war eine enttäuschte Liebe. Ihr erstes Liebeserlebnis hatte sie, die sinnlich leicht affektierbar ist, stark berauscht, und in der Ehe mit dem älteren Mann suchte sie Ruhe und Sicherheit. So kamen also der Endvierziger von Grubeck und seine Frau Dora, Ende zwanzig, in einer Vernunftehe zusammen.

Das Zusammentreffen von Wellkamp und Dora führt zu einer heftigen Liebesbeziehung, obwohl Wellkamp schon kurze Zeit später Anna heiratet. Die beiden haltlosen Charaktere überlassen sich ihrer Leidenschaft, die sie immer fester aneinanderkettet. Für Dora wie für Wellkamp liegt die Ursache für ihre Affäre außerhalb der Reichweite ihres Willens. In ihrer Schwäche sind sie ohnmächtige Opfer eines übermächtigen Triebes. Heinrich Mann arbeitet noch ein mystisches Motiv für ihre Beziehung in den Roman ein. Zur Eheschließung mit Anna erhält Wellkamp als Geschenk seiner Schwiegermutter eine südamerikanische Macumbo-Puppe.

Die magische Karikatur eines Menschen hat ein Gegenstück, das Dora bei sich führt und wodurch sie Wellkamp an sich gebunden glaubt. Heinrich Mann gibt also der psychologischen Erklärung für die Liebe zwischen Dora und Wellkamp noch eine mystische, neoromantische Erklärung bei, die der Verrätselung dient.

Das Verhältnis von Dora und Wellkamp wandelt sich rasch. Ging es Dora zunächst darum, der gehassten Stieftochter den Mann zu nehmen, so versucht sie schon bald diesen vollkommen zu beherrschen. Für Dora ist jede Liebesbeziehung ein Machtkampf zwischen Mann und Frau, aus dem sie als Siegerin hervorzugehen trachtet. Wellkamp suchte bei Dora die sinnliche Leidenschaft, die ihm die nüchterne Anna nicht verschaffen konnte. Doch in ihm lebt auch die Sehnsucht nach Ruhe und Geborgenheit; dies waren schließlich seine Beweggründe für die Heirat. Er wollte gerade dem permanenten Getriebensein entfliehen. Schon bald hasst er sich und seine Geliebte für seine Unfähigkeit, Anna treu zu bleiben. Als das Verhältnis ruchbar wird, beweist Anna ihre innere Stärke: Sie verzeiht ihrem Mann. Gemeinsam unternehmen sie eine Reise in die Alpen, in deren Verlauf Anna ihren Mann zunehmend an sich zu binden weiß. Wellkamp hat endlich den sicheren Hafen erreicht, der ihn vor der eigenen Unentschlossenheit rettet.

Dora reagiert auf die Niederlage mit Wut: Sie will ihren Geliebten erschießen. Doch ihr Versuch misslingt, weil Anna ihren Mann schützt. Daraufhin richtet Dora die Pistole gegen sich selbst, stirbt jedoch in diesem Augenblick an Herzversagen. Ihr Ende betont nochmals ihre Entschlussschwäche. Noch nicht einmal ihren Selbstmord kann sie vollstrecken, sondern der Herztod muss ihr zuvorkommen. Der Roman endet in einer Idylle: Anna und Wellkamp finden, durch die Vorkommnisse gestärkt, zueinander und führen fortan eine glückliche Ehe; ein Kind wird erwartet. Der Major zieht zu seinen Kindern und findet in ihnen seine Stütze.[156]

Die Beschreibung haltloser Charaktere kann ebenso wenig überraschen wie die Sehnsucht nach Ruhe und Geborgenheit.

Beide Phänomene sind mittlerweile aus der Vita Heinrich Manns wohlbekannt. Wie schon in der Novelle ›Haltlos‹ nutzt Heinrich Mann seinen ersten Roman zur Auseinandersetzung mit der Moderne. Er benutzt also die Literatur nicht zur Schaffung eines künstlichen Paradieses, in das er sich vor der bedrückenden Alltagsrealität flüchten kann, sondern bedient sich ihrer als Mittel der Konfrontation. Dennoch findet sich auch im ersten Roman eine Sphäre künstlich-paradiesischen Lebens: Die Überwindung der Haltlosigkeit wird von Ehe und Familie erhofft. Das ideale Modell bildet hierbei die Beziehung Annas und Wellkamps. Wohlgemerkt eignet sich nicht jede eheliche oder familiäre Beziehung zur Überwindung der Haltlosigkeit: Die Verbindung von Major von Grubeck und Dora führt zu keiner charakterlichen Stabilisierung. Hier treffen zwei Personen zusammen, die beide haltlos sind. Der entscheidende Faktor ist die Einbeziehung eines starken, in sich ruhenden Menschen. Wellkamp – wie auch der Major – gewinnen an Stabilität durch Anna.

Das familiäre Glück tritt an die Stelle der Kunst, die bisher eine Flucht aus der Realität als höchste Seligkeit verhieß. Das familiäre Glück wird jedoch nicht nur als eskapistische Zuflucht beschrieben: Gerade der nüchterne Realitätssinn seiner Frau zieht Wellkamp in die Welt und in die Verantwortung. Gleichzeitig lässt sich jedoch auch das Gegenteil beobachten: Durch ihre praktische Veranlagung beschützt sie ihn vor der Realität, weil sie ihm zahlreiche Entscheidungen abnimmt, die er mit seinem fehlenden Realitätssinn nicht zu treffen wüsste. Unter diesen Voraussetzungen muss die Frage erlaubt sein, welcher Aspekt innerhalb dieses Spektrums vorrangig zum Tragen kommt.

Ein Ende in familiärer Geborgenheit ist für Erzählungen Heinrich Manns aus dieser Zeit nicht untypisch. In der Novelle ›Auf Reisen‹ lernt ein Mann in Florenz eine Frau kennen. Beide haben sich in ihrer Lebensweise eingerichtet, die sie mehr zufällig als willentlich gewählt haben. Beide verspüren Zuneigung füreinander, schrecken jedoch gleichzeitig vor einer Aufgabe ihrer bisherigen Lebensweise zurück.

Das sich anbahnende Liebesverhältnis scheitert, noch ehe es entstehen konnte. Der Mann begreift das Erlebnis jedoch als Hinweis auf seine bislang unterdrückte Sehnsucht nach Ruhe und Geborgenheit. Er erinnert sich wieder der Familie seiner Schwester, deren liebevolle Briefe er bisher nachlässig übergangen hatte. Er packt schließlich seine Koffer und reist zu seinen Verwandten. Diese Beschwörungen müssen überraschen, wenn man bedenkt, dass Heinrich Mann in dieser Zeit nicht zuletzt auch deshalb so oft auf Reisen war, weil ihm »München und das Familienleben gleichmäßig immer unleidlicher geworden« war.[157] Der Lobgesang auf die Familie steht also in einem eklatanten Missverhältnis zur eigenen Lebenspraxis.

Eine Beschwörung familiären Glücks liefert auch die Novelle ›Das Wunderbare‹. Heinrich Mann schätzte dieses Werk sehr und bezog es auch in späteren Jahren immer wieder in größere Novellensammlungen ein. Ein Schriftsteller auf Reisen besucht nach langen Jahren wieder seine Heimatstadt und erinnert sich eines ehemaligen Freundes, der sich mittlerweile als Rechtsanwalt und Stadtverordneter hier niedergelassen hat. In früheren Schultagen teilten sie ihr literarisches Interesse, sodass der Ich-Erzähler sich fragt, wie sich ein solcher Mensch mit den kleinbürgerlichen Sorgen eines Familienvaters begnügen könne. Also besucht er ihn. Der Erzähler muss dabei feststellen, dass sich sein Freund Rohde keineswegs von seinen künstlerischen Interessen vollständig gelöst hat. Angeregt diskutieren sie über neueste Tendenzen und Entwicklungen. Im Laufe des Gesprächs kommt Rohde dann darauf zu sprechen, was ihn zur Abkehr von der Kunst bewog.

Während eines Italien-Aufenthaltes erholte er sich einst von einer schweren Erkrankung. Auf einer Wanderung stieß er eines Tages auf einen See in einem Talgrund. Die verwunschene Atmosphäre des Ortes zog ihn an. Er ließ sich am Seeufer unter einem überhängenden Baum nieder und träumte vor sich hin. Nach einer Weile sah er eine Frauengestalt, die in einem Boot auf die Stelle zuruderte, an der er sich befand. Sie wirkte grazil und zerbrechlich; ihre Haut war blass, die

Augen weit und offen, das Haar von glanzlosem Blond. Sie legte am Ufer an und war offensichtlich zunächst überrascht, an dieser Stelle einen Fremden vorzufinden. Nach einem kurzen, scheuen Wortwechsel nahm sie selbstvergessen ein paar Meter oberhalb von Rohdes Aussichtspunkt Platz. Rohde fühlte sich in eigenartiger Weise zu ihr hingezogen, denn »es ging, je länger ich sie an meiner Seite fühlte, ein Strom träumerischer, einlullender Empfindung von ihr aus«[158]. Beide verträumten die Zeit, sodass es schon dunkelte, als Rohde endlich erschrocken an den Rückweg dachte. Die Frau lud ihn jedoch freundlich in ihre Villa am See ein, um ihm den Weg durch die nächtlichen Pinienwälder zu ersparen. Rohde folgte ihr und blieb nicht nur diesen Abend zu Gast, sondern verweilte auf ihre Einladung hin noch unbestimmte Zeit. Die gemeinsamen Tage verrannen in einem sprachlosen Miteinander; Rohde fühlte sich von einer »große[n], weiche[n] Müdigkeit« ergriffen.[159] Bald wurde ihm klar, dass seine Gastgeberin schwer krank war; langsam siechte sie dahin. Schließlich starb sie, und Rohde war vom Gedanken durchdrungen, ihr bald nachfolgen zu dürfen. Mit der Erinnerung an sie sei er ins Leben zurückgekehrt, das schon bald seine Arbeit an ihm getan habe: Es gab ihm eine Arbeit und eine Aufgabe, an der er wuchs. Kaum wisse er, wie es geschehen sei, dass er schließlich in die andere, bürgerliche Welt hineinfand.

Die Kunst und das Leben sind zwei grundverschiedene Bereiche. Während die Kunst mit Traum, Krankheit und Tod assoziiert wird, steht das Leben für bürgerliche Arbeit und Familie. In der Villa am See hatte sich Rohde ganz der Welt des Wunderbaren hingegeben. Für ihn war dies eine einzigartige Erfahrung, aus der er die Erkenntnis gewann, dass man »das Wunderbare nicht zum Alltäglichen machen« dürfe.[160] Dem Ich-Erzähler und den anderen Künstlern macht er zum Vorwurf, dass sie dies versuchen. Eine Verbindung von Kunst und Bürgerlichkeit kann es jedoch nicht geben: Sie sind so fundamental verschieden wie Tod und Leben. Als kümmerlicher Ersatz für das Wunderbare dienten den Künstlern schließlich die künstlichen Paradiese in ihren

Werken. Rohde hat sich unbewusst für das Leben entschieden, oder vielmehr hat sein Lebenswille triumphiert. Er ist nicht wie Wellkamp von einer starken Ehepartnerin vor dem Versinken im todesmüden Wunderbaren bewahrt worden, sondern ein innerer Impuls errettete ihn. Der Wille zum Leben ist jedoch kein leidbringender Impuls wie bei Schopenhauer, sondern der Garant für ein bescheidenes bürgerliches Wohlergehen.

Heinrich Mann hat in beide männliche Gestalten der Novelle autobiografische Elemente einfließen lassen. Mit Rohde teilt er die Erfahrung der Krankheit, von der er sich in Italien kuriert. Mit dem Ich-Erzähler hat er die Existenz als reisender Schriftsteller und den Schulfreund gemeinsam, der sich von seinen jugendlichen schriftstellerischen Intentionen allmählich abwendet und einer bürgerlichen Existenz zustrebt. Auf autobiografischer Ebene ist dies Ludwig Ewers. Angesichts dieser Verteilung muss gefragt werden, wo Heinrich Mann sich selbst innerhalb dieser Konfiguration ansiedeln würde. Das bürgerliche Leben bringt unweigerlich den Verzicht auf weiter gehende künstlerische Ambitionen mit sich: Die Kunst sinkt hinab zur Liebhaberei in freien Stunden. Ob jedoch Heinrich Mann zur Aufgabe seines Künstlertums bereit wäre? Schließlich hat er es gegen den väterlichen Wunsch und Widerstand erkämpft. Zweifellos neigt Heinrich in dieser Zeit zu einer familiären Bindung. Von ihr erhofft er sich eine Stabilisierung seines haltlosen Zustandes. Aber der Preis dürfte ihm zu hoch gewesen sein: Heinrich Mann porträtiert sich selbst in dem reisenden Schriftsteller.

Ursache für die Wertschätzung familiären Zusammenseins dürfte der Einfluss konservativer Ansichten Bourgets sein. In der Flucht vor der eigenen Familiensphäre zeigt sich jedoch die kritische Distanz Heinrich Manns zu Bourget. Letztlich ist auch diese Idylle eine künstliche; sie hat ihren Platz in der Kunst und in der Theorie. Das Leben erweist dagegen ihre Brüchigkeit. Insofern unterscheidet sich das neue Loblied nicht von dem alten: Familie wie Kunstwelten sind lediglich künstliche Paradiese. Auch der Wunsch, durch familiäre Bindung und Verantwortung den Weg in die Realität zu finden, hat hier seine deutliche Grenze. Das künstliche Paradies ist durch einen tiefen Graben von der Realität abgetrennt. Die Familie als künstliches Paradies bildet einen Rückzugsraum vor der Realität. Dadurch lässt sich im Rückblick auch feststellen, dass bei der glücklich geschilderten Verbindung Wellkamps und Annas der eskapistische Aspekt der stärkere ist. Wellkamp findet in dieser Konstruktion sein Glück, weil sie ihn vor der Realität abschirmt.

Der Roman sollte Heinrich Mann noch lange beschäftigen. In Erlenbruck im Schwarzwald begann er die Niederschrift des Werkes, die er in der Schweiz fortsetzen sollte. Seit Oktober 1892 hielt er sich nämlich in Lausanne am Nordufer des Genfer Sees auf. Er wohnte dort in einer Pension mit internationalem Publikum, was er sehr schätzte. Das milde Klima schonte seine Atemwege und sorgte für ein weiteres Abklingen der Beschwerden. Von Zeit zu Zeit machte er »Vergnügungsabstecher« nach Genf oder Montreux, »wo gespielt und geliebt wird«[161]. Doch waren dies, auch mit Blick auf seine schmale Reisekasse, nur Episoden. Im Mittelpunkt standen Erholung und intensive Arbeit am Roman. Als er Lausanne im April des folgenden Jahres verlässt, waren nach seiner eigenen Auskunft etwa 100 Seiten des Romans fertig; doch war dies bestenfalls ein Drittel des späteren Umfangs. Von Lausanne aus zog es ihn weiter nach Paris, wo er einen Monat blieb. Am 25. April meldete er sich aus der französischen Hauptstadt. In flüchtiger Handschrift teilt er seinem Freund Ewers mit: »Entschuldige schlechte Schrift, ich habe gut diniert und stehe unter dem Druck starker Eindrücke.«[162] In dem kurzen Brief nennt er noch schnell seine neue Adresse, Hôtel du Pré-aux-Clercs (Place St.-Michel), 28 Rue de la Huchette, ehe er sich mit einer Vertröstung auf spätere genauere Nachrichten verabschiedet. Der folgende Brief vom 12. Mai 1893 kommt jedoch schon wieder aus Lübeck. Immerhin zählt Heinrich in diesem Schreiben seine wichtigsten Impressionen des Pariser Lebens kurz auf: »Paris hat mir ausgezeichnet gefallen; ich habe viele schöne

Eindrücke mitgebracht, von den Boulevards, Restaurants, Museen, Theatern etc. Die Vaudevilles, von denen ich eine möglichst große Anzahl gesehen, erschienen mir sogar ganz einzig.«[163] Allerdings muss Heinrich eingestehen, dass ein längeres Verweilen in Paris seiner Gesundheit und seiner Arbeit am Roman wohl abträglich gewesen wäre: »Aber erstens wäre ich auf die Dauer der schweren, unglaublich staubigen und geschlechtlich stark reizenden Straßenluft noch nicht gewachsen, besonders gleich nach der Luft des Genfer Sees, und dann zog ich es vor, mit meinen bescheidenen Mitteln ein paar Tage voll zu leben, anstatt das Ganze dünn über längere Zeit zu verteilen.«[164] Kunst und Vergnügungen bildeten nach diesen wenigen Worten die wichtigsten Inhalte seines Aufenthaltes in der Stadt Heinrich Heines, des bewunderten Schriftsteller-Idols seiner Jugend. Das Hotel, das Heinrich Mann bezog, lag am Ufer der Seine gegenüber der Île de la Cité mit der Kathedrale Notre-Dame. Auch war seine Unterkunft nur etwa fünfzehn Gehminuten vom Boulevard du Montparnasse entfernt. In dem Viertel rechts und links dieser Straße lebten ca. 1500 bis 2000 Künstler aus aller Welt, die sich Paris zum Wohnort auserkoren hatten.[165]

Paris war in den vergangenen Jahren zum Zentrum des internationalen Kulturlebens aufgestiegen. Die Niederlage von 1871 hatte in Frankreich zur Gründung der Dritten Republik geführt. Dies war ein wichtiger Schritt, weil sich das Land dadurch von der Rückbindung an alte Vorbilder befreite. In ›L'Orme du Mail‹ lässt Anatole France, ein Anhänger der neuen Republik, einen antirepublikanisch Gesinnten sagen: »La république n'est pas destructible, elle est la destruction. Elle est la dispersion, elle est la discontinuité, elle est la diversité, elle est le mal.«[166] Die Republik bricht mit der Vergangenheit. Die Folge hiervon ist nach Ansicht des Gegners der Republik die Zerstörung, die Auflösung jeglicher Ordnung.

Der letzte Kaiser, Louis Napoléon III., hatte noch einmal das Kaisertum seines Onkels Napoleon nachgeahmt. Die Nachahmung wurde zum stilbildenden Prinzip der Zeit. Die

Pariser Oper, 1862 begonnen, wirkte in ihrem nachempfundenen Barock selbst opernhaft. Aus der Repräsentation einer Idee war eine Selbstinszenierung geworden, die ihre Künstlichkeit nicht leugnen konnte. Überall wurde die Stadt mit Avenuen und Boulevards durchzogen, die von neobarocken und neoklassizistischen Häuserfassaden gesäumt wurden. Auch nach dem Sturz des Kaisers setzte man diese Bauarbeiten fort. Zur Zeit des Aufenthaltes Heinrich Manns standen beispielsweise an der Ecke Boulevard du Montparnasse und Rue Delambre noch hölzerne Baracken, in denen sich einfache Läden und Esslokale befanden. Erst 1896 wurden sie abgerissen, um einem siebenstöckigen Wohnhaus Platz zu machen. Dennoch verliehen diese Arbeiten der Stadt bereits moderne Züge, wurden hier bereits die Grundlagen für eine moderne Metropole geschaffen. Die breiten Straßen, gesäumt von Bäumen, überwanden die mittelalterliche Enge schmaler Gassen und brachten Licht und grünende Natur in die Stadt. Aber bald gab es noch imposantere Zeichen einer neuen Zeit: Für die Weltausstellung 1889 entwarf der aus Dijon stammende Ingenieur Gustave Eiffel das damals höchste Gebäude der Welt. Die 307 Meter hohe Stahlkonstruktion wurde nach ihrem Erbauer Eiffelturm genannt. Zusammen mit den ebenfalls aus Stahl errichteten Gebäuden für die Weltausstellung sollte der Turm ein Sinnbild für die Möglichkeiten der neuen Zeit und ihre technischen Errungenschaften werden, ein Symbol für ein Land, das sich von der Vergangenheit löste und optimistisch in die Zukunft schaute.

In diesem Klima des Aufbruchs aus erstarrten Verhältnissen entstanden auch zahlreiche neue Kunstrichtungen. In Paris war das Théâtre libre gegründet worden, mit dessen Ableger in Berlin, der ›Freien Bühne‹, Heinrich Mann auch als Mitglied verbunden war. Hier konnte man die neuesten Stücke der Avantgarde bewundern. Während des Paris-Aufenthaltes von Heinrich Mann wurden im Théâtre libre ›Boubouroche‹ von Georges Courteline und ›Valet de cœur‹ von Maurice Vaucaire gezeigt. Einige Tage nach seiner Abreise spielte man Hauptmanns ›Die Weber‹. Doch war dies nicht die einzige avantgardistische Bühne. August Strindbergs Stück ›Der Vater‹, das Heinrich als Reclam-Heft bei von Zahn und Jaensch entdeckt hatte, sollte im Dezember 1894 in Paris im Théâtre de l'Œuvre seine Uraufführung erleben. Just während des Aufenthaltes von Heinrich Mann gab man dort Maurice Maeterlincks ›Pelléas et Mélisande‹.

Auch bildende Künstler aus aller Welt waren im Laufe des 19. Jahrhunderts nach Paris geströmt. Ursache hierfür war ursprünglich ein akademisches System zur Ausbildung künstlerischen Nachwuchses. Meisterkünstler lehrten in der offiziellen École des Beaux-Arts und in ihren Privatateliers. Jährlich präsentierten sich dann die hoffnungsvollen jungen Künstler in einer großen Ausstellung, dem Salon. Wem es gelang, mit einem seiner Werke zu den 4 000 bis 5 000 Exponaten zu zählen, der konnte sich eines Verkaufs sicher sein. Sollte sein Beitrag gar noch prämiert werden, schoss der Preis in die Höhe. Mit einer Ausbildung in Paris, einer Teilnahme am Salon oder gar einer Prämierung heimzukehren, bedeutete für viele ausländische Künstler in der Heimat gesellschaftliche Anerkennung und ein solides Auskommen als Künstler und Lehrer. So stieg der Anteil ausländischer Teilnehmer am Salon im 19. Jahrhundert kontinuierlich. Waren es 1868 noch 14 Prozent, so lag ihr Anteil 1890 bereits bei 20 Prozent. Die Kunstwerke, die das akademische System hervorbrachte, begnügten sich mit der Nachahmung klassizistischer und romantischer Vorbilder. Gegen diese Form der Kunst hatte sich in den sechziger Jahren eine Gruppe junger Maler gewandt. Sie kehrten den Ateliers den Rücken und gingen in die freie Natur. Sie strebten nicht die detaillierte Wiedergabe eines künstlich ausgeleuchteten Modells an, sondern versuchten den augenblicklichen subjektiven Eindruck, den Gegenstände bei ihrem Betrachter hinterlassen, einzufangen. Nur selten fanden ihre Werke Eingang in den offiziellen Salon, sodass man sich 1874 zur Organisation einer eigenen Ausstellung in einem Atelier am Boulevard des Capucines veranlasst sah. Die öffentliche Reaktion war vernichtend, dennoch bedeutete die Ausstellung am 15. April den Durchbruch für die ›Impressionisten‹, wie der Kunstkritiker Louis Leroy die Gruppe nach einem Bild von Claude Monet bezeichnete. Zahlreiche Schriftsteller wie Zola, Maupassant und Duret ergriffen öffentlich Stellung für die neue Kunstrichtung. Paris wurde dadurch weltweit zum Zentrum der bildnerischen Avantgarde.

Wer die neuesten Tendenzen in der Kunst kennen lernen wollte, musste also in die französische Metropole. Insbesondere die Cafés in Montparnasse wurden zum Treffpunkt derer, die sich im Namen des künstlerischen Fortschritts von der Vergangenheit lossagten. Bei seinen Besuchen in Museen und Theatern wurde Heinrich Mann zweifellos Zeuge dieses allgemeinen Aufbruchs in eine neue Zeit. Und in den Cafés konnte er an den Debatten der nachfolgenden Generation teilhaben, die bereits wieder den Impressionismus überwinden wollte.

In Paris schien also der Kampf schon erfolgreich geschlagen, der in Deutschland erst mühsam auf den Weg gebracht werden musste. Hier herrschte keine Erstarrung, eher Orientierungslosigkeit aufgrund eines Überangebotes an neuen Zielen und Richtungen. Die Debatten wurden öffentlich geführt, und jedermann hatte daran Anteil, ganz im Unterschied zu der Friedhofsruhe jenseits des Rheins. In seiner Autobiografie skizziert Heinrich Mann im Rückblick die wesentlichen Grundlagen der Dritten Republik: »Die Dritte Republik konnte bestehen siebenzig Jahre, länger als der fleißigste Fürst, weil sie richtig angefangen hatte – mit ihrem ehrenhaften Widerstand gegen einen Feind im Land, mit Gambetta und dem Volksheer, mit der Pariser Commune. Auch mit der Commune. Ein Besiegter hat Grund, vorwegzunehmen, was noch nicht an der Zeit ist.«[167] Bei aller Sympathie mit dem Aufstand der Pariser Kommune von 1871 sieht Heinrich Mann gerade in der Auseinandersetzung unterschiedlicher Vorstellungen die Voraussetzung für eine dauerhafte Republik. Die Franzosen hatten sich ihren Staat erkämpft. Es war zu einem bewaffneten öffentlichen Kampf über den richtigen Weg in die Zukunft gekommen. Dadurch ruhte die Republik auf anderen Säulen als das Deutsche Reich, das den Bürgern durch den genialen Plan eines politischen Kalkulierers geschenkt wurde. Das ganze französische Volk hatte teil an dieser Republik im wahrsten Sinne des Wortes: »Haltbar, unverhältnismäßig dauerhaft wird eine Form des Lebens und ein Lebensgefühl, weil ein ganzes Volk, dieses eine, sie bestätigt und trägt. Die Franzosen der Dritten Republik haben, trotz arm und reich, fest geglaubt, sie lebten in einer Republik. Davon wurde es eine. Anmut mit Würde tut Wunder. Ein Besitzloser mit dem Selbstbewußtsein eines Propriétaire gibt ihm nichts nach.«[168]

Während seines Aufenthalts in Paris erlebte Heinrich Mann den Bau der Kirche Sacré-Cœur auf dem Hügel von Montmartre. Das Bauwerk sollte ein Zeichen der Besinnung nach der blutigen Niederschlagung des Aufstands der Kommune von 1871 sein, ein Mahnmal für die Opfer auf beiden Seiten. Das Geld für den Bau der Kirche war in einer öffentlichen Sammelaktion aufgebracht worden. Die Pariser schufen sich über die Grenzen unterschiedlicher Auffassungen hinweg ein gemeinsames Denkmal.

Die Wirkung der Freiheit dürfte Heinrich Mann auch in den Theatern verspürt haben, die er nach eigener Aussage einzigartig gefunden und möglichst oft besucht habe: den Vaudevilles. Das Vaudeville war das Pariser Volkstheater. Bis zu einem gewissen Grade lässt es sich mit dem Wiener Volksstück der Schikaneder, Nestroy und Raimund vergleichen. Seinen Ursprung hatte diese Form des Theaters in einer bestimmten Form des Gesangs. Auf bekannte Melodien dichteten Sänger neue satirische, parodistische oder anekdotische Texte. Später wurden diese Lieder Teil von Theaterstücken, die in der Tradition der italienischen commedia dell'arte standen. So entwickelte sich allmählich das populäre Singspiel, das fortan den Begriff ›Vaudeville‹ für sich übernahm, ebenso wie die Theater, in denen diese Stücke aufgeführt wurden. Die Zeit dieser Singspiele schien mit dem außerordentlichen Erfolg der ersten Operette im Jahre 1858 zu enden: Jacques

Offenbachs ›Orpheus in der Unterwelt‹ bot jene Form der leichten Unterhaltung, die bislang im Vaudeville geboten worden war. Dennoch überlebte das Vaudeville, das fortan auf Gesangseinlagen verzichtete, die neue Entwicklung. Eugène Labiches Stück ›Un Chapeau de paille d'Italie‹ wurde sogar ein triumphaler Erfolg. In den neunziger Jahren war das Vaudeville »toute pièce gaie qui, sans prétention littéraire, psychologique ou philosophique, reposait sur le comique de situation«[169]. Gespielt wurde in kleinen Theatern und in Cafés. Auf dem Spielplan standen weiterhin Satiren, Parodien und komische Anekdoten über berühmte Persönlichkeiten der Vergangenheit oder Gegenwart. Vielfach bot das Vaudeville nur eine lose Abfolge von Sketchen, die aus dem Stegreif auf die Bühne gebracht wurden. Manchmal zeigte man in den Vaudevilles jedoch auch präzis konstruierte Stücke, die ihre Situationskomik aus minutiös aufgebauten Intrigen und Verwechslungen bezogen. Insbesondere Georges Feydeau zeichnete sich auf diesem Gebiet aus. Das Vaudeville war der Spiegel des kleinen Mannes, in dem er die Welt um sich herum betrachtete. Hier gab er mit spielerischem Übermut die große Kunst und die großen Persönlichkeiten der Lächerlichkeit anheim.

Heinrich Mann dürfte auch das libertinäre Pariser Nachtleben genossen haben. Zwar habe er sich, nach seinen eigenen Worten, mit Rücksicht auf seine angeschlagene Gesundheit eine gewisse Mäßigung auferlegt. Ungeachtet dessen war er wohl häufiger Gast in den Vergnügungsstätten der Pariser. Im Künstlerviertel Montparnasse, am östlichen Ende des gleichnamigen Boulevards, etwa zwanzig Minuten Gehweg von seinem Hotel, lag der Ballsaal Bullier, zu dem auch der Bal de la Closerie des Lilas im Freien gehörte. Hier trafen sich alle Bevölkerungsteile der Stadt dreimal in der Woche zu Champagner, Tanz, Gesangsdarbietungen und Cancan.

Paris hinterließ bei Heinrich Mann einen bleibenden Eindruck; er fasste schon bald den Plan, so rasch als möglich unter anderen Voraussetzungen in die französische Metropole zurückzukehren: »Ich glaube, wenn ich überhaupt zur Analyse gemacht bin, nur auf diejenige der haute vie oder doch auf diejenige eines einigermaßen eleganten Lebens angewiesen zu sein. Die moralischen Dispositionen, die ich meinen eigenen entsprechend aufsuche, finden sich nur dort. Ein kosmopolitisches, durch die letzten kulturellen Erzeugnisse der alten Welt gebildetes und getragenes Dasein muß ich auf alle Fälle kennen, um für die Formung und Verausgabung dessen was ich jetzt mehr ahne als weiß, einen Rahmen und einen Vorwand zu haben. … Ich führe das kosmopolitische Leben so gut wie es bei so beschränkten Mitteln wie die meinen sind, angeht. Ich pflege die verschiedenen Kultursprachen, lebe das Leben der verschiedenen Länder, genieße überall die eigenthümliche Kunst; das genügt jedoch nicht. Ich bin an kleine, bürgerliche Pensionen gefesselt, jeder Ausgang ist für mich ein Entschluß, zu dem ich meinen Leichtsinn zu Hilfe rufen muß. Mein Gesichtspunkt ist kein freier, über den Interessen und unrealisirbaren Wünschen stehender, es ist der der mehr oder weniger leeren Tasche, der durch alle Einbildungskraft und den möglichsten Dilettantismus niemals so weit corrigirt werden kann, daß er zu denselben Resultaten gelangt wie derjenige einer gesättigten Existenz.«[170] Heinrich Mann muss in Paris erstmals seine persönlichen Verhältnisse als beschränkend empfunden haben. Hier wurde er an seinen finanziellen Mitteln gemessen, und sie genügten bestenfalls zu einem Rang in der Mittelschicht. Dennoch fühlte er sich als Kosmopolit auf der Höhe der zeitgenössischen Kultur den höheren Kreisen zugehörig. Schließlich teilte er mit diesen Kreisen die Skepsis gegenüber moralischen Normen und Werten.

Bislang hatte er aufgrund seiner Herkunft stets an der Spitze kultureller und finanzieller Vornehmheit gestanden. Aber in der Folge der Auflösung der bisherigen Ordnung hatte er diesen Status verloren. Vincent Cronin berichtet von der Pariser Gesellschaft: »Indeed, perhaps the most distinctive aspect of Paris society was its permeability. Thanks to an excellent education system introduced in the 1880 s, anyone of talent could rise to the top and a great many did.«[171] Er erzählt von Emile Loubet, Sohn eines Landwirts aus der Drôme, der durch schulische Leistungen auffiel, Jura studierte und Politiker wurde. Mit sechzig wurde er Ministerpräsident, später gar Präsident der Republik. Loubet ist ein Beispiel für die Durchlässigkeit der französischen Gesellschaft. Mit Talent und Leistungsbereitschaft konnte man Karriere machen. Viele träumten von ähnlichen Erfolgen, spekulierten mit ihrem Ersparten an der Börse, wobei manche gewannen und viele verloren. Der wirtschaftliche Verlauf der siebziger Jahre in Frankreich ähnelte dem in Deutschland. Die Geschäfte boomten, doch gab es auch zahlreiche Rückschläge. Auch besagter Emile Loubet wurde ein Opfer dieser Vorgänge: 1892, ein Jahr vor Ankunft Manns in Paris, musste er als Ministerpräsident zurücktreten. 104 Abgeordnete der Nationalversammlung hatten sich von einer Gesellschaft, die den Panama-Kanal bauen wollte, bestechen lassen. Der Bankrott der Aktiengesellschaft brachte die Verwicklungen an den Tag. Zahlreiche Kleinanleger, die auf ähnlich gute Geschäfte wie beim Bau des Suezkanals gehofft hatten, verloren ihre Habe. Die Angelegenheit wurde bald der Regierung Loubet zur Last gelegt. Der Rücktritt schadete seiner weiteren politischen Laufbahn keineswegs; er stieg – wie schon erwähnt – acht Jahre später zum Präsidenten auf.

Diese Vorkommnisse werfen ein bezeichnendes Licht auf die Macht des Geldes. Der Wunsch nach Reichtum und dem damit verbundenen gesellschaftlichen Ansehen war weit verbreitet. Auch Heinrich Mann wurde davon erfasst. Hatte er nicht die Zwangsläufigkeit, mit der der Reichtum alleiniger Gradmesser für das Ansehen einer Person in der Öffentlichkeit wurde, schon zu Vaters Zeiten wahrgenommen? Nun wurde er erstmals mit den Konsequenzen dieser Entwicklung konfrontiert. Dabei wurde in ihm der Wunsch wach, weiterhin dazuzugehören, auf der Höhe seiner Zeit zu stehen. Doch er musste sich eingestehen, dass dies nur für kurze Dauer, als Ausflug sozusagen, möglich wäre. Der geeignete Ort für diesen Plan ist für Heinrich Paris: »Natürlich müßte Paris der Schauplatz sein. Sobald ich das wenige Vermögen, das mir zukommt, an mich gezogen habe, würde ich eine

Summe aufnehmen, die mir einen Monat eine existence supérieure ermöglichen würde. 5 000 frs sind etwa die monatlichen Renten eines dreifachen Millionärs, das würde also genügen. … Ich würde mir also ein kleines Appartement nicht weit von den Boulevards nehmen; da die Herrlichkeit auf Zeit ist, müßte es allerdings möblirt sein; das wird durch Illusion leicht ersetzt. Worauf es ankommt, sind die Details des täglichen Lebens. Von Kopf zu Fuß vom ersten Pariser Schneider gekleidet. Zu Hause seidenes Hemd und dto Schlafrock etc. J'insiste sur ces détails, ils ne sont point ridicules au fond. Jedes Stück, mit dem ich in Berührung komme, muß soigniert sein; wie das seidene Hemd ist auch die Moral, die ich aufsuche und die ich brauche: fein, geschmeidig, frivol (dies vom bürgerlichen Standpunkt gesprochen). Schleunig eine so elegante Frau genommen, wie mit dem Gelde, das ich bieten kann, erreichbar.«[172] Im Grunde genommen träumt Heinrich erneut von einer Idylle. Mit anderen Mitteln, denen der neuen Zeit, will er sich den Status zurückgewinnen, den er früher besaß. Dass die paradiesischen Zustände nur auf Zeit angelegt sein könnten, dessen ist er sich bewusst. Alle Idyllen sind nur künstlicher Natur, weil sie immer schon brüchig sind. Die einzige Zuflucht bietet die Literatur. Wenn die wenigen Monate des schönen Rausches gelebt sein würden, ließen sie sich als Literatur mit ihrem unantastbaren Wesen weiter fortpflanzen.

Deshalb bedient er sich auch der Literatur als Rechtfertigung seines Wunschtraums, den er sich als persönliche Sehnsucht nach einem Paradies wohl nicht einzugestehen traut: Er müsse in die Atmosphäre der gehobenen Welt eintauchen, um sie in zukünftigen Werken besser beschreiben zu können. Er will die äußerlichen Voraussetzungen einer solchen Existenz am eigenen Leib erfahren. Das Sein bestimmt schließlich das Bewusstsein. Doch aus Heinrich Manns Traum von einem Leben im Schlaraffenland wurde, zumindest auf realer Ebene, nichts. Dazu war der Plan vom November 1893 doch zu verwegen, wie er sich selbst eingestehen musste.[173] Außerdem weigerte sich der Testamentsvollstrecker des Vaters, auf den unsinnigen Gedanken einzugehen und den väterlichen Vermögensanteil an den Erben vor der Zeit auszuzahlen.

Zum Zeitpunkt der Niederschrift seines Planes befand Heinrich Mann sich schon in einem anderen Teil Europas. Nach seinem Aufenthalt in Paris war Heinrich Mann im Mai 1893 nach Lübeck zurückgekehrt. Es sollte der letzte Aufenthalt in seiner Heimatstadt werden. Ihm folgten noch einige Tage in Berlin, wo er seinen Freund Ludwig Ewers besuchte. Seine Mutter zog im darauf folgenden Monat nach München um, das in den letzten dreißig Jahren an Bevölkerung enorm gewachsen war: 1871 betrug die Zahl der Einwohner noch 170 000, um 1900 waren es bereits 500 000. Auf kulturellem Gebiet stand die viertgrößte Stadt des Reiches in einem Wettstreit mit Berlin. Der ehemalige König Ludwig I. hatte durch sein Mäzenatentum zahlreiche Künstler in die Isar-Metropole gelockt. Wenn man ein anspruchsvolles kulturelles Umfeld suchte – und die Senatorin Julia Mann tat dies –, boten sich Berlin und München am ehesten an. Während Berlin jedoch eine mit Lübeck vergleichbare norddeutsch-protestantische Atmosphäre ausstrahlte, besaß München ein süddeutsch-katholisches Ambiente, das eine Frau, die aus einem romanischen Land stammte, eher ansprechen musste. Darüber hinaus wurde die Stadt von den vielen Zugereisten auch wegen ihrer Atmosphäre gepriesen: Trotz ihrer Größe war sie überschaubar geblieben und besaß nicht die Anonymität moderner Großstädte. Im Juli 1893 traf Heinrich Mann in München ein, wo er bei der Mutter in der Rambergstr. 2 lebte. Auch ihm gefiel das kulturelle Leben in der neuen Heimat. Gleich zu Beginn besucht er mehrere Ausstellungen und berichtet Ewers begeistert von französischer, englischer und holländischer Kunst, die er gesehen habe. Die deutschen Kunstwerke vor Ort hingegen faszinierten ihn wenig. Außerdem stellt Heinrich Mann fest, dass, während man in Kunst geradezu schwimme, das Nachtleben eine Enttäuschung sei. Als er schließlich bis Oktober 1894 vom Militär freigestellt wird und zudem eine leidige Ohrenoperation gut hinter sich gebracht hat, erwacht in ihm wieder die Reiselust. Auch will er den Roman ›In einer Familie‹, der über Umzug, Musterung und Operation liegen geblieben war, wieder in Angriff nehmen. Für einen Lungenkranken empfiehlt es sich ohnehin, die kalten Monate in milderen Gefilden zu verbringen.

Im Oktober verlässt er Deutschland und reist über die Alpen nach Italien. Sein erster Aufenthaltsort dort ist ein Sanatorium in Riva. Er sollte in den folgenden Jahren noch oft diesen Ort aufsuchen, der sich terrassenförmig am Nordufer des Gardasees über die Wasserfläche erhebt. Die pittoresken Felsen, die am Westufer des Sees steil herabfallen, schließen sich unmittelbar an Riva an, das zudem von den hohen Alpengipfeln ringsherum klimatisch geschützt liegt. Heinrich Mann schätzte neben dem milden Klima vor allem die Ruhe. Ungestört konnte man hier arbeiten. In dem Leiter des Sanatoriums, dem österreichischen Arzt Christoph von Hartungen, fand er einen Freund, den er immer wieder in medizinischen und psychologischen Fragen konsultieren konnte. Vom Gardasee aus bereiste Heinrich Südtirol, ehe er schließlich im November 1893 in Florenz anlangte.

Heinrich Mann stand zunächst einer Weiterreise nach Florenz skeptisch gegenüber. Er fürchtete in der toskanischen Stadt gar zu vielen Versuchungen ausgesetzt zu sein, die seinen Finanzen und seiner Gesundheit Schaden zufügen könnten. Vom Hörensagen will er wissen, dass man dort zahlreiche »Pariserinnen und andere Süßigkeiten«[174] antreffe, denen er kaum widerstehen könne. Schließlich hielt der raue Winter auch am Gardasee und in Südtirol Einzug, sodass er weiter gen Süden reisen musste. In Florenz angekommen, bezieht er Logis in der Pension Giannini, 21 Lungarno Serristori. Wie schon in Paris liegt sein Quartier also recht zentral und direkt am Fluss, in diesem Falle am Arno. Von seiner Unterkunft hat er nur wenige Schritte hinauf zum Piazzale Michelangelo, von dem aus man die gesamte Stadt und das angrenzende toskanische Hügelland überblicken kann: »Eine lange Weile standen sie hier, jedesmal in einem Winkel der Galerie, die die majestätische zum Quai hinabsteigende Terrasse krönt, ohne sich von dem Bilde trennen zu können, das sich wie ein steinerner

Lustgarten zu ihren Füßen ausbreitete. Von der verwitterten Stadtmauer, hinter der sich, unmittelbar unterhalb ihres Standpunktes, das alte Palastviertel zum Arno hinabsenkte, bis da, wo am jenseitigen Ufer die Stadt sich in der Talweite zwischen Grün verlor, übersahen sie alles. Sie blickten in die engen Gassen hinein, die sich gegen den Dom zu erweiterten, um in gemessenem Kreise den Riesen zu umringen, der sie beherrschte, und sie sahen die auf den Fluß mündenden Straßen ihr Wagen- und Menschengetümmel auf den Lungarno ausschütten, der an den Brücken, an dem Ponte Vecchio mit seinem malerischen Häusergerümpel vorüber bis zu dem luftigen Bogen der Eisenbrücke seine weiße Linie in gerader Perspektive fortzog. An seinem Ende erblickten sie die Alleen und Baumbuketts der Cascinen, den glitzernden Fluß entlang, in die blaue Luft gezeichnet und endlich vom Sonnendunst verschlungen.«[175] So überwältigend, wie er in der Novelle ›Auf Reisen‹ den Eindruck schildert, den die Stadt machte, so begeistert äußert er sich auch unmittelbar aus Florenz in einem Brief an Ludwig Ewers: »Mir geht es hier so unendlich besser als sonst seit langem, daß ich allen Menschen Glück und Segen wünsche. Florenz ist wirklich erstaunlich. Ich habe noch nie soviel schöne Sachen auf einen Haufen gestellt gesehen. Einzelne Plätze stehen buchstäblich voll von Bildwerken. Die Galerie der Uffizien und die des Palast Pitti, die durch ein Aquädukt miteinander verbunden sind, erfordern, nur um hindurchzugehen, ohne sich überhaupt aufzuhalten, etwa eine Stunde. Von den Bildern selbst, von denen fast jedes ein Kleinod und eine Offenbarung ist, gar nicht zu reden. Der Louvre fällt dagegen weit ab, und sonst soll es überhaupt nichts damit Vergleichbares geben. Die Stadt ist reizend und prächtig und so schön gelegen wie wohl sonst kaum eine große Stadt. Die ›alte Brücke‹, uralt und mit kleinen Goldschmiede-Häusern bestanden, auf die ich von meinem Fenster aus Aussicht habe, ist einer der malerischsten Winkel, die ich in der Welt kenne. – Dieser Lobgesang wird Dich wundern, aber ich bin seit den 3 Wochen, die ich hier bin, noch ganz ébloui.«[176] Florenz scheint auf Heinrich einen tieferen Eindruck zu machen als Paris. Die Allgegenwart von Kunstwerken scheint er hier sehr viel stärker wahrzunehmen als dort. Hinzu kommen die emphatischen Beschreibungen der wunderbaren Landschaft »mit dem stillen, blaudunkelnden Zuge ihrer Berge und ihren träumerisch raschelnden, schwarzgrünen Pinien- und Lorbeerhainen«[177]. Der Begriff des ›Träumerischen‹ in dieser Schilderung lässt auf die Stimmung schließen, der Heinrich in Florenz und in der Toskana verfallen ist. Stand Paris für den Bruch mit dem Überkommenen, für die dahinstürmende Moderne, so bildet dieser Landstrich den Kontrast hierzu. Heinrich taucht ein in die Vergangenheit. Der Florentiner Dom, die Kunstwerke der Renaissance in den Museen und auf den Plätzen machen die Vergangenheit gegenwärtig. Diese Welt mit ihren Kunstwerken liegt so fern von den angekränkelten, nervösen Charakteren der Moderne, die den Glauben an sich und an die Welt um sie herum schon längst verloren haben. In Florenz scheint der moderne Mensch seine Haltlosigkeit überwinden zu können, indem er sich in die künstlerische und geschichtliche Tradition hineinstellt. Auch das gebrochene Verhältnis zur Natur, zum eigenen Körper, den man nur als Träger von Krankheit und Schwäche kennt, wird hier überwunden. Wie sehr Kunst und Natur zu einer allumfassenden Erfahrung verschmelzen, zeigt eine Notiz aus einem autobiografischen Entwurf von 1911: »Ich habe mich viel in Italien aufgehalten, anfangs um der Farben und Linien willen, die hier Land und Kunst haben.« Florenz steht für Vergangenheit und Tradition und damit für die Geborgenheit versprechende Idylle, die er einst im Lübeck seiner Jugend erfahren durfte. Und dieses italienische Paradies zeigt noch nicht einmal die Risse, die damals schon die hansestädtische Tradition durchzogen. Paris und Florenz fügen sich ein in das bekannte Koordinatensystem von Bruch mit der Vergangenheit und Sehnsucht nach Geborgenheit.

Insgesamt weiß Heinrich in seinem Brief an Ewers vom 21. November 1893 nur Positives zu vermelden. So hat er einen langen Aufsatz über Paul Bourget mit dem Titel ›Bourget als Kosmopolit‹ an die Zeitschrift ›Die Gegenwart‹ verkaufen können, und außerdem hat er in Riva seinen Roman fertig gestellt. Im März 1894 endet die Zeit in Florenz, und Heinrich Mann kehrt über Viareggio, Bologna und Verona für die Sommermonate nach München zurück. Dort beginnt nun die Suche nach einem Verleger für den Erstling. Ein erster Versuch bei Cotta scheitert ebenso wie ein zweiter bei Heinrich Minden in Dresden. Schließlich nimmt sich ein Münchner Verleger, Dr. E. Albert, des Romans an. Er verlangt für die Veröffentlichung des Buches einen Druckkostenzuschuss von 500 Mark, den die Mutter vorstreckt. ›In einer Familie‹ findet nur wenig Beachtung, immerhin schreibt ein Kritiker in ›Der Gesellschaft‹ eine kurze Rezension, in der er den Roman als »fein gearbeitet« lobt, gleichzeitig jedoch auch die »psychologische Kleinkrämerei«, mit der der Schüler den Meister Bourget wohl noch zu übertreffen gedachte, kritisch anmerkt.[178] Heinrich Mann hat sein Erstlingswerk lange Zeit verschwiegen. Eine vom Autor überarbeitete Fassung wurde 1924 vom Ullstein-Verlag mit wenig Erfolg publiziert. In den meisten Fragebögen nannte er ›Im Schlaraffenland‹ seinen ersten Roman.

Mit der Veröffentlichung des ersten Romans waren die Wanderjahre des jungen Heinrich Mann noch lange nicht beendet. Zwar reiste er mit der gesamten Familie in den Sommermonaten nach Füssen, um der Hitze in der Stadt zu entgehen, kehrte danach auch wieder nach München zurück, doch hatte er schon längst die Trennung institutionalisiert. Er wohnte während seiner Aufenthalte in München nur noch sporadisch bei der Mutter. Lieber bezog er eigene Wohnungen. Bis zum Sommerausflug nach Füssen lag sein Domizil im Türkengraben 23II. Gegen Ende des Jahres zog es ihn dann wieder in den Süden nach Italien. Eine weitere Fahrt nach Paris, wie in seinem Plan angedacht, wurde nicht realisiert, denn es sei »wirklich unmöglich, irgendwo anders so billig wie in Italien zu leben«[179]. Mit seinen bescheidenen Mitteln konnte Heinrich in Italien noch eher ein großbürgerliches Leben führen als in Paris, wo er sich wie ein Kleinbürger vorgekommen war. Im Dezember überquerte er also die Alpen. Mit einer Zwischenstation in Assisi erreichte er mit Beginn des Jahres 1895 Rom, wo er fortan für die nächsten Jahre seinen Lebensmittelpunkt haben sollte.

5. Der brüderliche Gefährte

Für die Dauer mehrerer Jahre versiegt nun die wichtigste Quelle zur Jugendzeit Heinrich Manns. Am 1. Dezember 1894 erreicht Ludwig Ewers noch ein Schreiben seines Schulfreundes aus München. Der nächste Brief, der erhalten geblieben ist, dürfte aus der Zeit nach dem November 1896 stammen. Auf diesen folgt wiederum eine größere Lücke, ehe eine Mitteilung Heinrich Manns aus Ravello am Golf von Salerno, datiert vom 7. Mai 1901, eintrifft. Diese Lücke in den überlieferten Briefen ist umso bedauerlicher, als gerade in dieser Zeit zwei wichtige Ereignisse im Leben Heinrich Manns stattfinden. Da ist zunächst eine merkwürdige Episode: Er wird Herausgeber der Zeitschrift ›Das Zwanzigste Jahrhundert‹. Dieses Blatt, im Untertitel ›Deutschnationale Monatshefte für soziales Leben, Politik, Wissenschaft und Literatur‹ genannt, gab es seit 1890. Herausgeber war zunächst Erwin Bauer, der dem ersten Heft eine programmatische Einführung voranstellte. Darin formuliert er die Ziele, die die Zeitschrift propagiere: »1. Einsatz für die konstitutionelle Monarchie und ›jede auswärtige und innere Politik, die die Stärkung und Mehrung des Reiches bezweckt‹; 2. Förderung der Einheit des deutschen Volkes, ›soweit die deutsche Zunge reicht‹; 3. Propagierung einer ›wirtschaftlichen Realpolitik‹, deren Ziel es ist, das Reich ›im Innern zu festigen‹, den ›Gesamtwohlstand‹ zu heben und ›die Lasten, Pflichten und Güter möglichst gerecht‹ zu verteilen; 4. Das ›Hauptaugenmerk‹ einer ›energischen Sozialpolitik‹ muss sich auf die ›Bedürfnisse des Mittelstandes‹ richten, nicht aber auf die ›Forderungen der sog. Arbeiter‹; 5. Kampf für ›Wahrheit im öffentlichen und gesellschaftlichen Leben‹, d. h. ›Rückkehr zu den in Folge fremder Rasseneinflüsse verlorengegangenen deutschen Stammeseigenthümlichkeiten, zu einem einfachen nationalen deutschen Volksthume‹; 6. Einstehen für ›das reine evangelische Christentum‹ und 7. Förderung ›eines gesunden modernen Realismus in Kunst und Literatur‹.«[180] Dem ersten Herausgeber folgte bald Friedrich Lienhard, der führende Vertreter der Heimatkunst-Bewegung, die in der Hinwendung zu regionaler und ländlicher Kunst eine Abkehr von einer zivilisatorisch verdorbenen modernen Kunst erhoffte, ehe dann Heinrich Mann im April 1895 die Leitung übernimmt. Unter seiner Ägide steigt der Anteil soziologischer Beiträge, doch an der grundsätzlichen Programmatik der mittlerweile ›Blätter für deutsche Art und Wohlfahrt‹ untertitelten Zeitschrift ändert sich nichts.[181]

Heinrich Manns Artikel knüpfen meistens an kürzlich erschienene Bücher an. So plädiert er für den Erhalt des Kaisertums auf der Grundlage eines Buches von F. Kamper, ›Die deutsche Kaiseridee in Prophetie und Sage‹. Der Kaiser wird zum Vertreter Gottes auf Erden stilisiert, seine Herrschaft durch Gottes Gnadentum begründet. Wegen dieses messianischen Grundgedankens der Monarchie, der sich durch die Geschichte vom antiken Rom bis heute verfolgen lasse und der einem menschlichen Grundbedürfnis entspringe, bleibe die Monarchie die einzig plausible Staatsform. So argumentiert Heinrich Mann und erfüllt damit getreu die Forderungen des Punktes eins der Programmatik von ›Das Zwanzigste Jahrhundert‹. In einem anderen Beitrag vom August 1895, der zum Reichstagswahlrecht Stellung bezieht, spricht er sich für eine Ständeverfassung aus. Allein eine Ständeordnung sei eine angemessene Umsetzung jenes Gefühls der Hierarchie, das weiterhin im deutschen Volke wurzele. An der Spitze dieser Stände-Pyramide stünde dann der Kaiser als Verkörperung des ganzen Volkes.

Im Folgenden attackiert Heinrich Mann Parteien, Großbürgertum und Arbeiterschaft, getreu den Programm-Punkten drei und vier. Die Parteien missachteten das Ganze und verkörperten lediglich Klasseninteressen. Das Großbürgertum kaufe sich seine Stimmen, die Arbeiter hätten ihre Repräsentanten in den Sozialdemokraten; lediglich der Mittelstand als tragender Teil der Gesellschaft bliebe ausgespart. Auf ihn würden alle Lasten abgewälzt. Deshalb müsse eine ›energische Sozialpolitik‹ für den Mittelstand betrieben werden.

Der in Punkt zwei enthaltene Zusatz ›soweit die deutsche Zunge reicht‹ wird zum Ausgangspunkt für expansionistische und imperialistische Pläne. In der Ausgabe vom Mai 1895 greift Heinrich Mann in der Rezension ›Degeneration – Regeneration‹ die Thesen aus Norbert Grabowskys ›Sollen wir heiraten?‹ auf. Grabowsky beantwortet die Frage mit einem klaren Nein, weil die Menschheit schon jetzt unter den Folgen der Überbevölkerung leide. Die ständig wachsende Menschenzahl wird von Grabowsky als Ursache des ›Daseinselendes‹ angesehen. Seiner Ansicht nach ist das Maß des Glücks metaphysisch determiniert, sodass bei immer mehr Menschen immer weniger Glück auf den Einzelnen entfalle. Grabowsky rät deshalb zur Enthaltsamkeit, wodurch der Mensch gleichzeitig von seinem leidvollen Trieb erlöst werde. Besonders diese Schlussfolgerung im Geiste Schopenhauers findet Heinrich Manns Zustimmung; schließlich erlebte er seine eigene Sexualität als übermächtige Kraft. Auf den Zusammenhang von Überbevölkerung und Degeneration weist auch Alfred Damm in seinem Werk ›Die Entartung der Menschen und die Beseitigung der Entartung‹ hin, das ebenfalls Manns Interesse findet. Je mehr Menschen es gebe, desto größer werde der Prozentsatz geschwächten Menschenmaterials. Damm tritt dafür ein, diese Menschen in Gebiete umzusiedeln, wo sie trotz ihrer geringeren Leistungsfähigkeit ein Auskommen finden. Zu diesem Zweck schlägt er eine Kolonie in Südbrasilien mit seinem tropischen Überfluss vor.

Sind degenerierte Deutsche erst einmal in Südamerika angesiedelt, so dauert es nicht mehr lange, bis der imperialistische Griff nach diesen Gebieten erfolgen kann. Unter dem Vorwand, die Einheit des deutschen Volkes sichern zu müssen, so weit eben die deutsche Zunge reicht, wird ein Hoheitsanspruch angemeldet, den Heinrich Mann befürwortet. In einem Aufsatz zu ›Kriegs- und Friedensmoral‹ erhebt er noch weiter gehende Forderungen. Ebenso unvermeidlich wie die Annexion fruchtbarer Kolonien sei die Ausbreitung nach Osten. Einzig und allein auf diesem Wege könne das Problem der Überbevölkerung gelöst werden. Von Osten her bedrohe Russland mit seinen zusammengewürfelten minderwertigen Volksstämmen die westliche Kultur und Zivilisation. Das zivilisierte Europa müsse sich zu den Vereinigten Staaten von Europa zusammenschließen und gemeinsam dieser Gefahr notfalls kriegerisch begegnen. Wer gegenüber dieser Herausforderung in pazifistischer Untätigkeit verharre, gefährde die Errungenschaften westlicher Kultur.

Aber nicht nur außenpolitisch sei die westliche Kultur in Gefahr, Heinrich Mann glaubt auch vielfältige Gefährdungen von innen ausmachen zu können. Ein gefährlicher Einfluss auf die Kultur gehe von den Juden aus. In einer Stellungnahme zum Erscheinen von ›Im deutschen Reich‹, der Zeitschrift des »Centralvereins deutscher Staatsbürger jüdischen Glaubens«, verengt er diese Gefahr auf zwei von drei Gruppen jüdischer Bevölkerung in Deutschland. Die orthodoxen Juden fielen kaum ins Gewicht. Sie seien arme Teufel, die in den östlichen Gebieten des Reiches hausierend und bettelnd dahinvegetierten. Die Angriffe Manns richten sich gegen die jüdische Hochfinanz und das akademisch gebildete Judentum.

Die jüdische Hochfinanz errichte ihre wirtschaftliche Macht zulasten des Mittelstandes, den sie mit ihren Kartellen zugrunde richte. Die Mächtigen der Wirtschaft akzeptierten nur einen Gott: das Geld. Innerhalb der Grenzen ihres primitiven Materialismus gebe es auch keine Anerkennung für Leistungen des Geistes, die um ihrer selbst willen angestrebt würden. Aber auf solchen Leistungen beruhe die wahre, westliche Kultur. Dadurch bedrohe die Hochfinanz die kulturellen Errungenschaften der westlichen Welt. Heinrich Mann gelangt schließlich zu der Überzeugung: »Jede andere ›Kultur‹ [als die des Geldes – S. R.] ist hinfällig, solange man die wilden Thiere im ›freien Spiele der Kräfte‹ duldet, anstatt sie auszurotten oder in Käfige zu sperren!«[182]

Eine sehr viel größere Gefahr für die Kultur als die jüdische Hochfinanz bildeten jedoch die akademisch gebildeten Juden. In diesem Kreise stoße man auf die Vertreter des theoretischen Materialismus, der mit seinen Thesen die abendländische Philosophie unterwandere. Der theoretische Materialismus leugne, dass jedes Kulturprodukt als eine Hervorbringung des tiefen und wahren Gemütes verstanden werden müsse. Mann erwähnt in diesem Zusammenhang den gemütvollen Überschwang der Romantik als deutsche Kulturleistung. Neben den Deutschen attestiert er auch den Franzosen eine tiefe Gemüthaftigkeit. Im Bewusstsein für den Wert der eigenen Kultur sollten sich deshalb diese beiden Nationen im Kampf gegen das jüdische Komplott zusammenschließen.

Solange diese Forderungen nicht erfüllt seien, sieht Mann für Kunst und Kultur eine dunkle Zukunft voraus. Ebenso wenig wie die jüdisch dominierte Hochfinanz fördere nämlich die so genannte Arbeiterschaft kulturelle Leistungen. Die Arbeiter sind für ihn gesinnungsloser Pöbel, auf eine Stufe zu stellen mit den barbarischen Massen des Ostens. Wo Kunst und Kultur nicht schon längst zur Handelsware herabgesunken sei, appelliere sie mit ›abentheuerlicher Brutalität‹ an die niedrigsten Instinkte im Menschen oder geriere sich in ›sentimentaler Wohlanständigkeit‹, um dem primitiven Geschmack der Massen zu entsprechen. In drei Rezensionen für ›Das Zwanzigste Jahrhundert‹ geht Heinrich Mann auf – seiner Meinung nach – vorbildhafte Werke zeitgenössischer Autoren ein. So lobt er beispielsweise eine Gedichtsammlung ›Lieder eines Elsässers‹ seines Vorgängers im Redakteursamt, Friedrich Lienhard. Der Rezensent lobt die unverfälschte Naturnähe, die er aus solch banalen Zeilen wie

> Die Spatzen schwirrten übern Hof,
> Die Werkstatt stampft' und dröhnte,
> Indeß im Trog die Entenschaar
> Dem fröhlichen Bade fröhnte[183]

herauszuhören glaubt. Banalität wird hier als der Moderne verloren gegangene Naivität gefeiert. Ähnlich urteilt er über zwei Gedichtbücher, die er im Mai 1896 bespricht. In dieser Kritik vergleicht er Franz Evers mit Ludwig Tieck. Evers' ›Deutsche Lieder‹ besäßen die gleiche Innigkeit und Tiefe wie die Werke des Romantikers.[184] Gleiches gelte in noch stärkerem Maße für die Werke aus dem zweiten rezensierten Buch, ›Gedichte‹ von Marie Eugenie delle Grazie. Auch des Lobes würdig erachtet Heinrich Mann in der dritten Literaturrezension, die im Juli 1895 erscheint, Victor von Andrejanoffs Gedichtband ›Weltgericht‹. Andrejanoff feiert darin die großen Persönlichkeiten der Weltgeschichte, in denen Mann den Typus des Übermenschen Nietzsches zu erkennen glaubt. Gemeinsam sei ihnen allen, dass sie nicht nach dem Weh der Kleinen fragten. Über Leichen stiegen sie empor zu historischer Größe und verwirklichten damit den Plan der Schöpfung, der sozialdarwinistisch als Sieg des Stärkeren über den Schwächeren ausgelegt wird.

Rückkehr zu verlorener Naivität und Einfachheit, rücksichtslose Bewunderung für historische Größe seien die Eigenschaften, die die genannten Werke über das Gros der modernen Dichtung stellten, das durch Unsicherheit und Zweifel geprägt sei. Die Sehnsucht nach Erlösung aus der kranken Gegenwart finde hier einen Halt. Auf dem Gebiet der Malerei leisteten dies die Präraphaeliten mit ihrer religiösen Kunst. Auch ihre Werke verdankten sich dem Bedürfnis nach Erlösung. Überhaupt könne die Hinwendung zur Religion entscheidend zur Rettung der Menschheit beitragen.

Die Religion ist nach Ansicht Heinrich Manns die wahre Trägerin von Moral und Ordnung: »Ohne den Glauben an das Absolute ist sie [die Moral] nicht denkbar; sie kann nur als das Wort Gottes unangefochten bleiben.«[185] Die Bezugnahme auf Gott entzieht die Moral der menschlichen Kritik und erhebt sie zur unumstößlichen Wahrheit. In diesem Sinne verteidigt er die Religion bereits in dem Aufsatz ›Ethische Kultur‹ vom April 1895, in dem er gegen eine Bewegung wettert, die einen religionsfreien Moralunterricht propagiert.

Auch das Kaisertum erhalte seine Legitimation von Gottes Gnaden. Verbunden damit sei der pyramidale gesellschaftliche Aufbau der ständischen Ordnung, an deren Spitze die Majestät stehe. Jeder Versuch, eine solche Ordnung zu stürzen oder reformerisch zu verwandeln, sei wider den göttlichen Willen.

Heinrich Mann hat später seine Mitarbeit am ›Zwanzigsten Jahrhundert‹ stets verheimlicht. Lediglich aus einigen Bemerkungen des Bruders Thomas konnte man Andeutungen darüber heraushören. Als in den fünfziger Jahren Alfred Kantorowicz einem Hinweis Thomas' in einem Brief an seinen Jugendfreund Otto Grautoff nachging, stieß der Leiter des Heinrich-Mann-Archivs in Ost-Berlin schließlich auf die Beiträge. Er sieht darin eine jugendliche Verirrung, eine Befreiung von gefährlichen Einflüssen, neuromantischen Tendenzen und einem missverstandenen Nietzsche. In diesem Sinne verstanden auch andere ostdeutsche Heinrich-Mann-Forscher diese Episode[186], wenn sie nicht gar die antikapitalistischen Elogen in den Beiträgen als erste Zeichen sozialistischen Denkens bei Heinrich Mann ausdrücklich lobten.[187]

Im Westen war die Bestürzung weitaus größer. Bernd M. Kraske sieht den Leser angesichts der Äußerungen Manns »betroffen, zumindest aber ratlos«[188]. Die Ausfälle wollen nicht recht in das tradierte Bild des linksliberalen Schriftstellers passen. Gerhard Loose zeigt sich entsetzt, wobei ihn weniger der Inhalt der Beiträge stört, da dieser vielfach den Zeitgeist widerspiegele, sondern der Ton: »Konservativismus, wie schon bemerkt, ist eines, scharfmacherische Reaktion und deren Förderung, schrillen Tones, ist ein anderes.«[189] Gerhard Schäffner findet es ebenfalls unentschuldbar, dass Heinrich Mann »keinen Programmpunkt der extremen Rechte ... – sei es der staatlich durchorganisierte Judenpogrom, sei es die Unterdrückung der Arbeiterbewegung und des Liberalismus, sei es die sozialdarwinistisch gerechtfertigte Welteroberung –, die im zwanzigsten Jahrhundert schauerliche Wirklichkeit werden sollten«, auslasse.[190] Er sieht in den Beiträgen den bürgerlichen Zeitgeist zu Ende des 19. Jahrhunderts wirksam, der gegen den Ennui, die Langeweile einer armseligen Epoche, opponiert, was keine Entschuldigung sein solle, sondern ein bezeichnendes Licht auf den aufkommenden Ungeist der Jahrhundertwende werfe. Willi Jasper hebt besonders stark die antisemitischen Parolen hervor, lenkt dann jedoch rasch wieder den Blick auf die spätere Entwicklung des Schriftstellers zum Vertreter linksliberalen Gedankengutes.[191] Auch Renate Werner weist auf die weitere Entwicklung Heinrich Manns hin, die seine verdächtige Nähe zur ›Konservativen Revolution‹ bald beende.[192]

Natürlich ist der moderne Rezensent durch das Wissen um den weiteren Verlauf der deutschen Geschichte hellhörig geworden: Das Loblied auf eine pyramidal aufgebaute Gesellschaft mit dem Kaiser von Gottes Gnaden an der Spitze lässt bereits das spätere Führer-Modell des Dritten Reichs erahnen, die Abwertung der östlichen Völker und die These von der Überbevölkerung Deutschlands gemahnt an Grimms »Volk ohne Raum«, der empfiehlt, durch die Verdrängung der minderwertigen slawischen Völker Lebensraum im Osten zu schaffen, und die schlimme Forderung nach einer Ausrottung der Juden nimmt verbal bereits den Holocaust vorweg. Angesichts dieses Katalogs reaktionärer Ungeheuerlichkeiten muss man sich allerdings fragen, was Heinrich Mann dazu antrieb, in einer reaktionären Zeitschrift solche Ideen zu verbreiten. Doch – wie gesagt – hierüber ist nichts überliefert. Thomas Mann hat gegenüber Otto Grautoff in einem Brief vom 23. April 1897, die Zeitschrift war mittlerweile eingestellt, geäußert, dass sein Bruder Heinrich »das ziemlich einfältige Blättchen stets mit einigem Widerwillen und nur um Geld zu verdienen dirigierte«[193]. Da die Zeitschrift mangels Leserinteresse am Ende des Jahres 1896 eingestellt wurde, lässt sich kaum annehmen, dass viel Geld mit deren Herausgabe zu verdienen gewesen war. Der aggressive Ton, dessen sich Heinrich in seinen Artikeln befleißigte, lässt auch nicht darauf schließen, dass der ältere Bruder widerwillig bei der Arbeit gewesen sei, wie Thomas behauptet.

Wo liegen also die Gründe für Heinrich Manns Tätigkeit

für diese reaktionäre Zeitschrift? Letztlich spricht sich hierin der Wunsch nach Bewahrung einer verloren gehenden Welt aus. Auf der Seite der Gegner steht der Liberalismus mit seinen Forderungen nach freien Märkten und parlamentarischer Demokratie, die jüdische Bevölkerung, die angeblich in besonderem Maße von der Liberalisierung von Wirtschaft und Gesellschaft profitiere, und die moderne Kunst – Naturalismus und Décadence – als Ausdrucksform der Erkenntnis und der daraus resultierenden allgemeinen Haltlosigkeit. Heinrich Mann verdammt in seinen Artikeln den Bruch mit der Vergangenheit. Der schrille und aggressive Ton, in dem dies geschieht, ist ein deutliches Zeichen dafür, dass er den Kampf schon längst verloren weiß. Die Welt, die er in seinen Artikeln und Rezensionen beschwört, ist schon längst untergegangen – wenn sie überhaupt jemals bestanden hat: Sie trägt die Spuren eines künstlichen Paradieses. Alle Vorschläge zur Wiederherstellung paradiesischer Zustände sind unmögliche Forderungen. Je ungeheuerlicher sie werden, desto mehr versteigen sie sich daher auch in den Bereich des Irrealen. Dass das Irreale eines Tages bitterste Realität werden könnte, liegt noch jenseits der Vorstellungskraft. Außerdem huldigen Heinrich Manns Beiträge für die Zeitschrift ›Das Zwanzigste Jahrhundert‹ dem Zeitgeist. Allenthalben stößt man in der Gesellschaft des Kaiserreichs um die Jahrhundertwende auf ähnliche Ideen. Nationalismus, Imperialismus, Antiliberalismus und Antisemitismus sind zu jener Zeit en vogue.

Der deutsche Nationalismus erlebte seine Geburtsstunde im Jahre 1806. Der Zusammenbruch des Heiligen Römischen Reichs Deutscher Nation führte zu einer intensiven Beschäftigung mit den eigenen Wurzeln, die durch die französische Okkupation in einer abwehrenden Haltung gegenüber Frankreich und den Ideen der Französischen Revolution mündet. Der Philosoph Johann Gottlieb Fichte wurde zum Verkünder deutschen Nationalbewusstseins. In seinen ›Reden an die deutsche Nation‹, gehalten im Winter 1807/1808 in Berlin, bescheinigt er den Deutschen, dass sie zur Befreiung der gesamten Menschheit bestimmt seien. Sprache und Kultur der Deutschen seien nämlich noch nicht zivilisatorisch zersetzt, sondern drückten die nachwirkende Verbundenheit der Deutschen mit der heilsamen Natur aus. Die französische Sprache hätte sich hingegen dem Lateinischen angepasst und dadurch ihre natürlichen Wurzeln eingebüßt. Ohne natürliche Wurzeln könnten jedoch keine Kulturleistungen erbracht werden. Deutschland müsse sich deshalb von dem französischen Joch befreien, um ein Fanal für die eigene Kultur und die wahre Natur zu schaffen. Fichte ist überzeugt, dass sich die anderen Nationen dann zwangsläufig dem deutschen Wesen zuwenden werden, weil sie sich allein von ihm Heil versprechen können.

Sprache und Kultur werden bei Fichte zu den verbindenden Elementen, die das in eine Vielzahl von Kleinstaaten zerfallende Gebilde als eine Nation definieren. Dabei zeigt sich von Anfang an jene Ambivalenz, die nach Dieter Langewiesche dem Nationalismus zu eigen ist.[194] Die Idee der Nation besitze einerseits egalitäre Dimensionen: Als Kinder eines gemeinsamen Vaterlandes seien alle Bewohner des Staatsterritoriums einander gleich; adelige oder klerikale Vorrechte würden beseitigt, alle partizipierten in gleicher Weise an der politischen Macht. Andererseits verhalte sich der Nationalismus ausgrenzend: Wer nach Ansicht der Gesellschaft nicht die gemeinsame Basis teile, werde ausgeschlossen. Diesen Gruppen gegenüber verhalte sich die nationalistisch gestimmte Gemeinschaft aggressiv. Fichtes Beschwörung einer deutschen Nation stiftet sowohl einen Gemeinschaftsgedanken, aus dem heraus vor allem Studenten liberale Forderungen erheben, gleichzeitig schafft er die Grundlage für ein aggressives Verhalten gegenüber anderen Nationen oder Gruppen. Kollektiver Feind ist zu dieser Zeit natürlich das napoleonische Frankreich. Durch die Feindschaft zu dem Nachbarland werden andere auszugrenzende Gruppen zunächst sekundär.

Die Spätromantik nahm mit Begeisterung die Beschwörung der deutschen Nation und Fichtes Ansicht von der kulturellen Überlegenheit der Deutschen auf. Sie erhöhte diesen Anspruch zu einem quasi-religiösen Erlösertum: Das deutsche Volk ist nach Ansicht Arndts oder des Turnvaters Jahn dazu auserwählt, alle anderen Nationen von ihrem Irrweg abzubringen. Am deutschen Wesen soll die Welt genesen, wie der Lübecker Emanuel Geibel dichten sollte. Dieser Glaube stand jedoch in eklatantem Widerspruch zum weiteren historischen Verlauf. Die auserwählte Nation blieb auch nach den Befreiungskriegen innerlich zersplittert und spielte weltpolitisch eine untergeordnete Rolle. Das nationale Sendungsbewusstsein konnte sich niemals entfalten. Mit der Reichsgründung von 1871 wurden erst die Grundlagen für die Umsetzung dieser Vorstellungen geschaffen. Heinrich von Treitschke sah in der Niederlage Frankreichs ein Gottesurteil, das die Deutschen in ihrem Glauben an ihre historische Mission bestärken sollte. Mit der Schaffung des Nationalstaates von oben herab wurde der aggressive Nationalstolz zum tragenden Element des deutschen Nationalismus. Die Generation von 1848 war mit ihrem Versuch, ein einiges und freies Deutschland zu errichten, gescheitert. Der Liberalismus, und damit das egalitäre Denken, war unterlegen. Ausgerechnet in diesen egalitären Vorstellungen liegen jedoch die Grundlagen, um den Nationalismus über seinen festgesteckten Horizont hinauszuentwickeln. Die Auffassung von der Gleichheit aller führt letztlich zu einem universalistischen Anspruch, der sich mit aggressiver Ausgrenzung anderer nicht verträgt. Mit dem Wegfall des Gleichheitsgrundsatzes war das Fundament für das fortgesetzte Sendungsbewusstsein der Deutschen gelegt.

Noch eine weitere Instanz versuchte vom deutschen Sendungsbewusstsein zu profitieren, und zwar die protestantische Kirche: »Der nationale Sendungsglaube konnte überhaupt nur diesen ungeheuerlichen Einfluss gewinnen, weil er sich von vornherein religiös verbrämt zeigte bzw. die Kirche ihm zum Aufschwung verhalf. Auch der Chauvinismus wuchs gleichsam unter dem Protektorat der Religion auf.«[195] Mit der Entlarvung Gottes als menschliche Chimäre durch

Ludwig Feuerbach drohte die Kirche an Einfluss zu verlieren. Diesem Machtverlust begegnete sie, indem sie die nationale Sache zu ihrer eigenen erhob. Sie band sich enger an den preußischen Thron und sorgte dafür, dass Gott zunehmend deutsch erschien. Zu diesem Zweck anverwandelte sich der christliche Erlösergott zunehmend dem germanischen Wotan, der martialisch und kriegerisch für sein Volk focht. Der Kulturkampf wurde zum Vorboten der nationalen protestantischen Kirche, die hier den Aufstand gegen den kosmopolitischen Katholizismus probte, der aus Sicht der Nationalisten die innere Einheit der Deutschen aufzuweichen drohte.

Im Laufe des 19. Jahrhunderts erhielt der Glaube an die deutsche Überlegenheit eine neue, im Rahmen dieser Zeit wissenschaftlich untermauerte Grundlage: die Vererbungslehre. Nun waren es nicht mehr die romanischen Sprachen und Kulturen, die sich einer fremden Kultur angepasst und dadurch das eigenständige Denken und Empfinden preisgegeben hatten, sondern dieses Phänomen war nur ein Symptom dafür, dass sich ganze Rassen ihrer selbst entfremdet hatten. Demgegenüber bescheinigte man der deutschen Rasse ursprüngliche Reinheit, was sie leistungsfähiger und wertvoller mache. Daraus ergaben sich zwei notwendige Folgerungen: Erstens, die Deutschen konnten ihre welthistorische Sendung nur erfüllen, wenn sie sich ihre Reinheit bewahrten; zweitens, um ihre Reinheit zu wahren, müssen sie sich aller fremdartigen Einflüsse erwehren. Rasse- und Erlösergedanken vereinigten sich, wie sich dies in exemplarischer Weise an Houston Stewart Chamberlains ›Die Grundlagen des 19. Jahrhunderts‹ ablesen lässt. Er erhebt darin das Germanentum zur höchstwertigen Rasse in der Welt. In der Gestalt des Parsifals aus der Oper seines Schwiegervaters Richard Wagner sieht er die Inkarnation des reinen germanischen Menschen, der sich zur Lichtgestalt für die gesamte Menschheit aufschwingt.

Aber kann die übrige Menschheit überhaupt erlöst werden? Wenn die Rassezugehörigkeit zum entscheidenden Faktor für den Wert eines Menschen erhoben wird, ist dies nicht länger möglich. Hierin liegt ein Grundwiderspruch in der Schrift Chamberlains. Die Rassezugehörigkeit ist ein unwiderrufbares Merkmal. Niemand kann seine Rasse wechseln. Deshalb kann auch niemand, der anderer Rasse ist, von diesem angeblichen Makel erlöst werden. Im Gegenteil: Wenn die reine Rasse ihren Auftrag erfüllen will, muss sie jede Vermischung vermeiden. Eine kulturelle Aufwertung minderwertiger Rassen durch Assimilation ist demzufolge ausgeschlossen. Wenn aber die Erlösung der Welt nicht mehr durch Assimilation geschehen kann, ist sie nur noch dadurch möglich, dass die höchstwertige Rasse irgendwann die ganze Welt beherrscht. Was soll dann jedoch mit den übrigen Rassen geschehen, die jetzt die Erde bevölkern? Die bestialische Antwort auf diese Frage sollte die Geschichte geben.

Der auf rassistischer Basis erhobene deutsche Anspruch auf Weltherrschaft korrespondierte mit vergleichbaren Zielsetzungen anderer Nationen. Dabei zeigt sich jedoch ein wesentlicher Unterschied zwischen Deutschland und den anderen. Hier wie dort finden sich Sendungsbewusstsein und Rassismus[196], doch werden sie in völlig unterschiedlicher Weise verstanden. Bei anderen Nationen äußern sich diese beiden Ideologien auf imperialistischem Gebiet: Die zivilisierten europäischen Völker bringen den ihrer Ansicht nach minderwertigen Rassen auf fernen Kontinenten Kultur und Lebensart. Sendungsbewusstsein und Rassismus der Deutschen beziehen sich hingegen auf die Nachbarnationen in Europa: Deutschland sieht sich den übrigen europäischen Völkern überlegen. Durch diese Aufwertung der eigenen Nation im europäischen Kontext erwächst eine explosive Lage.

Die Spannungen müssen zwangsläufig zunehmen, wenn sich Deutschland gegenüber den übrigen europäischen Nationen benachteiligt fühlt. Auf dem Gebiet des Imperialismus ist dies der Fall. Die Schaffung von Kolonien wird als Mittel in einem sozialdarwinistisch interpretierten Kampf der Völker untereinander verstanden. Die Nationen sind untereinander in einem permanenten Kampf ums Dasein begriffen. Unter diesen Voraussetzungen verfolgt man seine geopolitischen Ambitionen.[197] In der Landnahme sah man einen Vorgang, der politische und wirtschaftliche Vorteile bringen sollte, um diesen Ausleseprozess erfolgreich zu bestehen. Deutschland führte diesen Kampf mit vehementer Aggressivität gegen andere europäische Kolonialmächte.

Diese Aggressivität erklärt sich aus der Befürchtung der Deutschen, bei der Aufteilung der Kontinente zu kurz gekommen zu sein. Gerade die allen überlegene deutsche Nation war beim Kampf um zukünftige Machtpositionen, bei den Auseinandersetzungen um den Fortbestand der Nationen, ins Hintertreffen geraten. Die übrigen Kolonialmächte hatten sich bereits die wichtigsten Ländereien gesichert, als in Deutschland Bismarck bei kolonialen Projekten aus Rücksicht auf die übrigen europäischen Staaten noch immer zögerte und zauderte. Da die expandiererende Wirtschaft dieses Verhalten missbilligte, gründeten Kaufleute die Deutsche Kolonialgesellschaft, die auf privater Basis Ländereien erwarb. Erst mit der Regierungsübernahme durch Wilhelm II. wurde die Gesellschaft von der Regierung offiziell unterstützt. Nun wurde das nationale Sendungsbewusstsein zur entscheidenden Triebfeder politischen Handelns. Aus diesen beiden Faktoren, nationalem Sendungsbewusstsein und der Angst, im Kampf der Nationen ins Hintertreffen geraten zu sein, erklärt sich der aggressive Ton des deutschen Imperialismus.

Im Erwerb von Kolonien sah man auch die Möglichkeit, die Überbevölkerung im Lande durch Aussiedlung in überseeische Gebiete auszugleichen. Für diesen Zweck kamen aber nicht nur überseeische Gebiete in Frage, auch im Osten sah man Expansionsmöglichkeiten. Schon seit der frühen Kaiserzeit erblickte das Deutsche Reich im Osten ein natürliches Ausweitungsgebiet. Kaiser Karl der Große trieb die Besiedlung östlicher Gebiete ebenso voran wie seine Nachfolger. In der Neuzeit dokumentieren die Teilungen Polens zwischen Preußen, Österreich und Russland die Fortsetzung dieser Politik. Die Schaffung von Lebensraum im Osten lag somit in reichsgeschichtlicher und preußischer Kontinuität. Der Rassismus lieferte nun noch eine Rechtfertigung solcher Maßnahmen.

Die höchstwertige Rasse der Germanen müsse sich jedoch – und dies war eine weit verbreitete Meinung – im Innern eines verderblichen Feindes erwehren: der Juden. Der Rassismus verlieh dem Antisemitismus ein völlig neues Gepräge: Konnten die Juden früher den christlichen Verfolgungen durch Taufe entgehen, so waren sie jetzt aufgrund ihrer Herkunft auf ewige Zeit abgestempelt. Der Jude war nicht länger Angehöriger einer religiösen Gruppe, sondern einer Rasse. Durch Blutsmischung verdarben sie die Reinheit des deutschen Volkes, und je weiter sie sich assimilierten, je weniger sie von der übrigen Bevölkerung zu unterscheiden waren, desto größer beurteilte man die Gefahr. Assimilation war nicht erwünscht, sondern wurde vom rassistischen Standpunkt aus zu einer Bedrohung für das deutsche Volk stilisiert.[198] In seiner Schrift ›Ein Wort über unser Judentum‹ von 1879 deklarierte der einflussreiche Historiker Heinrich von Treitschke die jüdische Bevölkerung als Gefährdung des Deutschtums. Der Anhänger Gobineaus, Paul de Lagarde, verglich sie in ›Juden und Indogermanen‹ von 1888 mit Bazillen und Trichinen, die unschädlich gemacht werden müssten. Der Nationalökonom Karl Eugen Dühring empfahl in einem Beitrag mit dem vielsagenden Titel ›Die Judenfrage als Frage der Rassenschädlichkeit‹ die Einschränkung, Einpferchung und Abkapselung der Juden. In diesem Umfeld bewegt sich der Antisemitismus Heinrich Manns.[199]

Der Rassismus hatte die Lage der jüdischen Bevölkerung in Deutschland verschärft, der gesellschaftliche Wandel die allgemeine Aufmerksamkeit zusätzlich auf sie gelenkt. Durch die früheren Gesetze fanden sich die Juden in jenen Gesellschaftskreisen wieder, die vom sozialen und wirtschaftlichen Wandel in besonderer Weise profitierten. Das Verbot der Zunftzugehörigkeit schloss sie vom Handwerk aus, das Verbot des Landerwerbs hinderte sie daran, in der Landwirtschaft tätig zu sein. Der einzige ihnen offen stehende Beruf war der des Händlers, sei es mit Sachen oder mit Geld. Außerdem lebten die meisten Juden in den Städten, weil sie hier noch eher geduldet wurden als in den ländlichen Regionen. Vom industriellen Wandel profitierten die Händler, die nun billige Massenware zum Verkauf erhielten, und die Geldverleiher, die den aufstrebenden Unternehmen Kredite zur Verfügung stellten und den daraus resultierenden Gewinn in neue Kapitalgesellschaften investieren konnten. Der Wirtschaftsaufschwung vollzog sich zudem in den Städten. Reinhard Rürup sieht ebenfalls in den Juden die Gewinner des sozialen Wandels: »Sie waren weit überproportional im Bankwesen, im Handel und der Presse vertreten, sie waren in weit höherem Maße als andere Bevölkerungsgruppen in den Städten, vor allem den großen Städten zu Hause, sie nutzten energisch die Aufstiegsmöglichkeiten der neuen Gesellschaft und repräsentierten in besonderem Maße die neue räumliche und soziale Mobilität, sie waren ihrer Situation entsprechend Wortführer der Traditionskritik und einer säkularisierten Kultur und Gesellschaft – sie waren, nimmt man alles in allem, als soziale Gruppe unbestreitbar Repräsentanten des liberal-kapitalistischen Wirtschaftssystems und der bürgerlichen Moderne.«[200] Alle Gruppierungen, die sich im Kampf gegen den gesellschaftlichen Wandel befanden, tauchten schließlich im Lager der Antisemiten auf: »Sozialer Träger der unter dem Begriff des Antisemitismus vereinten Bewegung waren Gruppen, die sich durch das liberal-kapitalistische System benachteiligt fühlten: Handwerker, Kleinhändler und ein zunächst noch geringer Teil der Landwirte, sowie Angehörige der alten Führungs- und Bildungsschichten, deren Aussichten im Gefüge der Gesamtgesellschaft durch die Dynamik der kapitalistischen Entwicklung bedroht zu sein schienen; dazu kamen die ideologisch – vom integralen Nationalismus, von der romantisch-pessimistischen Kulturkritik, von der Sorge um die christliche Lebensgestaltung des Volkes oder vom Antiliberalismus und Antikapitalismus – motivierten Kräfte.«[201]

In der Zielsetzung der Zeitschrift ›Das Zwanzigste Jahrhundert‹ kommen die Gruppen zu Wort, die sich nationalistische und antisemitische Ziele gesetzt hatten: die Mittelschicht[202], die Heimatbewegung[203] und die protestantische Kirche[204]. Dass ausgerechnet Heinrich Mann diese Stimmen aufgegriffen und zu der eigenen gemacht hat, ist weniger erschreckend, als dass hier eine allgemeine, widerwärtige Stimmung der Zeit zum Ausdruck kommt. Dabei sollte jedoch dem Missverständnis vorgebeugt werden, dass es sich hierbei um eine Massenbewegung handelte. Dafür ist die deutsche Gesellschaft in den neunziger Jahren innerlich viel zu gespalten. Dezidiert nationalistische und antisemitische Gruppierungen erzielten bei Wahlen höchstens zwischen zehn und zwanzig Prozent der Stimmen. Die Träger dieser Bewegung – der Mittelstand und die Führungsschichten, die sich zum Machterhalt diese Parolen zu Eigen machten – trafen sich im »Alldeutschen Verband«, der im Jahre 1891 gegründet wurde. Von den im Jahre 1901 21 924 Mitgliedern des Verbandes, der sich die Verteidigung der deutschen Lebensweise zur Aufgabe gemacht hatte, waren 5 899 Akademiker, 5 288 Geschäftsleute, 4 022 Künstler, Beamte und Gewerbelehrer, 2 859 Industriefacharbeiter und Handwerker, 444 Landwirte und 1 284 Sonstige.[205] Die Mitglieder des Verbandes nahmen als Akademiker, Lehrer, Beamte oder Künstler Stellungen ein, die maßgeblich auf die öffentliche Meinung wirken konnten. Der Verband erwies sich in der Tat als wirksames Agitationsorgan. Und selbst wenn ein Großteil der Bevölkerung abseits stand, appellierte eine solche Propaganda vielfach an latente Neigungen einer schweigenden Mehrheit, die mit ihren Ansichten zwar nicht laut wurde, dennoch aber gerne mit extremen Positionen sympathisierte.

Die Zeitschrift ›Das Zwanzigste Jahrhundert‹ ist ein Produkt ihrer Zeit, ebenso wie Heinrich Mann ein Kind seiner Epoche ist.[206] Deshalb kann das Erstaunen so groß nicht sein. Die Briefe an Ludwig Ewers dokumentieren die Einflüsse, unter denen er steht: Sie bezeugen seine Hinwendung zu Paul Bourget, in Frankreich Mitbegründer der faschistischen Action française, zu Barbey d'Aurevilly, der sich in nostalgischen Träumen von Monarchie und Religion erging[207], und seine Affinität zu einem, wie er es nennt, »theoretischen Anarchismus à la Nietzsche«[208]. Als Anhänger Nietzsches hatte er die Konventionalität menschlicher Ordnungssysteme durchschaut. Für ihn gab es keine allgemein gültige Ordnung mehr. Doch würde ein solcher Anarchismus, würde er laut werden, zum Niedergang des bestehenden Systems, zum »›Zukunftsstaat‹ oder zu ähnlichen Unerträglichkeiten« führen.[209] Nach außen hin müsse deshalb der Glaube an unumstößliche Werte aufrechterhalten werden, »denn die Welt, wie sie auf diese Anschauung gegründet besteht, ist die denkbar beste«[210]. Heinrich Mann befürwortet die bestehende Ordnung »aus Interessenpolitik«[211], weil sie seine eigene führende Stellung als Intellektueller, noch dazu aus angesehenem hanseatischem Kaufmannshaus, festigt. Er fürchtet das Aufkommen der Massen und die damit einhergehende Egalisierung der Standesunterschiede. Also plädiert er in der Praxis »für fast absolute Monarchie und katholische Kirche«[212], kurzum: »... mein System ist das der Verdummung der Massen, welcher Zweck übrigens sämtliche Mittel heiligt.«[213] Sein ganzes Denken beruht also auf einem Widerspruch zwischen Theorie und Praxis, esoterischer Überzeugung und externer Meinungsbekundung.

Liegt hier wirklich nur ein bewusster Widerspruch zwischen Theorie und Praxis vor? Einer der letzten Beiträge Heinrich Manns für ›Das Zwanzigste Jahrhundert‹, veröffentlicht im Juni 1896, gibt einen entscheidenden Hinweis. Der Aufsatz will zu einem richtigen Verständnis Nietzsches beitragen, will zeigen, dass der Philosoph kein Vertreter des Bruchs mit dem Vaterland, der Religion und der bestehenden Ordnung sei. Zu diesem Zweck interpretiert Heinrich Mann den Übermenschen, jene blonde Bestie, schon ganz im Sinne der nationalsozialistischen Nietzsche-Rezeption, als Symbol der starken deutschen Rasse. Er ist damit ganz auf der Höhe, oder vielmehr auf der Tiefe der Zeitschrift, wenn ihm nicht ein anderer Ton unterlaufen würde. Loose schreibt: »Mann erkennt in Nietzsche den ›Kranken‹, der in der Gesundheit beinahe schon die Vollendung erblickt. Sein

›Übermensch‹ ist im gewissen Sinne … einfach der gesunde Mensch.«[214] Die Krankheit ist das Signum für eine im Wandel der Zeit orientierungslos gewordene Generation, deshalb geht der Wunsch nach Gesundung einher mit dem verzweifelten Bemühen, den historischen Wandel zu stoppen. Die Verherrlichung der Vergangenheit ist somit kein Beweis für die eigene Gesundheit, sondern verdankt sich im Gegenteil der eigenen Schwäche. Die Mitarbeit an der Zeitschrift ›Das Zwanzigste Jahrhundert‹ hat ihre Gründe in dem übermächtigen Wunsch des physisch und psychisch labilen Heinrich Mann nach Stärke und Gesundheit.

In den Monaten, als er sich zunehmend von seiner Herausgebertätigkeit zurückzog, dürfte ihm dieser Zusammenhang klar geworden sein: Er hatte sich nicht zu einem gesunden Menschen aufgeschwungen, sondern als Kranker entlarvt. Zurückgezogen in Italien lebend, ließ sich wunderbar zwischen Theorie und Praxis scheiden. In Italien hatte er eine Idylle gefunden, die ihm die Illusion des Fortbestands seiner sozialen Stellung verschaffte. Aber ein präziser Blick musste ihm deutlich machen, dass der Widerspruch unhaltbar ist. Der Bruch, der eine ganze Generation in die Freiheit hinausgetrieben hatte, war nicht revidierbar. Die in ›Das Zwanzigste Jahrhundert‹ heraufbeschworene Welt war eine künstliche, eine Attrappe. Die Verdummung der Massen konnte nicht mehr länger gelingen: Der liberale Fortschrittsgedanke war zum allgemeinen Gut aufgestiegen. Heinrich Manns praktische Tätigkeit musste eine andere Richtung nehmen. Wie lange wollte er sich noch in den Kulissen, gemalt und errichtet von der menschlichen Fantasie, aufhalten? Wenn er der Krankheit und der Schwäche entfliehen wollte, durfte er sich nicht an seine Fantasiewelten hängen, sondern musste sich den Herausforderungen der neuen Zeit stellen und sich an ihnen bewähren.

Er entwickelt ein neues Konzept für seine Arbeit: »Mit fünfundzwanzig Jahren sagte ich mir: ›Es ist notwendig, soziale Zeitromane zu schreiben. Diese deutsche Gesellschaft kennt sich selbst nicht. Sie zerfällt in Schichten, die einander unbekannt sind, und die führende Klasse verschwimmt hinter Wolken.‹«[215] Dieser Anspruch beinhaltet eine Absage an künstliche Paradiese. Nicht mehr eigenes Wunschdenken soll die schriftstellerische Tätigkeit diktieren, sondern Heinrich Mann verlangt sich eine nüchterne Bestandsaufnahme der Gegenwart ab. Damit stellt er sich selbst in die Kontinuität seiner bisherigen literarischen Arbeiten. Heinrich Mann sezierte bisher stets die Wünsche und Antriebe seiner Helden. Er entlarvte ihre Traumwelten als solche. Er untersagte ihnen, haltlos in den Lüften der Fantasie zu schweben, und konfrontierte sie mit einer für sie häufig genug unerträglichen Wirklichkeit.

Aber waren die künstlichen Paradiese nicht ebenso unerträglich? In ›Contessina‹ stürzt sich ein junges Mädchen in einen Brunnen, weil sie die Abgeschiedenheit ihres paradis artificiel nicht länger erträgt. In den Tagen zuvor war mit einem Bildhauer das Leben mit seiner überwältigenden Kraft an sie herangetreten. Von Jugend an war sie nur die Abgeschiedenheit des mütterlichen Palazzos gewohnt; schwach und kränklich war sie dem Sturm neuer Erfahrungen nicht gewachsen. In ihrer verzweifelten Sehnsucht nach einem anderen Leben, dem sie sich aber nicht gewachsen weiß, bleibt ihr unausweichlich nur noch der Selbstmord als Ausweg. Wer sich nicht todessehnsüchtig in den Brunnen der Geschichte stürzen will, der muss sich der neuen Zeit öffnen. Heinrich Mann hat sich zu einem Bruch mit unhaltbaren Positionen durchgerungen, den er in seiner Literatur längst praktizierte.

Von dem zweiten bemerkenswerten Ereignis jener Tage muss nun die Rede sein. Am 5. März 1895 traf der Physiker Heinrich Lehmann zu einem mehrwöchigen Besuch in Rom ein. Heinrich Mann hatte den Schüler von Du Bois-Reymond und Helmholtz in Berlin kennen gelernt. Nach einer ausgiebigen Besichtigungstour verließ man schließlich die Stadt und zog sich in die Berge rings um Rom zurück. Nach einer Reise durch die Sabiner und Albaner Berge langten die Freunde am 30. April in der kleinen Ortschaft Palestrina, südöstlich von Rom in den Monti Prenestini gelegen, an. Sie nahmen Quartier in der Pension ›Casa Bernardini‹, die in einer beschatteten Treppengasse lag.

Kurze Zeit später traf dort auch Thomas Mann auf Einladung seines Bruders ein. Ins Gästebuch trug er sich mit der Bezeichnung »poeta di Monaco« ein. Tatsächlich hatte Thomas zu diesem Zeitpunkt, angespornt vom Vorbild seines älteren Bruders, bereits einige kleine Novellen veröffentlicht. Heinrich beäugte schon lange kritisch die literarischen Bemühungen des Jüngeren. In einem Brief an Ewers vom 25. November 1889 bekannte Heinrich, dass er »von den Gefühlsprodukten einer halbwüchsigen Seele, mit denen der glückliche Dichter auch mich zuweilen verfolgte, immer stillschweigend oder laut lachend zur Tagesordnung übergegangen« sei.[216] Häufig bat er seinen Freund, Gedichte und Erzählungen, die er ihm zugeschickt hatte, nicht in der Familie bekannt zu machen, weil er dem ›schwärmerischen Bewunderungsausbruch‹ des enthusiastischen ›Dichterknaben‹ entgehen wolle. Die Elaborate des Bruders waren Heinrich auch deshalb peinlich, weil in ihnen die homosexuellen Neigungen von Thomas deutlich zutage traten.[217] Als Therapie schlägt Heinrich Mann vor: »Lass ihn nur erst in das Alter kommen, wo er unbewacht und – bemittelt genug ist, seine Pubertät zum Ausdruck zu bringen. 'ne tüchtige Schlafkur mit einem leidenschaftlichen, noch nicht allzu angefressenen Mädel – das wird ihn kurieren.«[218] Nun hatte er den Dichterknaben also in sein italienisches Refugium eingeladen. Thomas blieb den ganzen Sommer, und man verlebte gemeinsam eine unbeschwerte Zeit. Glücklich und ziellos lebten Thomas und Heinrich von der väterlichen Hinterlassenschaft, wobei sie zuweilen in humoristischen Briefen an die Mutter um weitere finanzielle Hilfe bettelten, um ihre akute Geldnot zu lindern. Was die Brüder in diesen Tagen vereinte, war der gemeinsame Wunsch, Deutschland zu entfliehen. Heinrich hatte in Italien sein irdisches Paradies gefunden, Thomas suchte es noch fern von Deutschland, wie er seinem Freund Otto Grautoff deutlich zu verstehen gibt: »Nach allen ermüdenden und strapaziösen Erlebnissen, in die ich mich mit einer bedauerlichen Energie vertieft habe, wie ich sie meiner Jugend zugutehalten muß, war in mir ein großer Instinkt und Trieb stark: mich so weit nämlich wie nur immer möglich aus deutschem Wesen, deutschen Begriffen, deutscher ›Kultur‹ in den fernsten, fremdesten Süden auf- und davonzumachen.«[219] Thomas Mann spezifiziert sein Leiden: Da ist erstens die Wissenschaft mit ihren einengenden Kategorien, vor der Thomas am liebsten in die Religion flüchten würde, wenngleich er auch dieser skeptisch gegenübersteht, und da ist zweitens die Geschlechtlichkeit. Thomas Mann flüchtet vor seiner Homosexualität. Im Süden des Kontinents glaubt er wahre Kultur vorzufinden: »... während man heute billig wissen sollte, daß ... das eigentliche Europa und die intensivste Kultur erst bei den romanischen Ländern beginnt. Frankreich, Italien, Spanien – das ist Europa. Deutschland – von Rußland zu geschweigen! – ich kann mir nicht helfen: diese vage Tiefe ... das Unsalonmäßige, Ungehobelte, Stumme, Ernste und Einsame der dortigen Kulturart – ist das nicht überhaupt mehr Asien?!«[220] Die Kultur als Raum des Geistes enthebt Thomas der materiellen Denkart und der materiellen Bedürfnisse. Kultur wird hier im schopenhauerschen Sinne als Sublimierung der Triebe gesehen. In der Konzentration auf ein rein geistiges Dasein erhofft sich Thomas Rettung, und Italien als Kulturland, als Refugium des Geistes, soll der geeignete Ort hierfür sein, wobei er freilich selbst schon einschränkend der oben zitierten Stelle in Bezug auf das ungehobelte und ernste Deutschland anfügt: »Ich liebe es beinahe dafür ...«[221] Ähnlich wie Heinrich ahnt auch er, dass von einem künstlichen Paradies kein ewiges Glück zu erwarten ist, ist aber schon sehr viel früher als sein älterer Bruder, was Italien anbetrifft, zu dieser Einsicht gelangt.

Nach Thomas' Rückkehr nach München beginnt sein literarischer Erfolg. Heinrich berichtet Ludwig Ewers von den unerhörten Vorgängen: »Hierbei höre und staune über Folgendes: Tommy, mein Bruder, hat im Novemberheft der ›Gesellschaft‹ eine Novelle ›Gefallen‹ veröffentlicht, die meiner Meinung nach eine recht nette Talentprobe ist. Darauf bekommt er einen höchst schmeichelhaften Brief von Hrn. R. Dehmel, der sich ihm als Verwaltungsrats-Mitglied des ›Pan‹ vorstellt und um Einsendung von Manuskripten bittet. Honorar für die Seite 10–15 M. Ist Dir schon mal so was passiert? Mir auch nicht.«[222] Noch vor einiger Zeit hatte Heinrich die Werke seines Bruders wenig nonchalant als ›Blödsinn‹ abqualifiziert, und nun musste er miterleben, wie Thomas mit seinen Arbeiten reüssierte. Verzweifelt hatte er sich um Kontakte bemüht und häufig vergebens darum gerungen, Erzählungen und Gedichte in Zeitschriften zu platzieren. Viele Enttäuschungen hatte er dabei hinnehmen müssen, hatte sich von der Mutter finanziell unterstützen lassen, um den ersten Roman überhaupt veröffentlicht zu sehen, hatte sich auf ein fadenscheiniges Projekt wie die Zeitschrift ›Das Zwanzigste Jahrhundert‹, bei dem auch Thomas kurzzeitig mitarbeitete, eingelassen, nur um gedruckt zu werden, und der Bruder schaffte problemlos den Einstieg in die literarische Szene, ja die Verleger rissen sich um seine Beiträge. Zwar kam es zu keiner Veröffentlichung in der Zeitschrift ›Pan‹, doch war auf diesem Wege immerhin ein Kontakt zu mehreren führenden Schriftstellern der Zeit hergestellt. 1897 erschien in S. Fischers Zeitschrift ›Neue deutsche Rundschau‹ die Erzählung ›Der kleine Herr Friedemann‹. Fischer, der vormalige Arbeitgeber von Heinrich, forderte Thomas daraufhin auf, ein größeres Werk in Angriff zu nehmen. Seine lebenslange Geschäftsbeziehung zum S. Fischer Verlag war damit auf den Weg gebracht.

Im Juli 1896 kehrte Thomas wieder, und diesmal sollte sein Aufenthalt bis zum Frühjahr 1898 dauern, dem frühen Todesjahr von Heinrich Lehmann. Nachdem der Plan einer gemeinsamen Reise über Sizilien nach Afrika aus finanziellen Gründen geplatzt war, nahmen die Brüder sich in Rom eine gemeinsame Wohnung mit steinernem Fußboden, einem falschen Plafond aus bemaltem Papier und Strohstühlen in der Via Torre Argentina. Von hier aus waren es nur wenige Meter zum Pantheon und nicht weit zur Piazza Navona und zum Forum Romanum. Bis zur Fontana di Trevi und weiter zur Spanischen Treppe war es eine Viertelstunde. Thomas erinnert sich an ihre Lebensweise: »Wir waren Abonnenten eines kleinen Restaurants namens ›Genzano‹, das ich später nicht wiederfand und wo es guten Wein und vorzügliche ›Croquette di Pollo‹ gab. Abends spielten wir Domino in einem Café und tranken Punsch dazu. Wir verkehrten mit keinem Menschen. Hörten wir Deutsch sprechen, so flohen wir.«[223] Während der Sommermonate zogen sich die Brüder in die ›Casa Bernardini‹ nach Palestrina zurück. Im kühlen Steinsaal auf der ersten Etage ließ sich die Gluthitze hervorragend ertragen.

Palestrina – der Name dieses Ortes hat einen magischen Klang, nicht nur weil dort Anfang des 16. Jahrhunderts der bedeutende Kirchenmusiker geboren wurde. Hier erlebte Thomas Mann seine schriftstellerische Initiation. Die Ortschaft, der Steinsaal in der Pension, kehrt wieder im ›Doktor Faustus‹: Hier schließt der Tonsetzer Adrian Leverkühn seinen Pakt mit dem Teufel, der ihn zu seinen Werken anspornt. Im engen Austausch mit dem Bruder Heinrich entstand hier außerdem die Idee zu einem großen Familienroman. Beide erinnerten sich zurück an das Leben ihrer Familie, an die Feiern, an die Vorfälle, an die Atmosphäre im großmütterlichen und elterlichen Haus. Als ihr Erinnerungsvermögen ausgeschöpft war, wurden sämtliche Verwandte kontaktiert: Überall erbat man sich schriftliche Erinnerungen, die man für das Buch verwenden konnte. Anfangs als gemeinschaftliches Werk gedacht, wurde es am Ende zu einem Projekt von Thomas allein: ›Buddenbrooks‹. Mit diesem Roman erfüllte Thomas den Wunsch seines Verlegers nach einem längeren Werk und begründete seinen Weltruhm. Bis zum Ersten Weltkrieg wurde das Buch allein in Deutschland sechsundsechzigtausendmal verkauft.

In Heinrich Manns Werk sollte sich Palestrina in ›Die kleine Stadt‹ niederschlagen. Als Grundlage des Romans dienten unter anderem eigenhändige Zeichnungen Heinrichs von der Piazza mit dem Café, der Apotheke, dem mächtigen Turm, der seinen Schatten auf den Platz warf, und dem kleinen Brunnen in seinem Zentrum. So gelang es ihm, das Lokalkolorit einer kleinen italienischen Provinzstadt in seinen 1909 erschienenen Roman hineinzutragen: »... schon aus den ersten Seiten traten mir die Straßen, Plätze und Menschen dieser italienischen Bergstadt so deutlich entgegen wie aus einem Gemälde. Diese Typen provinzieller Enge, die doch das große Leben im Kleinen, manchmal Lächerlichen, aber immer sehr Menschlichen spiegelten; das schäbige Café an der piazza, vor dem die Honoratioren auf das einzige Ereignis des Tages, die Ankunft des auf der Serpentinenstraße heraufknarrenden Postwagens warteten ... Ich war noch nie in Italien gewesen, aber ich sah die eisernen Stühle im Schatten des Cafés, sah den Platz mit Brunnen und Dom in greller Sonne und blickte über die braune Ebene, die im Dunst des Horizontes das Meer ahnen ließ.«[224] Viktor Mann, der diese Zeilen verfasste, hatte in diesem Augenblick Palestrina vor Augen.

Bis zu diesem Roman sollte allerdings noch einige Zeit vergehen. Zunächst beschäftigte Heinrich in dieser Zeit sein zweiter Roman. Die Idee zu ›Im Schlaraffenland‹ sei ihm, wie er Karl Lemke später erzählt, 1897 in der Wohnung in der Via Torre Argentina 34 gekommen. War der erste Roman noch ein mühseliges Unterfangen, eine Energieleistung des jugendlichen Willens, so sei hier sein Talent schlagartig hervorgebrochen. Heinrich Mann berichtet, dass er eigentlich nur eine kurze Skizze zu Papier bringen wollte, doch wuchs ihm der Entwurf unter den Händen schon zum ganzen Roman aus.[225] Überhaupt waren die Jahre 1896 bis 1898 ungemein ertragreich. Neben ›Im Schlaraffenland‹ entstanden in dieser Zeit 19 Novellen, darunter auch die bereits erwähnten Erzählungen ›Das Wunderbare‹ und ›Contessina‹. Zusammen mit ›Der Hund›, ›Die Gemme›, ›Enttäuschung‹ und ›Geschichten aus Rocca de' Fichi‹ erschienen sie 1897 als Novellensammlung im Verlag Albert Langen.

Der Roman ›Im Schlaraffenland‹ ist ein erster Versuch Heinrichs, sein Programm eines sozialen Romans zu realisieren. Er ist ein Porträt der deutschen Gesellschaft der Gründerzeit. Die Hauptfigur ist der junge Andreas Zumsee, der aus der Provinz nach Berlin kommt. Er träumt davon, in der Metropole des Deutschen Reiches Karriere als Schriftsteller zu machen. In seiner Heimat hat er bereits eine Novelle veröffentlicht. Daraufhin war ein reicher Mäzen auf ihn aufmerksam geworden. Er stattet den jungen Andreas mit einer Empfehlung an den Chefredakteur beim Berliner ›Nachtkurier‹ aus. Stolz und eitel verzichtet Andreas aber zunächst auf diese Förderung; er möchte aus eigener Kraft in Berlin erfolgreich sein. Deshalb sucht er zunächst den Kontakt zu Journalisten und Schriftstellern. Eine Zufallsbekanntschaft mit dem undurchsichtigen Journalisten und Romancier Köpf verschafft ihm Zugang zum Café ›Hurra‹, einem Treffpunkt der Hauptstadt-Journaille. Früher einmal war der Kreis sozialdemokratisch eingestellt, doch seit 1890 war Hurra-Patriotismus angesagt. Seither trug auch das Café seinen Spitznamen. Zumsee gibt zunehmend sein Studium auf und wird Stammgast bei den abendlichen Treffen. Aus den Gesprächen der Zeitungsschreiber erfährt er viel über die Verhältnisse in der feinen Gesellschaft Berlins, im ›Schlaraffenland‹, so etwa, dass der Börsenspekulant und Millionär Türkheimer der mächtigste Mann in Berlin ist.

Bald muss Zumsee erkennen, dass er im Zirkel des Cafés ›Hurra‹ nicht vorwärts kommt. Keiner der neuen Bekannten denkt daran, ihn irgendwo zu empfehlen. Selbst der faule Gerichtsreporter, für den er hie und da einspringt, pumpt sich zwar Geld bei ihm, verschafft ihm jedoch keinen Zugang zu seiner Zeitung. Die Journalistenmeute bildet einen geschlossenen Kreis, der eifersüchtig seinen Besitzstand verteidigt und in den niemand von außen eingelassen wird, weil dieser ja ein potenzieller Konkurrent werden könnte. Andreas Zumsee ist gern gesehener Gast, aber auch nicht mehr. Hierüber klagt er Köpf, der ihm erwidert, dass er nur deshalb ein gern gesehener Gast sei, weil die Leute im Café ›Hurra‹ in ihm keinen Konkurrenten sehen: »Man hat gleich erkannt, daß Sie eine viel zu heitere, offene Natur sind, um sich mit Ingrimm und Püffen durch Literatur und Presse hindurchzuschlagen.«[226] Aufgrund seines Naturells sei Andreas überhaupt nicht für dieses Metier geschaffen. Köpf empfiehlt ihm, sich Zugang zum ›Schlaraffenland‹ zu verschaffen: »Sie haben so etwas Glückliches an sich, das Sie beim Theater, das heißt in der Gesellschaft, ungemein rasch fördern wird. Man braucht dort nämlich nur glücklich zu erscheinen, um es sehr bald wirklich zu werden. Auch Ihre Harmlosigkeit, oder sagen wir, wenn Sie es lieber hören, Ihre scheinbare Harmlosigkeit wird Ihnen dort gut zustatten kommen. Man wird Sie in den reichen Salons ebensowenig ernst nehmen wie im Café Hurra, und es ist für Ihren Erfolg besonders wichtig, daß die Frauen Sie nicht ernst nehmen! Diese werden alles mögliche, was sie andern nicht bewilligen würden, bei Ihnen für harmlos und ungefährlich halten. Sie sind dafür geschaffen, viel Glück bei den Frauen zu haben, mein Lieber.«[227] Köpfs Analyse sollte sich als richtig erweisen.

Zunächst weiß Andreas mit diesem Rat wenig anzufangen: Wie soll er denn in die Gesellschaft vordringen? Köpf weiß erneut Rat: Andreas solle zu Doktor Bediener, dem Chefredakteur des ›Nachtkuriers‹, gehen und bei ihm auf eine Einladung zu einer Gesellschaft im Hause Türkheimer dringen. Zumsee fällt in diesem Augenblick wieder ein, dass er ohnehin eine Empfehlung seines ehemaligen Mäzens besitzt, gerichtet an eben diesen Doktor Bediener. Am nächsten Tag macht er sich auf den Weg zum ›Nachtkurier‹, erhält die Einladung und findet sich wenige Tage später in einer großen Abendgesellschaft bei Türkheimers wieder. Auch Bediener erahnt in dem jungen Mann mit dem treuherzigen Blick den idealen Liebhaber und denkt dabei schon konkret an Adelheid Türkheimer, die Gemahlin des Börsenspekulanten, die gerade ihren letzten Liebhaber verstoßen hat, weil er versucht hatte, bei den Machtkämpfen im ›Schlaraffenland‹ mitzuhalten. Die Soiree wird für Zumsee zu einem großen Erfolg. Er lernt Kaflisch kennen, einen in der feinen Gesellschaft beliebten Charakter. Er sieht die Schauspielerin Lizzi Laffé mit ihrem neuen Verehrer, dem Dramatiker Diederich Klempner. Er trifft den berühmten Schriftsteller Waldemar Wennichen, der wie ein Fossil aus vergangenen Tagen behandelt wird. Dann ist da noch der Zionist Liebling, dessen Ideen als liebenswerte Marotte hingestellt und belächelt werden. Aber Liebling hat Erfolg: Er erntet Heiterkeit und Aufmerksamkeit. Andreas lernt an seinem Beispiel, dass es im ›Schlaraffenland‹ vorteilhaft ist, eine Marotte zu haben, um aufgenommen zu werden in die erlauchten Kreise des ›demokratischen Adels‹. Wer einmal hineingelangte, so viel war Andreas klar, »der war sein Lebtag versorgt. Das Geld rollte hier unter den Möbeln umher. Gewiß tat keiner etwas anderes, als sich die Taschen zu füllen. Welch ein Wohlleben in diesem Schlaraffenland!«[228]

Andreas ist jedoch schon so weit, dass er die Hoffnung, hier teilhaben zu können, aufgeben will. In diesem Augenblick wird er durch ein Gespräch auf die Dame des Hauses aufmerksam: eine große, üppige Frau mit schwarzen Haaren, nicht gerade jung, doch in seinen Augen noch immer reizvoll. Der zufällig vorbeieilende Doktor Bediener verschafft ihm die Bekanntschaft. Zumsees Glück ist damit gemacht: In den folgenden Wochen steigt er, mit stillschweigender Billigung des Gatten, zum Liebhaber und Protegé von Adelheid Türkheimer auf. Der junge Mann ist für die melancholische und träumerische Frau eine willkommene Abwechslung in ihrem langweiligen Luxusleben. Sein Stolz, den er an den Tag legt, sein schriftstellerisches Selbstbewusstsein, das er spüren lässt, sind für sie liebenswerte Marotten, nicht übermäßig ernst zu nehmende Ideale eines hoffnungsfrohen Jünglings. Man akzeptiert sie aus Angst, das lieb gewonnene Spielzeug zu verlieren, wenn man nicht darauf eingeht, weiter aber auch nicht. Andreas begreift rasch, dass er nicht zuletzt deswegen für Adelheid Türkheimer interessant ist. Mit naiver Schläue spielt er eine Rolle, so beispielsweise wenn er seinen Katholizismus zur Masche werden lässt, in einer rauen Kutte am Schreibtisch sitzt und arbeitet. Doch sind bei ihm die Grenzen zwischen absichtsvollem Spiel und wahrem Gefühl fließend. Nur solange er einen Rest Naivität behält, bleibt er reizvolles Objekt der Begierde.

Adelheid Türkheimer nutzt ihren neuen Protegé auch im Kampf gegen die ehemalige Geliebte ihres Mannes, Lizzi Laffé. Laffés Freund Klempner hat mit dem Stück ›Rache‹, einem naturalistischen Drama im Stile von Hauptmanns ›Die Weber‹, einen Skandalerfolg erzielen können. Zumsee muss nun diesen Erfolg noch übertreffen: Er schreibt deshalb das Kammerspiel ›Die verkannte Frau‹, das mit seiner Herausarbeitung und Betonung feinster Gefühlsnuancen neuromantische Einflüsse verrät. Tatsächlich wird das Stück ein Triumph. Zumsee steigt zum gefeierten Schriftsteller auf, während niemand mehr von Klempner spricht. Andreas ist nun auf dem Höhepunkt seines Ruhmes angelangt. Zeitschriften und Zeitungen bestürmen ihn mit ihren Wünschen nach Artikeln und Beiträgen. Aufgrund seines Ansehens gehört er zur arrivierten Gesellschaftsschicht. Finanziell bessert sich seine Lage durch den Erfolg kaum; die zusätzlichen Einnahmen können die gestiegenen Kosten für eine angemessene Repräsentation kaum decken. Eigensinnig weigert er sich zudem, Geld von seiner Geliebten anzunehmen. Adelheid ersinnt daraufhin einen Trick: sie lässt sich 200 Mark von Andreas geben und behauptet fortan, das Geld, das er von ihr erhalte, stamme aus Gewinnen, denn sie habe sein Geld in lukrativen Aktien angelegt. Mit den Erträgen aus den angeblichen Aktiengeschäften richtet sie ihm schließlich eine luxuriöse Wohnung ein.

Andreas ahnt wohl, dass Adelheids Zuwendungen Geschenke sind, doch er lässt sich nur gar zu gern auf das Spiel ein, das seinem Eigensinn Rechnung trägt und ihm gleichzeitig ein Auskommen sichert. Aber in ihm wächst auch die Hoffnung, am Reichtum des ›Schlaraffenlandes‹ partizipieren zu können, indem er sich selbst auf Geldgeschäfte einlässt. Was liegt in diesem Fall näher, als sich Rat bei Türkheimer zu holen. Aus nächster Nähe kann Andreas erleben, wie Türkheimer mit gezielt gestreuten Gerüchten Aktienkurse manipuliert. Er nutzt die Kapitalkraft der Kleinanleger, um Kurse in die Höhe zu treiben und damit seinen Gewinn zu erhöhen, ehe er durch neue Gerüchte die Aktienwerte absacken lässt, um auf diese Weise unliebsame Konkurrenten in den Ruin zu treiben. Bei diesen Manipulationen verlieren auch viele ahnungslose Kleinanleger ihr Vermögen. Andreas vergleicht Türkheimer deshalb mit einem »Renaissancemenschen, ein[em] Eroberertypus«[229], der ohne Mitleid und Skrupel seine Macht ausbaut.

Je länger Andreas sich im ›Schlaraffenland‹ tummelt, desto mehr verändert sich seine Haltung gegenüber dieser Welt. Er verlangt nach Achtung, die ihm als Vertreter des Geistes gebühre. Er glaubt, weit über den materiell orientierten Vertretern des Establishments zu stehen. Aus diesem Selbstbewusstsein heraus tritt er zunehmend herausfordernder auf. Er wagt sich an die kleine Matzke heran, die Tochter eines Arbeiters, die Türkheimer zu seiner Geliebten gemacht und mit einem Haus ausgestattet hat. Bienaimée Matzke lässt sich auf sein Werben ein, ebenso wenig aus Liebe wie Andreas, doch will auch sie beweisen, dass sie nicht korrupt sei, sondern weiterhin einen eigenen Willen habe, den sie auch ausleben könne. Ihre Affäre pendelt zwischen heißem Begehren und Hass. Beide widern sich an, weil sie die wahren Beweggründe ihres Handelns kennen, beide ziehen sich an, weil sie im anderen ihre Rachegelüste an Türkheimers befriedigen können. Als Adelheid hinter das Verhältnis kommt, ist Zumsees Schicksal besiegelt. Sie berät sich mit ihrem ebenfalls betrogenen Mann, wobei sie noch von ihrer Tochter unterstützt werden, die schon früh die Hochnäsigkeit Zumsees erleiden musste, als er bei Adelheid gegen sie intervenierte. Vieles hatten Adelheid und ihr Mann bei ihren Affären geduldet, solange sie es als nicht ernst zu nehmendes Spiel ansahen. Der Verrat von Andreas und Bienaimée ist jedoch ein ernsthafter Angriff auf ihre Stellung. Der Familienrat beschließt, beide nicht länger finanziell zu unterstützen. Andreas erhält einen Posten beim ›Nachtkurier‹, der ihm ein mittelmäßiges Auskommen verspricht, unter der Bedingung, dass er die kleine Matzke heiratet. Bienaimées Schulden werden nur getilgt, wenn sie in die Heirat einwilligt. Die aufgezwungene Ehe erweist sich schon bald als Hölle, die kleine Matzke als unzulängliche Hausfrau, Schwiegervater und Freundin der Frau als Qual. Am Ende des Romans unter feinen Leuten sieht Andreas Zumsee, der ehemals hoffnungsvolle Schriftsteller und gefeierte Dramatiker, wie unter dem Fenster des Redaktionsraums die Bewohner des ›Schlaraffenlandes‹ reich, glücklich und gesund in einem wahren Triumphzug einherfahren.

Es lohnt sich, einen Augenblick länger bei diesem Roman zu verweilen, den Heinrich Mann später als seinen Erstling ausgeben sollte, seinen eigentlichen Debütroman ›In einer Familie‹ geflissentlich verschweigend. Nach seinen eigenen Worten habe er erst in der Arbeit zu ›Im Schlaraffenland‹ die Technik des Romans erlernt. Deshalb sollte man sich fragen, welche wegweisenden Erzähltechniken Heinrich Mann hier verwendet. Der Erzähler des Romans ist ein alles durchschauender Berichterstatter personaler Prägung: Er kennt die Mechanismen der feinen Gesellschaft, er weiß um die Beweggründe des Andreas Zumsee. Er entlarvt die handelnden Personen, indem er ihre wahren Intentionen für alle sichtbar offen legt. Dies geschieht aber nicht mehr in Form der Introspektion wie noch in ›In einer Familie‹. Dort wurden noch in langen Passagen die Psyche der agierenden Gestalten zerlegt und dem Leser die Ergebnisse referiert. In ›Im Schlaraffenland‹ dekuvrieren die Gesellschaft und die Personen sich selbst. Kurze Hinweise des Erzählers genügen hier, um den Blick des Lesers in die richtige Richtung zu lenken, so beispielsweise, wenn er andeutet, wie Andreas Zumsee, der sich als Vertreter des Geistes über die Gestalten im Schlaraffenland und ihre materiellen Gelüste erhaben fühlt, sich genusssüchtig in immer feinere Stoffe kleidet und darin räkelt, wie er nach immer teureren und raffinierteren Parfümessenzen verlangt und seinen Gaumen nur noch mit den feinsten Likören zu traktieren trachtet. Er ist nicht über diese feine Gesellschaft erhaben, wie er vorgibt, sondern ist selbst ein gieriger Teil davon. Er kann nicht genug bekommen, was auch in seiner Vorliebe für die barocken Formen Adelheid Türkheimers zum Ausdruck kommt: Es verlangt ihn danach, in ihrem üppigen Fleisch zu versinken. Am Ende, vertrieben aus dem Paradies, bleibt ihm nur die hagere Bienaimée Matzke.

Nicht nur an Andreas Zumsee lässt sich diese Technik der Entlarvung durch Andeutung nachweisen. Der mit seiner sozialistischen Gesinnung prahlende Vater Matzke wird ebenso vorgeführt. Eben noch klassenbewusst dem Kapitalisten Türkheimer widerstrebend, lässt er seine Tochter bald willig in die Arme des reichen Alten niedersinken. Die Arbeiter wollen keine Revolution, sie wollen teilhaben an den Genüssen des Schlaraffenlandes. Überhaupt erweist sich die Genusssucht als die treibende Kraft in dieser Welt. Der Mensch will seine Triebe befriedigen. Unter der Maske der Zivilisation lauern primitive animalische Gelüste. Schon früh, in einem Brief an Ludwig Ewers vom 18. März 1890, hatte Heinrich Mann diese Überzeugung ausgesprochen: »Wir sind eben keine vom Himmel heruntergeschneiten Engel, haben auch nichts besonders Himmlisches an uns; wir sind einfach höher organisierte Säugetiere, vollkommen unsern tierischen Überkommenheiten untertan: Essen, Trinken, Schlaf und Beischlaf.«[230] An zwei Stellen im Roman treten diese übermächtigen Kräfte im Menschen besonders deutlich hervor: bei der Aufführung von Klempners Drama ›Rache‹ und bei einer Feier im Hause Matzkes.

Das Theaterstück ›Rache‹ legt die primitiven Gelüste des Publikums bloß: Die revoltierenden Arbeiter, die sich auf ihre Herrschaft stürzen und die vornehmen Damen hinter Büsche schleppen und vergewaltigen, erregen die sittsame Zuschauerschar sexuell. Überall tritt die Leidenschaft zutage, wenn die fein gekleideten Damen plötzlich tiefer atmen und in ihren Logen die Hälse recken, um zu sehen, was hinter dem Busch auf der Bühne geschieht. Der dargestellte Umsturz verschafft dem Publikum die Lizenz, sich gehen zu lassen.[231] Die Kunst erhält dadurch ein janusköpfiges Antlitz. Einerseits kann sie die gesellschaftliche Ordnung aufheben, andererseits ordnet sie sich in das Gesamtsystem ein. Sie schafft einen Freiraum, in dem sich die animalischen Gelüste entladen können. Sobald die Zuschauer das Theater jedoch verlassen, ist alles vergessen. Die vorübergehende Befriedigung der Gelüste hat zu einer Entlastung geführt; jeder fügt sich nun wieder in die vorgegebene Ordnung ein.

Die Feier bei Bienaimée entartet zu einer dionysischen Orgie, in der sich alle hemmungslos ihrer tierischen Natur überlassen. Völlerei und Wollust brechen durch und sorgen dafür, dass das neu eingerichtete Haus völlig verwüstet wird. Die Orgie im Hause Matzke wird möglich durch die Anwesenheit der kleinen Matzke mit ihrer schuldlosen sexuellen Leidenschaft tierischer Provenienz. Indem Türkheimer ihr den Zutritt zu seiner Gesellschaftsschicht verschafft, durchbricht er die gesellschaftlichen Schranken, die solches zügellose Gebaren aussperren sollen. Das im Prozess der Zivilisation ausgesperrte Tier, das in der gesellschaftlichen Formierung in die unteren Schichten abgeschoben wird, wird wieder eingelassen. Die kleine Matzke unterminiert die Ordnung, indem sie ihre Genusssucht bei der Feier offen und hemmungslos zum Vorschein kommen lässt. Als Gastgeberin legitimiert sie dadurch das gleiche Verhalten bei ihren Gästen, unter deren angeblich zivilisatorisch gebändigten Oberfläche weiterhin animalische Triebe wirksam sind und nur ihrer Befreiung von der Kontrolle durch das Über-Ich harren.

Die Gesellschaft selbst verkörpert sich im System Türkheimer. Der Reiche steht an der Spitze der Gesellschaft. Seine Stellung verdankt er der materiellen Ausrichtung der Ordnung. Jeder ist darauf erpicht, seine Gelüste zu befriedigen. Zur Lustbefriedigung benötigt er jedoch Geld. Nur der Reiche ist in der Lage, sich alle seine Wünsche zu erfüllen, der Arme muss in dieser Hinsicht darben. Türkheimer ist innerhalb dieser Verhältnisse der unumschränkte Herrscher, weil er über die Mittel zur Lustbefriedigung verfügt; er allein kann dafür sorgen, dass für die Personen in seinem Umkreis finanzielle Mittel abfallen. Wer seine Bedürfnisse befriedigen will, ist auf die Zuwendungen Türkheimers angewiesen. Wer sich gegen Türkheimer verschwört, die Spielregeln nicht akzeptiert, wird ausgestoßen.

Auffällig ist, dass es in der Gesellschaft offensichtlich nur materielle Bedürfnisse gibt. Der Geist spielt keine Rolle. Die Kunst dient ausschließlich der Lustbefriedigung. Als dekorative Kunst soll sie den Reichtum des Besitzers ins rechte Licht rücken; als ›erhebende‹ Kunst schafft sie den Freiraum, in dem sich die animalische Gier nach Sensationen, d. h. nach überwältigenden Gefühlserlebnissen, gefahrlos ausleben kann. Hier greift die Satire. Sie stößt vor gegen die Unterjochung des Geistes durch den Materialismus. Allerdings weiß sie auch keinen Ausweg. Vor dem Hintergrund der geschilderten condition humaine bleibt die Machtstellung des Materialismus unangefochten. Solange der Mensch von seinen animalischen Trieben bestimmt ist, wird der Materialismus die Grundlage der gesellschaftlichen Ordnung bilden.

Der entlarvende Erzähler ist ein Kunstmittel, das den Roman beherrscht. Das zweite Mittel, das Heinrich Mann anwendet, ist das Zitat, jenes Kunstmittel also, das auch sein Bruder bis zur Meisterschaft beherrscht. Thomas Mann zieht Texte und Bilder heran, um sie seinen Werken einzuverleiben. Die Kochrezepte des Hauses Mann finden Eingang in ›Buddenbrooks‹, Redewendungen von Familienmitgliedern werden benutzt, die berühmte Schilderung des Krankheitsverlaufes bei Hanno Buddenbrook zu Ende des dritten Kapitels im elften Teil des Romans entstammt einem medizinischen Handbuch. Ebenso wie sein Bruder benutzt auch Heinrich Texte und Bilder als integrative Bestandteile seiner Texte. Die Schilderung der Aufführung von ›Rache‹ bedient sich persönlicher Eindrücke bei einer Aufführung von Hauptmanns ›Die Weber‹. Lizzi Laffés bissige Auslassung über das Stück von Andreas Zumsee ›Die verkannte Frau‹, er könne es gleich ›Hedda‹ oder mit einem anderen nordisch klingenden Namen benennen, verweist auf die Dramen Ibsens. Überhaupt steht hinter der Abfolge der gefeierten Theaterstücke im Roman Hermann Bahrs Auffassung aus ›Die Überwindung des Naturalismus‹, dass nach den naturalistischen Dramen notwendigerweise neuromantische folgen müssen. Ferner hat Heinrich Mann sich ein Arsenal von Berliner Redewendungen angelegt, die er in den Roman einstreut.

Des weiteren spielt der Roman auf Berliner Ereignisse jener Tage an. Gerhard Loose glaubt in der Gestalt Türkheimers den jüdischen Bankier Gerson Bleichröder in satirisch überspitzter Form wiederzuerkennen. Bleichröder war einer der mächtigsten Männer des Kaiserreichs und hatte die Kriege Bismarcks finanziert.[232] Wegen dieser Karikatur eines jüdischen Bankiers sieht Loose im Roman eine Fortsetzung der antisemitischen Hetze aus der Zeitschrift ›Das Zwanzigste Jahrhundert‹. Hiergegen muss eingewendet werden, dass die Satire wesentlich allgemeiner gehalten ist: Die jüdische Herkunft Türkheimers ist nicht vorrangig. Dargestellt wird keine spezifisch jüdische Befindlichkeit, sondern eine allgemein menschliche Sucht nach Macht. Deshalb ist dieser Roman auch nicht als Stellungnahme zur Judenfrage zu lesen, wie Loose einem Aufsatz aus ›Das Zwanzigste Jahrhundert‹, den er Mann zuschreibt und wo auf das Vorbild ›Bel Ami‹ von Guy de Maupassant verwiesen wird, glaubt entnehmen zu können.

Maupassants Roman ›Bel Ami‹ bildet sicherlich ein Vorbild für Heinrich Manns ›Im Schlaraffenland‹. Maupassants Werk ist die wichtigste Zitatquelle, aber nicht in einem antisemitischen Sinne. Hier wie dort wird der gesellschaftliche Aufstieg einer mittelmäßigen Begabung durch die Gunst der Frauen geschildert. Bemerkenswert sind die markanten Unterschiede zwischen den beiden Werken: Maupassants Held kann sich am Ende des Buches in der erreichten Stellung behaupten; Andreas Zumsee fällt zurück in eine bedeutungslose Existenz. Die französische Gesellschaft zeigt sich wesentlich durchlässiger für Emporkömmlinge als die deutsche. Das deutsche ›Schlaraffenland‹ ist eine geschlossene Gesellschaft, in der Parvenüs kurzzeitig ihre Existenz fristen, sich aber langfristig nur selten etablieren können.[233] Gebildet wird es von den Emporkömmlingen der Gründerjahre, die zwischenzeitlich ihr eigenes Establishment hervorgebracht haben. Heinrich Mann selbst sieht in der von ihm betriebenen überspitzten Karikatur den wesentlichen Unterschied zwischen beiden Werken: »Der Vergleich ist meiner Meinung zu äußerlich.

Denn aus der beobachteten Wirklichkeit hervor wächst bei mir doch sehr viel Karikatur u. Excentricität.«[234]

Im Vergleich mit früheren Werken liegt der Schwerpunkt von ›Im Schlaraffenland‹ auf der Gesellschaft. Das Denken und Handeln einzelner Personen, Thema des psychologischen Romans, spielt nur eine untergeordnete Rolle. Hierin liegt ein weiterer Unterschied zu Maupassants ›Bel Ami‹, der sich in seinem Roman eines bestimmten Personentypus annimmt und zeigen will, wie diesem in Paris der gesellschaftliche Aufstieg gelingen kann: Sein Held Duroy ist Repräsentant einer korrumpierten Gesellschaft. Andreas Zumsee ist bei Heinrich Mann eher ein Außenseiter, dem durch seine glücklichen Charakterzüge der vorübergehende Aufenthalt im Schlaraffenland vergönnt ist. Er hat mit der Gesellschaft, in der er verkehrt, wenig gemein, und als er sich mit ihr gemein machen will, wird er sofort aus dem System Türkheimer entfernt. Heinrich Mann gebraucht die Gestalt Zumsees als Sonde, die er in die gesellschaftlichen Verhältnisse eintaucht.

Das Zitat sollte auch weiterhin ein wichtiges Stilmittel im Werk Heinrich Manns sein. Immer wieder greift Heinrich auf Vorbilder für die Gestaltung seiner Werke zurück. Dabei praktiziert er jedoch nicht eine Übertragung realer Gegebenheiten in einen Roman im Sinne eines 1 : 1-Verhältnisses. Erzählte Gestalten und Ereignisse lassen sich nicht vollständig auf bestimmte reale Personen und Begebenheiten rückübertragen. In seinen Figuren fließen zahlreiche Elemente zu einem einzigen Bild zusammen.[235] Ähnlich verhält es sich mit Ereignissen: Auch hier bildet er nicht einfach ein bestimmtes Ereignis ab, sondern kombiniert eine Vielzahl von Begebenheiten zu einer einzigen. Diese Technik des Zitats dient bei Heinrich Mann dazu, ein möglichst adäquates Bild gesellschaftlicher Zustände zu schaffen. Würde er sich nur auf Einzelfälle beziehen, könnte er leicht der Verallgemeinerung eines Sonderfalles erliegen. Durch die Kombination einer Vielzahl gleich gelagerter Fälle ist diese Gefahr ausgeschlossen. Die Vielzahl verbürgt, dass hier ein genereller Zug der Gesellschaft erfasst ist. Gleiches gilt für die Anwendung dieser Technik auf Personen: Auch hier geht es Heinrich nicht um den Einzelfall. Seine Romanfiguren verkörpern vielmehr Typen jener Zeit. Seine Figuren sind, was Balzac als ›individualité typisée‹ bezeichnet.

Heinrich Mann befindet sich in einem permanenten Kampf, um das typische Geschehen adäquat zu erfassen und wiederzugeben. Die benutzten Quellen sind die umkämpften Objekte dieses Bemühens. Beim Versuch ihrer Auslegung stößt Heinrich Mann an seine Grenzen. Kann man alles wissen, kann man alles verstehen? Wohl kaum, wie schon Du Bois-Reymond dargelegt hatte. Doch der Mensch ist dazu aufgerufen, die Grenzen seines Wissens und Verstehens ständig zu erweitern. Hierin liegt die Redlichkeit, die Heinrich Mann seinen Erzählern mitgibt. Ihren Kommentaren zum Geschehen, ihren Versuchen, die Psyche der Personen zu durchschauen, merkt der Leser diese Redlichkeit an.[236] Dem redlichen Erzähler Heinrich Manns steht der souveräne Plauderer Thomas Manns gegenüber: Er weiß alles, sieht alles, versteht alles. Der Leser soll staunen über den bewundernswerten Umfang des Wissens und die frappante Einsicht des Erzählers in die Vorgänge. Die Erzähler Thomas Manns kennen nur eine Grenze: die, die sie sich selbst setzen. Vielfach blenden sich seine Erzähler einfach aus, wenn sie der Ansicht sind, dass das nun Folgende niemand wissen muss, braucht oder soll. Aber die Erzähler Thomas Manns sind nicht so souverän, wie sie scheinen. Über ihnen schwebt das Damoklesschwert der allgegenwärtigen Ironie. In seinem Vorwort zum Josephs-Roman erklärt Thomas Mann, dass er Quellen »um der lustigen Exaktheit willen« benutze.[237] In der exakten Wiedergabe und Beschreibung der unwichtigsten Kleinigkeit – und diese Feststellung gilt nicht nur für ›Joseph und seine Brüder‹ – wird der allwissende Erzähler ironisiert. Die Ironie weist jeden auf die Künstlichkeit des Konstruktes, auf seine Zitathaftigkeit hin. Die Künstlichkeit des Textes steht bei Thomas Mann immer im Vordergrund. Bei Heinrich Mann wird niemand auf die Textualität hingewiesen: Die Aufmerksamkeit des Lesers wird vielmehr auf die Typologie der erzählten Zeit und der geschilderten Personen gelenkt. Dieser typologische Rahmen macht Heinrich zum Satiriker, der Thomas niemals sein könnte.[238] Die Unzulänglichkeit des Menschen und seiner Welt sind dem Ironiker condition humaine, die durch keine satirische Geißelung verbessert werden könnte.

Kurz nach der Fertigstellung von ›Im Schlaraffenland‹ – Thomas war nach Deutschland zurückgekehrt – erlitt der erschöpfte Heinrich Mann einen Schwächeanfall. Heinrich sieht darin eine Auswirkung seiner bescheidenen Nervenkraft und zieht sich in das Sanatorium Dr. von Hartungens nach Riva zurück. Dort erreichen ihn positive Nachrichten aus der Heimat: Albert Langen nimmt das Buch in sein Programm auf, Heinrich bezieht fünfzehn Prozent des Ladenpreises an jedem verkauften Buch, die Summe für die erste Auflage erhält er im Voraus. Albert Langen sichert sich in dem Vertrag ferner die Rechte an allen weiteren Publikationen des Schriftstellers.

Das Interesse von Albert Langen war kein Zufall. Heinrich Mann und er kannten sich aus München. Dorthin war Langen 1895 umgezogen, nachdem er zuvor in Leipzig ein Büro unterhalten hatte. In der kunstbeflissenen Isar-Metropole wollte er eine Idee realisieren, die ihm während seiner Lehrjahre in Paris gekommen war. Nach dem Vorbild der französischen Zeitschrift ›Gil Blas Illustré‹ wollte er in Deutschland eine satirische Zeitschrift gründen. München schien ihm hierzu der richtige Ort, weil in Bayern die Zensur nicht so strikt gehandhabt wurde wie in anderen deutschen Ländern. Das relativ liberale Klima sowie das fürstliche und bürgerliche Mäzenatentum hatten zahlreiche Künstler angezogen, die als potenzielle Mitarbeiter in Frage kamen. Mit der finanziellen Unterstützung der Familie seiner Frau – 1896 hatte Langen die Tochter des norwegischen Schriftstellers Björnstjerne Björnson geheiratet – gründete er die Zeitschrift ›Simplicissimus‹. Schon bald versammelte er für die Herausgabe des Blattes eine große Zahl von begabten Künstlern und Autoren, die eine verschworene Schar bildeten: »In jenen

›Anfangsjahren‹ ging es in der Redaktion oft sehr übermütig zu. Langen, seine Autoren und Zeichner arbeiteten nicht nur zusammen, sie amüsierten sich auch gemeinsam, und oft gelang es, Arbeit und Vergnügen in Einklang zu bringen. Nach den Redaktionssitzungen traf man sich im ›Bratwurstglöckl‹, im ›Franziskaner‹ oder im ›Café Heck‹ am Odeonsplatz und fand manchmal noch in letzter Minute einen spritzigen Titel für eine Zeichnung. Oder man beriet bei kaltem Essen und Getränken in der Redaktion, wie eine Nummer zu gestalten sei. Gemeinsam pflegte man auch den in Mode gekommenen Radsport, zunächst auf den Wegen des Englischen Gartens, dann auf größeren Touren, die später einige Künstler sogar nach Italien und Nordafrika machten.«[239] Auch die Brüder Heinrich und Thomas Mann lieferten zeitweilig Beiträge für den ›Simplicissimus‹; Thomas gehörte sogar einige Zeit der Redaktion an. Aus diesen ersten Kontakten erwuchs das Interesse Albert Langens am Werk Heinrich Manns, dem er immer wieder versicherte, er habe das Talent, der deutsche Maupassant zu werden.

Als Heinrich Mann seinen ersten Roman abgeschlossen hatte, lag eine Kontaktaufnahme mit Albert Langen nahe. Sie gestaltete sich jedoch schwierig, weil Langen Deutschland 1898 für einige Zeit hatte verlassen müssen, denn ihm drohte ein Prozess wegen Majestätsbeleidigung. Am 23. Oktober 1898 hatte der ›Simplicissimus‹ eine Nummer über die Palästinareise Kaiser Wilhelms II. gebracht. Th. Th. Heine hatte hierfür ein Titelbild beigesteuert, das Friedrich Barbarossa zeigte, der lachend und grinsend Wilhelm II. den Tropenhelm hinterherträgt. Neben ihm steht Gottfried von Bouillon und weist ihn zurecht: »Lach nicht so dreckig, Barbarossa. Unsere Kreuzzüge hatten doch eigentlich auch keinen Sinn.« Unter dem Pseudonym ›Hieronymus‹ hatte Frank Wedekind noch ein satirisches Gedicht beigesteuert.

In München hätte man möglicherweise noch ein Auge zugedrückt, schließlich war das Verhältnis zu den preußischen Kaisern seit jeher eher distanziert, doch wurde der ›Simplicissimus‹ in Sachsen gedruckt. Die sächsischen Behörden erwiesen sich als wesentlich rigoroser und strengten eine Klage wegen Majestätsbeleidigung an. Langen entging dem Verfahren, indem er sich anfangs in die Schweiz, später nach Paris absetzte. Von seinen Mitarbeitern Th. Th. Heine und Frank Wedekind, die ein Arrangement mit den Strafverfolgungsbehörden suchten, wurde ihm zudem die Hauptschuld an der Satire aufgebürdet. Langens Stellvertreter in München wurde Korfiz Holm. Von Paris aus übermittelte Langen ihm brieflich seine Anweisungen und Vorschläge. Auf diesem Wege vollzogen sich auch die Verhandlungen mit Heinrich Mann über ›Im Schlaraffenland‹.

›Im Schlaraffenland‹ wird ein erster Erfolg: Innerhalb von zwei Wochen werden 2 000 Exemplare verkauft. Diese Umstände geben Heinrich Manns Träumen von einem eigenen Häuschen neue Nahrung, denn nach eigenen Worten habe er »das Umherstreichen, das ich seit 10 Jahren betreibe, satt«[240]. Mittlerweile hat er neue Projekte für den Verlag in Angriff genommen: Er übersetzt Alfred Capus' ›Qui perde gagne‹ ins Deutsche und plant ein neues Buch: »Es sind die Abentheuer einer großen Dame aus Dalmatien. Im ersten Theile glüht sie vor Freiheitssehnen, im zweiten vor Kunstempfinden, im dritten vor Brunst. Sie ist bemerkenswerther Weise ein Mensch und wird ernst genommen; die meisten übrigen Figuren sind lustige Thiere wie im Schl[araffenland].«[241] An anderer Stelle nennt er sein neues, dreiteiliges Buch ein »modernes Märchen« und unterrichtet seinen Verleger darüber, dass der Dame »am Anfang eine romantische Revolution in ein[em] Reiche das es gar nicht giebt« misslinge, und er am Schluss »einen Wirbel von Heidenthum, modernen Gaunereien, wollüstigen Raffinements, antiken Mysterien u. s. w.« beabsichtige. Trotz des märchenhaften Charakters, so versichert er Langen, lägen dem Ganzen jedoch »thatsächliche Geschichten zu Grunde: Wiener Hofklatsch, römische Corbellerie etc.«[242]. Offensichtlich befürchtet der Autor, dass Albert Langen, dem am ›Schlaraffenland‹ noch das »Springen aus der Wirklichkeit in das Burleske«[243] besonders gut gefiel, im neuen Werk zu wenig Bezug zur Wirklichkeit vorfinden könnte, und will einem solchen Einwand mit seinem Hinweis auf tatsächliche Begebenheiten als Grundlage des Buches vorneweg begegnen. Tatsächlich ist dieser Hinweis notwendig: Die geplante Romantrilogie bietet keine Typologie der gesellschaftlichen Zustände der Zeit. Beabsichtigt ist vielmehr eine Reflexion über die Möglichkeit, in künstlichen Paradiesen als Mensch glücklich werden zu können.

Für die Fertigstellung des Werkes veranschlagt Heinrich Mann nach Wiederherstellung seiner Gesundheit fünfzehn bis achtzehn Monate. Der Titel soll lauten: ›Die Göttinnen‹.

6. Der Rausch des Schreibens

Nicht nur Heinrich, auch Thomas befand sich zu jener Zeit in ärztlicher Behandlung. Er lag in München im Garnisonslazarett und hoffte auf seine vorzeitige Entlassung aus der Armee. Seine Briefe an den Bruder kannten in dieser Zeit nur zwei Themen: der nach Ansicht von Thomas ungeheure Erfolg von ›Im Schlaraffenland‹ – Heinrich interpretierte ihn eher als bescheidenen – und sein banges Warten auf eine Antwort vom S. Fischer Verlag, seinen Roman ›Buddenbrooks‹ betreffend. Fischer hatte bereits die ungeheuerliche Forderung einer Kürzung des über tausendseitigen Werkes an ihn gerichtet, was Thomas in größte Verlegenheit stürzte, wusste er doch wirklich nicht, wo er kürzen könnte, ohne dass das Buch verliere. Zweifellos sprach aus seinen Briefen die Bewunderung für den Bruder, sein Vorbild, der endlich den schriftstellerischen Durchbruch geschafft zu haben schien, während er, unsicher über sein schriftstellerisches Talent, immer noch nur hoffen konnte.

Thomas täuschte sich in seiner Einschätzung: Heinrich war keineswegs in einer beneidenswerten Lage. Von Riva aus bereist er im Frühjahr 1901 Süditalien. Er braucht die Eindrücke von der paradiesischen Landschaft und den Menschen, die er als widerwärtiges Geschmeiß bezeichnet[244], für seinen Roman ›Die Göttinnen‹. Die ganze Reise ödet ihn an, und er wünscht sich: »Säße ich erst ruhig in der guten Münchener Luft, bei Buchweizengrütze, meinem abendlichen Leibgericht, das meine Mutter von Drefalt [sic] aus Lübeck kommen läßt; denn anderswo kriegt man's nicht.«[245] Seinen Freund Ewers beneidet er um das Verheiratetsein manchmal krankhaft, wie er ihm versichert, und bekennt: »... mir hängt's alles zum Halse heraus.«[246] In einer solchen Stimmung helfe ihm nur das Schreiben: »Ich habe eigentlich nur bei der Arbeit ein volles Lebensgefühl und brauche das Schreiben als Narkotikum. Sobald ich glaube mir Ferien machen zu können, wird mir öde zumut. Ich fange darum gleich wieder was an und habe viele Pläne, aber ich wollte fast, ich hätte es nicht so nötig.«[247] Tatsächlich trieb Heinrich die Schriftstellerei unermüdlich voran; der Vertrag mit Albert Langen hatte ihm eine Zukunftsperspektive eröffnet, die auch ein ruhiges, geborgenes Leben einschloss. Damit es aber so weit kommen konnte, bedurfte es weiterer Erfolge. Deshalb schmiedete er permanent neue literarische Pläne. In einem Schreiben, in dem er seinem Verleger noch die Vorzüge seines neuen Romanes ›Die Göttinnen‹ anpries, äußerte er sich schon weitergehend: »Für nach Beendigung dieses Buches, also für ferne Tage, nehme ich wieder einen Millionärs-Roman in Aussicht, nämlich den Roman der zweiten Generation, derer die's durchbringt.«[248] Die ganzen folgenden Jahre sollte er in dieser Weise arbeiten: Noch während der Arbeit an einem Buch brütete er über den Plänen und dem Material für den nächsten – er informierte sich über Krankheitsverläufe bei Dr. von Hartungen, ließ sich Akten über Aufsehen erregende Prozesse kommen, sammelte Ansichtskarten der betreffenden Landschaften und Städte, versah sich mit Kenntnissen über alle möglichen Berufe, Tätigkeiten und Hobbys. Er gönnte sich keine Ruhe und arbeitete ohne Rücksicht auf seine Gesundheit.

Dabei war sein Gesundheitszustand zweifellos ein weiterer wichtiger Antrieb: Nach Fertigstellung eines neuen Werkes fühlte er sich meist schlaff und niedergeschlagen. Die Angst vor einer neu einsetzenden Nervenschwäche peitschte ihn vorwärts: Das neue Projekt musste angegangen werden, um dem Schwächegefühl keine Gelegenheit zu durchschlagender Wirkung zu geben. Doch sein körperliches Schwächegefühl hat psychische Ursachen. In einem Brief an Ludwig Ewers vom 31. Oktober 1906 beschreibt er seinen Zustand ausführlicher: »Es ist nicht immer ein leichtes Leben, das ich führe. Körperliche Erleichterung fühle ich nur, wenn ich nicht arbeite. Dann ist aber das Seelische gar nicht in Ordnung; ich fühle mich dann verkommen und gründlich überflüssig.«[249] Heinrich Mann gesteht, dass seine körperliche Verfassung geradezu nach einer erholsamen Pause verlange; dieses Verlangen ignoriere er jedoch aus psychischen Gründen. Ohne Arbeit käme er sich verkommen und überflüssig vor. Deshalb arbeitet er regelmäßig täglich eine bis eineinhalb Stunden. Er wartet nicht auf Inspiration oder die geeignete Stimmung, sondern fordert von sich jeden Tag ein bestimmtes Pensum. Seine Arbeitsweise ähnelt in diesem Punkt der seines Bruders, der auch ein festes Stundenpensum im Auge hat, das er jeden Tag einhält, ungeachtet dessen, ob er in diesen Stunden glücklich vorankommt oder nicht. Bei Thomas liegen die Gründe seiner Arbeitsweise in dem hanseatisch-bürgerlichen Arbeitsethos, das er sich zu Eigen gemacht hat. Doch hatte Heinrich nicht gerade mit der bürgerlichen Welt der Hansestadt Lübeck gebrochen?

Der tiefere Beweggrund für die Arbeitsweise Heinrichs liegt zweifellos in den testamentarischen Unkenrufen seines Vaters: Niemals würde Heinrich zum Schriftsteller taugen, auf diesem Wege würde er sein Glück nie finden. Heinrich fühlt sich weniger einem bestimmten Arbeitsethos unterworfen, sondern mehr einer persönlichen Verpflichtung. Endlich schien seine schriftstellerische Arbeit entgegen den väterlichen Warnungen Früchte zu tragen. Aber noch genügten die Einnahmen nicht für eine sesshafte, bürgerliche Existenz, noch mussten immer neue Quellen erschlossen werden. Deshalb schrieb Heinrich ein Buch nach dem anderen, veröffentlichte er eine Novelle auf die andere. Sein Körper litt, ertrug die seelischen Belastungen mit. Nasen- und

Ohrenoperationen mussten vorgenommen werden; mit schöner Regelmäßigkeit suchte Heinrich Mann die Klinik Dr. von Hartungens zur Kur auf. Der geschwächte Körper mied das nasskalte Klima Deutschlands, fühlte sich in südlicher Wärme am wohlsten. So blieb es auch bei den Reisen nach Italien, obwohl die Seele sich schon längst nach Ruhe und Sesshaftigkeit sehnte, woraus neues körperliches Leid emporstieg. Aber vielleicht war es auch möglich, sich in Italien endgültig niederzulassen: Ein Haus in der Nähe von Florenz beschäftigte die Fantasie Heinrich Manns zeitweise.

Die Arbeit legitimiert sein Dasein, das daraus bezogene Einkommen entschuldigt ihn gegenüber dem immer noch präsenten Vater. Außerdem verachtet sich Heinrich Mann wegen seiner Kränklichkeit und Schwäche. Er sieht darin die Zeichen seiner Dekadenz, die ihn zum Repräsentanten einer verachtenswerten Zeit herabwürdigt. In der Arbeit erhebt er sich über die Personen und die Gesellschaft seiner Zeit. Indem er ihr als Satiriker gegenübertritt, löst er sich von ihr. Sein Durchschauen der Situation macht ihn jedoch nicht glücklich, weil er sehr gut weiß, dass er selbst mit dieser Zeit unlösbar verquickt ist. Er steht für den Intellektuellen, der, alles durchschauend, auch sich selbst, distanzierter Beobachter und Zeitgenosse zugleich ist, ganz seinem Bild Nietzsches entsprechend. Was ihm bleibt, ist ein kurzzeitiger enthusiastischer Aufschwung, den ihm das Schreiben verschafft. In solchen Momenten lässt er alles, was ihn sonst bedrängt und niederdrückt, hinter sich und degradiert sich und die ganze Welt zu seinem Spielmaterial – ein kleiner Gott.

Viktor Mann erinnert sich, welchen Eindruck er von seinen beiden älteren Brüdern in dieser Zeit gewann: »Den Onkel Heini jener Jahre habe ich in viel ernsterer Erinnerung als den Onkel Ommo [Thomas – S. R.].«[250] Wenn Heinrich sich einmal einer heiteren Laune überließ, gebar dies eine überbordende Lust am Nonsens. In einem Brief aus dem Jahr 1899 an die Schwester Carla schildert er fiktive Weltereignisse: Er erzählt von der Reise Wilhelms II. ins Heilige Land in Begleitung von Papst Leo XIII. und von Alfred Dreyfus, den beide kurz zuvor von der Teufelsinsel befreit hätten. Antisemitische Offizierskreise und Politiker hätten den französischen Offizier als Verräter denunziert und seine lebenslängliche Verbannung erreicht. In einem Feldzug für die Wahrheit hätte der Kaiser die französische Politikerclique entmachtet und aus ihrem Land vertrieben, sodass der unschuldige Dreyfus rehabilitiert werden konnte. In Jerusalem weihe der Kaiser nun die Erlöserkirche ein und fühle sich bei dieser Gelegenheit berufen, einige treffende und schneidige Worte zu sprechen. Mitten in seiner Rede, er sagt gerade »Puff«, löse sich der Papst in Rauch auf. Durch dieses schreckliche Ereignis – Wissenschaftler vertreten die These, dass Seine Heiligkeit Opfer eines besonders abgefeimten Anschlags wurde, der ihn von innen heraus explodieren ließ – sei die katholische Kirche ihres Oberhauptes beraubt. Der Kaiser nehme sich des Problems an, indem er kurzerhand den Juden Dreyfus zum Papst ernenne. Nach kurzer Bedenkzeit nehme dieser die Wahl an und gebe sich selbst den Namen ›Innocenz‹, der Unschuldige also. Die gesamten weltpolitischen Verwicklungen lösten sich durch die raschen und weisen Entschlüsse des Kaisers in Wohlgefallen auf und die Bevölkerung des gesamten Erdkreises sei beglückt.

Jahre später wurde Heinrich Mann von Karl Lemke auf diesen Brief angesprochen, konnte sich anfangs jedoch nicht mehr recht daran erinnern, bezweifelte sogar die Existenz eines solchen Schreibens, das die Affäre Dreyfus heiter behandele. Kurze Zeit später kehrt die Erinnerung zurück an diese Tage: »Ich hatte schlechte Nerven, und Bad Brunnthal war kein heiterer Aufenthalt. Geschrieben hatte ich noch immer nichts, konnte das ›Schlaraffenland‹ damals nicht beenden und lebte einer jugendlichen Verzweiflung, die in Nihilismus überging. Meiner lustigen jungen Schwester wollte ich mich im Gegenteil fesch zeigen. Sie war siebzehn, in Lausanne als Pensionärin, hoffentlich hat sie gelacht.«[251] Die Sache schien ihm im Rückblick peinlich zu sein, jedenfalls bat er Lemke und seinen Bruder Viktor, der das Schreiben wohl noch besaß, den Brief zu vernichten.

Nicht jugendlicher Übermut, sondern Nihilismus sieht Heinrich Mann als wirkende Kraft für diesen Nonsens. Auch in einem Brief an Ludwig Ewers vom 7. Mai 1901, der erste erhaltene Brief an Ewers nach fünfjähriger Pause, gesteht er, dass er nach wie vor ein »guter Nihilist« sei.[252] Nichts besitze genügend Wert, dass es nicht veralbert werden könnte, außer der Kunst. Sie nimmt Heinrich Mann gegenüber Ewers ausdrücklich aus. Der gereifte Heinrich Mann konnte sich freilich kaum noch mit dieser Haltung seiner Jugendjahre identifizieren, weshalb er sich von dem Brief distanzierte.[253] Doch wer genau hinschaut, erkennt bereits an dem angeblichen Nihilisten einen Charakterzug, der die spätere Entwicklung schon ahnen lässt. Der Nonsens ist bitter: Er macht Kaiser, Kirche und die aufrechten Humanisten verächtlich, die sich für Dreyfus engagierten. Warum machte sich die breite Masse für den französischen Offizier stark? Weil er sich so wunderbar für die Rolle des Schönen, Guten und Unschuldigen eignete. Wäre er nicht so schön, so gut, aber gleichwohl unschuldig gewesen, was hätte es ihm genutzt? Er wäre in der Verbannung auf der Teufelsinsel zugrunde gegangen. Diese Überlegung macht deutlich, wie wenig es nach Ansicht Heinrich Manns eigentlich um Ideale, um Werte, ging. Es war einfach en vogue, für Dreyfus Partei zu ergreifen – zu seinem Glück. Die Bitterkeit lässt die verborgene zynische Haltung erahnen. Das Lachen des Zynikers ist bitter, weil er die Abwesenheit von Idealen und Werten wahrnimmt. Der Zyniker ist ein Idealist, der seine Ideale verraten sieht und nun die lachende Maske aufsetzt, hinter der er seinen Schmerz verbergen kann. Heinrich Mann ist kein Nihilist, der den Verlust der Werte fröhlich als notwendigen Schritt begrüßt, sondern der Zyniker, der seinen Schmerz in Gelächter taucht. Als Zyniker ist er beseelt von der Sehnsucht nach dem Wahren, Schönen und Guten. Deshalb nimmt Heinrich Mann die Kunst von der allgemeinen Lächerlichkeit aus: Hier findet er den Hort für seine Träume und Ideale.

Violante, Herzogin von Assy, Heldin der Roman-Trilogie ›Die Göttinnen‹ ist eine solche Traumgestalt: Sie verachtet die Menschen, die hehre Ideale verkünden, sie aber sofort fallen lassen, wenn daraus die geringste Gefahr für ihr Leben erwächst. Ihre Verachtung resultiert aus ihrer Sehnsucht nach einem anderen, würdigen Leben. In ihren Träumen kehrt sie zurück zu den Anfängen ihrer Familie: Sie bewundert ihre kriegerischen Vorfahren aus dem Norden, die für Frankreich auf die Kreuzzüge gingen, ehe sie sich mit brutaler Gewalt ein Stück Land an der Küste Dalmatiens sicherten, wo sie die folgenden Jahrhunderte als Herzöge regierten. Sie ist die letzte ihres Geschlechts, und – wohlgemerkt – sie träumt von den Heldentaten ihrer skrupellos-starken Ahnen. Woran glaubt Violante? Sie will leben. Das Leben ist der höchste Wert, den sie anerkennt. Heinrich Mann greift hier vitalistische Konzepte auf, wie sie die Lebensphilosophie des 19. Jahrhunderts propagierte, insbesondere Nietzsches Konzept des Übermenschen wird in ›Die Göttinnen‹ am Beispiel der Heldin modellhaft umgesetzt. In den drei Romanen, die um ihre Person kreisen, stürzt sich Violante in mehrere Abenteuer, von denen sie sich eine Steigerung ihres Lebensgefühles erhofft. Das gewöhnliche Leben, das zeigt sich hierbei, genügt dem Vitalismus nicht. Er sucht nach einem rauschhaft-intensiven Lebensgefühl. Im ersten Teil der Roman-Trilogie, ›Diana‹, wird die Politik zum Spielfeld der Herzogin; im zweiten Teil, ›Minerva‹, sucht sie in der Kunst das berauschende Erlebnis; im letzten Band der Trilogie, ›Venus‹, benutzt sie die Sexualität zur Intensivierung ihres Lebensgefühls.

Bei alldem betreibt sie jedoch – zumindest in den ersten beiden Teilen – nur ein Spiel. Ihre vielfach bewunderte Stärke erwächst aus ihrer Distanz zu allem, was sie tut und was um sie herum vorgeht. Ihre Gleichgültigkeit wird von ihren faszinierten Beobachtern als Zeichen ihrer göttlichen Erhabenheit über alles Irdische ausgelegt. Violante empfindet ihre Einstellung ambivalent: Einerseits erlaubt ihr das distanzierte Verhältnis zu den Dingen einen gefahrlosen Wechsel der Objekte ihrer vorübergehenden Leidenschaft, andererseits sehnt sie sich nach einem überwältigenden Gefühl, das dem Leben erst wahren Wert verleiht. So stark sie ihre Décadence leidvoll empfindet, so wenig bekennt sie sich selbst zu ewig gültigen Werten. Dennoch schöpft sie aus dieser Schwäche ihre Stärke. Wer sich an nichts klammert, sich an nichts hängt, der ist frei. Jede Bindung an Überzeugungen und Ideen bedeutet Abhängigkeit. Sie verkehrt ihre Schwäche in eine Stärke, indem sie die Rolle zu ihrem Leben macht. Sie übermalt ihre verachtenswerte Existenz mit einem glänzenden Äußeren, das sie bis an den Rand der Selbstaufgabe durchhält. Zuletzt ergibt sie sich völlig in ihre Rolle und stirbt in dem glanzvollen Schein, den sie verbreitet. Ihr Tod wird zum Sieg des schönen Scheins über das sinnentleerte Leben. Damit ist jedoch das eigentliche Problem noch nicht gelöst: Sie hat keine Ideale gefunden, die das Leben lebenswert gestaltet hätten. Nur eine scheinhafte Existenz, durch die das eigentliche Leben negiert wird, verspricht Trost. Das intensive Leben, nach dem es den Vitalismus verlangt, findet sich nur als schöner Schein, den es im Tod noch heroisch zu bewahren gilt.

Den Volksaufstand, den Violante im ersten Teil des Romans anzettelt, erlebt sie nur als distanzierte Beobachterin. Sie unterstützt ihn aus drei Gründen: Erstens verachtet sie den lebensuntüchtigen und schwächlichen Adel ihres Heimatlandes. Zweitens bewundert sie den leidenschaftlichen Einsatz des ›Volkstribuns‹ Pavic, der mit seinen Reden das Volk anstachelt und für seine Überzeugungen schon mehrere Prozesse und Haftstrafen in Kauf genommen hat. Bei ihren Treffen überwindet sie sogar zeitweise ihre Distanz, und einmal gibt sie sich sogar Pavic hin. Spätestens als sie erlebt, wie bei einem Volksauflauf, der vom Militär auseinander getrieben wird, Pavic einer bedrohten alten Frau aus Angst um sein Leben nicht beispringt, kehrt sie jedoch wieder zu ihrer unbeteiligten Kühle zurück. Von dem Revolutionär hätte sie erwartet, dass er seinen Worten Taten folgen lässt, und seinen Einsatz für das Volk, für seine Ideale, bereitwillig mit dem Tode bezahlt. Pavic sinkt in ihrem Ansehen, woran dieser zerbricht. Drittens hegt sie Bewunderung für das Volk, für dessen naturnahe Leidenschaftlichkeit und Stärke. In der ländlichen Bevölkerung der dalmatinischen Küste sieht sie halbwilde Tiere, fernab der degenerierten Zivilisation, und gibt sich kurz dem Traum hin, von einem dieser Wesen genommen zu werden. Aber ihre Sympathie für das Volk reicht nicht so weit, dass sie sich wirklich für die Menschen interessieren würde: Die Aussicht auf den Tod eines Bauern beispielsweise reizt sie nur als aufregendes Ereignis. Bei ihrem grundsätzlichen Überlegenheitsgefühl kann so etwas wie menschliche Nähe nicht entstehen. Das Volk ist lediglich ein Spielzeug, mit dem sie sich ihre Langeweile vertreibt. So forciert sie die Revolution: Sie will erleben, wie die ungezähmten Leidenschaften im Augenblick des Volksaufstandes hervorbrechen und die gesamte blasierte Gesellschaft fortreißen.

Die Revolte misslingt, und Violante flieht nach Rom. Mit Unterstützung der katholischen Kirche unternimmt sie einen weiteren Umsturzversuch in ihrer Heimat. Der Vertreter der Kirche, Monsignore Tamburini, verspricht sich davon einen finanziellen Zugewinn und größere politische Einflussmöglichkeiten. Als auch der zweite Versuch gescheitert ist, gibt Violante den Gedanken an eine Befreiung des Volkes ihrer Heimat von der adeligen Herrschaft mühelos auf; schließlich war es nur ein aufreizendes Spiel, das für kurze Zeit genügen sollte, ihre Langeweile am Leben zu durchbrechen. Es bereitet ihr sogar Genugtuung, wie gering ihr Anteil an der ganzen Geschichte gewesen war: Schließlich ist ihre kühle Zurückhaltung Zeichen für ihre geradezu göttliche Erhabenheit gegenüber dem Leben, für die sie sich bewundern lässt. Die Kirche hatte schon die ganze Zeit über auch mit der Gegenseite Kontakt und geht somit auf alle Fälle aus der Angelegenheit als Gewinner hervor.

Wohin die Preisgabe der eigenen Überlegenheit führt, lehrt Violante das Beispiel einer römischen Freundin, der Gräfin Blà. Blà sucht ebenfalls einen Ausweg aus der Langeweile, die ihr das gewöhnliche Leben verursacht. Sie findet ihn in der Liebe zum Spieler Piselli, der zunächst ihr Vermögen und dann das von der Herzogin von Assy geliehene Geld verspielt. Blà widersteht ihm nicht, will keine Distanz halten, sondern ihre Leidenschaft bis zur bitteren Neige auskosten. Sie lässt sich von ihm schlagen und kehrt doch immer wieder zu ihm zurück: Sie macht ihn zum einzig begehrenswerten Gegenstand ihrer Leidenschaft und hängt ihr ganzes Leben an ihn. Am Ende wird Blà von Piselli getötet, was sie als Vollendung ihrer Geschichte empfindet. Ein solches Erlebnis muss die Distanz einer Herzogin von Assy zu ihrer Umwelt noch verstärken.

Am Ende des ersten Romanteils tritt die Kunst in das Leben Violantes. Sie lernt die Bildhauerin Properzia Ponti und den Maler Jakobus Halm kennen. An deren klassizistischer Kunst schätzt Violante die Vollkommenheit der Figuren. In ihrer weltüberlegenen Erhabenheit haben diese Figuren keinerlei Anteil am Leben. Sie sind völlig leidenschaftslos und in sich ruhend, worin letztlich ihre Schönheit gründet. Ihre politischen Pläne sind gescheitert, doch die Kunst bietet Violante eine neue Möglichkeit, ihrem Leben einen Sinn zu geben. Berauschte sie sich zuvor an der Leidenschaft des Volkes, so soll nun die Bewunderung wahrer Schönheit eine Steigerung ihrer Gefühle bewirken. Jakobus bezeichnet seine Kunstrichtung als »hysterische Renaissance«, weil die Menschen sich in dieser Kunst zu einer Stärke und einem Heroismus hinaufschwingen wollen, die sie an Gestalten in den Werken der Renaissance bewundern. Dadurch soll das Gefühl der eigenen Schwäche und Kränklichkeit kompensiert werden. Jakobus nimmt allerdings Violante von der Gruppe der Schwachen und Kranken aus: Sie verkörpert für ihn ein göttliches Ideal, weltenthoben und leidenschaftslos. Deshalb macht er sie nur zu gern zu seinem Modell.

Zu Anfang des zweiten Teils begegnet der Leser Violante in Venedig auf einem glänzenden Fest, das sie in ihrem Palast gibt, den Jakobus Halm ausgemalt hat. Die Gestaltung der Räume reflektiert dabei die Einteilung der gesamten Trilogie: Der erste Saal ist Diana gewidmet, der zweite Minerva, und der dritte weist voraus auf Venus, als die Jakobus Violante bereits sieht. Die Herzogin von Assy greift diese Rollen begierig auf: Die Bewunderung des Volkes für die herzögliche Revolutionärin im ersten Teil hatte Violante bereits als matten Abglanz der Herrlichkeit ihrer Vorfahren erlebt, in deren Tradition sie sich gerne sähe. Also hatte sie sich die ihr zugeschriebene Rolle angeeignet und dadurch ihrem eigenen Leben Bedeutsamkeit verliehen. Gleiches geschieht nun, wenn sie sich in der Rolle der Minerva zur Beschützerin der Künste aufschwingt. In allen Fällen wird ihr eine Göttin von außen zugeordnet, und sie greift diese Zuordnung auf, bis sich eine neue Figuration anbietet, die ihrem veränderten Geschmack stärker zusagt. An der Beliebigkeit der Figuration zeigt sich Violantes Haltlosigkeit, die im Roman positiv zur Offenheit umgedeutet wird. An Violante wird alles ins Positive gewendet, was in früheren Novellen noch negativ konnotiert war: Haltlosigkeit und Distanz zum Leben. Diese Umwertung aller Werte wird möglich, weil Violante diese Eigenschaften ihrer Persönlichkeit akzeptiert und bewusst nutzt, um im Sinne des Vitalismus eine sonst verachtenswerte Existenz mit Wert und Bedeutung zu unterlegen. Noch ist sie Minerva, die Förderin der Kunst, doch zum Zeitpunkt des Festes in Venedig liegt bereits ein neues Rollenangebot vor; noch jedoch will Violante nicht Venus sein.

Halm dringt darauf, dass die Herzogin sich der neuen Rolle bemächtigt, denn als Venus würde sie seine Liebe erwidern, die sie ihm als Mäzenatin in der Gestalt der Minerva entzieht. Violante wahrt bis zum Ende des zweiten Teils Jakobus gegenüber immer jene Distanz, die sie sich zur Regel gemacht hat, erst dann ergibt sie sich seinem Drängen. Sie probiert sich in der Rolle der Venus aus, um zu erfahren, ob ihr das neue Rollenangebot zu einem größeren Lebensgenuss verhelfen kann als die Bewunderung der Masse für die weltentrückte Göttin Minerva. Jakobus hofft nun, in ihr das geeignete Modell für sein Gemälde der Venus gefunden zu haben, aber das Bild misslingt. Jakobus ist innerlich ausgebrannt: Er besitzt nicht mehr die Macht der Fantasie, um eine reale Gestalt zur Venus erheben zu können.

Einem anderen Mann wird dies gelingen: Nino. Im zweiten Teil ist er jedoch noch zu jung, erst vierzehn Jahre alt. Nino ist ein kränkliches, körperlich missgebildetes Kind, das sich für sein späteres Leben nach großen Taten sehnt. Sein Vorbild ist der Freiheitsheld San Bacco, den Violante stets bewunderte, weil er die Schwäche und Feigheit seines Zeitalters nicht teilt. Wegen seiner Jugend kommt der Junge als Liebhaber nicht in Frage. So bleibt nur das Idol Ninos, San Bacco. In ihm sieht Violante nach vielen Enttäuschungen einen potenziellen Liebhaber, der ihrer inneren Glut gewachsen ist und sie weiter entfachen könnte. Als sie sich aus der unerquicklichen Affäre mit Jakobus endlich befreit hat, ruft sie nach San Bacco, doch der einstige Anhänger Garibaldis kommt auf dem Weg zu ihr bei Volksunruhen ums Leben. Das Volk, für dessen Freiheit er so oft stritt, erschlägt ihn. Sein Schicksal ist ein vernichtendes Urteil über die Vorstellung, durch politische Bestrebungen seinem Leben einen Sinn verleihen zu können. Die Undankbarkeit des Volkes offenbart das Illusionäre dieser Vorstellung. Der Pöbel scheint nur durch eine starke Macht niedergehalten werden zu können. Heinrich Mann inauguriert das Recht des Stärkeren. Sobald die Macht des Stärkeren schwindet, brechen die animalischen Instinkte hervor und zerstören jegliche Ordnung.

Violantes Sehnsucht nach Liebe, ihr Wunsch nach Gefühl und Leidenschaft wird immer stärker, je weniger sie in der Kunst Befriedigung findet. Eine Rückkehr zur Rolle als Revolutionärin, als Geliebte des gemeinen Volkes, liegt ihr nach dem grausamen Schicksal San Baccos fern. Ihre weltenthobene Rolle als Minerva verschafft ihr zwar allgemeine Bewunderung, doch ihr Inneres erstirbt daran. Allerdings erfährt sie auch im zweiten Teil, welche Gefährdung die Preisgabe ihrer Distanz mit sich bringt: Ihre Freundin Properzia Ponti liebt Mortœil. Mortœil ist ein verspielter Snob, unfähig für tiefere Empfindungen. Er wird die hübsche Clelia heiraten, die für ihre äußerliche Schönheit bewundert, aber nicht geliebt werden will, denn Leidenschaften würden ihre Gefühle allzu sehr verwirren. Mortœil ist mit diesem

Arrangement zufrieden, garantiert ihm die Leidenschaftslosigkeit Clelias die Besänftigung seiner eigenen inneren Glut, vor der er sich fürchtet, und ihr Vermögen ein angenehmes Leben. Properzia geht an ihrer rasenden Liebe zu Mortœil zugrunde. Sie begeht schließlich Selbstmord. Violante erkennt an dem Tod Properzias, wie schwach die Kunst eigentlich ist. Sie konnte Properzia nicht helfen, ihre Leidenschaften zu bannen. Wie soll sie dann Violante, der designierten Venus, helfen, ihr weltenthobenes Dasein zu führen? An Properzias Beispiel wird der hysterische Charakter der Neorenaissance nur allzu deutlich: Sie soll lediglich die Schwäche und Kränklichkeit der Zeit übertünchen, indem sie die Stärke einer verlorenen Zeit vorgaukelt. Die Kunst kann jedoch niemanden zur Stärke bekehren, der sich von Natur aus schwach fühlt. Die Kunst offenbart ihre Schwäche, deshalb erteilt Violante ihr am Ende des zweiten Teils konsequenterweise eine Absage und beginnt einen neuen Abschnitt ihres Lebens: Sie ist nun bereit, die Rolle der Venus zu übernehmen.

Dabei stößt sie jedoch auf ein unlösbares Problem: Sie ist Anfang vierzig, und ihre Körperkraft schwindet langsam und spürbar. Es fällt ihr immer schwerer, die Willenskraft aufzubringen, um über ihren Körper zu triumphieren. Sie begibt sich nach Süditalien, wo sie auf einem Landgut Ismael Ibn Pascha mit seinen vier Frauen trifft. Sie kennt ihn noch aus ihrer Zeit in Dalmatien, wo er osmanischer Gesandter war. Mittlerweile in Ungnade gefallen, lebt er als Gutsbesitzer auf dem Lande. Violante erlebt dort, noch in passiver, beobachtender Rolle, die dionysischen Seligkeiten von Wein und Liebe. Die südliche Wärme lindert ihre körperlichen Gebrechen und belebt ihre Sinne. Sie kauft das Gut und bestellt einen Verwalter, denn sie gedenkt nicht zu bleiben: Bald verlässt sie ihren neu erworbenen Besitz und reist nach Neapel. Der Gutsbesitz ist nur eine Vorstufe ihres weiteren Wegs.

Kurz vor Neapel lernt sie Don Saverio Cucuru kennen. Saverio geleitet die Herzogin nach Neapel und wird ihr Geliebter. In ihrem Namen veranstaltet er Feste, auf denen er als Kuppler und Spieler Geld verdient. Er versucht die Macht über das Vermögen der Herzogin zu erlangen, um mit der Camorra weitere Geschäfte machen zu können. Violante beobachtet ihre fortschreitende Entmündigung: Alles wird ihr abgenommen, für jede Tätigkeit gibt es einen Diener, der dafür zu sorgen hat, dass ihr nichts fehlt. Aber der sie umschmeichelnde Saverio Cucurru ist nicht der Mann, dem sie sich völlig hingeben will. Mit einer enormen Anstrengung ihres Willens bricht Violante schließlich aus diesem goldenen Käfig aus und sichert sich wieder die Macht über ihr Leben.

Sie wählt ihre eigene Lebensweise und steigt bald auf zur begehrten Kurtisane. Sie ist die Geliebte vieler reicher Männer, die ihr prachtvolle Paläste und Gärten bauen. In all der Zeit wartet sie jedoch auf die Rückkehr von Nino, dem einst 14-Jährigen. Als er eintrifft, zieht sie sich mit ihm aus dem öffentlichen Leben zurück. Sie genießen ihre sinnliche Liebe, bestehen jedoch gleichzeitig auf ihrer Freiheit. Liebe wird von beiden nicht als Hingabe, als vertrauensvolle Preisgabe des eigenen Ichs verstanden. Der Sinnenrausch dient ausschließlich dazu, sie der gewöhnlichen Welt zu entreißen und eine überwältigende Erlebnisintensität zu erlangen. Beiden ist klar, dass diese Liebe eines Tages ihr Ende finden wird: Irgendwann müssen sie in die Welt zurückkehren und ihren Ansprüchen Folge leisten. Nino ist ein Parteigänger der Anarchisten geworden. In ihrem Auftrag reist er schließlich nach Amerika.

Violante kehrt zurück in die neapolitanische Gesellschaft. Sie ist auf dem Höhepunkt ihres Ruhmes als Venus. In ihrem Palast feiert die Gesellschaft in antiker Unbekümmertheit dionysische Orgien. Die Herzogin genießt alle Männer, die ihr gefallen. Doch ihre fortdauernden Liebschaften zehren immer mehr an ihren Kräften. Schon vor dem Eintreffen Ninos war die Herzogin in einem kritischen Stadium: Ihr sexuelles Verlangen nach Nino hatte noch einmal ihre Kräfte reaktiviert. Doch das ausschweifende Leben fordert merklich seinen Tribut. Müde und ausgezehrt erwartet sie ihren Tod, den sie mit seinen Schmerzen ebenso wie das Leben mit seinen Freuden zu genießen trachtet: »Mein ganzes Leben war eine einzige große Liebe; jeder Größe und der ganzen Schönheit habe ich meine heiße Brust entgegengeworfen. Ich habe nichts verschmäht, niemand verdammt, keinen Groll gehegt. Mich und mein Schicksal habe ich gutgeheißen bis ans Ende; wie könnte ich meinen Tod hassen? Er ist nichts Fremdes. Er hat teil an meinem Leben, das ich liebe. Er ist seine letzte Geste, und ich wünschte, er wäre seine glücklichste.«[254] Monsignore Tamburini tritt am Ende nochmals an sie heran: Er will sie zu einer Beichte überreden; außerdem soll sie ihr Vermögen der Kirche überschreiben. In seinem Schlepptau tauchen jene Gestalten nochmals auf, die bereits Don Saverio bei seinem Versuch halfen, sie zu entmündigen. Doch ohne Beichte und ohne Reue stirbt die Herzogin von Assy schließlich.

Das Leben der Herzogin von Assy war nach ihren eigenen Worten ein »Kunstwerk«[255], abgetrotzt dem gleichgültigen Leben. Violante war stets auf der Suche nach einem überwältigenden Lebensgefühl, das das Gefühl der Leere kompensieren könnte: Auf dieser Suche wurde sie Revolutionärin, Kunstliebhaberin und Kurtisane. Alle drei Existenzweisen waren Rollen, die ihrem Leben vorübergehend Sinn verliehen. Nicht das Leben stiftet also Sinn, sondern der Mensch selbst verleiht seinem Dasein Bedeutung, indem er sich Rollen erschafft. Durch sein Rollenspiel erhebt der Mensch sich über die gleichgültige Natur, die ihn geboren werden, dahinvegetieren und sterben lässt, und schafft sich seine eigene Welt. Die Hervorbringung einer eigenen Welt ist in den Augen der Herzogin eine künstlerische Leistung. Ein Leben, das bedeutend und sinnerfüllt sein will, ist somit nur als Kunstwerk denkbar.

Aber keine Rolle verschaffte Violante die gebotene Distanz zur Wirklichkeit, die gewährleistet, nicht von der Realität eingeholt werden zu können. Die Herzogin entgeht der Desillusionierung immer nur durch einen Willensakt: In dem Augenblick, da die Rolle gefährdet erscheint, bricht sie selbst damit und entgeht auf diese Weise der zu befürchtenden Desillusionierung. Die Rolle der Venus scheint auf den ersten Blick die Gnade der permanenten Illusion zu gewähren, denn als Venus stirbt Violante einen glücklichen und versöhnten Tod. Ungeachtet dessen finden sich Hinweise, dass auch diese Rolle schließlich hätte scheitern müssen: Violantes körperliche Gebrechen, das aufkommende Klimakterium, weisen auf das nahende Ende auch dieses Rollenspiels hin. Der Tod verhindert, dass sie auch diese Rolle aufgeben muss. Sie stirbt in heroischer Haltung, indem sie ihr Leben als Kunstwerk vollendet. Den heroischen Charakter erhält diese Haltung durch das Wissen Violantes um die Sinnlosigkeit des Lebens. Jenseits des Todes erwartet sie kein Lohn und keine Strafe für ihr Lebenswerk, kein Paradies ist zu erhoffen, keine Hölle zu fürchten und kein ewiges Leben zu empfangen.

Im Kult um die ›hysterische Renaissance‹, in der scharfen Ablehnung der christlichen Lehre von der Erlösungsbedürftigkeit des Menschen und in der vitalistischen Verherrlichung des Lebens durch Violante wird der Einfluss Nietzsches greifbar. Der Mensch muss laut Nietzsche nicht vom Leben erlöst werden: »Nietzsche bekämpft nicht irgendeine besondere Gestalt des geschichtlichen Christentums, obwohl er eine bestimmte Auslegung desselben unterlegt, sondern durchaus das ursprüngliche, neutestamentliche und paulinische Christentum selbst, insofern dieses mit der Lehre von Erlösung und Neuschöpfung von seinem Vorwurf der Welt- und Lebensverneinung getroffen wird. Er stellt die Voraussetzung der christlichen Heilsbotschaft in Frage, weil er die christlich verstandene Erlösungsbedürftigkeit des Menschen leugnet und ihr eine Erlösungsbedürftigkeit vom christlichen Sündenbewußtsein – ›dem größten Ereignis in der Geschichte der kranken Seele‹ – entgegensetzt.«[256] Es gibt keinen Gott mehr, der die Menschen von ihrem irdischen Leben erlöst und in sein Paradies aufnimmt; es gibt keine Sünde, die gesühnt werden muss. Die Philosophie Nietzsches verweist den Menschen auf sein irdisches Dasein und predigt eine dionysische Lebensbejahung, die noch den Tod als Teil des Lebens heroisch begrüßt. Wer sein Leben in dieser Art und Weise bejahe, den nennt Nietzsche einen Übermenschen. Der Übermensch hege kein Mitleid, weder mit sich noch mit anderen – Mitleid sei für ihn eine christliche Lüge –, sondern vollstreckt in sich den Willen der Natur. Der Wille der Natur sei der Wille zur Macht. Der Wille zur Macht erziehe den Menschen zur Stärke, sodass er sein Schicksal unbeirrt ertragen könne, als hätte er es selbst so gewollt. In der Renaissance erblickt Nietzsche die letzte Epoche in der Geschichte der Menschheit, die sich zum Willen zur Macht bekannt habe.

Heinrich Manns Experiment mit dem Konzept des Übermenschen in ›Die Göttinnen‹ mag zunächst überraschen, weil er es in seiner Dresdner Zeit noch abgelehnt hatte. Grund für die damalige Zurückweisung des Übermenschen war die Einsicht, dass sich hier ein schwacher Mensch als starker ausgibt, ohne es zu sein. Die Künstlichkeit der Rolle war damals von Heinrich Mann negativ bewertet worden. Der Roman verkündet nun die Einsicht, dass der Mensch seine künstlichen Paradiese braucht. In seinen Notizen zu ›Die Göttinnen‹ hat Heinrich Mann bestimmt: »Kein Pessimismus mehr.«[257] Dieses selbst auferlegte Gebot lässt darauf schließen, dass Heinrich Mann das künstliche Paradies als Daseinsform anerkennen will. Seine höchste Bewährungsprobe findet der Wille zur Künstlichkeit im Angesicht des Todes. Angenommen, die Herzogin von Assy wäre nach dem gescheiterten Volksaufstand auf der Flucht aus Dalmatien gestorben, sie hätte in diesem Augenblick die angenommene Rolle der Diana ebenso bewahrt wie später die Rolle der Venus und wäre glücklich dahingeschieden. Der Tod läutert die Komödie zur Tragödie. Violante gibt ein Schauspiel, das durch den Tod an existenzieller Größe gewinnt. In seinem Aufsatz ›Bourget als Kosmopolit‹ zitiert Heinrich Mann den französischen Schriftsteller mit dem Satz: »Der Glaube ist zum Martyrium verpflichtet.«[258] Damals hatte dieser Satz Heinrich Mann noch irritiert, weil hier plötzlich die katholische Gesinnung Bourgets durchschien. Im Tod der Herzogin bietet Heinrich Mann eine säkularisierte Fassung dieses Grundsatzes. Ein Glaube, eine willentliche Annahme, wird bezeugt, indem der Gläubige sich für seine Überzeugung opfert. Der Schwache scheut vor diesem Schritt zurück, der Starke verleiht seinem Leben dadurch eine neue Qualität. Der Schwache glaubt an nichts: Sein Nihilismus unterhöhlt alles. Der Starke besteht sein Leben trotz seines Nihilismus.

Über welche läuternde Macht der Tod verfügt, zeigt die ein Jahr später entstandene Novelle ›Pippo Spano‹, die von vielen Kritikern als eine der besten Leistungen Heinrich Manns gewürdigt wird. Der Schriftsteller Mario Malvolto preist in seinen Werken die Menschen der Renaissance. Aber nicht nur in seinen Werken, auch in seinem privaten Leben gibt er dem Betrachter ein Schauspiel der Größe. Allerdings ist es nur ein Schauspiel: Malvolto ist von Natur aus schwächlich, seine Kraft resultiert aus dem Willen zur Kraft, ist nur angenommene Attitüde. Sein künstliches Paradies ist die Literatur: Bedenkenlos kann er hier Kraft und Stärke feiern. In der Realität fällt ihm die Demonstration der Stärke wesentlich schwerer: »Ich leide an zuviel Verstehen, zuviel Bedenken, zuviel Voraussicht des Jammers der andern.«[259] Eines Nachts kehrt er von einem Bankett, das zu seinen Ehren gegeben wurde, heim. In seinem Wohnzimmer erwartet ihn die junge Gemma Cantoggi. Heimlich ist die 17-Jährige zu dem bewunderten Schriftsteller gekommen, um sich ihm hinzugeben. Anfangs zögert Malvolto: Spielt Gemma nur mit ihm, oder meint sie es ernst? Als ihm klar wird, dass das Mädchen nicht nur Leidenschaft heuchelt, wie er es bisher von Frauen gewohnt war, wird ihm angst und bange, ob er, der Schwächliche, der nach Kraft und Leidenschaft sich nur Sehnende, dieser jungen Frau gewachsen ist. Malvolto versucht ihr zu erklären, dass sich seine künstlerischen Beschwörungen der Kraft gerade dem Gegenteil verdanken, woran Gemma jedoch nicht glauben will. Sie liebt die Figuren in den Werken Malvoltos, sie glaubt ihren Beschwörungen, »weil sie ja starben«[260].

Malvoltos Vorbehalte zerbrechen am Begehren Gemmas. Er lässt alle Bedenken fahren, ergreift Gemma und verbringt die Nacht mit ihr. Gemma ist fortan seine heimliche Geliebte. Ihre Gegenwart reißt ihn hinein in das Leben, entfremdet ihn der Kunst. Sie verliert an Bedeutung, weil er die beschworene Kraft und Leidenschaft nun selbst erleben kann. Ihr Liebesverhältnis erfährt eine tragische Wendung, als es in der Öffentlichkeit ruchbar wird. Gemma fürchtet, dass ihre Familie sie entfernen will, doch sie will nicht von ihrem Geliebten lassen. Sie sieht nur einen einzigen Ausweg: den gemeinsamen Selbstmord. Malvolto willigt zunächst ein: Der Gedanke, dass er öffentlich als Verführer Gemma Cantoggis gerühmt werden könnte, stößt ihn ab. Er will aus seiner leidenschaftlichen Liebe kein öffentliches Schauspiel werden lassen. Als er jedoch den Dolch zur Tat zückt, beginnt er zu zögern. Schließlich führt Gemma ihm die Hand, und er lässt sich von ihrer Willensstärke hinreißen – er tötet sie. Mit ihrem Tod schwindet schlagartig seine Entschlusskraft. Abwechselnd betrachtet er die Verblutende und den Dolch, mit dem er sich selbst nun erstechen wollte, aber er kann sich nicht zu dieser Tat durchringen. Am Ende steht er vor der Leiche seiner Geliebten, ein »steckengebliebener Komödiant«[261]. Der Tod hätte seinem Leben Bedeutung gegeben. Durch sein Nicht-Handeln sinkt die zuvor in den Armen der Geliebten empfundene Leidenschaft zum Spiel herab, wird als Selbstinszenierung durchschaubar. Die Herzogin von Assy adelt ihr Spiel durch ihren Tod, Malvolto verrät das Leben an das Spiel.

In ›Die Göttinnen‹ feiert Heinrich Mann – wie Malvolto in seinen Werken – Stärke und Kraft. Die Stärke seiner Figur resultiert aus der Willenskraft, mit der sie ihre Rolle belebt. Dieser Umstand weist sie als moderne Gestalt aus: Dem oft gefeierten Renaissancemenschen war die Stärke naturgegeben. Der Roman ›Die Göttinnen‹ feiert den Triumph des Willens und macht deutlich, wie nahe Heinrich Mann zu dieser Zeit der faschistischen Gesinnung stand.[262] Vergleicht man die Romantrilogie mit dem zuvor erschienenen Roman, fallen jedoch noch mehr Unterschiede auf. ›Im Schlaraffenland‹ bot die Typologie einer bestimmten Gesellschaft: der

Gründerzeit. ›Die Göttinnen‹ legt auf eine Typologie der Gesellschaft wenig Wert: Die geschilderte Gesellschaft ist unbestimmt, lässt sich zeitlich und räumlich kaum fixieren. Diese Verlagerung ergibt sich zwangsläufig aus dem Thema des Romans. Im Mittelpunkt der Trilogie steht der Personentyp des Übermenschen. Diese Thematik erfordert die Hinwendung zur Beschreibung eines dafür typischen Charakters. ›Die Göttinnen‹ ist kein Gesellschaftsroman, sondern ein psychologischer Roman. Eine Kontinuität zu ›Im Schlaraffenland‹ bildet lediglich das Menschenbild: Nach wie vor verkündet es die Ansicht von der animalischen Triebstruktur des Menschen, die durch die Zivilisation nur mühsam unterdrückt werden kann. Sexualität und Machtstreben bilden die Grundelemente der Triebstruktur, wobei Sexualität immer auch auf Unterwerfung eines anderen hinausläuft, sodass sich letztendlich im Willen zur Macht der zentrale Antrieb der Gestalten im Werk Heinrich Manns offenbart.

Nur ein halbes Jahr nach Fertigstellung der Romantrilogie ›Die Göttinnen‹ hat Heinrich Mann sein nächstes Projekt abgeschlossen: den Roman ›Die Jagd nach Liebe‹. Den Stoff zu diesem Werk hatte er bereits konzipiert, als er seinem Verleger erstmals ›Die Göttinnen‹ ankündigte. Es ist jene Millionärs-Geschichte aus der zweiten Generation, die das erworbene Vermögen der Väter durchbringt.[263] Erneut beschwört Heinrich die bekannte Konstellation der starken Frau und des schwachen Mannes. Claude Marehn, der schwache Mann, ist der Erbe eines väterlichen Millionenvermögens. Seine Millionen hat der Vater mit skrupellosen Immobiliengeschäften erworben. Claudes Verhältnis zu den Eltern blieb stets distanziert: Die Mutter verachtete er, weil sie noch zu Lebzeiten des Vaters ihre Affären hatte; der übermächtige Vater ängstigte Claude. Ein vertrauensvolles Verhältnis konnte zwischen dem bedenkenlosen Geschäftsmann und dem skrupulösen Sohn nicht wachsen.

Marehn liebt die Schauspielschülerin Ute Ende. Ute glaubt fest daran, alleine aufgrund ihres Könnens Karriere machen zu können. Eine Schauspielkarriere bedeutet für sie den rettenden Ausweg aus ihren familiären Verhältnissen. Ihr Stiefvater ist Auftragsmaler ohne künstlerische Ambitionen, der malt, was von den Auftraggebern verlangt wird. Ihre Mutter erlebt Ute als gramgebeugte Putzfrau im eigenen Haushalt. Die Schauspielerei entreißt sie diesem niederdrückenden Milieu. In den angenommenen Rollen entflieht sie der Niedrigkeit der Realität. Claude bewundert die Willensstärke, mit der Ute ihr Ziel verfolgt. Er selbst verfügt über keinen Willen, sondern lässt sich ziellos durch das Leben treiben. Ute verleiht ihm die Kraft, die er an sich vermisst: »Ich habe meine Kraft von ihr. In der Sehnsucht nach ihr liegt alle meine Kraft.«[264] Claude verachtet sich selbst für seine Skrupel und seine Charakterschwäche. Von einem anderen Menschen vorbehaltlos geliebt zu werden, seine Wertschätzung zu gewinnen, würde ihm helfen, seine Selbstverachtung zu überwinden. Claude sehnt sich nach diesem Balsam für seine Seele, ebenso wie er sich körperliche Geborgenheit in der Liebe wünscht. Wahre Liebe beruht für Claude auf der Einheit von seelischer und körperlicher Befriedigung. Allerdings wagt er es nur selten und schüchtern, mit diesen Wünschen laut zu werden. Warum sollte ihn Ute lieben? Schließlich ist er seiner Ansicht nach einer solchen starken Frau gar nicht würdig. Immer wieder verlässt ihn der Mut, wenn er ihr seine Liebe und seine Wünsche offen gestehen will. Er besitzt weder den Mut, gegen seinen Vormund Panier, einen ehemaligen Geschäftspartner des Vaters, aufzubegehren, der offensichtlich mit dem Vermögen seines Mündels fahrlässige Geschäfte betreibt, noch kommt er gegen Ute an. Sie lässt sich von ihm ihre Wohnung, ihre Ausbildung und ihre Garderobe für das erste Engagement bezahlen, duldet aber lediglich ein geschwisterliches Verhältnis. Claude ergibt sich in dieses Arrangement, das zumindest seine seelischen Bedürfnisse stillt.

Seine körperlichen Bedürfnisse befriedigt er bei anderen Frauen. Meist handelt es sich um verheiratete Damen der Gesellschaft, von ihren Gatten nach einigen Ehejahren vernachlässigt, die sich heimlich ihre Liebesabenteuer gönnen. Sie begehren Claude als den reichen Mann, der sie mit exquisiten

Geschenken überhäuft. Aber Claude verachtet diese Frauen, weil sie nicht wirklich lieben, sondern ihm gegenüber nur Gefühle heucheln, um weiterhin in die Gunst seiner Geschenke zu kommen. Nichts unterscheidet diese Frauen von Prostituierten, allenfalls die Höhe ihres Preises und die Tatsache, dass man nicht der gesellschaftlichen Verachtung anheimfällt, wenn man sich mit ihnen abgibt. Im Gegenteil erfährt man gesellschaftliche Anerkennung, wenn es einem gelingt, eine besonders anspruchsvolle oder bisher besonders treue Ehefrau zu verführen.

Ute muss schon bald erkennen, dass sie alleine durch ihre Leistung nicht vorankommt. Bereits ihre Bemühungen um ein erstes Engagement in der Provinz drohen zu scheitern. In dieser Situation triumphiert ihr Wille vorwärts zu kommen über ihren Grundsatz: Sie prostituiert sich mit Panier, der ihr daraufhin an der Bühne seines Heimatortes Düren ein Engagement verschafft. Im weiteren Verlauf ihrer Karriere wird dies nicht der einzige Verstoß gegen ihren Grundsatz bleiben; noch mehrfach wird sie sich für entscheidende Karriereschritte verkaufen. Dabei hilft ihr die Fähigkeit, in leidenschaftlichen Rollen zu brillieren und dabei doch stets die Kontrolle zu bewahren. Schließlich spielt sie nur eine Rolle: Wenn sie sich prostituiert, so geschieht es mit genauem Kalkül. Claude erfüllt ihr ihre Wünsche, ohne dass sie sich ihm hingeben muss. Er ist zu ängstlich, um Gegenleistungen zu fordern, wofür Ute ihn – allerdings geschwisterlich – liebt.

Bei einem Besuch Claudes in Düren lernt er Utes Kollegin Gilda Franchini kennen. Ute hasst die Franchini, weil sie beim Publikum mehr Erfolg hat als sie. Claude begreift bald warum: Bei Ute ist jede Geste, jeder Ausdruck des Gesichts auf Wirkung hin berechnet. Nie gibt sie sich ganz hin, was das Publikum aufmerksam registriert. Die Franchini spielt nicht, sondern lässt in ihr Innerstes schauen. Sie kann gar nicht spielen; jede Rolle ist unmittelbarer Ausdruck ihrer Persönlichkeit. Die fehlende Kontrolle über sich selbst macht sie schwach und verwundbar, aber ungleich begehrenswerter als die kühle Ute. Claude flüchtet sich in ein nächtliches

Liebesabenteuer mit der Franchini. Sie soll ihm gewähren, was Ute ihm verweigert; in ihren Armen träumt er von Ute, träumt davon, wie Ute ihre Distanz fallen lässt und sich ebenso leidenschaftlich hingibt wie die Italienerin. Ute erfährt von der Affäre und reagiert eifersüchtig und zornig, woraufhin Claude demütig abreist, um die Zuneigung Utes nicht zu gefährden.

Claude kehrt nach München zurück. Nach dem Erlebnis mit Gilda kommen ihm alle Liebesabenteuer schal und langweilig vor. Die Liebesnacht mit ihr hat ihm neue Dimensionen erschlossen: »Alle die andern Weiber haben mich mit vereinten Kräften nicht so zurichten können wie eine einzige Nacht mit der Franchini ... Das waren nicht unsere Körper, die einander zu zerstören trachteten, nein, unsere Seelen. Wie verläuft Leidenschaft? Der heftiger Empfindende geht zugrunde ... Da war nun die Leidenschaft, die ich mir immer gewünscht habe – ohne ihr gewachsen zu sein. Es ist wohl meine Rettung, daß Ute mich weggeschickt hat.«[265] Die Damen der Gesellschaft verschafften ihm körperliche Befriedigung ohne wahre Leidenschaft; Gilda verkörpert grenzenlose Leidenschaft, ohne Rücksicht auf sich und den Geliebten. Claude erschrickt hierüber. Gilda ist ein ebenso schwacher Charakter wie er. Sie nutzt die Sexualität als Rauschmittel. Hier tobt sie ihre Leidenschaft aus, bis sie sich ihrem Geliebten überlegen fühlen kann. Claude verspürt die gleiche Neigung bei sich: Wenn er ihr im Liebesakt ebenbürtig sein will, muss er das Gefühl der Schwäche abstreifen und sich hemmungslos ihr geben. Noch scheut er davor zurück.

In den folgenden Jahren baut er sich eine prachtvolle Villa. Das Bauvorhaben kompensiert sein sexuelles Verlangen: Immer wieder stellt er sich vor, wie Ute bewundernd sein neues Haus betritt. Später folgt noch ein Theater, das er speziell für Ute errichten lässt. Sie soll dort in einem eigens für sie geschriebenen Stück auftreten. Das Theaterprojekt endet in einem künstlerischen und finanziellen Fiasko. Ute rettet sich aus der Pleite, indem sie sich mit ihrem ehemaligen Schauspiellehrer Archibald prostituiert. Für ihre sexuellen Dienste erhält sie einen Ruf an ein Berliner Theater. Claude bleibt mit seinen zerstörten Träumen zurück. In einem Augenblick höchster Verzweiflung versucht er Ute zu vergewaltigen: Wenn sie seine Liebe schon nicht erwidert, so will er sich gewaltsam nehmen, was sie Panier und Archibald bereitwillig dargeboten hat. Doch er ist zu keiner Vergewaltigung im Stande, sondern sinkt niedergeschlagen auf Ute hinab. Der Vergewaltigungsversuch signalisiert eine Veränderung in seiner Beziehung zu Ute. Er hat in Bezug auf sie sein Ideal von einer Seele und Körper einenden Liebe aufgegeben. Er verlangt nur noch körperliche Befriedigung, weil er eingesehen hat, dass er die Seele dieser kühlen Frau niemals besitzen wird. Das Scheitern der Vergewaltigung lässt jedoch darauf schließen, dass Claude mit einer auf das Körperliche reduzierten Liebe zu Ute nicht leben kann und will. Wenn die Seele nicht hinzutritt, bedeutet ihm diese Liebe nichts.

Wegen seiner angeschlagenen Finanzen und zur Erholung wird er von Panier, der mittlerweile als sein Finanzberater fungiert, nach Italien geschickt. Dort trifft er erneut auf Gilda, die er unbewusst bereits suchte. Ihre Liebesaffäre lebt wieder auf – mit allen Konsequenzen. Nach der früheren Erfahrung mit Gilda weiß Claude Marehn, wohin diese leidenschaftliche Affäre führen wird: in die gegenseitige Selbstzerstörung. Claude wählt diesen Weg, weil er die Hoffnung auf Ute längst aufgegeben hat. Für die Franchini verschleudert er sein Vermögen und wird schließlich von seiner Geliebten in die Ermordung ihres Ehemannes, des Polizeichefs von Rom, verwickelt. Auf der Flucht stirbt die erschöpfte Gilda. Claude hat bis dahin alles getan, um seine Schwäche ihr gegenüber zu kaschieren: Einen Diebstahl, den sie von ihm verlangte, wusste er durch eine Intrige zu umgehen. In ihren letzten Stunden hat sie jedoch sein doppeltes Spiel durchschaut. Claude fühlt sich von ihr verachtet. Seine Skrupel haben gegenüber seiner Leidenschaft die Oberhand behalten. In seinem Selbstbildnis als schwacher Charakter endgültig bestätigt, kehrt Claude als kranker Mann nach München zurück.

Ute nimmt sich des zu Tode Erschöpften an. Sie spielt die

Rolle einer aufopfernden Geliebten, wobei in ihrem Spiel Schein und Realität unauflösbar ineinander verfließen. Auf die Vorwürfe der Ehefrau Paniers, dass sie sich jetzt nur um Claude kümmere, um sein wiederhergestelltes Vermögen zu erben, entgegnet sie nichts: »Wie hätte dieses Weibchen da verstehn können, daß Ute niemals eine größere Künstlerin gewesen war als in diesem Augenblick, da sie Claude liebte. Wer würde ihr von allen Gewöhnlichen das glauben: Liebe zu diesem Sterbenden! Aber sie, Ute, trug sie in sich, sie bebte davon! Sie hatte ihm sein Geld nicht abgeschlichen; sie empfing es, kraft ihrer Liebe. Niemand würde das erfahren, es blieb unerkannt wie ihre höchste Kunst.«[266] Ute sieht sich nicht als Erbschleicherin. Auf seinem Krankenbett hat Claude ihr freiwillig sein Vermögen dargeboten unter der Bedingung, dass sie ihm gestehe, ob sie ihn wirklich liebe. Diese Frage bildet seinen letzten Versuch, auch ihre Seele zu gewinnen. Sie stürzt Ute in quälende Zweifel: »Ich habe kein Recht auf ihn, noch auf das Seinige, wenn ich ihn nicht liebe.«[267] Aber kann sie den abgezehrten Claude mit seinem Totenantlitz wirklich lieben? Sie steckt all ihre Entschlusskraft in ihre neue Rolle: »Ich will ihn lieben. Ich will! Ich sollte nicht können, weil sein Körper abgezehrt ist? Als ob ich mich nicht mit einem Totenschädel in Liebesszenen geübt hätte! Als ob ich nicht täglich auf der Bühne meine besten Gefühle, mein vollstes Leben an ausgepolsterte Brüste richtete, an gemalte Fratzen, die mir einen schmutzigen Witz zuraunen. Und die Brust dahinten ist übervoll von mir, von mir; und dieses arme Gesicht wird mir Liebesworte zuflüstern, die noch keine gehört hat. Aber ich will sie ihm erwidern! Er soll glücklich sein, ich will ihn, bevor er stirbt, für all das Leben entschädigen, das wir versäumt haben. Wir sollen glücklich sein: ich will es!«[268] Ute steht nicht mehr auf der Bühne, sondern sie trägt eine Rolle ins Leben. Ihre Darstellung soll nicht das Publikum überzeugen, sondern sie selbst. Ihr beschwörendes ›ich will‹ dient dazu, sich selbst von ihrer Rolle als Liebende zu überzeugen, deshalb endet ihre Willensbekundung auch mit dem Satz: »Solch eine Liebe, solch eine Liebe – oh, ich bin ganz überflutet davon: ich glaube, ich liebe.«[269] Erneut wird der Tod zum Prüfstein für die Verankerung einer Rolle im Leben: Hier ist es nicht der eigene Tod, wie in ›Die Göttinnen‹, hier ist es der Tod eines anderen. Indem sie ihre Abscheu vor dem sterbenden Claude überwindet, wird Utes Rollenspiel zur Realität, vereinigen sich Schein und Sein auf unauflösliche Weise. Die letzten Worte des Romans sind ein abgebrochenes Liebesbekenntnis Utes, die sich nackt dem Sterbenden zeigt: »Claude, ich l–.«[270]

Ute gehört zu den starken Frauen im Werk Heinrich Manns. Durch ihre Willensstärke überragt sie den Mann, der sie liebt. Ihre Willenskraft verleiht ihr die ständige Kontrolle über ihre Handlungen. Wenn sie sich prostituiert, gibt sie ihren Körper, wahrt seelisch jedoch stets die Distanz. Ihr Liebesgeständnis am Schluss ist ein Rollenspiel, das jede Distanz aufgeben muss, um glaubwürdig zu wirken: Rolle und Leben zerfließen unauflöslich ineinander. Die Franchini ist demgegenüber eine schwache Person. Ihre völlige Hingabe an den anderen zeugt von ihrer Missachtung der eigenen Person. Im sexuellen Rausch gibt sie sich völlig preis. Im Geschlechtsakt lauert die Lust am Untergang. Der Tod wird als Zeugnis der eigenen Schwäche zelebriert, bestätigt das Selbstbild. Der Tod ist das letzte, vollkommene Rauschmittel. Endgültig entgeht man durch ihn dem Leben-Müssen. Violante erlebte ihren Tod als Vollendung ihres Lebens, als endgültige Bestätigung der selbst gewählten Rolle. Der Décadent erwartet den Tod als Allesvernichter, der ihn endgültig ins Nichts hinabschleudert, vor dem er sich doch gleichzeitig so sehr fürchtet. So wie sich Claude nach der wahren, leidenschaftlichen Liebe sehnt und sie gleichzeitig als kränklicher Décadent fürchtet, wünscht er sich Erlösung durch den Tod und ängstigt sich zugleich davor.

Ute versucht sich durch ihre Willensstärke zu schützen. Die Unterdrückung ihrer Gefühle beweist ihre Angst vor dem eigenen Ich: Sie fürchtet sich vor der eigenen Schwäche. Ihre Stärke liegt ausschließlich in der Unüberwindbarkeit ihrer Selbstkontrolle. Heinrich Mann entlarvt die Mächtige als

Schwache. Während es Claude und Gilda vergönnt ist, wahre Leidenschaft zu erleben, wird Ute dazu nie fähig sein. Mag sie auch am Ende als Millionenerbin dastehen, so gehört sie wegen ihrer unmenschlichen Kälte auch zu den Verlierern. Als Bühnenschauspielerin ist sie am Ende des Romans gescheitert. Das Publikum in Berlin blieb ihr gegenüber genauso kühl wie die Zuschauer in der Provinz. Die Menschen spüren das Fehlen wahrer Leidenschaft in ihrem Spiel. Sie bewundern ihre Technik und den präzis kalkulierten Einsatz ihrer Mittel, doch Ute kann keine Wärme schenken.

›Die Jagd nach Liebe‹ ist kein satirischer Gesellschaftsroman wie ›Im Schlaraffenland‹, kein Loblied auf den starken Menschen wie ›Die Göttinnen‹, sondern eine Charakterstudie der dekadenten Generation. In der Gestalt Utes überwindet Heinrich Mann das Konzept des Übermenschen, das er in ›Die Göttinnen‹ noch ernsthaft erwogen hatte, schon wieder und zeigt auf, welche Opfer mit dieser Haltung verbunden sind. Ein Übermensch gibt seine Fähigkeit zu lieben auf. Ute sehnt sich am Ende des Romans nach Liebe. Sie hatte dieses Bedürfnis für ihren Erfolg geopfert und leidet schließlich unter diesem Entschluss.

Zu diesem Opfer ist Heinrich Mann nicht bereit. Heinrich identifiziert sich mit Claude, mit dessen Fremdheit und Haltlosigkeit: »Ein Charakter wie Claude darf vielleicht gar nicht Medium eines Weltbildes sein. Das Bild wird zu krank, wüst, unerträglich. Das hieße mit anderen Worten, ich hörte überhaupt auf, zu schreiben.«[271] Er erinnert sich seiner eigenen sexuellen Eskapaden: Was unterschied ihn dabei von Claude Marehn? ›Die Jagd nach Liebe‹ ist ein Schrei nach Liebe, nach seelenvoller Zuwendung und Wärme. So viel von ihm steckt in Claude, dass er aufhören müsste zu schreiben, wenn er solche Charaktere nicht mehr schildern dürfte, wie es der Bruder Thomas fordert.

In einem Brief vom 5. Dezember 1903 macht Thomas Heinrich heftige Vorhaltungen und unterstellt ihm, diesen Roman nur mit Blick auf die Sensationsgier des Publikums geschrieben zu haben: »Statt dessen nun diese verrenkten

Scherze, diese wüsten, grellen, hektischen, krampfigen Lästerungen der Wahrheit und der Menschlichkeit, diese unwürdigen Grimassen und Purzelbäume, diese verzweifelten Attacken auf des Lesers Interesse!«[272] Nach Ansicht Thomas' ist das Buch mit Blick auf das Interessengemenge einer sensationsgeilen Öffentlichkeit konzipiert. Die Verzweiflung Heinrichs, die sich hinter der schockierenden Grelle der Schilderungen verbirgt, entdeckt er nicht. Ihn stößt insbesondere das Sexuelle ab: »Wedekind, wohl der frechste Sexualist der modernen deutschen Litteratur, wirkt sympathisch im Vergleich mit diesem Buch. Warum? Weil er dämonischer ist. Man spürt das Unheimliche, das Tiefe, das ewig Zweifelhafte des Geschlechtlichen, man spürt ein Leiden am Geschlechtlichen, mit einem Worte, man spürt Leidenschaft. Aber die vollständige sittliche Nonchalance, mit der Deine Leute, haben sich nur ihre Hände berührt, mit einander umfallen und l'amore machen, kann keinen besseren Menschen ansprechen. Diese schlaffe Brunst in Permanenz, dieser fortwährende Fleischgeruch ermüden, widern an. Es ist zu viel, zu viel ›Schenkel‹, ›Brüste‹, ›Lende‹, ›Wade‹, ›Fleisch‹ und man begreift nicht, wie Du jenen Vormittag wieder davon anfangen mochtest, nachdem doch gestern bereits ein normaler, ein tribadischer und ein Päderasten-Aktus stattgefunden hatte.«[273] Freilich musste die oberflächliche Sinnlichkeit Thomas missfallen, der in der Sexualität niemals eine reine Triebhaftigkeit aufkommen lassen durfte, weil sonst seine unterdrückte Homosexualität durchbrechen würde. Für Thomas Mann war Sexualität immer ein die bürgerliche Existenz gefährdender Trieb, zutiefst problematisch und bedrohlich, der sublimiert werden musste. Gerade in jener Zeit durchlebte er dies auf exemplarische Weise, hatte er sich doch hoffnungslos in den Musiker Paul Ehrenberg verliebt. Thomas war zu permanenter Selbstkontrolle angehalten, wodurch er in verdächtige Nähe zur Gestalt der Ute geriet. Ihre Unfähigkeit zu wahrer Liebe und Hingabe war sein Schicksal.

Thomas glaubt die tieferen Gründe für des Bruders ›Jagd

nach Wirkung‹, wie er den Roman umbenennt, zu kennen – Heinrichs Neid auf seine schriftstellerische Leistung: »Auch weiß ich wohl: nicht der Erfolg von ›Buddenbrooks‹ hat es Dir angethan – es wäre dumm und lächerlich, das anzunehmen –, sondern, früher schon, das Buch als Leistung, als Quantität. Deine Besorgnis, infolge Deiner Nervenkrankheit hinter mir, der ich doch auch nicht gerade unter zärtlichen Bedingungen arbeite, an Leistung zurückzubleiben, wurde zum Ehrgeiz. Mit einer hygienischen Disciplin, von der ich niemals recht wußte, ob ich sie bewundern oder verachten sollte, hast Du Dich weit über mich hinaus zur Arbeitsfähigkeit trainirt, die quantitative Leistung Deines letzten Jahres stellt einen Record dar, der meines Wissens noch von keinem ernsthaften Schriftsteller erreicht ist.«[274] Heinrich wolle ihm beweisen, zu welchen quantitativen Leistungen er fähig sei. Außerdem unterstellt er Heinrich, schamlos seine Werke und Ideen geplündert zu haben. Thomas will bemerkt haben, dass sich Heinrich des Titels ›Die Geliebten – die Ungeliebten‹, den er für eine neue Erzählung vorgesehen hat und nun nicht mehr benutzen kann, ohne als Plagiator zu erscheinen, bedient habe. Aus ›Tonio Kröger‹ habe sich Heinrich die Ausdrücke »die liebenswürdig Gewöhnlichen« und »die Wonnen der Gewöhnlichkeit« entliehen. Schließlich warnt ihn Thomas davor, sich auch noch auf den Ausdruck »königliche Hoheit« zu stürzen.

Der Bruder-Zwist hat zahlreiche Hintergründe. Thomas befindet sich nach dem außerordentlichen Erfolg seines Erstlings in einer schriftstellerischen Krise; in dem Brief an den Bruder spricht er vom Schreibkrampf, der ihn zur Zeit befallen habe. Der Schreibkrampf ist psychosomatischer Ausdruck seiner inneren Leere. Mühsam nur findet er neue Ideen, die er dann lange in Gedanken wälzt, ohne recht vorwärts zu kommen. Thomas hat in dieser Zeit viele Pläne ausgearbeitet, aber keinen einzigen realisiert. Währenddessen publiziert sein Bruder ein Buch nach dem anderen. Thomas' Situation wird noch schwieriger, wenn er dann noch seine Gedanken beim Bruder glaubt wiedererkennen zu müssen, wodurch sein mühselig zurechtgelegter Plan zunichte wird. Dabei muss offen bleiben, ob es wirklich eigene Ideen sind, die er bei Heinrich wiederfindet, oder ob er nur seine fragmentarischen Gedankengänge in brüderliche Stoffe und Ideen hineinprojiziert. Einen weiteren Grund des Zwistes scheint Heinrich zu kennen: »Es sind zwischen uns Gradunterschiede. Ich habe von dem zigeunerhaften Künstlerthum soviel mehr, daß ich nicht widerstehen kann. Ich bin mehr Romane, fremder und haltloser. Und ich bin soviel kränker.«[275] Das ihm stärker zuteil gewordene Erbteil der Mutter sorge dafür, dass er wesentlich haltloser sei, während das nordische Erbteil, über das Thomas in stärkerem Maße verfüge, eher zu bürgerlicher Integration hinführe.

Thomas bemüht sich um eine bürgerliche Existenz, auf die Heinrich schon längst nicht mehr zu hoffen wagt. In einem Brief der Mutter, ein Jahr nach dem Schreiben von Thomas an Heinrich gesandt, thematisiert sie die Auswirkung von ›Die Jagd nach Liebe‹ auf das bürgerliche Leben der Familie: »Daß Du in der ›Jagd n. Liebe‹ in zu gewagter Weise Münchener bekannte Persönlichkeiten hineinzogst, ist Löhr in seiner Stellung etwas unangenehm; u. der Bierb[aum] war ja wütend.«[276] Die älteste Schwester, Julia, hatte den Münchner Bankier Josef Löhr geheiratet und verkehrte in den etablierten Kreisen der Stadt. Ihr musste es peinlich sein, wenn das lokale Establishment sich in dem Buch vielfach widergespiegelt fand. Gleiches gilt für Thomas, der in dieser Zeit ebenfalls Zugang zu den bürgerlichen Kreisen Münchens suchte. Fremder in dieser Welt, brauchte Heinrich auf solche Bedenken keine Rücksicht zu nehmen, sondern konnte die ihm bekannten Tratschgeschichten zitathaft seinem Werk einflechten.

Lediglich eine Person aus der Familie hielt in dieser Zeit zu Heinrich: die Schwester Carla, die als hoffnungsvolle Schauspielerin Heinrich als Anregung für die Gestalt Utes diente. Der Bruder benutzte mit ihrem Einverständnis die brieflichen Schilderungen ihres Lebens als Schauspielerin an zahlreichen Bühnen in der deutschen Provinz. Utes Dachzimmer entspricht der Münchner Wohnung der Schwester. Auch die Szene, als Claude in Italien im Schaufenster eines Fotografen Bilder Utes entdeckt, beruht auf einer wahren Begebenheit. Heinrich stieß in Italien eines Tages auf ausgestellte Fotografien der Schwester. Carla weiß jedoch zwischen Realität und zitathafter Verwandlung zu unterscheiden: »Die Ute hat mich außerordentlich interessiert, besonders da ich künstlerisch mehr Ähnlichkeit mit ihr habe, als du glaubst.«[277] Carla spricht damit ihr zurückhaltendes Temperament an, das ebenso wie bei Ute dazu führt, dass sie als Schauspielerin im Wesentlichen von ihrer Technik lebt, und ihre Vorliebe für die Rollen der hysterisch oder kränklich Veranlagten, die innerlich zusammenbrechen. In allem anderen sieht sie schriftstellerische Lizenz.[278]

Heinrich und Carla standen sich persönlich sehr nahe. Während alle anderen Familienmitglieder eine bürgerliche Existenz zu führen versuchten, trugen diese beiden von vornherein das leidvolle Bewusstsein in sich, dass sie niemals in eine solche Welt passen würden. Heinrich hielt sich fern von der Familie in Italien auf und besuchte München nur sporadisch; Carla nahm ihre Engagements auf Provinzbühnen wahr und träumte vom großen Durchbruch als Schauspielerin. Häufig trafen sie sich an den Orten, wo sie gerade spielte, oder zu gemeinsamen Ferien, beispielsweise im Sommer 1902, als sie zusammen in die Berge reisten. Ihnen gegenüber standen die Schwester Julia Mann, die nach ihrer Hochzeit die großbürgerliche Lebensweise aus Lübeck in München fortzusetzen trachtete, und Thomas, dem eine bürgerliche Existenz der rettende Anker vor einem befürchteten Absturz in ein bohemienhaftes Künstlertum bedeutete. Zwischen diesen beiden Parteien stand die Mutter Julia Mann, die in ihren Briefen schlichtend für beide Seiten eintrat. Immer wieder lud sie Heinrich nach München ein, bot ihm an, ein Zimmer zu besorgen, nach seinem Geschmack einzurichten, nur damit er heimkehre aus Italien. Die Mutter litt unter den Zwistigkeiten. Sie befürchtete ein Auseinanderdriften der Familie.

Thomas' Kritik traf Heinrich schwer, denn in keinem anderen Werk findet sich so viel von seinem eigenen Ich wieder. Claudes Schwäche und Sehnsüchte waren auch ihm zu eigen. Claude Marehn ist nicht nur das Porträt einer Generation, sondern auch ein Selbstporträt, aber indem Heinrich Charaktere wie Claude schildert, gewinnt er Distanz zur eigenen Dekadenz. Das Schriftstellertum ist eine rettende Insel; ohne sie wäre er hoffnungslos seiner Dekadenz ausgeliefert. »Ich habe die Angst: höre ich auf, ist es aus mit mir.«[279]

Der Rausch des Schreibens darf nicht enden. ›Die Jagd nach Liebe‹ ist abgeschlossen; das nächste Projekt muss in Angriff genommen werden. 1904 in einem Florentiner Schauspielhaus besucht Heinrich Mann ein Stück von Goldoni und bewundert dessen Anmut, die in seinen Augen ansonsten nur noch bei Mozart zu finden sei. Mit leichter Hand schwebe der Künstler über den Abgründen der Welt und der Seele, und alles löse sich auf in wunderbare Poesie, in schwerelose Musik. Der Betrachter schwelge in federleichter Freiheit und genieße einen Augenblick unbeschwerten Glücks. In der Pause kauft Heinrich eine Zeitung und stößt darin auf eine Geschichte, die ihn sofort fesselt. Das Theaterstück ist vergessen, in seinem Kopf läuft der gesamte Roman ab. Der Rausch Goldonis ist verschwunden, der Schaffensrausch tritt an seine Stelle. Kurz darauf erscheint ›Professor Unrat‹.

Der Roman, der in einer norddeutschen Stadt spielt, erzählt von Professor Raat, den seine Schüler seit Generationen hinter seinem Rücken spöttisch Professor Unrat nennen. Da Unrat aber nur selten eines Einzelnen habhaft werden kann, verfolgt er sie alle mit seinem Hass. Ein Angriff auf seine Person ist für ihn gleichbedeutend mit einem Angriff auf die gesellschaftliche Ordnung, die er als Lehrer verkörpert. Er ist sich sicher, dass ein Nachgeben der Macht sofort zum Umsturz führen muss, deshalb verschafft er sich rücksichtslos Respekt. Dabei kann er durchaus mit dem stillen Einverständnis seiner Schüler rechnen: Niemand bringt die Stärke auf, sich seinem Willen entgegenzusetzen. Alle akzeptieren seine Machtbefugnisse, weil alle die Meinung Unrats teilen, dass sich die Macht niemals schwach zeigen darf. Unrat schützt seine Schüler vor ihrer eigenen Schwäche, indem er sie durch Gewalt zur Selbstbeherrschung nötigt.

In der Klasse sind somit die Rollen klar festgelegt. Einzig der Schüler Lohmann scheint keine Furcht vor ihm zu haben, was Unrat ängstigt. Er weiß nicht, dass die Furchtlosigkeit Lohmanns aus dessen Gleichgültigkeit gegenüber dem Leben resultiert. Lohmann interessiert nicht, was mit ihm und um ihn herum geschieht. Er durchschaut die Mechanismen der Unterdrückungsmaschinerie. Er begehrt nicht dagegen auf, sondern lässt alles widerstandslos über sich ergehen. Unrat ist viel zu sehr in diese Maschinerie eingebunden, um eine solche Gleichgültigkeit erkennen zu können. Sie ist ihm wesensfremd. Er interpretiert das Verhalten Lohmanns, sein demonstratives Desinteresse, als besonders infame Art des Widerstands.

Ein Loblied auf die Künstlerin Fröhlich, im Heft Lohmanns entdeckt, lässt Unrat hoffen, den scheinbar unnachgiebigen Schüler endlich zu unterwerfen. Unrat macht sich auf die Suche nach der Unbekannten und ist schließlich erfolgreich: Rosa Fröhlich ist Sängerin in einer verrufenen Hafenspelunke, wo sie allabendlich ihre banalen Liedchen trällert und ihre weiblichen Reize ausstellt. Gelänge ihm der Beweis, dass Lohmann hier verkehrt, könnte er den Schüler wegen unsittlichen Verhaltens triumphierend von der Schule entfernen lassen. Doch dann geschieht Unvorhergesehenes: Unrat verliebt sich in Rosa Fröhlich. Anfangs verbirgt er seine Neigung hinter seiner Fürsorgepflicht für die ihm anvertrauten Schüler: Solange er in der Garderobe Rosas sitzt, so redet er sich ein, werden Lohmann und Genossen keinen Besuch wagen. Bald wirkt diese Beschwichtigung der eigenen Moralmaßstäbe nicht mehr. Also entwirft Unrat eine neue Strategie, um sich seine wahren Gefühle nicht eingestehen zu müssen. Seine Besuche stehen fortan im Zeichen eines fiktiven Kampfes gegen Lohmann. Unrat gesteht sich selbst, dass ihn seine Angst, Lohmann könne ihm die Gunst Rosas abspenstig machen, immer wieder in die Spelunke führt. Noch gesteht er sich seine Neigung für Rosa nicht ein, noch fixiert er sich völlig auf Lohmann, doch seine Gefühle für Rosa treten schon zutage. Im Vergleich zur vorherigen Verdrängungsstrategie ist ein weiterer Unterschied bemerkbar: Wenn Unrat die Schüler abhalten will, so ist dies durch seine Rolle als Verteidiger der gesellschaftlichen Ordnung legitimiert, sobald er jedoch in einen Wettbewerb mit Lohmann eintritt, rückt sein Verhalten auf eine persönliche Ebene. Lohmann und er sind Rivalen um die Gunst Rosas, und Unrat setzt alles daran, diesen Wettbewerb zu gewinnen.

Tatsächlich fühlt sich Unrat bei Rosa Fröhlich und ihren Kollegen geborgen. Er wird von ihnen respektiert, ohne dass er seine Machtmittel gebrauchen muss. Er muss nicht auf seine Stellung pochen, er muss keine gesellschaftliche Ordnung durchsetzen, die ihn als Respektsperson einführt, sondern kann er selbst sein. Seine Anfälligkeit für die persönliche Zuwendung, die er hier erfährt, macht ihn endgültig als schwachen Charakter erkennbar, der seine Schwäche hinter seiner barschen Tyrannei zu verbergen versuchte. Er machte sich die Rolle des Ordnungshüters zunutze. Die Ordnung schützt ihn nämlich persönlich als denjenigen, der sie durchzusetzen hat. Sie wertet ihn selbst als Person, nicht nur in der Fremdeinschätzung, sondern auch in seiner Selbsteinschätzung, auf.

Doch die Ordnung wendet sich bald gegen ihn: Lohmann und seine beiden Gefährten Kieselack und von Ertzum werden in einen Prozess verwickelt. Sie sollen ein Hünengrab am Rande der Stadt verwüstet haben. Zum Zeitpunkt des Geschehens habe sich auch Rosa bei ihnen befunden. Unrat, als Zeuge geladen, verteidigt seine Geliebte, die dann jedoch die Untat zugibt, ja noch mehr, sie habe die drei angestiftet und zudem ein Verhältnis mit Kieselack. Unrat bricht innerlich zusammen. Über sein Verhältnis zu Rosa war vorher schon stadtweit getuschelt worden. Mit seiner Verteidigungsrede vor Gericht hat er sich endgültig bloßgestellt. Als Hüter der öffentlichen Ordnung hat man von ihm ein angemessenes Betragen erwartet. Gegen diese gesellschaftliche Regel hat er verstoßen. Seine Aussage lässt zudem den wahren Antrieb für seine Aussage gegen die Schüler erkennen. Er argumentiert nicht im Namen der allgemein geachteten Ordnung, sondern verfolgt persönliche Interessen. Sein Hass auf Lohmann wird als persönliche Idiosynkrasie erfahrbar, was gesellschaftlich nicht toleriert werden kann, denn die öffentliche Ordnung baut auf Unterdrückung auf der Grundlage gesellschaftlicher, nicht persönlicher Motive auf. Unmöglich kann er länger als Stellvertreter der Macht an der Schule auftreten. Im Gefolge des Prozesses verliert er seine Anstellung als Lehrer am Gymnasium. Da für Unrat die Verteidigung seiner Person und der gesellschaftlichen Ordnung eins waren, ist seine Herabsetzung für ihn gleichbedeutend mit dem endgültigen Triumph der Anarchie. Das Gericht hat sich mit seinen Feinden gegen ihn und die Ordnung verschworen. Zunächst ist Unrat wegen dieser Entwicklung sehr niedergeschlagen, doch bald ändert sich dies grundlegend.

Der Schüler Kieselack ist wegen seines Verhältnisses zu Rosa von der Schule verwiesen und von seiner Familie aus der Stadt entfernt worden: »Daß sein Beispiel andern gefährlich werden, in der Stadt Verderben aussäen könne, darauf war er noch nicht verfallen. Hier öffneten sich Aussichten auf Rache und erregten ihn.«[280] Unrat hat plötzlich das Mittel für seine Rache an der Hand. Schließlich kennt er alle Einwohner der Stadt aus ihrer Schulzeit. Er weiß genau, was unter der Fassade der Wohlanständigkeit schlummert und wie leicht es hervorzulocken ist. So wie Rosa mit ihrer subversiven Wirkung auf Kieselack zu dessen Vernichtung beigetragen hat, so könnte sie als Waffe gegen die ganze Stadt dienen. Er braucht dabei niemanden zu fürchten, denn er kann weiterhin die Gebote der Sittlichkeit als Machtmittel einsetzen: »Immerhin ist die Sittlichkeit von Vorteil für den, der, sie nicht besitzend, über die, welche ihrer nicht entraten können, leicht die Herrschaft erlangt.«[281] Die Untertanenseelen brauchen sittliche Normen, um ihre Ordnung aufrechtzuerhalten. Dabei bilden sich Automatismen heraus, die jeden, der gegen die Sittlichkeit verstößt, sofort ausgrenzen. Wer um diesen Automatismus weiß, kann ihn bewusst einsetzen. Dies fällt ihm umso leichter, je weniger er selbst an der sittlichen Ordnung partizipiert. Er kann zu den verwerflichsten Taten anstiften, ohne selbst belangt zu werden, weil er bereits ausgestoßen ist. Für einen etablierten Bürger, der sich zu Untaten anstiften lässt, bedeutet der Verstoß hingegen seine Vernichtung. Sein Untertanengeist wird seiner gesellschaftlichen Ächtung wahrscheinlich noch zustimmen, weil er die Normen und Werte der gesellschaftlichen Ordnung seit seiner Kindheit internalisiert hat.

Unrat heiratet Rosa und bietet zusammen mit seiner Frau der Stadt fortan ein Bild ausgelassenen Lebens. Nachdem ihr Vermögen aufgebraucht ist, öffnen sie die Türen ihres Hauses für Glücksspieler. Bald geschieht, womit Unrat schon fest rechnete: Die ganze Stadt stellt sich bei ihnen ein. Die anständigen Bürger riskieren ihr Vermögen an den Spieltischen. Als Gewinn wartet Geld und vielleicht die Zuwendung der aufreizenden Dame des Hauses. Nach und nach verschleudern wohlhabende und angesehene Kaufleute ihr gesamtes Vermögen und müssen Konkurs anmelden. Andere kompromittieren sich durch zweifelhafte Affären mit Rosa. Unrat verfolgt die Entwicklung mit Genugtuung. Er stellt die Ordnung dadurch wieder her, dass die Menschen ihre tierischen Gelüste bei ihm ausleben dürfen, wodurch sie zwangsläufig den Bannstrahl der sittlichen Ordnung auf sich lenken. Auf seine Weise ist Unrat wieder der Hüter der öffentlichen Ordnung.

Der Roman endet mit einem Eklat: Als Rosa sich mit Lohmann trifft, erfährt Unrat davon. Rasend vor Wut will er seine Frau erwürgen, dabei entreißt er Lohmann die Brieftasche. Lohmann zeigt Unrat an. Damit kehrt sich die Stimmung endgültig gegen das Paar: »Die Stadt war in Jubel, weil Unrats Verhaftung beschlossen war. Endlich! Der Druck ihres eigenen Lasters ward von ihr genommen, da die Gelegenheit dazu entfernt ward.«[282] Unrat hatte die Gesellschaft bloßgestellt. Mit seinem Tun hatte er den Bürgern die Maske der Wohlanständigkeit vom Gesicht gerissen. Die Gesellschaft erschrak über die Fratze, die dabei zum Vorschein kam, doch fand sie keine Gelegenheit, gegen den Mann, der sie entlarvte, vorzugehen. Ihn anzuklagen, hätte Licht auf die eigene Schwäche geworfen. Deshalb ist es kein Zufall, dass Lohmann, ein anderer Außenseiter der Gesellschaft, die Anklage vorbringt. Nun ist ein Anlass da: Die Ordnung kann wiederhergestellt werden. Unrat und seine Frau werden unter dem Gejohle der Menge ins Gefängnis geworfen.

Wie sieht die Ordnung aus, die wiederhergestellt wurde? Die sittliche Ordnung ist nur ein dünner Firnis, der die animalischen Gelüste der Menschen kaum überdeckt. Ein leichter Riss in dem Gefüge lässt alles hervorbrechen. Um den Ausbruch zu vermeiden, bedient sich die Gesellschaft als Methode zur Selbstdisziplinierung brutaler Machtmittel, die sie den von ihr bestimmten Machthabern an die Hand gibt. Das Volk wird nicht unterdrückt, es unterdrückt sich selbst: »Ihr [die Deutschen – S. R.] beugt Euch nicht nur unter die Vergewaltigungen der Menschenrechte, die man Euch zumutet: Ihr feiert sie sogar.«[283] Einmal in Rage bekennt Heinrich Mann in diesem Brief vom 10. April 1904: »Es ist leider die Nation selbst, die auf eine Stufe von Materialismus gesunken ist, wo die Worte Freiheit, Gerechtigkeit nur noch leerer Schall sind. Geld verdienen, die Arbeiterbewegung durch soziale Gesetze oder aber durch Repressalien zur Ruhe bringen, damit man ungestört weiter Geld verdienen kann: sage selbst, ob das nicht das einzige ist, das die Deutschen aller Stände heute ernsthaft beschäftigt. Das einzige Ideal ist ein voller Magen.«[284] Unterdrückung ist nur dort möglich, wo ein krasser Materialismus herrscht. Der Materialismus sieht den Menschen als zu domestizierendes Tier und willigt in jede Maßnahme ein, die Ruhe und Sicherheit gewährleistet. Sobald die Machthaber jedoch versagen, triumphieren die unterdrückten Instinkte. Niemand kann nur durch eigenes Wollen seine Triebe beherrschen. Unrats Racheakt beweist dies schlüssig.

Die Machthaber selbst sind auch dazu aufgefordert, ihre Triebe zu unterdrücken. Sind sie dazu nicht in der Lage, wird ihnen ihre Machtbefugnis entzogen, d. h., auch sie unterliegen einem Repressionsapparat, wo der Niedere stets von einem Höheren kontrolliert wird. Das Höchste innerhalb dieses Apparats bildet ein Abstraktum: die gesellschaftlichen Konventionen, wie sie durch die Moralvorstellungen der Zeit festgelegt werden. Diesen Moralvorstellungen sind alle verpflichtet. Wer gegen sie verstößt, verfällt der gesellschaftlichen Ächtung.

In der Gestalt des Professors zeigt sich, dass die Ausübung von Macht durchaus auch Befriedigung eines animalischen Triebes ist. Unrat findet ein sadistisches Vergnügen daran, die Existenzen ihm missliebiger Schüler wenn nicht zu vernichten, so doch zumindest vorübergehend zu stören. Wie schon im Roman ›Im Schlaraffenland‹ erweist sich auch in ›Professor Unrat‹ der Wille zur Macht als die alles beherrschende Triebfeder. In einer materialistisch denkenden Welt ist der Wille zur Macht die einzige Chance, eine Ordnung aufrechtzuerhalten. Diese Einsicht kleidet Heinrich Mann in eine tragikomische Satire. Der Leser schwankt zwischen Verachtung, Mitleid und heimlichem Vergnügen: Er verachtet Unrat als Quälgeist seiner Schüler, empfindet Mitleid für seine Sehnsucht nach Liebe und vergnügt sich an der Entlarvung der Spießer.

Unrat verliebt sich wahrhaftig in Rosa Fröhlich, aus der Sicht der Gesellschaft eine zweifelhafte Person. Für seine wahre Liebe wird er gesellschaftlich degradiert und ausgestoßen. Wahre Gefühle werden mit Füßen getreten, doch die verlogene Doppelmoral triumphiert nicht, weil sie durch Unrats Rachefeldzug erbarmungslos offen gelegt wird, wobei sich zeigt, dass alle vornehmen Herren der städtischen Gesellschaft gerne eine Affäre mit der von ihnen verachteten Rosa hätten, aber eben nicht offen und ehrlich wie der ausgestoßene Unrat, sondern heimlich, still und leise. Dennoch ist die Liebe Unrats zu Rosa nicht unbelastet von anderweitigen Erwägungen. Natürlich benutzt er sie auch als Lockmittel für seine Rache. Er verzeiht ihr ihre Affären, solange nicht Lohmann der Auserwählte ist. Diese Einstellung lässt den Schluss zu, dass seine Heirat mit Rosa auch im Sinne des Wettbewerbs mit dem gehassten Schüler gesehen werden kann. Sie ist Ausdruck seines Sieges über Lohmann.

Rosas Verhältnis zu Unrat ist ebenfalls nicht frei von anderweitigen Erwägungen. Die Liebe des trotteligen Gymnasialprofessors könnte ihren gesellschaftlichen Aufstieg bedeuten, wobei ihr allerdings bald klar wird, dass ihr Verhältnis eher seinen sozialen Niedergang vorbereitet. Immerhin bleibt ihr selbst dann noch sein kleines Vermögen, das ihnen ein angenehmes Leben voller Vergnügungen ermöglicht. Trotz dieser Einwände ist für eine kurze Zeit eine wahre Liebe zwischen Rosa Fröhlich und Professor Raat zu spüren. Wozu sie den anderen auch instrumentalisieren, immer wieder finden sich auch Signale uneigennütziger Zuneigung.

Mit ›Professor Unrat‹ wendet sich Heinrich Mann wieder von den stärker psychologischen Studien – ›Die Göttinnen‹ und ›Die Jagd nach Liebe‹ – ab und der Gesellschaftskritik aus ›Im Schlaraffenland‹ zu. Er zeigt die Deformierung des Menschen durch die Moral, die in einer materialistisch geprägten Gesellschaftsordnung dem Willen zur Macht dient, und weist vorsichtig andeutend einen Ausweg aus dem Absolutismus der Macht. Der Ausweg liegt in einem Wagnis, das Unrat und Rosa zögernd und noch nicht vollkommen unternommen haben: Das Wagnis heißt Liebe.

7. Die Liebe, das Leben und der Tod

Anfang 1905 war Heinrich Mann wieder in Florenz. Vor Beginn des Winters hatte ihn seine Schwester Carla dort besucht und zu einem gemeinsamen Aufenthalt in Riva abgeholt. Nun war sie zu ihrem Engagement nach Flensburg abgereist und er wieder in die Stadt am Arno zurückgekehrt. Florenz war mittlerweile sein bevorzugter Aufenthaltsort in Italien, auch wenn er permanent innerhalb der Stadt die Wohnungen wechselte: Wohnte er bei seinem ersten Besuch an der Lungarno Serristori, wechselte er später die Flussseite und nahm sich eine Wohnung an der Lungarno della Grazie. Im Frühjahr 1905 lebte er in der Via dell'Oriuolo 35 II, in unmittelbarer Nähe des Domes, zog im Laufe des Jahres aber in die Via S. Reparata um. Sein eigentlicher Wohnort war sein Schreibtisch und der Stuhl davor: »Vor jedem Schreibtisch des Landes stand mein Stuhl bereit. In Florenz hatte ich einen im Stil der Stadt, als sie hier nur mit der Hand am Dolch um eine Ecke bogen. Gegen den blaugoldenen, harten Rücken dieses Sessels gelehnt«, habe er seine Geschichten ersonnen.[285]

Eine anstrengende Zeit lag hinter ihm: Innerhalb von fünf Jahren hatte er drei Romane, eine Romantrilogie, zahlreiche Novellen, mehrere Essays und drei Übersetzungen aus dem Französischen, darunter Anatole Frances ›Komödiantengeschichte‹ und ›Gefährliche Liebschaften‹ von Choderlos de Laclos, veröffentlicht. Als Schriftsteller hatte er sich mittlerweile etabliert, wenngleich seine Bücher keine großen Geschäftserfolge waren – bei ›Die Göttinnen‹ dauerte es vier Jahre, bis die Startauflage von 2 000 Stück verkauft war.

Zum Arbeitsaufwand kam der Streit mit dem Bruder. Zwar hatte sich Thomas in den nachfolgenden Briefen bemüht, die Zwistigkeiten auszuräumen: »Herzlichen Dank für Deinen Brief! Es ließe sich wiederum eine Menge darauf erwidern, aber hol' es der Teufel! Uns beiden ist am wohlsten, wenn wir Freund sind, – mir gewiß«[286], aber mit diesem burschikosen Versuch einer Versöhnung traf er kaum den richtigen Ton. Auch Thomas muss dies gespürt haben, sodass er in einem Schreiben vom 8. Januar 1904 den Bruder als Menschen anpries, »den ich an menschlicher Vornehmheit, an seelischer Reinheit und Klarheit mir so weit überlegen weiß«[287]. Die plötzliche Lobhudelei wirkte jedoch ebenso wenig. Wahrscheinlich stand hinter diesen Bemühungen der dringende Wunsch der Mutter nach einer Versöhnung in der Familie. Dass es sich bei diesen Versöhnungsversuchen nur um oberflächliche Bekundungen handelte, zeigt deutlich eine Niederschrift in Thomas Manns Notizbuch aus dem Jahre 1905. Sie unterscheidet sich in nichts von dem früheren Verdikt, ›Die Jagd nach Liebe‹ sei eine überhastete Jagd nach größtmöglicher Wirkung: »Ich halte es für unmoralisch, aus Furcht vor den Leiden des Müßigganges ein schlechtes Buch nach dem andern zu schreiben. ›Künstlerische Unterhaltungslektüre‹ – Alles gut, wenn es nur zuletzt nicht doch eine contradictio in adjecto wäre.«[288] Äußerlich die familiäre Zusammengehörigkeit wahrend, hat sich Thomas innerlich immer weiter von seinem Bruder entfernt. Er hatte mit der bohemienhaften Lebensweise gebrochen, die ihn in den Tagen von Rom und Palestrina noch mit Heinrich verband. Er hatte Anschluss an die gutbürgerlichen Kreise von München gesucht und gefunden. »Ich bin gesellschaftlich eingeführt, bei Bernsteins, bei Pringsheims«, verkündet er Heinrich in einem Brief vom 27. Februar 1904 freudig: »Pringsheims sind ein Erlebnis, das mich ausfüllt. Tiergarten mit echter Kultur. Der Vater Universitätsprofessor mit goldener Cigarettendose, die Mutter eine Lenbach-Schönheit, der jüngste Sohn Musiker, seine Zwillingsschwester Katja (sie heißt Katja) ein Wunder, etwas unbeschreiblich Seltenes und Kostbares, ein Geschöpf, das durch sein bloßes Dasein die kulturelle Thätigkeit von 15 Schriftstellern oder 30 Malern aufwiegt.«[289] Die knabenhafte Tochter aus wohlhabendem Hause, in dem der Musiker Richard Strauss, die Maler Lenbach und Stuck verkehrten, hatte es Thomas angetan. Am 11. Februar 1905 heiratete er sie. Den Bruder bat er, unbedingt zu dem Fest zu kommen, doch blieb Heinrich der Trauung fern. Das gemeinsame Geschenk von Heinrich und Carla, ein weißes Kaffeeservice mit Kleeblattschmuck, hatte die Schwester ausgesucht.

Thomas Mann erwuchs in seiner Frau eine tatkräftige Verteidigerin. Katia Mann bewunderte Thomas von ganzem Herzen und attackierte jeden, der es wagte, Kritik an ihrem Mann und seinen Werken zu üben. Sie schirmte ihn von allen störenden äußeren Faktoren ab und sorgte für Ruhe im Hause, wenn sich ihr Mann an den Schreibtisch setzte. Zu den potenziell störenden Einflüssen zählte in ihren Augen auch Heinrich: »In dem Jahr, das sie zusammen in Rom und Palestrina verbrachten, standen sie wohl sehr gut zueinander, und mein Mann ließ sich vielleicht auch bis zu einem gewissen Grad von dem Älteren beeinflussen. Es war ein Verhältnis, das sich zwischen Anziehung und Abstoßung bewegte, und zwar nahm das Abstoßende mit den Jahren zu.«[290] Ihr Verhältnis zum Schwager blieb stets distanziert: »Ich habe Heinrich erst nach unserer Hochzeit kennengelernt. Wir hatten eine sehr komische Beziehung, wir haben uns zeit unseres Lebens gesiezt.«[291] Etwas später stellt sie fest: »Heinrich war wohl der merkwürdigste Mensch, den man sich denken konnte. Er war sehr formell – eine Mischung von äußerster Zurückhaltung und dabei doch auch wieder Zügellosigkeit.«[292] Die angebliche Zügellosigkeit Heinrich Manns dürfte sie kaum selbst festgestellt, sondern eher den Erzählungen ihres Mannes entnommen haben, der schließlich gerade die sexuellen Themen im Werk seines Bruders immer wieder scharf anprangerte und sie sicherlich mit den Besuchen seines Bruders im Lübecker Hafenviertel und später in zwielichtigen Vierteln anderer Städte in Verbindung brachte. Ihre Charakterisierung deckt sich trotz ihrer menschlichen Distanz teilweise mit den Aussagen von Zeitgenossen. Viele hatten sich auf der Grundlage seines Werkes das Bild eines leidenschaftlichen Mannes gemacht und waren dann erstaunt, einen sehr zurückhaltenden und formell-höflichen Menschen anzutreffen. Sein formelles Gebaren ließ bei vielen das Gefühl von Kälte zurück. Seine Sprechweise ist nach Aussagen Katia Manns »näselnd, scharf und jede Silbe mit leicht affektierter Präzision betonend« gewesen.[293]

Konnte wirklich niemand dem Werk Heinrich Manns seine innige Sehnsucht nach wahrer Liebe entnehmen? Was hatte nicht der bedauernswerte Claude Marehn an Enttäuschungen bewältigen müssen: den Rückzug auf eine geschwisterliche Liebe zu einer kühlen Frau, die schalen Erlebnisse mit Prostituierten, die flüchtigen sexuellen Abenteuer mit gelangweilten Damen der Gesellschaft und schließlich eine zerstörerische Leidenschaft zu Gilda Franchini, die der Selbstverachtung beider entsprang. Nur wahre Liebe, die er sich so sehr wünschte, war nicht dabei. Wie sehr hatte sich Heinrich Mann darüber beklagt, dass niemand diesen Aspekt des Romans wahrnehmen wollte, sondern sich alle nur auf die perversen Ausschweifungen als Stoff stürzten. Auf diesen Ruhm wollte er gerne verzichten. In der Erwiderung auf die Vorwürfe des Bruders behauptet Heinrich Mann sogar: »Ich denke, wenn ich von Wirkung spreche, ausschließlich an das Geld. … Ich weiß zu gut, daß der Ruhm nur ein weithin verbreiteter Irrthum über meine Person wäre; daß man klatschen würde, ohne zu wissen wem.«[294] Wenn die breite Masse ihn schon nicht richtig verstehen will, dann soll sie wenigstens seine Romane kaufen und ihm damit sein finanzielles Auskommen sichern.

In ›Professor Unrat‹ tastete er vorsichtig nach der wahren Liebe, doch noch war die gesellschaftliche und persönliche Deformation so übermächtig, dass sie kaum keimen konnte. Seine Übersetzung der ›Liaisons dangereuses‹ belehrt Heinrich Mann weiter über die gesellschaftliche Denkweise: »In alledem ist ein kindisch grausamer Spieltrieb; aber auch ein sehr besonderer Stolz. Alles seinem frei schaltenden Willen zu verdanken, nichts Sinnesausbrüchen, nichts dem Gefühl. Durch Gefühl gewährt man den anderen Macht über sich. Wer die Freiheit liebt und die Macht, hütet sich vor der Erniedrigung, ›denken zu müssen, daß ich gewissermaßen von eben der Sklavin abhängen könnte, die ich mir unterworfen habe, und daß die Fähigkeit, mir vollkräftige Genüsse zu verschaffen, der oder der Frau vorbehalten sein sollte, unter Ausschluß jeder anderen‹. Nur in kein anderes Wesen aufgehen, keinem Übergriffe gestatten!«[295] Wie wenig hatte sich offenbar seit dem achtzehnten Jahrhundert im gesellschaftlichen Leben geändert. Heinrich Manns Essay über Choderlos de Laclos und seinen Roman mündet in einer Verherrlichung der Liebe: »Glücklich wird man nur durch gütige Liebe. Nicht durch Stolz; nicht durch Spielen mit anderer Schicksalen; nicht durch Verstand: nur durch gütige Liebe. Wer liebt merkt es und ruft den übrigen die neue Wahrheit zu. Wer nicht empfindet, hegt Neid auf alle, die es können.«[296] In diesem Sinne will er Choderlos de Laclos verstanden wissen: Der französische Romancier verherrliche nicht die ruchlose Intrige der Merteuil, ihn verbinde liebevolles Erbarmen mit der sanften Tourvel. In ihrer Liebe lag das Glück Valmonts, was dieser jedoch nicht begriff. Wer dies verkenne, und bei den modernen Bewunderern des Romans sei dies offensichtlich der Fall, habe nichts verstanden. Heinrich Mann schließt den Essay mit einer Spitze gegen den zeitgenössischen Ruhm des Werkes, »der selten mehr ist als ein weit verbreiteter Irrtum über unsere Person«[297]. Die gleiche Wendung hatte er für seinen Roman ›Die Jagd nach Liebe‹ und dessen Rezeption gebraucht.

Im Frühjahr 1905 lernte Heinrich Mann in Florenz Inés Schmied kennen. Damit begann seine eigene Liebesgeschichte. Die 22-Jährige stammte aus Argentinien. Ihr Vater war ein gebürtiger Deutscher, der in dem südamerikanischen Land eine Plantage besaß. Mit ihrer Mutter und ihrem Bruder Rudolf bereiste sie Europa. Sie hegte den Traum, Schauspielerin oder Sängerin zu werden, ihr Bruder hatte sich der Literatur zugewandt. Viktor Mann war ob ihrer Schönheit verblüfft, als er sie erstmals sah: »Wenn Heinrich in jenen Jahren nach München kam, was nicht oft geschah, wohnte er in einer Pension an der Türkenstraße, und wir sahen uns meist nur bei Mama. Einmal aber traf ich ihn im Foyer eines Varietés und wurde einer Frau von solcher Schönheit vorgestellt, daß sie geradezu als Schock wirkte.«[298] Etwas detaillierter beschreibt Heinrichs Mutter die Freundin ihres Sohnes: »... mittelgroß, zierlich, goldblond, goldbraune Augen, Teint wie Milch und Blut, liebenswürdig, wie eine gute Fee«[299].

Heinrich hatte auf sie gewartet, war über lange Jahre gereift für ihre Liebe: »Du mußt Dich erinnern: es war mir keine Liebe begegnet und Nichts, was mir geliebt zu werden, werth schien. Aus Mangel an Nahrung für meine Zärtlichkeit behauptete ich, nur auf Sinnlichkeit komme es an; und behauptete es umso lauter; man kann sich ja Vieles suggeriren. Dazu kommt, daß ich mich doch wirklich auch mit meiner Jugend-Sinnlichkeit auseinanderzusetzen hatte. Aber thatsächlich wurde das Bedürfniss nach wirklicher Liebe immer stärker; und nur dieses giebt, meine ich, der Jagd nach Liebe den leidenschaftlichen Zug. ... Es ist mir nun sehr begreiflich, daß Du ›Unrat‹ höher schätzt als die Herzogin. Das, was Deinem Zeitpunkt, dem Zeitpunkt, da ich Dich fand, näher liegt, muß auch Dir selbst näher liegen; ich reifte ja allmählich innerlich heran für Dich. (Als ich die ›Herzogin‹ schrieb, hätten wir uns vielleicht noch nicht so viel zu sagen gehabt. Sich zur rechten Zeit begegnen, ist Alles. Und Alles ist sehr merkwürdig und voll Schicksal.) ›Unrat‹, dieses lächerliche alte Scheusal, fühlt doch wenigstens Liebe zur Künstlerin Fröhlich, vertheidigt sie gegen die ganze Welt, überhäuft sie mit all seiner wunden Zärtlichkeit. Darum ist er menschlicher als die Herzogin, und darum verstehst Du ihn besser. Er hat doch einige Ähnlichkeit (erschrick nicht!) mit mir: mit Dem, der Dich liebt.«[300] Der Roman ›Die Göttinnen‹ wisse nichts von wahrer Liebe; der dionysische Kult der Herzogin sei »nur Ersatz für etwas Höheres, woran man aber nicht glaubt«[301]. In ›Die Jagd nach Liebe‹ müsse jeder seine leidenschaftliche Sehnsucht nach wahrer Liebe erkennen können. ›Professor Unrat‹ schließlich gönne dem alten Scheusal die Erfüllung dieser Sehnsucht. Mit ihm wagt sich Heinrich zu vergleichen: Er teile dessen Einsamkeit und Verwundbarkeit. Lange Jahre hatte er sich von der Welt zurückgezogen und sich in einen Rausch des Schreibens verstiegen. Seinen ganzen Hass auf die Welt, seine ganzen Sehnsüchte hatte er in seinen Büchern festgehalten. Sie waren ihm Schutz, weil sie ihm Ersatz boten für das Leben, das ihm immer neue Wunden schlug. Sie waren ihm Waffe, mit der er sich gegen die feindliche Welt verteidigte. Allmählich entwuchs er diesem Panzer und wurde reif für einen anderen Menschen, für die Liebe: »Du weißt nicht, wie mich der Gedanke an Dich rührt und entzückt. Ich brauche nur Deinen Namen auszusprechen, und Alles in mir erhebt sich.«[302]

Heinrich fühlte sich nun reif für ein Buch, das nicht mehr

die sinnliche Abenteuerlust als billigen Ersatz für wahre Liebe feiern, das nicht mehr nach wahrer Liebe schreien muss, sondern von der Liebe erzählt: »Was ich jetzt zu schreiben vorhabe, resümirt die ganze Geschichte. Ich übersetze mich darin ins Weibliche. ... Zum Schluß darf doch noch die Zärtlichkeit ausbrechen; und man wird glücklich. Man ist nicht mehr ganz neu, nicht mehr sehr jung; aber mit ein wenig Wehmuth und ziemlich viel Wissen im Herzen, wird man glücklich. Gefällt Dir der Gedanke, meine liebe, liebe Nena [so nannte Heinrich Mann Inés Schmied – S. R.]?«[303]

Bei dem ins Weibliche übertragenen Selbstporträt handelt es sich um die Gestalt der Lola im Roman ›Zwischen den Rassen‹. Doch nicht nur die Person Heinrich Manns hat in diese Gestalt Eingang gefunden; Heinrich hat auch seine Mutter und Inés in diese Gestalt verwoben. Lola wird in Brasilien geboren. Ihr Vater ist Deutscher, ihre Mutter eine Einheimische. Heinrich Mann greift auf die Kindheitserinnerungen seiner Mutter zurück, um ein Leben auf einer Plantage zu schildern. Bald trennt der Vater Lola von ihrer Mutter und ihrem Bruder. Er möchte, dass sie in seinem Heimatland aufwächst und eine Deutsche wird. Deshalb überlässt er sie einem Internat in seiner Vaterstadt. Er stürzt Lola damit in einen tiefen Zwiespalt, denn sie wird nirgendwo richtig heimisch: »Hier bin ich nicht heimisch geworden; und das, was meine Heimat war, habe ich vergessen. Wohin gehöre ich denn? Drüben hatte ich meine Familie und meine Freunde. Drüben verstanden mich alle. Drüben war ich glücklich.«[304]

Fortan führt Lola eine Existenz zwischen den Kulturen. Befindet sie sich unter Deutschen, fehlt ihr südländisches Temperament und Sinnlichkeit. Verkehrt sie mit Südländern, vermisst Lola das Nachdenkliche und Melancholische. Zusammen mit ihrer Mutter – der Vater ist zwischenzeitlich verstorben – bereist sie Europa, ganz dem Vorbild Inés' nachgestaltet. Im Verlauf ihrer Reise lernt sie zwei Männer kennen. Der Deutsche Arnold Acton ist ein melancholischer Geist, in seiner Einsamkeit Lola verwandt. In der Gestalt dieses Schriftstellers findet sich auch ein Stück Heinrich

Manns: »Damals hasste ich die Menschen und ersann mir zum Trost eine eigene Welt … Ich möchte nicht sagen, dass es Hass ist. Sie abzuschütteln, fernzuhalten ist das Bedürfnis; auch sie zu reinigen und zu übertreiben und so über sie zu herrschen.«[305] Der Schriftsteller herrscht uneingeschränkt über die Menschen, die er erfindet, während er im realen Leben einer unter vielen ist, auf seine Mitmenschen zugehen und auf sie Rücksicht nehmen muss. Überhaupt sei der Wille zur Macht die Triebfeder des Zeitalters. Doch wehe, wenn der Schwache an die Macht gelange: »Der Schwache kommt dann in Gefahr, die Herrschaft über seine Nerven zu verlieren; die abscheulichsten Triebe des primitiven Menschen werden wieder in ihm herauf dürfen. Denken Sie an die neurasthenischen Könige von jetzt, an ihre Rückfälle in blöde Tyrannei, an ihre Sucht, wehrloses Wild niederzuknallen, an ihre Gier nach dem kriegerischen Gepräge der Starken.«[306] In dieser Hinsicht ist der Schriftsteller ein harmloser Machthaber, denn er erprobt seine Stärke an fiktiven Gestalten.

Acton beschwört einen Sozialismus, der an die Stelle des Willens zur Macht die tätige Hilfe untereinander setzt. Die Schwachen sollen nicht nach Eigentum streben, um mit dessen Einsatz andere zu unterjochen, sondern sich gegenseitig beistehen, um auf diesem Wege solidarische Stärke zu erlangen. Er zitiert begeistert Rousseau und feiert die Französische Revolution als »arkadische[s] Verbrüderungsfest« und ist überzeugt, dass »seit diesem Ausbruch des Besseren im Menschen« alles möglich sei.[307] Solche Aussagen finden ihre Entsprechung in Ansichten Heinrich Manns aus jener Zeit. In einem offenen Brief, den er der Zeitschrift ›Die Zukunft‹ schrieb, verteidigt er Frankreich, das »kraft seines Innersten, seines intransigenten Sinnes für Menschenrecht, seiner kritisch-literarischen Geistesverfassung, seines intellektuellen Sauberkeitstriebs« zur Republik als der ihm angemessenen Staatsform gelangt sei.[308] Frankreich habe sich seine Republik erkämpft, während die Deutschen sich weiterhin der Kasernenzucht der Monarchie unterwürfen. Das gelte auch für die Sozialdemokratie, die hypnotisiert sei »von der Geldfrage, von der Arbeiter-Geldfrage«[309]. Sie verlange nicht Freiheit, sie verlange keine Republik, sondern denke nur an die finanzielle Versorgung der Arbeiter, die sie auch aus den Händen ihrer Unterdrücker bereitwillig entgegennehmen.

Actons Widerpart ist der Conte Cesare Augusto Pardi aus Florenz. Acton bezeichnet ihn treffend als einen »reinen Tatmenschen«[310]. Er verkörpert den Willen zur Macht. Lola sieht in ihm den typischen südländischen Mann: ein schönes Raubtier – gewissenlos, egoistisch, selbstbewusst und stark. Wer sich ihm widersetzt, den unterwirft er sich, indem er seine Stärke demonstriert, wenn es sein muss auch in einem Duell. Der Anlass ist dabei nachrangig; in erster Linie geht es um eine Demonstration der Stärke. Von den Frauen fordert er die Unterwerfung unter den Mann: »Mulier subiecta viro.«[311] Lola wünscht sich, dass Arnold gegen Pardi Position bezieht. Er soll sich zu seinen Gefühlen bekennen und ihr seine Liebe gestehen, doch Arnold schweigt aus Angst, zurückgewiesen zu werden. Sein unterentwickeltes Selbstbewusstsein erlaubt ihm gar nicht den Gedanken, dass jemand ausgerechnet ihn lieben könnte.

So unterwirft sich Lola Pardi und wird seine Frau. Sie sehnt sich nach seiner Stärke, unter deren Schutz sie sich sicher fühlen kann. Ihre Stärke reicht lediglich aus, ihn in seinem oberflächlichen Egozentrismus höhnisch zu durchschauen; für ihn ist sie nur ein Gut, das er sich erkämpft hat, das er nun vorzeigen, und mit dem er prahlen kann. Eine eigenwillige Persönlichkeit wie Lola bezwungen zu haben, steigert dabei sein Selbstgefühl und sein Ansehen. Lola zieht mit ihrem Mann nach Italien: Zunächst verbringen sie einige Zeit auf seinem Landgut. Die schlimmsten Befürchtungen Lolas treten ein: »Ich kenne ihn: sich würde er alle Freiheiten nehmen und seine Frau würde er einsperren. Draußen würde er wie ein wildes Tier herumstreichen oder wie ein Narr, und in seinem Hause würde er alles abgezirkelt und niedlich wie in einem Vogelbauer wollen.«[312] Mit seiner animalischen Stärke weckt er in Lola die sinnliche Lust, doch spürt sie auch das Fehlen eines wichtigen Elements in ihrem Sinnenrausch: »Wie wäre es möglich gewesen, daß in zwei Körpern, die kraft so vieler Umarmungen fast zu Zwillingskörpern geworden waren, nicht auch die Seelen sich verstehen lernten, sich umarmten.«[313] So stark die sexuelle Lust auch ist, Lola vermisst den seelischen Einklang, der sich nicht einstellen will. Immer weiter steigert sie sich auf der Suche nach seelischen Erlebnissen in den Sinnenrausch, bis sie zuletzt merkt, dass er sie für ihre Willfährigkeit sogar verachtet. Pardi verachtet alle, die sich ihm unterwerfen; er achtet nur die ihm Ebenbürtigen.

Nach dem Umzug nach Florenz verweigert sie sich ihm zunehmend. Sie droht ihm mit Selbstmord, wenn er sie noch einmal anfasse. Sie verlässt die Stadt und zieht sich für einige Zeit auf das Landgut zurück. In der Abgeschiedenheit erinnert sie sich wieder Arnolds, der ihr geistiger Geliebter wird. Sie sehnt sich nach seinem Respekt und seinem Verständnis. Zurück in Florenz steht Arnold eines Tages vor ihr, und fortan sehen sich die beiden oft. Pardi schaut der Entwicklung hilflos zu, weil er seiner Frau keinen Ehebruch nachweisen kann; ein Ehebruch ist in seinem Verständnis ein körperlicher Akt, doch zwischen Arnold und Lola ereignet sich ein geistiger Ehebruch. Durch den Kontakt mit Arnold entfremdet sich Lola immer mehr ihrem Mann, was schließlich zum Eklat führt. Der hilflose Pardi droht ihr mit Gewalt, doch in diesem Augenblick erscheint Arnold und stellt sich vor seine Geliebte. Er fordert Pardi zum Duell, dessen Ausgang der Roman offen lässt.

Mit seinem Eintreten für Lola hat Arnold verwirklicht, was er selbst als Ziel formuliert hat: »Er [der Norden – S. R.] wird genug bekommen von Innerlichkeit und von Tiefe. Im Begriffe, am Geist zugrunde zu gehen, wird die Menschheit des Nordens sich erneuern müssen durch die des Südens: durch ihre gesündere Animalität, die sie vor den Verführungen und Lastern des Geistes bewahrt hat.«[314] Norden und Süden müssen sich vereinigen, um das kränkelnde Menschentum des Nordens zu heilen. Die Krankheit des Nordens besteht in einem Übermaß an Geist, das das Handeln behindert: »Denken und Zweifeln hatten uns rechtlos gemacht. Durch Verstehen waren wir unfähig geworden, eine Hand zu erheben, sei es nur, um uns vor Schmutz zu behüten.«[315]

Das Verhältnis von Animalität und Geist ist komplex. Der Geist wird in ›Zwischen den Rassen‹ für Haltlosigkeit und Schwäche verantwortlich gemacht. Ein Übermaß an Geist führe dazu, dass man alles durchschaue und verstehe. Er verleihe die Macht zu zertrümmern, aber er könne nichts aufbauen. In einer Welt ohne Werte weiß niemand zu sagen, was gut und was böse ist. Selbst dem Schmutz wird noch die Möglichkeit zugestanden, eventuell wertvoll zu sein. Der animalische Charakter handelt egoistisch und materialistisch. Er denkt ausschließlich an die Befriedigung seiner triebhaften Bedürfnisse.

Geist wie auch Animalität können alleine nicht bestehen. In seinen Gesellschaftsporträts ›Im Schlaraffenland‹ und ›Professor Unrat‹ hat Heinrich Mann den Materialismus scharf angegriffen. Er brachte den Willen zur Macht hervor, der auch an Pardi zu beobachten ist. Ein Übermaß an Geist wird ebenso kritisch gesehen, weil er den Selbsterhaltungstrieb unterminiert. Die richtige Balance zwischen Geist und Animalität ist Voraussetzung für ein menschenwürdiges Dasein. Die Liebe wird zum Kriterium für den gelungenen Ausgleich zwischen Geist und Animalität. Die tierische Seite führt die Liebenden zueinander: Die körperliche Vereinigung wird gewünscht. Doch ist auf dieser Ebene jeder dem anderen nur Objekt zur Befriedigung seiner egoistischen Lüste. Erst wenn der Geist hinzutritt, wird der Sexualpartner auch als Mensch bedeutsam. Mit Pardi erlebte Lola nur Sinnenlust: Sie fühlte sich als Objekt gedemütigt und sehnte sich nach menschlicher Zuwendung, die sie durch Arnold erfuhr, wobei ihr hier zunächst das sexuelle Erleben fehlte.

Das Liebeserlebnis führt den Menschen allerdings über die Zweisamkeit hinaus: Das persönliche Glücksgefühl gebiert den Wunsch, auch andere glücklich zu sehen. Immer wenn Lola glücklich ist, versucht sie das Glück anderer zu fördern: »Sie war reich. Dieser eine Mensch hatte sie so mit Liebe beschenkt, daß sie davon der Menschheit mitteilen konnte.«[316] An anderer Stelle heißt es: »Ich verdanke dir so viel Liebe, daß ich kein Wesen ganz ungeliebt sehen kann.«[317] Das Eingeständnis der eigenen Sehnsucht nach Liebe macht alle Menschen gleich, denn die Animalität, die diese Sehnsucht erweckt, ist allen Menschen gemeinsam. Wer die glückselige Zufriedenheit erlebt hat, die die Liebe verschafft, der wendet sich liebevoll seinem Nächsten zu, um auch ihm Glück zu verschaffen. Er weiß, dass seine Gabe nicht sinnlos ist, weil diesem die Liebe ebenso viel bedeuten muss wie einem selbst. Aus dem privaten Glück erwächst eine soziale Tugend, die alle Menschen zu Brüdern und Schwestern erhebt – die Brüderlichkeit. ›Zwischen den Rassen‹ deutet erstmals die Herkunft der Ideale von Freiheit, Gleichheit und Brüderlichkeit in der Sicht Heinrich Manns an. Sie erwachsen aus dem intimen Erlebnis der Liebe zwischen zwei Menschen.

Der Mächtige fürchtet, wenn er als Liebender sich mit den anderen gemein macht, seine Macht einzubüßen. Für ihn ist selbst die Liebe noch ein Machtkampf. Dem wahrhaft Liebenden bedeutet sie gegenseitige Hinwendung und Unterstützung, gemeinsame Stärke, die aus dem Gefühl unlösbarer Verbundenheit untereinander erwächst. Er wagt es seine Gefühle zu offenbaren, weil er sich sicher ist, dass alle dieses Gefühl teilen. Arnold, der in der Wirklichkeit ein Schwacher war, wagt es von seiner Liebe zu sprechen und in ihrem Namen den Materialisten Pardi siegessicher zum Duell zu fordern. Selbst wenn er unterliegen sollte, wird die Macht der Liebe eines Tages triumphieren. Der offene Schluss des Romans erweist sich als utopischer Ausblick auf eine glückliche Zukunft, die notwendig kommen wird.

Doch der Liebe Heinrich Manns zu Inés Schmied ist kein glückliches Ende beschieden. Plagte ihn eine Vorahnung dessen – jedenfalls wartete er recht lange, bis er seine Erwählte der Familie präsentierte. Als Erste erfuhren Carla und Thomas von Inés und der Verlobung, die wohl 1906 stattgefunden hatte. Thomas gratuliert dem Bruder: »Es scheint ein ganz ähnliches Verhältnis wie damals zwischen mir und Katja zu sein, bei aller Verschiedenheit der beiden Frauen und der äußeren Umstände. Ihr seid einig, seid eurer sicher (gegenseitig und eurerselbst) – das ist eigentlich schon eine günstigere Sachlage, als die unsrige von damals. Und aeußere Hindernisse von Dauer scheinen nicht vorhanden. Ich sehe hier viel Glücksmöglichkeiten.«[318] Allerdings sieht Thomas auch bereits mögliche Konfliktherde: »Aber deine Verlobte ist Sängerin? Oeffentlich? Wird es ein Wanderleben werden? Ich weiß nicht, ob ich Dir das wünschen soll? Denn so sehr ich eine gewisse Bewegtheit, Freiheit, Rastlosigkeit, Unsicherheit wünschenswerth finde und für mich selbst Fäulnis und Stagnation und Verweichlichung durch ein bequemes Luxus-Bourgeois-Dasein fürchte: ich glaube doch von früher her zu wissen, daß auch Du eine ganze Portion Seßhaftigkeit und Bedürfnis nach bürgerlichem Behagen in Dir hast.«[319] Thomas ahnt bereits, dass eine Sängerin, die öffentlich aufzutreten gedenkt, in den bürgerlichen Kreisen der Familie Anstoß erregen wird. Außerdem sagt er klar, dass Heinrich von der Ehe mit einer Sängerin kein ruhiges Dasein erwarten darf. Wenn er sich erhoffe, dass durch diese Ehe seine innere Unruhe und sein triebhaftes Reiseleben einen Abschluss finde, so betrüge er sich selbst.

Die Vorbehalte von Thomas waren berechtigt und trafen bei Heinrich wohl auf ähnliche Bedenken. Anders lässt sich nicht erklären, wieso er seiner Mutter die Mitteilung 1½ Jahre vorenthält. Überraschend auch, dass Thomas und Carla so lange gegenüber der Mutter Stillschweigen gewahrt haben. Doch die Sorgen schienen unbegründet; begeistert vermeldet Julia ihrem Sohn: »Cher Henri, c'était trois fois que j'avais le plaisir de voir Inés –, elle me plait toujour chaque fois mieux meilleur, je ne peux dîre autrement.«[320] Sie scheint glücklich darüber, dass sich die Sehnsucht ihres ältesten Sohnes nach Liebe endlich erfüllt. Sie freut sich über die Unbefangenheit, mit der Inés ihre Honneurs in München absolviert, bemerkt aber auch schon die kühle Distanz zu Löhrs.

Bald rückt auch Julia Mann von Inés ab: »Ich finde Frl. Inés ganz gut aussehend. Ich habe soeben wieder in aller Offenheit aber freundlich mit ihr gesprochen u. bin wiederum der Meinung, daß es ein im Grunde gutes Herz ist, das nur zuweilen übersprudelt u. sich kompromittiert.«[321] Sie rät ihrem Sohn dringend, Inés von Zeit zu Zeit einen Dämpfer zu geben, damit sie ihr Temperament in vornehmer Gesellschaft besser zügele. Schließlich müsse auch Heinrich darunter leiden, wenn Inés ihn temperamentvoll zurechtweise und er sich dies öffentlich gefallen lasse wie während des gemeinsamen Urlaubs mit Thomas und Katia in Venedig. Offensichtlich erliegt die Mutter zunehmend dem Einfluss ihrer Tochter Julia Löhr, die die Schwägerin in spe für gesellschaftlich untauglich erachtet und sich von ihr fern hält. Auch Thomas und Katia Mann gehen auf Inés' Einladungen nicht ein, wie man einem Brief der Mutter entnehmen kann, der gegenüber sich Inés darüber beschwert hat. Das familiäre Klima verschlechtert sich im Laufe des Jahres zusehends: Julia Löhr weigert sich eine Einladung anzunehmen, wenn auch Inés anwesend ist. Auch Inés verzichtet inzwischen dankbar auf Einladungen in den Familienkreis. Ein Besuch bei Thomas und Katia in Bad Tölz sorgt für zusätzliche Verstimmung bei ihr: »Manchmal erlebe ich den Tag in Töltz [sic] wieder und ich könnte ein ganzes ›Idyll?‹ daraus machen. Die ganze Zeit habe ich bei mir gedacht, o wie tief melancholisch ist das Leben! Und immer und immer wieder diese eine Phrase und ich wußte selbst nicht warum ich alles so schrecklich melancholisch fand. Das kalte Wetter, die Steifheit Deines Bruders, die kleine rote Nase von der kleinen Erika, der feuchte Garten. Mit einem Wort die Stimmung war schrecklich! Du [unleserlich] kalt und redetest davon mit (›Beziehung‹) daß die Frauen immer wirken wollen, Katja schwatzte, ich weiß nicht was, und ich dachte immer, ist es der Mühe zu leben, wenn alles so schrecklich melancholisch ist. Immer noch sehe ich das Gesicht Deines Bruders wie er so kalt gleichmutig und doch mit einer Art Unbehagen in die Luft guckt. Dazu diese nüchterne poesielose Gegend. Ein Klex Berge, ein Klex Wiese, ein Klex Wald, von allem ein bischen. Nichts Großes, nichts Schönes, mit einem Wort nüchtern, bürgerlich kalt. Lieber möchte ich begraben sein, als dort leben.«[322] Inés zieht aus dieser Einsicht die Konsequenz und löst im Januar 1909 die Verlobung auf: Sie wolle ihr Leben voll und ganz ihrer Künstlerkarriere widmen und tauge nicht zur Ehe.

Heinrich hatte sich schon seit geraumer Zeit von den familiären Zwistigkeiten zurückgezogen und nur noch manchmal brieflich bei der Mutter zugunsten seiner Verlobten interveniert. Längst führte er wieder sein unstetes Leben in Italien, weil auch er den Gedanken an eine Ehe mit Inés mittlerweile aufgegeben hatte. Schwierige Momente in der Beziehung hatte es reichlich gegeben.[323] Die Zerwürfnisse endeten meist in Beteuerungen, dass man dennoch aneinander festhalten wolle, doch diese wurden mit der Zeit immer schwächer. In dem dreizehn Jahre jüngeren Journalisten und Publizisten Wilhelm Herzog hatte er einen Reisebegleiter gefunden: »Bald machten wir zusammen Reisen an den Gardasee, nach Italien und Südfrankreich. Fast jedes Jahr fuhren wir gemeinsam nach dem Süden und blieben dort einige Monate. Wir wohnten in Hotels oder Pensionen, meist Zimmer an Zimmer, arbeiteten jeder für sich bis zum Nachmittag und gingen dann gemeinsam spazieren.« Bald folgte ihm Herzog auch auf seine Vortragsreisen nach Berlin und wohnte in München in seiner Nähe: »Wir führten … ein freies Junggesellenleben, gingen mittags und abends zusammen essen, nach dem Abendessen meist in ein Theater, in ein Kabarett oder Variété. Er besuchte leidenschaftlich gern die kleinen Variétés, die es damals in München und in Berlin gab.«[324]

Trotz allem berichtet Heinrich noch im März 1909, zwei Monate nach der Absage von Inés, an Ludwig Ewers, dass an eine Heirat gedacht sei, die sich aber wegen seines Gesundheitszustandes immer weiter hinauszögere: »Mit meiner Gesundheit geht es langsam besser, wenigstens sagt der Doktor es; ich selbst kann meinen Kehlkopf nicht sehen. Er nämlich ist es, der mir, schon seit Jahr und Tag, zu schaffen macht und mich auch am Heiraten hindert. Denn wenn man immerfort seiner Gesundheit wegen in der Welt herumfahren muß, ist das Heiraten kaum zu machen.«[325] Der Ton des Briefes verrät die tiefe Resignation Heinrichs. Die Krankheit ist willkommener Anlass, um die Heiratspläne ad acta zu legen, doch ist der Anstoß eben nicht von ihm ausgegangen, sondern Inés hat ihn verlassen. Zweifellos sind die Krankheitssymptome psychosomatischen Ursprungs. Er flüchtet sich in einen Zustand, der die Wiederaufnahme seiner bisherigen Lebensweise rechtfertigt. In diesen Tagen der tiefen Resignation beendet er in Meran einen Roman, an dem er 1½ Jahre gearbeitet hat. Heinrich Mann sieht in ihm »das Stärkste, was ich gemacht habe«[326], einen Roman, der optimistisch von der Macht der Liebe, von Menschlichkeit und der Gerechtigkeit des Volkes erzählt: ›Die kleine Stadt‹. Thomas Mann bezeichnete diesen Roman als »hohes Lied der Demokratie«[327].

Der Roman schildert die Ereignisse in einer kleinen italienischen Provinzstadt, für die erkennbar Palestrina Modell gestanden hat, ausgelöst durch das Gastspiel einer Operntruppe. Eine Gruppe fortschrittlicher Bürger der Stadt, angeführt von dem Advokaten Belotti, hat die Sänger und Sängerinnen für eine Saison angeheuert. Im renovierten städtischen Theater sollen sie unter der Leitung des einheimischen Kapellmeisters Dorlenghi die Oper ›Die arme Tonietta‹ aufführen. Die Anwesenheit der Künstler führt schon bald zu einer Vielzahl amouröser Verwicklungen. Die Truppe wird von den gehörnten Ehemännern und betrogenen Ehefrauen, die sich um den Pfarrer Don Taddeo scharen, für den Verfall der Sitten in der Gemeinde verantwortlich gemacht. Der Hass steigert sich immer mehr, die Gemeinde spaltet sich in zwei Lager. Auch Don Taddeo ist tiefer verwickelt, als er sich eingesteht: Er hat sich in eine der Schauspielerinnen verliebt. In seiner Verzweiflung zündet er den Gasthof an, in dem mehrere Mitglieder der Operntruppe logieren. Gemeinsam löschen die Bürger der Gemeinde das Feuer und finden über diese Leistung wieder zueinander. Das Zusammenwachsen der städtischen Bevölkerung wird von einer Predigt Don Taddeos zusätzlich unterstützt, indem er sich zwar nicht zu seiner Tat bekennt, doch dem Täter falsch verstandene Liebe unterstellt, die schließlich in Hass umgeschlagen sei.[328] Daraufhin holt die Bevölkerung den kurz zuvor verstoßenen Advokaten Belotti zurück und feiert ihn und den peinlich berührten Don Taddeo als Retter und Repräsentanten ihrer Gemeinschaft. Der Operntruppe wird am Ende ihres Gastspiels ein triumphaler Abschied bereitet.

Die Liebe vereint das Volk. Dabei gibt Heinrich Mann kein ideales Porträt des Volkes: Er zeichnet es wankelmütig, selbstgerecht und neiderfüllt. Wenn am Ende die Liebe obsiegt, so hat sie vorher schwere Prüfungen zu bestehen. Zunächst löst sie nur Neid und Hass aus: Die Frauen des Dorfes kämpfen untereinander um die Gunst der Sänger, die Männer konkurrieren um die Aufmerksamkeit der Sängerinnen. Mit Besitzerstolz präsentiert man dann den anderen seine Eroberung und schafft sich dadurch nur Feinde unter ihnen. Im Laufe des Geschehens zeigt sich jedoch, dass der oder die Geliebte kein frei verfügbares Gut ist. Er entscheidet selbst, wen er sich erwählt und wen er zurückweist. Die souveräne Entscheidung des Partners löst neue Irritationen aus, ehe die Verirrungen und Verwirrungen sich endlich glücklich lösen, weil die Bewohner der Stadt zu einer Liebe finden, die den anderen als freien und gleichen Partner akzeptiert.

Was sich in ›Zwischen den Rassen‹ andeutete, führt Heinrich Mann in ›Die kleine Stadt‹ aus. Er leitet die Ideale der Französischen Revolution – Freiheit, Gleichheit, Brüderlichkeit – aus dem intimen Erleben der Liebe ab.[329] Die Sänger und Sängerinnen erlauben der örtlichen Bevölkerung einen Ausflug in die Freiheit: Die Bürger werfen die gesellschaftlichen Zwänge und Verpflichtungen ab. Die libertinären Verhältnisse sprengen natürlich die gegebene Ordnung, weshalb von den Sittenwächtern im Ort, allen voran Don Taddeo, das Schreckbild der Anarchie entworfen wird: Die Ehemänner werden ihren Frauen untreu, die Ehefrauen hintergehen ihren Gatten. Doch die Anwesenheit der Operntruppe unterhöhlt die Ordnung nicht dauerhaft. Keine Ehe zerbricht an den flüchtigen Amouren. Jeder ist sich darüber im Klaren, dass ein fahrender Künstler kaum ein geeigneter Partner für eine dauerhafte Beziehung ist.

Die Ehe ist auch deshalb sakrosankt, weil sie sich einer freien Entscheidung zweier Partner verdankt. In der Ehe treffen zwei souveräne Personen aufeinander, die sich gegenseitig dem anderen vertrauensvoll hingeben. Selbst dort, wo sinnliche Abenteuerlust dieses Vertrauen vorübergehend hintergeht, bewahrt die liebevolle Erwiderung des gegenseitigen Vertrauens vor einem Bruch der Beziehung. Außerdem baut die Ehe auf körperlicher und seelischer Intimität auf. Beides fließt in die freie Entscheidung füreinander ein. Sexuelle Untreue alleine kann sie daher nicht dauerhaft erschüttern. Eine auf Hingabe aus Freiheit gegründete Beziehung erweist sich insgesamt als wesentlich tragfähiger als eine Beziehung, die auf Unterwerfung eines Partners unter den Herrschaftsanspruch des anderen beruht.

Darüber hinaus macht die Liebe alle gleich: Der Baron hat ein Verhältnis mit der Frau des Wirts, der Tabakhändler Polli und sein Sohn haben eine Affäre mit derselben Choristin, der Advokat Belotti schwärmt für besonders reizvolle Frauen. Die allen gemeinsame Sehnsucht nach Liebe vereint die Menschen in einem verständnisvollen Miteinander. Freie begegnen sich, die in ihrer Sehnsucht nach Liebe gleich sind. Die Gleichheit resultiert somit letztendlich aus der gemeinsamen Sehnsucht nach Liebe und aus dem Respekt vor dem allen gemeinsamen Recht, über die eigene Person souverän zu verfügen.

Gleichheit und Freiheit sind die Ergebnisse der Liebe, ebenso wie die Brüderlichkeit. Auf diesen Säulen hat Rousseau seinen Gesellschaftsvertrag aufgebaut. Der Gesellschaftsvertrag ist der vertrauensvolle Zusammenschluss souveräner Personen, die durch diesen Vertrag ihr gemeinsames Ziel eines Lebens in Friede und Sicherheit verwirklichen wollen. Die Liebe zwischen zwei Menschen repräsentiert einen solchen Vertrag im Kleinen. Wird die Anerkenntnis der Sehnsucht nach Liebe und der Souveränität des Einzelnen auf die gesamte Menschheit ausgeweitet, entsteht daraus Brüderlichkeit. In einer Gesellschaft der Gleichen und Freien ist jeder potenzieller Liebespartner des anderen, woraus sich ein Gemeinschaftsgefühl ergibt, das alle untereinander verbindet. Die Brüderlichkeit wird schließlich zur Basis der Demokratie: der unausgesprochene Liebesvertrag zwischen zwei Menschen zum Gesellschaftsvertrag aller. So wie zwei Menschen ihre Probleme gemeinsam regeln im Wunsch gemeinsam zu leben, so kann auch die gesamte Menschheit ihre gemeinsamen Probleme angehen.

Neben der gemeinschaftsstiftenden Kraft der Liebe steht in ›Die kleine Stadt‹ auch ein Handlungsstrang, der die Liebe als zerstörerische Macht zeigt: Der junge Tenor Nello Gennari hat sich in die einheimische Alba verliebt, die von ihrem Vater in ein Kloster geschickt werden soll. Nello hat Alba nur ein einziges Mal auf dem Gang zur Kirche gesehen, weiß aber bereits nach diesem Anblick, dass er nur diese unerreichbare eine lieben kann. Alba gelingt es schließlich, ein heimliches Treffen zu arrangieren, dem noch viele weitere folgen. Die städtische Gemeinschaft wird schon bald auf die Vorgänge aufmerksam, doch gönnt man den beiden ihre Liebe, verschweigt ihre heimliche Zweisamkeit dem hintergangenen Großvater Albas. Beide beschließen, miteinander zu fliehen, um nicht auseinander gerissen zu werden. Am Tag der Abreise der Schauspieltruppe entfernt sich Nello leise, um seine Geliebte am vereinbarten Treffpunkt zu erwarten. Sie lauert ihm jedoch hinter einer Häuserecke auf und ersticht ihn und anschließend sich selbst. Ihre Tat erklärt sie mit den Worten: »Wir Armen, die wir das Leben hassen mußten.«[330]

Woher stammt dieser Hass auf das Leben? Beide hatten zueinander gefunden, hatten beschlossen, gemeinsam zu fliehen, um für immer beisammen bleiben zu können, wieso also dieser Entschluss? Zum einen verbieten die gesellschaftlichen Umstände ihre Liebe: Alba ist nicht frei, sondern über sie wird vom Großvater verfügt. Zum anderen duldet die Exklusivität ihrer Liebe keine Freiheit für den anderen. Die Liebe von Nello und Alba öffnet sich nicht der brüderlichen Gemeinschaft, sondern separiert sich von ihr. Eine solche Beziehung lässt kein Vertrauen zu; permanent ist sie beherrscht von der Angst, den anderen zu verlieren. Jedes Ereignis, jede Öffnung nach außen erhöht die Gefahr. Alba ist geradezu gezwungen ihren Geliebten zu töten, will sie es nicht riskieren, dass er eines Tages vielleicht eine andere erhört. Alba und Nello müssen das Leben hassen, weil es nie stillsteht, weil es ihre Beziehung nicht konserviert, sondern ständig gefährdet. Eine Liebe, die nicht auf Freiheit, Gleichheit und Brüderlichkeit beruht, muss ein unglückliches Ende nehmen und ist keine wahre Liebe.

Bei der Förderung der wahren Liebe kommt der Kunst eine besondere Rolle zu: Sie verfügt über eine zauberische Macht, menschliche Wünsche und Sehnsüchte freizusetzen. Nutzt man die Macht der Kunst, um die positiven Eigenschaften im Menschen zu fördern, kann der Künstler den Fortschritt der Menschheit tatkräftig unterstützen. Die Oper ›Die arme Tonietta‹ beispielsweise erzählt von einer unglücklichen Liebe: Der misstrauische Gatte verstößt seine unschuldige Frau und treibt sie damit in den Tod. Alle Besucher des Stückes empfinden tiefes Mitgefühl mit den Liebenden: mit dem Gatten, dessen Misstrauen übermächtiger Liebe entspringt, mit der verstoßenen Tonietta, deren tiefes Leid ebenfalls aus der Liebe zu ihrem Mann erwächst. In zahlreichen Zwischenrufen während der Vorstellung versuchen die Zuschauer den Gatten von seinem Misstrauen abzubringen und Tonietta in ihrem Leid zu trösten. Die gemeinsame Sehnsucht nach Liebe, der gemeinsame Erfahrungsschatz von Liebesfreud und -leid, verbindet die Menschen und die Gestalten auf der Bühne miteinander. Die Bühnengestalten sind – um es mit den Worten Lessings zu sagen – »von gleichem Schrot und Korne«[331] wie das Publikum im Saal. Die Reaktion der Zuschauer offenbart, dass sie nach einem guten Ende für die fiktiven Figuren verlangen, zeigt die Sympathie aller für das Glück der anderen. Dadurch aktiviert die Oper das Gute im Menschen, das Mitleid, und erhöht ihn auf diese Weise.

In ›Die kleine Stadt‹ ist es die italienische Oper, die diese Leistung vollbringt. Dabei verbindet Heinrich Mann vor allem einen Namen mit der italienischen Oper: Giacomo Puccini. In ›Ein Zeitalter wird besichtigt‹ schreibt er, dass sein Maestro Dorlenghi ein jugendliches Abbild des großen Opernkomponisten sei. Die erste Begegnung mit dem Werk Puccinis hatte Heinrich Mann seiner Erinnerung nach im November 1900: »Mir war nichts bewußt, als ich November 1900, unvergeßliches Datum, auf der hinteren Plattform einer langsamen Pferdebahn von Florenz bergan nach Fiesole fuhr. Ich fuhr oder ging dort alle Tage, dieses Mal spielte am Weg ein Leierkasten, der mich mit dem Maestro Puccini bekannt machte. So lange hatte ich weder von seiner Existenz erfahren noch die ›Bohème‹ gehört.«[332] Heinrich Mann bewundert in Puccini den vollkommenen Darsteller der Liebe. Er feiere das Leben, die Liebe, vielleicht weil er gerade so sehr an diesem Leben leide, wie Heinrich Mann vermutet, da er Puccinis Vorliebe für den dritten Akt der ›Bohème‹, »den schönen, hoffnungslosen« kannte.[333] Für die eigene Person muss er bekennen, dass viele seiner Reisen innerhalb Italiens nur vom Wunsch diktiert waren, die Opern des Maestros zu hören. Deshalb sei er oft von Stadt zu Stadt, von Theater zu Theater gefahren. Indem Puccini in seinen Opern die Macht der Liebe erfahrbar mache, bessere er die Menschen. Er offenbare ihnen ihr Bestes, ihre Sehnsucht nach Liebe, und wecke dadurch ihr Mitgefühl für die unglücklichen, sehnsuchtsvoll Liebenden in seinen Werken.

Auch Heinrich Manns Romangestalten zieht es immer wieder in Puccini-Aufführungen. Claude Marehn erlebt in ›Die Jagd nach Liebe‹ eine Aufführung von Puccinis ›Manon Lescaut‹. Er erlebt die Liebe von Des Grieux und Manon, die sich erst im tiefsten Unglück in höchster Weise bewährt. Er folgt ihr freiwillig in die Einöde ihrer Verbannung, und Claude wünscht sich, dass er Ute in gleicher Weise folgen dürfe. Am Ende klatscht er gedankenversunken, bis das Theater bereits leer ist, entrückt durch den Gedanken an die Macht der Liebe. Claudes Liebesgeschichte mit Gilda greift viele Motive aus Puccinis Opernwelt auf. In ›Zwischen den Rassen‹ besucht Lola eine Aufführung der Oper ›Tosca‹: »Und als die kleine Logentür hinter ihr dumpf zuklappte und harfend, mit verbleichenden Sternen und erster Morgenröte ein Garten von Tönen, ja plötzlich ein klingendes Paradies sie aufnahm, da stand sie, bebte, verschluckte Tränen, fühlte die Brust sich spannen und das Flügelrauschen der Erlösung über ihren zugedrückten Lidern. Das Glück! Diese Töne waren das Glück. Zwei Stimmen, zwei liebende Stimmen erhoben sich über Knechtschaft, Folter, Richtstätte, als zwei liebesbleiche, feurig gewappnete Engel. Alle Schranken fielen. Mächtig glänzend öffneten sich Himmel, die ganze Liebe waren.«[334] Lola vergisst für den Augenblick ihre deprimierenden Erfahrungen aus der Ehe mit Pardi, ja findet sogar zu neuer Liebe zu ihrem herrschsüchtigen Mann. Die Liebe auf der Bühne, deren Zeugin sie werden darf, durchströmt sie und ruft ihr erneut in Erinnerung, wozu wahre Liebe imstande ist.

Aber warum vermag gerade die italienische Oper diese Gefühle wachzurufen? In seinen Notizen zum Roman verteidigt Heinrich Mann die italienische Musik vor allen Vorwürfen: »Die ital. Musik ist nicht banal. Wenn sie geistig nicht vorgeschritten ist, hat sie doch eine sinnliche Macht, die die andern Nationen nicht erreichen, und die sie darum nicht banal nennen sollten.«[335] Die italienische Oper verströme eine sinnliche Aura, die unmittelbar das Liebesbedürfnis der Menschen in Anspruch nehme. Völlig gefangen genommen von dieser Aura, liefere sich der Mensch seinem eigenen Liebesverlangen aus und durchlebe es am Beispiel der Opernfiguren. Da das Verlangen nach Liebe das Beste im Menschen sei, könne die italienische Oper auf diese Weise dem Menschen zum Guten hinführen. Heinrich Manns Liebe zur italienischen Oper währte sein Leben lang.

Ein Abglanz der Kunst fällt auf die Künstler. Nicht ihre sexuelle Attraktivität macht sie in ›Die kleine Stadt‹ zu begehrten Personen. Auf der Bühne stehend, nehmen sie für sich ein, kann selbst ein privat abweisender Charakter wie Flora

Garlinda die Liebe aller auf sich ziehen. Der Künstler verkörpert als Künstler, unabhängig von seiner Persönlichkeit, im Bewusstsein der Öffentlichkeit das Gute im Menschen, weil seine Kunst das Gute weckt.

Was die Oper für die Einwohner der kleinen Provinzstadt ist, soll dem Leser der Roman sein. In einem Brief an die Literaturkritikerin Lucia Dora Frost, die in ›Die Zukunft‹ eine der wenigen positiven Rezensionen über diesen Roman abgab, beschreibt Heinrich Mann die Hoffnungen, die sich für ihn an diesen Roman knüpfen: »Wir wollen glauben: an die Zunahme der Menschlichkeit glauben, trotz unserem Wissen vom Menschen, an die Zukunft des Volkes, trotz seiner Vergangenheit. Wir wollen uns nicht über das Thierische weglügen; nur wollen wir auch mit den guten Stunden der Geschichte rechnen, in denen das Thier, von einem Funken des Geistes getroffen, wie in dunkler Ahnung vom Menschen, der es werden soll, den Kopf ein Wenig höher vom Boden aufhebt. Ist Das zu viel? Ich spreche nur von einem lächerlichen kleinen Advokaten, der aus Liebe zu seiner lächerlichen kleinen Stadt eine Art Held wird. Ich spreche nur von einem kleinen Volk, das, voll aller Laster und Niedrigkeit, dennoch in einem Augenblick der Liebe, verbrüdert auf seinem staubigen Stadtplatz, einen unwiderruflichen Schritt aufwärts thut, zur Größe.«[336]

Aber wie schwer muss ihm dieser Glaube gefallen sein: Er hatte nach dem andauernden Misserfolg seiner Romane bei Langen einen neuen Verlag für ›Die kleine Stadt‹ gesucht und im Insel-Verlag gefunden.[337] Das hohe Honorar von 12 000 Mark war recht positiv, aber die Publikation selbst wurde zum Hindernislauf. Die Druckfahnen wiesen eine Unzahl von Fehlern auf, die Korrektur verlief nur mühsam und zu guter Letzt fehlte bei der Veröffentlichung auf dem Buchtitel der Name des Verfassers. Von allen Seiten hagelte es negative Besprechungen, die vom Unverständnis der Kritiker für das Werk zeugten. Heinrich Mann beabsichtigte daraufhin, einen Werbezettel zu veröffentlichen, in dem er die Ziele des Romans deutlich machen wollte, doch der Insel-Verlag verweigerte den Druck, weil in dem Prospekt das Wort ›Demokratie‹ vorkam. Der Briefwechsel, den Heinrich Mann mit seinem Anwalt und Vertrauten Maximilian Brantl führte, bezeugt die unzähligen Schwierigkeiten, und endet mit der resignierten Einsicht Heinrich Manns: »Ich sehe immer deutlicher, daß meine Verbindung mit dem Insel-Verlag ein schwerer Irrthum war.«[338] Der Verkauf blieb noch weit unter den Zahlen, die seinen Werken bei Albert Langen beschieden waren. Sollte er nach diesen Erfahrungen also zum Verlag Albert Langen zurückkehren, der seine Werke immerhin zu schätzen wusste? Außerdem hätte es mit Albert Langen nie einen Disput wegen des Wortes ›Demokratie‹ gegeben. Schließlich hatte sich der Münchner Verleger stets als Kämpfer gegen »den übertriebenen deutschen Chauvinismus, den maßlosen Militarismus, den Spießbürger, unsern geheimen Feind, die preußischen Konservativen und das protestantische Muckertum« verstanden.[339] Dennoch kamen die Versuche von Maximilian Brantl, mit dem Verlag einen neuen Generalvertrag über die Werke Heinrich Manns abzuschließen, nicht voran. Im Mai 1909 erreicht Heinrich in Südtirol die Nachricht, dass sein ehemaliger Verleger überraschend verstorben sei. Eine weite Fahrt im offenen Auto bei schlechtem Wetter hatte Albert Langen eine Mittelohrentzündung eingebracht. Aus dem Entzündungsherd war Eiter in den Blutkreislauf geraten, hinzu kam eine Nierenentzündung. Alles zusammen hatte fatale Folgen.

Die Verlobung mit Inés Schmied war aufgelöst, der vertraute Verleger tot, der Roman, der zur Herzensangelegenheit geworden war, missverstanden und kaum gekauft. Was konnte über eine solche Situation hinweghelfen?

War Heinrich Mann vom Misserfolg des Romans wirklich überrascht? Keineswegs! Er hatte sich schon gedacht, dass niemand in Deutschland diesen Roman verstehen würde: »Mein Roman ›Die kleine Stadt‹ ist politisch zu verstehen, als das Hohe Lied der Demokratie; aber natürlich merkt kein Mensch es.«[340] Das Unverständnis der Rezensenten ist ihm ebenso wenig ein Rätsel wie die geringen Verkaufszahlen.

Wie kann ein Roman in Deutschland Erfolg haben, der von der Macht der Liebe kündet! In Deutschland hat nur Erfolg, wer an den Willen zur Macht glaubt. Nicht Freiheit, Gleichheit, Brüderlichkeit sind gefragt, sondern Unterdrückung, Ungleichheit und Hass. Auf diesen Grundlagen baut seiner Ansicht nach die deutsche Gesellschaft auf. Die Ursache hierfür sieht er in dem nach wie vor grassierenden Materialismus. Nur der Geist weiß von der Macht der Liebe, der Materialismus erblickt in seinem Gegenüber nur ein Objekt, das seine Triebe befriedigen soll. Heinrich Mann hatte zur Liebe gefunden: Inés Schmied hatte ihm auf den Weg geholfen. Ihre Liebe war keine exklusive Beziehung, sondern verwandelte sich in eine soziale Tugend. Für alle Menschen hat der Autor Heinrich Mann einzutreten; darin sieht er seine Aufgabe als Künstler. Solange der Materialismus in Deutschland noch wucherte, war dieses Unterfangen schwierig, doch wie schrieb er an Ludwig Ewers: »Auf breiten Erfolg darf ich nicht hoffen; die geistige Richtung in Deutschland ist mir zur Zeit noch zu feindlich. Sie wird sich aber vielleicht nicht mehr sehr lange halten.«[341] Vielleicht gelange der Glaube an die Menschheit nach Deutschland zuletzt, aber für Heinrich Mann ist die Sehnsucht nach Liebe mächtig genug, auch die letzte Bastion des Materialismus und der Selbstsucht eines Tages niederzureißen. Die schwerste Prüfung für seinen Glauben an die Macht der Liebe sollte ihm aber noch bevorstehen.

Heinrich Mann selbst hat den fatalen Vorfall in seinem Notizbuch unter der Überschrift »Carla« festgehalten: »Sie war Komödiantin. Dem Körper was des Körpers, rasche Liebesanfälle, die man im Grunde verachtet. Exaltation, an die man nicht ganz glaubt. Bewußtsein der Unvereinbarkeit mit einem andern Wesen, und der Künstlichkeit. Stolz darauf, Verachtung des Selbstbetrugs, der Schwäche, des Gemüthes; Degagirtheit vom Leben. Auch fröhlich aus Degagirtheit.

Mit 27 der Überdruss. Es wird Zeit, Wärme ins Leben zu bringen; ein Obdach zu suchen, bevor die hochgemuthe Widerstandskraft vollends verlorengeht. (Die Carriere hat

Enttäuschung gebracht.) Sie wählt ihre erste Liebe in einer neuen Welt, der französischen, spricht ihre ersten wahren Liebesworte in einer neuen Sprache, wird Mensch sein unter einer andern Nationalität, ihre Kinder werden von ihrer frühern Existenz nicht einmal die Worte verstehen. ›Ich sitze zu Hause, ich will meine Ruhe haben. Nur hie und da noch Interesse an einer Rolle.‹ Übt mit Ausdauer Klavier, um ihren Mann zur Violine zu begleiten. ›Die Leute denken, ich kann nicht nähen.‹ Liebt die Kinder ihrer Geschwister, zeigt die Photographieen ihrem Verlobten. Ist gütig mit ihm, liebt zuerst unegoistisch, warnt ihn vor Schädlichkeiten, kauft ihm nikotinfreie Cigaretten, kommt seinen Besorgungen zuvor. Auf der Photographie mit ihm ist sie schlecht frisirt, hat das Gesicht einer guten Frau, befriedigt, mit etwas hängendem Fleisch im Gesicht, ruhig, ohne Kampf.

Aber sie muß kämpfen, – so satt sie es hat. Die Stadt ist verschworen gegen sie, und mit der Mutter ihres Verlobten. Anonyme Briefe an ihn, sie betrüge ihn mit einem seiner Bekannten. Sie sei eine Cocotte. Die Mutter behauptet, er halte sie aus. Er zeigt der Mutter die Bücher. ›Dann hält sie Dich aus.‹ Die Mutter schwachköpfig, wirr, besorgt um die Familie. Carla, die Wärme sucht, Frieden will, sieht sich als Feind der Guten behandelt. Man hetzt gegen sie, als Frau und als Schauspielerin. Der Direktor giebt ihr widerwillig Rollen, schlägt ihr kein neues Engagement vor, muss erst genöthigt werden, obwohl das Publikum sie liebt.

Sie sind beide gehetzt. In Carlas friedlichem Zimmer trösten sie sich. Er, das Geschäft, die Mutter, die ihn mit einer Wasserflasche blutig geschlagen hat, die befreundete Familie, die einen Ausflug arrangiert, nur um ihn von Carla loszubringen. Sie die Quälereien mit dem Theater; der Klatsch um sie her. Wie glücklich sind sie, als Carla im Bad (Sommertheater) die Mutter fast gewonnen zu haben scheint. ›Wenn ihr die Worte aus dem Herzen kamen, wenn sie nicht als Schauspielerin gesprochen hat, ist sie meine Tochter.‹

Aber diese gute Wirkung wird zerstört durch die Familie F., den einzigen Verkehr Carlas. Anrüchige Leute, die Frau Geliebte eines Leutnants, dessen Freund der Mann trotzdem ist. Der Mann will C[arla]'s Verlobten mit einem Auto beschwindeln, schickt ihm, infolge eines mündlichen Versprechens, einen Advokatenbrief. Er stellt Carla seit einem Jahr nach. Sie behält den Verkehr, 1) weil er der einzige ist, 2) der Kränze wegen, die Familie F. ihr schicken, 3) aus Bravade, weil sie sich unangreifbar fühlt, weil sie sich anziehen und herrichten darf, wie eine Frau, die reizen will, u. dabei absichtenlos und kühl bleiben kann. Aber darin ist 4) noch immer die Künstler-Verachtung der Wirklichkeit. Sie sieht über Gemeinheiten u. Gefahren hin, sie hält instinktiv alles Fremde kaum für wahr, sie ist noch immer die Einzige u. im Tiefsten unberührbar. Die Wärme ist nicht für sie da, für das Glück, die Gemeinschaft, für das Leben ist sie nicht geschaffen.

Ihr Verlobter hat sie auf den Knieen gebeten, nicht mehr zu F's zu gehen. Bei einer neuen Einladung sieht sie ihn zweifelnd an. Er ist schwach. ›Die arme Carla, sie hat Niemand.‹ Sie hat einen Schwachen gewählt, um zu leben; das war ihr lebensfeindlicher Komödianteninstinkt; sie reservirte sich auch diesmal wieder, wo sie sich doch endgültig hinzugeben dachte.

Endlich hat F. sein Ziel erreicht; sie weiß selbst nicht wie. Zu ihrer Freundin: ›Wenn Arthur es je erfährt, nehme ich Gift.‹ Sie hat das Gift seit 1½ Jahren, spielt in Gedanken damit, spricht gern davon, welch sicheres Gefühl es einem gebe, jeden Augenblick Schluß machen zu können. Trotz Allem noch immer degagirt vom Leben, und sie pocht darauf. Ohne dieses Gift in ihrer Schieblade würde der F. sie wahrscheinlich gar nicht bekommen haben. Die Möglichkeit, jeden Augenblick den Vorhang fallen zu lassen, ist das Gefährliche, das, was im Tiefsten den Ernst unmöglich macht.

In den Ferien, auf dem Lande bei ihrer Mutter, muß sie es ihm endlich gestehen. Sie hätte weiter einfach Nein sagen können. Aber sie bringt eine ungeschickte Erfindung vor: warum? Sie wünscht im Grunde, sich zu verrathen, obwohl es das Ende wäre. Sie verachtet sich zu sehr für das Lügen. Früher war Lügen nicht nöthig, sie war frei. Ihr tiefster Instinkt ist noch immer, frei zu sein. Die Lüge verknüpft die Menschen, die Wahrheit trennt sie. Man muß lügen können, wenn man leben will. Carla ist nicht fähig, zu leben.

Sie weint unermeßlich. Sie ist gebrochen, wie ein ganz junges Mädchen, nach dem Verlust ihrer Unschuld. Denn sie war ganz unschuldig, mit 28 Jahren ganz neu im Leben. Früher gab es nicht Leben, nur Komödie. Sie hat von allem gewußt, und nichts war ihr nahe gekommen. Sie schluchzt, weil sie sieht, daß das verantwortungslose Mimenthum auch jetzt noch über sie hereinbricht. Unerlösbare Komödiantin. Solche Zwischenfälle, solch Vergessen der Wirklichkeit, des Herzens würde sich wiederholen! Er soll ihr glauben, daß sie ihn liebt, aber vor Allen will sie selbst es glauben. Sie braucht, um es zu glauben, das stärkste Mittel, den Tod. Endlich des Lebens sich würdig erweisen, dadurch daß sie stirbt. Ist an dem Ernst einer, die stirbt, zu zweifeln?

Und in dem ungeheuren Willensakt, als sie das Gift trinkt, nicht um Hilfe ruft, nur mit Gurgeln den Schmerz lindert, und sich zum Sterben hinlegt, allein, bei verriegelter Thür, – darin ist auch zum Schluß noch die gewollte Rolle, die Losgelöstheit vom Leben, das Übersein des Lebens, dessen, was sie mehreren fühlenden Menschen anthat, das harte Spiel, die tödliche Komödie.«[342]

Die Notiz, nüchtern und sachlich, wirkt wie eine Inhaltsangabe für ein neues Werk. Das Personal ist vertraut: eine schwache Frau, die sich nach Liebe sehnt, sich deshalb mit aller Macht an eine Hoffnung, einen jungen Mann, klammert, der sie mit seinem zögerlichen Verhalten enttäuscht; der schwache junge Mann, der in seinen Gefühlen schwankt und keines Entschlusses fähig ist; die bürgerliche Borniertheit seiner Familie, die in der Schauspielerin nur eine verruchte Verführerin sieht, die ihren Sohn bewusst umgarnt, als Triumph ihrer Schauspielkunst sozusagen. Tatsächlich verbirgt sich hinter der tödlichen Komödie der Selbstmord Carla Manns am 30. Juli 1910.

Heinrichs Bericht gibt die Vorfälle sehr genau wieder: Carlas Schauspielkarriere war ins Stocken geraten. Immer häufiger musste sie erleben, wie ihr Kolleginnen bei der Vergabe neuer Rollen vorgezogen wurden. Nur ein energischer Auftritt beim Direktor verschaffte ihr dann auch angemessene Rollen, doch spürte sie, dass ihr das auf die Dauer auch nicht weiterhalf. Nicht für jedes winzige Zugeständnis kämpfen müssen, sondern geachtet, vielleicht sogar geliebt zu werden – das war ihre Sehnsucht. In dieser Zeit lernte sie einen jungen Elsässer kennen, »ein außerordentlich gut aussehender, ja schöner Mann«[343] aus einer Großindustriellenfamilie. Sein Name war Arthur. Beide verlobten sich nach geraumer Zeit, gegen den Willen seiner Eltern. Diese opponierten und intrigierten gegen diese Verbindung. Eine Schauspielerin schien ihnen nicht die angemessene Schwiegertochter, auch der Hinweis auf deren Herkunft aus einer angesehenen hanseatischen Kaufmannsfamilie half wenig. Carla setzte in diese Liebe ihre ganze Leidenschaft und Hoffnung: Das Glück an der Seite dieses Mannes sollte sie über ihr Scheitern am Theater hinwegtrösten. Doch Arthur wurde zunehmend zwischen familiären Ansprüchen und Carlas Zuneigung aufgerieben. Er konnte sich nicht entscheiden: Sollte er um Carlas willen mit der Familie brechen oder Carla wegen der familiären Einwände verlassen? Während eines Urlaubs bei der Mutter, die mittlerweile als Untermieterin auf einem Bauernhof in Polling lebte, erhielt Carla einen verheißungsvollen Brief, in dem Arthur sein Kommen ankündigte. Alles schien sich zum Glücklichen zu wenden; Carlas Depressionen wandelten sich zur Euphorie. Nach dem Eintreffen Arthurs verstärkte sich diese Stimmung noch, ehe ein Brief aus dem Elsass die Hochstimmung zum Umkippen brachte. Arthur kam wieder ins Wanken, ein lauter Streit zwischen den Liebenden begann, der jedoch wieder beigelegt werden konnte. Dennoch beging Carla in der darauf folgenden Nacht Selbstmord: Die Aussicht auf eine Fortsetzung der Auseinandersetzungen bei jeder weiteren Kleinigkeit machte sie des Lebens müde. Sie wollte doch nicht kämpfen müssen, sondern sich ganz und gar hingeben, lieben. Heinrich Mann erfuhr in Ulten in Tirol von dem Geschehen, doch glaubte er, eine Ahnung gehabt zu haben. Seiner Familie habe er jedenfalls nach der Beerdigung erzählt: »Er war allein auf einem Spaziergang; ringsum kein Mensch, aber plötzlich hörte er einen Ruf; eine weibliche Stimme rief deutlich und dringend seinen Vornamen, bei dem ihn hier niemand nannte. Als er am späten Nachmittag noch über das Phänomen nachdachte, traf das Telegramm ein.«[344]

Die Liebe der Schwachen – und wer ist nicht schwach in dieser Welt? –, wie grausam konnte sie enden! Welch ungeheuren Vorschuss an Vertrauen musste ein Liebender investieren, um sich von ganzem Herzen hingeben zu können? Welche Stärke war dazu vonnöten? Das war nicht die Stärke der Herrschsüchtigen: Diese geben sich nicht hin, sondern fordern lediglich Hingabe, Unterwerfung, von den anderen. Sie nutzen ihre Stellung, ihren Einfluss und ihr Geld, um sich andere zu unterjochen. Sie demonstrieren Stärke, doch persönliche Größe fehlt ihnen. Hingabe fordert geistige Stärke. Wer lieben will, muss vertrauen. Er muss bereit sein, in seinem Vertrauen getäuscht zu werden, enttäuscht zu werden. Und er muss lernen, diese Enttäuschung zu überwinden, um erneut Vertrauen schenken zu können. Zu welch ungeahnter Größe schwingt sich der Advokat Belotti in ›Die kleine Stadt‹ auf! Die Bevölkerung hat ihm ihr Vertrauen entzogen, hat ihn verstoßen und vertrieben. Dennoch hält er weiterhin zu diesen Menschen, vertraut darauf, dass sie ihren Irrtum einsehen werden. Nur wer liebt, kann auf Gegenliebe hoffen. Der Herrschsüchtige erhält keine Gegenliebe, er erntet allenfalls Respekt. Der intrigante Savezzo, der die Herabsetzung des Advokaten in der öffentlichen Meinung betrieb, ist ein solcher Herrschsüchtiger: Er will bewundert werden, braucht er diese Bewunderung doch, um sich selbst achten und hochschätzen zu können. Ein solcher Charakter kann nicht lieben, weil er sich selbst nicht der Liebe wert erachtet. Deshalb wittert er hinter jeder Gunstbezeugung eine Intrige, hinter jeder vertrauensvollen Geste eine verräterische Falle. Das Volk spürt dies; bemerkt die Kluft zwischen sich und dem Herrschsüchtigen. Der Advokat Belotti schenkte ihnen alle seine Liebe, Savezzo sät nur Hass und Misstrauen. Deshalb ruft das Volk am Ende den Advokaten zurück und entzieht Savezzo die Macht. »Ich glaube an die Gerechtigkeit des Volkes«, verkündet Belotti. Obwohl er verstoßen worden war, hatte er diesen Glauben nie verloren. Welche Stärke gehört zu einer solchen Haltung, und wie stark macht sie einen Menschen!

Warum konnte die Schwester Carla nicht an die Macht der Liebe glauben? Hätte sie nicht, getragen von der Liebe, alle Widerstände niederreißen können? Arthur, jenes Häufchen Elend, das heulend in der Küche saß, während Carla in ihrem Schlafzimmer aufgebahrt lag, hat sie zweifellos geliebt, aber wie weit hat sein Vertrauen gereicht? Zog er ausreichend Stärke aus seiner Liebe? Wie konnte diese Welt besser werden, solange noch die Herrschsüchtigen in ihr wirkten? Arthur war schwach, er ließ sich so leicht ängstigen. Sollte man ihn dafür verurteilen? War die Schuld nicht bei jenen zu suchen, die ihn in Angst und Schrecken versetzten? Lag die Schuld nicht letztendlich bei seiner Mutter und ihrem Hass auf die Verlobte ihres Sohnes? Da drohte diese ehrwürdige Matrone, dem Sohn ihre Liebe zu entziehen, wenn er es wage, eine weitere Frau in seinem Leben zu lieben. Was ist das für eine Liebe, die sich so ohne weiteres entziehen lässt? Nichts weiter als blanke Herrschsucht: Der Sohn hat sich ihr und ihrem Willen vorbehaltlos zu unterwerfen.

Und die Geschwister? Wie verhielten sie sich in dieser Situation? Julia war entsetzt: Der Selbstmord der Schwester musste fürchterliche Auswirkungen auf ihr bürgerliches Ansehen haben. Wie konnte diese Person ihr einen solchen Affront zufügen? Thomas musste Heinrich beschwören, seiner Schwester Julia einen Besuch abzustatten, um nicht endgültig für einen Bruch in der Familie zu sorgen. Und Thomas selbst? Seine Haltung bezeugt den gleichen Egoismus, den Julia an den Tag gelegt hat: »Es ist das Bitterste, was mir geschehen konnte. Mein geschwisterliches Solidaritätsgefühl läßt es mir so erscheinen, daß durch Carla's That unsere Existenz mit in Frage gestellt, unsere Verankerung gelockert ist. Anfangs sagte ich immer vor mich hin: ›Einer von uns!‹

Was ich damit meinte, verstehe ich erst jetzt. Carla hat an niemanden gedacht, und Du sagst: ›Das fehlte auch noch!‹ Und doch kann ich nicht anders, als es so empfinden, daß sie sich nicht hätte von uns trennen dürfen. Sie hatte bei ihrer That kein Solidaritätsgefühl, nicht das Gefühl unseres gemeinsamen Schicksals. Sie handelte sozusagen gegen eine stillschweigende Abrede. Es ist unaussprechlich bitter.«[345] Welche Unverschämtheit von der Schwester, ohne Rücksicht auf die Seelenlage der Geschwister Selbstmord zu begehen! Thomas Mann ist darüber pikiert. Und Heinrich Mann war es zweifellos angesichts der Reaktion der Geschwister.

Seine zitierte Niederschrift über den Selbstmord Carlas bemüht sich, ihren Charakter zu durchforschen und ihre Beweggründe zu erhellen. Er wendet sich noch einmal der Schwester zu, spricht nicht von sich selbst, von seiner eigenen Betroffenheit, sondern nur von ihr. Sein Bemühen, ihre Tat zu verstehen, ist ein letzter Akt der Liebe zu ihr. Sein Bericht ist nüchtern und sachlich, weil es ihm um die Sache geht: um sie. Aber seine nüchterne Betrachtung bebt vor Hass auf alle, die nicht verstehen wollen, die nicht lieben können.

8. Betrachtungen eines Politischen

»Sache derer, die früh vertrocknen sollen, ist es, schon zu Anfang ihrer zwanzig Jahre bewußt und weltgerecht hinzutreten.«[346] Mit diesem Satz beginnt Heinrich Mann 1915 einen Essay über Emile Zola. Im Hause Thomas Mann rief der Satz große Verärgerung hervor: »Niemand hat es so deutlich gemerkt wie mein Mann selber, daß er damit gemeint war. Es hat ihn über alle Begriffe gekränkt, und er hat sich diesen ersten Teil des Aufsatzes viel mehr zu Herzen genommen, als es im Grunde nötig gewesen wäre, denn Heinrichs Polemik traf ihn nicht ganz unvorbereitet.«[347] Thomas Mann erblickte in dieser Bemerkung Heinrichs den Schlusspunkt eines lange schwelenden Konfliktes zwischen ihm und dem Zivilisationsliteraten, wie er seinen Bruder zu nennen beliebte. Aber hatte Heinrich mit diesem Satz wirklich auf Thomas gezielt? Die Frage muss offen bleiben, doch ist die Reaktion von Thomas verräterisch. Sofort bezieht er diese Bemerkung auf sich. Er fühlt sich getroffen; man muss sich fragen, wieso.

Sah er im vermeintlichen Angriff des Bruders eine späte Rache für sein Verhalten beim Selbstmord der Schwester Carla? Wie lange musste seine selbstgerechte Betroffenheit, die er an den Tag gelegt hatte, im Bruder Heinrich gewühlt haben, ehe er mit diesem Satz hervorbrach? Aber bezog sich Heinrichs Verdikt über die Weltgerechten überhaupt auf diesen Vorfall; sprach er nicht von denen, die bereits mit Anfang zwanzig glauben, als Richter über die Welt und ihre Menschen urteilen zu können? Bezieht sich Heinrich mithin auf ein Vorkommnis, das weiter zurückliegt, womöglich Thomas' Distanz zu Heinrichs Braut Inés? Hatte ihm die Verlobte seines Bruders nicht auch kalte Unnahbarkeit und weltgerechte Selbstbezogenheit unterstellt? Oder noch weiter zurück: Revanchierte sich Heinrich für seine Kritik am Roman ›Die Jagd nach Liebe‹? Oder verdankte sich am Ende dieser Ausbruch dem brüderlichen Neid auf Thomas' Erfolg mit den ›Buddenbrooks‹, der ihm eine gesicherte Existenz garantierte, während Heinrich weiterhin sein Vagabundendasein betrieb? Aber wollte er denn überhaupt ein anderes Leben führen? Außerdem war er doch inzwischen auch verheiratet; nun gut, eine Schauspielerin zwar nur – aber immerhin war er sesshaft geworden. Darüber hinaus hatte er in Paul Cassirer einen Verleger gefunden, der ihm zeitweilig großzügig seinen Lebensunterhalt finanzierte. Warum attackiert ihn Heinrich also gerade jetzt?

In der Tat war seit dem Selbstmord Carlas viel passiert. Nach dem Misserfolg seines Romans ›Die kleine Stadt‹ hatte Heinrich Mann beschlossen, zunächst keine weiteren Romane zu schreiben. Er versuchte sich stattdessen im Schauspiel: »Das Theater war, um unbedenklich zu sprechen, mein lustigster Abschnitt. Die paar kräftigsten Jahre um die Mitte des Lebens genügten meinem Bedürfnis nach den dramaturgischen Strapazen. Andere, die immer Stücke schrieben, konnten nicht erraten, wie anziehend die Verschiedenheit der neuen Arbeit von meiner vorigen war.«[348] Die neue Arbeit fiel Heinrich leicht: Meist benutzte er Novellen als Vorlage und setzte sie in eine szenische Dialogfolge um. So wurden aus Novellen der Sammlung ›Die Bösen‹ und ›Das Herz‹ mit wenig Aufwand die drei Einakter ›Der Tyrann›, ›Die Unschuldige‹ und ›Varieté‹.

Auf der Suche nach einem geeigneten Aufführungsort begegnete Heinrich in Berlin dem Kunsthändler Paul Cassirer. Cassirer war wie Heinrich Mann 1871 geboren. Beide hatten schon gemeinsam bei der Zeitschrift ›Simplicissimus‹ gearbeitet. Zeitgenossen beschreiben Paul Cassirer als »ein[en] Charmeur mit allen funkelnden Reizen des jüdischen Geistes, aber auch mit dem lästerlichsten – jawohl: Maul, das es jemals in Berlin gab«[349]. Nach Wanderjahren in München, Paris und Brüssel hatte Paul in der Victoriastr. 35 in Berlin vor Jahren zusammen mit seinem Vetter Bruno einen Kunstsalon eröffnet, wo er moderne deutsche und französische Kunst ausstellte. Er hat maßgeblich dafür gesorgt, dass Munch, Liebermann, Slevogt, Corinth und Nolde in der Hauptstadt ihr Publikum fanden. Außerdem hat er die Berliner erstmals auf Vincent van Gogh aufmerksam gemacht und in seiner Galerie Ausstellungen mit den Werken von Cézanne, Monet, Manet, Renoir, Seurat und Signac organisiert.

1901 schied Bruno nach Meinungsverschiedenheiten mit seinem Vetter aus dem Kunstsalon aus und machte sich als Buchverleger selbstständig. In einem Vertrag wurde festgelegt, dass Paul den Kunstsalon übernahm und sieben Jahre lang auf eine eigene verlegerische Tätigkeit verzichtete. Nach Ablauf dieser Frist gründete er dann einen eigenen Verlag und die Zeitschrift ›Pan‹, mit deren Hilfe er die zeitgenössische Literatur fördern wollte.

Cassirer bot Heinrich Mann an, unter dem Namen »Pan« auch einen Theaterverein zu gründen. Cassirers Ehefrau Tilla Durieux erinnert sich an den Zweck dieses Vereins: »Die nähere Bekanntschaft mit Heinrich Mann, der drei Einakter geschrieben hatte, ›Der Tyrann‹, ›Die Unschuldige‹ und ›Varieté‹, führte zur Gründung eines Theatervereines, ebenfalls ›Pan‹ genannt, der neuen Autoren zur einmaligen Aufführung ihrer Stücke verhelfen sollte, um die regulären Theater auf sie aufmerksam zu machen. Schauspieler stellten sich ohne Honorar zu Verfügung.«[350] Also auch hier wollte Paul Cassirer zeitgenössischen Künstlern ein Forum bieten.

Selbstverständlich stand für die Aufführung der Einakter Cassirers Frau zur Verfügung. Tilla Durieux war zu dieser Zeit eine namhafte Schauspielerin, die an den Bühnen von Max Reinhardt engagiert war. Heinrich Mann war von ihrem Auftritt in seinen Einaktern begeistert: »Ich habe nie vergessen, was Tilla Durieux nicht mehr weiß. Sie hatte in Berlin zwei ernste Akte gespielt und hatte für sich und ihren Autor soviel herausgeholt, wie psychologische Effekte nun einmal erlaubten. Jetzt kam der komische Akt, der es schaffen mußte. Umgekleidet, in ein völlig anderes Wesen übergegangen, bewegte sie sich hinter dem geschlossenen Vorhang, und welch eine Kraft war das! Das Geschlecht selbst, in all seinem tödlichen Reiz, wurde lächerlich, ein haarsträubender Vorgang, wenn man will; bei ihr von der schrecklichen Einfachheit, und jeder Schritt, noch ehe die Gardine sich teilte, strahlte vom Erfolg.«[351]

Der Kontakt mit Paul Cassirer und Tilla Durieux blieb erhalten. Sie spielte später noch die Hauptrolle bei der Berliner Uraufführung von ›Schauspielerin‹ im Theater an der Königgrätzer Straße und gab die Rolle auch bei Gastspielen in Stuttgart und München, »ein Stück mit einer guten Rolle für mich, aber leider unausgeglichen und etwas unbeholfen in der Szenenfolge. Die Dialoge witzig und gut, wie Heinrich Manns geschliffene Sprache sie zu bringen versteht; aber zum großen Kummer des Autors blieb das Stück eine Eintagsfliege.«[352] Insgesamt war Heinrich Mann mit seinen ersten Stücken wenig Erfolg beschieden. Insbesondere der berüchtigte Theater- und Literaturkritiker Alfred Kerr nahm sich mit gewohnter Bissigkeit seine dramatischen Arbeiten vor: »Unsereins nähme gern einen Verkannten in Schutz. Doch ich fürchte, es gibt hier nichts zu verkennen.«[353] Auf diese sarkastische Einleitung folgt eine vernichtende Besprechung des Stücks ›Die große Liebe‹. Dennoch genoss Heinrich Mann diese Zeit.

Cassirer hoffte Heinrich Mann für seinen neu gegründeten Verlag zu gewinnen. Die Idee hierzu stammte von Wilhelm Herzog, den Cassirer als Lektor des Verlages engagiert hatte. Herzog konnte sich auf sein freundschaftliches Verhältnis mit Heinrich Mann verlassen und ihm ein glänzendes Angebot unterbreiten: Heinrich Mann sollte an seinen Veröffentlichungen 25 Prozent des Ladenpreises als Honorar erhalten, zusätzlich wurde ihm ein festes Jahresgehalt von 6 000 Reichsmark zugesichert, das in monatlichen Raten zu je 500 Reichsmark gezahlt werden sollte. Heinrich nahm das Angebot an und hatte nun wieder eine Abnahmegarantie für seine Werke wie einst bei Albert Langen sowie ein fest zugesichertes Einkommen. Um der Öffentlichkeit seinen neuen Autor zu präsentieren, veranstaltete Paul Cassirer eine vierbändige Sammelausgabe der Werke Heinrich Manns. Im Laufe der Jahre gewann Paul Cassirer mit seinem unnachahmlichen Überredungstalent auch René Schickele, Hermann Bahr, Peter Bamm, Ernst Barlach, Walter Hasenclever, Ernst Toller, Kasimir Edschmid, Otto Flake und Else Lasker-Schüler für sein Haus.

Für einige Zeit war Heinrich in die Sphäre seiner verstorbenen Schwester Carla eingetaucht: der Umgang mit den Leuten vom Theater, die Probenarbeiten, die Aufführungen. Viele Jahre lang war dieses Leben das tägliche Brot Carlas gewesen. Deshalb musste es Heinrich sehr berühren, dass er ausgerechnet in diesem Umfeld eine Frau traf, die seiner Schwester äußerlich verblüffend ähnelte: Maria Kanová. Mimi – wie sie am Theater genannt wurde – entstammte einer jüdischen Familie aus Prag. Heinrich traf sie 1913 am Rande der Proben zu seinem Stück ›Die große Liebe‹. Sie war damals 28 Jahre alt, und Heinrich bemühte sich lebhaft – wohl in Erinnerung an das vergebliche Ringen seiner Schwester –, ihre Schauspielkarriere zu fördern.

Wenn Heinrich in diesen Jahren nicht bei Theaterproben

in Deutschland engagiert war oder in München seine Mutter besuchte – auch bei Thomas ließ er sich blicken, mied jedoch den Kontakt zu seiner Schwester Julia –, bereiste er meist die französische und italienische Riviera: Nizza wurde sein bevorzugter Aufenthaltsort. Von dort schrieb er Mimi regelmäßig über die Fortschritte an einem Roman, über dessen Plan er schon seit einigen Jahren grübelte. 1907 konnte er René Schickele immerhin so viel mitteilen: »Der Roman des Deutschen müsste geschrieben werden, die Zeit ist überreif für ihn.«[354] Die Arbeiten an dem Roman reichen jedoch noch weiter zurück. Bereits 1906 half ihm ein Aufenthalt in Berlin, das notwendige Gefühl für die Situation in Deutschland zu entwickeln: »Seit ich in Berlin bin, lebe ich unter dem Druck dieser sklavischen Masse ohne Ideale. Zu dem alten menschenverachtenden preußischen Unteroffiziersgeist ist hier die maschinenmäßige Massenhaftigkeit der Weltstadt gekommen, und das Ergebniß ist ein Sinken der Menschenwürde unter jedes bekannte Maß. Ich mache Studien. Wie das belanglose Massenteilchen, das sich irgendwo ein Butterbrot kauft, dabei behandelt wird. Wie bei jedem beliebigen Akt sich Jeder als Vorgesetzter und als Feind des Andern aufführt: so unverhüllt und brutal wie sonst nirgends in der Welt.«[355] In diesem Brief vom 31. Oktober 1906 weiß er auch schon mitzuteilen, wie die Hauptfigur des Romans beschaffen sein soll: »Sein Held soll der durchschnittliche Neudeutsche sein, einer, der den Berliner Geist in die Provinz trägt; vor allem ein Byzantiner bis ins allerletzte Stadium. Ich habe vor, dass er eine Papierfabrik haben soll, allmählich zum Fabrizieren patriotischer Ansichtskarten gelangt und den Kaiser auf Schlachtenbildern und in Apotheosen darstellt.«[356]

Die Arbeit mit den Theaterhäusern des Kaiserreichs machte weitere Aufenthalte in Deutschland notwendig, die neue Impressionen brachten. Akribisch sammelte Heinrich Mann Details: Er besuchte Papierfabriken, um seine Kenntnisse zu erweitern; Maximilian Brantl musste juristische Details über den Tatbestand der Majestätsbeleidigung beisteuern, wofür ihn der Dank des Autors im Geiste Diederich Heßlings, so der Name des treudeutschen Untertans im Roman, ereilte:

»Herrn Fabrikbesitzer Dr. Diederich Hessling
p. adr. Hrn. Dr. Max Brantl
Ottostr. 1 c/I
München

Zu ihrer Gesinnung kann ich Sie nur beglückwünschen. Das Pulver trocken! Wer sich Ihnen entgegenstellt, den zerschmettern Sie, bitte.
Mit treudeutschem Gruß«[357]

In Augsburg verfolgte Heinrich Mann eine Lohengrin-Aufführung, um Wagners Wirkung auf deutsche Gemüter studieren zu können. Vergnügt schrieb er an Mimi Kanová: »Der Lohengrin in Augsburg war trist u. komisch, was für mich aber nicht weniger am Stück als an der Aufführung liegt. Ich habe Beobachtungen im Sinne Diederichs u. Gustes gemacht, habe alles notirt u. mache vielleicht einige hübsche Seiten daraus. Wie viel Dummheit in so einem Wagner-Helden, in dem Chor, in allem!«[358] Gar zu lange hielt er dieses geistige Klima allerdings nicht aus: Die libertine Welt des Theaters war ihm hier mit Sicherheit eine bedeutende Entlastung, ebenso wie ihm die Auslandsaufenthalte wichtige Erholungsphasen brachten. Im Juni 1914 war der Roman fertig, der Heinrich Manns Ruhm begründen sollte: ›Der Untertan‹.

Der Roman beginnt mit den bekannten Zeilen: »Diederich Heßling war ein weiches Kind, das am liebsten träumte, sich vor allem fürchtete und viel an den Ohren litt. Ungern verließ er im Winter die warme Stube, im Sommer den engen Garten, der nach den Lumpen der Papierfabrik roch und über dessen Goldregen- und Fliederbäumen das hölzerne Fachwerk der alten Häuser stand. Wenn Diederich vom Märchenbuch, dem geliebten Märchenbuch, aufsah, erschrak er manchmal sehr. Neben ihm auf der Bank hatte ganz deutlich eine Kröte gesessen, halb so groß wie er selbst! Oder an der Mauer dort drüben stak bis zum Bauch in der Erde ein Gnom und schielte her!«[359] In dem Kind Diederich Heßling begegnet uns Heinrich Mann: das weiche Kind, das gerne träumte, für das Realität und Fantasiewelt ineinander flossen. Das Leiden an den Ohren teilt Heßling ebenso mit Heinrich Mann wie die Vorliebe für die Märchenbücher, die Heinrich verborgen in einem überwachsenen Winkel des großmütterlichen Gartens las. Aus Diederich Heßling wird ein widerwärtiger Tyrann, aus Heinrich Mann wurde ein Advokat der Menschlichkeit. Warum hat sich beider Leben so unterschiedlich entwickelt?

Der Roman berichtet von dem Vater: »Fürchterlicher als Gnom und Kröte war der Vater, und obendrein sollte man ihn lieben. Diederich liebte ihn. Wenn er genascht oder gelogen hatte, drückte er sich so lange schmatzend und scheu wedelnd am Schreibpult umher, bis Herr Heßling etwas merkte und den Stock von der Wand nahm.«[360] Wenn Diederich hündisch ergeben seine Bestrafung herausfordert, so wirkt dies bereits wie ein Akt der Überlegenheit. Er will verprügelt werden: Nicht der Vater entscheidet, wann Diederich bestraft wird, sondern der Junge dient sich dem Vater zur Züchtigung an. Sein verheultes Gesicht wird zum Monument seiner herausgehobenen Stellung: »Kam er nach einer Abstrafung mit gedunsenem Gesicht und unter Geheul an der Werkstätte vorbei, dann lachten die Arbeiter. Sofort aber streckte Diederich nach ihnen die Zunge aus und stampfte. Er war sich bewußt: ›Ich habe Prügel bekommen, aber von meinem Papa. Ihr wäret froh, wenn ihr auch Prügel von ihm bekommen könntet. Aber dafür seid ihr viel zu wenig.‹«[361] Die Prügel sind für Diederich das Zeichen der väterlichen Liebe. In der Beziehung Diederichs zu seinem Vater begegnen dem Leser wieder die pervertierten Formen der menschlichen Liebe, wie er sie bereits aus ›Im Schlaraffenland‹ und ›Die Jagd nach Liebe‹ kennt. So wie sich dort die Liebespartner gegenseitig quälen, um sich zu beweisen, dass man stärker als der andere ist, so lässt sich Diederich von seinem Vater schlagen, um einen Moment später den Vater zu verhöhnen, wenn dieser nur ein Zeichen der Schwäche zeigt.[362]

Wie sehr unterscheidet sich dieses Vater-Sohn-Verhältnis von Heinrichs Beziehung zu seinem Vater! Zwar hatte sein Vater auf einer praktischen Ausbildung für seinen Sohn beharrt, hatte ihm den Schriftstellerberuf verboten, doch hegte Heinrich zeit seines Lebens Bewunderung und Liebe für diesen Mann, heischte bis zuletzt um das liebevolle Verständnis des Dahingeschiedenen. Hätte er ihn geprügelt? Gewiss hat er den Berufswunsch seines Sohnes mit aller Strenge unterdrückt, doch immer glaubte Heinrich an das insgeheime Einverständnis des Vaters. Nie verlor Heinrich Mann das Mitgefühl für Thomas Johann Heinrich Mann, verstand wohl auch die sorgenvollen Beweggründe des lübischen Senators. Der prügelnde Vater Heßling besitzt keinen menschlichen Sinn für seinen Sohn; mit seiner strafenden Strenge zielt er auf eine normgerechte Erziehung Diederichs. Prinzipien sind ihm wichtiger als Menschen.

Diese Richtlinie legt aber nicht nur der Vater an, es gibt durchaus noch weitere Instanzen, die nach dem gleichen Maßstab verfahren: Da sind der liebe Gott, die Märchenkröte, die Polizei, der Schornsteinfeger, der Doktor und schließlich die Schule. Sie alle strafen fürchterlich, wenn man sich nicht an ihre Prinzipien hält. Diederich lernt zu gehorchen. Der Roman ›Der Untertan‹ ist die Schilderung eines Sozialisationsprozesses, der auf dem Prinzip der Angst aufgebaut ist. Durch die permanente Furcht wird ein generelles Misstrauen gegenüber allen Menschen geschürt, das sich später in Unterdrückung der Untergebenen und heimlichen Intrigen gegen Höherstehende entlädt. Diederich Heßling lernt, sich dem Stärkeren zu beugen. Seine Unterwerfung wird von ihm als Teilhabe am Ganzen gesehen. Jede Züchtigung ist ihm ein Zeugnis für den Respekt, der ihm gezollt wird, für die Angst der Anderen vor ihm.[363] Gleichzeitig lauert er stets auf ein Zeichen der Schwäche bei den Mächtigen, um sie unterjochen zu können.

Der Roman berichtet auch von zwei jüngeren Schwestern, die Diederich ebenso wie Heinrich hat. Die beiden Mädchen befinden sich naturgemäß in einer schwächeren Position und sind dadurch automatisch die Opfer von Diederichs Demonstrationen seiner Überlegenheit. Während Diederich seine jüngeren Schwestern übel traktiert, ist ein solches Verhalten bei Heinrich Mann nicht überliefert, auch wenn sich beim jungen Heinrich sehr wohl Ansätze herrischen Verhaltens zeigten – erinnert sei an die Geschichte mit der Geige. Seine Machtdemonstrationen verpufften jedoch meistens wirkungslos wegen des jüngeren Bruders Thomas, der von der Mutter beschützt wurde. Auffälligerweise fehlt Diederich ein jüngerer Bruder.

Heinrich Mann treibt das Spiel der Parallelen noch ein Stück weiter: Er erwähnt sogar den Vorfall mit der Schaumrolle, der seiner Jugend entnommen ist. Der Oberkellner des Hotels ›Duft‹ in Lübeck hatte Heinrich und seinem Freund zwei Schaumrollen versprochen. Sooft sie bei ihm vorbeischauten, erneuerte er sein Versprechen, doch dachte er offensichtlich nie daran, es zu erfüllen. Eines Tages, Heinrich war allein unterwegs, traf er den Oberkellner vor dem Hotel und erinnerte ihn an sein Versprechen. Als der Oberkellner wiederum sein Versprechen nur erneuerte, drohte Heinrich, zum Hoteldirektor zu gehen und sich über sein Verhalten zu beschweren. Daraufhin lachte der Oberkellner und brachte dem Jungen die versprochene Süßspeise. Als Heinrich sie in den Händen hielt, fiel ihm sein Freund ein, von dem er sich nach einem Streit vor Wochen getrennt hatte. Er dachte, dass die Schaumrolle möglicherweise ihre Freundschaft wiederherstellen könnte, und wollte sie ihm bringen. In der Wohnung des Freundes erfuhr er jedoch, dass er vor wenigen Tagen Lübeck verlassen habe. Über diese Auskunft vergaß der Junge die Schaumrolle und schlich traurig nach Hause. In ›Der Untertan‹ nimmt die Episode einen anderen Verlauf: Eines Tages besteht Diederich unter Androhung, zum Chef des Oberkellners zu gehen, auf der Herausgabe der Schaumrolle, die ihm und Wolfgang Buck versprochen worden war. Als er sie erhält, versteckt er sich in einem Winkel des Hotels und schlingt sie hastig herunter, damit er nicht mit Wolfgang Buck, der draußen wartet, teilen muss. Gesättigt nach draußen zurückgekehrt, beklagt er sich bei Wolfgang über die Ungerechtigkeit der Welt: Der Oberkellner habe die versprochene Schaumrolle niemals besessen. Egoismus und materialistische Gesinnung triumphieren bei Diederich über die Sehnsucht nach zwischenmenschlicher Nähe.

Diederich verlässt die Provinzstadt Netzig und bezieht die Universität in Berlin; Heinrich Mann verließ Lübeck und begann eine Ausbildung in Dresden und dann ein Volontariat in Berlin. Beide teilten also in ihrer Jugend das Großstadterlebnis. Für beide bedeutete die Konfrontation mit der Metropole die erste Erfahrung mit der Einsamkeit. Beide spürten, allein gelassen, die Haltlosigkeit ihrer Existenz. Diederich flüchtet sich in die Burschenschaft »Neuteutonia«: »Beim Bier brauchte man nicht zu handeln, nichts zu wollen und zu erreichen …«[364] Nichts wollen war das Ergebnis der persönlichen Haltlosigkeit, nicht handeln müssen war die glückverheißende Reaktion auf diese Erfahrung. Wer nicht zum Handeln gezwungen war, konnte die Haltlosigkeit ertragen. Doch das beseligende Gefühl, nicht handeln zu müssen, währt bei Diederich nicht lange. Die Burschenschaft tritt mit ihren Traditionen an ihn heran. Zunächst reagiert der Student aus der Provinz verstört, doch die Unterwerfung unter die machtvollen Riten der Korporation gibt ihm einen Halt: »Schon hatte Diederich Selbstbeherrschung gelernt, Beobachtung der Formen, Korpsgeist, Eifer für das Höhere. Nur mit Mitleid und Widerwillen dachte er an das elende Dasein des schweifenden Wilden, das früher das seine gewesen war. Jetzt war Ordnung und Pflicht in sein Leben gebracht.«[365] Und Heinrich Mann: Auch er hatte einen Versuch zur Selbstdisziplinierung unternommen, einen Versuch, die verloren gegangene Ordnung in der haltlosen Zeit zu etablieren – man denke an seine Herausgebertätigkeit bei der Zeitschrift ›Das Zwanzigste Jahrhundert‹. Der Neuteutonia Diederichs entspricht ›Das Zwanzigste Jahrhundert‹ Heinrichs als geistiges Konzept zur Bewältigung der Lebenskrise. Nicht zufällig begegnet Diederich im Umfeld seiner Verbindung einem Herrn von Barnim, der die Forderungen der

Zeitschrift ›Das Zwanzigste Jahrhundert‹ vertritt. Diederich kann dem Herrn nur wärmstens zustimmen.

Aber Heinrich Mann suchte schon bald nach einem neuen Konzept zur Überwindung der dekadenten Haltlosigkeit und fand es in der Sehnsucht nach Liebe. In der wahren Liebe, in der vertrauensvollen Hingabe an und für einen anderen, finden zwei Menschen zu persönlicher Stärke. Auch Diederich begegnet der Liebe in der Gestalt Agnes', der Tochter eines Berliner Geschäftspartners seines Vaters. In merkwürdiger Weise fühlt sich Diederich zu der kränklichen und gefühlvollen jungen Frau hingezogen. Doch er erlebt seine Zuneigung, sein Verlangen nach Hingabe, als Ausdruck persönlicher Schwäche. Agnes kennt in dieser Hinsicht keine Bedenken. Mit ihrer ungeheuchelten Liebe überwindet sie die inneren Widerstände bei Diederich: Er gibt ihr ein Heiratsversprechen, unternimmt mit ihr einen heimlichen Ausflug aufs Land. Doch bereits bei der Heimfahrt von ihrem Ausflug fällt Agnes das distanzierte Verhalten Diederichs auf. Diederich hasst sich für seine Schwäche und versucht sich auf eine Position der Stärke zurückzuziehen: Er hat sie verführt, hat ihr damit seine Überlegenheit bewiesen und will sie nun verlassen. Agnes' Vater versucht Diederich nochmals an seine Zusage zu erinnern, doch wird er von ihm zurückgewiesen: »Mein moralisches Empfinden verbietet es mir, ein Mädchen zu heiraten, das mir seine Reinheit nicht mit in die Ehe bringt.«[366] Nicht zwischenmenschliche Nähe, sondern abstrakte Normen werden von Diederich zum Maßstab des eigenen Handelns erhoben, um aus einem menschlich-moralischen Obligo zu entkommen. Auf diesem Wege wird der wahre Kern der Moralität, die Menschlichkeit, entwertet. Die Norm kehrt sich gegen den Menschen. Durch seine Abkehr von der Liebe trennen sich die Lebenswege von Diederich Heßling und Heinrich Mann. Heinrich findet zu Inés Schmied, Puccini und Rousseau; Diederichs Entwicklung führt ihn zu Gusti Daimchen, Wagner und Hobbes.

Diederich heiratet schließlich Gusti Daimchen, eine Frau mit einem dicken rosigen Gesicht auf einem fetten Hals, mit fleischigem Mund, einer kleinen, eingedrückten Nase und wurstigen Fingern. Sie ist herausfordernd und aggressiv, nicht hingebungsvoll und passiv wie Agnes. Außerdem ist sie wild entschlossen, eine finanziell gute Partie zu machen. Kurzum, sie ist in ihrer Wohlbeleibtheit die sinnliche Verkörperung materialistischer Gelüste und selbst von materialistischer Gesinnung. Wenn sie Diederich Heßling heiratet, so deshalb, weil er über die besseren gesellschaftlichen Aufstiegsmöglichkeiten verfügt als der Sohn des alten Buck, mit dem sie verlobt ist. Diederich will Gusti, weil er mit ihrem Vermögen den väterlichen Betrieb, dem er seit dem Tod des Vaters vorsteht, vergrößern und damit die Konkurrenz aus dem Feld schlagen kann. Allerdings kann er sie erst ehelichen, nachdem sie sich ihm völlig unterworfen hat. Eine selbstbewusste Frau an seiner Seite kann Diederich nicht dulden. So streut er Gerüchte über ihren Verlobten Wolfgang Buck und sie, die sie immer mehr in Bedrängnis bringen. Als Wolfgang Buck sich von ihr trennt, weil er sich ohnehin nie mit dem Gedanken einer bürgerlichen Ehe anfreunden konnte, ist sie trotz ihrer beträchtlichen Mitgift gesellschaftlich erledigt. Jetzt ist Diederich bereit, ihr einen Antrag zu machen, weil sie ihn unmöglich abschlagen kann und ihm zeit ihres Lebens dafür dankbar sein muss. Die Liebe von Diederich und Gusti entpuppt sich als ein sadomasochistischer Machtkampf.

Schon bald fällt Diederich in Netzig auf. Er verwickelt einen angesehenen Bürger der Stadt in einen Prozess wegen Majestätsbeleidigung. Unterstützt vom Regierungspräsidenten von Wulckow sorgt Diederich mit seiner Zeugenaussage dafür, dass das Gericht ihn zu einem halben Jahr Gefängnis verurteilt. Diederich hofft nun, das Vertrauen des Regierungspräsidenten zu besitzen und auf diesem Wege Karriere machen zu können. Zuerst sichert er sich eine Position im Kriegerverein. Thomas Rohkrämer sieht in dieser Organisation ein breitenwirksames Instrument zur Progapierung von »starkem Staat, Armee und Machtpolitik«[367]. Die Schaffung eines einheitlichen Deutschlands wurde in der

Bevölkerung als Ergebnis dieser drei Faktoren angesehen.[368] Wem Deutschlands Wohl am Herzen lag, der musste diese Politik unterstützen, weil sie die Erfolge beanspruchen konnte, die die Revolution von 1848 nicht beschert hatte. Aus dem Lager der gescheiterten Liberalen von 1848 stammen denn auch die Gegner Diederich Heßlings. Der alte Buck repräsentiert in Netzig die Ideale der deutschen Revolution: Er hatte nach dem Scheitern Jahre im Gefängnis verbracht und war schließlich in seine Heimatstadt zurückgekehrt, wo er rasch zur bewunderten Persönlichkeit aufstieg. Die Menschen vergaßen, obwohl zwischenzeitlich Bismarck unter preußischer Vorherrschaft die deutsche Einigung realisiert hatte, nicht, dass einer wie der alte Buck einstmals für ihre Interessen und Ideale gekämpft und gelitten hatte.

Diederich verkörpert demgegenüber den Geist der neuen Zeit, den Geist jener gesellschaftlichen Mächte, denen der Erfolg beschieden war. Er verdrängt mit Hilfe seiner Gesinnungsgenossen aus dem Kriegerverein, die in Netzig eine Nationale Partei gründen, den alten Buck aus seiner Machtposition und bringt nach und nach die Stadt unter seine Kontrolle. Dabei scheut er auch vor einem heimlichen Bündnis mit den verhassten Sozialdemokraten nicht zurück. Mit den Sozialdemokraten verbindet ihn der Wunsch nach größerem materiellen Wohlstand. Wenn die Besitzenden reicher werden, fällt auch mehr für die Arbeiter ab. Der wirtschaftliche Erfolg liegt deshalb auch im Interesse der Sozialdemokratie. Nur auf materiellen Zugewinn für ihre Klientel schielend, vergessen die Sozialdemokraten darüber ihre Ideale. Ihre Unterdrücker lindern zwar die soziale Lage der Arbeiterklasse, aber nur um sie besser beherrschen zu können.[369] Lediglich ein Idealist wie der alte Buck kann darauf hoffen, dass die menschliche Sehnsucht nach Freiheit größer ist als der Wunsch nach Befriedigung der materiellen Bedürfnisse. Der Geist unterliegt dem Materialismus, verkörpert vom Kaiserreich und seinen unheimlichen Verbündeten, den Sozialdemokraten.

Heinrich Mann rechnet erbarmungslos mit Deutschland ab. Er legt die wahren Verhältnisse hinter der Heuchelei von

Gottesgnadentum und bürgerlicher Moralität bloß. Die Berufung auf Gott als Legitimation für die kaiserliche Macht ist ebenso verlogen wie die Berufung auf Gott als Ursprung der sittlichen Weltordnung. In beiden Fällen dient die metaphysische Verankerung nur dazu, Kaiser und Moral der Kritik durch die menschliche Vernunft zu entziehen. Auf diese Weise wird den Menschen eine Ordnung oktroyiert, die ihrem Verlangen nach Freiheit entgegensteht. Machterhalt ist das primäre Ziel. Solange man die Macht in Händen hält, kann man seine materiellen Bedürfnisse befriedigen. Das System Türkheimer aus ›Im Schlaraffenland‹ wird in ›Der Untertan‹ wiedergeboren.

Der Mächtige will aber noch mächtiger werden, muss es sogar, will er das System bewahren. Um seine Macht zu erhalten, muss er seinen Untertanen ausreichend Mittel zur Verfügung stellen, damit diese ihre Bedürfnisse befriedigen können. Aber eigentlich verlangt es die Untertanen nicht nur nach materiellen Gütern, sondern auch nach ideellen. Daraus erwächst eine Unzufriedenheit, die nur mit Bereitstellung neuer materieller Güter besänftigt werden kann. Der Unterdrücker muss daher immer mehr materielle Güter zur Verfügung stellen. Er braucht lebensnotwendig immer neue Erfolge: Ohne Erfolge bricht das System eines Tages in sich zusammen.

Dabei ist der innere Druck schon groß genug: Jeder kleine Untertan möchte gerne innerhalb des Systems aufsteigen. Diederich Heßling will die Papierfabrik in Gausenfeld, will das Papiermonopol für die öffentlichen Blätter und Zeitungen, mit anderen Worten: mehr materielle Güter, um die innere Leere, entstanden aus dem Verbot persönlicher Freiheit, auszufüllen. Hinterhältig lauert er auf eine Schwäche des ihm Übergeordneten, um sich sofort seiner Position bemächtigen zu können. Der Mensch wird des Menschen Wolf. Vertrauen – und damit Liebe, die gegenseitiges Vertrauen voraussetzt – ist unter diesen Bedingungen unmöglich. Der Machtapparat reagiert darauf: Wo der Mensch ein hinterhältiger Wolf ist, muss er unterdrückt werden, damit er nicht zu einer Gefahr für den Mitmenschen und schließlich für den Herrschenden wird. So gerät das gesamte System in einen Zirkel: Der Repressionsapparat der Macht erschafft einen Menschen, der heimtückisch und hinterhältig ist, woraufhin der Apparat die Repression noch verstärken muss, um sich gegen den von ihm geschaffenen Menschentyp wehren zu können. Irgendwann zerstört ein solches System sich selbst, weil es nicht länger die Macht aufbringt, die Menschen zu unterdrücken.

Am Ende dieses fatalen Zirkels steht der Griff nach dem totalen Erfolg als letzte Rettung vor dem Untergang: der totale Krieg, der den totalen Sieg bringen soll. Diederich Heßling lechzt in seiner abschließenden Rede bei der Enthüllung des Denkmals Wilhelms I. nach dieser letzten Prüfung für »das tüchtigste Volk Europas und der Welt«[370]. Der Erfolg muss »der überlieferten und von Gott geweihten Macht, gegen die man nichts machen kann«[371], notwendig zufallen. Ein Gewittersturm bricht in diesem Augenblick über Netzig, über ganz Deutschland, herein. Die Blitze und Donner lassen die Häusermauern bersten. Die Schlussszene des Romans ›Der Untertan‹ wirkt wie eine Vision der nahenden Ereignisse. Heinrich Mann hat in diesem Roman seine Analysen der Gesellschaft des Kaiserreichs zusammengefasst und visionär das Ende vorweggenommen. Der Charakter- und Gesellschaftstypus lässt keine andere Schlussfolgerung zu: Der totale Krieg wird unvermeidlich kommen, weil das Kaiserreich und seine Untertanen danach gieren, weil sie ihn brauchen.

Der Roman war beendet. Aber wer um Himmels willen würde ein solches Werk drucken? Paul Cassirer hatte sein Interesse am Buchhandel in letzter Zeit merklich verloren, hatte sich, ein launiger Tausendsassa, schon wieder neuen Projekten verschrieben. Auch dürfte der Roman kaum seinen politischen Ansichten entsprochen haben, wenngleich ihn dies – seinem Naturell gemäß – weniger gestört hätte. Aber spätestens der Ausbruch des Ersten Weltkriegs griff die Finanzen Cassirers stark an. Er konnte kaum noch seine vertraglichen Verpflichtungen erfüllen und zahlte nur noch einen Bruchteil der ursprünglich festgeschriebenen monatlichen Summe. Eine Rückkehr zum Insel-Verlag kam auch nicht in Frage: Noch zu gut waren Heinrich Mann die unzähligen Probleme in Erinnerung, die er in diesem Hause mit ›Die kleine Stadt‹ durchleben musste. Welch ein Aufstand damals wegen des Wortes »Demokratie« im Flugblatt zum Roman; was stünde jetzt erst zu erwarten? Heinrich Mann hatte sich dafür entschieden, zuerst einmal die Reaktion der Öffentlichkeit zu testen. Vorabdrucke einzelner Abschnitte platzierte er in satirischen und oppositionellen Zeitschriften: 1911/12 konnte man Ausschnitte aus dem noch in Arbeit befindlichen Roman im ›Simplicissimus‹ lesen, 1912 folgten weitere in der Zeitschrift ›Licht und Schatten‹, 1913 erschienen Leseproben in der Zeitschrift ›März‹. Bei Vortragsreisen durch Deutschland trug Heinrich Mann seit 1912 Ausschnitte vor: Meist präsentierte er die Szenen vor Gericht, Heßlings Reaktion auf eine Lohengrin-Aufführung in Netzig und Heßlings Rede bei der Einweihung des Kaiser-Wilhelm-Denkmals. Die Auswahl berücksichtigte gerade die besonders rigorosen Teile des Romans. Auf diese Weise bereitete Heinrich Mann das Erscheinen des gesamten Romans behutsam vor. Mit Vergnügen meldete er seiner Frau am 3. März 1914, dass mittlerweile auch sein Bruder Thomas den ›Untertan‹ gelesen habe und über die Aggressivität des Angriffs auf den deutschen Untertanengeist erstaunt sei. Thomas habe dem Roman einen großen Erfolg prognostiziert, weil die Zeit für ein solches Werk reif sei. Heinrich beurteilte die Erfolgsaussichten seines Romans skeptischer. Seit dem 1. Januar 1914 erschien der Roman in Fortsetzungen in der Zeitschrift ›Zeit im Bild. Moderne Illustrierte Wochenschrift‹ für das enorme Honorar von 10000 Reichsmark. Doch Heinrich Mann fürchtete weiterhin ein Einschreiten staatlicher Stellen, schrieb an seinen Anwalt Maximilian Brantl, ob nicht Gefahr in Verzug sei. Doch die Fortsetzungen erschienen weiterhin, bis sich im Sommer dieses Jahres die Ereignisse in Europa überschlugen.

Am 28. Juni wurden der österreichische Thronfolger Franz

Ferdinand und seine Frau in Sarajevo von einem serbischen Nationalisten erschossen. Österreich forderte daraufhin von Serbien ein energisches Vorgehen gegen diese Kräfte unter Beteiligung österreichischer Sicherheitskräfte. Vor Bekanntmachung dieser Forderung hatte man sich allerdings bereits die Rückendeckung des Bündnispartners Deutschland zusichern lassen. Deutschland hatte seinem Verbündeten eine Blankovollmacht erteilt: Es unterstütze alle Maßnahmen Österreich-Ungarns in vollem Umfang. Umgehend hatte die Gegenseite reagiert: Der französische Präsident und sein Ministerpräsident waren nach Russland gereist und hatten mit dem Zaren beraten. Am Ende der Verhandlungen sicherten sich Frankreich und Russland ihre Bündnistreue zu. Ein europäischer Krieg wurde von beiden Seiten bewusst einkalkuliert.

Wie oft hatte Europa in den letzten Jahren am Rande eines Krieges gestanden! Seit 1904 hatten diverse internationale Krisen den alten Kontinent in Atem gehalten. Doch immer wieder war es durch internationale Vermittlung oder bilaterale Verhandlungen gelungen, dem Ausbruch eines Krieges zuvorzukommen. Kam es dennoch zu bewaffneten Konflikten, so war doch nie eine der europäischen Großmächte beteiligt, sodass man die kriegerischen Auseinandersetzungen regional begrenzen konnte. Insbesondere Deutschland operierte in diesen Jahren immer wieder mit der Drohung eines Krieges, um international Zugeständnisse zu erreichen. Das Militär insistierte auf eine solche Vorgehensweise, schlug immer wieder einen umfassenden europäischen Krieg vor, wenn ihm der Zeitpunkt günstig erschien. Deutschland geriet dadurch zunehmend in Konflikt mit den übrigen europäischen Großmächten. Das europäische Bündnissystem Bismarcks zerfiel. Am Ende stand Deutschland mit nur noch wenigen Verbündeten da, die sich zudem als unsichere Kantonisten erwiesen. Österreich-Ungarn wurde von Nationalitäten-Konflikten innerlich zerrissen, die ein baldiges Ende der Donaumonarchie heraufbeschwörten. Italien verhandelte und paktierte offen mit den übrigen europäischen Mächten ohne Rücksicht auf den deutschen Verbündeten. Das Osmanische Reich durchlebte eine innere Krise und zerfiel allmählich. Österreich-Ungarn und Italien rissen ständig neue Stücke des zerfallenden Reiches an sich, ohne zu bedenken, in welche Lage Deutschland damit versetzt würde, das mit allen Beteiligten verbündet war.

1909 löste Theobald von Bethmann Hollweg den bisherigen Reichskanzler von Bülow ab. Bethmann Hollweg bemühte sich um vertrauensbildende Maßnahmen. Tatsächlich brachte seine Politik erste Erfolge: Das Verhältnis zu Russland entspannte sich nach einem Treffen zwischen Zar Nikolaus II. und Kaiser Wilhelm II. im Jahr 1910 und selbst mit Frankreich kam man in puncto Marokkos, einem ständigen Unruheherd dieser Zeit, zu einer vorläufigen Übereinkunft, indem man Frankreichs politischen Vorrang in diesem Land akzeptierte. Hinter dem Rücken Bethmann Hollwegs wurde diese Politik jedoch von einflussreichen Kreisen torpediert. Das Kanonenboot ›Panther‹ wurde nach Marokko geschickt, um das deutsche Interesse an diesem Land zu unterstreichen. Um den Konflikt beizulegen, überließ Paris den Deutschen zwei schmale Streifen von Französisch-Äquatorialafrika, die an die deutsche Kamerunkolonie grenzten. Die militärische Drohung hatte also einmal mehr den Erfolg gebracht. Die Gegner Bethmann Hollwegs hatten es bewiesen.

Aber trotz der permanenten Drohung mit militärischen Mitteln wollte niemand den Krieg wirklich. Dies schienen die letzten Jahre zu bestätigen. So schien anfangs auch niemand die Lage nach dem Attentat auf den österreichischen Thronfolger ernst zu nehmen: Österreichs Drohungen gegen Serbien lagen im Rahmen dessen, was bisher schon stets Mittel der Politik gewesen war. Wie bisher glaubte man an eine friedliche Lösung; die Diplomaten würden schon einen gangbaren Kompromiss finden. Man genoss den schönen Sommer oder war mit anderen – innenpolitischen oder wirtschaftlichen – Problemen beschäftigt: »Zwar schlugen nach dem Attentat von Sarajewo der Zorn und die Empörung in Wien hoch. Anderswo – zum Beispiel auch in Großbritannien – verspürte man wohl Mitgefühl, befand sich ansonsten aber bereits am Aufbruch in die sommerliche Feriensaison. In Frankreich war erst am 16. Juni ein neues Kabinett gebildet worden, und auch im Juli war die Öffentlichkeit mit innenpolitischen Problemen – nicht zuletzt mit dem bevorstehenden Verfahren gegen Joseph Caillaux – beschäftigt. In Berlin tat man gerade nach dem Ende der Hoyos-Mission und der Ausstellung des kaiserlichen ›Blanko-Schecks‹ an Österreich-Ungarn alles, um keine Unruhe aufkommen zu lassen: Wilhelm II. begab sich auf seine alljährliche Norwegenfahrt an Bord seiner Yacht ›Hohenzollern‹; der Oberquartiermeister Georg von Waldersee, sowie Kriegsminister Erich von Falkenhayn nahmen ihren Urlaub, Generalstabschef Helmuth von Moltke und Marinestaatssekretär Alfred von Tirpitz wurden aus ihrer Sommerfrische nicht nach Berlin zurückberufen.«[372] Erst die Übergabe des Ultimatums an Serbien am 23. Juli machte vielen den Ernst der Lage bewusst.

Das zweitägige Ultimatum Österreich-Ungarns verstrich. Serbien ließ sich Zeit mit seiner Antwort, doch der Handlungsspielraum war begrenzt: Eine Annahme der Forderungen wäre gleichbedeutend gewesen mit der Preisgabe der nationalen Souveränität. Die Ablehnung der Forderungen war daher nur allzu verständlich. Noch am Tag der serbischen Zurückweisung der Forderungen wurde in beiden Ländern die Teilmobilmachung angeordnet. Russland kündigte offiziell an, Serbien in diesem Konflikt zu unterstützen. In den nächsten drei Tagen bemühten sich Deutschland und Großbritannien um eine Vermittlung: Vorgeschlagen wurde eine Botschafterkonferenz und direkte Verhandlungen zwischen Österreich und Russland, aber der diplomatische Vorstoß misslang. Am 28. Juli 1914 erfolgte die Kriegserklärung Österreich-Ungarns an Serbien. Am Tag darauf machte Russland teilweise mobil, einen Tag später folgte die Generalmobilmachung. Reichskanzler Bethmann Hollweg gab nicht auf: Noch in den letzten Stunden bemühte er sich um eine Vermittlung, weil er eine englische Intervention befürchtete. Doch hinter seinem Rücken hatte der deutsche Generalstabschef schon mit seinem österreichischen Amtskollegen Kontakt aufgenommen und ihm dringend zur Generalmobilmachung geraten, um der russischen Bedrohung gewachsen zu sein. Das deutsche Militär wollte den Krieg: Man war sich des Sieges sicher und glaubte, auf diesem Wege Deutschland die Weltgeltung verschaffen zu können, die ihm die anderen europäischen Mächte in den vergangenen Jahren verweigert hatten. Der Einsatz militärischer Gewalt sollte ähnliche Erfolge wie bei der deutschen Einigung von 1871 heraufbeschwören. Der befreiende Erfolg, die siegreiche Bewährung des überlegenen Deutschlands sollte kommen, wie Heinrich Mann es vorausgesehen hatte.

Dennoch beherrscht noch am 30. Juli die bevorstehende Hochzeit Heinrichs mit Maria Kanová das Gespräch in der Familie Mann. Niemand weiß die internationale Lage richtig einzuschätzen. Thomas schreibt an diesem Tag an seinen Bruder: »Wir erhielten die Nachricht vom Mobilmachungsbefehl heute Nachmittag. Ein Dementi ist ihr ja gefolgt, aber man hat doch den Eindruck, daß es nicht lange aufrecht erhalten werden wird. Wir hören eben, daß in einigen Stunden die telephonische und telegraphische Verbindung mit München inhibiert werden soll, da sie für militärischen Bedarf frei gehalten werden muß. So weit ist es noch nicht gekommen, so lange wir leben. Ich möchte wohl wissen, wie Du empfindest. Ich muß sagen, daß ich mich erschüttert und beschämt fühle durch den furchtbaren Druck der Realität. Ich war bis heute optimistisch und ungläubig – man ist zu civilen Gemütes um das Ungeheuerliche für möglich zu halten. Auch neige ich noch immer zu dem Glauben, daß man die Sache nur bis zu einem gewissen Punkte treiben wird. Aber wer weiß, welcher Wahnsinn Europa ergreifen kann, wenn es einmal hingerissen ist!«[373] Noch schwebt Thomas Mann zwischen Hoffen und Bangen. Dabei gesteht er durchaus ein, dass er den Ernst der Lage womöglich auch nicht wahrnehmen will, um dem ›Druck der Realität‹ zu entfliehen. Bis zu diesem Tag war die Realität für ihn das Spielmaterial seiner Romane und Erzählungen. Souverän schwebte er, der göttergleiche Dichter, über diesen profanen Dingen und schuf sich in seinem Werk seine Welt. Nun wagte es jedoch die Realität, eine ungeheure Eigendynamik an den Tag zu legen, wodurch sie nicht länger zum Spielmaterial der dichterischen Fantasie taugen wollte. Auch Julia Mann, die Mutter, hofft am 27. Juli noch auf eine einvernehmliche Lösung: »Wenn doch Engl. u. Deutschl. Einfluß auf Rußl. hätten!«[374] Sie bangt vor allem um ihren jüngsten Sohn Viktor, der im Zuge der Mobilmachung einrücken musste. Heinrich schweigt in diesen Tagen. Was hätte er auch noch sagen sollen: Schließlich hatte er mit seiner ›Geschichte der öffentlichen Seele unter Wilhelm II.‹, so lautete der Untertitel des ›Untertans‹, die Deutschen vor dem letzten, unvermeidlichen Schritt gewarnt, doch niemand wollte seine Warnung hören.

Am 31. Juli fordert Deutschland von Russland offiziell die Rücknahme der Generalmobilmachung innerhalb von 24 Stunden, da man sich andernfalls genötigt sähe, durch militärische Maßnahmen dem Verbündeten beizustehen. Der deutsche Botschafter in Frankreich wird beauftragt, von der Regierung in Paris eine Neutralitätserklärung einzuholen, falls es zu einem deutsch-russischen Konflikt kommen sollte. Nach Ablauf der Frist an Russland gibt Deutschland seine Kriegserklärung in Moskau ab; Frankreich schlägt sich auf die Seite Russlands, sodass Deutschland nach dem 3. August auch Krieg gegen Frankreich führen muss. Der längst überholte Schlieffen-Plan, der keinerlei Rücksicht auf die modernen politischen Allianzen nimmt, wird ausgeführt. Durch Belgien hindurch soll die deutsche Armee nach Frankreich vorstoßen, doch Belgien ist neutrales Gebiet, das die Forderung Deutschlands nach einem Durchmarschrecht ablehnt, wobei es sich von Großbritannien beschützt fühlt. Als die deutsche Armee trotzdem am 3. August in Belgien einmarschiert, sieht sich Großbritannien zum Eingreifen veranlasst. Innerhalb weniger Tage versinkt Europa im Ersten Weltkrieg.

Die Begeisterung im Reich ist unvorstellbar: Die Bürger jubeln den ausziehenden Soldaten zu. Der allgemeine Taumel lässt sich nur schwer erklären: »Die feste Überzeugung der deutschen Bevölkerung, daß die Führung des Reiches an der Entstehung des Krieges völlig ohne Schuld sei, kann allerdings nicht auch die vielfach dokumentierte Freude oder gar Begeisterung der meisten Zeitgenossen über den neuen Krieg erklären. Diese allgemeine Kriegsbegeisterung vom August 1914 beruhte vielmehr ganz entscheidend auf der Zuversicht, daß nun endlich die so lange in zerstrittene Gruppierungen zerfallene Nation wieder zu neuer Einheit gelangt sei.«[375] Der innere Zustand Deutschlands hatte zuletzt Reformen dringend notwendig gemacht, doch die konservativen Kräfte im Lande hatten sich gegen diesen Schritt gewehrt. Sie waren sich sicher, dass bereits die ersten reformerischen Vorhaben zwangsläufig den Zusammenbruch des gesamten Systems nach sich ziehen würden. Die inneren Spannungen nahmen deshalb immer weiter zu. Der Ausbruch des Ersten Weltkriegs führte schließlich zu einer Beilegung der inneren Spannungen, weil er zur gemeinsamen gerechten Sache stilisiert wurde, die einen ›Burgfrieden‹, d. h. die Zusammenarbeit aller gesellschaftlicher Gruppen im Inneren, notwendig mache. Wie bei einem Dampfkessel entwich mit Kriegseintritt der gesamte innere Druck nach außen und sorgte für Entspannung. Vom allgemeinen Kriegstaumel wurden auch die Künstler und Intellektuellen des Reiches erfasst. Selbst der spätere Kriegsgegner und Pazifist Hermann Hesse meldete sich bei Kriegsausbruch in seiner ersten Begeisterung freiwillig zu den Waffen. René Schickele, als Elsässer in besonderer Weise betroffen, befürwortete anfangs ebenfalls begeistert den Kriegsbeginn, ehe er in seiner Zeitschrift ›Weiße Blätter‹ den Krieg entschieden ablehnte. Thomas Mann fand besonders eindringliche Worte zur Beschreibung der Stimmungslage unter den deutschen Intellektuellen: »Wie hätte der Künstler, der Soldat im Künstler nicht Gott loben sollen für den Zusammenbruch einer Friedenswelt, die er so satt, so überaus satt hatte! Krieg! Es war Reinigung, Befreiung, was wir empfanden, und eine ungeheure Hoffnung.«[376] Der Krieg ersetzte die notwendigen Reformen, von ihm erhoffte man sich die Beseitigung der gesellschaftlichen Erstarrung der letzten Jahre. Auch in künstlerischer Hinsicht gab man sich zahlreichen Hoffnungen hin: »Der Krieg versprach, eine tiefgreifende Erneuerung aller künstlerischen und literarischen Bestrebungen zu bringen und zugleich die Aussicht, den tiefen Graben, welcher die esoterischen Bestrebungen der literarischen und künstlerischen Eliten vom Empfinden der breiten Volksmassen trennte, wieder zu schließen. An die Stelle der grenzenlosen Fülle von ästhetischen Produkten, die in bloße Beliebigkeit ausgeartet seien, und dem Überhandnehmen von manieristischen Selbststilisierungen, wie sie die literarische und künstlerische Lebenswelt vor 1914 beherrscht hätten, werde nun, wie sich dies beispielsweise Georg Simmel erhoffte, eine neue ursprünglichere und stärker in der Gesamtheit des Volkes verwurzelte Kunst treten. Weiterhin erwartete man vom Krieg eine Zurückdrängung des Einflusses des Auslands auf die künstlerische Produktion in Deutschland oder, anders gesagt, eine ›deutschere‹, eine ›deutsche‹ Kunst.«[377] Die Hoffnung vieler Künstler zielte auf die Überwindung des Ästhetizismus, in den sie sich vormals durch das Unverständnis ihrer Umwelt hineingezwungen sahen. Die Distanz zum Volk sollte durch das gemeinsame Erleben und Erleiden des Krieges aufgehoben werden.

So ging auch die Hochzeit Heinrich Manns mit Mimi Kanová im allgemeinen Kriegstaumel unter. Thomas war bei der Zeremonie am 12. August nicht zugegen. Er entschuldigte seine Abwesenheit schon im Voraus: »Wenn ihr daran festhaltet, euch am 12ten in München trauen zu lassen, so wirst Du mich nun doch dabei entschuldigen müssen. Da von der Aufbietung der älteren Jahrgänge des ungedienten Landsturms vorläufig nicht die Rede ist, so sind wir, nachdem ich in München dem guten Vicco als Trauzeuge gedient und von ihm Abschied genommen (auch Katja's Bruder haben wir in den Krieg entlassen), hierher [nach Bad Tölz – S. R.] zurückgekehrt und wollen den Lauf der Dinge vorderhand hier abwarten. Die Verbindung mit München ist aeußerst schlecht: man fährt fast vier Stunden, und so wird es voraussichtlich noch viele Wochen bleiben.«[378] Thomas hatte also offensichtlich keine Lust, noch zehn Tage in München zuzubringen, um bei der Hochzeit seines Bruders anwesend zu sein. Eine vierstündige Fahrt von Bad Tölz nach München wollte er sich auch nicht zumuten. Sein Rückzug nach Bad Tölz vor dem Kriegsjubel dürfte nur ein Vorwand gewesen sein; tatsächlich war es die Rache für das Fernbleiben des Bruders, als er damals geheiratet hatte. Heinrich selbst hatte sich bemüht, die in den letzten Jahren entstandenen Risse im Verhältnis zu Thomas zu kitten: Er hatte ihn gebeten, sein Trauzeuge zu sein. Thomas bittet nun seinen Bruder, ihn von dieser Pflicht zu entbinden, und macht Vorschläge, wer an seine Stelle treten könnte: Maximilian Brantl, Wilhelm Herzog, er nennt sogar den Bruder seiner Frau, Klaus Pringsheim. Diese Vorschläge muss Heinrich als Affront empfunden haben. Die Nennung von Klaus Pringsheim war wohl das ärgste Stück: Sie sollte Heinrich wohl daran erinnern, wie wenig er am Leben und am Umfeld seines Bruders teilhatte. Gut einen Monat später schrieb Thomas einen weiteren Brief aus Bad Tölz an seinen Bruder: keine Glückwünsche, nur die Bitte, 2000 Mark, die Heinrich sich vor einigen Jahren auf beliebige Zeit geliehen hatte, nun zurückzuzahlen. Thomas erläutert, dass er sich durch den Krieg gezwungen sehe, seine finanziellen Verhältnisse zu ordnen, um den herannahenden schlimmen Zeiten gewachsen zu sein. Von seinem Immobilienbesitz – Thomas Mann besaß ein Landhaus in Bad Tölz, hatte sich kurz vor dem Krieg ein Haus in München gebaut – könne er sich nicht trennen, weil die Immobilienpreise derzeit ins Bodenlose fielen. Nun hatte Heinrich wie Thomas gerade in dieser Zeit 2000 Mark von einer Verwandten aus Lübeck geerbt. Thomas bittet seinen Bruder, mit diesem Geld doch seine Schulden zu begleichen. In der gegenwärtigen Situation Heinrich Manns sind beide Briefe mehr als Demonstrationen der Gleichgültigkeit: Sie sind als bewusst vollzogene Racheakte zu lesen.

Heinrich zahlte schließlich die Hälfte des Betrages zurück. Er verwies darauf, dass er gerade geheiratet habe, dass Cassirer sein monatliches Gehalt nicht mehr überweise und dass sein Roman ›Der Untertan‹ nun kaum in Druck gehen könne. Sein Bruder habe wohl seine äußeren Umstände nicht recht in Betracht gezogen. Wegen der fehlenden Einnahmen müsse sich Thomas mit dem Angebot zufrieden geben. Thomas bedankt sich höflich, doch hinter dieser Fassade der Höflichkeit lauert wieder die Rachsucht: »Ich möchte nur noch einmal versichern, dass ich die Bitte nicht ohne Rücksicht auf Deine Lage gethan habe. Aber ganz zuletzt: was kann Dir passieren. Du hast keine Kinder, keine Verpflichtungen. Es läuft bei Dir schlimmsten Falls auf aeußerste Einschränkung hinaus.«[379] Hinter diesen Zeilen lauert eine Spitze auf das bohemienhafte Leben des Bruders, der keine bürgerlichen Rücksichten zu nehmen habe. Nun hat er noch eine Schauspielerin geheiratet, die dem gleichen Milieu angehört. Diese Attacke gegen Mimi sollte nicht die einzige bleiben; sie sah sich den gleichen Vorwürfen und Tiraden ausgesetzt wie ehedem Inés Schmied. In späteren Jahren musste sie sich mehrfach sagen lassen, dass sie sich nicht in den Streit zwischen Heinrich und Thomas einzumischen habe, denn das sei eine familiäre Angelegenheit. Offensichtlich wurde Mimi Mann nicht zur Familie gerechnet. Thomas schließt seinen Dankesbrief mit einer Eloge auf »diesen großen, grundanständigen, ja feierlichen Volkskrieg Deutschlands«[380], wohl wissend, welche Ansichten über den Krieg sein Bruder hegt.

Am 1. August erreicht Heinrich Mann ein Schreiben von der Zeitschrift ›Zeit im Bild‹: »Sehr geehrter Herr Mann! Es wird Ihnen nicht unerwartet kommen, wenn wir uns heute in einer redaktionellen Bedrängnis vertrauensvoll an Sie wenden. Im gegenwärtigen Augenblick kann ein großes öffentliches Organ nicht in satirischer Form an deutschen Verhältnissen Kritik üben. … Ganz abgesehen davon dürften wir bei der geringsten direkten Anspielung politischer Natur, etwa auf die Person des Kaisers, die ärgsten Zensurschwierigkeiten bekommen. Wir erwarten zuversichtlich, daß Sie unsere Ansicht vollkommen teilen und sich gemeinsam mit uns um eine befriedigende Lösung dieser leidigen Angelegenheit bemühen.«[381] Für den Verlag konnte es nur eine Lösung geben:

Der Abdruck der Fortsetzungen des ›Untertans‹ musste eingestellt werden, was am 13. August dann auch geschah. Die Arbeit mehrerer Jahre war umsonst gewesen, das Honorar von 10 000 Reichsmark verloren.

Unversehens fand sich Heinrich Mann auf der anderen Seite der Front wieder. Der Ausbruch des Ersten Weltkriegs hatte das Deutsche Reich in eine bewaffnete Auseinandersetzung mit der westlichen Zivilisation verwickelt, mit der sich Heinrich in besonderer Weise geistig verbunden sah. Schon in seinem Essay ›Geist und Tat‹ hatte er sich im Jahre 1910 offen zu den Idealen der Französischen Revolution bekannt. Der Essay hatte ein zentrales Thema: Rousseau und seine Bedeutung für die Französische Revolution. Nach Ansicht Heinrich Manns brach die Revolution nicht aus, weil die Menschen hungern mussten – diese materiellen Gründe hätten nicht genügt, um den Aufstand zu entzünden –, vielmehr überzeugten die Schriften Rousseaus das Volk, »daß es eine Gerechtigkeit und eine Wahrheit gäbe, die in ihm beleidigt seien«[382]. Sie waren wie wilde Tiere behandelt worden, deren Instinkte brutal unterdrückt werden mussten, doch Rousseau überzeugte sie, dass sie Geist besitzen, dass sie zu wahrer Humanität, zum Guten, fähig seien. Der Mensch ist nicht des anderen Menschen Wolf; durch seinen Geist kann er sich zur Güte erheben.

Kurz vor Ausbruch des Krieges, 1913, hatte Heinrich Mann ein Theaterstück geschrieben, das diese Fähigkeit des Menschen an einer einfachen Frau demonstrieren sollte: ›Madame Legros‹. Durch die Zeitumstände sollte das Stück erst 1917 seinen Weg auf die Bühne finden: Am gleichen Tag, dem 19. Februar, wurde es mit beachtlichem Erfolg bei der Kritik und beim Publikum in den Münchner Kammerspielen und im Lübecker Stadttheater uraufgeführt. Madame Legros ist die Frau eines Putzmachers. Ihr Geschäft liegt in einer Straße bei der Bastille. Als sie eines Tages von Besorgungen heimkehrt, findet sie unterhalb der Gefängnismauern auf dem Pflaster ein Schreiben, das offensichtlich ein Gefangener gerade in dem Moment herabgeworfen hat, als sie unten vorbeiging. Den hastig hingeworfenen Zeilen entnimmt sie, dass hier ein Unschuldiger seit annähernd dreißig Jahren eingekerkert sei. Fortan vernachlässigt sie ihre häuslichen Pflichten, ihre geschäftlichen Besorgungen und eilt durch die ganze Stadt, um die Menschen davon zu überzeugen, dass dieser Mann befreit werden müsse. Die Vorstellung, dass ein Mensch unschuldig inhaftiert worden sei, müsse die Menschlichkeit in jedem beleidigen. Niemand kann ihrer Ansicht nach Ruhe finden, ehe dieses Unrecht nicht beseitigt ist. Das Volk hat Angst, seine Situation durch eine Parteinahme weiter zu verschlechtern, der Adel glaubt, dass Madame Legros ein amüsantes Rollenspiel betreibe, um sich selbst interessant zu machen – niemand kümmert sich um ihr Anliegen. Madame Legros ist zum Äußersten entschlossen: Sie ist bereit, selbst in den Kerker zu gehen, sie verspricht einem Adeligen ihre sexuelle Gunst, wenn er ihr eine Audienz bei der Königin verschaffe, sie lässt sich als impertinente Person diffamieren, die sich selbst wichtig machen will, horcht die Königin aus, um bei ihr vorgelassen zu werden. Schließlich erreicht sie ihr Ziel: Der Unschuldige wird freigelassen. Das Volk will den Engel der Barmherzigkeit, die Kämpferin für Gerechtigkeit, feiern, doch Madame Legros möchte nur zu ihren häuslichen und bürgerlichen Pflichten zurückkehren. Das Volk fordert sie auf, an der Spitze der Massen auch die anderen Gefangenen aus der Bastille zu befreien. Sie lehnt ab: Sie hat ihre menschliche Pflicht erfüllt, nun will sie wieder Ehefrau und Bürgerin sein. Wenige Tage danach wird die Französische Revolution ausbrechen.

Das französische Volk besitzt den Glauben an den Geist. Auch in Italien hatte Heinrich Mann das Vertrauen in die Güte des Menschen vorgefunden: In ›Die kleine Stadt‹ hatte er das Volk Italiens vorgeführt, das im Risorgimento, dem Kampf der freien Bürger Italiens um die nationale Einheit, die Ideale der Französischen Revolution zu den seinen gemacht hatte.[383] Lediglich in Deutschland herrsche weiterhin Misstrauen gegenüber dem Geist: »Das Misstrauen gegen den Geist ist Misstrauen gegen den Menschen selbst, ist Mangel an Selbstvertrauen.«[384] Niemand in Deutschland habe jemals daran gedacht, der Erkenntnis des Geistes die notwendige Tat, die Befreiung des Menschen aus seiner Unterdrückung, folgen zu lassen. Stattdessen regiere die Monarchie, die einen Herrenstaat errichtet habe, welcher eine »Organisation der Menschenfeindlichkeit und ihre Schule« sei.[385] Der Geist habe sich in diesem Land in einen Elfenbeinturm zurückgezogen. In der Welt der Kunst dürfe er sein unverfängliches Spiel treiben, doch niemals dürfe er in die Alltagswelt eingreifen, denn hier habe er nichts zu suchen, hier regiere die Macht: »Mögen neben und über den Dingen die Ideen ihre Spiele aufführen. Wenn sie hinunterlangten und eingriffen, sie würden Unordnung und etwas nicht Absehbares stiften. Man klammert sich an Lügen und Ungerechtigkeit, als ahnte man hinter der Wahrheit einen Abgrund.«[386] Die Trennung von Geist und Tat sei fundamentales Gesetz in Deutschland. Die Macht fürchte um ihren Fortbestand, wenn dem Geist in den Sinn käme, aktiv das Leben gestalten zu wollen, deshalb male sie einen Abgrund menschlicher Dämonie, der losbräche, wenn die Knute nicht regiere. Sie leugne vehement das Gute im Menschen.

Die deutschen Schriftsteller hätten jämmerlich versagt, denn gerade dem Literaten obliege die Sache der Menschlichkeit: »Seine [des Literaten – S. R.] Natur: die Definition der Welt, die helle Vollkommenheit des Wortes verpflichtet ihn zur Verachtung der dumpfen, unsauberen Macht. Vom Geist ist ihm die Würde des Menschen auferlegt. Sein ganzes Leben opfert der Wahrheit den Nutzen. Die Erscheinungen löst er auf, vermag das Große klein zu sehen und im Kleinen das durch Menschlichkeit Große: dergestalt, daß ihm Gleichheit zur letzten Forderung der Vernunft wird.«[387] Die deutschen Literaten hätten ihre Berufung verfehlt und sich zum Handlanger der Macht erniedrigen lassen: »Gerade er aber wirkt in Deutschland seit Jahrzehnten für die Beschönigung des Ungeistigen, für die sophistische Rechtfertigung des Ungerechten, für seinen Todfeind, die Macht. Welche seltsame Verderbnis brachte ihn dahin? Was erklärt diesen Nietzsche, der dem Typus sein Genie geliehen hat, und alle die, die ihm nachgetreten sind? Ist es der überwältigende Erfolg der Macht, den diese Zeit und dies Land sahen? Die Hoffnungslosigkeit, die eigene Natur durchzusetzen, heute und hier? Der Drang zu wirken, sei es gegen sich selbst: durch Steigerung und Verklärung des Feindes, als bewunderter Anwalt des Bösen? Ist es die perverse Abdankung des allzu Wissenden, der sich im schlechten, unbewußten Leben wälzt wie ein entflohener Sträfling? Vom tragischen Ehrgeiz bis zu elender Eitelkeit, von der albernen Sucht, besonders zu sein, bis zum panischen Schrecken der Vereinsamung und dem Ekel am Nihilismus: die abtrünnigen Literaten haben viele Entschuldigungen. Sie haben vor allem eine in der ungeheuerlich angewachsenen Entfernung, die, nach so langer Unwirksamkeit, die deutschen Geister vom Volk trennt.«[388] Letztlich sieht Heinrich Mann in der Distanz, die die Vertreter des Geistes vom Volk trenne, den Auslöser für die Misere des deutschen Geistes. Beide Seiten, Geist und Volk, hätten sich nichts zu sagen. Aus diesem Grunde hätten sich die deutschen Geistesgrößen entweder in ihren Elfenbeinturm zurückgezogen oder sich mit der Macht verbündet, um wenigstens auf diese Weise zu wirken.

In dem kurz darauf entstandenen Essay ›Voltaire – Goethe‹ untersucht er das Ergebnis seiner Überlegungen aus ›Geist und Tat‹ an zwei markanten Beispielen aus der französischen und deutschen Geschichte. An Voltaire und Goethe demonstriert er, ob ihr Werk zur Schaffung einer Demokratie beigetragen habe, denn dass Literatur zur Errichtung einer Demokratie führt, daran besteht für Heinrich Mann kein Zweifel mehr. In diesem Sinne zitiert er Gustave Flaubert: »›Ein wenig Geist erwirbt man durch die Pflege der Phantasie, und viel Adel durch den Anblick schöner Dinge‹; – und Flaubert hätte weitersprechen können: ›Dazu Güte durch Einsicht in das Herz des andern, und Menschenwürde durch das Bewußtwerden des eigenen, und Abscheu vor Lüge und Unterdrückung durch ihr Bild.‹ Das ist die Wirkung dieser Romane, dieser Gedichte: sie haben die Demokratie erzogen.«[389] Dichtung enthülle dem Leser die Herzen seiner Mitmenschen und das eigene Herz, sie lasse die Lüge von der Boshaftigkeit des Menschen durchschauen und offenbare seine Fähigkeit zur Güte. Dermaßen belehrt, werde niemand die Unterdrückung des Menschen fordern, sondern seine Befreiung. In Frankreich hätten zahlreiche Vertreter des Geistes dazu beigetragen: Heinrich Mann nennt Sainte-Beuve, Hugo, Flaubert, Lamartine, Rochefort und Zola. Für sie sei die Beschäftigung mit dem Geist »kein überirdisches und belangloses Spiel« gewesen, sondern Mittel, um »Welt und Tat verwandelt zu sehen«.[390] In allen von ihnen lebe ein großes Vorbild weiter: Voltaire. In Deutschland sei Goethe das überragende Idol des Intellektuellen: Er ahme dessen »tatlose[s], dem Volk unbekannte[s] Leben« nach.

Voltaire sei ein böser Mann gewesen: Er habe Adel und Klerus gehasst und das Volk gefürchtet. Aber er sei ein Mann des Geistes gewesen, und dieser weckte seine Empörung gegen die Ungerechtigkeit der Welt. Die Leidenschaft des Geistes habe Voltaire zum Verteidiger der Humanität werden lassen. Goethe hingegen verkörpere die Gesetze der Natur. Für ihn sei die Erhebung des Geistes ein Aufstand gegen die Natur, denn die Einseitigkeit des Geistes zerstöre das Gleichgewicht, die Harmonie, die der Natur zu eigen sei. Deshalb empfinde Goethe für den Menschen auch nur die ferne Liebe eines Gottes zu seiner Schöpfung: Er akzeptiere gleichmütig das Leid, die Not, das Glück und die Freude als Geschenke der Natur. Voltaire stehe dagegen auf, kämpfe für eine bessere Welt – und sei es wider die natürliche Ordnung. Heinrich Mann zeigt sich überzeugt, dass Voltaire eines Tages gewinnen werde: Die Kanonade von Valmy, die mit einem Sieg der französischen über die deutschen Truppen endete und deren Zeuge Goethe wurde, sei das Fanal des Geistes über die Natur gewesen. Voltaire habe über ein Volk verfügt, das ihn gehört, ihm geglaubt und in seinem Namen eine Revolution entfacht habe. Goethe habe zu wirken versucht, doch habe er einem tatenlosen Volk gegenübergestanden. Das Volk habe ihn nicht erhoben, und so habe er sich verbittert auf seine Ansicht von der ewigen, unerschütterlichen Ordnung der Natur zurückgezogen, die kein Handeln, sondern nur Dulden zulasse, verbittert, weil ihm zu Lebzeiten das französische Volk bewiesen habe, wozu eine vom Geist geführte Nation fähig sei: »Seine [Goethes – S. R.] ›innere Freiheit‹ ist in Wahrheit die Beschönigung seines Leben, das vielem hat entsagen und vieles hat verbergen müssen; dessen geheime Schande sich entblößt in Goethes Geständnis, er habe sich sein Leben lang, sein hohes, umfassendes, berühmtes Leben lang, vor jedem adeligen Leutnant befangen gefühlt.«[391] Sein Rückzug auf die angeblich ferne Welt des Geistes habe in Deutschland die Unfreiheit weiterbestehen lassen. Voltaire habe die Menschen zur Freiheit geführt.

Heinrich Mann bekennt sich zu Voltaire, zu Rousseau, zu den Idealen der Französischen Revolution. In Emile Zola schließlich findet er sein großes Vorbild: Der Intellektuelle, der Mann des Geistes, der für den Menschen und seine Würde streitet. In einem Essay aus dem Jahr 1915 beschreibt er das Leben Zolas und dessen allmähliches Heranreifen durch sein Werk. Aber der Essay ist weitaus mehr als nur die Huldigung eines vorbildlichen Intellektuellen. In der Gestalt des französischen Romanciers und seinem Lebensweg begegnet Heinrich Mann seinen eigenen Irrwegen, seinen Mühen und seinen eigenen endlich gewonnenen Ansichten wieder. In Aix-en-Provence geboren, musste seine Familie nach dem Tode des Vaters die Provinzstadt verlassen; man zog nach Paris, wo Emile das Gymnasium beendete. In der Hauptstadt kam der junge Emile mit der Literatur seiner Zeit in Berührung: sie erfasste ihn und bestimmte fortan sein Denken. Der Versuch, eine bürgerliche Tätigkeit als Zöllner an den Docks auszuüben, scheiterte, eben wegen dieser starken Neigung zur Literatur. Kurz darauf nimmt er sich ein kleines Zimmer, dessen Miete er oft genug schuldig bleiben muss, und folgt seinem inneren Drang, indem er beginnt Gedichte zu schreiben, doch nicht für ein großes Publikum: Gedichte sind ihm Ausdruck seines inneren Erlebens, sie fließen aus ihm heraus, ohne Rücksicht auf ihren Wert. Viel an der Beschreibung von Zolas Jugend erinnert an Heinrich Mann:

der Tod des Vaters, die Orientierungslosigkeit des Jugendlichen, der zwischen Bürger- und Künstlertum schwankt, der sich forttreiben lässt zur Literatur und anfängt Gedichte zu schreiben, die selten einen Verleger finden. Doch Zola entdeckt bald seinen Weg: die Arbeit. Heinrich Mann entfaltet im Essay eine Apotheose der Arbeit, wobei für ihn geistige und körperliche Arbeit gleichgewichtig nebeneinander stehen. Durch die Arbeit entwickelt der Mensch seine guten Anlagen; sobald er sich nicht länger von seinen inneren Neigungen treiben lässt, sondern sie gestaltend, arbeitend erfasst, wächst in ihm das Bewusstsein für die eigenen Möglichkeiten – der Geist beginnt sich in ihm zu regen.

Was wäre der Mensch ohne den Geist? In seinem Roman ›La Terre‹ habe Zola die geistlose Existenz vorgeführt: »In diesen Bauern lebt nur das Eine: Erde besitzen – und wären dafür die Eltern totzuschlagen. Noch wenn sie lieben, hält die Erde ihre Kinder in ihrem Schmutz fest, eine Verlobung geschieht in einem Bach von Jauche; und rührend wird der Mensch nur eben durch seine Untrennbarkeit von ihr, seine Hingebung an diese gefräßige und undankbare Erde.«[392] Der geistlose Mensch strebe nach materiellen Reichtümern als Garanten seines persönlichen Wohlergehens und bleibe doch stets der Sklave der gleichmütigen Natur: »Die Erde ist zu groß für euch, ihre Unempfindlichkeit widersteht eurem Eifer, euer Hasten bricht sich an ihrer Langsamkeit, tausend eurer Geschlechter verschlingt sie, und nichts ist geschehen. Dennoch müßt ihr weinen und bluten für sie, wie Hagel und Reif auf ihre Ernten niedergehen.«[393] Am Ende des menschlichen Trachtens stehe der Verlust: die Natur beraube den Menschen seiner Errungenschaften durch den Tod, und eine neue Generation trete hervor, die erneut diesen Weg beschreiten müsse. So scheine es über Generationen hinweg ewig weiterzugehen, und dennoch werde eines Tages der Arbeitende an einem Punkt angelangen, wo er im stetigen Kampf mit der Natur nach Ansicht Heinrich Manns einen Schritt über das Streben nach materiellen Gütern hinaus macht: »Der werdende Mann fasst Fuß, bewältigt Bruchstücke der

Wirklichkeit, nimmt Richtung im Leben, hasst, fordert und kämpft zweckhaft. Dann werden die Gebiete größer, die er sinnvoll beherrscht, Vergeistigung durchhellt seine Welt. Der Stoff scheint, erreicht man einen Punkt, nur Vergleich noch für Dinge, die hinauslangen über Stoff und Zeit, hinaus über unsern Willen; man bildet, als ob man spielte.«[394]

Zola entschließe sich zur Arbeit, denn er sehe die Menschen um sich herum arbeiten: »Das Wort der Riesenstimme, die heraufsteigt aus Paris, ist Arbeit.«[395] Aus Zola wird auf diese Weise der Herold seiner Epoche; er erfüllt dadurch die Forderung, die Heinrich Mann schon in den Jugendbriefen an Ludwig Ewers an den Schriftsteller gerichtet hatte. Wer eins ist mit seiner Zeit, kann nicht fehlgeleitet werden: »Aber der vollkommene Beruf und die restlose Organisiertheit für eine zu leistende Arbeit bedeuten vielleicht, daß hier die Zeit einen Auftrag erteilt hat, und verbürgen schon das Glück.«[396] Zola hat das entscheidende Merkmal seiner Zeit begriffen und steigt dadurch unvermeidlich zum Repräsentanten seiner Zeit auf: Er spricht aus, was seine Mitmenschen empfinden, in seinen Werken finden sie sich selbst, werden sich ihrer selbst bewusst, weshalb einem solchen Schriftsteller, wenn er nur redlich arbeitet, niemals der Erfolg entgehen wird.

Gegenstand seiner Arbeit wird die Gestaltung der Masse: »›Balzac hat alles analysiert, die ganze Gesellschaft, Typ für Typ; in Madame Bovary ist sogar das unendlich Kleine der Gefühle zerlegt ... Also keine Analysen mehr, keine Seltenheiten! Nur noch durch die Menge der Bände, die Macht der Schöpfung, kann man zum Publikum sprechen.‹ Und er erkennt, daß die Masse, Gegenstand und Ziel seines Werkes, auch formal sein Prinzip werden muß.«[397] Zola stürzt sich nicht mehr auf die Preziosen der individuellen Psyche, will nicht mehr die Ausnahmen zeigen, sondern die Masse in Bewegung; er stellt ihre Mühen, ihre Nöte und ihre alltägliche Arbeit dar: »Das Erwachen der Masse! Auch das konnte eine Aufgabe sein? Ja, eben dies! Auch für die Literatur sollte die Masse erwachen! Der Auftrieb und Zukunftsdrang der Masse, dies war das Unerhörte, nun zu Bewältigende.«[398] So reift in ihm das Konzept für seinen Romanzyklus um die Familie Rougon-Macquart. Anhand dieser Geschichte wollte er das Aufstreben der Masse demonstrieren: »Diese Masse kam herauf mit Idealen, die Erfüllungen von morgen waren. Sie war die Menschheit von morgen!«[399] Nicht die feine Gesellschaft oder das besondere Individuum sei der Träger der Ideale, sondern die Masse, die sich nach Glück sehne, die sich von den Lügen und Ungerechtigkeiten der Vergangenheit befreien wolle. Das starke Individuum habe die Masse unterjocht, die feine Gesellschaft habe sie für ihre Genusssucht arbeiten lassen: Jedes Mal hätten die Mächtigen ihre Herrsch- oder Genusssucht mit großen Idealen verbrämt, als deren einzig wahre Repräsentanten sie sich selbst erachteten. Doch ihre Ideale waren Lug und Trug, solange sie dazu dienten, die Menschlichkeit im Menschen zu unterdrücken. Nicht verlogene Ideale, sondern die Wahrheit müsse eingefordert werden, täglich müsse daran gearbeitet werden, der Wahrheit, und damit der Menschlichkeit, zu ihrem Recht zu verhelfen. Zola habe das Erwachen des menschlichen Geistes, das er um sich herum wahrgenommen habe, in seinem Werk gestaltet: »Die Wahrheit ist da, wir tragen ihren Keim in uns, wir entwickeln ihn durch Arbeit. Wer die Wahrheit hat, erwirbt den Sieg. Niederlage ist eine Bestätigung, daß ihr in Lüge lebtet.«[400] Durch sein Werk würden immer mehr Menschen zur Vergeistigung ihrer Existenz angeleitet. Sie arbeiteten sich heraus aus ihrer dumpfen Existenz, forderten Gleichheit, Freiheit und Brüderlichkeit, weil nur durch deren Verwirklichung das Glück der Menschen gewährleistet sei.

Die Emanzipation der Masse könne schließlich nur in der Demokratie münden: Nun endlich habe die Masse die Souveränität für sich gewonnen – es gebe keine Mächtigen mehr, die sie unterdrücken, sie seien frei; es gebe keine Mächtigen mehr, die sich über die Masse erhaben fühlen, sie seien alle gleich; es gebe keine Lüge mehr, sondern nur noch die Wahrheit, um die alle in brüderlicher Eintracht arbeitend bemüht seien. Dieses Credo für Wahrheit und Menschlichkeit ist längst schon mehr als nur ein ästhetisches Programm, es ist politische Agitation. Der Geist, der, aus Achtung vor sich selbst, nur die Wahrheit anerkennen darf, wird zwangsläufig politisch, er muss zur Tat schreiten im Namen der Menschlichkeit. Der Vertreter des Geistes wird zum Vorkämpfer für die Rechte aller: »›Hinauf Menschen! Heraus aus eurem Schmutz, den ich nachmale, eurem Elend und eurer Schande, die ich nackt hinstelle; hinauf mit mir, arbeitend ihr und ich! Wir sind Brüder, nicht viel Worte davon. Es heißt seine Pflicht tun.‹«[401] Und diese Pflicht heißt: Arbeiten – an sich und an der Welt.

Der Vertreter des Geistes verbrüdere sich dem Volk. Er gestalte in Romanen – denn nur der alles umfassende Roman sei die geeignete Darstellungsform für die allgemeine Bewegung der Masse – die Wahrheit über und für das Volk. Das Volk schreite zur Tat, weil es die Anerkennung des Geistes in allen Menschen einfordere. Und das Volk werde siegen, weil es für die Wahrheit streite: »Ein Reich, das einzig auf Gewalt bestanden hat und nicht auf Freiheit, Gerechtigkeit und Wahrheit, ein Reich, in dem nur befohlen und gehorcht, verdient und ausgebeutet, des Menschen aber nie geachtet ward, kann nicht siegen, und zöge es aus mit übermenschlicher Macht.«[402] Dieser Satz ist auf das französische Kaiserreich und seine Niederlage 1871 gemünzt, doch gilt er ebenso für das deutsche Kaiserreich, dessen Untertanen 1914 so euphorisch in den Krieg zogen. Sie seien so siegessicher, hatten sie bisher doch immer Erfolg gehabt; sie haben so viele große Männer, die ihnen genau sagen, was sie zu tun haben, und voller Ehrfurcht vor ihrer Macht werden sie ihrem Befehl gemäß handeln. Doch genau hierin liege der Keim ihrer Niederlage: Sie handeln nur auf Befehl von oben, ihre Gegner handeln aus sich heraus. Die Freien kämpfen für die Wahrheit, die sie am eigenen Leib und an eigener Seele erfahren; die Untertanen streiten für den Erfolg ihrer Anführer, und wenn der Krieg zu Ende sei, blieben sie weiterhin Untertanen, während ihre Führer sich den Erfolg und die Reichtümer sicherten. Der Untertan sei schwach, ihn verlange nach Stärke, die ihm durch die Hingabe an die großen Männer versprochen werde. Die Freien fänden ihre Stärke in der Liebe zur Wahrheit, zu sich selbst und zu ihrem Nächsten. Ihre Stärke sei kein uneingelöstes Versprechen, sondern bereits Realität. Deshalb würden die Freien siegen.

Bis zu ihrem endgültigen Sieg würden die Freien möglicherweise noch zahlreiche Katastrophen überstehen müssen: Die Trägheit der Verhältnisse werde ihnen viel Kummer und zahlreiche Niederlagen bereiten. Die Lüge kämpfe um ihr Fortbestehen, und es sei so viel bequemer, sich an sie zu hängen, als sich arbeitend zur Wahrheit zu erheben. Wer die Verwirklichung des Geistes wolle, müsse voller Leidenschaft für ihn streiten: »Der Geist ist kein Wiesenbach, entschlossene Menschenliebe geht nicht friedlich in Gartenwegen. Ereignisse können machen, daß er Klüfte aufreißt und daß sie tötet.«[403] Madame Legros wollte, dass dem Eingesperrten Gerechtigkeit widerfährt: Um dieses Ziel zu erreichen, musste sie sich auf kompromittierende Angebote und politische Intrigen einlassen. Sie machte sich schuldig, wohlwissend, dass es im Namen der Gerechtigkeit, der Wahrheit sein müsse. Als das revoltierende Volk an sie herantrat, um sie zu seinem Anführer zu machen, lehnte sie ab: sie hatte genug Schuld auf sich geladen, mehr wollte sie sich nicht mehr aufbürden. Der Advokat Belotti in ›Die kleine Stadt‹ bekennt: »Und schließlich ist es, für einen Mann wie für ein Volk, ehrenvoller, das Gute zu wollen und auf halbem Wege unterzugehen, als immer weiterzuleben, ohne Schuld, weil ohne Tat.«[404] Wer handeln will, muss Entscheidungen treffen, muss das eine um des anderen willen oft vernachlässigen, muss sich unter dem Druck der bestehenden Verhältnisse auf das Spiel der Macht einlassen. Die einzige Entschuldigung für sein Handeln liegt in seiner Liebe zu den Menschen, in seinem Willen, das Gute zu fördern. In diesem Sinne kann Heinrich Mann sogar Robespierre und Danton, die beiden Protagonisten der jakobinischen Schreckensherrschaft während der Französischen Revolution, rechtfertigen. Beide hätten zahllose Menschen hinrichten lassen, aber beide hätten es im Kampf für Wahrheit und Gerechtigkeit getan. Noch in ›Ein

Zeitalter wird besichtigt‹ fordert Heinrich Mann für Robespierre, den Initiator des jakobinischen Terrors, unbeirrt ein Denkmal.[405] In diesen Passagen wird Heinrich Mann radikal und muss sich die Frage gefallen lassen, ob es nicht menschlicher sei, ein Unrecht zu dulden, als ein Menschenleben zu vernichten. Heinrich Mann erkennt dieses Dilemma der Tat, doch wie sieht die Alternative aus? Bleibt der Tatenlose etwa schuldlos? Der Intellektuelle, der um den Auftrag des Geistes weiß und ihn nicht erfüllt, lädt nach Ansicht Heinrich Manns ebenfalls Schuld auf sich. Der schweigende Intellektuelle lässt das Unrecht geschehen und macht sich dadurch schuldig. Es gibt also nicht nur ein Dilemma der Tat, sondern auch ein Dilemma der Tatenlosigkeit. Angesichts dieser Konstellation muss sich jeder fragen, ob es nicht erstrebenswerter sei, das Gute zu wollen und dabei schuldig zu werden, als das Böse zu dulden und dadurch Schuld auf sich zu laden. Vor diese Alternative gestellt, wählt Heinrich Mann das Bekenntnis zur Gerechtigkeit, denn Schuld, begangen aus dem Willen zum Guten, lässt sich entschuldigen; Schuld, hervorgegangen aus Gleichgültigkeit, ist nicht zu rechtfertigen.

Auch Zola habe erfahren müssen, was politisches Handeln nach sich ziehen könne, als es ihn selbst zur Tat gedrängt habe. Ein offensichtlich Unschuldiger war verurteilt worden: der jüdische Hauptmann Dreyfus. Er war das Opfer in einem Spiel der Mächtigen, die auf diese Weise versuchten, ihre Macht zu erhalten. Die Wahrheit hätte das Ende ihrer Macht sein können, so musste eben eine Lüge aufrechterhalten werden. Zola stand, der Madame Legros gleich, gegen die Lüge auf. Ein langer Kampf habe begonnen: Er wurde beleidigt, diffamiert und gescholten für seine Wahrheitsliebe. Konnte er keine Ruhe geben?, fragten sich alle. Schließlich konnte ein Großteil der Menschen mit dem Fehlurteil besser leben als mit der Wahrheit. Doch Zola habe nicht nachgegeben: Er sei vor Gericht gezogen, sei verurteilt worden, habe die nächste Instanz bemüht, habe erneut verloren, habe sogar letztendlich sein geliebtes Frankreich verlassen und sei ins Exil nach England gegangen. Sein Kampf habe viele bewogen, über das

Geschehen nachzudenken: Sie hätten einsehen müssen, dass es hier um mehr als um ein beruhigendes Arrangement ging. Hier hatte die Willkür Einzug gehalten: Gestern traf sie Dreyfus, morgen könnte sie jeden anderen treffen. Die Lüge habe sich breit gemacht und das Beste im Menschen verhöhnt: den nach Wahrheit verlangenden Geist. Kein Mensch könne dies jemals dulden, weil er sich selbst verraten fühlen müsste. Ein Boykott habe schon bald das öffentliche Leben Frankreichs lahm gelegt: »Die wichtigsten Interessen des auch hier regierenden Kapitalismus konnten es doch in dieser Bourgeoisrepublik nicht hindern, daß alles, Geschäft, Politik und die Sicherheit des Landes selbst, überrannt wurde von einem erbitterten Idealismus.«[406] Jede Bastion der Lüge habe einzeln genommen werden müssen, noch lange Jahre habe der Kampf gewährt, doch schließlich sei Dreyfus rehabilitiert worden: Der Geist hatte gesiegt.

Wünschte sich Heinrich Mann Gleiches für Deutschland: Hoffte er darauf, dass die Menschen gegen die Lüge aufstünden und das ihnen zustehende Recht forderten? In ›Der Untertan‹ hatte er den heraufkommenden Krieg vorausgesehen, in Zola die zwangsläufige Niederlage. Frankreich habe die militärische Niederlage von 1871 gebraucht, um die Ansprüche des Geistes in der Dritten Republik in Erfüllung gehen zu lassen. Vielleicht braucht auch Deutschland eine Niederlage, um sich vom Joch der Mächtigen zu befreien. Vielleicht ist es aber dieser Generation noch gar nicht vergönnt, zu einer Existenz in Wahrheit zu gelangen, doch fühlt sich der Freie nicht nur seinen Mitmenschen, sondern allen Generationen brüderlich verbunden. Als Zola Vater wurde, sei ihm der Gedanke noch unerträglicher geworden, dass der Geist nicht zur Wahrheit finden könnte; Heinrich Mann wurde 1916 Vater. Allein schon aus Liebe zu dem neugeborenen Kind fühlte er sich verpflichtet, für eine bessere Zukunft zu arbeiten. Er gab seiner Tochter den Namen Leonie. Diesen Namen trug die Hauptgestalt des Dramas ›Die Schauspielerin‹, die Heinrich Mann seiner toten Schwester Carla nachempfunden hatte. In seiner Tochter sollte Carla weiterleben – in eine bessere Zukunft hinein. Mit Blick auf die Kinder der Welt, die zukünftigen Generationen, ist ›Zola‹ geschrieben: »Die Wirklichkeit ist bitter und dunkel, wir können nichts tun, als unser Blut und unsere Tränen geben. Wir können nichts tun, als kämpfen für die Ziele, die nie erreicht werden, aber von denen abzusehen schimpflich wäre, – kämpfen, und dann dahingehen.«[407] Wer seine Arbeit leistet, kann friedlich dahinscheiden; die nächste Generation wird sein Andenken bewahren. Schande wird derjenige ernten, der seine Arbeit zur Verbesserung des Menschen nicht vollbracht hat. Er hinterlässt seinen Erben eine nicht gutzumachende Schuld: »Das Andenken an Grausamkeit und Irrsinn, das wir ihnen hinterlassen, wie sollen sie es noch gutmachen?«[408]

Der Zola-Essay richtet sich an die Menschheit, weil darin die Aufgabe und das erstrebenswerte Ziel der Menschen beschrieben wird. Doch der Essay hatte, insbesondere in den Passagen über die Verantwortung des Künstlers für die Zukunft, noch einen weiteren Adressaten: den Bruder Thomas. Die Politik ist der Bereich der Verwirklichung des Humanen; wer sich der Politik verweigert, bezeugt seine inhumane Einstellung. Doch Thomas hatte sich offensichtlich in eine Welt des Geistes zurückgezogen und wollte von der Welt nichts wissen. Abgeschirmt von seiner Frau, durchschaute er die Welt in ihrer Feindlichkeit gegenüber dem Geist; er vertrat die Ansprüche des Geistes durch sein literarisches Werk, aber auch nur durch sein Werk. Die Vertrautheit mit dem Geist lockte ihn nicht zur Tat. Thomas verkörpert den elitären Künstler in der Nachfolge Goethes. Mit dem Gleichmut des Dichterfürsten verfolgt er die Mühen des Menschen. Heinrich sah in seinem Bruder einen Ästhetizismus wirken, der für ihn »Ergebniss politischer Gleichgültigkeit« war.[409]

Diesen Ästhetizismus konnte Heinrich – schon aus brüderlicher Fürsorge – nicht dulden. Heinrich kannte die Verlockungen des Ästhetizismus zu gut: Lange genug war er ihnen selbst verfallen gewesen. Aber er hatte erkannt, dass, wer sich nicht zur Tat bekehrt, den Schmutz duldet, der ihn niederdrückt. Ja, den Tatmenschen in seinem billigen Gehabe durchschauend, braucht der Ästhetizist den Machthaber sogar, weil er – pessimistisch und schwach, wie er sich fühlt – den Starken braucht, der für ihn handeln soll. Die Liebe zu einer Frau, das soziale Mitgefühl für alle Menschen, das aus seinem persönlichen Glück resultierte, hatte die entscheidende Wandlung in seinem Leben gebracht. Er war zum politischen Schriftsteller geworden. Die Welt und die Menschen, die in ihr lebten, kümmerten ihn. Wenn Heinrich Mann selbst den Schlaf der Selbstgerechten geschlummert hatte, wenn er selbst so lange von der Notwendigkeit, die geistigen Ideale in die Tat umzusetzen, nichts wissen wollte und er schließlich aufgewacht war, könnten dann nicht auch diejenigen, die den Schlaf der Ahnungslosen verträumen, erweckt werden? Könnte nicht auch Thomas den Weckruf vernehmen?

Thomas hatte ihn vernommen. Mit der ihm eigenen Egozentrik sah er in dem Aufsatz hauptsächlich einen Angriff gegen sich: »Ich habe gelesen u[nd] bin selbst dadurch kaum überrascht, daß es ja fast mehr noch gegen mich, als gegen Deutschland geht.«[410] Thomas entschied sich für eine Replik: einem »kleinen selbst- und zeitkritischen Buch, das von Kunst und Politik handelt und hauptsächlich gegen den detestablen Typus gerichtet ist, den ich den ›Civilisationsliteraten‹ nenne«[411]. Das kleine Buch wuchs sich zu einem Werk von 500 Seiten aus und erschien 1917 unter dem Titel ›Betrachtungen eines Unpolitischen‹. Mit anderen Worten: Thomas Mann bekannte sich bereits im Titel zu jener Haltung, die Heinrich den ästhetizistischen Intellektuellen zum Vorwurf gemacht hatte. Offen bekennt sich Thomas Mann zum Konservatismus, der eine unpolitische Haltung erlaube: »… er [der Konservative – S. R.] glaubt nicht an die Politik, das tut nur der Fortschrittler.«[412] Wenn er jedoch nicht an die Politik glaubt, woran glaubt er denn? Hermann Kurzke versucht die Position des Unpolitischen mit folgenden Worten zu bestimmen: »Diese besteht in der ›Wortlosigkeit‹ des Deutschen, im antianalytischen Geltenlassen des Bestehenden, in der schlechthin gegebenen Positivität des Lebens gegen jeden Versuch, es zu manipulieren.«[413] Der Unpolitische erachtet das Leben als obersten Wert und wendet sich gegen jeden Versuch, gestaltend in seinen Ablauf einzugreifen. Die Natur ist sein oberster Souverän. Ganz in diesem Sinne beruft sich Thomas Mann auf Shakespeare und Goethe als Vorbilder. Dem gegenüber steht die Weltanschauung des Politischen, »die Leben und Gesellschaft vom Geist, vom Kopf her beurteilt und den Ideen des Kopfes anzupassen versucht, die sich insofern in einem permanenten Aufstand gegen die Natur befindet«[414]. Die Umgestaltung des Lebens nach der Maßgabe des Geistes ist das Programm, dem sich Heinrich Mann verschrieben hat. Thomas wirft ihm deshalb Verachtung der Natur und des Lebens vor und bezichtigt seinen Bruder des unmoralischen Verhaltens. Dabei beruft er sich auf Immanuel Kants praktischen Imperativ aus der ›Grundlegung zur Metaphysik der Sitten‹. Dort heißt es: »Handle so, daß du die Menschheit ... jederzeit zugleich als Zweck, niemals bloß als Mittel brauchest.«[415] Der Politische missbrauche den Menschen als Mittel. Er sehe in ihm nur ein Objekt seiner abstrakten Planungen und manipuliere ihn in einer Weise, dass die von ihm ersonnenen Pläne des Geistes realisiert werden können. Thomas Mann bestreitet die Menschenliebe der Politischen. Der Unpolitische kenne das Leid der Menschen und helfe ihnen, ihr Leid zu ertragen, indem er es objektiv schildere. Der Politische behaupte von sich selbst, dass er den Menschen liebe; er beteure, dass er deshalb das Leiden abschaffen wolle, und fordere hierfür alle nur erdenklichen Opfer von seinen Zeitgenossen. Gerade darin drücke sich jedoch seine Verachtung für seine Mitmenschen aus, denen er neues Leid zum Wohle zukünftiger Generationen aufbürde. Er liebe nicht die Menschen, sonst würde er ihnen nicht neues Leid zumuten, sondern habe nur Wertschätzung für seine Idee eines besseren Menschen, eines besseren Lebens, das eines Tages sein soll. Diese Idee allein liebe er.

Thomas legt seinen Finger auf einen wunden Punkt Heinrichs. Er spricht das Dilemma der Tat aus. Dass er seine Vorwürfe auf der Grundlage Kants vorbringt, musste Heinrich besonders nachdenklich stimmen, denn seinem moralischen

Denken hat er dessen Gesinnungsethik zugrunde gelegt: »Wir nennen Geist die menschliche Fähigkeit, der Wahrheit nachzugehen ohne Rücksicht auf Nutzen oder Schaden, und Gerechtigkeit zu erstreben sogar wider praktische Vernunft. Der Staat hingegen vertritt die Menschennatur gerade so weit, als sie Vorteil sucht und sich seinetwegen auch mit dem Schlechten abfindet. Der Staat ist vom Zweck bestimmt. Zweckhaft Gesinnte, denen die Macht dazu gegeben war, haben ihn errichtet. Sogar die Gerechtigkeit des Staates ist zweckvoll. Sie wird keineswegs vom Streben nach Wahrheit und unbedingtem Gleichmaß bestimmt. Sie ist nicht sittlich im Sinn des geistigen Gewissens. Dieses wohnt weder in der ursprünglichen Gerechtigkeit des Staates, noch in irgend einer anderen seiner Funktionen. Sein Wesen selbst ist nicht Sittlichkeit, sondern der Nutzen. Der Geist aber ist sittlich in sich selbst, und Sittlichkeit vollendet sich einzig in ihm. Außerhalb des Geistes, besonders in den Handlungen, kommt sie nicht endgültig vor.«[416] Der Geist ignoriert die Zwecke und Ziele des eigenen Handelns und orientiert sich ausschließlich an der Maßgabe der hervorgebrachten Idee. Fordert der Geist die Gesinnungsethik, so verlangt der Staat zweckorientiertes Handeln. Aus einer solchen Haltung heraus ist verständlich, warum jeder, der Geist und Tat zu verbinden trachtet, dem Dilemma der Tat verfällt.

Kant hat der Gesinnungsethik den Vorrang vor dem zweckhaften sittlichen Handeln gegeben, weil niemand im Moment, da er gezwungen ist zu handeln, exakt wissen kann, welche Folgen seine Tat nach sich ziehen wird. Die Komplexität der Verhältnisse verwehrt ihm einen allumfassenden Überblick. Dennoch muss er handeln, will er nicht tatenlos dem gnadenlosen Walten der Natur zuschauen und auf diese Weise Schuld auf sich laden. Wenn er dann jedoch handelt, und aus seiner Tat möglicherweise Schuld erwächst, so darf der Handelnde nicht an den Folgen gemessen werden, sondern nur an dem guten Willen, der seiner Entscheidung zugrunde lag. Deshalb beharrt Kant auf der These: »Der gute Wille ist nicht durch das, was er bewirkt oder ausrichtet, nicht durch seine Tauglichkeit zu Erreichung irgend eines vorgesetzten Zweckes, sondern allein durch das Wollen, d. i. an sich gut, und für sich selbst betrachtet, ohne Vergleich weit höher zu schätzen als alles, was durch ihn zu Gunsten irgend einer Neigung, ja wenn man will, der Summe aller Neigungen, nur immer zustande gebracht werden könnte. Wenngleich durch eine besondere Ungunst des Schicksals, oder durch kärgliche Ausstattung einer stiefmütterlichen Natur es diesem Willen gänzlich an Vermögen fehlte, seine Absicht durchzusetzen; wenn bei seiner größten Bestrebung dennoch nichts von ihm ausgerichtet würde, und nur der gute Wille (freilich nicht etwa als ein bloßer Wunsch, sondern als Aufbietung aller Mittel, soweit sie in unserer Gewalt sind) übrig bliebe: so würde er wie ein Juwel doch für sich selbst glänzen, als etwas, das seinen vollen Wert in sich selbst hat. Die Nützlichkeit oder Fruchtlosigkeit kann diesem Werte weder etwas zusetzen, noch abnehmen.«[417] Als Madame Legros sich vornahm, für die Freilassung des zu Unrecht Inhaftierten zu wirken, wusste sie nicht, welche Folgen ihr Handeln haben würde. Sie hätte scheitern können: Doch ihre Niederlage hätte an der moralischen Qualität ihrer Tat nichts geändert. Sie hatte jedoch Erfolg, weil sie ihre Mittel den gegebenen Notwendigkeiten anpasste. In einer unvollkommenen Welt darf sie nicht darauf hoffen, dass reine Menschlichkeit den Sieg davontragen wird. Sie muss die Eitelkeit und den Nutzen anderer in ihr Handeln einkalkulieren, um erfolgreich zu sein. Doch steht der Erfolg ihrer Bemühungen nicht zur Diskussion, sondern nur ihre Intention, die zweifellos gut war. Kant wäre dieses Kalkül zweifellos zu weit gegangen: Rigoros hätte er darauf bestanden, dass sich die gute Gesinnung auch in der Wahl der Mittel niederschlagen müsse.[418]

Heinrich Mann zeigt sich hier skeptischer: Wer die Forderungen des Geistes verwirklichen will, darf in der Wahl seiner Mittel nicht zögerlich sein, sondern muss sich auf das Spiel der Macht, auf die Erfolgsethik der Mächtigen, die alles für gut erachtet, was Erfolg bringt, einlassen. Doch wo liegt die Grenze? Schuld bleibt Schuld, niemand darf sich darüber

Illusionen hingeben. Madame Legros hat sich schuldig gemacht. Ihr Wille, Gutes zu erreichen, nimmt keinen Deut Schuld von ihr, erhebt ihre Taten dennoch qualitativ über die Handlungen derjenigen, die nur eigennützige Interessen verfolgen. Aber welche Taten können mit Blick auf das positive Ziel des Handelnden noch gerechtfertigt werden? Wie viel Leid darf gegenwärtigen Generationen zugemutet werden, um das vermeintliche Glück zukünftiger Generationen zu gewährleisten? Kann es sein, dass die Taten eines Robespierres gutgeheißen werden, weil er mit ihnen die Ideale der Französischen Revolution hatte retten wollen? Ist das Ausdruck wahrer Menschenliebe? Ist demgegenüber nicht zu würdigen, wenn man die Natur gewähren lässt und versucht, ihren Opfern den Sinn ihres Leidens verständlich zu machen? Heinrich würde entgegnen, dass ihr Leiden sinnlos sei, weil die Natur blind und ungerecht ist. Er könnte auf die Toten der Naturkatastrophen verweisen und fragen, ob ihr Tod gerecht sei. Er würde sich heftig dagegen verwahren, in einem Krieg einen naturgegebenen Vorgang zu sehen, wie Thomas es tat; vielmehr würde er die Einstellung der Kämpfe fordern, um den Tod von Millionen Menschen zu verhindern. Er würde für die Entmachtung der Natur plädieren, um ein menschengerechtes Leben zu ermöglichen. Für Thomas Mann hat die Natur einen tieferen Sinn, den es für den Dichter zu enthüllen und verständlich zu machen gilt. Zwei Positionen stehen sich unversöhnlich gegenüber: Jede von ihnen hat gute Argumente für die eigene Sache vorzuweisen. Aber hat eine der beiden Seiten wirklich uneingeschränkt Recht?

Aus dem Rückblick weiß Thomas Mann zu berichten, dass sein Bruder die ›Betrachtungen‹ niemals gelesen habe. Er habe lediglich einen Artikel im ›Berliner Tageblatt‹ zur Kenntnis genommen, »in denen ich von Solchen sprach, die Gottesliebe verkünden und ihren Bruder hassen«[419]. Mit Genugtuung erfährt Thomas Mann, dass Heinrich nach der Lektüre dieses Satzes sich hingesetzt und geweint habe. Thomas sah im Zola-Essay ein Dokument des brüderlichen Neides auf den Erfolgreichen. Er wollte nicht begreifen, dass Heinrich ihn für seine Sache hatte gewinnen wollen. Das Weinen Heinrichs interpretiert er als verzweifelte Einsicht in den eigenen Bruderhass. Aus der Sicht Heinrichs war es eher die Klage über die Uneinsichtigkeit des Bruders.

In den Schützengräben vor Verdun stockte der Krieg. Heftig bekämpften sich die Nationen Europas, doch keiner fiel der Sieg zu. Was eine Seite heute eroberte, wurde ihr am nächsten Tag schon wieder entrissen. So wogte das Geschehen, begleitet von Geschützdonner und Maschinengewehrsalven, hin und her. Europa verblutete; die Soldaten krepierten erbärmlich in einem sinnlosen Stellungskrieg. In der Heimat saß ein Intellektueller, der den Menschen die Augen hatte öffnen wollen: Sie verstanden seinen Appell an ihre geistige Kraft als einen Angriff auf ihr Selbstwertgefühl. Nicht die Hand streckten sie ihm entgegen, sondern zückten ihre Waffen gegen ihn. Unter den Feinden aus mangelnder Einsicht befand sich der eigene Bruder – ein schreckliches Gleichnis für die Vorgänge in Europa.

9. Zwischen Krieg und Frieden

Der Krieg hatte Heinrich Manns Lebenskreise auf München beschränkt. Er konnte keine weiten Reisen durch Italien und Frankreich unternehmen, wie er dies bis 1914 gewohnt war. Diese Einschränkung begünstigte zwar sein Familienleben, es fehlte ihm jedoch die Offenheit des alten Europa, der er noch in seiner Autobiografie nachtrauert: »Es klingt sonderbar und unglaubwürdig, aber durch Europa reiste man ohne Paß. Man benötigte keines Ausweises, um Geld zu erheben. Wer in mehreren Ländern zu Haus und ohne ständige Wohnung war, bemerkte nie eine Behörde, besonders keine, die ihren Zoll verlangte. Einmal hat auf dem Finanzamt München ein Herr, o wie höflich, dem Besucher nahe gelegt, daß man irgendwo doch steuern müsse. Dann ließ er es dabei.«[420] Der gealterte Schreiber seiner Erinnerungen dürfte allerdings die Welt seiner Jugend im Nachhinein verklärt haben, möglicherweise auch mit Blick auf die Hektik und den Lärm in den Großstädten nach dem Ersten Weltkrieg. Im Vergleich dazu pulsierte die Welt der Vorkriegszeit in einem gemächlichen Rhythmus.

Der Freundeskreis musste Heinrich Mann die fehlende Ferne ersetzen. Hier fand er die anregende Offenheit, die er sonst seinen Reisen abgewann. Doch der Krieg setzte auch dem geselligen Beisammensein enge Grenzen: »Das gesellige Leben war sehr eingeschränkt. Die Polizeistunde rückte langsam weiter vor, und bald fanden die wichtigsten Zusammenkünfte in München nachmittags im Café Luitpold statt, wo Wedekind fast immer Friedenthal, Heinrich Mann, auch Martens und Meyrinck, einige Male auch den Botschafter Schön traf.«[421] Heinrich Mann pflegte engen Kontakt zu Frank Wedekind. Ihre Bekanntschaft datierte aus der Zeit vor dem Krieg. Eines Abends hatte Heinrich Mann allein in der Törggelstube gesessen, wo sich unter dem Vorsitz Wedekinds ein Künstler-Stammtisch gegründet hatte: »Plötzlich stand er vor mir und sprach, mir scheint, ohne Anwendung seines Bühnenorgans: ›Wir sind doch nicht dazu da, immer umeinander herumzugehen.‹ Sogleich wechselte ich ein für alle Male an seinen Tisch hinüber, und wir waren Freunde, als hätten wir uns immer gekannt.«[422] Zu dem Stammtisch zählten neben Wedekind und Mann die Schriftsteller Kurt Martens, Erich Mühsam, Wilhelm Herzog, manchmal auch Lion Feuchtwanger sowie die Schauspieler Gustav Waldau und Albert Steinrück. Die vorgezogene Sperrstunde machte den abendlichen Treffen bald ein Ende, weshalb man auf ein nachmittägliches Beisammensein im Café umschwenkte. Heinrich Mann und Frank Wedekind trafen sich einige Zeit lang beinahe täglich, häufig war Wedekind auch Gast bei Heinrich in der Leopoldstraße 48, seit April 1916 dann in der Leopoldstraße 59: »Der Krieg kam, unsereiner entwöhnte sich der Öffentlichkeit, da trank er gern seinen Wein bei mir. In meinem Arbeitszimmer, das 1916 allein noch geheizt wurde, saß er am Ofen.«[423] Heinrich spürte in dem Autor der dämonischen Sexualität einen gequälten Geist. Er achtete Wedekinds

Respekt vor überlieferten Formen, seine Ehrfurcht vor der Tradition und seinen Hang zu einer bürgerlichen Existenz. Niemand hätte hinter dieser Fassade den moralischen Empörer vermutet. In seiner Autobiografie gewährt Heinrich Mann Frank Wedekind den Ehrenplatz unter seinen Gefährten, noch vor dem Bruder Thomas.

In der österreichischen Hauptstadt hatte er noch vor dem Krieg die Bekanntschaft von Arthur Schnitzler gemacht, dessen Schwager Albert Steinrück er aus München kannte: »In Wien hatte ich einen sehr geliebten Freund, Arthur Schnitzler, einen Dichter des Todes. Man hätte es ihm nicht angesehen, 1907, als wir zusammenkamen und uns angenehm waren; uns wohl auch verstanden, in den Grenzen, die immer bleiben. Damals vertrat er heiter seine Kaiserstadt, und die wollte heiter sein; sie sagte nicht erst im Krieg, nach Anbruch des Endes: ›Die Lage ist verzweifelt, aber nicht ernst.‹ Er liebte den Ruhm. Wenn er sich einen ›sehr bekannten Autor‹ nannte, empfing seine Stirn einen Strahl der Unsterblichkeit.«[424] Schnitzlers Dichtung habe sich auf die privaten Schicksale beschränkt, die politischen Vorgänge hätten ihn nicht gekümmert. Selbst dem Tod habe er noch eine witzig-melancholische Note abgewinnen können. Folgt man den Tagebucheintragungen Schnitzlers, so traf er Heinrich Mann erstmals am 21. April 1910: »Er gefiel mir (als der von mir wohl am rückhaltlosesten bewunderte aller deutschen Dichter von heute) auch persönlich vortrefflich.«[425] Noch im Dezember 1910 stattete Schnitzler Heinrich Mann einen Besuch in München ab. Obwohl sich der neue Freund sehr skeptisch über die Qualität der Theaterstücke Heinrich Manns äußerte, blieb die Freundschaft davon ungetrübt. Am 31. Mai 1914 sahen sich die beiden zum letzten Mal vor dem Krieg, danach begann eine lange Zeit der Trennung, ehe Schnitzler am 17. September 1917 auf einen weiteren Besuch nach München kommen konnte. Im Spätsommer 1918 verbrachte Heinrich Mann mit seiner Frau einige Urlaubstage zusammen mit dem Freund in Partenkirchen.

Zum Freundeskreis in jenen Tagen gehörten auch Lion

Feuchtwanger, Max Oppenheimer und natürlich Maximilian Brantl, der Heinrich weiterhin juristisch betreute. Auf diesem Gebiet gab es viel für ihn zu tun. Immer wieder tauchten Schwierigkeiten mit der Zensur auf, manchmal bei Erzählungen, die noch wenige Jahre zuvor unbeanstandet geblieben waren. 1917 konnte beispielsweise keine neue Veröffentlichung der Novelle ›Pippo Spano‹ erfolgen, weil sie quasi über Nacht für »unzüchtig« befunden wurde. Die Veröffentlichung des Romans ›Der Untertan‹ lag auf Eis, nachdem ›Zeit im Bild‹ die Fortsetzung abgebrochen hatte.

Im Jahre 1916 trat ein gewisser Georg Heinrich Meyer an Heinrich Mann heran. Meyer arbeitete für den Kurt Wolff Verlag. Dessen eigentlicher Leiter, Kurt Wolff, war 1914 einberufen worden, sodass Meyer seither die Geschäfte führen musste. Doch lag seine eigentliche Stärke nicht auf diesem Gebiet. Zweimal hatte er sich bereits als selbstständiger Verleger versucht, und beide Male mündeten seine Bemühungen im Konkurs. Meyers Talente traten im Umgang mit den Autoren und bei den Werbekampagnen hervor. Man erzählte sich von ihm, wie es ihm stets aufs Neue gelungen sei, »die störrisch gewordenen Poeten immer wieder in die Höhle des Kurt Wolff zurückzutreiben«, oder man berichtete, »wie er am Bahnhof bis zum letzten Zugpfeifen einem verstimmten Autor gut zuredete wie eine alte Kinderfrau ihrem Nestquakelchen«.[426] Seine Werbemethoden galten in der Branche als unorthodox, erwiesen sich aber als höchst erfolgreich: Nach seinem Motto »inserieren, inserieren, inserieren« platzierte er großseitige Anzeigen mit marktschreierischen Texten in sämtlichen deutschen Tageszeitungen. Auf den Litfaßsäulen im ganzen Deutschen Reich hingen Plakate in grellen Farben, die für die Publikationen des Verlages warben. Gustav Meyrinks Roman ›Der Golem‹ puschte er auf diese Weise innerhalb von drei Jahren auf 145 000 verkaufte Exemplare. Heinrich Mann lockte er mit dem Plan einer zwölfbändigen Ausgabe seiner gesammelten Romane und Erzählungen, außerdem sollten sieben seiner Romane eine ganz neue Ausstattungsreihe im Verlag unter dem Titel ›Der Neue Roman‹

eröffnen. Die Buchreihe sollte mit einem auffälligen gelben Umschlag und einem möglichst billigen Ladenpreis aufwarten.

Der Verlagsinhaber Kurt Wolff teilte die Pläne seines Partners und zeigte sich in einem Brief an Heinrich Mann begeistert von der Aussicht auf eine Zusammenarbeit: »Vielleicht ist es ein besonders glücklicher Umstand, der mir erlaubt, gerade in und nach dieser Zeit mich für Ihr Werk einzusetzen. Ich bin der Überzeugung, daß von den Schriftstellern, die um eine Generation älter sind als ich selbst, nur zweien die Zukunft gehört ... (Für den anderen, Karl Kraus, werde ich von jetzt an auch [in besonderer Form] verlegerisch tätig sein) – und von dieser Überzeugung bin ich so ganz durchdrungen und besessen, daß ich sie mit allen Mitteln propagandieren will. So will ich arbeiten: wie Saccard für die Universelle. Und ich darf den Vergleich wagen, weil der Fanatismus von ihm und mir der gleiche ist, aber die Silberbergwerke des Carmel imaginärer, fiktiver waren als es die Gestalten der Violante von Assy oder des Claude Marehn sind, Gestalten die in das Bewußtsein der Zeitgenossen hineingehämmert werden sollen, bis sie ihr sicherster, vererblicher Besitz sind.«[427] Auch der Problemfall ›Der Untertan‹ konnte Meyer und Wolff nicht schrecken. Gerade dieser Roman begeisterte nämlich den Verleger: »Ich habe die Lektüre des Buches eben beendet und bin hingerissen. Hier ist der Anfang dessen, was ich immer suchte: der deutsche Roman der Nach-Gründer-Zeit. (Ist ›Schlaraffenland‹ dazu ein kleiner, ist dies ein ganz großer Beitrag) Hier ist der Anfang einer Fixierung deutscher Zustände, die uns – zumindest seit Fontane – völlig fehlt. Hier ist plötzlich ein Werk, groß und einzig, das, ausgebaut, für die deutsche Geschichte und Literatur sein könnte, was Balzac's Werk für das erste, Zola's für das zweite Kaiserreich waren. Und für unsere Gegenwart ist es viel mehr: dies zwei Jahre vor dem Krieg geschriebene Buch ist – in anderem Sinne – für uns a priori was den Franzosen a posteriori ›Débacle‹ wurde. Das Deutschland der ersten Regierungsjahre Wilhelms II, gesehen als ein Zustand, der den Krieg von 1914 heraufbeschwören mußte.«[428] Aber in welcher Weise konnte dieses Buch erscheinen, ohne von der Zensur sofort verboten zu werden? Wolff erwog zwei Möglichkeiten: die Veranstaltung einer einmaligen Subskriptionsausgabe in der Schweiz, oder das gleiche Vorhaben in Deutschland wagen. Eine Veröffentlichung in der Schweiz hielt er für nicht geraten: Im Ausland würde sich das Buch nahtlos in eine Vielzahl von Anti-Kaiser-Büchern einreihen, die dort erschienen, und würde deshalb nicht das Interesse finden, das ihm gebühre. Eine einmalige Subskriptionsausgabe in Deutschland ließe sich seiner Ansicht nach durchfechten. Aber die Presse würde sich auf ein Buch stürzen, das im Buchhandel nicht erhältlich wäre. Das entstandene öffentliche Interesse wäre abgeklungen, bis dann das Buch wirklich erscheinen könnte. Schließlich verfiel der findige Kurt Wolff auf eine neue Idee. Er veranstaltete einen Privatdruck des Romans, der nicht der Zensur unterlag. Die zehn Exemplare, die dabei hergestellt wurden, gingen an einflussreiche Persönlichkeiten des Deutschen Reichs, die dezidierte Kriegsgegner waren: Ernst Ludwig, Großherzog von Hessen und bei Rhein, Karl Kraus, Fürstin Mechthilde Lichnowsky, Oberstleutnant im Generalstab Madlung, Helene von Nostitz-Wallwitz, Jesko von Puttkamer, Peter Reinhold, Fürst Günther zu Schönburg-Waldenburg, Joachim von Winterfeld und Elisabeth Wolff-Merck. Insbesondere ein Kongress des pazifistischen Bundes »Neues Vaterland« im April 1917 in Berlin, dessen Vorstand neben Heinrich Mann unter anderen Wilhelm Herzog, René Schickele, Albert Einstein, Magnus Hirschfeld und Käthe Kollwitz angehörten, wurde zum geeigneten Forum, um den Roman öffentlichkeitswirksam zu präsentieren. Diese Aktionen lenkten viel Aufmerksamkeit auf das Werk und bereiteten den Boden für sein endgültiges Erscheinen nach Kriegsende.

Heinrich Mann hatte endlich wieder einen engagierten Verleger für sein Werk gefunden. Am 9. November 1916 wurde ein Verlagsvertrag unterzeichnet: Er sicherte dem Kurt Wolff Verlag die Rechte an den Romanen Heinrich Manns, an den bisher erschienenen Novellenbänden sowie den Theaterstücken. Darüber hinaus besaß der Verlag das ausschließliche Verlags-, Urheber- und Bühnenvertriebsrecht an allen Werken, die im Laufe der nächsten zehn Jahre entstehen sollten. Heinrich Mann behielt lediglich die Filmrechte an seinem Werk. Als Honorar erhielt der Autor 25 Prozent des Ladenpreises. Von der für November 1916 geplanten Gesamtausgabe sowie von den Romanen, die in der Reihe »Der neue Roman« erscheinen sollten, gingen 20 Prozent an Heinrich Mann, wobei die Titel der Reihe vertraglich auf einen Preis von 3,50 Reichsmark festgelegt wurden.

Die Gesamtausgabe erschien pünktlich, und nun konnte Georg Heinrich Meyer ans Werk gehen. Im Subskriptionsprospekt feiert er Heinrich Mann als einen Schriftsteller, der mittlerweile »als einer der größten deutscher Erzähler der Gegenwart anerkannt« werde. Publikumswirksam verkündet er: »Dies Werk darf dem epischen Schaffen der größten Erzähler aller Zeiten und Völker an die Seite gestellt werden.«[429] Tatsächlich übertraf der Erfolg der Gesamtausgabe alle Verkaufszahlen, die Heinrich Manns Romane bisher bei anderen Verlegern erzielt hatten. Kurt Wolff hatte sein Wort gehalten. Berücksichtigt man zusätzlich die Billigausgaben in der Reihe »Der Neue Roman«, hatte Heinrich Mann plötzlich Hunderttausende von Lesern. So kann es nicht verwundern, dass sich Heinrich noch im hohen Alter in tiefer Freundschaft an das Propagandagenie des Kurt Wolff Verlags erinnerte: »Als seine Zeit kam, hatte ein ebenso ungewöhnlicher Buchhändler, mit Namen Georg Heinrich Meyer, plötzlich alles bekanntgemacht, was ich seit 1900, fünfzehn Jahre lang, geschrieben hatte. Die bisherigen Erfolge bei Eingeweihten verwandelten sich unversehens in Publikumsschlager.«[430] Der größte Erfolg sollte noch kommen: ›Der Untertan‹ würde alles Bisherige übertrumpfen. Aber dafür musste erst der Krieg ein Ende nehmen.

Bei Heinrich Mann machte sich Resignation bemerkbar. Der Krieg dauerte an und wollte scheinbar kein Ende nehmen. Er arbeitete an einem neuen Roman, der eine Fortsetzung des ›Untertan‹ werden sollte: ›Die Armen‹. Diederich

Heßling ist mittlerweile Generaldirektor der Papierfabrik in Gausenfeld. Er ist zum mächtigsten Mann der gesamten Region aufgestiegen und residiert, umgeben von einem Wald, der den Gestank der Fabrik fern hält, in der Villa Höhe. Seine Arbeiter hausen in verwahrlosten Wohnblöcken in unmittelbarer Nähe der Fabrikanlagen. Teilweise vegetieren fünf Menschen in einem Zimmer, krank und aggressiv vom Lärm und vom Gestank um sie herum. Einer dieser Arbeiter ist Karl Balrich. Eines Tages erfährt Balrich von der Existenz eines Schreibens, in dem der Vater Heßlings einräumt, dass das Geld für die Gründung seines Unternehmens von einem gewissen Gellert stammt. Dieser Gellert arbeitet heute in der Papierfabrik, die mit seinem Geld aufgebaut wurde, und ist der Onkel von Karl Balrich. Da Gellert niemals in den Besitz des Originalschreibens gelangt war, konnte er seine Teilhaberansprüche, die ihm der alte Heßling verweigert hatte, nicht durchsetzen.

Balrich findet heraus, dass der alte Heßling sein Geständnis beim damaligen Rechtsanwalt Buck gemacht und hinterlegt hatte. Angeblich sei es dort bei einem Brand vernichtet worden. Bucks Sohn ist inzwischen der Schwager Diederich Heßlings und lebt ebenfalls in der Villa Höhe in materieller Abhängigkeit von Heßling. Eines Abends macht Balrich in Anwesenheit Bucks Andeutungen über sein Wissen. Wolfgang Buck begreift, dass hier die Möglichkeit besteht, sich an Heßling zu rächen. Buck gesteht, dass das Original niemals verbrannt sei, und händigt es Balrich aus. Balrich glaubt nun, den Ausbeuter Heßling vernichten zu können. Doch Buck macht ihm klar, dass niemand ihm glauben werde. Justiz, Regierung und Militär würden alle Heßling unterstützen; Balrich müsse lernen, müsse das Abitur nachholen, müsse Jura studieren, um dann mit seinem erlangten Wissen Heßling ein ebenbürtiger Gegner zu sein. Buck finanziert Balrich den Unterricht beim pensionierten Schullehrer Klinkorum, der in der Nachbarschaft der Arbeitersiedlung wohnt. Dieser lässt sich auf den Handel ein, weil er in Heßling den hassenswerten Typus des Machtmenschen sieht, dem der Geist machtlos gegenüberstehe. Balrich ist auch seine Hoffnung auf Rache. Balrich erträumt für sich, für seine zwei Brüder, für seine verheiratete Schwester Malli und vor allem für seine Schwester Leni, die er über alles liebt, ein besseres Leben.

Bald spricht es sich innerhalb der Arbeiterschaft der Papierfabrik herum, dass einer der ihren ein Dokument besitzt, das ihn zum Herren von Gausenfeld machen kann. Schon bald wissen auch alle, um wen es sich dabei handelt. Sie erfahren, dass Balrich seine Nächte über Büchern brütend verbringt, um eines Tages seine Ansprüche durchzusetzen. Sie bewundern ihren Genossen für seine Leistung, und er lässt auch keinen Zweifel daran, dass sein zukünftiger Sieg ein Erfolg der gesamten Arbeiterklasse wäre. Er möchte für alle bessere Lebensbedingungen erreichen: Dafür studiere er, dafür opfere er seine Nächte. Balrich wird getragen von einer Welle der Sympathie. Die Aussicht auf ihren zukünftigen gemeinsamen Aufstieg sorgt bei den Arbeitern der Firma für ein außergewöhnliches Arbeitsklima: Heßling sorgt sich bereits, warum seine Arbeiter so ruhig sind. Wenn er seine Machtansprüche bekundet, lächeln ihn seine Untergebenen nur an, keiner äußert Widerspruch, keiner wagt eine unüberlegte Handlung. Sogar seine Spitzel, die ihm sonst alle wichtigen Informationen aus der Fabrik und der Arbeitersiedlung zutragen, scheinen ahnungslos. Heßling ist sich sicher, dass irgend eine heimliche Aktion geplant ist.

Noch kann sich Balrich auf das Stillschweigen seiner Genossen verlassen. Doch allmählich spürt er, wie er sich von ihrer Welt entfernt. Die Bildung erschließt ihm einen neuen Blick auf die sozialen Zustände. Er begreift die Lage seiner Klasse und den Anteil, den die Arbeiter selbst an ihrer Misere haben: Sie wollen sich nicht für die Idee der Menschenwürde begeistern, die Balrich aus seinen Büchern zieht, sondern verlangen den Wohlstand, den sie bei den Reichen sehen, für sich. Sie wollen keine Gerechtigkeit für alle, sie wollen Besitz für sich – und er soll ihnen dazu verhelfen. Balrich strebt jedoch keine Umkehrung der Besitzverhältnisse an, sondern reflektiert über die Möglichkeit einer menschenwürdigen Gesellschaft. Er muss erleben, wie sich Leni allmählich von ihm löst. Offensichtlich hat sie ihren eigenen Weg gefunden, um ein besseres Leben führen zu können. Immer öfter sieht er sie gut gekleidet, wobei ihm nicht klar ist, woher das Geld für die neuen Kleider stammt. Als er sie zur Rede stellen will, macht ihm seine Schwester klar, dass sie keine sechs Jahre oder länger auf ihren sozialen Aufstieg warten will. Sie will schneller aus dem Elendsquartier der Arbeiter fort. Balrich versteht sie, weiß aber nicht, wie er ihren Ansprüchen genügen soll. Wie kann er sein Ziel so rasch erreichen, dass Leni zufrieden ist? Neben Leni gibt es noch eine zweite Frau, die ihm Kopfzerbrechen bereitet: seine Freundin Thilde. Seit er tagsüber in der Fabrik schuftet und nachts lernt, hat er kaum noch Zeit für sie. Er merkt, wie sie unter dieser Situation leidet, ist sich allerdings auch in diesem Falle unschlüssig, was er tun kann, um ihr Verhältnis zu retten. Gerade an Thilde realisiert Balrich, wie schwer es ihm zunehmend wird, die Menschen, mit denen er bisher zusammengelebt hat, weiterhin zu verstehen. Hinzu kommt eine wachsende Distanz, die sich im Benehmen seiner Kollegen ausdrückt: Sie behandeln ihn nicht mehr als einen der ihren, sondern legen im Umgang mit ihm eine freundliche Fremdheit an den Tag. Er ist in ihren Augen etwas Besonderes, gehört nicht mehr in ihre Welt. Mit jedem weiteren Jahr, das Balrich lernend verbringt, wächst die Distanz. Ähnlich wie Leni fragen sich seine Kollegen, wie lange sie noch auf den Erfolg seiner Bemühungen warten sollen. Aus Solidarität mit ihm verhalten sie sich ruhig, verharren sie in ihrer Abhängigkeit, obwohl es schon oft genug Anlass zum Streik gegeben hätte. Doch ein Streik, das sehen alle ein, würde die Bemühungen Balrichs gefährden. Heßling hätte einen geeigneten Vorwand, um seine potenziellen Feinde auszuschalten.

Bald erfährt Heßling, wer sein potenzieller Feind ist. Er sucht den Konflikt mit Balrich. In der Auseinandersetzung mit seinem Vorgesetzten spürt Balrich dessen Angst. Erstmals wird ihm bewusst, über welche Macht er verfügt. Er sieht den verhassten Kapitalisten in die Knie gehen und möchte ihm den Todesstoß versetzen. In der persönlichen Auseinandersetzung zwischen Heßling und Balrich verliert sich immer mehr der Idealismus, der Balrich zuvor noch antrieb. Allein gelassen von seiner Klasse, seiner Schwester, seiner Freundin, sieht er sich dem Kapitalisten Heßling gegenüber, der ebenso allein gelassen ist, denn er kann sich weder auf seinen Schwager noch auf seine Söhne stützen. Hat Balrich das Bewusstsein für die Lage der Arbeiterklasse vorher zu seinem idealistischen Streben verholfen, so bleibt dem einsamen Kämpfer für die eigene Sache nichts mehr davon. Ihm geht es nur noch um den persönlichen Sieg, insbesondere als er und seine Familie von Heßling entlassen werden. Die Arbeiter, die ihre Zukunftshoffnung auf Reichtum mit ihm verloren sehen, wollen die Villa Höhe stürmen. Balrich setzt sich an die Spitze der Aufständischen, doch das Militär schießt die anstürmenden Massen nieder. Balrich wird als Anstifter verfolgt, bis er schließlich im Beisein Heßlings festgenommen wird. Jenseits von Moral und gesetzlicher Ordnung, die beide in ihrem persönlichen Machtkampf längst hinter sich gelassen haben, einigen sie sich: Balrich gibt das Dokument heraus und erhält dafür seine Stelle in der Fabrik zurück. Auf diese Weise kann er Thilde und ihr gemeinsames Kind ernähren. Außerdem werden die Mitglieder seiner Familie wieder eingestellt. Leni, die durch ein Verhältnis mit dem Sohn Heßlings gehofft hatte, ihren Weg in die Villa Höhe zu machen, verschwindet aus Netzig und geht in die große Stadt. Balrich verbringt fortan ein freudloses und resigniertes Leben an der Seite einer Frau, die ihm fremd geworden ist. Als eines Tages der Krieg ausbricht, zieht er als treuer Sohn seines Vaterlandes ins Feld.

Heinrich Mann problematisiert in ›Die Armen‹ die von ihm geforderte Einheit von Geist und Tat. Dabei geht es nicht allein um die Schuld, die der politische Handelnde notwendig auf sich lädt, sobald er zur Tat schreitet. Die Notwendigkeit der Schuld irritiert Balrich in ›Die Armen‹ nur kurz, genauso wenig wie Heinrich Mann hierüber reflektiert. Sehr viel auffälliger ist, dass die gewünschte Einheit von Geist und Tat erst gar nicht entsteht: Durch seine Bildung entfernt und entfremdet sich Balrich zunehmend von der Arbeiterklasse, für und durch die er eigentlich handeln soll. Als sich Balrich schließlich an die Spitze des Arbeiteraufstandes setzt, geschieht dies nur widerwillig, weil er weiß, dass sein Engagement nur aus persönlichen Motiven herrührt. Im Roman ›Die Armen‹ stellt Heinrich Mann sein eigenes Konzept der ersehnten Einheit von Geist und Tat resignierend in Frage.

Das Jahr 1917 riss Heinrich Mann zweifellos aus seiner Resignation. Zwei Ereignisse brachten die kriegsentscheidende Wende und markierten den Beginn einer neuen Epoche: die Oktoberrevolution in Russland und das militärische Eingreifen der USA. 1916 hatte Heinrich Mann ein Notizbuch über den Ersten Weltkrieg begonnen. Es richtet sich an die Generation, die 1936 zwanzig Jahre alt sein wird. Ihnen sollen die niedergeschriebenen Gedanken verdeutlichen, warum dieser Krieg ausbrach und wie er hätte verhindert werden können, damit sie eines Tages nicht den Lügen ihrer Geschichtslehrer glauben werden. Für Heinrich Mann steht fest: »Die Gleichgültigkeit der Menschen für einander, als letzte Ursache des Krieges. Keine Menschengläubigkeit. Verspäteter Darwinismus: wir sind Thiere. Es giebt keine Kultur. Der Geist, die Ideen, Faxen. Menschen- und Geist-feindlich.«[431] Dieser Menschenhass sei überall spürbar: Er mache sich bemerkbar in solchen Formulierungen wie ›Der Hügel sei vom Feind gesäubert worden‹ – als seien die Feinde keine Menschen – oder in der Gleichgültigkeit, mit der die ungeheure Zahl von einer Million Toten kommentiert werde – »sehr bedauerlich, sagt Einer«[432]. Die menschenfeindliche Ideologie, die besonders in Deutschland grassiere, sei der Auslöser des Krieges gewesen: Selbst wenn Deutschland angegriffen worden wäre, läge die Schuld an dem Kriegsausbruch dennoch in den menschenverachtenden Ideen, die sich im Kaiserreich eingenistet hatten. Wer Augen habe, um diese Zusammenhänge wahrzunehmen, die Lügen zu durchschauen, werde zwangsläufig erkennen: »Der ganze endlose Krieg ist nichts als ein langsames Aufreißen des Lügengewebes der Macht«[433], denn nun enthülle sich die Menschenfeindlichkeit dieses Repressionsapparates jeden Tag aufs Neue.

Und nun ereignet sich in Russland eine Revolution, die nach Ansicht Heinrich Manns, geäußert in »Ein Zeitalter wird besichtigt«, rückhaltlose Bewunderung aller Idealisten verdient. Für Heinrich Mann ist die kommunistische Oktoberrevolution die konsequente Fortsetzung der großen Französischen Revolution von 1789: »Die Französische Revolution hatte die Menschenrechte statuiert. Sie wirklich zu besitzen blieb jedem einzelnen überlassen. Der Ruhm des Jahres 1789 ist die Befreiung der menschlichen Persönlichkeit. Sie darf endlich so groß sein, wie sie ist, so mächtig, wie sie werden kann.«[434] Die Befreiung des Menschen bedeutete jedoch noch nicht die Gleichheit aller: »Die Gleichheit bleibt unter diesen Umständen eine gedachte Voraussetzung. Beim Absprung ins Leben seien alle gleich. Aber setze dich durch, wenn du in Wirklichkeit benachteiligt, wenn du arm geboren, in Unwissenheit gelassen und womöglich von dunkler Hautfarbe bist!«[435] Die Oktoberrevolution habe diesen Missstand beheben wollen. Dabei sei die Abschaffung des Privateigentums nur ein Symbol für die tatsächliche Intention. Die Beseitigung des Eigentums habe den Menschen von seiner materialistischen Gesinnung befreit und ihn für den Geist geöffnet. Darin zeige sich der eigentliche Charakter der Oktoberrevolution: Nach Ansicht Heinrich Manns sei sie kein ökonomischer Vorgang, sondern ein geistiger. Befreit und angehalten zur geistigen Tätigkeit finde die Bevölkerung in der Sowjetunion schneller zur Wahrheit als andere Völker, die oft genug noch immer in einer materialistischen Denkweise gefangen seien. Auf diese Weise gelänge dieses Volk auch zur Einsicht in die Gleichheit aller Menschen. Sie sei in diesem Falle nicht nur Postulat wie in der Französischen Revolution, sondern aus Einsicht hervorgegangene Realität: »Eine neue Revolution wird sich sozialistisch nennen, weil sie vor allem, oberhalb jeder praktischen Einzelheit, auf die menschliche Gleichheit gerichtet ist. Unentschieden bleibt, ob Natur die Gleichheit begünstigt. Die Gesellschaft könnte sie schließlich verwirklichen.«[436] Mag die Natur die Menschen mit unterschiedlichen Hautfarben und Fähigkeiten ausgestattet haben, in einer sozialistischen Gesellschaft, so zeigt sich Heinrich Mann überzeugt, würden diese Unterschiede überwunden. Ein Indiz hierfür sieht er in der Bereitwilligkeit, mit der sich die vielen verschiedenen Völker des Zarenreiches der Revolution angeschlossen haben.

Die geistige Dimension der Oktoberrevolution werde auch deutlich, wenn man sich ihren Ursprung vergegenwärtige. Intellektuelle vom Schlage Tolstois und Gorkis hätten die Revolution mit ihren Schriften vorbereitet. Sie hätten die Einsicht über die Wahrheit des menschlichen Lebens ins Volk hineingetragen: »Der Bauer las ›Wieviel Erde braucht der Mensch?‹. Da läuft einer im weitesten Bogen um das Land, das er besitzen will. Die Regierung hat ihnen Land versprochen, soviel ihre Füße an einem Tag nehmen können im Lauf. Seine Gier läßt den Mann kein Maß finden, er läuft, sein Antlitz rötet sich feurig, er erblaßt schneeweiß, er läuft. Mit keuchender Lunge, dem Herzen, das stocken will, läuft er, bis er umfällt. Ist tot, wird auf der Stelle begraben. Sechs Fuß war er lang. Sechs Fuß Erde braucht der Mensch.«[437] In diesem Gleichnis, ersonnen von einem Intellektuellen, liege der Ursprung der Oktoberrevolution. Diese Geschichte kläre den Bauern über »die Vergeblichkeit des Besitzes und das Menschenleben, das nicht seinetwegen dahingehen soll«, auf.[438] Fortan begreife er, worauf es wirklich ankomme: auf geistige Bildung, denn alleine sie erhebe den Menschen zu einem besseren Dasein. Die Oktoberrevolution sei in diesem Sinne auch keine Tat weniger, sondern eine Aktion des ganzen russischen Volkes, das angeführt von einem tatkräftigen Mann des Geistes, Lenin, stellvertretend für die gesamte Menschheit gehandelt habe. Die Resignation, die den Roman ›Die Armen‹ noch kennzeichnete, war verflogen, nimmt man das späte Zeugnis seiner Autobiografie als Quelle für seine damaligen Ansichten.

Das zweite Ereignis des Jahres 1917 dürfte in dieser Hinsicht für Heinrich Mann nur von zweitrangiger Bedeutung gewesen sein. Am 1. Februar 1917 hatte Deutschland den uneingeschränkten U-Boot-Krieg erklärt: Jedes Schiff wurde, ohne Rücksicht auf seine Flagge, versenkt. Nachdem tatsächlich mehrere US-amerikanische Schiffe angegriffen worden waren, erklärten die USA, die zwar seit Kriegsbeginn mit den Alliierten sympathisierten, sich aber bislang aus dem bewaffneten Konflikt heraushalten wollten, am 6. April 1917 Deutschland den Krieg. Die industrielle Überlegenheit der USA, die jetzt endgültig zum Tragen kam, bewirkte die Entscheidung. Im März und Juli 1918 brachten deutsche Offensiven keinen entscheidenden Durchbruch, obwohl inzwischen die Streitkräfte durch Truppen aus dem Osten verstärkt worden waren. Im August 1918 zwang ein Tankangriff die Deutschen sogar zu einem breit angelegten Rückzug auf neue Verteidigungsstellungen. In dieser Situation erklärte die Oberste Heeresleitung die Fortsetzung des Krieges für aussichtslos. Der Zusammenbruch der bulgarischen Armee nach einer Offensive der Alliierten beraubte die Mittelmächte zudem im September 1918 eines wichtigen Verbündeten. Jetzt forderten die Chefs der Obersten Heeresleitung, Hindenburg und Ludendorff, endgültig, den Alliierten ein Waffenstillstandsangebot zu unterbreiten. US-Präsident Woodrow Wilson forderte jedoch demokratische Vertreter als Bevollmächtigte für die Verhandlungen, wie es unter anderem in den 14 Punkten niedergelegt worden war, deren Erfüllung er zur Bedingung einer Beendigung des Krieges gemacht hatte. Noch ein Monat verging, ehe das Deutsche Reich begriffen hatte, was von ihm verlangt wurde. In diesem Zeitraum begannen Teile des kriegsmüden Volkes zunehmend den Gehorsam zu verweigern. Schon am 28. Oktober 1918 hatte in Kiel ein Matrosenaufstand begonnen. Die Marinebefehlshaber wollten die Flotte, den hochgerüsteten Stolz des Kaiserreichs, nicht den Briten überlassen. Während der gesamten zurückliegenden vier Jahre war die Flotte nur ein einziges Mal in einer Seeschlacht am Skagerrak gefordert worden. Seither lagen die Schiffe in den Häfen. Nun wollte die Marineführung noch rasch, ehe der Krieg zu Ende war, Ruhm ernten. Aber die Matrosen weigerten sich, in ein sinnloses Gefecht zu ziehen, und traten in den Streik. Bis zum 4. November hatten die Aufständischen die Kontrolle über Kiel erlangt. Auch aus dem Heer kam Kunde von wiederkehrenden Befehlsverweigerungen und Rebellionen, hie und da wurden bereits Soldatenräte gewählt. Die Streikwelle verstärkte sich: In vielen Städten des Reichs kam es zu Aufständen, deren Träger die Soldaten, Gewerkschaften und Parteien waren. Dennoch bildeten diese Streiks nur örtliche Vorkommnisse, eine landesweite Organisation gab es nicht; sie reichten jedoch aus, um den Druck auf die politische Führung des Deutschen Reichs zu erhöhen.

Seit Ende September regierte eine Koalitionsregierung aus SPD, Zentrum und Fortschrittlicher Volkspartei. Zu ihrem Kanzlerkandidaten hatten sie – einen geeigneten Kandidaten aus den eigenen Reihen konnten sie nicht präsentieren – den liberalen badischen Thronfolger Max von Baden nominiert. Kaiser Wilhelm II. hatte diesem Vorschlag zugestimmt. Am 9. November 1918 nutzte der neue Reichskanzler eine vorübergehende Abwesenheit des Kaisers, der vor den befürchteten Aufständen in Berlin ins Große Hauptquartier nach Spa geflüchtet war, um die Abdankung Wilhelms II. bekannt zu geben, ohne dessen vorheriges Einverständnis einzuholen. Gleichzeitig trat auch Max von Baden von seinem Amt zurück und übergab es dem SPD-Vorsitzenden Friedrich Ebert. Noch am gleichen Tag rief der SPD-Politiker Philipp Scheidemann die Republik aus. Matthias Erzberger von der katholischen Zentrumspartei, seit der Ernennung von Max von Baden zum Reichskanzler Staatssekretär und beauftragt mit den Waffenstillstandsverhandlungen, setzte währenddessen seine Verhandlungen mit der Entente fort. Am 11. November 1918 schloss er die Verhandlungen ab und unterzeichnete das Waffenstillstandsabkommen; der Krieg war zu Ende.

Jetzt endlich konnte ›Der Untertan‹ in Deutschland erscheinen. Im März 1919 startete Georg Heinrich Meyer die

Werbekampagne. Am 26. des Monats erschien im ›Börsenblatt für den Deutschen Buchhandel‹ folgende Anzeige: »In allen größeren deutschen Städten wird in den nächsten Wochen an den Anschlagsäulen ein ungemein wirkungsvolles Künstlerplakat von Lucian Bernhard erscheinen: Das Buch des Tages ist/Heinrich Manns großer Roman/›Der Untertan‹/Das Deutschland Wilhelms II./Kurt Wolff Verlag./In allen Buchhandlungen erhältlich. In der Zeitschrift ›Die Erde‹ veröffentlicht Arnold Ulitz 25 Artikel zum Untertanengehorsam, deren letzte hier abgedruckt sein mögen: 22. Das Gegenteil von Macht heißt nicht Ohnmacht sondern Güte. Wo Güte herrscht, herrschen keine Monarchen, bedarf es keiner Armeen und keiner Untertanen. 23. Ein Vorkämpfer dieser Erkenntnis heißt Heinrich Mann, mit seinem Buch ›Der Untertan‹. – Dieses Buch ist so gut, dass es erwecken kann: Klarheit, Scham, Selbstbesinnung, Lachen und endlich Läuterung. 24. Das Kultusministerium soll sich vom Dichter Heinrich Mann und seinem Verleger ermächtigen lassen zur wohlfeilsten Verbreitung dieses Buches als Volksnahrungsmittel. (Und soll sich dabei nicht etwa lumpen lassen.) 25. Protest erheben soll jeder, der dieses Werk als belletristischen, satirischen Roman benamsen, besprechen und damit erledigen hört. Es ist mehr als Literatur, es ist Vorgeschichte der deutschen Revolution, und es sei ein Handbuch des neuen Deutschlands.«[439] Innerhalb von nur sechs Wochen, noch bevor überhaupt die Anzeige erschienen war, bevor die Plakate hingen, waren bereits 100 000 Exemplare des Buches verkauft. Die ungewöhnlichen Aktionen des Verlages, die das Buch bereits zu Kriegszeiten zu einer Legende gemacht hatten, trugen Früchte. Schon am 20. März, also noch vor der Plakataktion, vermeldet Meyer an Heinrich Mann, dass er gleich nach Ostern eine ganz besonders hohe Auflage nachdrucken lassen will. Über 250 000 Bücher, so seine Absicht, sollen über die Ladentische gehen. Um dieses Ziel zu erreichen, scheute Meyer vor nichts zurück: »Die ›Androhung von Meuchelmord‹ werde ich als großes Inserat im Zusammenhang mit zwei guten Kritiken in den Tageszeitungen bringen.«[440]

Die Drohungen, die nach der Veröffentlichung des Buches im Verlag und bei Heinrich Mann eintrafen, zeigen deutlich, dass der Krieg noch lange nicht zu Ende war: Der äußere Krieg war beendet, im Innern tobte der Kampf weiter. Der schärfste Konkurrent für den ›Untertan‹ waren in diesen Tagen die Erinnerungen des Generals Ludendorff: »Von Berlin höre ich, dass einstweilen im Buchhandel das Ludendorff-Buch die Menschen schier verrückt macht. Die Vorausbestellungen sollen sich in einer Art und Weise auftürmen, als wenn ein neues Evangelium verkündet würde.«[441] Wer war dieser Ludendorff, der das allgemeine Interesse so plötzlich auf sich zog? Durch seine Erfolge an der Ostfront war er im Ersten Weltkrieg zum strategischen Genie ausgerufen worden. Zusammen mit Hindenburg beherrschte er die Oberste Heeresleitung, dabei war Hindenburg eher der offizielle Leiter, Ludendorff der inoffizielle, aber tatsächliche Chef. Golo Mann charakterisiert ihn folgendermaßen: »Ein gewaltiger Arbeiter, ein Kenner der neuen Kriegsmittel, den Kopf voller Zahlen und Namen, aber nervös, aber brutal, aber in den subtileren Wirklichkeiten der Welt unerfahren wie ein Kind ... Erich Ludendorff kennt nur zwei mögliche Ausgänge des Krieges, den ganzen Sieg oder die ganze Niederlage. Zu was der ganze Sieg eigentlich gut sein soll, kümmert ihn nicht. Die Niederlage nennt er den ›Untergang‹, wieder ohne sich vorzustellen, wie so ein Untergang eigentlich aussehen und was danach kommen soll.«[442] Auf Ludendorffs Drängen war 1917 der totale U-Boot-Krieg ausgerufen worden, der die USA in den Krieg hineingezwungen hatte. Dieser Ludendorff war es auch, der schließlich um Waffenstillstand bettelte. Er hoffte wohl, bei einem Waffenstillstand seine Truppen zurückziehen, sammeln und wieder angriffsfähig machen zu können, wenn die alliierten Bedingungen unannehmbar schienen. In Wirklichkeit bedeutete bereits die Aufnahme der Verhandlungen das Eingeständnis der deutschen Niederlage, und die ganze Monarchie, die auf fortlaufende Erfolge gegründet war, musste in diesem Moment zusammenbrechen. Ludendorff wurde entlassen, was ihn nicht störte: Sollten doch diejenigen, die seiner

Ansicht nach die deutsche Niederlage verschuldeten, die feigen Demokraten des Reichstags nämlich, nach einem Ausweg suchen. Von sicherer Warte – er ging nach Schweden ins Exil – verfolgte er die weitere Entwicklung und wetterte gegen den Friedensschluss, prangerte die deutsche Nachgiebigkeit bei den Verhandlungen an und forderte, dass man bis zum letzten Mann kämpfen solle. Schließlich sei man unbesiegt aus dem Krieg hervorgegangen. In seinen Memoiren, die im Frühjahr 1919 erschienen, setzte er seine Tirade fort: Die Dolchstoßlegende war geboren. Allerdings hätte es kaum der Erinnerungen Ludendorffs bedurft, um diese Lüge in Umlauf zu setzen. Die Militärführung des Kaiserreichs teilte seine Ansicht und vertrat sie allenthalben: »Der Mythos, ›im Felde unbesiegt‹ zu sein, gehörte zu den beliebtesten Selbsttäuschungen und war zugleich eine der infamsten Lügen. Infam war Hindenburgs Aussage im November 1919 vor einem von der Nationalversammlung eingesetzten Untersuchungsausschuss zur Klärung der Kriegsschuldfrage und der Ursachen der Niederlage, weil er in demagogischer Verdrehung der Fakten und wider besseren Wissens vom Versagen der ›Heimat‹ und von der ›planmäßigen Zersetzung von Heer und Flotte‹ durch die Opposition sprach: ›Die deutsche Armee ist von hinten erdolcht worden.‹ Diese Version des Kriegsendes wurde nicht nur manipulativ in der öffentlichen Debatte eingesetzt. Sie entsprach oft genug auch der subjektiven Überzeugung, wie eine Äußerung von August von Mackensen zeigt, der es wie Hindenburg zum Generalfeldmarschall gebracht hatte und ihm in der Popularität kaum nachstand. Im Januar 1919 brachte Mackensen all seine Phobien auf den Punkt: ›Nicht die Truppen der Entente haben uns besiegt, sondern Deutschlands ärgster Feind, das eigene Volk in seiner Eigenart, hat den Zusammenbruch herbeigeführt. Und jetzt wütet dieses Volk in den großen Städten weiter gegen deutsches Fleisch und Blut … und zieht alles Erhabene und Hervorragende in den schmutzigen Brei der Masse. Der preußische Militarismus erzog, die sozialdemokratische Freiheit verdirbt das Volk.‹«[443]

Die Wahrheit oder die Lüge: Heinrich Manns entlarvendes Porträt des deutschen Untertanengeistes oder die Dolchstoßlegende der Unverbesserlichen? Der Kampf ging weiter. In Heinrich Manns Heimatstadt München überstürzten sich die Ereignisse in den letzten Tagen des Kaiserreichs. Am 7. November fand eine Friedenskundgebung auf der Theresienwiese statt, die von der Mehrheits-SPD und der USPD organisiert worden war. Am Rande dieser Veranstaltung bildete sich eine Gruppe von Demonstranten unter der Führung von Kurt Eisner, die entschlossen war, den Umsturz zu wagen. Der 51-jährige Eisner war kein Berufspolitiker: Er stammte aus Berlin, wo er Philosophie und Germanistik studiert hatte. Im Jahre 1890 brach er jedoch sein Studium ab, um als Journalist zunächst für die ›Frankfurter Zeitung‹ und später für die ›Hessische Landeszeitung‹ zu arbeiten. Ein Artikel für eine Zeitschrift brachte ihm 1897 eine Anklage wegen Majestätsbeleidigung und eine Verurteilung zu neun Monaten Haft ein. Nach Verbüßung seiner Strafe bot ihm Wilhelm Liebknecht eine Stelle als Redakteur beim sozialdemokratischen Zentralorgan ›Vorwärts‹ an. Nach dem Tod seines Mentors wurde er Vorsitzender des zehnköpfigen Redaktionskollektivs. Diese Position hatte er bis 1905 inne. In diesem Jahr kam es zum offenen Bruch mit dem Parteistrategen Karl Kautsky und zu Meinungsverschiedenheiten mit dem SPD-Vorsitzenden August Bebel. Eisner verließ Berlin und zog nach Nürnberg, wo er Chefredakteur bei der ›Fränkischen Tagespost‹ wurde. Seit 1910 lebte er schließlich als freier Schriftsteller und Mitarbeiter der ›Münchener Post‹ in der bayrischen Landeshauptstadt. Im Laufe des Krieges hatte er sich immer weiter von seiner ehemaligen Partei distanziert: Seine Sorge galt einem raschen Friedensschluss und einer Demokratisierung Deutschlands. Die Politik der SPD war jedoch auf einen ›Burgfrieden‹ ausgerichtet. Dieser Kurs der Partei sorgte für die Abspaltung einer Gruppe von Dissidenten, die auf dem Gothaer Kongress die Unabhängige SPD gründeten. Eisner kehrte aus Gotha nach München zurück und bildete dort einen Ortsverein der neuen Partei. Er gewann insbesondere die Mitglieder einer Diskussionsrunde, die er im Dezember 1916 ins Leben gerufen hatte und die sich regelmäßig in einer Münchener Gastwirtschaft trafen, um Fragen der Tagespolitik, des Krieges und des Sozialismus zu erörtern. Der Schriftsteller Erich Mühsam, der zu den 50 bis 100 Teilnehmern dieser Treffen zählte, konnte sich erinnern, dass in diesem Kreise auch über die Notwendigkeit einer Revolution diskutiert worden war.[444]

Am 7. November 1918 ergriff Eisner nun die Initiative. Mit seinen Gefolgsleuten marschierte er von Kaserne zu Kaserne und überredete die Soldaten, sich ihnen anzuschließen. Die Schar seiner Leute versammelte sich schließlich im Mathäserbräu, wo ein Soldaten- und Arbeiterrat gebildet wurde. Bis gegen Abend brachten sie sämtliche wichtige Einrichtungen in der Stadt unter ihre Kontrolle. Die bestehende Regierung erwies sich als handlungsunfähig: Ihre Soldaten waren übergelaufen, die Polizisten waren der Übermacht der Aufständischen nicht gewachsen, und auswärtige Truppenkontingente konnten nicht rechtzeitig herbeigeführt werden. Bis 22.30 Uhr hatte sich Eisner mit seinen Männern bis zum Sitzungssaal des Landtags durchgeschlagen, wo er die vorläufige konstituierende Versammlung der Arbeiter-, Soldaten- und Bauernräte eröffnete. Auf der Versammlung wurde Eisner einstimmig zum Vorsitzenden der Räte gewählt. Am 8. November – einen Tag vor der Ausrufung der Republik in Berlin – wurde in der ganzen Stadt ein Plakat ausgehängt, in dem Bayern als Freistaat proklamiert, die bayerische Republik ausgerufen und die Dynastie Wittelsbach für abgesetzt erklärt wurde. Am Nachmittag des 8. November meldete sich bei Eisner eine Delegation der Mehrheits-SPD unter Führung ihres Landesvorsitzenden Auer. Im Laufe des Gesprächs wurde die Bildung einer gemeinsamen provisorischen Regierung erörtert. Auer hatte bis zuletzt mit der Niederschlagung des Aufstandes durch die bestehende Landesregierung gerechnet. Als sich deren Handlungsunfähigkeit erwies, lief er zur Räteregierung über, um das Steuer nicht aus der Hand zu verlieren. Eisner brauchte die MSPD, weil nur sie ihm die nötige Basis verschaffen konnte, um die neuen politischen Verhältnisse zu stabilisieren. Die provisorische Regierung erhielt noch am gleichen Tag die Bestätigung durch das provisorische Parlament.

Eisners Regierung hielt sich trotz der Spannungen zwischen MSPD und USPD drei Monate im Amt. Sie organisierte die Wahlen zum bayerischen Landtag vom 12. Januar 1919, der am 21. Februar zu seiner konstituierenden Sitzung zusammentrat. Auf dem Weg zu dieser Sitzung wurde Eisner Opfer eines Attentats. Auf diese Nachricht hin brach in der Stadt das Chaos aus. Auer, der in der provisorischen Regierung als Innenminister fungierte hatte, wurde wegen seiner persönlichen Animositäten gegen Eisner für das Attentat verantwortlich gemacht und wäre beinahe im Landtag gelyncht worden. In dem entstehenden Tumult fielen Schüsse, die zwei Personen töteten. Panik brach aus. Aus Furcht vor weiteren Anschlägen hielten sich die meisten Minister der provisorischen Regierung versteckt. Ein eilig gebildeter Aktionsausschuss der Soldaten-, Arbeiter- und Bauernräte verhängte den Belagerungszustand über die Stadt. In den nächsten Tagen blieb die Lage unübersichtlich: Für die Stadt wurde eine Ausgangssperre verhängt, häufig fielen Schüsse, Gerüchte machten die Runde. Lediglich am 26. Februar herrschte in München Ruhe: Eine riesige Menschenmenge gab an diesem Tag Kurt Eisner das letzte Geleit.

In den folgenden Tagen zeigte sich die tiefe Kluft, die sich in den vergangenen Monaten zwischen den Befürwortern unterschiedlicher Regierungssysteme aufgebaut hatte: Das bürgerliche Lager und die MSPD favorisierten die Wiedereinberufung des Landtags, Teile der USPD, die KPD und die freien Gewerkschaften sahen den Landtag als aufgelöst an und forderten, dass alle Macht den Arbeiter-, Soldaten- und Bauernräten überlassen werden müsse. Eine schon am 25. Februar neu gegründete provisorische Regierung unter Leitung des MSPD-Politikers Ernst Niekisch konnte diese Konflikte niemals völlig aus der Welt schaffen, wenngleich schließlich am 18. März der Landtag wieder einberufen und eine Regierung gewählt wurde. Das Kabinett des Mehrheitssozialdemokraten Josef Hoffmann wurde aber immer wieder von Kundgebungen der Rechten und der Linken in die Enge getrieben. Aufseiten der Rechten, vertreten von der Bayerischen Volkspartei und der katholischen Kirche, verlangte man lautstark eine Ablösung vom Deutschen Reich und die Wiedereinsetzung des Königs; die Linke optierte weiterhin für ein Rätesystem. Hoffmann versuchte eine vermittelnde Position einzunehmen, wurde jedoch immer wieder von den politischen Fakten, die an anderer Stelle geschaffen wurden, überholt. Er bemühte sich um einen Sonderstatus für Bayern, musste aber erfahren, dass über den Unruhen der letzten Monate eine klare Vertretung bayerischer Interessen bei den Verfassungsberatungen in Weimar versäumt worden war; schon längst waren viele Positionen verloren gegangen. Er bemühte sich weiterhin um eine Integration der Räte in das politische System des Landes, stieß dabei jedoch immer wieder auf heftigen Widerstand der Linken, für die es nur die Alternative ›Demokratie oder Räterepublik‹ zu geben schien.

Am 3. April traf sich in Augsburg eine Versammlung von Räten: Am Abend verkündeten sie ihre Forderungen, die sie am kommenden Tag der Regierung in München überbringen wollten. In der Erklärung plädierte man zugunsten einer Bayerischen Räterepublik, eines Bündnisses mit den Sowjetregierungen Russlands und Ungarns und eines Programms für Vollsozialisierung der gesamten Wirtschaft. Da der Verhandlungstermin mit der Regierung Hoffmann am nächsten Tag scheiterte, beschloss der in Augsburg berufene Zentralrat, die Macht kurzerhand an sich zu reißen: Die Landtagssitzung am 8. April wurde abgesagt. Kein Abgeordneter durfte wagen, am 8. April nach München zu kommen. Die Regierung Hoffmann setzte sich nach Bamberg ab und versuchte von dort aus, das Land wieder unter ihre Kontrolle zu bringen. In München herrschte offene Anarchie: Unterschiedliche Rätegruppen kämpften um die Macht. Ein Räteregime wurde gebildet, das sich ganze sechs Tage hielt und in dieser Zeit mit Ernst Niekisch und dem 25-jährigen Schriftsteller Ernst Toller zwei Vorsitzende verschliss. Aus Bamberg verlautete in der Zwischenzeit, dass die Regierung Hoffmann weiterhin im Amt sei und nur ihre Weisungen befolgt werden dürften. Am 13. April kam es zu einem dilettantischen Putschversuch, der offensichtlich von Vertrauten der Regierung Hoffmann in München angezettelt worden war. Noch am Nachmittag des gleichen Tages endete nach heftigen Gefechten in der Gegend des Hauptbahnhofs, wo sich die Putschisten verschanzt hatten, dieser Spuk wieder. Zurück blieben etwa zwanzig Tote und über hundert Verwundete.

Am 13. April schließlich ergriffen die Kommunisten die Macht. Überall in der Stadt verkündeten sie ihren Sieg: »Heute endlich hat Bayern die Diktatur des Proletariats errichtet ... Die Sonne der Weltrevolution ist aufgegangen! Es lebe die Weltrevolution! Es lebe die bayerische Räterepublik! Es lebe das Proletariat! ... Es lebe der Kommunismus!«[445] Die dringendsten Probleme bestanden in der Versorgungsnot, die durch eine Blockade der Stadt durch die Regierung Hoffmann hervorgerufen wurde. Um die Lage zu verbessern, sollten alle verfügbaren Lebensmittel beschlagnahmt werden. Zu diesem Zweck drangen bewaffnete Trupps in Privatwohnungen ein und durchsuchten sie nach Lebensmitteln. Dabei kam es zu zahlreichen Diebstählen und Gewalttaten an den Wohnungsinhabern. Als dann noch die Lebensmittel hauptsächlich an die Soldaten der von der Räteregierung geschaffenen ›Roten Armee‹ verteilt wurden, die die Stadt gegen einen befürchteten Angriff von außen verteidigen sollte, sorgte dies für weiteren Unmut in der Bevölkerung.

Die Befürchtungen der Räteregierung erwiesen sich als berechtigt. Die Regierung Hoffmann hatte mittlerweile ein Hilfsersuchen nach Berlin abgesandt. Schon bald trafen aus der Reichshauptstadt 7 500 einsatzbereite Soldaten ein. Zu dieser Truppe stieß noch ein Württembergisches Freikorps von 3 750 Mann und eine in Nordbayern rekrutierte Volkswehr von etwa 22 000 Mann. Dieser Streitmacht standen in München ca. 10 000 bis 20 000 Rotarmisten gegenüber. Die Lage der Räterepublik in München war hoffnungslos. In den letzten Apriltagen desertierten zahlreiche Soldaten der ›Roten Armee‹, die noch dazu kaum über ein ausreichendes Waffenarsenal verfügte. Am 1. Mai rückten die Truppen der Regierung in München ein und schlugen jeden Widerstand unbarmherzig nieder. Wer mit Waffen angetroffen wurde oder welche versteckt hielt, wurde standrechtlich erschossen. Oftmals genügte auch schon der Verdacht, Sympathisant der Räteregierung zu sein. Insgesamt forderten die Kämpfe, die sich zweieinhalb Tage hinzogen, über 1 000 Todesopfer.[446] Zu den Toten gehörte neben dem Oberbefehlshaber der Roten Armee auch der Schriftsteller Gustav Landauer, der einige Zeit der Räteregierung angehört hatte. Ernst Toller wurde später zu fünf Jahren Haft verurteilt, Ernst Niekisch erhielt zwei Jahre. Der Chef der Münchner KPD, Eugen Leviné, wurde am 5. Juni hingerichtet.

Heinrich Mann spielte bei den revolutionären Ereignissen in München eine besondere Rolle. Zur Unterstützung der revolutionären Bewegung hatte sich am 13. November 1918 ein »Rat geistiger Arbeiter« gegründet, zu dessen Präsident Heinrich Mann gewählt wurde. Auf seinen ausdrücklichen Wunsch hin wurde der ursprüngliche Name in »Politischer Rat geistiger Arbeiter« umbenannt: Heinrich Mann wollte klarstellen, dass sich in dieser Organisation Intellektuelle zusammengefunden hatten, die auf die politischen Ereignisse der Zeit Einfluss nehmen wollten. Der Rat sollte keine Standesorganisation sein, wie die von Lujo Brentano gegründete Gegenorganisation, er wollte weder politisch noch ethisch neutral bleiben, sondern, wie eine Erklärung des Rates verhieß: »Wir sind deutsche Demokraten; unser Stolz ist die Überlieferung des Jahres 1848, unsere Welt ist die des deutschen Idealismus ... Wir sind deutsch, demokratisch und europäisch. Aus alledem ergibt sich unser Wille dem staatlichen Leben eine allumfassende Gerechtigkeit zu verleihen. Alle sollen sobald als möglich am Staat beteiligt sein.«[447] Der europäische Gedanke, der in dieser Erklärung zum Ausdruck kommt, hat bei Heinrich Mann seinen Ursprung in der Freundschaft zu Richard Nikolaus Graf von Coudenhove-Kalergi, der mit der Schauspielerin Ida Roland verheiratet war, die in mehreren Aufführungen von Dramen Heinrich Manns mitgewirkt hatte. Coudenhove-Kalergi vertrat die Idee eines vereinigten Kontinental-Europas. Heinrich Mann hatte bereits 1916 diesem Gedanken den Essay ›Der Europäer‹ gewidmet.[448] Damit die paneuropäische Idee nicht nur Theorie bleiben sollte, schlossen sich europäische Intellektuelle 1919 zu einer ›Internationalen des Geistes‹ zusammen, die sich »Clarté« nannte. Gründer dieser Organisation war der französische Schriftsteller Henri Barbusse. Am 11. März 1919 erschien in den ›Münchner Neuesten Nachrichten‹ ein Aufruf von Heinrich Mann, in dem er seine Verbundenheit mit »Clarté« öffentlich bekundete. Barbusses »Clarté« war nicht die einzige Organisation ihrer Art. Die Idee der Vereinigten Staaten von Europa wurde nach dem Krieg vielerorts propagiert. Wilhelm Herzogs Zeitschrift ›Forum‹, die nach dem Krieg wieder erscheinen konnte, nachdem sie 1915 wegen ihrer pazifistischen Haltung verboten worden war, wurde zur Plattform der unterschiedlichen Zusammenschlüsse. Neben Barbusse und seinem Verband »Clarté« war es vor allem der französische Schriftsteller Romain Rolland, Literatur-Nobelpreisträger von 1915 und während des Krieges bereits für die Sache des Friedens von der Schweiz aus aktiv, der sich im Nachkriegseuropa stark engagierte. Das ›Forum‹ brachte 1919 seine ›Déclaration d'Indépendance de l'Esprit‹: »Wir – einst Kameraden in der Arbeit am Geiste – sind seit fünf Jahren hier auf Erden einsam geworden, getrennt durch Armeen, Zensurvorschriften und den Haß der kriegführenden Völker. Aber heute, da die Schranken fallen und die Grenzen sich langsam wieder öffnen, wenden wir uns an Euch mit dem bittenden Ruf, unsere einstige Genossenschaft wiederherzustellen! Aber in neuer Form –, sicherer und widerstandsfähiger als früher. ... Der Geist darf niemandes Diener sein. Wir aber müssen dem Geist dienen, und keinen anderen Herren erkennen wir an. Seine Fackel zu tragen, sind wir geboren, um sie wollen wir uns scharen, um sie die irrende Menschheit zu scharen versuchen ... Wir kennen nicht einzelne Völker. Wir kennen nur das Volk, – das Volk, das leidet und kämpft, fällt und sich wieder erhebt und dabei doch immer vorwärtsschreitet auf seinem schweren Wege in Blut und Schweiß, – dieses Volk aller Menschen, die alle, alle unsere Brüder sind. Nur bewußt werden müssen sich die Menschen dieser Brüderschaft; deshalb sollten wir Wissenden hoch über den blinden Kämpfern die Brücke bauen zum Zeichen eines neuen Bundes, im Namen des einen und doch mannigfaltigen, ewigen und freien Geistes.«[449] Zu den Unterzeichnern dieser Deklaration gehörten die Redaktion des ›Forums‹, Henri Barbusse, Benedetto Croce, Albert Einstein, Auguste Forel, Hermann Hesse, Bertrand Russell, Franz Werfel, Stefan Zweig und Heinrich Mann.

Ein Höhepunkt im Wirken Heinrich Manns im »Politischen Rat geistiger Arbeiter« war zweifellos seine Ansprache Ende November 1918, die am 1. Dezember in den ›Münchner Neuesten Nachrichten‹ abgedruckt wurde. In seiner Rede unter dem Titel ›Sinn und Idee der Revolution‹ geißelt er noch einmal das Kaiserreich und seine Anbetung der Macht: »Die Fälschung unseres gesamten Volkscharakters, Prahlerei, Herausforderung, Lüge und Selbstbetrug als tägliches Brot, Raffgier als einziger Antrieb zu leben: dies war das Kaiserreich, das wir nun glücklich hinter uns haben.«[450] An die Stelle der Anbetung der Macht müsse nun die Gerechtigkeit treten: Im Sinne der Gerechtigkeit sei es, dass alle in gleichem Maße am nationalen Wohlstand teilhätten, weshalb er den Bürgerlichen die sozialistischen Forderungen als gerechte ans Herz legt. Den Sozialisten legt er nahe, nicht an die Stelle der untergegangenen Diktatur nun eine Diktatur des Proletariats setzen zu wollen: »Diktatur selbst der am weitesten Vorgeschrittenen bleibt Diktatur und endet in Katastrophen. Der Mißbrauch der Macht zeigt überall das gleiche Todesgesicht.«[451] Keine neue Macht soll sich etablieren, weil die damit verbundene Hierarchisierung der Gesellschaft nur neue Unterdrückung hervorrufen würde. Stattdessen solle man dem Geist folgen: »In diesem Lande, komme alles, wie es mag, wird endlich doch der Geist herrschen. Er erobert Deutschland und die Welt; der wirkliche Sieger des Weltkrieges ist nur er. Wer ihm widerstände, wäre verloren. Wer ihn aufnimmt, ist allen gleichberechtigt und verbrüdert.«[452] Unter seiner Ägide sei die Versöhnung der Völker und die Verbrüderung unter den Menschen aller Nationen keine Illusion mehr. Die ewigen Ideale des Geistes sollen den Menschen den ewigen Frieden bringen.

Dieses Programm hatte sich der »Politische Rat geistiger Arbeiter« gegeben, doch seine tatsächliche politische Wirksamkeit muss fraglich bleiben. In seinen Erinnerungen beschreibt der spätere Publizist Franz Schoenberner eine Versammlung des Rates: »Die erste offizielle Zusammenkunft fand im Kunstsalon Caspari statt, dessen Inhaber bis vor kurzem als Oberleutnant in meiner Eskadron gedient hatte. Heinrich Mann hielt eine Ansprache von hoher literarischer Vollendung. Andere bekannte Schriftsteller folgten mit druckreifen Reden, voll von den edelsten Gefühlen für Freiheit, Gleichheit und Brüderlichkeit, für die großen Traditionen von 1848 und eine neue demokratische deutsche Republik in einem neuen demokratischen Europa. Ich bin sicher, daß diese Reden sich auch heute noch gut lesen, vielleicht beinahe so gut wie die des ersten deutschen Parlaments in der Paulskirche zu Frankfurt am Main, wo sich 1848 die geistige Elite Deutschlands zusammengefunden hatte – um dann von ein paar preußischen Grenadieren auseinandergetrieben zu werden. Aber der eigentliche Prüfstein für politische Reden ist nicht die Frage, ob sie sich gut lesen, sondern ob sie Geschichte machen – wenn möglich gute Geschichte. Die Reden im ›Politischen Rat Geistiger Arbeiter‹ machten bestimmt keine Geschichte, weder gute noch schlechte. Der einzige praktische Schritt war die Wahl von drei Delegierten für die Nationalversammlung, die demnächst die neue republikanische Verfassung ratifizieren sollte. Es war erstaunlich, wieviel politischer Ehrgeiz bei dieser Gelegenheit selbst von völlig unpolitischen Menschen entfaltet wurde. Aber der eigentliche Machtkampf zwischen den revolutionären Kräften und denen der Reaktion, die ihre Reihen rasch wieder formiert hatten, wurde ohne aktive Teilnahme der ›Geistigen Arbeiter‹ ausgefochten. Immerhin besuchten sie gewissenhaft die zahllosen Massenversammlungen, wo gewöhnlich auch ein Delegierter des ›Politischen Rats Geistiger Arbeiter‹ oder der ›Demokratischen und Sozialen Akademiker‹ oder irgendeiner anderen Intellektuellengruppe zu einer mehr oder minder gelangweilten, aber geduldigen Menge sprach.«[453]

Immerhin verliefen die Sitzungen des ›Politischen Rats geistiger Arbeiter‹ in einem geordneteren Rahmen ab als die oft tumultuarischen Versammlungen anderer Gruppen. Auch Schoenberners Behauptung, dass der Rat in seiner Arbeit politisch wirkungslos geblieben sei, muss widersprochen werden. Ein Delegierter des Rates gehörte der Regierung Kurt Eisners an und konnte auf diese Weise an der politischen Neuordnung Bayerns mitwirken. Insgesamt muss man dem Rat attestieren, dass sich in seinem Kreis eine wirkliche politische Willensbildung vollziehen konnte und ihm Mitwirkung an den politischen Entscheidungen möglich war.

Die vermeintliche Schwäche des Rates ist die der gesamten Novemberrevolution: Das Schicksal der deutschen Revolution von 1918 entschied sich nicht in den Räten und in der Regierung Eisner, sondern vollzog sich in der hintergründigen Auseinandersetzung zwischen der Sozialdemokratie, die sich mit den bürgerlichen Kräften verbunden hatte und von den reaktionären Kräften vorwärts getrieben wurde, und den Kommunisten, die in Deutschland eine Diktatur des Proletariats nach russischem Vorbild etablieren wollten. Für die Schwäche der Revolution sorgte außerdem die mangelnde demokratische Erfahrung der Bürger und der politisch Verantwortlichen. Die Tumulte auf den Veranstaltungen sind beredtes Zeichen für die fehlende Vertrautheit mit demokratischen Formen und Riten. Eisner bemühte sich stets, neben der Wahl zum Landtag als demokratischer Versammlung die Räte als basisdemokratische Elemente fortbestehen zu lassen. Im Rahmen des Rätesystems sollten die ehemaligen Untertanen des Kaiserreichs demokratische Umgangsformen erlernen.

Mit Kurt Eisner hat Heinrich Mann auch seine Hoffnungen begraben müssen. Auf der Gedenkveranstaltung zu Ehren des Ermordeten hielt er eine Rede, in der er Eisner zum ›Zivilisationsliteraten‹, den abwertenden Begriff Thomas' ins Positive wendend, erhob. Er preist Eisner als »unwandelbar in der Leidenschaft der Wahrheit und, eben darum, so mild im Menschlichen«[454]. Von diesem Vorbild geprägt, findet Heinrich Mann zu einer Antwort, welche Mittel erlaubt sind, um dem Menschen sein zukünftiges Glück zu bereiten: »Eine Geistesart aber, die Menschen den Ideen aufopfert, gedeiht nicht mehr auf den höheren Stufen der gereiften Vernunft. Dort ist man gewohnt und verpflichtet, geduldig daran zu arbeiten, daß die Einsicht der Mehrzahl sich erweitere, und daß die vorwärtsdrängende Minderzahl nicht weniger Weisheit betätige als Kraft. Ein hierauf gerichteter Geist bleibt zeitlebens ein bescheidener Schüler der Menschheit, der er dienen will. Sie selbst weist ihm die Wege, auf denen er sie seinem nie verlorenen Ziel entgegenführen möge.«[455] Wie viel Schuld darf ein Mensch, der das Gute verwirklichen will, auf sich laden? Während des Krieges hatte Heinrich Mann diese Frage noch radikal beantwortet: Selbst ein Robespierre wurde durch die edlen Ziele seines Handelns noch gerechtfertigt. Eisner hatte Heinrich Mann gezeigt, dass das Gute auch ohne schlechte Taten verwirklicht werden kann: Das Vertrauen in den Menschen rechtfertige diesen Optimismus. Man müsse den Menschen nur von der Richtigkeit der Ziele überzeugen. Sicherlich sei dieser Weg wesentlich mühseliger, werde man darum auch wesentlich länger brauchen, aber das Gute werde siegen, ohne dass man Menschen den Ideen opfern müsse. Hatte Eisner es nicht bewiesen? Hatte er seine Bemühungen aber nicht auch mit dem Leben bezahlt?

Nach dem Tod von Kurt Eisner zog sich Heinrich Mann zunehmend aus dem politischen Geschehen in München zurück. Seine Mahnung an bürgerliches Lager und Kommunisten zu gegenseitiger Rücksichtnahme und Zusammenarbeit verhallte – die politischen Entwicklungen der folgenden Monate beweisen es – ungehört. Aber wo hielt sich Heinrich Mann im April 1919 auf? In der Zeitschrift ›Simplicissimus‹

erschien nämlich am 13. Mai 1919 ein satirischer Artikel folgenden Inhalts: »Der große Dichter, der sich mit seinem unentwegt radikalen Bekennermut zum Stimmführer der neuen Zeit aufgeschwungen hat, fühlte sich nicht behaglich. Seit einigen Tagen fielen Gewehrschüsse, da und dort, oft in der Nähe seiner Wohnung. Man soll nicht meinen, daß es in der Seele des großen Dichters nicht aufgejubelt hätte: Triumph – es kommt! Der große Tag bricht an! Gewiß nicht – aber ein anderes ist es, der Idee zu dienen und wieder ein anderes, die unangenehme Realität zu ertragen. Denn ein Dichter muß ruhig dichten können, auch wenn er für die Revolution dichtet, und darf nicht durch häßliche Geräusche erschreckt werden – auch wenn sie aus den Gewehren der Freiheit knattern. Was tut der große Dichter? Er befiehlt den großen Journalisten zu sich – jenen, dessen Sendung es ist, die feurig radikalen Eingebungen des großen Dichters mit feurig radikalem Schwung nach Berlin zu telephonieren – und spricht also zu ihm: ›Wohin ziehen wir uns zurück?‹ ›Nu‹, sagt der große Journalist, ›etwa ins Isartal. Es ist höchste Zeit!‹ ›Vorwärts denn also!‹ ruft der große Dichter, ›besorgen Sie das Weitere immer mal wieder!‹ Und der große Journalist der Freiheit jagt von Haus zu Haus und findet einen Mann, der es unternimmt, die heilige Familie in einem Wägelchen aus der Biedermeierzeit ins Isartal zu entführen. Im Isartal gibt's Brot und Schmalz – Gott erhalt's – und wenn die verruchten weißen Garden wieder Ruhe geschaffen haben, kehren sie alle wieder zurück und singen wieder die Marseillaise. Ecce poeta.«[456] Der Artikel lässt offen, wer mit dem ›großen Dichter‹ gemeint sei, doch Thomas Mann war sich sicher, dass niemand anderer als sein Bruder das Ziel des Spotts sein könne. In seinem Tagebuch hielt er unter dem 25. Mai 1919 fest: »Im ›Simplicissimus‹ Satire auf Heinrichs Flucht aus München während der Räte-Regierung, mit Familie, im Wagen, den ihm Friedenthal verschafft.«[457] Als Gewährsmann beruft er sich auf seinen Freund, den Germanisten Ernst Bertram, der ihm auch bereits die Geschichte hinterbracht habe. Doch leider ist diese Anekdote nicht haltbar: Julia Mann schreibt ihrem Sohn im Monat April insgesamt vier Briefe, allesamt adressiert an die Leopoldstr. 59 III. Wie aus dem Brief vom 17. April hervorgeht, hat Heinrich ihr am 13. des Monats auch geantwortet, wenngleich dieser Brief nicht erhalten ist. Im Brief vom 29. April erwähnt sie zudem ein Telefongespräch, das unlängst stattgefunden habe. Auch Viktor Mann – so unzuverlässig seine Familiengeschichte in einzelnen Punkten auch immer sein mag, solche Ereignisse hätte er bestimmt vermerkt – erinnert sich nicht daran, dass Heinrich Mann in diesen Tagen mit seiner Familie aus München geflohen wäre. Die Geschichte von der Flucht Heinrich Manns scheint also dem Wunschdenken Thomas' entsprungen zu sein; sein Freund Ernst Bertram hat ihn bestimmt gerne in seiner Version bestärkt. Thomas Manns Verdächtigungen beweisen zumindest den Hass des jüngeren auf den älteren Bruder. Wenn sich die Lage nach dem Sturm der Regierungstruppen auf München nach einer Woche auch beruhigt haben mag, wenn Heinrich Mann – durch welche Umstände auch immer – den Mordkommandos der Freikorps entgangen sein mag, der innerfamiliäre Krieg tobte auch nach der inneren Befriedung Deutschlands weiter.

Bereits am 30. Dezember 1917 – also noch vor Ende des Krieges, als sich allmählich die deutsche Niederlage abzeichnete, auch wenn die Propaganda weiterhin von glorreichen und kriegsentscheidenden Siegen der eigenen Armee berichtete – hatte Heinrich Mann auf Drängen der Mutter den brieflichen Versuch einer Versöhnung unternommen. Heinrich bemüht sich, seinem Bruder verständlich zu machen, dass sich seine Haltung im Kriege keinem persönlichen Ressentiment verdanke. Sein Engagement sei von der Liebe zur Menschheit getragen gewesen. Sowenig in seinen Essays und Appellen das Wort ›Ich‹ vorkomme, so wenig sei darin ein ›Du‹ der Gegner. Über alle weltanschaulichen Gegensätze hinweg habe er das Werk seines Bruders stets kritisch begleitet: »Dein ganzes Werk ist von mir begleitet worden mit dem besten Willen, es zu verstehen u. mitzufühlen. Die Gegnerschaft Deines Geistes kannte ich von jeher, u. wenn Deine extreme Stellungnahme im Krieg Dich selbst verwundert hat, für mich war sie vorauszusehen. Dieses Wissen hat mich nicht gehindert, Dein Werk oftmals zu lieben, noch öfter in es einzudringen, wiederholt es öffentlich zu rühmen oder zu vertheidigen, u. Dich, wenn Du an Dir verzweifeltest, zu trösten wie einen jüngeren Bruder.«[458] Da Heinrich in der Auseinandersetzung mit seinem Bruder stets nur eine geistige und niemals eine persönliche sah, kann er den Vorwurf des Bruderhasses, den Thomas ihm unterstelle, nicht teilen. Erst Thomas habe den Widerstreit der Geister auf eine persönliche Ebene herabgezogen. Sein Brief schließt mit der Beteuerung: »Dann mögest Du erfahren, daß Du meiner nicht als eines Feindes zu denken brauchst.«[459]

Nur vier Tage später erhält Heinrich eine Antwort auf sein Schreiben, das die nach wie vor unversöhnliche Haltung des Bruders dokumentiert. Thomas müsse in den nächsten Stunden auf eine vierzehntägige Vorlesungsreise, sodass er nicht ausführlich auf den Brief des Bruders eingehen könne. Er glaubt seinem Bruder gern, dass dieser keinen Hass gegen ihn mehr hege, schließlich habe er ihn in seinem Zola-Essay ausleben können. Sodann kommt Thomas auf seine Sicht ihres Verhältnisses zu sprechen: Heinrich sei sich seiner Ansicht nach nicht darüber im Klaren, dass es zwischen Brüdern keine geistigen Auseinandersetzungen geben könne, ohne dass sie nicht auch persönliche Konflikte seien, denn: »Das brüderliche Welterlebnis färbt Alles persönlich.«[460] Er wirft Heinrich mit Blick auf den Zola-Aufsatz »Bösartigkeiten, Verleumdungen, Ehrabschneidereien« vor.[461] Wenn Heinrich annehme, auf solchen Grundlagen sei eine Versöhnung möglich, zeige dies nur die Leichtlebigkeit des Bruders. Thomas liest aus dem Brief des Bruders den Triumph des Siegers, dem es leicht falle, Frieden anzubieten; er jedoch sei nicht zum Friedensschluss bereit: »Laß die Tragödie unserer Brüderlichkeit sich vollenden.«[462] Thomas gesteht, dass er das Leben in Zwietracht und Hass verabscheue, das er zu führen gezwungen sei, aber »man muß zu Ende leben so gut es geht«[463].

1 Julia Mann mit ihren Kindern Julia, Heinrich und Thomas, 1879

2 Senator Thomas Johann Heinrich Mann, um 1870

3 Die Beckergrube in Lübeck. Das Haus Nr. 52 war bis 1891 Wohnsitz der Familie Mann, vorn rechts: das Lübecker Theater

4 Heinrich Mann, 1876

5 Um 1903

6 Heinrich Manns Schwester Carla, um 1905

7 Buchtitel der 1906 im Wiener Verlag erschienenen Novelle »Schauspielerin«, die Titelfigur ist Carla Mann nachempfunden

8 Heinrich Mann, um 1915

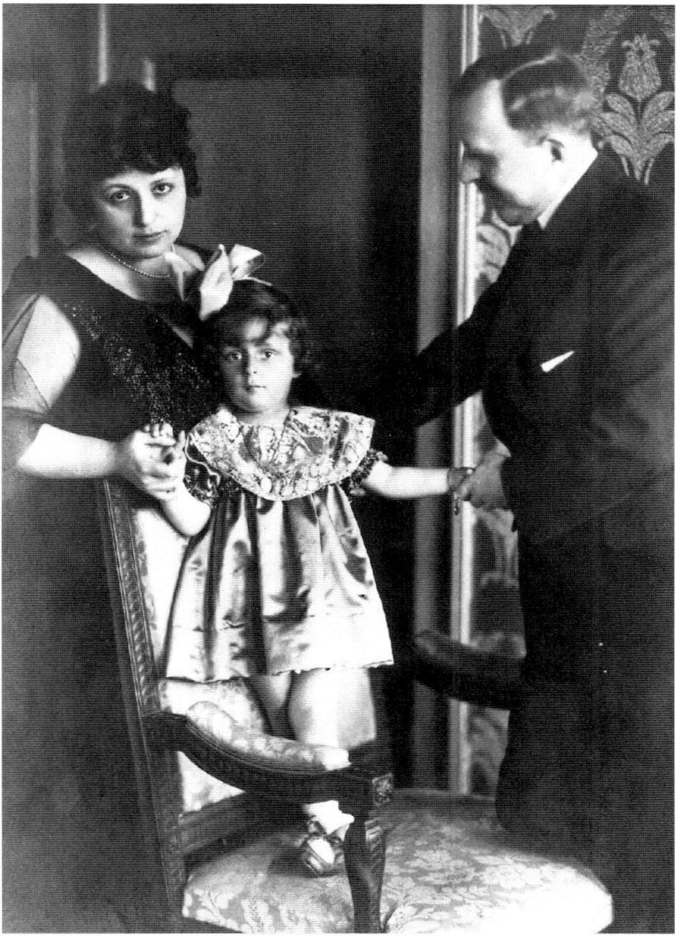

9 Heinrich Mann mit seiner Frau Mimi und Tochter Leonie, um 1919

10 Inés Schmied, 1917

11 Trude Hesterberg, um 1927

12 Sitzung der Sektion Dichtkunst der Preußischen Akademie der Künste, Oktober 1930.
Von rechts (stehend): Max Halbe, Thomas Mann, Alfred Döblin, Bernhard Kellermann; sitzend: Heinrich Mann, Ludwig Fulda, Walter von Molo, Oskar Loerke, Wilhelm von Scholz, Eduard Stucken, Alfred Mombert

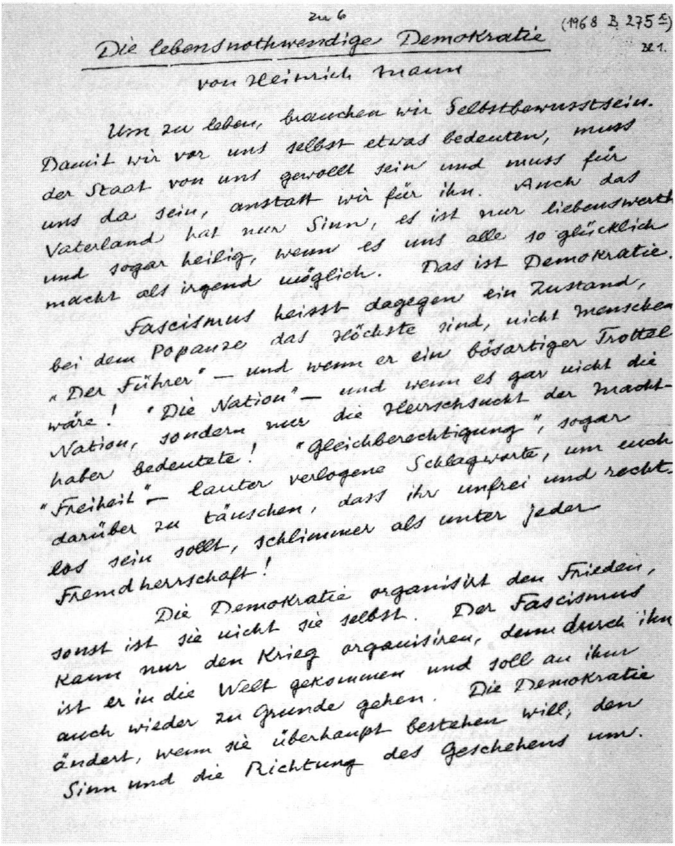

13 Manuskript des Essays »Die lebensnotwendige Demokratie«, veröffentlicht 1932

14 Heinrich Mann in Toulon, 1933

15 Nelly Kröger in Nizza, um 1935

16 Heinrich Mann in seinem Haus in Santa Monica, 1947.
Das Foto auf dem Schreibtisch zeigt Carla Mann

Heinrich versucht nach dem Erhalt dieses Schreibens eine Erwiderung, doch scheitert er an deren Niederschrift; ihm fehlen die Worte angesichts der Verbitterung, die ihm entgegenschlägt. Er gesteht, dass er sich stets weitaus mehr als eigenständige Persönlichkeit denn als Mitglied in einer brüderlichen Gemeinschaft gefühlt habe. Deshalb sei es ihm im offensichtlichen Gegensatz zum Bruder durchaus möglich, zwischen persönlicher und geistiger Ebene zu trennen. Er habe nie mit seinem Bruder noch mit einem Menschen sonst brechen wollen. Sein Essay ›Zola‹ spiegele seine Ansichten wider, die die gleichen wären, ob Thomas nun existiere oder nicht. Heinrich fühlt sich der Wahrheit und damit der Menschheit verpflichtet. Er ergehe sich nicht in Selbstgerechtigkeit, wie ihm der Bruder vorwerfe, sondern sein Kampf gelte der Gerechtigkeit für alle. Wenn jemand den Vorwurf der Selbstgerechtigkeit verdiene, so sei es Thomas, der allgemeine Aussagen mit unbefangener Selbstverständlichkeit auf sich beziehe. Viele seien wie er dem Ästhetizismus verfallen; manche von ihnen hätten einen inneren Kampf auszufechten gehabt, um schließlich reumütig zu einem neuen Geist, zu neuer Tatkraft zu gelangen – diesen Satz schrieb Heinrich wohl auch mit Blick auf seine eigene Entwicklung. Niemand von den Bekehrten habe wie Thomas diese Selbstprüfung in eine »wüthende Leidenschaft für das eigene Ich« verkehrt.[464] Heinrich wirft Thomas Egozentrik vor, Verachtung für andere, die, wie das Volk in ›Königliche Hoheit‹, bestenfalls schicksalslose Statisten seien. Nur Thomas, der glänzende Herrscher in seinem Reich, habe innere Kämpfe zu bestehen, andere lebten ein konflikt- und damit auch belangloses Dasein. Heinrichs Erwiderung gipfelt in dem Vorwurf, Thomas sei unfähig, »ein fremdes Leben ernst zu nehmen«[465].

Heinrich geht auch noch auf den Vorwurf ein, er trete dem Bruder als Sieger im Streit um den Krieg und seinen Sinn entgegen. Er wisse nicht, weshalb er triumphieren sollte: Was nütze es ihm, so schreibt er, dass er den Krieg von vornherein abgelehnt habe? Zehn Millionen Menschen hätten in diesem Krieg ihr Leben verloren, die Welt läge in Trümmern. Angesichts dieser Tatsachen bestehe kein Anlass zum Triumph. Liebend gerne hätte Heinrich darauf verzichtet, Recht gehabt zu haben, wenn das Leben Unschuldiger dadurch verschont geblieben wäre. Er sei dem Leben und den Menschen nicht so weit entrückt, als dass er ihr Unglück dulden wolle, nur um Recht gehabt zu haben. Die Sache der Menschlichkeit als persönliche Auseinandersetzung um Recht und Unrecht zu interpretieren, beweise lediglich, wie weit sich Thomas in seiner Gleichgültigkeit gegenüber anderen Menschen verstiegen habe: »Du aber, der dafür meine Haltung der vollständigen Abscheulichkeit zeiht, wirst, will Gott es, noch einmal 40 Jahre Zeit haben, Dich zu prüfen, wenn nicht zu ›behaupten‹. Die Stunde kommt, ich will es hoffen, in der Du Menschen erblickst, nicht Schatten, u. dann auch mich«[466], so schließt der Brief Heinrich Manns vom 5. Januar 1918, den er niemals abgeschickt hat.

In den folgenden Monaten begleitet Thomas Mann Heinrichs Engagement für die Novemberrevolution mit skeptischem Blick. Pikiert registriert er das öffentliche Ansehen, das sein Bruder genießt. Demgegenüber fühlt er sich in dieser Phase sehr einsam und isoliert: »Zum Abendessen Ebers, der von dem Salon der Frau von Schnitzer erzählte, wo er Heinrich, Hausenstein, Rilke u. a. Berühmtheiten getroffen. … Wurde mir bewußt, daß ich eine einsame, abgesonderte, grüblerische, wunderliche und trübe Existenz führe. H's Leben dagegen ist jetzt sehr sonnig.«[467] In der Tat traf sich in diesen Tagen im Haus von Heinrich Mann in der Leopoldstraße des Öfteren eine Schar prominenter Freunde und Bekannte: Neben Maximilian Brantl, dem treuen Freund und Anwalt beider Mann-Brüder, der in den Jahren des Zwiespalts häufig die einzige Informationsquelle über Leben und Schicksal des anderen bildete, und Erich Mühsam, der in diesen Tagen für die Kommunisten agitierte[468] und nach den Worten Viktor Manns abends Mimi Mann bei einem Gläschen alten Bordeaux noch demokratischen Anstand schwor, um alsbald, »ehe der Hahn krähte, wieder einmal alle Kaschemmen Münchens zu bürgerschreckenden Demonstrationen mobil« zu machen, zählten zu den Anwesenden »Wilhelm Herzog, der Literat, Max Oppenheimer, der Maler, Gustl Waldau, Tilly Wedekind, Arthur Schnitzler, mein ›Onkel‹ Leo Putz, der mich mit freudigem Getöse begrüßte. Väterchen Rössler, Dichter der ›Fünf Frankfurter‹ und Freund meines Roda-Roda, die großen Mimen Steinrück und Stieler und ihre Kolleginnen Durieux, Ritscher, Magda Lena und Frau Hagen, Waldaus scharmante [sic] Gattin; die Leute vom Kurt-Wolff-Verlag, Herr Joachim Friedenthal, den man den ›Jünger‹ nannte und der nach seines Meisters Wedekind Tod sich an Heinrich geheftet hatte, und Richard Elchinger, der geistreiche Kritiker«[469]. In Anbetracht dieser großen Zahl von Freunden und Bekannten kann es niemand verwundern, dass sich Thomas Mann im Vergleich zu seinem Bruder einsam und isoliert vorkam, beschränkten sich seine Kontakte im Wesentlichen auf die Familie seiner Frau, den Schriftsteller Bruno Frank, den Germanisten Ernst Bertram und Maximilian Brantl.

Wenn sich die Brüder bei öffentlichen Anlässen trafen, mieden sie einander sorgsam. Thomas schreibt über eine solche Begegnung in seinem Tagebuch: »An meinem Platz bei Rückkehr in den Saal, stieß ich auf H., den man taktvoller Weise vor mich gesetzt. Zog mich weiter nach hinten zurück, wo ich neben dem jungen Zarek saß und Hirschfeld, Mahrholz sprach. … Machte zum Schluß, daß ich fortkam und ging wieder durch den Engl. Garten.«[470] Der junge Zarek hatte sich vor einiger Zeit im »Politischen Rat geistiger Arbeiter« gegen die Erhebung Heinrich Manns zu einem Symbol für den politisch engagierten Kampf der Schriftsteller ausgesprochen, weshalb Thomas Mann sich gerne zu ihm gesellte. Begegnungen mit Heinrich setzten Thomas stets sehr zu. In einer Tagebuch-Notiz vom 3. März 1920 gestand sich Thomas Mann selbst ein, dass er auf seinen Bruder eifersüchtig sei.[471]

Der Bruder Heinrich spielt für Thomas eingestandenermaßen eine größere Rolle, als dies umgekehrt der Fall ist. Das Bewusstsein, auf Gedeih und Verderb eine brüderliche Schicksalsgemeinschaft zu bilden, brachte es schließlich mit sich, dass die wichtigen Schritte zu einer Annäherung von Thomas ausgingen. Heinrich hätte problemlos ohne Aussöhnung leben können: zwar hätte ihn der Disput geschmerzt, wie ihn die Uneinsichtigkeit jedes anderen Menschen auch geschmerzt hätte, aber er wäre sich zugleich auch sicher gewesen, dass er zu einer Versöhnung nur noch wenig beitragen könne: Die Zusicherung an Thomas, dass ihm immer eine Türe offen stehe, war das Maximum dessen, was Heinrich tun konnte. Thomas blieb hingegen auf den Bruder fixiert: Begierig las er jede Kritik am Werk Heinrichs, ärgerte sich überpositive Stimmen, die er meist der bedientenhaften Gesinnung des Verfassers gegenüber dem Bruder zuschrieb, und freute sich diebisch über jede negative Kritik über ein Stück von Heinrich, ignorierend, dass die Schreiber dieser Zeilen meist zu seinem Freundeskreis zählten. Allerdings zeigt sich Thomas hie und da peinlich berührt, wenn in Artikeln die beiden Brüder gegeneinander ausgespielt werden: »Berner schickte aus Freising ein Blatt der ›Täglichen Rundschau‹ mit weiterem Artikel von Strecker über H. und mich. Erste Hälfte: Vermöbelung des ›Untertanen‹. Nun, es ist genug. Ich habe ihm gestern die Wert- und Rangfragestellung brieflich verwiesen.«[472]

Bei aller Eifersucht auf seinen Bruder lebte Thomas in einem ständigen inneren Zwiespalt: Die Herabsetzung seines Bruders empfand er stets auch als Angriff auf seine Person. Diese merkwürdige Ambivalenz wird besonders deutlich bei der beabsichtigten Wahl Thomas' in die literarische Abteilung der Berliner Akademie der Künste, angeregt vom preußischen Kultusminister Hänisch: »Aber seit ich von Hänischs Plan las, erwäge ich, ob ich nicht zu H.'s Gunsten ablehnen sollte, d. h. nur unter der Bedingung seiner gleichzeitigen Aufnahme annehmen?«[473] Was steckt hinter dieser Haltung? Ehrlich, wie sich Thomas Mann in seinen Tagebüchern gibt, findet man bald die Antwort, als ihm 1921 ein schwedischer Besucher angekündigt wird, der ihn über die Absicht des Nobelpreis-Komitees unterrichtet, ihn zu küren: »Ich wollte, diesen Preis gäbe es nicht, denn wenn ich ihn erhalte, wird es heißen, daß er H. zugekommen wäre, und wenn dieser ihn erhält, werde ich darunter leiden. Das Wohlthuendste wäre, wenn man ihn zwischen uns teilte.«[474] Das brüderliche Gemeinschaftsgefühl Thomas Manns erträgt es nicht, wenn beide ständig aneinander gemessen werden. Dabei fürchtet er weniger die Herabsetzung Heinrichs als vielmehr den zu erwartenden Gegenschlag der Anhänger seines Bruders, die ihn herabwürdigen. Sein Ruhm muss zwangsläufig leiden, wenn auf ihm ständig der Einspruch lastet, dass sein Bruder den Ruhm eher verdiene. In der Egozentrik Thomas Manns liegt somit der Schlüssel zur Aussöhnung mit dem Bruder.

Nach bald sechs Jahren kam es Anfang 1922 endlich zur langersehnten Annäherung. Heinrich war in diesen Tagen lebensbedrohlich erkrankt: Grippe, Blinddarm- und Bauchfellentzündung, Operation bei Bronchial-Katarrh, der Lungen- Komplikation befürchten ließ. Hinzu kamen noch Herzbeschwerden, die drei bis vier Tage um sein Leben fürchten ließen. Tief erschüttert suchte Thomas Mann den Kontakt zu seinem Bruder. Zu Beginn beauftragte er seine Frau, Mimi Mann aufzusuchen, um sich nach dem Zustand seines Bruders zu erkundigen. Daraus entwickelte sich allmählich ein permanenter Austausch zwischen den beiden Frauen. Mimi berichtete ihrem Mann über die aufrichtige Anteilnahme Thomas', worüber sich Heinrich sehr freute. Als das Schlimmste überstanden war, sandte Thomas seinem Bruder Blumen und ein Billett: »Lieber Heinrich, nimm mit diesen Blumen meine herzlichen Grüße und Wünsche – ich durfte sie Dir nicht früher senden. Es waren schwere Tage, die hinter uns liegen, aber nun sind wir über den Berg und werden besser gehen, – zusammen, wenn Dir's ums Herz ist, wie mir.«[475] Wenige Tage später besuchte er seinen Bruder persönlich am Krankenbett. Dennoch blieben auch in den folgenden Jahren noch Vorbehalte, die Thomas seinem Freund Ernst Bertram schon in einem Brief vom 2. Februar 1922 anvertraute: »Freudig bewegt, ja abenteuerlich erschüttert, wie ich bin, mache ich mir doch keine Illusionen über die Zartheit und Schwierigkeit des neu belebten Verhältnisses. Ein modus vivendi menschlich-anständiger Art wird alles sein, worauf es hinauslaufen kann. Eigentliche Freundschaft ist kaum denkbar. Die Denkmale unseres Zwistes bestehen fort.«[476] Ungeachtet dieser skeptischen Prognose verbrachten die beiden Brüder den Sommer gemeinsam an der Ostsee, wohin sich Heinrich zur Kur begeben hatte.[477]

Zu der persönlichen Annäherung trug auch ein Wandel in den Überzeugungen Thomas Manns bei. Thomas Mann hatte in den letzten Jahren seine Ansichten weiterentwickeln müssen. Er glaubte, zu einer neuen Einsicht in das Wesen der Humanität gelangt zu sein, die sich auch in seinem Verhältnis zur Weimarer Republik niederschlage. Im Oktober 1922 sollte er die Rede ›Von deutscher Republik‹ halten, in der er sich zur neuen staatlichen Ordnung Deutschlands bekannte. Daher hoffte er schon im Februar 1922 in jenem bereits zitierten Brief an Ernst Bertram, dass er und Heinrich sich aufeinander zubewegt haben könnten: »Er soll weicher, gütiger geworden sein in diesen Jahren. Unmöglich, daß seine Anschauungen nicht irgendwelche Korrektur erlitten haben. Vielleicht kann von einer gewissen Entwicklung zu einander hin doch die Rede sein: Mir ist so zu Mute, wenn ich mich erinnere, daß der mich zur Zeit eigentlich beherrschende Gedanke der einer neuen, persönlichen Erfüllung des Humanitätsgedankens ist, – im Gegensatz allerdings zur humanitären Welt Rousseau's.«[478] Im Gedanken der Humanität wäre somit ein Ausgangspunkt zur endgültigen Überwindung des Zerwürfnisses zwischen den Brüdern gegeben.[479] Aber womöglich nicht nur zwischen den Brüdern?

10. Der Geist von Weimar

Zwei Freunde, Francis und Alan, leben in einem kleinen mittelalterlich geprägten Städtchen mit seinen spitzen Häusergiebeln und bedrohlich in die engen Gassen hineinragenden Hauswänden. Beide sind sie verliebt in die Arzttochter Jane. Eines Tages gastiert im Ort ein Jahrmarkt. Gemeinsam gehen die beiden Studenten hin, um die Attraktionen zu bestaunen. Sie schlendern zwischen den Ständen und Buden umher, bis sie auf einen unheimlich wirkenden Schausteller stoßen, der seinen Gästen eine ganz besondere Sensation bietet: In seinem Zelt befindet sich ein schlafwandelndes Medium, das jedermann die Zukunft voraussagen kann. Zwischen Angst und Belustigung schwankend, fragt Alan das Medium mit Namen Cesare, ein hohlwangiges, schlaksiges Individuum, wie lange er noch zu leben habe, und erhält zur Antwort, dass er den morgigen Tag nicht mehr erleben werde. Furchtsam versuchen die beiden jungen Männer die Stunden bis zum Morgengrauen gemeinsam auszuharren, um auf diese Weise vielleicht zu verhindern, dass sich die Weissagung des Mediums erfüllt. Am Ende trennen sich beide doch, und am nächsten Morgen erfährt Francis, dass sein Freund in der Nacht ermordet wurde. Fortan versucht Francis den unheimlichen Schausteller des Mordes an seinem Freund zu überführen. Er entdeckt, dass das Medium Cesare unter dem hypnotischen Einfluss seines Herren nicht nur den Mord an seinem Freund, sondern noch zahlreiche weitere Untaten begangen hat, doch kurz bevor er den Drahtzieher der Verbrechen überführen kann, erwacht er aus seinem Alptraum. Der Zuschauer wird gewahr, dass Francis Insasse einer Irrenanstalt ist, deren Direktor, ein gewisser Dr. Caligari, eine verblüffende Ähnlichkeit mit dem furchteinflößenden Schausteller hat.

Zwei Kriegsheimkehrer, Hans Janowitz und Carl Mayer, hatten das Drehbuch zum Film ›Das Kabinett des Dr. Caligari‹ noch während der letzten Kriegstage verfasst. Unmittelbar nach Kriegsende fanden sie in Erich Pommer einen Produzenten, der ihr Drehbuch realisierte. Janowitz erklärte später, dass er mit seinem Skript die Allmacht der Staatsautorität habe brandmarken wollen. Caligari verkörpere die »unbegrenzte Autoritätssucht, die die Macht als solche vergöttert und in ihrem Herrschtrieb alle menschlichen Rechte und Werte unbarmherzig mit Füßen tritt«[480]. Der deutsche Film wimmelte in der Weimarer Republik von vergleichbaren Gestalten wie jenem Dr. Caligari. Der Regisseur Fritz Lang feierte ungeheure Erfolge mit seiner Filmserie über ›Dr. Mabuse‹, einem teuflischen Kriminellen, der wie Dr. Caligari Hypnose und andere Methoden der Massenbeeinflussung einsetzt, um willenlose Menschen zu Handlangern seiner Verbrechen zu machen. Nach Ansicht von Siegfried Kracauer führt eine unheilvolle Spur von diesen Verführern auf der Kinoleinwand bis zur Machtergreifung Hitlers, weshalb er sein Buch über die Geschichte des deutschen Films in der Weimarer Republik auch ›Von Caligari zu Hitler‹ taufte.[481]

Caligari und Mabuse sind für Kracauer Verkörperungen kollektiver Ängste. Der Wunsch der Menschen richtet sich auf ein ruhiges Leben, doch hinter der Fassade wirken unheimliche Kräfte, die die Massen zu beeinflussen und zu lenken wissen. Angesichts dieser Kräfte fühlen sich die Bürger der Weimarer Republik ohnmächtig und wehrlos, willenlose Opfer des Unheimlichen. Schließlich ergeben sie sich einem Verführer, der Adolf Hitler heißen wird. Der deutsche Film zwischen 1918 und 1933 drücke bis ins Detail jene latenten Ängste aus. Dazu dienen auch die expressionistischen Filmkulissen mit ihrer extensiven Verwendung bedrohlich wirkender Dreiecksformen, die schrägen Häuserwände, die die Menschen in den engen Gassen förmlich zu erdrücken scheinen, die Kamerabewegungen und Perspektiven, die immer wieder die Verlorenheit des Individuums und seine anonyme Einkreisung suggerieren, die Masken der Darsteller, die die Figuren in bleiche Gestalten mit übergroßen Augen verwandeln, und zuletzt das ekstatische Spiel der Akteure, die weit ausholende Gestik, die immer wieder in Erstarrung mündet, in Bildern von verrenkten Menschen mit aufgerissenen Mündern, die an die Gestalt auf Edvard Munchs Gemälde ›Der Schrei‹ gemahnen.

Das Unheimliche ist nicht greifbar, es lauert im Hintergrund. Die Bürger der Weimarer Republik fühlten sich tausendfach bedroht und zeigten zu keiner Phase der Entwicklung, dass »das Bürgertum in seinen Massen einen neuen verantwortungsbewußten und selbstbewußten Geist erziehen wird«, wie dies Max Weber in einem Artikel der ›Frankfurter Zeitung‹ – allerdings bereits mit einem Fragezeichen versehen – erhoffte.[482] Das Kriegsende war schlagartig über die Bürger hereingebrochen, ebenso wie die Revolution, die Republik, der Friedensvertrag von Versailles, die gelegentlichen Putschversuche, später die Inflation, die Weltwirtschaftskrise und die Machtergreifung Hitlers. Der Bürger empfand sich nie als gestaltende Kraft dieser Vorgänge; er erlitt sie nur. Wen kann es unter diesen Umständen wundern, dass sich der passive Bürger schon bald danach sehnte, dass die alte Ordnung wiederkehren möge, die ihm zumindest solche Einbrüche des Unheimlichen in seine behütete Welt ersparte? Der lautstarken Propaganda der Konservativen und der Rechten entnahm der Bürger, wer die Schuldigen an der Misere seien: die Novemberverbrecher, die den Dolchstoß gegen das unbesiegte Heer begangen, das alte Regime beseitigt hätten, um selbst an die Macht gelangen zu können, die den schändlichen Friedensvertrag von Versailles mit seinen ungeheuerlichen Forderungen unterzeichnet hätten. Und wer sind die Novemberverbrecher? Nach Meinung der Rechten handelt es sich bei dieser Personengruppe um Mitglieder einer internationalen Verschwörung kapitalistisch-bolschewistisch-jüdischer Kreise. Der Antisemitismus des Kaiserreichs lebte in solchen absonderlichen Verschwörungstheorien fort.

Eine Republik gründet sich auf der Souveränität des Volkes, doch das deutsche Volk empfand sich nicht als Souverän, und die Propaganda der Rechten sorgte dafür, dass dieses Gefühl sich noch verstärkte. Ebenso wenig bestimmten die Politiker die Entwicklung. Oft genug sahen sie sich einer scheinbar alternativlosen Situation gegenüber. Ebert war zwar nominell Reichskanzler, doch seine Position war bei weitem nicht gefestigt. Vielfach hatten sich schon Arbeiter- und Soldatenräte gebildet, die, gelenkt von der USPD und von Kommunisten, eine Revolution in Deutschland forderten. Ebert strebte hingegen eine Reformierung des Staatsapparates an, die in der Schaffung eines parlamentarischen Systems gipfeln sollte. Vor einer Revolution scheute er aus Angst vor der ausbrechenden Gewalt und aus Furcht vor einem Machtgewinn der Bolschewisten zurück: »Insbesondere Ebert erblickte seine Aufgabe darin, den Staatsumsturz in geordneten Bahnen zu halten und ein Ausgreifen der Revolution zu verhindern. Zu diesem Zweck bedurfte es in seinen Augen nicht nur der Eindämmung der extremen Linken, die er ungeachtet ihrer organisatorischen Zersplitterung und zahlenmäßigen Schwäche fürchtete. Wünschenswert war für Ebert auch eine Verständigung mit kooperationsbereiten Vertretern des wilhelminischen Systems. Nicht nur die Fachleute in den bestehenden staatlichen Institutionen und Bürokratien sollten zur Mitarbeit veranlaßt werden, sondern auch das Militär. Ebert hielt diese vom Staatsumsturz zunächst wenig tangierten Kräfte der Beharrung für integrierbar.«[483]

Am 10. November sicherte der Nachfolger Ludendorffs, General Groener, der neuen Regierung die Loyalität der Armee zu. Im Gegenzug verlangte er, dass die Führungsstrukturen der Streitkräfte erhalten bleiben müssten. Ebert ließ sich auf diesen Handel ein. Sein Ziel der Schaffung einer parlamentarischen Demokratie zwang ihn zu diesem Zugeständnis, denn nur mit Hilfe des Militärs konnten die kommunistischen und reaktionären Putschversuche eingedämmt werden. Ebenso wenig Handlungsspielraum blieb der neuen Regierung bei den Friedensverhandlungen. Deutschland war von der Konferenz in Versailles ausgeschlossen. Die Siegermächte diktierten dem Unterlegenen ihren Willen, und Deutschland durfte die Beschlüsse nur kommentieren, jedoch keine Nachbesserungen einfordern. Das Ergebnis bestätigte die schlimmsten Befürchtungen: »Der umfangreiche Vertragstext zerfiel in 15 Teilabschnitte und 440 Artikel. Teil I enthielt die am 28. April 1919 verabschiedete Völkerbundsatzung, die in den Vertrag integriert war, obwohl Deutschland gleichzeitig die Mitgliedschaft im Völkerbund verwehrt wurde. Dadurch nahm der Völkerbund aus deutscher Sicht eher den Charakter einer Allianz der Siegermächte an und verfehlte seine ursprünglich erhoffte friedensstiftende Wirkung. Die Hauptbestimmungen des Friedensvertrages betrafen territoriale und militärische Fragen sowie den Komplex der Wiedergutmachung. Deutschland verlor 13 % seiner Fläche und 10 % seiner Bevölkerung, ferner sämtliche Kolonien. Andere Zahlen verdeutlichen, welche dramatischen Auswirkungen damit verbunden waren. Denn Deutschland büßte 75 % seiner Eisenerz- und 25 % seiner Steinkohleförderung ein, ferner 68 % seiner Zinkerze sowie 44 % der Roheisen- und 38 % der Stahlproduktion. ... Einschneidend war auch die im Versailler Vertrag festgelegte Obergrenze für die künftigen deutschen Truppen. Für die Landstreitkräfte betrug sie 100 000, für die Marine 15 000 Mann. Verboten wurden die allgemeine Wehrpflicht und bestimmte Waffengattungen. ... Abzuliefern war der größte Teil der Handelsflotte, die für die auf das Exportgeschäft angewiesene deutsche Wirtschaft von zentraler Wichtigkeit gewesen war. ... Vor allen sind die finanziellen Wiedergutmachungen zu nennen, die von den Alliierten als langfristig angelegte Reparationsleistung gefordert wurden. ... Die genaue Höhe der Reparationen wurde zunächst nicht festgesetzt. Sie sollte später erfolgen, so daß Deutschland eine Klausel zu akzeptieren hatte, deren Inhalt es nicht kannte. Als erste Leistung sollten bis 1921 ›in Gold, Waren, Schiffen, Wertpapieren oder anderswie‹ 20 Mrd. Goldmark erbracht werden. Um eine rechtliche Handhabe für die Eintreibung der Reparationen zu besitzen, wurde der sog. Kriegsschuldartikel 231 in den Friedensvertrag aufgenommen: ›Die alliierten und assoziierten Regierungen erklären, und Deutschland erkennt an, daß Deutschland und seine Verbündeten als Urheber für alle Verluste und Schäden verantwortlich sind, die die alliierten und assoziierten Regierungen und ihre Staatsangehörigen infolge des Krieges, der ihnen durch den Angriff Deutschlands und seiner Verbündeten aufgezwungen wurde, erlitten haben.‹«[484] Insbesondere der Artikel über die Kriegsschuld wurde in Deutschland heftig diskutiert und von der Rechten als ›Schandartikel‹ gebrandmarkt.

Das Deutsche Reich musste diesen Vertrag unterzeichnen;

die politische Situation ließ keine andere Möglichkeit zu: »In der Debatte am 22. Juni 1919 empfahl Gustav Bauer als Regierungschef die Annahme des ›Unrechtsfriedens‹, allerdings unter dem Vorbehalt, die Artikel 231 (Kriegsschuldartikel) und 227–230 (Aburteilung des Kaisers und Strafverfolgung weiterer für die Kriegsführung verantwortlicher Personen) nicht annehmen zu können [wobei diese Weigerung nur ein symbolischer Akt sein konnte – S. R.]. Wer wie SPD, USPD, Zentrum und Teile der DDP dieser Empfehlung folgte, tat es, um Schlimmeres zu verhüten, aber auch unter realistischer Anerkennung der Tatsache, daß trotz aller Härten in den Friedensvertragsbestimmungen das Deutsche Reich in seiner Substanz und potentiellen Großmachtstellung erhalten werden konnte. So blieb vor allem die Reichseinheit bewahrt, die im Fall einer Wiederaufnahme von Kampfhandlungen kaum zu retten gewesen wäre.«[485] Also waren die deutschen Politiker auch in diesem Fall ohne richtige Alternative; sie mussten dem vorgelegten Friedensvertrag zustimmen, um noch Schlimmeres zu verhüten. Ähnlich wie das Volk mussten sich deshalb die Politiker der Weimarer Republik als ohnmächtige Gestalten empfinden, die hilflos höheren Gewalten ausgeliefert waren. Zu allem Überfluss mussten sie sich in ihrem Unglück noch von der Rechten, den ehemaligen Gefolgsleuten des Kaiserreichs, die die Katastrophe des Krieges verschuldet hatten, als ›Erfüllungspolitiker‹, die Deutschland ruinieren, beschimpfen lassen.

Heinrich Mann verteidigte in seinen Schriften die junge Republik. Im Dezember 1919 erschien im Kurt Wolff Verlag die Aufsatz-Sammlung ›Macht und Mensch‹. Heinrich Mann hat darin seine Essays aus der Kriegszeit zusammengestellt, den Abschluss bildet der programmatische Aufsatz ›Kaiserreich und Republik‹, in dem er nochmals ein Porträt des Gesellschafts- und Menschentypus des Kaiserreichs liefert und für die junge Demokratie eintritt: »Demokratie ist die Betätigung aller Begriffe, die wahrhaft menschlich machen. Sie ist der Wille der Mehrheit, der Völkerfriede, Freiheit im Innern, Ausgleich des Besitzes – und ist es in dieser Folge.«[486]

Deutschland befindet sich seiner Ansicht nach am Anfang eines langen Weges: Zu sehr wurden die Menschen durch das Kaiserreich verdorben; nur mühsam überwänden sie den Materialismus, der ehedem ihr Denken bestimmt habe, und gewöhnten sie sich an den Gebrauch des Geistes. Geduld sei erforderlich, Arbeit für Menschenalter, denn der ersten Generation falle diese Umstellung noch schwer, »die Zweiten nach diesen werden bessere Republikaner sein, durch Erleben. Die Dritten werden es von Geburt sein. Geduld, jeder Volksstaat neigt zur Selbstreinigung, Selbsterhöhung.«[487] Abschied nehmen müssten die Deutschen von ihren großen Männern. Diesen bewunderten Typus kenne die Demokratie nicht: »Das Volk mit seinen durchschnittlichen Fähigkeiten erwählt aus seiner Mitte eine große Anzahl Personen, die im ganzen nicht mehr und nicht weniger begabt sind als es selbst. Diese sollen es führen.«[488] Unter diesen Voraussetzungen wehrt sich Heinrich Mann gegen die Kritik an den neuen politischen Führungskräften: »Ihr wollt sie rein und unbefleckt von der Vergangenheit? Dann also aus anderem Geschlecht als ihr, einer heiligen Ferne entsprossen, wie Lohengrin. Deutsche von 1919 sind ›kompromittiert‹, sie haben manches hinter sich und sollten es einander nicht vorrechnen.«[489] Auf demokratischem Wege sei ein Arbeiter an die Spitze des Staates gelangt. Als Vorsitzender der SPD und Mitglied des Reichstags habe Friedrich Ebert die Kriegskredite mitbewilligt. Möglicherweise habe er sogar versucht, das untergehende Kaiserreich noch zu retten. Disqualifiziere ihn dies für seine jetzige Aufgabe? Sei er nicht vielmehr, so fragt Heinrich Mann, ein getreues Spiegelbild jener Menschen, die ihn gewählt hätten? Dass er ein Repräsentant der Mehrheit sei, mit ihren Fehlern und ihren Stärken, qualifiziere ihn gerade für seine Aufgabe.

Im Laufe der Jahre verwandele die Demokratie die Menschen. Nach einem Ausgleich der Interessen strebend, verwirkliche die Demokratie auf die Dauer die Forderung nach Gleichheit. Die Benachteiligten würden gegenüber den Reichen ihre berechtigten Forderungen nach Teilhabe am gesellschaftlichen Reichtum geltend machen, und da sie in der Mehrheit sind, werde ihr Ruf sich durchsetzen. Die Folge hiervon wäre ein Ausgleich der Klassengegensätze: »Wenn das Großkapital abgebaut und die äußerste Armut erlöst sein wird, das Bürgertum seinen Anschluß an den ehemaligen Adel verloren, der einstige Proletarier den seinen an das Bürgertum gefunden haben wird; wenn kein Bürgeredelmann, sondern der Arbeiterbürger das Zeitgemäße sein wird: was bleibt dann noch von Klassen? Ein weites Kleinbürgertum, aus Kopf- und Handarbeitern; – und die werden nicht in alle Ewigkeit um ihre Gewinne streiten.«[490] Auf diese Weise würde die Demokratie weitaus besser für eine klassenlose Gesellschaft sorgen als der Kommunismus. Überhaupt greift Heinrich Mann in ›Kaiserreich und Republik‹ den Kommunismus heftig an, bezichtigt ihn der gemeinsamen Verschwörung mit den Alldeutschen gegen die Menschlichkeit: »Überraschend viele derselben Personen wirken heute für das Äußerste an Bürgerhaß, wie einst, als Alldeutsche, für das Äußerste an Völkerhaß ... Alldeutsche rechts nützen den Vorwand, den Alldeutsche links ihnen schaffen, um die unfertige sozialistische Republik frischweg zu militarisieren. ... Wen aber würde es wundern, wenn er eine große Kriegsfurie der imperialistischen ›Weltherrschaft‹ als Führer eines Heeres der bolschewistischen ›Weltrevolution‹ wiedersähe? Der Große Generalstab hat zu seiner Zeit Lenin und seine Sturmtruppen gegen eine noch schwache russische Demokratie geschickt und sie so besiegt. Die Spießgesellen arbeiten, nach wie vor, einander in die Hände, so feindlich sie sich stellen.«[491] Was die Imperialisten des Kaiserreichs mit den Kommunisten in der Sowjetunion verbinde, sei ihr Hass. Das einzige Mittel, das sie kennen, sei die Unterdrückung. Sie empfänden keine Liebe für und kein Vertrauen zu den Menschen, weshalb sie beiderseits gegen die Demokratie arbeiteten. Die Verurteilung der Kommunisten, in deren Revolution in Russland Heinrich Mann während des Ersten Weltkriegs noch große Hoffnungen für die Entwicklung der Menschheit gesetzt hatte, geschieht zweifellos vor dem historischen Hintergrund der Unruhen 1918/1919. Bedenkenlos setzten die kommunistischen Parteigänger Gewalt ein, um an die Macht zu gelangen, und gaben damit den rechten Extremisten erst die Gelegenheit, ihrerseits zur Gewalt zu greifen.[492]

Stattdessen unternimmt Heinrich Mann den Versuch eines dritten Wegs: »Niemand, außer seinen wenigen Nutznießern, wünscht die Erhaltung des unbeschränkten Kapitalismus, niemand aber auch eine kommunistische Verallgemeinerung des Proletariates: am wenigsten die Proletarier. Das Proletariat soll weder herrschen, noch soll es überhaupt bestehen. Es kämpfe, um sich selbst zu überwinden, nicht, um alle in sich einzubeziehen. Es werde durch Sozialwirtschaft gehoben, verbürgerlicht. Und auch der Bürger, seiner selbsthasserischen Sucht nach einem historischen Herrentum entbunden, werde erst Bürger. In der Mitte sollen sie einander finden und sich vermischen, die Arbeiter jeder Herkunft.«[493] Der dritte Weg zwischen unbeschränktem Kapitalismus, wie er im Kaiserreich geherrscht habe, und Kommunismus, wie er in der Sowjetunion entstanden sei, sieht Heinrich Mann in einer Verbindung von Demokratie als politischer Form und Sozialwirtschaft als ökonomischer Verfassung. Unter Sozialwirtschaft versteht Heinrich Mann einen gesetzlich gebundenen Kapitalismus, der den Arbeitern einen gerechten Lohn garantiere und die Macht der Besitzenden beschränke.

Nach Beendigung des Krieges sei Deutschland arm, die nachfolgenden Reparationsforderungen der Entente verstärkten die Armut noch. Doch die Armut habe eine positive Folge: Eine nahtlose Anknüpfung an den Materialismus des Kaiserreichs sei nicht mehr möglich. Über welchen Besitz soll man sich noch streiten? Das Fehlen von materiellem Besitz lenke das Bewusstsein der Menschen auf ihren natürlichen: den Geist. Er lehre den dritten Weg. Doch zielte das revolutionäre Geschehen des halben Jahres von November 1918 bis Mai 1919 wirklich auf eine Überwindung des Materialismus? Karlheinz Dederke bezeichnet die Novemberrevolution als ›Massenaktionen ohne ideelle Vorformung‹: »Es ging um die Erhaltung des eigenen Lebens, um die Lösung aus den Zwängen des Militärapparates, um die Ausschaltung der Sanktionsmöglichkeiten durch die früheren Herrschaftsträger.«[494] In der weiteren Folge hätten sich Arbeiter und Beamte den Soldaten angeschlossen, wobei auch diese keine ideellen Ziele verfolgt hätten: Bei diesen Gruppen seien die »Wünsche nach Aufbesserung der materiellen Lage und des sozio-ökonomischen Status« vorherrschend gewesen.[495] Dederke zeigt glaubhaft, dass nicht zu verwirklichende Ideale Auslöser der Revolution waren, sondern persönliche materielle Interessen. Mit anderen Worten: Leitbild der Novemberrevolution war nicht der Geist, sondern der Materialismus.

Hat Heinrich Mann diesen Umstand verkannt? Intellektuelle wie Kurt Eisner hatten versucht, sich an die Spitze der Revolution zu stellen und dem Geschehen eine geistige Richtung zu geben. Hätten die Menschen überhaupt die notwendige Geduld für diesen Weg aufgebracht? Heinrich Mann konnte diese Probleme nicht übersehen haben: In seinem Roman ›Die Armen‹ hatte er schließlich genau dieses Dilemma beschrieben. Die Französische Revolution war seiner Ansicht nach von Voltaire und Rousseau geistig vorbereitet worden, die geistigen Väter der russischen Oktoberrevolution waren für ihn Tolstoi und Gorki. Wo waren die geistigen Wurzeln der deutschen Revolution? Die Sozialdemokratie siegte, weil sie den Menschen Verbesserungen ihrer materiellen Situation versprach; die Kommunisten waren ihr stärkster Gegner, weil sie versicherten, die Sozialisierung des Besitzes durchführen zu wollen, nach der die Arbeiter im Besitz der Produktionsmittel, also Inhaber der Macht und ihrer Reichtümer, sein würden. Heinrich Manns Essays zur Revolution, angefangen bei ›Sinn und Idee der Revolution‹ bis ›Kaiserreich und Republik‹, sind deshalb keine Beschreibungen der tatsächlichen Ziele der Revolution. Sie sind Appelle an die Deutschen, ihre offensichtlich fortbestehende materialistische Denkweise zu überwinden und zum Geist zu finden. Seine Essays dienen der Erziehung des Menschen.

Die deutsche Republik war, wie er selbst sehr wohl wusste, ein »Zufallsgeschenk der Niederlage«[496]. Aus diesem Grund fehlten dem jungen Staat als Träger republikanisch gesinnte Menschen, die sich schon zu den Idealen des Geistes bekehrt haben. Die Masse war immer noch vom Materialismus des Kaiserreichs befangen, die wenigen Intellektuellen vom Kaiserreich korrumpiert oder in Distanz zu der jungen Republik, weil sie in ihren neuen Führern keine Vertreter des Geistes sahen, sondern Ebenbilder der fehlgesteuerten Massen. Der Geist von Weimar bestand aufseiten der republikfreundlichen Intellektuellen in einem Programm zur Erziehung der Massen, aufseiten der Masse in der Angst um den erworbenen Besitz und in der Furcht vor dem Unfassbaren, wie sie sich im Film der Weimarer Republik niederschlug. Wie konnten diese beiden Seiten zueinander kommen?

Die Intellektuellen setzten ihre Hoffnung in eine Rückbesinnung auf die wahren deutschen Werte, die während der Zeit des Kaiserreichs verloren gegangen seien. Nicht das Kaiserreich repräsentiere deutsches Denken, sondern »die Weltfreunde Schiller, Mozart, Goethe«[497]. Im weiteren Verlauf nennt Heinrich Mann noch Immanuel Kant, auf den erst der US-Präsident Woodrow Wilson die Deutschen habe aufmerksam machen müssen, weil sie selbst ihren Philosophen schon längst vergessen hätten. Der Tagungsort der Verfassunggebenden Versammlung, Weimar, war damals nicht nur aus der Not geboren, sondern hatte symbolische Bedeutung. Aus dem Geiste der klassischen Kunst sollte die Wiedergeburt Deutschlands und die Erziehung der Deutschen erfolgen.

Das Bekenntnis Heinrich Manns zu diesem Dreigestirn überrascht, wenn man bedenkt, dass er Goethe vor dem Ersten Weltkrieg in ›Voltaire – Goethe‹ noch für die Misere des deutschen Intellektuellentums und des deutschen Volkes verantwortlich gemacht hatte. Was hatte diese Epoche hervorgebracht, was in der Situation der frühen Weimarer Republik wegweisend sein konnte? Die Antwort ist denkbar einfach: Auch diese Intellektuellen waren Zeugen einer Revolution, der Französischen Revolution. Für Kant und Schiller war der Umsturz in Frankreich ein lang erwartetes Ereignis, das sie mit aufklärerischem Optimismus als Zeichen der Emanzipation des Menschen deuteten. Gerade Kant hatte stets gefordert, dass der Mensch zum Gebrauch seiner Vernunft geführt werden müsse. Der vernünftige Mensch sei gut, ebenso wie eine Gesellschaft, die auf den Prinzipien der Vernunft gegründet sei. Schiller hatte in seiner Sturm-und-Drang-Zeit das Zeitalter, in dem er zu leben gezwungen war, verachtet. Sein Drama ›Die Räuber‹ wird zu einem Pamphlet des Aufstandes gegen die Unterdrückung. Doch begreift auch Schiller bereits das Dilemma der Tat. Durch seinen Hass auf den intriganten Bruder, den fehlgeleiteten Vater und die gesamte Gesellschaft richtet Karl Moor auch jene zugrunde, die er eigentlich liebt.

Gleiches musste Schiller auch bei der Französischen Revolution erleben: Mit ihren Idealen war sie ein Hoffnungsschimmer für die Menschheit, doch die revolutionären Geschehnisse mussten jeden gesitteten Menschen erschüttern. Der aufbrechende Hass, die zahllosen Hinrichtungen, das Blutbad der Terreur schienen darauf hinzuweisen, dass der Mensch zur Freiheit noch nicht fähig sei. Auch Kant schreckten die Ereignisse. Während Kant versuchte, die Ideale der Französischen Revolution für die weitere Entwicklung der Menschheit zu retten, indem er sie von dem historischen Geschehen entkoppelte[498], bemühte sich Schiller, ein Programm zur ästhetischen Erziehung des Menschen zu entwickeln, das Revolutionen unnötig macht, weil es eine evolutionäre Entwicklung garantiert.

Der Mensch lebte am Anfang der Zeit in einem Naturstaat, so Schiller. Die Gesetze dieses Staates habe nicht er selbst gemacht, sondern die Natur habe sie ihm vorgeschrieben. Noch nicht zur Vernunft gelangt, folge der Mensch den natürlichen Gesetzen. In der Entwicklung des Menschen sei jedoch unvermeidlich der Zeitpunkt gekommen, wo seine Vernunft so weit gereift gewesen sei, dass der Mensch die Gesetze der Natur nicht mehr unbewusst erfüllte, sondern willentlich. An die Stelle des Naturstaates rückte der Vernunftstaat, aus dem physischen Menschen sei der sittliche Mensch hervorgegangen. Dieser Übergang sei höchst problematisch, weil der Mensch in diesem Augenblick noch keine Stütze habe: »Diese Stütze findet sich nicht in dem natürlichen Charakter des Menschen, der, selbstsüchtig und gewalttätig, vielmehr auf Zerstörung als auf Erhaltung der Gesellschaft zielt; sie findet sich ebenso wenig in seinem sittlichen Charakter, der, nach der Voraussetzung, erst gebildet werden soll, und auf den, weil er frei ist und weil er nie erscheint, von dem Gesetzgeber nie gewirkt und nie mit Sicherheit gerechnet werden könnte.«[499] Genau mit dieser Problematik sah sich nach Ansicht Friedrich Schillers die Französische Revolution konfrontiert. Der natürliche Mensch in seiner Selbstsucht und Gewalttätigkeit sei noch nicht überwunden gewesen, der sittliche Mensch noch nicht vollständig ausgebildet. Wegen dieses Problems sollte jeder gewaltsame Umsturz, der den Naturstaat in den Vernunftstaat überführe, möglichst vermieden werden. Schiller wollte einen langsamen Übergang gestalten, der den Menschen weiterhin eine Stütze an die Hand gibt. Diese Stütze sollte dem Menschen die Kunst sein. Durch das Wirken der Kunst sollte der Übergang gewährleistet werden, der als rein natürlicher Prozess womöglich noch Generationen gebraucht hätte. Die Kunst erlaube es dem Menschen, alle seine Vermögen spielerisch einzusetzen. Die Gewaltsamkeit des Naturmenschen vereinige sich in diesem Spiel mit den gestalterischen Kräften der Vernunft. Beide Kräfte hemmten und förderten sich gegenseitig und gewährleisteten auf diese Weise einen ungestörten Übergang vom physischen zum sittlichen Menschen. Schiller zieht den Menschen herüber auf das Gebiet des Ästhetischen, weil sich hier gefahrlos, im Spiel, einüben und lernen lässt, was später in der Realität verwirklicht werden soll.

Diesem Programm kann Heinrich Mann seine Zustimmung geben. Zweifel muss er anmelden, ob die ästhetische Erziehung erfolgreich verlaufen ist. Die gescheiterte deutsche Revolution von 1848, die Verirrung der Deutschen im

Kaiserreich müssen lehren, dass Schillers Konzept fruchtlos geblieben sei. Der Übergang vom Gebiet des Ästhetischen in die Realität ist offensichtlich gescheitert. Zwar haben die Deutschen den Schritt auf das Feld des Ästhetischen unternommen, doch sind sie von dort – Heinrich Manns Kritik an Goethe beweist diese Sicht der Dinge – niemals auf das Gebiet des Wirklichen zurückgekehrt. Sie lebten im Geiste und blieben ohne Tat. Deshalb versucht Heinrich Mann die Deutschen erst gar nicht auf das Gebiet des Ästhetischen herüberzuziehen. Er würde damit nur erneut die Gefahr heraufbeschwören, dass der dann notwendige Übergang zur Tat nicht geleistet wäre. Er wählt sich deshalb nicht das Drama zum Mittel der Erziehung, sondern benutzt den Essay.[500] Das klassische Drama Schillers ruht in sich selbst, verbleibt auf der Ebene des Ästhetischen, weil es nur als Spiel seine angestrebte Wirkung entfalten kann, der Essay wendet sich nach außen an einen Adressaten. Heinrich Mann, der Intellektuelle, überschreitet die Grenzen des Ästhetischen und tritt auf die Menschen in ihrer Realität zu. Dennoch beschreibt auch Heinrich Mann die Wirkung des Geistes als eine Befreiung zum Spiel: »Der Stoff scheint, erreicht man einen Punkt, nur Vergleich noch für Dinge, die hinauslangen über Stoff und Zeit, hinaus über unsern Willen; man bildet, als ob man spielte.«[501] Gemeint ist damit kein unverfängliches Spiel auf dem Gebiet des Ästhetischen. Der Geist befreit nach Heinrich Mann von der täglichen Not, die aus dem beständigen Kampf mit der Natur entspringt. Der Begreifende erkennt den Plan der Natur, macht ihn sich zu Eigen und vollbringt ihn vor der Zeit. Der Mensch, der sich eben noch als Getriebener der Natur, als ihr Opfer empfand, emanzipiert sich von ihr und gewinnt dadurch die Souveränität über sein Leben.[502]

Die Menschheit sei auf dem Weg in eine bessere Zukunft. Dies liege bereits im Plan der Natur, doch der Mensch könne wirkend diesem Plan vorausgreifen und ihn schneller verwirklichen. Alle Revolutionen in der Geschichte der Menschheit reihten sich in dieses Bemühen ein; im Grunde genommen seien alle Revolutionen eine, weil von dem einen großen

Ziel durchdrungen. Sei es die Französische Revolution von 1789, das italienische Risorgimento seit 1847 oder die russische Oktoberrevolution von 1917, alle schrieben sie den Plan der Natur fort. In den Revolutionen entgleite der Natur jedoch die Verwirklichung ihres Planes und werde dem Menschen in die Hände gelegt. Doch gerade dieser Übergang sei im Plan der Natur vorgesehen. Wenn Revolutionen also misslängen, wie die deutsche Revolution von 1848, so liege dies nicht an widernatürlichen Forderungen, die diese Revolution erhebt, sondern allein am Menschen, der noch nicht zur Übernahme des natürlichen Planes bereit sei. Erschrocken überlasse er die Regie wieder der Natur und falle in einen Zustand vor der Emanzipation durch die Vernunft zurück.[503]

Diese Zusammenhänge versucht Heinrich Mann in zahlreichen Essays seinen Zeitgenossen zu verdeutlichen. Nahezu seine ganze Zeit widmet er dieser Aufgabe. Nebenbei arbeitet er zwar an einem neuen Roman, doch dessen Fertigstellung verzögert sich über der Aufgabe, den deutschen Menschen für seine politische Aufgabe zu erziehen. Gelangt jedoch diese Botschaft überhaupt zu ihrem Adressaten? Wie ist es um die Einflussmöglichkeit des Schriftstellers bestellt? Heinrich Mann veröffentlicht seine Essays in Tageszeitungen, Zeitschriften und Büchern. Er bemüht sich, eine möglichst große Zahl an Lesern zu erreichen. Doch wie bei jeder Form der Kommunikation hängt der Erfolg einer Absicht nicht allein vom Absender, nicht allein vom Medium, dessen er sich bedient, sondern auch vom Adressaten ab. Hören die Deutschen überhaupt auf seine Stimme, auf die Mahnungen des Intellektuellen?

Sehr viel stärker als die mahnende Stimme der Vernunft ist das anfangs dieses Kapitels bereits beschriebene Gefühl der Ohnmacht, das weite Teile der Bevölkerung und der Politik ergriffen hat. Ebenso dumpf wie dieses Gefühl sind die Reaktionen hierauf. Aus der Angst vor dem Morgen erwächst eine taumelnde Begeisterung für das Heute. Überall in Berlin schießen Unterhaltungspaläste und Kinos aus dem Boden, wo sich die Angst im Rausch des Augenblicks vergessen lässt.

Heinrich Mann beschreibt eine solche Revuevorstellung: »Statt der Orgel brüllte die zuversichtliche Revuemusik, fünfzig scharfe Stimmen auf der Bühne sangen voll Überzeugung mit. Kein Zweifel, dies waren Körper, durchweg Körper. Sie waren teuer, sie waren reich, das Licht ließ sie erstrahlen, immer noch greller, immer noch bunter. ... Die fünfzig weiblichen Körper trugen goldene Westen, die funkelten bis um das Knie. Vom Magen abwärts waren sie vorwiegend nackt. Hundert lange, schlanke Beine auf goldenen Schuhen bewegten sich im gleichen Takt durch die glitzernde Welt des Bühnenbildes. Zum Schluß beschrieben sie einen dreifach gestuften Halbkreis um die drei Hauptpersonen. Dies waren als weibliches Hauptstück die beiden ansehnlichsten unter allen Beinen, als männliches ein junger, gutgewachsener Frack, der Magen hohl, aber die Schultern wie Herkules. Der zweite Frack, ein Greis in mittleren Jahren, war das Opfer, alle zweiundfünfzig graden jungen Körper hatten es unverblümt auf ihn abgesehen. Er hieß Wichtig, sie nannten ihn den alten Wichtig und sangen, mit ihm sei es richtig, er werde bald sterben, es gebe was zu erben. Was Wichtig sogar mitsang. Die ansehnlichsten Beine und der gutgewachsene Frack aber kamen nach vorn zur gemeinsamen Verklärung. Ja, der Scheinwerfer verklärte sie nahezu.«[504] Der Scheinwerfer, die prachtvollen Kulissen verklären das erbärmliche Schauspiel, das sich um die Sehnsucht nach Wohlstand dreht und dabei den nahen Tod eines Greises fröhlich in Kauf nimmt. Damit ist bereits die zweite Form der Reaktion eingeführt: die Gier nach Reichtum, der auch morgen noch Sicherheit verheißen soll. Der Materialismus des Kaiserreichs lebt dadurch fort. Andere verfallen der Gewalt. Den Feind erblicken sie in der jüdisch-kapitalistisch-bolschewistischen Weltverschwörung, jenem Moloch des rechtsnationalen Verfolgungswahns. Die Folge sind zahlreiche politisch motivierte Attentate, deren prominenteste Opfer Kurt Eisner, der Unterhändler bei den Waffenstillstandsverhandlungen, Matthias Erzberger, und der Industrielle und Politiker Walther Rathenau werden. Rathenau, den Thomas Mann gut kannte, stirbt am 24. Juni 1922 bei einem Attentat rechtsradikaler antisemitischer Offiziere. Er ist das 376. Opfer eines politisch motivierten Mordanschlags in Deutschland seit Januar 1919.

Fassungslos muss Heinrich Mann diesem Treiben zuschauen und feststellen: »So unzugänglich jeder Autorität war keine Jugend.«[505] Auch seine Familie ist der antisemitischen Hetze ausgesetzt. Arthur Schnitzler vermerkt in seinem Tagebuch unter dem 27. November 1921, dass Mimi Mann wegen ihres Aussehens immer wieder antisemitische Pöbeleien ertragen müsse.[506] Seit 1920 waren antisemitische Kundgebungen in München oft zu beobachten. Die ›Münchner Neuesten Nachrichten‹ berichten von einer Kundgebung am 7. März, bei der zwei Vertreter der Deutschvölkischen Arbeitsgemeinschaft gegen die Einwanderung und Duldung der Ostjuden agitieren.[507] Auch der ermordete Kurt Eisner wurde postum Opfer antisemitischer Hetze. Am 2. März sollte in Passau das Schauspiel ›Kurt Eisner‹ aufgeführt werden. Über das Theater waren Reichswehrsoldaten und Burschenschaftler verteilt, die bei Beginn des Stücks anfingen zu lärmen. Rufe gingen durch den Saal: »Nieder mit der Judenbande! Nieder mit Eisner! Haut die Judenbande zum Teufel.«[508] Solche Vorkommnisse bestätigen Heinrich Manns Behauptung, dass der alte Hass aus dem Kaiserreich auch die Weimarer Republik noch in seinem Würgegriff halte. Gerade München entwickelte sich in dieser Zeit zu einer Hochburg der Rechten in Deutschland: »Die Bayerische Volkspartei, obwohl die stärkste Partei des Landes, hatte noch bis zum Kapp-Putsch die sozialdemokratische Landesregierung bestehen lassen, dann aber bei dieser Gelegenheit im Zusammenwirken mit den ›Selbstschutzverbänden‹ der ›Einwohnerwehr‹ des Forstrats Escherich (Orgesch) die Bildung einer neuen Regierung verlangt. Die Einwohnerwehr war aus der Gegenwehr des flachen Landes gegen die Münchner Räteherrschaft entstanden. Der neue Ministerpräsident von Kahr, vorher Regierungspräsident von Oberbayern, war ihr besonderer Vertrauensmann. Sein Kabinett stützte sich auf die Bayerische Volkspartei, den

Bauernbund und zunächst die Demokraten, später aber statt ihrer auf die Deutschnationalen. Bayern bekam also als erstes deutsches Land wieder eine ›sozialistenreine‹ Regierung, die auf diese Eigenschaft stolz war.«[509] Von Kahr brachte das Land auf einen Kurs gegen die Reichsregierung in Berlin. Seine Motive waren eine Mischung aus bayerischem Beharren auf Selbständigkeit, der Sehnsucht nach einer Wiederherstellung der Monarchie in Bayern sowie einer rechten Gesinnung.

Der Kapp-Putsch, den Buchheim erwähnt, hatte sich in Berlin ereignet. Im Zuge des Versailler Vertrags musste die Personalstärke der deutschen Armee um drei Viertel reduziert werden. Bei den entlassenen Soldaten regte sich rasch Widerstand, der sich um die Person des Generals von Lüttwitz scharte. Lüttwitz suchte den Kontakt zum weiterhin bestehenden Alldeutschen Verband und zur rechten »Nationalen Vereinigung«, deren führender Politiker Wolfgang Kapp war. Mit Hilfe des Freikorps Ehrhardt unternahmen von Lüttwitz und Kapp im März 1920 in Berlin einen Putschversuch, der jedoch durch einen Generalstreik der Arbeiter vereitelt werden konnte. Die Mitglieder des aufgelösten Freikorps sammelten sich schließlich in Bayern, wo sie sich in den Dienst der neuen Regierung von Kahr stellten. Insbesondere das Münchner Polizeipräsidium unter der Leitung seines Präsidenten Pöhner unterstützte ehemalige Freikorps-Leute. Überhaupt bildeten das Polizeipräsidium und die Reichswehr in Bayern eine rechte Bastion, wo sich schon frühzeitig spätere Nazi-Größen sammelten. Pöhners rechte Hand war der spätere Innenminister Hitlers Wilhelm Frick, für die politische Aufklärung der Reichswehr arbeitete der spätere SA-Chef Ernst Röhm.

Vor diesem Hintergrund reift in Heinrich Mann schon früh der Plan, die bayerische Landeshauptstadt zu verlassen. In einem Brief vom 24. Januar 1920 teilt er Maximilian Brantl seine Überlegungen mit: »Die Münchener Prozesse sind freilich schon längst eine Kulturschande. Ich habe die Überzeugung, daß München derzeit die von der gesamten deutschen

Bildung und anständigen Gesinnung verachtetste Stadt ist. Ihr Ruf wird lange brauchen, bis er sich erholt. Man kann an Fortziehen denken.«[510] Als neue Wohnorte sind Wien und Berlin im Gespräch. Zu der Enttäuschung über die politische Entwicklung traten private Probleme. In der Ehe Heinrich Manns kriselte es. Die Geringschätzung seiner Frau durch die Familie Mann war man schon gewöhnt. Aber auch im engsten Freundeskreis besaß seine Frau keinen großen Rückhalt, galt sie doch als nicht standesgemäß. Niemand wollte so recht verstehen, was Heinrich Mann zu dieser Frau hinzog. Selbst Arthur Schnitzler hatte man vorgewarnt, wie eine Tagebuchnotiz vom 9. September 1913 verrät: »Ich kann Frau Mann nicht so schlimm finden als sie von den andern dargestellt wurde.«[511] Der geduldige Schnitzler bemüht sich um ein gutes Verhältnis, doch selbst er verliert einmal die Contenance, als ihn Mimi Mann mit ihren bizarren Launen und hypochondrischen Anfällen zu sehr traktiert.[512] Ludwig Marcuse traf das Paar einmal im Hause eines Berliner Schriftstellers: »Er war leise und sprach nur, wenn man ihn fragte, und dann wie gestochen. Seine dicke, gutmütige Frau aus Prag war expansiv, turbulent, laut und hatte das Renommee, fabelhaft zu kochen.«[513]

Mimis gesamter Ehrgeiz war auf ihre häusliche Welt ausgerichtet. Sie versuchte für sich, ihren Mann und ihr gemeinsames Kind ein Paradies in familiärer Zurückgezogenheit zu errichten. Wie konnte es auch anders sein, wenn sie, sobald sie ihre häusliche Idylle verließ, umgehend mit den Vorbehalten und Antipathien ihrer Umwelt konfrontiert wurde? Dass Heinrich Mann immer stärker die Öffentlichkeit suchte, musste zu Zwistigkeiten führen. Heinrich war ihr einziger Rückhalt in einer ansonsten feindlich erscheinenden Welt. Sie kettete sich an ihn und versuchte umgekehrt, ihn an sich zu ketten. Ihre Hypochondrie und ihre Launenhaftigkeit waren ein unbewusster Hilfeschrei, mit dem sie seine Aufmerksamkeit auf sich ziehen wollte. Heinrich bemühte sich darum, auf sie einzugehen, fragte den psychologisch erfahrenen Arthur Schnitzler nach Rat, wie er die Anfälle seiner Frau aufzufassen haben. Im Februar 1923 unternahmen die Eheleute eine gemeinsame Reise nach Bühl bei Baden-Baden. Mimi machte dort eine Kur, während sich Heinrich Mann nach eigenem Bekunden ein wenig ausruhte, bevor er weiterarbeiten wollte. Solche Reisen nutzten jedoch nur wenig. Noch während der Urlaubstage stürzte sich Heinrich Mann in neue Arbeit, glaubte er politisch Stellung beziehen zu müssen. Erneut hatte Mimi ihren Mann an sein öffentliches Wirken verloren.

Wie schwierig ihre Stellung in der Familie war, zeigt sich auch bei einem traurigen Anlass. Am 11. März 1923 wurde Viktor Mann nach Weßling gerufen: »Dies Weßling ist ein Dorf in sehr alltäglicher Landschaft fünfundzwanzig Kilometer südwestlich von München an Bahn und Straße zum Ammersee. Der gut dörfliche Charakter ist dem Ort weitgehend durch halbstädtische Bauten genommen, was durch ein paar hübsche, außerhalb liegende Villen nicht gut gemacht wird. In der Nähe ist ein kleiner, ziemlich trauriger Moorsee. In der Hauptstraße lärmt der Durchgangsverkehr.«[514] In einem Gasthaus lebte seit einiger Zeit Julia Mann; sie war an einer Grippe erkrankt, die eine Lungenentzündung nach sich gezogen hatte. Mit Blick auf das schwache Herz der 72-Jährigen befürchtete der Arzt das Schlimmste. Viktor fuhr am Nachmittag mit dem Zug nach Weßling und verabredete mit seinen Brüdern, dass Thomas und Heinrich mit seiner Frau und mit Viktors Frau Nelly im Auto nachkommen sollten. Die älteste Schwester, Julia, hatte bereits vier Tage zuvor die Mutter besucht und war selbst zwischenzeitlich erkrankt ebenso wie Thomas' Frau Katia, sodass diese nicht nach Weßling kommen konnten. Julia Mann wusste sehr wohl über ihren Zustand Bescheid, doch wollte sie mit Contenance dahinscheiden. Zu diesem Zweck wollte sie ihre Kinder noch einmal in unbefangener Atmosphäre sehen. Als Erster trat Thomas an ihr Bett, währenddessen begab sich Viktor zu den Wartenden, die in einem anderen Zimmer ausharrten. Er erinnert sich: »In einem anderen Zimmer des Oberstockes, das für uns geheizt worden war, saß ich bei

Nelly und Heinrich, und wir mußten die leidenschaftlich erregte Mimi beruhigen, die Mamas diskreten Plan durch einen Ausbruch zu stören drohte.«[515] Die sterbende Julia Mann gab die Stimmung vor: Sie bemühte sich Haltung zu wahren und Gefühlsausbrüche zu vermeiden. Sie erwartete von ihren Kindern, dass sie sich in ähnlicher Weise verhielten. In diese hanseatische Haltung platzte Mimi Mann hinein. Ihre Unfähigkeit zur Selbstkontrolle machte sie zur Außenseiterin. Für Thomas war die bürgerliche Strenge ebenso selbstverständlich wie für Heinrich. Als Heinrich mit seiner Frau zu Julia Mann gebeten wurde, überspielte Mimi diese Situation nur dank ihrer Schauspielkunst. Zu guter Letzt nahm Julia Mann mit ihren drei Söhnen noch einen Tee – schließlich war es mittlerweile Nachmittag und Teezeit. Von ihrer Pflegerin wurden Kekse gereicht. Schließlich wünschte die Frau Senatorin ein wenig zu schlafen. Thomas, Heinrich und Viktor verließen das Zimmer, um nebenan zu warten. Nach wenigen Minuten überbrachte die Pflegerin die Meldung, dass Julia Mann soeben verstorben sei.

Dieses hohe Maß an Selbstbeherrschung, das allen Mitgliedern der Familie zu eigen schien, musste einer impulsiven Frau wie Mimi Mann fremd erscheinen. Ihr Bedürfnis nach menschlicher Nähe und Wärme konnte in einem solchen Umfeld kaum auf Resonanz hoffen. Unter diesen Voraussetzungen werden ihre Flucht in Hypochondrie und ihre Temperamentsausbrüche nur allzu verständlich. Sie forderte damit von Heinrich Mann, sein familiäres Umfeld aufzugeben und sich ihrer Lebensart anzupassen. Doch sein hanseatisches Gebaren, sein gesellschaftliches Engagement, die zunehmenden Reisen, die Heinrich nach Ende des Krieges wieder unternahm, vertieften nur die Risse in ihrer Ehe.

Heinrich sah sich von seiner Frau überfordert. Sein gesamtes Interesse widmete er in diesen Tagen den politischen Ereignissen des Jahres 1923: Ruhrbesetzung und Inflation forderten seinen Kommentar heraus. Für Heinrich Mann stand der Hauptschuldige an diesen Entwicklungen schnell fest: die Wirtschaft. Nach seinen Worten ist die Wirtschaft »jener automatische Vorgang, der die Reichsten immer reicher, die Armen vollends arm macht«[516]. Im Spätjahr 1922 war eine neue Regierung unter dem parteilosen Wilhelm Cuno gebildet worden, die die Wirtschaft in besonderem Maße fördern wollte. Die Begünstigung der ohnehin schon Reichen ärgerte Heinrich Mann. Aber die Lage spitzte sich noch weiter zu, als die Franzosen 1923 wegen ausstehender Reparationszahlungen das Ruhrgebiet besetzten. Dieses Ereignis wurde in Deutschland zum Anlass einer verbreiteten nationalistischen Agitation. Mit gewerkschaftlicher Unterstützung begann der sogenannte »Ruhrkampf« zur Befreiung des Ruhrgebiets. Passiver Widerstand in dem besetzten Gebiet sollte verhindern, dass die Franzosen Gewinn aus ihrer Aktion ziehen konnten. Heinrich Mann zeigte sich erbost, weil hier einmal mehr die mittellosen Arbeiter und die gefährdete Mittelschicht für die Belange der Wirtschaft instrumentalisiert wurden. Vieles erinnerte ihn an den Ersten Weltkrieg, wo ebenfalls die Soldaten, die meistens aus der Unter- und Mittelschicht stammten, Opfer der kriegstreibenden Wirtschaft geworden waren. Alles schien sich in fataler Weise zu wiederholen.

Besonders infam waren diese Aktionen, weil die Schwerindustrie unabhängig vom Verlauf des Ruhrkampfes nur gewinnen konnte. Die Ruhrbesetzung demonstrierte scheinbar die Notwendigkeit, sich auch militärisch gegen Aggression von außen wehren zu können. Die Verteidigung nationaler Interessen war nur durch eine Wiederaufrüstung gewährleistet, die der Schwerindustrie neue Gewinne brachte. Darüber hinaus wurde die Kohleproduktion keineswegs gestoppt, wie die Öffentlichkeit annahm. Der Bergbau im Ruhrgebiet arbeitete weiter und produzierte auf Halde. Angeblich brauchte man Vorräte, um nach einem Ende der Besatzung möglichst schnell die entstandenen Lücken schließen zu können, und außerdem würde die Kohle für die Bevölkerung im besetzten Gebiet benötigt. Tatsächlich verschoben die Unternehmen die Kohleproduktion unter der Hand an Frankreich oder ins Ausland, denn die ausländischen Märkte standen offen, lediglich vom Reichsgebiet war man abgeschnitten.

Der Ruhrkampf war jedoch nicht das einzige Ereignis des Jahres, das die deutsche Industrie aufblühen ließ. Das zweite große Geschäft der Unternehmer war die Inflation: »Zwei Milliarden Goldmark jährlich, so viel, wie wir an England zu zahlen hätten und nicht zahlen können, werden uns von den Ruhrindustriellen für Kohle abgepreßt, und das ist erst die Grundlage beim Aufbau ihres Geschäftes. Für zwei Milliarden in Gold kauft man bei uns die Welt. Man kann sie aber auch mit geliehenem Gelde kaufen, das man zurückzahlt, wenn es entwertet ist. Der Aufkäufer errafft Stück für Stück die deutsche Welt, läßt sie für sich arbeiten und führt ausländischen Unternehmungen den Gewinn zu.«[517] Für den Produktionsausfall im Ruhrgebiet erhielt die deutsche Schwerindustrie vom Staat zwei Milliarden Goldmark. Die Kosten für den Ruhrkampf überstiegen schon bald die finanziellen Möglichkeiten Deutschlands. Immer mehr Geld wurde in Umlauf gebracht. Die Folge war eine Hyperinflation, die hauptsächlich Besitz und Einkommen der Unter- und Mittelschicht vernichtete. Aber der Ruhrkampf war nicht die einzige Quelle der inflationären Tendenzen. Nun rächten sich auch die Kriegsanleihen, mit deren Hilfe das Kaiserreich den Ersten Weltkrieg finanziert hatte. Ein Großteil dieser Anleihen wurde samt Zinsen in dieser Zeit fällig. Die Refinanzierung dieser Kosten wäre allenfalls durch einen Sieg möglich gewesen, aber wahrscheinlich noch nicht einmal dann.

Opfer der Inflation wurde der Mittelstand, der sein Geld hauptsächlich in Ersparnissen angelegt hatte, und die Arbeiter, deren Löhne, kaum dass sie ausbezahlt waren, schon nicht mehr ausreichten, um sich die Dinge des täglichen Bedarfs zu kaufen. Auch das gesamte Vermögen Heinrich Manns wurde restlos aufgezehrt, ebenso das Geld aus der Auflösung der väterlichen Firma, aus dem er bis dato eine monatliche Apanage bezogen hatte. Der Kurt Wolff Verlag sah sich ebenfalls nicht mehr in der Lage, die garantierten Summen zu zahlen. Heinrich Mann war darüber sehr erbost: Er verlangte einen finanziellen Ausgleich, den ihm der Verlag unter Rücksicht auf seine Lage verweigern musste. Allmählich bahnte sich über diesem Streit das Ende der Geschäftsbeziehungen zwischen Heinrich Mann und dem Kurt Wolff Verlag an. In dieser Zeit bemühte sich Heinrich Mann verstärkt um Veröffentlichungen seiner Werke im Ausland, um in harter Währung bezahlt zu werden. Die Vorteile ausländischer Währung lernte er während eines Urlaubs in Heringsdorf an der Ostsee kennen, den er 1923 mit seiner Familie unternahm: »Um dorthin zu gelangen, hatte ich einen Sack mit Inflationsgeld im Schweiß meines Angesichts von der Bank nach Hause getragen. Schon in Berlin war er leer. Aber damit drei Personen ein Badehotel bewohnten, genügte ein Dollar täglich: den hatte ich bei einem amerikanischen Korrespondenten erschrieben.«[518] Heinrich Manns Beschreibung, wie er das Geld für die Reise in einem Sack nach Hause geschafft habe, ist keine Übertreibung. Das Geld wurde so schnell entwertet, dass kiloweise Papiergeld vonnöten war, um sich die Dinge des täglichen Bedarfs leisten zu können. Die staatlichen Druckereien sahen sich schon rasch gezwungen, Geldscheine über Milliardensummen zu produzieren, konnten in dieser grotesken Zeit die Scheine jedoch gar nicht so schnell ausliefern, wie sie entwertet wurden.

Die Großindustrie machte noch aus der Hyperinflation ein Geschäft: Nach den Worten Heinrich Manns brachten sie ihr Vermögen, ihre Gewinne und die Gelder, die ihnen der Staat zur Unterstützung gewährte, ins Ausland und damit in Sicherheit. Die Industrie kannte jedoch auch noch andere Mittel, um die Inflation auszunutzen. Der Sturz der deutschen Währung ins Bodenlose verbilligte deutsche Ausfuhren enorm. Die deutsche Industrie konnte ihre Güter im Ausland billiger anbieten als die gesamte internationale Konkurrenz. Da diese Lage für die deutsche Wirtschaft überaus günstig war, sah sie keine Notwendigkeit, die Inflation einzudämmen.

Im August 1923 trat die Regierung Cuno zurück. Schon seit langem hatte sie die Situation nicht mehr im Griff. An ihre Stelle rückte ein Kabinett unter Reichskanzler Gustav Stresemann von der DVP. Sein erklärtes Ziel war die Beendigung des Ruhrkampfes und die Beseitigung der Inflation.

Auf das Drängen der neuen Regierung hin stellte die deutsche Industrie ihre Forderungen: Sie bestand auf einer Rücknahme des Acht-Stunden-Tags und auf soziale Einschnitte. Die Regierung sah sich zur Annahme dieser Forderungen gezwungen, um die neue Währung, die sogenannte Rentenmark, nicht durch eine erneute Inflation zu gefährden. Diese Maßnahmen reichten der Industrie aber noch lange nicht, um die Kosten einer stabilen Währung zu kompensieren. Im Laufe des zweiten Halbjahres 1923 schnellte die Arbeitslosenzahl in die Höhe, weil die Betriebe am Personal sparten. Nach Angaben von Arthur Rosenberg waren im Juli 1923 3½ Prozent der Gewerkschaftsmitglieder arbeitslos, im Dezember 28 Prozent; 42 Prozent leisteten Kurzarbeit.[519]

Ursprünglich hatte Heinrich Mann von einer nivellierten Gesellschaft geträumt: Ein Arbeiter sollte genug verdienen, um in den Mittelstand aufzurücken, der Unternehmer so viel abgeben, dass auch er an den Mittelstand heranrückt. Die Inflation machte diesen Traum zunichte. Der Mittelstand löste sich auf; schlagartig gab es nur noch Reiche und Arme. In dieser Situation wendet sich Heinrich Mann im Oktober 1923 in einem offenen Brief an Reichskanzler Stresemann und beschwört ihn, eine Diktatur des Rechtes und der Vernunft zu errichten. Heinrich Mann erschrickt selbst angesichts seiner Forderung: »Auch ich hätte nie gedacht, ich würde Diktatur fordern.«[520] Aber er sieht keinen anderen Ausweg mehr: »Es handelt sich nicht mehr darum, die Lage zur Not aufrecht zu erhalten. Es ist unaufschiebbar, vom Fleck zu kommen, selbst gegen den Willen einer Nation.«[521] Das deutsche Volk, dessen Denken systematisch von der Rechten vergiftet worden sei, habe der Republik den Rücken gekehrt. Der alte Materialismus und Hass sei wiederauferstanden. Angesichts dieser Sachlage weiß Heinrich Mann keinen anderen Ausweg als eine politische Herrschaft gegen den Willen des Volkes, eine Diktatur: »Ich fordere Diktatur der Vernunft. Stützen Sie sich fest auf die Anhänger des Reiches, des Deutschen Reiches und seiner Rechte, die vor jedem Einzel- und Sonderanspruch gehen! Brechen Sie Bestechungen und Lügen, die

Geldzufuhr des Verrates an seine Banden, die Presse, die er aushält! Ergreifen Sie Personen und Besitz, rächen Sie die bis in den Tod beleidigte Nation! Die soziale Demokratie soll endlich gewappnet und als Rächer dastehen. Sie ist unsere einzige Rüstung, wer sie angreift, muß zerbrechen.«[522]

Seit über zehn Jahren hatte Heinrich Mann versucht, die geistigen Ideale durch erzieherische Essays im Volk zu verwurzeln. Der offene Brief an Reichskanzler Stresemann ist ein Eingeständnis seines eigenen Scheiterns. Die Mittel des Intellektuellen reichen nicht heran an die Volksmassen. Sie wollen nichts hören von Idealen und Wahrheit, sondern verfallen erneut dem Materialismus und seinen Lügen. Der Nationalismus der breiten Bevölkerung entspringt nach Ansicht Heinrich Manns einem wahren idealistischen Bedürfnis: dem uneigennützigen Kampf für das Wohl der Nation. Diese positive Gesinnung werde jedoch von der Wirtschaft und der politischen Rechten zu eigenen Zwecken ausgenutzt. Heinrich Mann muss sich fragen, woher die überwältigende Faszination der Lüge stammt. Warum wollen die Menschen nicht begreifen, dass der Geist sie aus ihrer materiellen Not befreien könnte, indem er sie über das materialistische Denken erhebt und sie erkennen lässt, was nach Heinrich Mann wirklich wichtig ist: Freiheit, Gleichheit, Brüderlichkeit? Aber hatte er die Antwort auf diese Frage nicht selbst bereits in seinem Roman ›Die Armen‹ gegeben? Die Emanzipation durch den Geist ist ein langwieriger Prozess und mit Opfern verbunden. Viele wollen diesen mühsamen Weg schlichtweg nicht beschreiten, sondern glauben lieber kurzfristigen Versprechungen. Darüber hinaus verliert der sich Bildende allmählich den Kontakt zu der Welt, aus der er stammt. Alles überblickend und verstehend, ist für ihn schon alles Spiel geworden, was für andere noch bitterer Ernst ist. Der Intellektuelle spricht nicht mit der Stimme des gewöhnlichen Volkes, weil er sich durch seine Bildung über das Volk erhoben hat. Vielleicht versteht er noch die einfachen Ansprüche gewöhnlicher Menschen, doch fehlt ihm zweifellos das Verständnis für deren engen Horizont.

Ebenso wenig werden die gewöhnlichen Menschen den Intellektuellen verstehen, der, scheinbar über ihrer Not stehend, alles spielerisch handhabt. Offensichtlich leben Intellektuelle und Volk in verschiedenen Welten. Diese Feststellung lässt den Glauben, mit Hilfe der Literatur politisch wirken zu können, als irrig erscheinen. Ohne diesen Bezug von Geist und Wirklichkeit zerbricht aber auch die von Heinrich Mann angestrebte Einheit von Geist und Tat. Sie erweist sich als illusorisch. Das gesamte politische Konzept Heinrich Manns steht auf dem Prüfstand. Sein Politikverständnis gründete auf der Auffassung, dass der Wunsch nach zwischenmenschlicher Nähe, der sich in Liebe und sozialem Mitgefühl niederschlägt, im Menschen übermächtig sei. Doch in der Realität dominiert nicht der Wunsch nach zwischenmenschlicher Nähe, sondern der simple Eigennutz. Heinrich Manns politischer Idealismus entlarvt sich als idyllischer Wunschtraum von einer besseren Welt, der von der bitteren Realität eingeholt wurde. Er reiht sich bei dem Märchenbuch der Kindheit, dem sorglosen Dasein im Schoße einer wohlhabenden hanseatischen Kaufmannsfamilie und den konservativ-reaktionären Ansichten aus der Zeit der Zeitschrift ›Das Zwanzigste Jahrhundert‹ ein.

In Heinrich Manns Forderung nach einer Diktatur der Vernunft vollzieht sich, was Theodor W. Adorno und Max Horkheimer in ihrer ›Dialektik der Aufklärung‹ als unvermeidlichen Schritt im Gang der Aufklärung ansahen. Ursprünglich sei die Aufklärung mit dem Ziel angetreten, die Menschen zu emanzipieren. Sie zerstörte den Glauben an die Tradition und setzte an dessen Stelle die Überprüfung des Wissens anhand der eigenen Vernunft. Im Laufe der Zeit entstand auf diese Weise ein neuer Katalog von Wahrheiten. Dies sei der Augenblick gewesen, wo die Aufklärung selbst zu einem Repressionsapparat geworden sei. Jeder, der den vernünftigen Einsichten zuwiderhandelte, wurde gemaßregelt oder ausgegrenzt. Zweifel an seiner Mündigkeit wurden vorgebracht, weil der Widervernünftige offensichtlich nicht in der Lage sei, seine Vernunft zu gebrauchen. Der Betreffende musste notfalls mit gewaltsamen Mitteln dazu gebracht werden, diese Fähigkeit zu entwickeln. Im Zweifelsfall wird aus dieser gewaltsamen Bevormundung des Individuums eine dauerhafte Einrichtung. Genau dieser Sachverhalt lässt sich bei Heinrich Mann 1923 beobachten. Seine Forderung nach einer Diktatur der Vernunft entspricht exakt diesem Umschlag von der emanzipatorischen zur repressiven Aufklärung. Eine Hintertür lässt sich Heinrich Mann freilich offen, um das Scheitern seiner Ansichten noch zu kaschieren: Nach seinen Worten ist das Denken des deutschen Volkes vergiftet worden. Offensichtlich hofft er weiterhin, dass nach einer ›Entgiftungskur‹, der von ihm beschworenen Diktatur der Vernunft, die idealistischen Ziele des Geistes doch noch verwirklicht werden können. Wer sich jedoch – wie geschehen – die Frage stellt, weshalb die Lüge so mühelos der Wahrheit überlegen scheint, muss hieran berechtigte Zweifel anmelden.

Gustav Stresemann sollte die Weimarer Republik aus ihrer schweren Krise retten. Dabei verließ er sich jedoch nicht auf idealistische Ideen, sondern auf das pragmatische Kalkül der Beteiligten. Er verdeutlichte der Wirtschaft, dass eine fortgesetzte Inflation den linken Kräften im Lande zum Aufschwung verhelfen würde und deshalb im Interesse der Wirtschaft beendet werden müsse. Als deutliches Signal gegen die Linke setzte er – rechtswidrig – die Regierungen in Thüringen und Sachsen ab. In beiden Ländern war die KPD an der Regierungskoalition beteiligt. Gleichzeitig nahm er damit der Rechten den Wind aus den Segeln, die zuvor den Abbruch des Ruhrkampfes als ›zweites Versailles‹ propagandistisch ausgeschlachtet hatte. Wer ohne Rücksicht auf gesetzliche Bestimmungen zwei Regierungen mit KPD-Beteiligung absetzt, konnte unmöglich als Kollaborateur der Vaterlandsverräter hingestellt werden. In Bayern hatte sich die rechte Opposition gesammelt und für das Land den Ausnahmezustand erklärt. Der rechtsgerichtete Gustav von Kahr wurde in das Amt eines Generalstaatskommissars mit vollziehender Gewalt erhoben. Stresemanns Vorgehen gegen die KPD-

Regierungsbeteiligung in Sachsen und Thüringen ließ den Ausnahmezustand schon bald als überzogen erscheinen, sodass auch in Bayern rasch Ruhe einkehrte.

Am 13. Oktober bewilligte der Reichstag ein Ermächtigungsgesetz, das der Reichsregierung erlaubte, Verordnungen mit Gesetzeskraft auf dem Gebiet der Wirtschaft, der Finanzen und der Sozialpolitik zu erlassen. Mit anderen Worten: Die Regierung war auf diesen Feldern nicht mehr auf die Zustimmung des Parlaments angewiesen. Das Ermächtigungsgesetz war an die bestehende Regierungskoalition gebunden, wodurch die Arbeiterschaft beruhigt werden konnte, weil die SPD der Regierung angehörte. Die Stabilität der neuen Währung sorgte schließlich dafür, dass auch die Arbeiterschaft von radikalen Maßnahmen absah, weil ihre Löhne wieder Kaufkraft besaßen.

Auf internationalem Gebiet gelang Stresemann ebenfalls ein Ausgleich der Interessen. Er vertraute dabei auf das wirtschaftliche Interesse von Großbritannien und den USA an einem stabilen deutschen Markt und hoffte auf diesem Wege, Frankreichs Aktionen zügeln zu können. Der Dawesplan, der auf der Londoner Konferenz 1924 verabschiedet wurde, zeigte die Richtigkeit seiner Erwägungen. Die Reparationsleistungen wurden präzisiert, für den Fall einer erneuten Destabilisierung der deutschen Währung wurde Raum für geeignete Gegenmaßnahmen geschaffen; Frankreich verzichtete auf sein Sanktionsrecht und willigte in den Rückzug seiner Truppen bis Ende des Jahres aus dem Ruhrgebiet ein; Deutschland erhielt außerdem eine internationale Anleihe über 800 Millionen Mark, um seine Wirtschaft zu konsolidieren. Der Erfolg der Konsolidierungsmaßnahmen verhalf zu weiteren internationalen Investitionen, die sich bis 1929 auf 21 Milliarden Mark summierten. In den folgenden Jahren bemühte sich Stresemann auf dem Verhandlungsweg um die Wiederaufnahme Deutschlands in die internationale Gemeinschaft. Das Locarno-Abkommen 1925 legte die deutsche Westgrenze definitiv fest und schuf damit die Basis für einen dauerhaften Frieden mit den westlichen Nachbarn.

Dies führte 1926 zur Aufnahme Deutschlands in den Völkerbund, womit die internationale Isolierung endgültig beendet war. Für seine Leistungen auf dem Gebiet der internationalen Verständigung erhielt er 1926 gemeinsam mit dem französischen Außenminister Aristide Briand den Friedensnobelpreis. Mit dem Young-Plan gelang Stresemann 1929 schließlich noch die Festlegung der genauen Höhe der Reparationszahlungen und ihrer Laufzeit.

Stresemann war nur vom 13. August bis 30. November 1923 Reichskanzler, den nachfolgenden Kabinetten gehörte er bis zu seinem Tod am 3. Oktober 1929 als Außenminister an. Seine politischen Handlungsgrundsätze beschreibt Gottfried Niedhart wie folgt: »Gustav Stresemann … folgte einem Politikverständnis, das undogmatisch war und am besten mit dem Begriff der Interdependenz erfaßt werden kann. Stresemann kannte die Wirkungszusammenhänge von Politik und Wirtschaft ebenso wie die von nationalem Interesse und internationaler Ordnung. … Die ›Verständigung mit den anderen Nationen‹ und die ›Konsolidierung der Republik‹ waren für ihn zwei Seiten derselben Medaille. An die Stelle politischer Träume und Glaubenssätze setzte er realitätsbezogen seine Politik der wirtschaftlichen Rekonstruktion, die nur im internationalen Verbund denkbar war.«[523] Stresemanns politisches Handeln war situativ ausgerichtet. Er orientierte sich nicht an ideologischen Zielvorgaben, sondern bemühte sich, entstandene Probleme zu lösen. Dabei bestand seine Stärke darin, unterschiedliche Interessen verschiedener Gruppen analysieren und zu einem Ausgleich führen zu können, weil er sich bewusst war, dass nur ein solcher Interessenausgleich auf die Dauer politische Stabilität garantieren könne.

In dieser situativen, auf Interessenausgleich bedachten Politik liegt der wesentliche Unterschied zwischen dem praktischen Politiker Stresemann und dem politisch agitierenden Intellektuellen Heinrich Mann. Stresemann will nicht erziehen, will keinen anderen Menschen, sondern bemüht sich mit den Menschen, so wie sie sind, gemeinsame Probleme zu lösen. Er akzeptiert jeglichen Beweggrund, macht ihn sich zunutze und beurteilt den einen nicht als wertvoll, den anderen als verwerflich. Heinrich Manns politisches Programm ist auf die Erziehung des Menschen gerichtet: Sein Problem ist der gegenwärtige Mensch, seine Hoffnung der zukünftige. Aufgrund dieser auf die Zukunft gerichteten Perspektive ist er immer schon Parteigänger der Utopie. Aus seiner utopischen Haltung erwächst bei ihm auch das Dilemma der Tat. Er setzt für sein politisches Handeln den vernünftigen Menschen voraus, der kraft seiner Vernunft zur Einsicht der höheren Ideale gelangt ist. Doch kann er diesen Menschentypus nicht voraussetzen. Der politisch Handelnde wird in der Realität mit dem gegenwärtigen Menschentypus konfrontiert. Aus dieser Konfrontation geht er als Mitschuldiger hervor, weil er seine Ideale hintanstellen muss, um seine beabsichtigte Tat vollbringen zu können.

Macht sich Stresemann schuldig, wenn er jegliche Intention des Menschen für politische Entscheidungen nutzt? Der politische Entscheidungsprozess in einer Demokratie vollzieht sich im öffentlichen Raum. Wer an ihm teilhaben will, ist aufgefordert, sich selbst Rechenschaft über seine politischen Absichten und Ziele zu geben und sie als die seinen zur öffentlichen Debatte zu stellen. Er fordert dadurch den Widerspruch und die Zustimmung der anderen Teilhaber am öffentlichen Diskurs heraus. Dabei muss der Teilhaber am öffentlichen Diskurs, will er seine Absichten realisieren, darauf achten, glaubwürdig zu wirken und den Widerspruch möglichst gering zu halten, das heißt, die Intentionen der anderen mit seinen zu verbinden. Der öffentliche Diskurs hat als weiteren Vorteil, dass die Offenlegung der eigenen Intentionen jede Lüge relativ rasch durchschaubar werden lässt. Der öffentliche Diskurs rationalisiert somit die Absichten und die Ziele, indem er sie offen legt und kritisch auf ihre Konsensfähigkeit prüft. Diesen Meinungsbildungsprozess im Rahmen eines öffentlichen Diskurses hat Rousseau, den Heinrich Mann so sehr verehrte, seinem politischen Gesellschaftsmodell zugrunde gelegt. Die Summe der einzelnen Intentionen bildet die volonté de tous; der konsensfähige Beschluss, der dem öffentlichen Diskurs entspringt, bildet die volonté générale. Nicht politische Erziehung leitet den Menschen an, gemeinschaftsfähig zu werden, sondern der öffentliche Rahmen, in dem Politik sich vollzieht. Der Einzelne muss keinen idealen Typus darstellen, sondern lediglich in den allgemeinen öffentlichen Diskurs eingebunden sein.

Heinrich Mann fühlt sich als idealistischer Utopist in der Gegenwart isoliert, wie auch aus seinen Briefen in dieser Zeit deutlich hervorgeht: »Ich habe nicht den Eindruck, daß man diese beiden Kritiken der Zeit [›Der Untertan‹ und ›Macht und Mensch‹ – S. R.] immer ganz freiwillig und aus innerem Bedürfnis gelesen hat. Man las sie vielfach nur, weil die gegebenen Thatsachen sie aufdrängten. Es war eine Forderung der Stunde, sie zu lesen; aber man war froh, als die Stunde vorbei war, und kehrte gern zu Büchern anderer Richtungen zurück.«[524] Mit aller Gewalt will er seine Mitmenschen auf sein Niveau anheben. Er ignoriert dabei die gegenwärtigen Intentionen des Menschen, missachtet dadurch die Menschen selbst und redet in seinem erzieherischen Habitus an ihnen vorbei. Eine wirkliche Kommunikation kann unter diesen Umständen nicht zustande kommen.

Dennoch birgt die Demokratie in der Weimarer Republik mehr Möglichkeiten als andere Staatsformen. Als Essayist kann er Teilhaber am öffentlichen Diskurs sein. Im Kaiserreich existierte dieser öffentliche Raum gar nicht, wodurch die Stagnation der Gesellschaft gefestigt wurde. Der Widerstreit der Ansichten, das situative Bemühen um einen problemlösenden Konsens gewährleistet hingegen die permanente Weiterentwicklung der Gesellschaft. An dieser Weiterentwicklung kann der Essayist Heinrich Mann partizipieren. Seine Meinung ist ebenso wie die aller anderen Teil der öffentlichen Diskussion. Er bietet seinen utopischen Entwurf einer besseren Gesellschaft feil, in der Hoffnung, Parteigänger für seine Ansichten zu gewinnen.[525]

Ein Bild, das Heinrich Mann von sich selbst gibt, stellt seine Isolation eindringlich dar: »Ich gedenke eines Nachmittags bei Karstadt am Hermannplatz. Belebteste Geschäftszeit des Tages, eine Fülle kleiner Hausfrauen machten ihre Einkäufe, aber der Durchgang von den Nahrungsmitteln zur Konfektion war ein Saal, wo nichts verkauft wurde. Ein Mann, der etwas vorlas, saß hinter dem Tisch, Bänke waren vorhanden, die Frauen mit ihren Lasten, die zufällig diesen Weg nahmen, ließen sich nieder. Sie atmeten ein wenig auf und gingen weiter, wenn sie nicht sitzen blieben und zuhörten, solange ihre häusliche Pflicht es erlaubte. Sie äußerten sich über ihre Eindrücke nicht, möglichenfalls waren ihre Gedanken anderswo, oder der Sprecher vermittelte ihnen ganz ungewohnte, vielleicht angenehme. ... Die Frauen kamen und gingen. Meinen Namen haben sie kaum gekannt, von den gehörten Sätzen kann ein halber bei der oder jener haften geblieben sein. Dieses mein anonymes Auftreten in einer fließenden Menge, die meinetwegen keine Umstände machte, zählt zu meinen reinsten Erinnerungen an das öffentliche Leben der Republik.«[526] Da saß Heinrich Mann, eine Stimme unter vielen, und aus der vorüberströmenden Masse hörte ihm die eine oder andere Person zu. Was mag haften geblieben sein? Blieb überhaupt etwas zurück? Die Episode versinnbildlicht die Stellung des Schriftstellers, dennoch teilt sich dem Leser dieser Zeilen auch das Glück des Schriftstellers mit. Er kann dort sitzen, kann vorlesen, kann teilhaben am öffentlichen Leben. Wie ungeheuer wertvoll ist dieses Recht! Die Existenz als Intellektueller mit erzieherischem Anspruch mag eine einsame sein wegen des oftmals zu beklagenden geringen Interesses an seinen Einwürfen, doch darf er sie vorbringen. Er lebt von der Hoffnung, gehört zu werden und vielleicht doch zu wirken: »Dies heißt nicht, daß ich meine Zeitkritik für unwirksam halte. Auch der Widerspruch, den sie erregt hat, wirkt fort; und wenn ich der nationalistischen Jugend verhaßt bin, zieht die republikanische Jugend mich gern zu ihren Kundgebungen heran.«[527] Heinrich Mann hat sich damit abgefunden, dass seine weit reichenden Forderungen nach einer besseren Gesellschaft nur langsam umgesetzt werden können: »Vorläufig kann man den Leuten nicht mit einer verwirklichten – auch wirthschaftlich verwirklichten – Demokratie kommen. Man reicht grade an sie heran, wenn man sie für eine nur politische, wenn auch hochkapitalistische Republik zu gewinnen versucht. Dies überlasse ich anderen, sehe aber ein, daß es nothwendig ist. Schon 1919, als die radikalen Sozialisten voll überschwenglicher Hoffnungen waren, hielt ich ihnen entgegen, daß die Geschichte keine Sprünge macht. Wir müssen, so gut wie andere es müssen, die Epoche der rein kapitalistischen Demokratie überstehen. Hoffentlich dauert sie bei uns weniger lange; die Maßlosigkeit des heutigen Kapitalismus scheint dies zu versprechen.«[528] Heinrich Mann konzentriert sich darauf, seine Ideale in den öffentlichen Diskurs einzubringen. Die Suche nach Kompromissen überlässt er anderen. Er missachtet damit zwar die Erfordernisse des demokratischen Diskurses, bewahrt für sich jedoch die Reinheit seiner Ansichten. Er verweigert sich schlichtweg dem Dilemma der Tat.

Eine Ausweichmöglichkeit bot das Ausland. Dort konnte man über das bessere Deutschland räsonieren, seine Utopien vortragen, ohne den Interessenausgleich leisten zu müssen. Im Mai 1922 erreicht Heinrich Mann ein Brief aus Frankreich. Ein Germanist namens Félix Bertaux erkundigt sich über ihn und sein Werk. Im Brief übermittelt ihm Bertaux zudem eine Einladung: Heinrich Mann wird gebeten, an einem alljährlichen Treffen französischer Intellektueller mit Vertretern aus Politik und Wirtschaft in der ehemaligen Abtei der kleinen Ortschaft Pontigny im Départment Yonne teilzunehmen. Heinrich Mann zögert anfangs: Erstens glaubt er als Deutscher sich nicht in innerfranzösische Diskussionen einmischen zu sollen; zweitens muss er sich selbst die Frage stellen, wie er, in Deutschland isoliert, als Vertreter Deutschlands in Frankreich auftreten könne. Er fühlt sich nicht als Repräsentant des gegenwärtigen Deutschlands. Wie kann er es dann vertreten? Als er sich schließlich zur Reise entscheidet, geschieht dies zu einem markanten Zeitpunkt. Die Franzosen haben das Ruhrgebiet besetzt, die Inflation zerstört die wirtschaftliche und gesellschaftliche Balance in

Deutschland. In dieser Lage hält Heinrich Mann es für notwendig, sich mit gleichgesinnten Intellektuellen aus Frankreich zu treffen, um ein Gegengewicht zu schaffen. Gemeinsames Ziel der Intellektuellen in beiden Ländern sei die Errichtung der Vereinigten Staaten von Europa. Heinrich Mann erinnert an Victor Hugo, der bereits 1870 in der Nationalversammlung, wenige Tage nach der französischen Niederlage gegen Preußen, diese Idee vorgebracht habe. Die Grenzen sollen überwunden werden und damit auch der Nationalismus, der immer wieder neue Konflikte entstehen lasse. In diesem Ziel weiß er sich mit seinen französischen Kollegen einig. Als Heinrich Mann 1923 nach Pontigny reist, ist er weniger Repräsentant des gegenwärtigen Deutschlands als vielmehr deutschsprachiger Angehöriger einer internationalen Gruppe von Intellektuellen, die gemeinsame Ziele verfolgen.

In einem Vortrag von 1927, ›Die Literatur und die deutsch-französische Verständigung‹, berichtet Heinrich Mann ausführlich vom Treffen in Pontigny. Heinrich Mann fährt zunächst nach Paris, um Félix Bertaux zu treffen. In ›Ein Zeitalter wird besichtigt‹ schildert er ihr erstes Kennenlernen: »Am Ostbahnhof Paris erwartete mich ein langer, schlanker Mann von dunkler Hautfarbe, mit strahlenden Augen. Mich belehrte sein freundschaftliches Lächeln, wer er war. Er hatte mich vorher erkannt. Er entführte mich sogleich nach Sèvres, gab mir das Zimmer seines Sohnes, bat mich zu Tisch. Seine Frau war wohlwollend ohne Betonung. Beide vermieden es, mein Gefühl zu bestätigen, als befände ich mich bei ihnen auf einer Insel.«[529] Zusammen mit seinem Brieffreund reist er dann im Zug weiter in Richtung Lyon, anschließend habe man noch eine kurze Strecke mit einer Kleinbahn zurückzulegen gehabt, bis man in dem kleinen Dorf Pontigny angekommen sei. Die Abtei selbst habe am Ende einer staubigen Straße und einer niedrigen, breiten und lückenhaften Häuserreihe gelegen. Bereits im Zuge machte Heinrich Mann die Bekanntschaft einiger Mitreisender, die ebenfalls nach Pontigny eingeladen waren: »Meine französischen Reisegefährten brachten mir begreiflicherweise vor allem Neugier entgegen. Sie waren Schriftsteller, darunter auch junge Diplomaten, die Völkerbundskreisen nahestanden.«[530] Gemeinsam habe man über die politische Situation geklagt, die in beiden Ländern ähnlich empfunden worden sei. Bereits in Paris habe ein Unterrichtsbeamter ihm gegenüber geäußert, dass man unter der Tyrannei der herrschenden Richtung nicht offen sprechen dürfe. Anscheinend hatte der Ruhrkonflikt in beiden Ländern zu einer repressiven Stimmung in der Gesellschaft beigetragen. Die Stimme der Vernunft wurde geflissentlich überhört; die außenpolitische Konfrontation sorgte innenpolitisch dafür, dass abweichende Meinungen unterdrückt wurden.

Diese Eindrücke fördern Heinrich Manns Absicht, auf eine gemeinsame Verständigung unter den Intellektuellen aller Länder hinzuwirken, um diese Konfrontation endgültig zu überwinden. In Pontigny lernt er erstmals seinen Gastgeber Paul Desjardins persönlich kennen: »Als ich hinkam, war er etwa sechzig, ein stiller Mann, obwohl er gut sprach, ebenso witzig wie bescheiden, ganz erfüllt von dem sittlichen Willen, gerecht zu urteilen und gütig zu leben.«[531] Der Gastgeber war ein ehemaliger Unterstaatssekretär der Schönen Künste. Nach seiner Demission hatte er die alte Abtei im Ort gekauft und zu einem internationalen Begegnungszentrum ausgebaut. Heinrich Mann schätzte ihn als einen Menschen, »der nicht hassen will und nationale Überheblichkeit verachtet«[532], obwohl er im Krieg zwei Söhne verloren habe. Bei den Gesprächen und Diskussionen der folgenden Tage habe er sich stets bescheiden zurückgehalten. Auch der spätere Literatur-Nobelpreisträger Roger Martin du Gard, der häufig Gast bei den Treffen war, schildert Desjardins als eine beeindruckende Persönlichkeit: »Une imposante figure, incontestablement, que celle de ce mandarin des lettres françaises qui, par sa personne – et non par son œuvre, fort restreinte – avait su s'acquérir l'estime de toute l'élite intellectuelle d'Europe.«[533] Betont Heinrich Mann eher die zurückhaltende Art Desjardins' in den Diskussionen, streicht Roger Martin du Gard die ruhige und entschiedene Art ihres Gastgebers heraus, mit der er Kontroversen auf den Punkt gebracht habe: »Dans la controverse, il avait le génie de l'intervention décisive. Il attendait que chacun eût exprimé ses vues. Puis il prenait la parole. Son esprit lucide et perçant fonçait droit au cœur du sujet. Sa dialectique, tantôt abrupte et tantôt insidieuse, ne manquait jamais de désarçonner l'adversaire et de convaincre l'auditoire.«[534]

Die vierzig bis fünfzig Gäste, die er dreimal im Sommer zu sich in die Abtei einlud, wohnten in Zimmern, die über die zahlreichen Gebäude auf dem Grundstück verteilt waren. Roger Martin du Gard zählt einige der Intellektuellen auf, die man gewöhnlich in Pontigny traf: André Gide, Théo Van Rysselberghe, Jean Schlumberger, Jacques Rivière, Charlie Du Bos, und manchmal auch Ramon Fernandez, André Malraux, André Chamson, Robert de Traz und André Maurois. Doch nicht nur die französische Geisteselite war in der kleinen Ortschaft in der Yonne zu Gast, sondern auch ausländische Besucher. Martin du Gard nennt Galsworthy und Ernst Robert Curtius. Zu den Mahlzeiten traf sich diese illustre Schar im gewölbten ehemaligen Refektorium des Klosters. Mit Freuden erinnert sich Heinrich Mann an das gute Essen, des Abends wurde Lindenblütentee in großen Tassen ohne Griff ausgeschenkt.

Drei Gruppen nahmen am Treffen teil: eine pädagogische, eine diplomatische und eine literarische. Als Thema des Treffens, bei dem Heinrich Mann zugegen war, hatte Desjardins Übersetzungen ausgewählt. Nach Auskunft Heinrich Manns reichten die Gesprächsthemen jedoch viel weiter: Debattiert wurden auch Fragen des geistigen Austauschs zwischen den Nationen und den Unterschieden in Geistesformen. Der Tagesablauf war festgelegt: »Die Vormittage war man frei, draußen oder in der reichen Bibliothek zu verbringen. Eine halbe Stunde nach dem Mittagessen begann die programmäßige Vollversammlung, eine Art von literarischem Parlament.«[535] Die Vollversammlung tagte in einem Laubengang des Parks. Am Abend habe man sich im Salon getroffen, von dem aus man gleich in den Garten habe hinaustreten können, wo die Grillen gezirpt hätten und wo es in den Sommernächten wunderbar nach Heu gerochen habe. In den Abendstunden habe die Dame des Hauses den Vorsitz geführt: »Madame Desjardins war eine kraftvolle Frau, breit, etwas vorgebeugt, ein längliches, großflächiges Gesicht, das Einfachheit und Güte ausdrückte, und ein glatter Matronenscheitel. ... Sie war nicht alt, nicht jung und so schien sie endgültig. Sie war die feste Hand dieses großen Hauses. Sie bewirtschaftete das Gut; man fühlte, das Vermögen und das Wohl der Familie seien bei ihr gut aufgehoben.«[536] Bei den Abendveranstaltungen habe es sich meist um Lesungen gehandelt. Besonders an André Gide erinnert sich Heinrich Mann dabei gern: »Er war damals zweiundfünfzig, sein Kopf erschien noch etwas älter, vielleicht nur durch Schauspielerei. Denn sein Gesicht war überaus beweglich. Die Augen waren schmal und schwarz, kein Bart und wenig Haar. Er kleidete sich besonders, man dachte wieder an Theater. Ein Mann dieses Äußeren produziert sich wohl auch gern. Noch dazu konnte er eine prachtvolle helle Stimme zur Geltung bringen. Trotzdem war offenbar der reinste geistige Eifer nötig, damit ein in ganz Frankreich wirkender Autor sich hier halbe Abende lang ausgab für kleinsten Lohn, für das beifällige Murmeln einiger Kollegen, einiger Fremder.«[537]

Ebenso gern erinnert er sich an ein kurzes Gespräch mit Roger Martin du Gard. Dieser habe ihn eines Tages mit den Worten angesprochen: »›Sie sind hier für ein großes Land. Qu'est-ce que je suis, moi? Un sac de poussière.‹ Genau wie ich, mein Bester. War es drüben, bin es hier. Was wir von einem Lande mitbringen, wäre allenfalls sein Staub.«[538] Mit Jean Schlumberger tauschte er die Adressen und besuchte ihn später auch in Paris. Nach seiner Abreise aus Pontigny blieb Heinrich Mann noch einige Tage in Paris. Er wohnte in einem winzigen Hotel in der Rue du Havre. Mehr erlaubte ihm die Wertlosigkeit der deutschen Mark nicht. Noch einmal traf er sich mit seinem Gastgeber in Pontigny, Paul Desjardins, der ihm noch einige Sehenswürdigkeiten der Hauptstadt zeigen wollte. Als Heinrich Mann abreisen wollte, durfte er feststellen, dass Desjardins sogar die Hotel-Rechnung für seinen Gast beglichen hatte.

Heinrich Mann fühlte sich sichtlich wohl in diesem Kreis. Seine Schilderungen tragen das Gepräge einer Idylle. Er selbst gesteht, dass ihm häufig gewesen sei, als ob er träume. Wie lange war er schon nicht mehr im fremdsprachigen Ausland gewesen? Wann hatte er zuletzt inmitten einer solchen Gruppe von Personen aus aller Herren Länder gelebt? Heinrich Manns Erinnerungen mussten zurückschweifen bis in die Zeit vor dem Ersten Weltkrieg. Vielleicht gedachte er an den Abenden in Pontigny auch der zahllosen Schwierigkeiten, die er hatte überwinden müssen, um hierherkommen zu können. Freundlicherweise hatte die Organisation um Paul Desjardins für Heinrich Mann die Reisekosten übernommen, wie sie es auch für Teilnehmer am Treffen aus Spanien und Italien tat. Nachdem dieses Problem ausgeräumt worden war, hatte es Schwierigkeiten mit dem Visum gegeben. Und nun saß er hier in einer Reihe mit einigen der bedeutendsten Schriftstellern Frankreichs und tauschte sich über geistige Fragen aus. Draußen erstarrte die Welt in Konfrontation, und hier in der Abtei lebte man die ersehnte internationale Verständigung. Das idyllische Leben in der Abtei konnte nur allzu leicht über die politischen Verhältnisse außerhalb der ehemaligen Klostermauern hinwegtäuschen.[539] Heinrich Mann sollte nicht noch einmal nach Pontigny reisen. Ursache hierfür ist auch die Debatte unter den Intellektuellen über die Ziele einer deutsch-französischen Verständigung. Träumte Heinrich Mann von einer deutsch-französischen Gemeinschaft auf der Grundlage gemeinsamer historischer Ideale, propagierte ein Kreis um Ernst Robert Curtius für einen Dialog zwischen den Kulturen, wobei die Verschiedenheit beider Länder betont wurde. Curtius' Konzept gewann unter Frankreichs Intellektuellen größere Aufmerksamkeit; Heinrich Mann geriet in dieser Debate zunehmend in die Isolation. Vor diesem Hintergrund wirkt seine Idyllisierung der Tage in Pontigny wie ein persönliches Wunschdenken.

Die Kampagne nach Frankreich bildet den Auftakt zu einer fortgesetzten Reisetätigkeit Heinrich Manns in den folgenden Jahre. Anfang 1924 hält sich Heinrich Mann in der Tschechoslowakei auf, um sein Stück ›Madame Legros‹ in Prag auf die Bühne zu bringen. Während seines Aufenthaltes wird er vom Staatspräsidenten Tomáš Masaryk eingeladen. Im Auto des Präsidenten fährt er durch die verschneite Landschaft zu dessen Landsitz nach Lana. Was wusste er von diesem Mann, der ihn zu sich bat: »Und ich bedachte, daß dieser Mann der Tat auch Philosoph, auch Schriftsteller ist, daß er gedacht und in Worten gebildet hat wie ich, bevor er seine Worte wahr zu machen versuchte. Das ist ungeheuer selten.«[540] Ihn erwartete also ein Mann, der jene Einheit von Geist und Tat verkörperte, die Heinrich Mann stets als notwendig proklamiert hatte. Ein hochgewachsener Greis tritt ihm in Lana entgegen: »Er ist mager und ungebeugt, soll übrigens gut reiten. Es scheint, daß man ohne zu reiten aus einem Denker kein Tatmensch wird. Der Kopf ist klein für die Körperlänge wie auch als Kopf eines Denkers; er zeigt in scharfen Linien Vernunft und Willen. Güte zeigt er nicht unangemessen oft. Wenn die strengen schwarzen Augen lächeln, ist es Freude an der Komik des Schlechten, wie bei einem Karikaturisten. Das Gespräch eines solchen Mannes bleibt nüchtern. Persönlich habe ich nichts weiter zu erwarten, als daß er knapp zusammenfaßt, was er von mir weiß und hält.«[541] Woher stammt diese Nüchternheit Masaryks? Heinrich Mann glaubt den Grund in dessen Selbstbescheidung erkennen zu können: »Ein sittlicher Denker hat von sich und von den Menschen einst Unbegrenztes verlangt und steht nun vor begrenzten, wenn auch greifbaren Ergebnissen. Er sagt sich wohl, daß er die größten Gedanken, die die Menschheit dieses Erdteils noch zu verwirklichen hat, mit seinen Augen nicht mehr sehen wird. Ihm bleibt nur übrig, sich möglichst lange zu erhalten und von den nächsten, wieder nur begrenzten Ergebnissen noch möglichst viele mitzunehmen.«[542] Masaryk unterliegt dem Dilemma der Tat. Von seinen hochfliegenden Plänen konnte er in der Praxis nur wenige umsetzen. Niemand weiß, welche Kompromisse er mit den realen Verhältnissen hat schließen müssen. Die Realisierung seiner Träume wird er nicht mehr erleben, vorher wird er sterben. Klagt er hierüber? Die Einsicht in seine begrenzten Möglichkeiten lehrte ihn Selbstbescheidung. Er muss sich mit dem zufrieden geben, was er erreichen konnte. Heinrich Mann hat diesen »harte[n] Intellektuelle[n]«[543] dafür geschätzt. Aber war er selbst bereit, diese Härte und Nüchternheit aufzubringen? Der Schriftsteller könne rücksichtsloser die Wahrheit vertreten, weil ihn niemand für seine Antwort anders als mit Schweigen bestrafen könne, so schreibt Heinrich Mann.[544] Er kann auch rücksichtsloser sein, weil er seine Forderungen nicht in Taten umsetzen muss. Diesen Vorteil schätzt Heinrich Mann viel zu sehr, um seine eigene Forderung nach Verbindung von Geist und Tat persönlich zu erfüllen.

Im Sommer dieses Jahres empfing Heinrich Mann in München Félix Bertaux und dessen Sohn Pierre zu Besuch. Gemeinsam unternahm man einen Ausflug nach Oberammergau und zum Schloss Linderhof. Bertaux war ein begeisterter Bergsteiger, sodass man auch noch den schwierigsten Berg der Gegend für eine Tour auswählte. Im folgenden Jahr nahm Heinrich Mann auf Einladung des PEN-Clubs an einem »Internationalen Kongress der Literaturen« in Paris teil. Im Anschluss fuhr er zu Félix Bertaux, der ein Haus in den Pyrenäen besaß. Die Freunde wanderten durch das Gebirge und genossen das einfache Leben: »Der gebräunte Mann aus dem Flachland war durch eigene Ernennung ein Gebirgler. An der abschüssigsten Stelle schoß er wohl eine der stämmigen Gemsen, die Izards heißen. Das lieferte ein Hauptstück unserer Nahrung. Madame Bertaux bereitete sie auf der offenen Feuerstätte des großen Wohnzimmers. Die Sessel waren aus Stroh, den Boden bedeckte rötlicher Stein. Kleine Schlafkammern, an die Fensterchen schlug damals der Regen. Das Haus hatte Mauern wie eine Burg, die Tür aus eichenen Bohlen wäre notfalls zu verteidigen gewesen.«[545]

Heinrich Mann knüpft zahlreiche Kontakte nach Frankreich. André Gide, Alfred Fabre-Luce, Roger Martin du Gard und Georges Duhamel schicken ihm ihre Werke mit Widmungen. Henri Barbusse spricht in einem Brief an Heinrich Mann von der großen Ehre und Freude, die ihm der Briefwechsel mit dem Mann bereite, den er schon immer bewundert habe.[546] Die Intellektuellen bilden auf internationaler Ebene eine Gegenwelt zu den tatsächlichen Verhältnissen unter den Staaten. Freudig registriert man die Annäherung zwischen Deutschland und Frankreich, die sich durch das Wirken der Außenminister Stresemann und Briand, den Heinrich Mann auch persönlich kennen lernen durfte, anbahnte. Doch die Intellektuellen wie auch die Politiker stellen eine Ausnahme dar: Tatsächlich herrschen in der Bevölkerung beider Länder weiterhin die alten Vorurteile. Die entscheidende Frage ist, wie weit sich die Gegenwelt von den tatsächlichen Verhältnissen entfernt. Sowohl Heinrich Mann als auch Félix Bertaux nehmen beiderseits der Grenze Besorgnis erregende Zustände wahr. Mit seinen Essays versucht Heinrich Mann für eine freundschaftliche Annäherung beider Länder zu werben, doch die Problematik des politischen Wirkens durch Essays ist bekannt. Zweifellos konnten die freundschaftlichen Kontakte zwischen den Intellektuellen und die vertrauensvolle Zusammenarbeit auf politischer Ebene eine Vorbildfunktion für sich beanspruchen. Doch wer folgte diesem Vorbild? Befangen in ihren persönlich guten Beziehungen konnten die Intellektuellen den Blick für die realen Verhältnisse allzu leicht verlieren. Utopische Vorstellungen machten sich selbstständig und traten an die Stelle der Wirklichkeit. Die große Ernüchterung musste unter diesen Voraussetzungen alsbald einsetzen.

Trotz der vielfältigen Aktivitäten – den Reisen, den zahlreichen Essays zur politischen Erziehung der Deutschen – erschien 1925 Heinrich Manns neuer Roman ›Der Kopf‹. Sieben Jahre, länger als am ›Untertan‹, hatte Heinrich Mann am letzten Teil der Kaiserreich-Trilogie gearbeitet. ›Der Untertan‹ hatte über einen Vertreter des Bürgertums berichtet, der rücksichtslos seinen Weg zu wirtschaftlicher Prosperität sucht. Der zweite Teil der Trilogie, ›Die Armen‹, schilderte das Schicksal der Arbeiter im Kaiserreich. ›Der Kopf‹ nahm sich der führenden politischen Klasse des Kaiserreichs an. Über 819 Seiten Notizen sind bis heute erhalten und lassen auf die umfangreichen Vorarbeiten schließen, die Heinrich Mann geleistet hat. In die Notizensammlung reihen sich außerdem 25 Zeitungsausschnitte ein, die er als Quellenmaterial über die deutsche Rüstungsindustrie und ihre Mitschuld am Kriegsausbruch 1914 benutzte. Über die politischen Hintergründe informierten ihn die Memoiren des Reichskanzlers Bülow, ›Deutsche Politik‹. Zur Fertigstellung zog er sich Anfang des Jahres 1925 nach Nizza zurück. Dieser Umstand zeigt, wie sehr Heinrich Mann mittlerweile wieder seine Lebensweise aus der Vorkriegszeit angenommen hatte.

Der Roman beginnt mit einem Prolog »Neunzig Jahre vorher«. Zwei befreundete Händler sind gen Süden gereist, um der kaiserlichen Armee Getreide zu verkaufen. Die Chancen stehen gut: Die Armee braucht dringend Brot. Doch ein General will nicht zum Mindestpreis kaufen. Er fragt, ob einer der beiden bereit wäre, sein Getreide unter Mindestpreis abzugeben. Solidarisch weigern sich die beiden Händler. Da nimmt der General einen von ihnen beiseite und spricht leise mit ihm. Sein Freund argwöhnt Verrat. Als der General sich entfernt hat, um der ausgebrochenen Schlacht beizuwohnen, kommt es zwischen den beiden zum Streit. Wütend erwürgt der Händler seinen Kameraden. Als der General an der Seite des Kaisers aus der siegreichen Schlacht zurückkehrt, findet er den Verzweifelten bei der Leiche seines Freundes. Auf Geheiß des Kaisers wird er gehenkt.

Neunzig Jahre später: Die Enkel der beiden Kaufleute, Claudius Terra und Wolfgang Mangolf, sind gute Freunde. Der Leser wird nie erfahren, wessen Großvater der Mörder, wer das Opfer war. Claudius Terra ist Sohn eines gutbürgerlichen Hauses; Wolfgang Mangolfs verstorbener Vater war Inhaber einer kleinen Agentur am Hafen. Beide sehen sich täglich und stimmen in ihrer Verachtung für die Welt überein. Sie sehen sich selbst als Vertreter des Geistes, als die sie sich dem erbärmlichen Materialismus, der sie umgibt, haushoch überlegen fühlen. Beide leben ihre Verachtung für die Welt in unterschiedlicher Weise aus. Terra träumt davon, mit einer Frau, die er seit einigen Tagen kennt und die »Frau von drüben« nennt, aus der Enge des elterlichen Hauses zu fliehen und sich völlig aus der Welt zurückzuziehen. Er träumt von einer weltabgeschiedenen Idylle, in der er mit der ehemaligen Geliebten eines Fürsten sorglos dahinleben möchte. Sein Fluchtversuch misslingt jedoch: Am Morgen einer gemeinsam verbrachten Nacht ist die Frau von drüben spurlos verschwunden. Wolfgang Mangolf, der Terras Schwester Lea liebt, glaubt die Welt genügend durchschaut zu haben, um in ihr erfolgreich sein zu können. Er will seine Kenntnisse für seine Karriere nutzen, die ihm erlaubt, eines Tages der Welt seinen Willen aufzwingen zu können. Sein Ehrgeiz schießt schon bald über Lea hinaus: Eine Verbindung mit ihr würde ihn nicht weiterbringen. So ist sie zwar einige Zeit seine Geliebte, aber Mangolf sucht eine Frau aus höheren Kreisen, die ihm mit ihren Kontakten weiterhilft.

Erneut überspringt der Roman einige Jahre, ehe er die Spur seiner Helden wieder aufnimmt. Terras Vater ist zwischenzeitlich gestorben, das Handelshaus liquidiert worden. Terra verdient nunmehr sein Geld als Betreiber eines Karussells auf dem Jahrmarkt. Seine Schwester ist Schauspielerin geworden. Wolfgang Mangolf ist mit dem Sohn des Staatssekretärs im Außenministerium, Lannas, befreundet. Über ihn hofft er an den Vater heranzukommen, der allgemein als der kommende starke Mann in Deutschland erachtet wird. Terra lernt Lannas' Tochter Alice zufällig auf dem Jahrmarkt kennen. Auf diese Weise treffen auch Terra und Mangolf, die sich aus den Augen verloren hatten, wieder zusammen. Terras Verhältnis zu Alice ist zwiespältig. Beide empfinden einerseits die Sehnsucht, gemeinsam dieser Welt zu entfliehen, andererseits besitzt Alice den Ehrgeiz Mangolfs. Sie will eines Tages die Frau eines bedeutenden Mannes werden und dadurch erhaben über der verachtenswerten Welt thronen können. Die Verachtung für die Welt ist im Roman ein gemeinsamer Zug aller Vertreter der jungen Generation. Alice lädt Terra in das Landhaus ihres Vaters ein, sodass auch Terra Lannas kennen lernt. Lannas ist ein hervorragender Kenner der Macht. Er weiß geschickt die Interessen und Intentionen anderer für seine politischen Zwecke zu nutzen. Terra lernt jedoch auch eine andere Seite seines Wesens kennen: den Träumer, der Goethe rezitiert und sich von Terra aus der deutschen Literatur vorlesen lässt. Mangolf hat bei Lannas Erfolg gehabt und ist mittlerweile sein Privatsekretär. Aber auch Terra macht Karriere: Mit dem als Schausteller verdienten Geld hat er Jura studiert und eine Kanzlei als Armenanwalt eröffnet. Von ferne beobachtet Lannas sein Treiben und protegiert ihn wohl auch unbemerkt. Schließlich macht ihn Lannas, selbst zum Reichskanzler aufgestiegen, zum Reichstagsabgeordneten. Er brauche im Reichstag Personen, denen er vertrauen könne und die ihn über die politischen Strömungen informierten, so begründet Lannas seine Maßnahme.

Terra betrachtet sein politisches Wirken als Möglichkeit, seine menschenfreundlichen Ideale zu realisieren. In Reichskanzler Lannas glaubt er einen politisch geschickten Partner zu haben, der ihn bei seinen Zielen unterstützt, wenn er sich im Gegenzug auf dessen Wünsche einlässt. Mehrfach muss Terra jedoch erleben, wie Lannas seine Ziele zugunsten eigener Bestrebungen opfert. Terras Initiative zur Abschaffung der Todesstrafe misslingt beispielsweise kläglich: Auf einem Empfang beim Reichskanzler bietet ihm Lannas die Möglichkeit, seinen Vorschlag dem Kaiser zu unterbreiten. Als dem Kaiser die Folgen eines solchen Beschlusses dargelegt werden – ein potenzieller Attentäter der Majestät könnte nicht mehr hingerichtet werden –, haben sich Terras Bemühungen erledigt. Lannas nutzt die Situation, wendet den Vorschlag Terras ins Komische und setzt auf diese Weise beim gut gelaunten Kaiser eigene Initiativen durch. Terra ist zunächst verärgert: Ganz offensichtlich hatte Lannas die Situation exakt so vorausberechnet, wie sie eingetreten war. Allmählich begreift Terra jedoch das ›System Lannas‹ und lernt es schätzen. Lannas wird vom Alldeutschen Verband und der deutschen Schwerindustrie arg bedrängt. Beide Seiten arbeiten auf einen Krieg Deutschlands mit seinen Nachbarn hin. Lannas weiß um diese Gefahr und betreibt einen politischen Aktionismus, der Bewegung vortäuschen soll, wo tatsächlich nur der Status quo erhalten werden soll. Durch seinen Aktionismus, sein diplomatisches Geschick, mit dem er Konflikte bis an die Grenze des Krieges vorwärtstreibt, um dann doch noch einzulenken, täuscht er die Kriegstreiber über seine wahren Absichten. Die Bewunderung für dieses geschickte Kalkül des Friedensretters Lannas bindet Terra ebenso an ihn wie seine unerfüllte Liebe zu Alice.

Mangolf hat sich mittlerweile im Staatsdienst etabliert. Der Weg nach oben scheint ihm jedoch durch von Tolleben, den Schwiegersohn des Großindustriellen Knack, versperrt. Mangolf fühlt sich oft verkannt und gedemütigt durch die Langsamkeit seiner Karriere. Insbesondere ärgert ihn der Aufstieg Terras, der seine Überzeugungen nicht zu leugnen braucht, um vorwärts zu kommen. Sein Hass wächst stetig; in vielen Fragen nimmt er deshalb bewusst konträre Positionen zu Terra ein. Hilft Terra Lannas den Krieg zu verhindern, so stellt sich Mangolf gezielt in den Dienst der Kriegsagitation des Alldeutschen Verbandes. Das Hindernis von Tolleben scheint endgültig beseitigt, als sich dieser von Bella Knack scheiden lässt. Mangolf rückt an dessen Stelle und ehelicht die Tochter des Großindustriellen. Alice wiederum setzt auf die Karte von Tolleben: In ihm sieht sie den kommenden Mann in der deutschen Politik. Sie heiratet ihn und ist fortan bereit, um ihres Ehrgeizes willen ihren eigenen Vater zu hintergehen und gegebenenfalls zu stürzen, damit dann ihr Ehemann Reichskanzler werden kann.

Lannas baut sein System in den folgenden Jahren erfolgreich aus. Mit immer neuen Aktionen, wie zum Beispiel dem überraschenden Besuch des Kaisers in Marokko, sorgt er für permanente Aufregung. Den Kaiser weiß er dabei auf seiner Seite: Auch dieser schätzt den Erhalt des Status quo. Seinem Vertrauensmann Terra verhilft Lannas zu einem Posten im Vorstand der Knackschen Stahlwerke, damit dieser dort sein System der Friedenssicherung unterstütze. Bald wird der Erfolg Lannas' jedoch zu groß. Alice hintertreibt das Werk ihres Vaters, und auch Mangolf öffnet der Großindustrie die Augen für die wahren Intentionen des Reichskanzlers. Lannas stürzt über eine lächerliche Gesetzesnovelle. Er wollte sie nutzen, um seine Macht endgültig zu sichern. Wegen der Verweigerung im Parlament trat er zurück und erwartete siegessicher, dass ihn der Kaiser erneut mit dem Posten des Reichskanzlers betrauen werde, weil er keinen geeigneteren Kandidaten findet. Doch Alice hat längst ihren Ehemann von Tolleben in die richtige Position gebracht. Lannas stürzt und von Tolleben tritt seine Nachfolge an.

Tolleben besitzt große äußerliche Ähnlichkeit mit Bismarck, und hinter vorgehaltener Hand erzählt man sich, dass er nur deswegen Karriere gemacht habe. Der Kaiser habe sich nach einem Typ wie Bismarck zurückgesehnt und deshalb dessen Doppelgänger ins Amt berufen. Tolleben ist stark religiös geprägt. Sein vordringliches Ziel ist die Verhinderung des Krieges. Doch seine Ernsthaftigkeit macht ihn zu einem berechenbaren Spielball der Kriegsagitatoren, da er nicht wie Lannas spielerisch zu täuschen versteht. Terra versucht ihn mit geheimen Informationen aus dem Knack'schen Konzern zu unterstützen: Er berichtet ihm, dass Knack nicht nur Deutschland mit Waffen beliefere, sondern über eine französische Tochtergesellschaft auch Frankreich. Auf diese Weise stehe er am Ende als Gewinner da, egal wie der Krieg ausgehen möge. Tolleben versucht mit diesen Informationen gegen die Industrie vorzugehen, doch arbeitet er damit unfreiwillig Mangolf in die Hände, der den Krieg herbeiwünscht und herbeiredet. Kommt der Krieg, hat Mangolf gegen Terra gewonnen, der friedliebende von Tolleben wird zurücktreten, und dann ist der Weg frei für ihn.

Kurz vor Kriegsbeginn stürzt der Reichstagsabgeordnete Terra über einen Skandal. Seine Schwester Lea ist eine erfolgreiche Schauspielerin geworden, doch fühlt sie sich mittlerweile leer und ausgebrannt: Sie altert, und ihre körperlichen Reize, auf denen sie früher ihren Erfolg gründen konnte, schwinden. Sie wird launenhaft, damit sie von aller Welt hört, wie unwiderstehlich sie nach wie vor sei, und stürzt sich in fragwürdige Abenteuer. Eines Morgens findet sie im Bett neben sich die Leiche einer Frau. Terra will seine Schwester in einem abgelegenen Alpental verstecken, bis Gras über die Sache gewachsen ist, doch Lea begeht dort Selbstmord. Mangolf hat inzwischen in Berlin den Skandal publik gemacht: Terra kann nicht mehr zurückkehren und verschwindet spurlos.

Wolfgang Mangolf hat das Ziel seiner Wünsche erreicht. Kurz nach Beginn des Krieges tritt von Tolleben als Reichskanzler zurück und Mangolf an seine Stelle. Er glaubt nun, sich nicht länger verleugnen zu müssen. Er steht nun über den Menschen und kann die Ideale seiner Jugend durchsetzen: Er träumt von den Vereinigten Staaten von Europa, die er nach Beendigung des Krieges, unabhängig von seinem Ausgang, verwirklichen will. Der Krieg ist ihm nur Mittel auf dem Weg zu einem dauerhaften Frieden in einer menschenwürdigen Welt. Bald muss er jedoch erkennen, dass er machtlos ist. Kriegsindustrie und Generäle bestimmen den Fortgang der Ereignisse; die Politik ist entmachtet. Mangolf fühlt sich um sein Lebenswerk betrogen. In einer verzweifelten Nacht trifft er in seinem Amtssitz auf Terra, der sich eingeschlichen hat, um sich noch einmal in die Zeit eines Lannas zurückversetzen zu lassen. Beider Träume von einer besseren Welt sind gescheitert. Der Ehrgeiz Mangolfs war ebenso wenig siegreich wie der Idealismus Terras. Die Welt versinkt im Krieg, die Industrie und der vor ihr heraufbeschworene Materialismus triumphieren. Mangolf und Terra beschließen, gemeinsam Selbstmord zu begehen. Mit der Pistole in der Hand verschränken sie ihre Arme ineinander, als wollten sie Brüderschaft trinken, und drücken gleichzeitig ab. Der Roman endet mit einem trostlosen Bild: Die Tochter Mangolfs, infiziert von seinem gewissenlosen Ehrgeiz, betritt, aufgeweckt von den Schüssen, das Zimmer. Sie steigt über die beiden Leichen hinweg, geht zum geöffneten Fenster und jubelt den Soldaten zu, die unten auf der Straße in den Krieg ziehen.

›Der Kopf‹ wurde oft als Schlüsselroman gedeutet. Insbesondere die Zeitgenossen lasen das Werk unter dieser Prämisse. Den Romanfiguren wurden historische Gestalten zugeordnet, was durch die Notizen Heinrich Manns noch gestützt wird. Demnach verkörpere Lannas Reichskanzler Bülow, sein Nachfolger im Roman, von Tolleben, wäre dann der Nachfolger Bülows in der Realität, Bethmann Hollweg. Der Großindustrielle Knack wird mit Krupp gleichgesetzt, der Admiral von Fischer steht für den Verantwortlichen der deutschen Flottenpolitik, Admiral von Tirpitz, und der fiktive Vorsitzende des Alldeutschen Verbandes, Tasse, ist dem Namen nach als wirklicher Vorsitzender des Verbandes, Hasse, leicht erkennbar. Auch die Gestalten von Claudius Terra und Wolfgang Mangolf wurden oft als Verschlüsselungen wahrer Personen angesehen. Dabei wird besonders eine Stelle herangezogen: Am Klavier sitzend, dreht sich Wolfgang Mangolf in seinen jungen Tagen zu seinem Freund Claudius hin und beendet eine Diskussion über ihre beabsichtigten Lebenswege mit den Worten »in inimicos«. Eben diese Szene hat einen biografischen Hintergrund: Mit diesen Worten und in dieser Haltung habe sich Thomas Mann in Italien einst an Heinrich gewandt.

Doch ganz so einfach lässt sich der Roman nicht entschlüsseln. Heinrich Mann hat das Äußere Terras nach Frank Wedekind gestaltet. Auch die vorübergehende Tätigkeit Terras als Schausteller entspricht eher Wedekind. Die Gestalt Mangolfs wird manchmal mit dem Publizisten Maximilian Harden in Verbindung gebracht. Der friedenssichernde Aktionist Lannas hat auch wenig mit dem aggressiven Machtpolitiker Bülow gemeinsam, eher erinnert er in der Art, zwischen seinen geistigen Interessen und seiner politischen Arbeit zu trennen, an Masaryk, den Heinrich Mann zum Zeitpunkt der Konzeption jedoch noch nicht gekannt hat. Allenfalls konnte er in die laufende Arbeit Züge Masaryks einfließen lassen. Einmal mehr vermischt Heinrich Mann in seinen Romangestalten Charakter- und äußere Züge zahlreicher Personen, um auf diese Weise die angestrebte individualité typisée zu erhalten. Am ehesten wird dem Roman eine allgemeine Interpretation gerecht: Heinrich Mann schildert in ›Der Kopf‹ die Rolle des Intellektuellen im Kaiserreich. Er zeigt dessen Schwanken zwischen Anpassung und Distanz, systemimmanenter Opposition und revolutionärer Gesinnung. Durch seinen Idealismus der erfolgreichen politischen Machtausübung entfremdet, scheitert er notwendig. Was bleibt, ist eine Generation, die jeglichen Glauben verloren hat und nur noch das Streben nach Macht und Reichtum kennt. Die Kritik am Intellektuellen lässt sich vor dem Hintergrund des Scheiterns der politischen Konzepte Heinrich Manns auch als Selbstkritik des Autors lesen. Er sieht sich nicht in der Lage, die Situation zu retten, sondern kann nur auf einen Typ Lannas hoffen, der, mit dem politischen Kalkül in souveräner Weise vertraut, das Schlimmste verhindert.

Die Intellektuellen scheitern, die Wirtschaft siegt. Ihre Macht ist nach wie vor ungebrochen, wie Heinrich Mann in seinen Essays immer wieder herausstellt. Der Roman ›Der Kopf‹ ist eine endgültige Abrechnung mit dem Kaiserreich. Mit ihm schließt Heinrich Mann seine Reflexionen über diese Zeit ab und befreit sich für die neue Zeit. Der Gegner ist nach wie vor derselbe wie vor 1918. Dennoch ist der Kampf zwischen Geist und Materialismus in eine neue Phase eingetreten. Die gesellschaftlichen Rahmenbedingungen haben sich geändert. Die Stimme des Intellektuellen erreicht nunmehr als Teil des öffentlichen Diskurses einen größeren Personenkreis und ist nicht mehr auf das Arrangement mit den Mächtigen angewiesen. Doch wird sie wirklich gehört?

Der Roman ›Der Kopf‹ sollte das erste Werk sein, das nicht mehr im Kurt Wolff Verlag erschien. Mit seinem Verhalten während der Inflationszeit hatte Kurt Wolff Heinrich Mann zu sehr gegen sich aufgebracht. Am eigenen Leib hatte Heinrich Mann erfahren, wie die Verlage seiner Ansicht nach durch die Inflation profitierten, während der geldentwertungsgeplagte Autor rücksichtslos seinem Schicksal überlassen wurde. Der 1923 gegründete Paul Zsolnay Verlag in Wien wurde die neue Heimstatt der Werke Heinrich Manns. Der junge Verlag war auf den renommierten Namen erpicht und nahezu zu jedem Opfer bereit. Murray G. Hall meint in seiner Geschichte des Verlages hierzu, dass »Mann die Gutmütigkeit, Langmut und das Entgegenkommen seines Vertragspartners in Wien sehr zu seinem Vorteil ausnützte«[547]. Heinrich Mann habe das gesamte verlegerische Risiko dem Verlag aufgebürdet. Hätte der Verlag mehr Autoren wie Heinrich Mann gehabt, vermutet Hall, wäre er unweigerlich in Konkurs gegangen.

Heinrich Mann verlangte einen Generalvertrag, eine monatliche Rentenzahlung und die Freiheit, das eine oder andere Werk auch in einem anderen Verlag herausbringen zu dürfen. Der Vertrag war bereits unterzeichnet, als Heinrich Mann den Verlag wegen weiterer Zugeständnisse anging. Für den Kauf der Rechte an seinen bisher erschienenen Büchern hatte der Zsolnay Verlag 12 000 Rentenmark aufbringen müssen. Zur Amortisation dieser Summe war mit Heinrich Mann ein Abschlagssystem auf Veröffentlichungen im Zsolnay Verlag vereinbart worden. Heinrich Mann ärgerte dies, weil er dadurch die Kosten für diese Aktion hätte tragen müssen. Ähnlich sei es ihm bereits beim Wechsel vom Verlag Paul Cassirer zum Kurt Wolff Verlag ergangen. Er verweigerte dem Verlag die Amortisation. Außerdem forderte er, dass der Zsolnay Verlag das alleinige Risiko unverkäuflicher Restauflagen trage. Darüber hinaus ließ er einen Passus in den Vertrag aufnehmen, dass die Rechte an seinen Büchern sieben Jahre nach ihrem Erscheinen an ihn zurückfallen. Der Verlag ließ sich auf diese Bedingungen ein. Das unruhige und nervöse Gebaren offenbart, dass Heinrich Mann selbst in seinen Verlegern mittlerweile nur noch Kapitalisten sah, die auf Kosten anderer ihren Reichtum vermehren wollten. Diese Ansicht machte ihn für den Paul Zsolnay Verlag zu einem äußerst unangenehmen Geschäftspartner.

11. Jahre der Stabilität

Die Jahre 1925 bis 1929 sind von zwei wesentlichen Entwicklungen geprägt. Erstens stabilisieren sich die politischen Verhältnisse in Deutschland. Diese Stabilisierung lässt die Hoffnung aufkeimen, dass die junge Republik die Krisen ihrer Jugendjahre überwunden hat und nun allmählich reifen kann. Neben dieser Stabilisierung gibt es eine zweite Entwicklung: die institutionelle Einbindung der Intellektuellen. Die gesellschaftliche Anerkennung ihrer Arbeit und ihres Engagements, die sich in diesem Schritt bekundet, lässt die Intellektuellen darauf hoffen, an der Fortentwicklung der Demokratie in Deutschland in geeigneter Weise mitwirken zu können. Leider sollten sich diese Hoffnungen als trügerisch erweisen, denn die genannten Entwicklungen entfalteten lediglich oberflächliche Wirksamkeit. Tatsächlich lässt sich nach wie vor die Zwiespältigkeit des Geistes von Weimar beobachten.

Die politische Stabilisierung war mit Hilfe der Mehrheitsverhältnisse im Reichstag nicht zu gewährleisten. Die Wahlen des Jahres 1924 hatten vielmehr erhebliche Zugewinne für die rechtsgerichtete DNVP gebracht. Demgegenüber verloren die rechtsliberale DVP und die linksliberale DDP, während die katholischen Parteien, Zentrum und BVP, ihren Stimmanteil wahren konnten. Die KPD konnte im Mai große Stimmzuwächse zu Lasten der SPD verbuchen, woraufhin innerhalb der SPD ein heftiger Richtungsstreit ausbrach, welcher die Partei ihrer Koalitionsfähigkeit beraubte.

Durch die Wahlerfolge war die DNVP zu einer ernst zu nehmenden politischen Größe in der Weimarer Republik geworden. Ihr mächtigster Mann war Alfred Hugenberg, Mitbegründer des Alldeutschen Verbandes, bis 1918 Vorsitzender des Direktoriums der Firma Krupp und seit 1914 nebenbei auch noch Inhaber eines Medienkonzerns, dem er im Laufe der Jahre zahlreiche Provinzzeitungen einverleibte. Er nutzte seinen Medienkonzern zur rücksichtslosen Agitation gegen die Weimarer Republik; der Ruhrkampf war nicht zuletzt auch das Produkt seiner Pressearbeit. Wie sollten sich die bürgerlich-demokratischen Parteien dieser Rechtspartei gegenüber verhalten? Die SPD entfiel als Koalitionspartner. Außerdem verweigerte sich die industrienahe DVP einer Zusammenarbeit mit der SPD. Die Partei Stresemanns sympathisierte offen mit einer Regierungsbeteiligung der DNVP, hatte wohl auch entsprechende Vereinbarungen im Vorfeld der Wahl getroffen, weshalb sie nun für die Rechtspartei als Koalitionspartner plädieren musste. Die Regierungsbildung scheiterte mehrfach an diesen Problemen.

Die politische Stabilisierung gelang schließlich nur auf Kosten demokratischer Strukturen. Reichspräsident Ebert wusste keinen anderen Ausweg, als dem parteilosen Hans Luther den Auftrag, zur Bildung einer Regierung zu erteilen. Luther plante eine Regierung von Fachleuten, ohne dass die zerstrittenen Parteien, denen die Fachleute entstammten, ihren Eintritt in eine Koalition offiziell erklären mussten. Durch diesen Trick enthob sich die neue Regierung dem Parteienstreit und konnte sich dennoch, wie Luther hoffte, auf eine Mehrheit im Parlament stützen. Diese Konstruktion beweist die schon groteske Unfähigkeit der politischen Parteien der Weimarer Republik, zu einem vernünftigen Kompromiss zu finden. Um handlungsfähig zu sein, musste sich die Regierung aus dem demokratischen Prozess ausklinken. Sie musste auf Zufallsmehrheiten im Reichstag hoffen oder konnte sich nur auf präsidiale Notverordnungen stützen, die ein Regieren ohne parlamentarische Zustimmung ermöglichten. In der Bevölkerung musste notwendig der Eindruck entstehen, keinen Einfluss auf die politischen Handlungsträger nehmen zu können. Die durch den Wähler vorgegebenen Mehrheitsverhältnisse wurden von den Parteien unterlaufen. Vom Gefühl der Ohnmacht waren jedoch nicht nur die Bürger ergriffen, sondern auch die politische Klasse. Die bürgerliche Mitte begriff die Abwanderung ihrer Wähler nach rechts nur schwer. Um diese Wähler zurückzugewinnen, verstieg man sich teilweise zu rechten Parolen, die als Entgegenkommen gegenüber der DNVP ausgelegt werden konnten und in der Hugenberg-Presse auch in dieser Weise interpretiert wurden. Unsicherheit machte sich breit, die das bürgerliche Lager politisch zunehmend hemmte. Auch die Minister in der Regierung waren von diesem Gefühl der Ohnmacht ergriffen: Sie fanden in den verunsicherten Parteien keine stabile Basis für ihre Politik. Des Öfteren wurden Minister mit den Stimmen ihrer eigenen Partei durch ein Misstrauensvotum aus dem Amt gewählt. In dieser Verunsicherung wurde der Druck auf Reichspräsident Ebert, neue Präsidialverordnungen zu erlassen, um die Handlungsfähigkeit der Regierung zu gewährleisten, stetig größer.

Der immense politische Druck, der auf dem Reichspräsidenten lastete, die zahlreichen persönlichen Angriffe und Diffamierungen durch die Hugenberg-Presse, zeitigten am 28. Februar 1925 Folgen. Reichspräsident Friedrich Ebert starb im Alter von 54 Jahren: »Wer Ebert vor seinem Tode verachtet und gehaßt hatte, der tat es auch danach. Das galt nicht nur für die deutschnationale und völkische Rechte, sondern auch für die Kommunisten, in deren Namen der Abgeordnete Hermann Remmele am 1. März 1925 im Reichstag dem toten Reichspräsidenten nachrief, er sei ›mit dem Fluch des deutschen Proletariats ins Grab gegangen‹. Im Rückblick erscheint gerade das als größte Leistung Eberts, was die Kommunisten ihm vorwarfen: sein Einsatz für die Verständigung und die Zusammenarbeit zwischen den gemäßigten Kräften in Arbeiterschaft und Bürgertum. Schärfer als viele seiner Parteifreunde hatte Ebert 1918 erkannt, daß die wechselseitige Bereitschaft zum ›Klassenkompromiß‹ geradezu die Lebensgrundlage der Republik bildete. Deshalb mahnte er die Sozialdemokraten immer wieder, Koalitionen mit der bürgerlichen Mitte bis hin zur Deutschen Volkspartei Gustav Stresemanns einzugehen und nicht ohne zwingenden Grund aufzukündigen.«[548] Winkler verweist auch auf die politischen Fehleinschätzungen Eberts: »Allzu oft verließ er sich auf das Urteil militärischer und bürokratischer Berater, denen er mit erstaunlicher Arglosigkeit gegenübertrat. Das war in den ersten Monaten nach dem Sturz der

Monarchie nicht anders als im Herbst des Krisenjahres 1923. Daß die Reichswehr sich zu einem ›Staat im Staate‹ und damit zu einer Bedrohung der Republik entwickeln konnte, hatte auch Ebert mitzuverantworten. Für die Gefahren, die mit dem häufigen Rückgriff auf Notverordnungen nach Artikel 48 verbunden waren – allein 1923 unterzeichnete der Reichspräsident 42 solcher Verordnungen, die meisten zur Behebung wirtschaftlicher Notstände –, hatte Ebert, zum Leidwesen seines persönlichen Freundes Otto Braun, kein Gespür.«[549] Eberts Ziel war die Stabilisierung der gesellschaftlichen Verhältnisse – dass er sie nur auf Kosten der Unterminierung demokratischer Strukturen erreichte, war verhängnisvoll.

Die Wahl zur Nachfolge Eberts bestätigte den vorhergehenden Trend: Die Radikalen hatten zwar keine Chance, hatten sich aber innerhalb des Parteienspektrums etabliert. Auf den Kandidaten der Kommunisten, Thälmann, entfielen sieben Prozent der Stimmen, für den ehemaligen General Ludendorff, der Hitlers gescheiterten Marsch auf die Feldherrenhalle in München mitgemacht hatte und nun auch für die Nationalsozialisten antrat, stimmten 1,1 Prozent der Wähler. Am besten schnitt der gemeinsame Kandidat von DVP, DNVP und der Wirtschaftspartei, Jarres, mit 38,8 Prozent ab, gefolgt vom sozialdemokratischen Kandidaten Braun mit 29 Prozent und vom ehemaligen Reichskanzler Marx mit 14,5 Prozent. Die Wähler waren von den Flügeln zur politischen Mitte zurückgekehrt. Diese Mitte war jedoch nach wie vor innerlich gespalten. Die Spaltung führte dazu, dass für die Beschaffung von Mehrheiten immer wieder die Einbeziehung der Radikalen angedacht wurde. Im linken Spektrum war der Graben zwischen SPD und KPD zu tief, um ihn zu überwinden. Im bürgerlichen Lager war die Scheu vor einer Koalition mit der DNVP nach wie vor groß, dennoch misslang auch der Versuch, die SPD wieder in die politische Verantwortung einzubinden. Dafür reichte das bürgerliche Lager zu weit nach rechts. Möglicherweise wäre es für die weitere Entwicklung der Weimarer Republik günstig gewesen, wenn für diesen politischen Konflikt eine Lösung hätte gefunden werden müssen, doch war durch die Notverordnungen und die zahlreichen Überläufer im Reichstag, auf deren Stimme man immer vertrauen konnte, die Notwendigkeit eines Kompromisses, der die politische Mitte zusammengeführt hätte, einfach nicht gegeben. So zog es Teile des bürgerlichen Lagers immer weiter nach rechts, während bürgerlich-liberale Kräfte isoliert in der Mitte verharrten.

Genau diese Tendenz bestätigte sich im zweiten Wahlgang. Am 3. April einigten sich SPD, Zentrum und DDP auf Wilhelm Marx als gemeinsamen Kandidaten und schufen damit einen Block der Mitte, doch gleichzeitig grenzten sie die bürgerlich-konservativen Parteien aus, die nun gemeinsam mit der Rechten, d. h. DNVP und Nationalsozialisten, einen eigenen Kandidaten kürten: den ehemaligen Oberbefehlshaber der deutschen Armee im Ersten Weltkrieg, Paul von Hindenburg. Am 26. April 1925 machte ein Vorsprung von 900 000 Stimmen Hindenburg zum neuen Reichspräsidenten. Vielfach ist darüber spekuliert worden, ob ein Rückzug des kommunistischen Bewerbers Thälmann ausgereicht hätte, um Marx siegen zu lassen; immerhin hatte Thälmann knapp zwei Millionen Stimmen auf sich vereint. Wer jedoch das bisherige Verhalten der Kommunisten während der Weimarer Republik in seine Überlegungen einbezieht, sieht rasch ein, dass eine solche Option nie bestanden hat. Die KPD betrieb eine fundamentalistische Opposition, die keinen Kompromiss weder mit den Sozialdemokraten noch mit den Bürgerlichen zuließ. Das Versagen lag aufseiten des bürgerlichen Lagers, das außerstande war, das Ausscheren der DVP, der BVP und anderer kleinerer bürgerlich-konservativer Parteien zu verhindern.

In den folgenden Jahren wechselten die Regierungen häufig, dennoch konsolidierte sich die Weimarer Republik weiter. Die Krisen, die zum Sturz von Regierungen führten, waren eher Ausdruck politischer Ränkespiele als tatsächlicher Meinungsunterschiede. Die lauernden politischen Spannungen mussten jedoch unausweichlich aufbrechen, falls wirkliche politische Krisen drohten. Die Angst vor dem Ungreifbaren war weiterhin vorhanden – der Geist von Weimar lebte. Mit der politischen Stabilisierung ging die Institutionalisierung des Intellektuellen einher. Der Intellektuelle mit seinem Programm zur politischen Erziehung des Menschen, die andere Seite der Medaille des Geistes von Weimar, wie sie von Heinrich Mann verkörpert wurde, etablierte sich innerhalb der Gesellschaft, was ihm persönlich das Gefühl von Anerkennung verschaffte, die ihm in den Jahren vor 1925 gefehlt hatte.

An der Preußischen Akademie der Künste wurde 1926 eine Sektion für Dichtkunst gebildet. Schon im Vorfeld der Gründung zeigten sich schier unüberwindbare Probleme, die Inge Jens in zwei Punkten zusammenfasst: »1. Die Struktur der Sektion, d. h. das Verhältnis von Senat und Genossenschaft, von Autonomie und Weisungsgebundenheit gegenüber dem Ministerium. 2. Die in den Statuten verankerte Unterscheidung zwischen Berliner und auswärtigen Mitgliedern.«[550] Worum ging es? Die Sektion für Dichtkunst vereinte in sich zwei heterogene Konzepte der Vereinigung. Gemäß § 1 der Verfassung der Akademie galt für die Sektion: »Die Preußische Akademie der Künste ist eine der Förderung der bildenden Künste, der Musik und der Dichtung dienende Staatsanstalt. Sie ist die staatliche Vertretung der Kunst und der Künstler. Die Akademie ist dazu berufen, das Ministerium für Wissenschaft, Kunst und Volksbildung in allen Angelegenheiten der bildenden Künste, der Musik und der Dichtung fachmännisch zu beraten, insbesondere auch in den allgemeinen Fragen des Kunstunterrichts und in Fragen der Gesetzgebung, die die Bereiche der Kunst berühren. Der Akademie steht ferner ein Einfluss auf die der lebenden Kunst dienenden Staatsanstalten zu; sie ist die Beraterin des Ministeriums für die Angelegenheiten der Nationalgalerie und der Staatlichen Theater.«[551] In dieser Hinsicht war die Sektion für Dichtkunst eine staatliche Organisation. Wahrgenommen wurde diese Aufgabe von einem Senat, der sowohl aus Mitgliedern, die von der Sektion gewählt wurden, als auch aus Mitgliedern, die vom Ministerium bestellt wurden, bestand. In diesen Senat konnten nur Mitglieder einziehen, die in Berlin ihren Wohnsitz hatten. Die staatliche Aufgabe ließ nicht zu, dass Auswärtige Mitglieder dieses Gremiums wurden bzw. über dessen Zusammensetzung mitbestimmten.

Andererseits hatte sich die Preußische Akademie schon seit jeher als überregionale Vereinigung von Wissenschaftlern und Künstlern verstanden. Dies galt auch für die Sektion für Dichtkunst. Ihr gehörten nicht ausschließlich preußische Schriftsteller an, sondern auch auswärtige, die von den Mitgliedern selbst hinzugewählt werden konnten. An diesem Konglomerat unterschiedlicher Organisationsformen stießen sich viele: Arno Holz kritisierte das Vorhaben, weil die Sektion durch ihre Statuten nur eine auf Preußen beschränkte Wirksamkeit entfalten könne, während das überregionale Konzept geradezu danach verlange, deutschlandweit agieren zu dürfen.

Unter diesen Voraussetzungen benannte der Präsident der Akademie der Künste, der Maler Max Liebermann, am 12. April 1926 fünf Dichter zu ordentlichen Mitgliedern, denen es überlassen sein sollte, später die Sektion durch Zuwahl weiterer Mitglieder auszubauen. Liebermanns Kandidaten waren: Gerhart Hauptmann, Arno Holz, Stefan George, Thomas Mann und Ludwig Fulda. Stefan George lehnte die Berufung ab; an seine Stelle rückte Hermann Stehr. Ein schwerer Schlag war die Absage Gerhart Hauptmanns. Er begründete seinen Schritt mit seinem Selbstverständnis als freier Schriftsteller, das ihm nicht erlaube, von Staats wegen als Lenker literarischen Schaffens aufzutreten. Ebenfalls ablehnend verhielt sich Arno Holz wegen seiner Bedenken gegen die Statuten der Akademie. Viele Schriftsteller teilten die Ansichten Holz', doch sahen sie in seiner Verweigerung den falschen Schritt. Man solle nicht seinen Eintritt in die Akademie von einer Statutenänderung abhängig machen, sondern durch pragmatisches Wirken innerhalb der Akademie auf die Dauer eine Revision der Statuten zu erreichen versuchen. In diesem Sinne äußerte sich auch Thomas Mann.

So finden sich am Tag der konstituierenden Sitzung, dem

27. Oktober 1926, lediglich drei Gründungsmitglieder in Berlin ein. Die erste Maßnahme von Hermann Stehr, Ludwig Fulda und Thomas Mann besteht in der Zuwahl weiterer Mitglieder. Das Protokoll verzeichnet: »Die Genannten haben folgende in Berlin wohnhafte Mitglieder gewählt: Georg Kaiser, Bernhard Kellermann, Oskar Loerke, Walter von Molo, Eduard Stucken, Hermann Sudermann. Die Wahl von auswärtigen Mitgliedern hatte folgendes Ergebnis: Hermann Bahr, Max Halbe, Hermann Hesse, Hugo von Hofmannsthal, Ricarda Huch, Erwin Guido Kolbenheyer, Heinrich Mann, Josef Ponten, Rainer Maria Rilke, Wilhelm Schäfer, René Schickele, Wilhelm Schmidtbonn, Arthur Schnitzler, Wilhelm von Scholz, Karl Schönherr, Emil Strauss, Jakob Wassermann, Franz Werfel. Diese Wahl erhebt nicht den Anspruch darauf, schon jetzt alle in Betracht kommenden Namen in der Sektion für Dichtkunst zu vereinigen. Zuwahlen bleiben der ergänzten Sektion überlassen. Dieser bleibt auch anheimgestellt, bedeutende Dichter fremder Sprache hinzuzuwählen.«[552]

Die abschließenden Bemerkungen waren notwendig, denn vielerorts wurden jüngere und linke Schriftsteller vermisst. So fehlten beispielsweise der Kleistpreisträger Bertolt Brecht, Gottfried Benn und Alfred Döblin. Thomas Mann nennt des Weiteren Bruno Frank, Leonhard Frank, Ernst Weiss, Otto Flake und Ina Seidel, die er sich gut als Mitglieder der Sektion vorstellen könne. Aus dem Kreis der Gewählten gab es rasch erste Absagen. Hofmannsthal und Rilke lehnten aus persönlichen Gründen ab. Sudermann fühlte sich übergangen: Er hatte schon vor vielen Jahren an Plänen zur Gründung einer Sektion für Dichtkunst mitgewirkt und hatte sich deshalb Hoffnungen gemacht, zu den Gründungsmitgliedern zählen zu dürfen. Hermann Hesse und Ricarda Huch, die anfangs auch ihre Berufung abgelehnt hatten, konnten umgestimmt werden. Ende 1928 stieß endlich auch Gerhart Hauptmann zum Kreis. Eine Nachwahl am 10. Januar 1928 brachte zudem die Aufnahme von Leonhard Frank, Alfred Mombert, Theodor Däubler, Alfred Döblin und Fritz von Unruh.

Die Gründungsgeschichte der Sektion für Dichtkunst zeigt damit die gleichen Züge wie das politische Geschehen auf nationaler Ebene. Die Schaffung der Sektion verspricht dem schreibenden Intellektuellen eine stabile Rolle innerhalb der Gesellschaft. Diese Anerkennung seiner Rolle muss er sich durch Einschnitte in seine Souveränität erkaufen. Ein großer Teil der Mitglieder der Sektion hat keinen faktischen Einfluss auf die Beschlüsse der Sektion. Viele sehen sich deshalb ohnmächtig unbeeinflussbaren Strukturen ausgeliefert.

Heinrich Mann engagierte sich vom Zeitpunkt seiner Berufung an mit großem persönlichem Einsatz für die Akademie. Er tauschte leidenschaftliche Briefe mit seinem Bruder über wichtige Punkte, verfasste Memoranden und schrieb im Auftrag der Sektion zahlreiche Berichte und Stellungnahmen. Die Institutionalisierung des Intellektuellen bezeugte in seinen Augen die Einsicht der Politik in die Notwendigkeit des Mitwirkens der Intellektuellen am gesellschaftlichen Geschehen. Der Erziehungsauftrag des Intellektuellen wurde quasi staatlich legitimiert.[553]

Sein Aufsatz ›Unser Einfluß auf diese Zeit‹ von 1927 bezeugt auf imponierende Weise die Wiedergeburt des Optimismus hinsichtlich der Wirkmöglichkeiten des Intellektuellen, den er schon bei Gründung der Weimarer Republik 1918 an den Tag gelegt hatte: »Literatur ist niemals nur Kunst, eine bei ihrem Entstehen schon überzeitliche Dichtung gibt es nicht. Sie kann so kindlich nicht geliebt werden wie die Musik. Denn sie ist Gewissen – das aus der Welt hervorgehobene und vor sie hingestellte Gewissen. Es wirkt und handelt immer.«[554] Die Forderung nach einer Diktatur der Vernunft ist vergessen, die Krise des eigenen Anspruchs überwunden. Stolz verweist er auf die Zensurgesetze aller Zeiten. Warum versuche man wohl das literarische Schaffen einzuschränken oder gar zu verbieten? Weil man dessen Produkte fürchte! Könne es einen besseren Beweis für die Macht der Literatur geben? Die Literatur wird als Gewissen der Welt gefeiert, der Sieg des Gewissens als unvermeidlich angesehen. Wer um die Forderungen der Vernunft wisse, wer das Gute kennt, könne niemals böse handeln. Die Vernunft zwinge jedem ihre Maxime auf, und wenn denn jemand trotzdem versuche, gegen die Vernunft anzugehen, so habe dies lediglich aufschiebende Wirkung, von Dauer sei sein Erfolg nicht.

Zwar, so gesteht er an anderer Stelle ein, konzentriere sich die gegenwärtige Generation auf Technik, Geschäft und Sport, doch ist sich Heinrich Mann sicher, dass diese Zurückweisung des Geistes durchbrochen werden kann. Jetzt schwärmt er wieder von der zwingenden Macht des Dichterwortes: »Jede zur Herrschaft gelangende Wirklichkeit bestand literarisch schon längst.«[555] Die Literatur sei die Schule der Völker, aus der sie die Ideen der Zukunft schöpften. Die stabilen Jahre der Weimarer Republik sehen Heinrich Mann auf dem Höhepunkt seiner Selbsteinschätzung. Mit viel Einsatz begleitet er die Einführung eines neuen Lesebuchs an preußischen Schulen. Er hofft, auf diesem Wege bereits die Kinder erreichen und ein demokratisches Bewusstsein bei ihnen heranbilden zu können. Allerdings stößt er zusammen mit Alfred Döblin bei diesem Vorhaben auf zahlreiche Schwierigkeiten, sodass das Schulbuch-Projekt nicht mehr bis 1933 realisiert werden konnte.

Heinrich Manns Engagement beschränkte sich nicht allein auf die Sektion Dichtkunst an der Preußischen Akademie der Künste. Er entfaltete ebenso eine rege Reisetätigkeit, deren bevorzugtes Ziel immer wieder Frankreich war. Er hielt 1927 in Paris eine Rede vor der Liga für Menschenrechte und der Frauenunion des Völkerbundes. Der Höhepunkt dieser Vortragsreise in die französische Hauptstadt war aber zweifellos sein Auftritt im Palais de Trocadéro vor 5 000 Zuhörern. Ausgerechnet ihn hatte man als Festredner zum 125. Geburtstag von Victor Hugo eingeladen. Man kann ermessen, welche außerordentliche Ehre dies für Heinrich Mann gewesen sein muss. Hier sprach nicht mehr nur ein schriftstellernder Bewunderer Hugos, ein Geistesverwandter, der zufällig aus Deutschland stammte; Heinrich Mann repräsentierte bei diesem Anlass das republikanische Deutschland. Félix Bertaux berichtet mit enthusiastischen Worten von Heinrich

Manns Auftritt: »Das Fest wurde von der Jeunesse laïque et Républicaine veranstaltet. Gémier und Gustave Chapentier besorgten den künstlerischen Teil; Minister Herriot präsidierte; 5 000 Zuhörer drängten sich im überfüllten Raum – das Volk, le peuple de Paris, das von Hugo besungen wurde; es hängt an ihm als an dem großen Republikaner. Als Heinrich Mann sich erhob, lief es wie ein elektrischer Strom durch die Versammlung. Die Gesichter waren gespannt. Deutsche Republik und französische Republik standen Auge in Auge. Sachlich, würdig und doch schwungvoll betonte der Redner, wie in beiden Ländern das republikanische Streben dem Humanitätsgedanken diene. Stürmischer Beifall begrüßte das Wort ›l'Allemagne‹, als es in diesem Zusammenhang genannt wurde. Vertrauen, Hoffnung, Hingebung waren darin, echt Hugosche Gefühle, an deren erneute Möglichkeit man noch kaum zu hoffen gewagt hatte. Jetzt ist kein Zweifel mehr möglich: Solch unverfälschte Reaktionen seitens des Volkes beweise, wie es in der öffentlichen Meinung mit dem Gedanken an eine Annäherung steht. Er vermag Begeisterung zu wecken. Auch das hätte dem alten Hugo, dem Vorkämpfer für die Etats Unis d'Europe, gefallen. Keinem Redner gelang es, die Gemüter so tief zu bewegen, wie Heinrich Mann ...«[556] Auf die Rede Heinrich Manns folgte eine Antwort des französischen Ministers Herriot, der ihn ausdrücklich als Repräsentanten Deutschlands ehrte: »Et pour vous, Monsieur Mann, comme nous sommes touchés que vous soyez venu ce soir apporter ici à Hugo l'hommage de l'Allemagne républicaine.«[557] Man vergegenwärtige sich die Bedenken Heinrich Manns, als er 1923 erstmals wieder nach Frankreich gereist war. Er war sich damals bewusst, dass er mit seinen Ansichten nicht für Deutschland stehe, und sah sich weitaus lieber als Vertreter einer internationalen Gruppe von Intellektuellen. Nun sah und ehrte man in ihm den Repräsentanten seines Vaterlandes. Begleitet wurde er auf seinen häufigen Reisen in das Nachbarland von einem Vertreter des Kultusministeriums, was seinen Auftritten einen offiziellen Charakter gab. Zwar mutmaßt Heinrich Mann richtig, wenn er annimmt, dass der Vertreter des Kultusministeriums in erster Linie ein Aufpasser war, doch selbst dieser Umstand überzeugte ihn schließlich nur von der eigenen Bedeutsamkeit.

Auch familiäre Rückschläge dämpften Heinrich Manns Optimismus keineswegs, so beispielsweise der Selbstmord seiner Schwester Julia. Julias Ehemann, der Bankdirektor Josef Löhr, war 1922 verstorben. Sein Tod führte dazu, dass Julia das gewohnte gutbürgerliche Leben hanseatischen Stils, das sie pflegte, nicht mehr fortführen konnte. Nicht wirkliche Armut, soziale Not, war ihr Problem, sondern der Widerspruch zwischen dem Selbstanspruch und dem, was möglich war: »Ihr Leben war nicht in wirkliche Armut, aber in die seelische Not des Abstieges aus einer Sphäre geglitten, die einzig ihrem Wesen gemäß sein konnte. Niemand achtete sie geringer ob ihrer bescheideneren Position, nur sie selbst sah sich deklassiert, wurde scheu und in bedrückender Weise unecht. Sie schwand dahin.«[558] Die bürgerliche Fassade, die Julia so energisch wahrte – man denke an ihre Reaktion auf den Selbstmord Carlas –, hatte jedoch vorher schon Risse. Klaus Mann berichtet in seinen Memoiren von ihrem Hang zum Morphium und zu gut aussehenden Herren des gehobenen Mittelstandes.[559] Golo Mann spricht davon, dass seine Tante an »Gattenekel« gelitten habe.[560] Die Sexualität in der Ehe war ihr verleidet, suchte sie daher ihre Befriedigung womöglich bei den gut aussehenden Herren des gehobenen Mittelstandes? Nach dem Tod ihres Gatten wäre dies noch unbefangener möglich gewesen. Dennoch erinnert sich Thomas' Tochter Monika an ihre Patentante als »altjüngferliche Gestalt«[561]. Unvorstellbar, dass eine dermaßen Beschriebene sexuelle Freuden genossen hat. Möglicherweise liegt hier der Schlüssel zu ihrem tragischen Ende: die Sehnsucht nach Liebe, die sich in einer verleideten Sexualität verlor, um schließlich im Morphium mühselig betäubt zu werden. Am 10. Mai 1927 erhängte sie sich. An ihrem Grab wird von Golo Mann »auch der treulose Liebhaber, dem Münchner Herrenvolk verständnisvoll die Hand schüttelte«, gesichtet.[562] Wie sehr erinnert dieser Selbstmord an das Schicksal Carlas: beide Male die Sehnsucht nach Liebe als Hintergrund, beide Male die Treulosigkeit des Liebhabers als Auslöser. In ihrem Tod zerstörte sie die bürgerliche Fassade, die sie ihr Leben lang streng wahrte. Fühlte sich Heinrich Mann an seine geliebte Schwester Carla erinnert? Golo weiß zu berichten, dass er bei der Beerdigung geäußert habe: »Meine Schwester war die inkarnierte Konvention. Daran lag ihr mehr als an allem anderen: nicht aufzufallen; zu erscheinen, wie man muß. Daran ging sie zugrunde.«[563] Golo Mann will diese Erklärung nicht akzeptieren: Er macht den »schauerliche[n] Kontrast ... zwischen ihrem superbourgeoisen öffentlichen und ihrem heimlichen Dasein« für ihren Freitod verantwortlich.[564] Heinrich glaubt nicht, dass seine Schwester Julia ein heimliches Leben jenseits der bürgerlichen Norm führte. Er sah den treulosen Liebhaber nicht, der Golo aufgefallen war: Für ihn träumte sie nur, eine gescheiterte ausgelebte Sexualität traute er der altjüngferlichen Schwester nicht zu.

Bei der Beerdigung Julia Löhrs sah man die Eheleute Heinrich und Mimi Mann ein letztes Mal gemeinsam in der Öffentlichkeit. Heinrichs Ehe litt unter seinem vielfältigen Engagement. Schon seit Jahren plagte ihn seine Frau Mimi mit ihren hypochondrischen Anfällen, mit denen sie verzweifelt versuchte, seine Aufmerksamkeit zu erheischen. Aber sie erreichte mit diesem Mittel nur das Gegenteil: Entnervt von den Anfällen seiner Frau zog sich Heinrich Mann immer weiter von ihr zurück. Anfangs nahm er sie noch mit auf seine Reisen, um ihr das Gefühl zu geben, dass sie weiter füreinander da seien, doch unter den obwaltenden Umständen empfand sie sich eher als beschwerliches Anhängsel, das rasch vergessen wurde, sobald sich ihr Mann unter Kollegen befand. Ihre Ehe war zerrüttet. Der Bruch erfolgte nicht gewaltsam, sondern vollzog sich langsam. 1928 verließ Heinrich Mann, wie er es schon lange vorgehabt hatte, München. Er zog nach Berlin, dem Sitz der Preußischen Akademie, um sich noch stärker für ihre Belange einsetzen zu können. Mimi blieb mit der gemeinsamen Tochter in München zurück.

Hellmut Diwald erzählt von der besonderen Faszination, die der Metropole Berlin in den zwanziger Jahren anhaftete: »Charakteristischerweise läßt sich das Gold der Zwanziger vor allem in den Metropolen entdecken. Selten ist die zentripetale und selektive Funktion einer Hauptstadt augenfälliger gewesen. Für die Weimarer Zeit blieb von Anfang bis Ende Berlin diejenige Stadt, die ›bestanden‹ werden mußte, an der Maß zu nehmen war, das Regulativ, ›aus dem man sich Impulse holte, (Berlin war) vor allem etwas, vor dem man sich genieren konnte‹, wie es Gottfried Benn formulierte, es war ein Berlin, das nicht nur im Glanz der Goldenen Zwanziger sprühte, sondern das vor allem klar, kalt, kritisch und nüchtern urteilte und dies, obgleich die Zwanziger weit pathetischer, exaltierter, emotional besessener und rauschhaft überschwenglicher waren, als es unserem heutigen, sanft angetrockneten Gefühlsboden konveniert. So wie Benn, stellte auch Willy Haas fest: ›In Berlin, und fast nur in Berlin, gab es einen wirklichen Aufstieg, eine wirkliche Entfaltung der Begabung – sei sie nun klein oder groß.‹ Das Zentrum Berlin, die Metropole als Prüfstein und ihr Urteil als Maß: diese Verhältnisse umreißen den richtigen Kern der gewöhnlichen Assoziation, als hätte sich nicht nur das Theater, sondern auch das ganze literarische Leben der zwanziger Jahre im wesentlichen in Berlin abgespielt, speziell in den fest umrissenen Bezirken, die sich mit der Quadratmeter-Grundfläche verschiedener Cafés deckten wie bei Schwannecke oder vor allem in der Fortführung und Steigerung des damals schon klassisch gewordenen Café des Westens (Café Größenwahn), nämlich dem Romanischen Café.«[565]

Heinrich Mann hatte also nicht nur die Akademie als Basis für sein politisch-pädagogisches Engagement, er befand sich fortan im Zentrum des literarischen Geschehens der Weimarer Republik. Wenn es ihm gelänge, in Berlin sich und seinen Anliegen Gehör zu verschaffen, fänden sie automatisch den Weg hinaus in die Republik. Aber Berlin war auch noch in anderer Hinsicht eine Herausforderung. Heinrich Mann war nach der Trennung von Mimi endgültig von allen

Rücksichten befreit. Schon bald tauchte an seiner Seite eine neue Begleiterin auf: die Kabarettistin und Chansonsängerin Trude Hesterberg. Wie weit die Bekanntschaft reichte, wurde schon bald bekannt: In die Wohnung der ledigen Hesterberg war eingebrochen worden; die Spurensicherung stieß bei ihren Untersuchungen auf Herren-Utensilien, deren Besitzer Heinrich Mann war. Die Presse erfuhr von den Funden und hatte ihre Schlagzeile: Der bekannte Schriftsteller Heinrich Mann, verheiratet und ein Kind in München, hat in Berlin ein Verhältnis mit der für ihre verruchten Chansons berühmten »roten Trude«, wie Hesterberg wegen ihrer gefärbten Haare genannt wurde. Sogar Gerüchte über eine bevorstehende Hochzeit machten die Runde. Wann genau Heinrich Mann Trude Hesterberg kennen gelernt hat, lässt sich nicht bestimmen. Wilhelm Herzog erinnert sich an die Besuche in Begleitung von Heinrich Mann im »Haus Vaterland« am Potsdamer Platz, wo die Hesterberg zwischen 1925 und 1929 auftrat: »Unvergeßlich die Szene, wenn wir hereinkamen, und die Hesterberg sang ihr Chanson: ›Ich brauch' einen Mann, … einen Mann.‹«[566] Im Oktober 1928 wirkte sie außerdem bei der Uraufführung von Heinrich Manns Stück ›Bibi‹ im Kabarett der Komiker mit. Einige Quellen behaupten, dass Heinrich Mann das Stück speziell für die Hesterberg geschrieben habe. Zumindest waren beide im Sommer dieses Jahres bereits gemeinsam in Gastein auf Urlaub gewesen.

Trude Hesterberg war eine bekannte Persönlichkeit in der Kleinkunstszene der Weimarer Republik. Die 1892 geborene Sängerin war bereits eine renommierte Operettensoubrette, als sie im September 1921 gemeinsam mit Freunden die »Wilde Bühne« im Keller des Theaters des Westens in Berlin gründete. Sie übernahm die künstlerische Leitung und trat selbst vornehmlich mit Chansons auf, deren Texte von Kurt Tucholsky, Walter Mehring, Horst Janowitz und Leo Heller stammten; die Musik besorgte Werner Richard Heymann, der später auch die Lieder für den Erfolgsfilm ›Die Drei von der Tankstelle‹ schreiben sollte. Die Chansons drehten sich meist um Dirnen und Verbrecher, insbesondere Heller hatte sich auf die so genannten ›Milieu-Chansons‹ spezialisiert: »Dem Autor geht es dabei nicht darum, Abscheu vor den Tätern zu erwecken, sondern er ist bestrebt, um soziales Mitleid zu werben, die menschlichen Züge seiner Mörder, Diebe und Huren hervorzuheben.«[567] Neben diesen Milieu-Chansons gab Hesterberg auch noch erotische Pikanterien zum Besten. Im Januar 1922 machte die »Wilde Bühne« mit einem Auftritt des jungen Bertolt Brecht von sich reden, der seine antimilitaristische ›Legende vom toten Soldaten‹ zur Laute vortrug: »Es wurde ein solider, handfester Skandal mit Pfiffen und allem Drum und Dran.«[568] 1923 zerstörte ein Feuer die Räume. Trude Hesterberg gab deshalb in den folgenden Jahren vornehmlich Gastspiele in anderen Kabaretts.

Nach ihren Angaben war sie es auch, die den skeptischen Heinrich Mann zur Verfilmung seines Romans ›Professor Unrat‹ anregte, dabei sah sie sich selbst bereits als Rosa Fröhlich in der Hafenspelunke ihre Lieder singen. Bei ihrem Aufenthalt in Gastein, so erzählt sie, hätten sie Emil Jannings getroffen, der gerade nach Deutschland zurückgekehrt war. Sie habe den berühmten Schauspieler prompt für ihre Idee gewonnen. Hintergrund war ein Tonfilm-Projekt ›Rasputin‹ von Erich Pommer mit Jannings in der Hauptrolle. Diese Kombination war viel versprechend. Erich Pommer war einer der wichtigsten deutschen Filmproduzenten. Mit ›Das Kabinett des Dr. Caligari‹ hatte er 1919 dem deutschen Film zur Weltgeltung verholfen und in den nachfolgenden Jahren in Zusammenarbeit mit den Regisseuren Fritz Lang und Friedrich Wilhelm Murnau weitere Filmklassiker wie ›Die Nibelungen‹ und ›Der letzte Mann‹ auf die Leinwand gebracht. Nach einem Abstecher nach Hollywood war er seit 1929 wieder in Deutschland, um bei der Ufa die Umstellung auf den Tonfilm voranzutreiben. Die starke Position Pommers innerhalb der Ufa machte ihn relativ unabhängig von politischen Vorgaben der Konzernspitze. Dies war auch wichtig, denn an der Spitze des Unternehmens stand der rechtsgerichtete Alfred Hugenberg. Emil Jannings schließlich hatte in Hollywood zwei erfolgreiche Filme, ›The Way of All Flesh‹ und ›The Last Command‹, gedreht. Für seine Leistungen in diesen beiden Filmen war er bei der ersten Oscar-Preisverleihung 1927/28 als bester Hauptdarsteller ausgezeichnet worden. Die Einführung des Tonfilms bereitete seiner Hollywood-Karriere jedoch ein jähes Ende.

Beide suchten nun gemeinsam nach einem geeigneten Stoff und geeigneten Mitarbeitern für einen deutschen Tonfilm, dabei standen sie jedoch vor einem Problem: Kaum ein deutscher Regisseur hatte Erfahrung im Tonfilm. Unter 183 von deutschen Firmen produzierten Spielfilmen im Jahre 1929 waren gerade mal acht Tonfilme. Im Grunde fanden sich nur in Hollywood genügend Regisseure mit Tonfilm-Kenntnissen, sodass also nur ein Hollywood-Regisseur mit Deutsch-Kenntnissen Abhilfe schaffen konnte. Emil Jannings stellte schließlich den Kontakt mit Josef von Sternberg her, der Regie bei seinem Erfolgsfilm ›The Last Command‹ geführt hatte. Sternberg war 1894 in Wien geboren und hatte sich in den USA seit Anfang der zwanziger Jahre langsam hochgearbeitet. Zu dritt wollte man einen Film über Rasputin drehen, doch das Projekt zerschlug sich, weil kein Drehbuch einhellige Zustimmung fand.

Hier nun weichen die Versionen über den weiteren Hergang der Dinge voneinander ab: War es wirklich der Hinweis Trude Hesterbergs, der nun ›Professor Unrat‹ ins Gespräch brachte, oder kam die Anregung diesen Stoff aufzugreifen von der dramaturgischen Abteilung, wie Hans Borgelt in seinem Buch über die Ufa schreibt? Auf alle Fälle geriet jetzt Heinrich Manns Roman in den Blick, und alle waren von der Idee angetan. Heinrich Mann wurde zu Verhandlungen eingeladen, und Trude Hesterberg begleitete ihn. Sie berichtet von diesem Treffen im Hotel »Esplanade«: »Dort saß eine illustre Gesellschaft unter Vorsitz von Pommer beisammen. Über den geschäftlichen Teil waren wir uns bald einig. Die Ufa war nicht kleinlich, wenn sie etwas erreichen wollte.«[569] Das Angebot belief sich auf 25 000 Mark zuzüglich 10 000

Mark bei einem Verkauf des Films ins Ausland. Hesterberg fährt fort: »Nun aber kam der Knalleffekt! Jannings schob alle Anwesenden zur Tür hinaus, mit der Äußerung, er wolle mit Heinrich Mann und mir noch ein paar Worte allein sprechen. Aha, dachte ich, jetzt kommt mein Vertrag. Aber es kam etwas, was mich von den im Geiste schon erklommenen Höhen höchsten Ruhmes in alle Höllen tiefster Enttäuschung stürzte. Ich bekam nun zu hören, daß der berühmte Regisseur aus Hollywood, Josef Sternberg, der zuerst für die Inszenierung des Films ›Rasputin‹ gewonnen worden war, nunmehr den Film ›Professor Unrat‹, der später den so erfolgreichen Titel ›Der blaue Engel‹ bekam, übernehmen würde. Allerdings mit der strikten Bedingung, daß die Rolle der ›Künstlerin Fröhlich‹ an Frau Marlene Dietrich abgegeben werden müßte. Darauf nahm der still zuhörende Heinrich Mann schweigend seinen Hut und verließ das Zimmer. Man beschwor mich, zugunsten des Filmruhms von Heinrich Mann zu verzichten, und ich tat's. Heinrich Mann benahm sich großartig. Ich hatte es ungeheuer schwer, ihn dazu zu bringen, das Buch trotzdem freizugeben, und nicht ich, sondern Marlene Dietrich spielte sich über Nacht mit dieser Rolle in die vorderste Reihe.«[570] So die Version von Trude Hesterberg über ihren aufopferungsvollen Verzicht auf eine Weltkarriere. Natürlich existieren – wie in dieser Branche üblich – noch weitere Versionen, wie es zu der endgültigen Besetzung der weiblichen Hauptrolle gekommen sei.

Eine andere Version, gestützt auf Aussagen von Carl Zuckmayer und dem Komponisten der Lieder im Film, Friedrich Hollaender, beschreibt den Ablauf wie folgt: Nach der Zustimmung durch Heinrich Mann sei ein Drehbuch-Team engagiert worden, um eine Adaption des Romans anzufertigen. Pommer wollte einen prominenten Namen, um den künstlerischen Aspekt des Projektes hervorheben zu können, deshalb wählte man einen der erfolgreichsten Dramatiker der Weimarer Republik: Carl Zuckmayer. Unzufrieden mit dem Ergebnis wurden noch weitere Bearbeiter engagiert. In seiner Autobiografie berichtet Zuckmayer von den Arbeiten: »Heinrich Mann, den ich verehrte, war mir gegenüber von einer gütigen und sympathisierenden Camaraderie, und alles, was ich persönlich zu diesem Film beitrug, geschah in fortgesetztem Kontakt mit ihm und mit seinem ausdrücklichen Einverständnis.«[571] Der ausdrückliche Verweis auf das Einverständnis Heinrich Manns ist durchaus notwendig, denn die Tendenz des Romans wurde für die Filmfassung grundlegend verändert. Hans Borgelt fasst die wesentlichen Änderungen zusammen: »Aber das Drehbuchteam – renommierte Schriftsteller wie Karl Vollmoeller und Carl Zuckmayer und Sternberg selbst, auch der drehbucherfahrene Robert Liebmann wurde hinzugezogen – beseitigte die überspitzte Persiflage, milderte die zeitkritische Tendenz und löste sich vor allem von der satirischen Darstellung wilhelminisch-preußischer Denk- und Lebensart. Aus dem verbohrt rückständigen Pauker wurde eine tragische Figur, ein fast sympathischer Mensch. Nur die ›Hörigkeit‹ blieb ihm erhalten, darauf legte Jannings besonderen Wert; Hörige, Abhängige, Gedemütigte spielte er besonders gern und gut.«[572] In der Forschungsliteratur ist heftig umstritten, wer die maßgeblichen Änderungen an der Vorlage durchgesetzt hat. Auf alle Fälle kam sie allen Beteiligten entgegen: Der Weltstar Jannings konnte als sympathische Figur auftreten, Sternberg hatte mehr Gelegenheit für die Präsentation lasziver Erotik, was ihm mehr lag als Gesellschaftskritik, und Pommer nahm Hugenberg den Wind aus den Segeln, indem er die politisch-satirischen Elemente des Stoffes reduzierte. Heinrich Mann hatte keine Einwände gegen diese Änderungen.

Wenn er in diesen Tagen Einfluss nahm, so immer nur mit Blick auf seine Freundin Trude Hesterberg, der er die Hauptrolle besorgen wollte. Zuckmayer berichtet: »Nun hatte er eine unerfüllbare Marotte, daß nämlich Trude Hesterberg, Leiterin und Grande Vedette des Berliner Kabaretts ›Wilde Bühne‹ – der er damals in einer von ihm offen und souverän zur Schau getragenen Hörigkeit anhing –, die weibliche Hauptrolle spielen solle, was er in unzähligen Botschaften mit seiner kleinen, korrekten Handschrift der UFA vorschlug.«[573] Das heißt also, dass Heinrich Mann noch während der Arbeit am Drehbuch für Trude Hesterberg Partei ergriff. Das hätte er zweifellos nicht versucht, wenn zu diesem Zeitpunkt die endgültige Besetzung der Hauptrolle bereits festgestanden hätte, wie Trude Hesterberg in ihren Memoiren behauptet. Zuckmayer gesteht, dass Hesterberg dem Typus der Künstlerin Fröhlich aus der Romanvorlage mit Sicherheit ähnlicher gewesen wäre als Marlene Dietrich, doch sprach für diese ihre Jugend. Nach Angaben Borgelts hatte sich Jannings ursprünglich Lucie Mannheim als Partnerin gewünscht, auch La Jana und Brigitte Helm seien im Gespräch gewesen. Dietrichs Engagement sei reiner Zufall gewesen. Eigentlich war Sternberg in das musikalische Lustspiel ›Zwei Krawatten‹ von Georg Kaiser gegangen, um den für eine Nebenrolle vorgesehenen Schauspieler Hans Albers zu beobachten, doch dann fiel ihm eine Schauspielerin namens Marlene Dietrich auf. Er bestellte sie zu Probeaufnahmen und bestand fortan auf ihrer Verpflichtung. Auch hier ist nicht die Rede davon, dass vor Beginn der Arbeiten am Drehbuch Marlene Dietrich bereits fest gebucht gewesen sei. Vielmehr fiel die Wahl auf Marlene Dietrich, weil sie dem Typus der Künstlerin Fröhlich im Drehbuch wesentlich besser entsprach als Trude Hesterberg, die für die Roman-Gestalt Rosa Fröhlich besser geeignet gewesen wäre.

Die Dreharbeiten begannen und zogen sich in die Länge. Drei Monate Arbeit verschlangen etwa zwei Millionen Mark. Die Führung der Ufa wurde nervös. Zwar hatten sie sich mit der ungeliebten Romanvorlage arrangiert, aber so viel Geld sollte nun doch nicht investiert werden. Vonseiten der Hugenberg-Presse begann man Propaganda zu machen. In der Zeitschrift ›Montag‹ vom 31. März 1930 erschien nach der Pressevorführung eine Polemik, die das literarische Schandwerk verurteilte, die gelungene Verfilmung jedoch lobte. Der Schreiber kommt zu dem Schluss, dass dies »kein Film mit Heinrich Mann, sondern einer gegen ihn« sei.[574] Pommer reagierte prompt auf diese Angriffe. Im ›Berliner Tageblatt‹ erklärte er, dass Heinrich Mann mit allen Änderungen einverstanden gewesen sei: »Aus diesen Feststellungen geht wohl mit aller Deutlichkeit hervor, dass der ›Blaue Engel‹ nicht gegen, sondern mit dem von mir hochgeschätzten Heinrich Mann gedreht wurde.«[575]

Die Premiere am 1. April 1930 wurde ein überwältigender Erfolg. Marlene Dietrich verließ am nächsten Tag in Begleitung von Josef von Sternberg Berlin und begann ihre Hollywood-Karriere. Besondere Freude dürfte Heinrich Mann über den ungeheuren Erfolg des ›Blauen Engel‹ in Frankreich empfunden haben, wo er monatelang zu den erfolgreichsten zehn Filmen in den Kinos zählte. Weniger erfreulich war das Scheitern der Bemühungen, Trude Hesterberg zur Hauptrolle zu verhelfen; am misslungenen Versuch Heinrich Manns zerbrach ihre Beziehung. Trude Hesterberg blieb nach 1933 in Deutschland. Sie gründete mit dem »Groschenkeller« eine neue Kabarettbühne, 1934 folgte mit der »Musenschaukel« im Pavillon Mascotte eine weitere Kabarettgründung. Sie starb 1967 in München.

Sosehr sich die Beschäftigung mit dem Film in den Vordergrund gedrängt haben mag, für Heinrich Mann war er nur eine Randerscheinung in diesen Tagen. Seit dem Abschluss seines Romans ›Der Kopf‹ hatte sich Heinrich Mann wieder in einen regelrechten Schreibrausch gesteigert, der stark an die Phase zu Beginn des Jahrhunderts erinnert: Ebenso wie zwischen 1900 und 1910 erschien in der Zeit von 1927 bis 1933 alle zwei Jahre ein neuer Roman von ihm, vier Stück insgesamt. Kein Buch von Heinrich Mann aus dieser Zeit stieg in den Rang eines Bestsellers auf, orientiert man sich dabei an den Vorgaben von Kornelia Vogt-Praclik. In ihrer Abhandlung über Bestseller-Literatur in der Weimarer Republik zwischen 1925 bis 1930 legt sie folgende Kriterien an: »Die als ›Bestseller‹ bezeichneten Bücher müssen erstmals zwischen 1925 und 1930 erschienen sein und in diesem Zeitraum den ersten Höhepunkt ihres Erfolges erreicht haben. Erfolg bedeutet dabei primär, daß im Vergleich zu anderen Büchern eine relativ hohe Auflagenzahl erreicht wurde, darüber hinaus jedoch auch, daß das Buch in der Öffentlichkeit Beachtung fand, d. h. in den Bestseller-Listen vertreten war, rezensiert wurde und in der Diskussion stand – kurz: in der damaligen Zeit als ›Bestseller‹ galt.«[576] Angeführt wird ihre Liste von Erich Maria Remarques ›Im Westen nichts Neues‹, vertreten ist auch Thomas Mann mit seinem Roman ›Der Zauberberg‹, Heinrich Mann fehlt.

Auch der Paul Zsolnay Verlag war mit dem Verkauf der Bücher wenig zufrieden. Er hatte noch die Kosten für den Kauf der Rechte an früher erschienenen Büchern vom Kurt Wolff Verlag zu decken. Doch waren von den 12 000 Rentenmark bis zum November 1929 gerade einmal 5 000 amortisiert. Von keinem Werk Heinrich Manns konnte auch nur die Erstauflage verkauft werden. Hinzu kam das geschäftsschädigende Gebaren Heinrich Manns. Mehrfach schloss er entgegen vertraglichen Vereinbarungen mit anderen Verlagen Kontrakte über Billig-Ausgaben, obwohl in den Lagern des Zsolnay Verlags die betreffenden Werke noch in großer Zahl vorhanden waren. Immer wieder warf er dem Verlag mangelndes Engagement beim Verkauf seiner Werke vor. Seit Mitte 1929 korrespondierte er nur noch über den zwielichtigen Literaturagenten Lyonel Dunin mit dem Wiener Verlagshaus. Im November 1929 wurde schließlich der Generalvertrag in gegenseitigem Einvernehmen gekündigt.

Die vier Romane waren also schwer verkäuflich, obwohl ›Mutter Marie›, ›Eugénie oder Die Bürgerzeit›, ›Die große Sache‹ und ›Ein ernstes Leben‹ für einen möglichst großen Leserkreis konzipiert waren. Um eine große Zahl an Lesern zu erreichen, bediente sich Heinrich Mann kolportagehafter Spannungselemente. In den Romanen wimmelt es von Verfolgungsjagden mit dem Auto, nächtlichen Flügen, Verschwörungen, Verbrechen, liebestollen Boxern, verführerischen Schauspielern, sexuell attraktiven Frauen und emotional anrührenden Schicksalen, wie jenem des armen Mädchens, das ihr Neugeborenes in einem Vorgarten aussetzen musste, weil es das Kind nicht ernähren konnte. Jahre später kommt das arme Mädchen von einst als reiche Frau zurück und will nun ihr Kind, mittlerweile ein junger Mann von Anfang zwanzig, wieder für sich gewinnen. Dies ist die Geschichte von ›Mutter Marie‹.

Die Pflegeeltern des Jungen sind mittlerweile verarmt. Im Kaiserreich gehörte die adelige Familie noch zur Führungsschicht. Der Mann war General, seine Frau eine gesellschaftlich geachtete Persönlichkeit aus erstem Hause. Geblieben ist die Erinnerung an frühere, ruhmvolle Tage und das Ethos der gehobenen Schicht. Der Pflegesohn Valentin soll nun eine Prinzessin heiraten: Diese Verbindung ist finanziell wenig lukrativ, aber im Sinne des alten Denkens wünschenswert. Valentin liebt die Prinzessin, die geistig als unterbemittelt gilt, und versucht mit zwielichtigen Geschäften, seine finanzielle Situation zu verbessern. Nur auf diese Weise glaubt er ihr ein angemessenes Dasein verschaffen zu können. In dieser Situation tritt seine verschwundene Mutter an ihn heran. Weder weiß Valentin, dass er ein Pflegekind ist, noch gesteht ihm Marie ihre wahre Identität. Mit ihrem Reichtum, erworben durch geschickte Spekulationen in den Zeiten der Inflation, versucht sie Valentin an sich zu binden.

Valentin sieht sich einer Frau gegenüber, die aus unerfindlichen Gründen eine gewisse Zuneigung für ihn zu hegen scheint, und nützt diese Situation aus. Er verlangt Geld von ihr für seine Besuche, ist schon am Überlegen, ob er durch sexuelle Gefälligkeiten noch mehr Geld herausschlagen könnte. Die Generalin bemerkt bald, dass eine reiche Frau um die Gunst ihres Sohnes buhlt. Sie bemüht sich nun ihrerseits, an Geld zu kommen. Sie macht dem Präsidenten eines Industrieunternehmens, für das ihr Mann nach dem Kriege kurz tätig war, Hoffnungen auf die Gunst der Prinzessin.

Alle Personen des Romans sind besessen von einer materialistischen Denkweise. Alle koppeln ihr Selbstwertgefühl an Reichtum, wie eine Passage über die Gedanken von Marie stellvertretend für alle deutlich beweist: »Was wäre sie für ihren Sohn ohne Geld gewesen? Eine zudringliche Bettlerin. Sie hatte nie vergessen, wie das Leben ohne Geld aussieht. Eher hatte sie ihr Kind vergessen können. Das Leben ohne Geld, sie hatte es als den Zustand gekannt, in dem jeder Trieb gefährlich, die eigene Natur zur Hölle wird, und die Welt peitscht dich nur immer tiefer hinein. Geld dagegen gibt kalte Besinnung, es bereitet unsere Selbstachtung vor. Es ist die innere Erlösung, sofort nimmt auch die Welt ihre schwere Hand von uns. Reinigung und Freiheit sind Erfolge des Geldes. Sie war völlig überzeugt, daß auch Liebe eine seiner Wirkungen ist.«[577] Der Glaube, dass man mit Geld alles erwerben könne, erfährt freilich eine tiefe Erschütterung. Marie erlebt am eigenen Leibe, wie Valentin immer mehr Geld aus ihr herauspresst. Aus Liebe zu ihm löst sie immer mehr ihrer Anlagen auf, um sein Verlangen stillen zu können. Irgendwann wird ihr klar, dass sie auf diese Weise niemals die Liebe ihres verlorenen Sohnes zurückerlangen kann. Diese Erkenntnis vollzieht sich in einem mühsamen und schmerzhaften Prozess, den Heinrich Mann als katholisches Sakrament der Beichte gestaltet.

Bald zwei Jahre korrespondiert Heinrich Mann mit seinem Freund und Anwalt Maximilian Brantl, um Informationen über den Gedanken und Ablauf einer Beichte zu erhalten. Immer wieder traktiert er ihn mit neuen Fragen, wie beispielsweise in einem Brief vom 20. Juni 1925: »Lieber Doctor Brantl, ich habe die Bitte, daß Sie mir Auskunft über gewisse theologische Fragen verschaffen. Es handelt sich um eine katholische Frau, die viel gesündigt hat. Sie hatte in ihrer Jugend ruinöse Leidenschaften, hat dann aus ihren Erfahrungen Geld gemacht. Sie schien schon ganz dem Geiz verfallen, als eine letzte Leidenschaft sie ergreift, diese aber von besonderer, schwerer Art. Es ist Liebe zu ihrem Sohn, – den sie nach 25 Jahren wiedergefunden zu haben glaubt. Aber vielleicht ist er es gar nicht. Ihre Liebe ist vielleicht Mutterliebe, vielleicht etwas anderes. Möglichenfalls also sträflich. In ihrer Noth beichtet sie. Nicht alles auf einmal. Der Geistliche wird zuerst nur ihr frühes Vorleben erfahren, u. daß sie die Verdammniss fürchtet. Frage an Sie: Wie stellt sich die heutige Kirche zu reuigen Magdalenen? Zur Sünde aus Leidenschaft? Um Geld? Sogleich Absolution? (Nach vieljähriger Beicht-Versäumniss) Buße entrichten – an wen? –

Hinhalten? Die Bußfertigkeit zur Exaltation steigern? Wie lauten die moraltheologischen Regeln, nach denen solcher Fall behandelt werden würde? Wollen Sie mir aus einem Lehrbuch die betreffenden Seiten mit Schreibmaschine copiren lassen? Die Frau verschlimmert ihren Fall, indem sie allmählich erst beichtet, wem ihre neue, späte Leidenschaft gilt. Zweifelhafte Identität des (früh aus den Augen verlorenen) Sohnes. Ist der Geistliche ratlos? Wie hilft er sich? Interesse ist bei ihm vorauszusetzen, die Frau hat Geld. Welcher Art wird in Berlin der Geistliche sein, der die Beichte hört? Seine Erziehung, sein Bildungsgrad, seine Geistesart, sein Verkehr? Welcher Titel, welche Abzeichen? – Der Beichtstuhl wird nicht genügen, die Dame sucht ihn auf. Seine Wohnung? Für möglichst genaue Beantwortung werde ich sehr dankbar sein.«[578]

Mit der ihm eigenen Geduld kam Brantl der Beantwortung der Fragen nach. Aber ging es dem Protestanten Heinrich Mann wirklich so sehr um das katholische Sakrament? Nach Erscheinen des Romans vermuteten viele Rezensenten einen kurz bevorstehenden Übertritt des Schriftstellers zur römischen Kirche. So weit wollte es Heinrich Mann nun nicht treiben. In einem Schreiben vom 2. Juli 1926 berichtet er Brantl, wie er die Informationen verwertet habe: »Nächsten Samstag hoffe ich das Beicht-Kapitel beendet zu haben. Sie werden sehen, daß ich mich in das Labyrinth nicht tief hineinbegebe. Wenige sichere Thatsachen, da kann nichts vorkommen. Im Ganzen kommt es, wie in jedem Fall ..., auf die innere Wahrheit an.«[579] Worin liegt diese innere Wahrheit? In einem Brief, den er an die Kritiker richtete, die ihn auf dem Weg in den Schoß der katholischen Kirche wähnten, umreißt er die beabsichtigte innere Wahrheit mit dem Begriff der Verantwortung: »Aber ich hatte in meinem Roman mit dem Problem der Verantwortung zu tun. Es behauptet groß und deutlich den Mittelpunkt. Ich nehme an, daß Sie es sehen, obwohl Sie es nicht nennen. Wenn überhaupt, bei Erwähnung meines Buches und auch sonst, von der Frage der Verantwortung (für das Geschehen, für die

Kinder und für die Welt, in die sie gestellt sind) nirgends die Rede ist, so glaube ich deshalb noch lange nicht, daß die Frage kalt läßt. Das wäre zu traurig.«[580] Diese Antwort ist ebenso unklar wie die Rede von der inneren Wahrheit im Brief an Brantl. Worin besteht die Verantwortung?

Die Veränderung Maries nach ihrer Beichte klärt darüber auf: »Als Marie zurückkehrte, litt sie nicht mehr. Sie hatte in jenem Hause nochmals eine vollständige Beichte abgelegt und war nun losgesprochen. Hinter ihr lag mit seiner Sündenpracht ein abgefertigter Lebensabschnitt, sie hatte nicht darauf zurückzukommen. Es gab nichts mehr zu bereuen aus jenen Zeiten. Auch die Wünsche von damals waren dort zurückgelassen. Sie waren es wirklich, Marie litt an ihnen nicht mehr, sie hoffte sogar – hoffte auf ihre höhere Erfüllung für später, wenn Gott selbst die Mutter mit ihrem Kinde vereinigt und ihr erlaubt, seine Mutter zu sein.«[581] Marie hat die Illusion abgestreift, durch ihr Vermögen die Liebe ihres Sohnes erkaufen zu können. Überhaupt hat sie völlig mit ihrer materialistischen Einstellung gebrochen. Durch diesen Schritt fühlt sie sich nicht mehr als Getriebene, sondern hat inneren Frieden gefunden.

In dieser Weise verändert, nähert sie sich nun wieder Valentin, der von ihrer Wandlung überrascht ist. Sie wird ihm fortan zur wichtigsten Vertrauten, der er alle seine Wünsche gestehen kann, weil er weiß, dass sie ihm uneigennützig beistehen und kein doppeltes Spiel treiben wird. Er erkennt, dass ihm Marie seine Prinzessin nicht mehr neidet, sondern bereit ist, ihm im Kampf um seine Geliebte beizustehen. So entsteht allmählich ein Vertrauensverhältnis, das einer Mutter-Sohn-Beziehung ähnelt. Was Marie durch ihr Geld nicht gelang, erreicht sie nun durch ihre Vertrauen erweckende Ruhe und Selbstlosigkeit. Hierin liegt die innere Wahrheit des Romans ›Mutter Marie‹: Heinrich Mann glaubt fest daran, dass die Abwendung von der materialistischen Denkweise dem Menschen zum Heil gereicht und ein menschlicheres Miteinander ermöglicht. Die Abkehr vom Egoismus macht wahre Liebe erst möglich und schafft eine brüderliche Atmosphäre unter den Menschen. Das katholische Sakrament der Beichte nutzt er als Vehikel, das dem Menschen zur Selbstbesinnung verhilft. Es befreit ihn von seiner Vergangenheit, indem es ihn zur Selbsterkenntnis nötigt. Es leistet damit, was Heinrich Mann 1918 von der Revolution erhofft hatte.

Alle Romane Heinrich Manns aus der Zeit der Weimarer Republik kreisen um diesen Punkt. In allen vier Werken treten Mentoren auf, die die Verirrten auf den richtigen Weg führen wollen. In ›Mutter Marie‹ ist es weniger eine Person als vielmehr ein Sakrament, in den kommenden Romanen sind es dann jedoch Personen. In ›Eugénie oder Die Bürgerzeit‹ ist es bezeichnenderweise ein Schriftsteller, der zum Erzieher einer jungen Frau wird. Die gebürtige Französin Gabriele West ist die Gattin eines hanseatischen Kaufmanns und Konsuls. Sie führt das sorglos-verspielte Leben einer reichen Frau. An den Geschäften ihres Mannes hat sie keinen Anteil – auch nach Willen ihres Mannes nicht. Ihr Kind ist in der Obhut eines Kindermädchens, wodurch sie auch in dieser Hinsicht keine Verantwortung trägt. Sie vertändelt leichtfertig ihre Tage mit harmlosen Flirts mit jungen Offizieren, unbedacht welche Hoffnungen und Wünsche sie möglicherweise durch ihre Gunstbezeugungen bei ihren Galans auslöst. Über dieser Idylle schweben jedoch bereits die dunklen Wolken durchgreifender wirtschaftlicher Veränderungen. Die Geschäfte ihres Mannes laufen zunehmend schlechter. Nicht mehr der Handel wirft Gewinn ab, gewagte Börsenspekulationen sind en vogue. West sieht sich selbst in der Tradition der hanseatischen Kaufmannshäuser, für die ihr Wohlstand noch über Generationen erworbenes Gut ist, doch der Fortbestand der alten Handelshäuser ist durch die sich verändernde Wirtschaft in Frage gestellt. Ein zwielichtiges Subjekt namens Pidohn hat in letzter Zeit durch Börsenspekulationen ein Vermögen gemacht und wird nun von den alten Handelshäusern hofiert, die auf ein gutes Geschäft hoffen. Konsul West lässt sich mit ihm ein. Man gründet eine gemeinsame Gesellschaft. Wests Aufgabe besteht darin, mit seinem guten Ruf weitere Investoren anzulocken.

An einem Sommertag 1873, als diese Entscheidungen reifen, führt ein Zufall den angesehenen Schriftsteller Heines in den Garten der Familie West. Mit sicherem Instinkt erfasst er die kommenden Entscheidungen und Entwicklungen. Mit Bedacht erzählt er deshalb von einem Stück, mit dem er sich zur Zeit beschäftige: es handele von dem ersten Zusammentreffen Kaiser Napoleons III. mit seiner Gattin Eugénie nach der Niederlage im Deutsch-Französischen Krieg. Wie wird sich die Kaiserin verhalten? Eugénie war bisher nur ein sorgloses Leben in gedankenloser Pracht gewöhnt. An der Seite ihres Gatten eilte sie von Erfolg zu Erfolg. Würde sie jetzt noch zu ihm halten, da der Erfolg ihn verlassen hat? Konsul West kommt auf den Gedanken, dieses Stück mit Laiendarstellern in seinem Garten aufführen zu lassen. Rasch ist eine Besetzungsliste erstellt. Der Spekulant Pidohn soll Napoleon III. spielen, Gabriele West gibt die Kaiserin, ihre beiden Verehrer werden ebenso in die Aufführung einbezogen wie Konsul West und seine Cousine Emma. Am Abend der Aufführung ist Pidohn verschwunden; heimlich und unbemerkt springt Heines für ihn in die Bresche. Doch schon bald verbreitet es sich wie ein Lauffeuer unter den Zuschauern, der gesamten vornehmen Bürgerschaft der Hansestadt, dass Pidohn wegen illegaler Transaktionen und Betrugs verhaftet worden ist. Eilends verlassen die Kaufleute den Garten des Konsuls, um ihr Vermögen rasch aus dem Unternehmen zu ziehen. Konsul West muss das bittere Spiel bis zum Ende durchhalten: Auf seinen soliden Ruf hin ist ihm und Pidohn das Geld zugeflossen. Er darf zu keinem Zeitpunkt Zweifel an der Solidität des Unternehmens aufkommen lassen. Sein Ruf und sein Vermögen stehen auf dem Spiel, deshalb verschweigt er auch das Einspringen Heines' als Napoleon III. Am Ende der Aufführung ist sein Ruf ebenso wie sein Vermögen ruiniert. Wie Eugénie im Stück muss Gabriele West sich nun entscheiden, ob sie ihren Mann verlässt oder auch in der Niederlage zu ihm steht. Aus der gedankenlosen jungen Frau wird eine verantwortungsbewusste Gattin, die ihren Mann im Augenblick der Not nicht verlässt. Zu dieser Entscheidung ist sie durch das Theaterstück Heines' gereift. Das Ehe-Ideal triumphiert über materialistische Gedankenlosigkeit.[582]

Die Überwindung des Materialismus ist das Werk der Mentoren, die erzieherisch auf die Personen in den Romanen einzuwirken trachten. Unter ihrem Einfluss besinnen sich die Handelnden auf die zwischenmenschlichen Werte. Wie stark und wertvoll zwischenmenschliche Bindungen sein können, zeigt der Roman ›Eugénie oder Die Bürgerzeit‹ durch einen Coup am Ende: Bürgermeister Reuter ist im Garten der Wests zurückgeblieben und bietet dem Konsul seine finanzielle Hilfe an. Einst hatte ein Vorfahre der Wests versucht, den Reuters zu helfen. Leider kam damals die Hilfe zu spät. Mit schwerer Arbeit hatten sich die Reuters im Laufe der nächsten zweihundert Jahre wieder Ansehen erworben. Gleiches stehe nun den Wests bevor, wobei die Hilfe der Reuters ihren Weg zurück zu Wohlstand und Ansehen verkürzen soll. Zwischenmenschliche Solidarität, Brüderlichkeit, erweist sich als stärker denn materielle Interessen. Gleichzeitig verheißt dieser Schluss den Lesern, dass Moral und Brüderlichkeit sich auch in materieller Hinsicht lohnten. In ›Mutter Marie‹ geschah die Bekehrung noch aus uneigennützigen Gründen. Der moralisch Handelnde darf auf die Sympathie aller hoffen, materieller Gewinn entspringt nicht aus seinem Handeln. In ›Eugénie oder Die Bürgerzeit‹ lockt der Autor seine Leser mit der Aussicht auf zwischenmenschliche Solidarität, die auch materielle Vorteile bringt. Ein solches Ende birgt ein Zugeständnis an das materielle Interesse der Leser. Offensichtlich hegt Heinrich Mann Zweifel an der Überzeugungskraft der vernünftigen Einsicht, der er zuvor noch rückhaltlos vertraut hat.

Heinrich Manns Romane der Weimarer Republik möchten erzieherisch wirken: Sie sollen die Menschen vom Materialismus zum Geist bekehren. Durch die kolportagehaften Elemente soll ein möglichst großer Leserkreis angesprochen werden. Die Romane der Weimarer Republik fügen sich damit in die Intention Heinrich Manns ein, wie er sie in diesen

Jahren auch mit seinen Essays verfolgt. Heinrich Manns Romane sind pädagogische Massenromane.

Im Roman ›Die große Sache‹ ist es ein Vater von fünf Kindern, der auf seine Söhne, Töchter und Schwiegersöhne erzieherisch einwirken will. Nach einem Unfall mimt der Diplomingenieur Birk den Schwerverletzten und vertraut seinen Kindern, den Tod vor Augen, ein Geheimnis an: Er habe einen hochwirksamen Sprengstoff erfunden. Mit seiner Entdeckung könne die Familie reich werden. Daraufhin suchen seine Kinder Geschäftspartner, die das Geld beisteuern, um die Erfindung industriell verwerten zu können. Den großen Reichtum vor Augen lügen und betrügen sie und werden selbst Opfer von Lug und Betrug. Die Erfindung des Vaters existiert jedoch gar nicht. Er will mit seiner Lüge seine Kinder zum Besseren bekehren. Sie sollen nicht dem großen Geld nachjagen, sondern als Familie zusammenhalten. Die Lektion ist schwer, denn die Besitzgier unterminiert das geschwisterliche Verhältnis untereinander. Der Besitz ist die Ursache für die Ungleichheit zwischen den Menschen, für Hass, Neid und Verfall der Sitten. Am Ende steht die Botschaft von der Arbeit: Die Menschen sollen ihre Selbstachtung nicht auf materiellen Besitz stützen, sondern auf ihre Talente und Fähigkeiten. Die Arbeit an und mit ihnen soll ihnen Wohlstand bringen, nicht das Glück einer zufälligen Erfindung. Merkwürdigerweise wirkt dieses Ende wieder außerordentlich optimistisch: Die Verherrlichung der Arbeit ist noch aus dem Essay ›Zola‹ bekannt, die Kinder des Diplomingenieurs Birk bekehren sich aus vernünftiger Einsicht zur Richtigkeit dieser Ansichten. Der Autor Heinrich Mann muss kein Lockmittel wie in ›Eugénie oder Die Bürgerzeit‹ einsetzen, um seine Botschaft publikumswirksam zu machen. Ein Fortbestehen oder gar Anwachsen der Skepsis ist nicht zu beobachten, mithin ist keine Kontinuität gegeben.

Im Roman ›Ein ernstes Leben‹ ist ein skeptischer Polizeikommissar der belehrende Mentor: Hirsch erinnert mit seinem massigen Körper und seinem permanent verdrossenen Gesichtsausdruck an den Kommissar Lohmann in Fritz Langs

Mabuse-Filmen. Hirsch zeigt bereits deutliche Spuren von Skepsis und Resignation; an einer versteckten Stelle in seiner Wohnung hat er einen Spruch angebracht, den er sich öfters aufmerksam durchliest: »Der Kriminalist muß den Täter der Bestrafung zuführen, weil er nicht fähig gewesen ist, die Tat zu verhindern.«[583] Die meisten späteren Straftäter geraten ganz allmählich in den Sog des Verbrechens. Am Anfang stehen Bagatellsachen, kleinere Vergehen, die jedoch bald neue Taten nach sich ziehen, bis sie schließlich zu einem Verbrechen hindrängen. Wer einmal auf die abschüssige Bahn geraten ist, kann sich nur noch schwer der inneren Konsequenz dieser Entwicklung entziehen. Die Ursache der Verbrechen ist meist der Drang nach Reichtum und Macht. Kurzum: jene materialistische Gesinnung, die schon aus dem Bürger des Kaiserreichs einen widerwärtigen Untertanen machte. Unter den herrschenden Bedingungen stellt sich die Frage nach Schuld und Unschuld nicht mehr: »Noch sah er ihnen nach, er bedachte, daß keine Marie unschuldig gewesen wäre, wenn man von dem Geheimnis, das sie alle sind, nur so viel gekannt hätte wie üblich.«[584] Alle Menschen erweisen sich als gefährdet. Weil sie – oft gegen ihren besseren Willen – dem Zwang der Gesellschaft folgen, sind sie selbst unschuldig; betrachtet man nur ihre Taten, sind sie schuldig. Hirsch versucht meist, auffällige Personen, die ihre ersten Bagatelldelikte begehen, mit seinem Auftreten einzuschüchtern und sie so vor weiteren verhängnisvollen Schritten zu bewahren. Manchmal gelingt es, häufig schlägt der Versuch fehl: Aus gefährdeten Menschen werden Kriminelle. Man muss dann tief in die Seelen der Menschen eindringen, um noch das Gute in ihnen zu entdecken, doch Hirsch ist sich dessen Existenz sicher.

Eine Person in ›Ein ernstes Leben‹ kann er von verhängnisvollen Schritten abhalten: Marie Lehning. Sie ist die Hauptgestalt des Romans, und in ihr versucht Heinrich Mann das Leben der neuen Frau an seiner Seite, Nelly Kröger, mit allen künstlerischen Freiheiten nachzubilden. Wie schon in den früheren Romanen geht es nicht darum, biografisch genau den Lebensweg eines Individuums wiederzugeben, sondern diese Person zu einer zeittypischen Erscheinung, zu einer individualité typisée zu erheben. Marie Lehning stammt aus armen Verhältnissen. Sie lebt mit ihren Eltern und 13 Geschwistern in einer Fischerkate in der Nähe des Ostseebadeortes Warmsdorf. Ihr häufig betrunkener Vater verdingt sich als Tagelöhner in der Landwirtschaft. Während der Sommermonate wird Marie zeitweise als Kindermädchen von Badegästen engagiert. So lernt sie Kurt und Vicki kennen, die aus Berlin stammen. Ihr Vater ist ein neureicher Spekulant. Marie ist von den beiden irritiert: Ständig schwankt das Verhalten der Geschwister zwischen Freundlichkeit und hinterhältiger Boshaftigkeit. Außerdem haben die beiden ein enges Verhältnis zueinander, das keinen Dritten duldet. Der permanente Wechsel der Stimmungen macht Marie bei Menschen allgemein zu schaffen. Sie sehnt sich nach verlässlichen Beziehungen, die von Offenheit und Vertrauen geprägt sind. Auch ihr Jugendfreund Mingo ist ihr dabei keine Stütze. Sein Hang zum Leichtsinn fordert immer wieder die Kritik Maries heraus und gefährdet ihre Beziehung.

Bei einer Sturmflut, die die Kate überschwemmt, wird der Vater eines Tages getötet. Die Mutter kann sich mit ihren Kindern gerade noch retten und flüchtet mit ihnen in ein nahe gelegenes Diakonissenheim. Nach dem Tod ihres Mannes arbeitet sie nun als Tagelöhnerin, um ihre Kinder ernähren zu können. Marie wird von den Diakonissen eine unbezahlte Lehrstelle in der Stadt als Näherin vermittelt. Als ihre Mutter unter den Belastungen zusammenbricht und in ein Altersheim gebracht wird, kehrt Marie in ihr Heimatdorf zurück, um ihre Geschwister zu versorgen. Nun wird sie Tagelöhnerin, lebt mit ihren Geschwistern im Stall eines Bauernhofes, auf dem sie arbeitet. Eines Tages taucht Kurt in abgerissenen Kleidern in Warmsdorf auf. Er hat immer noch das großspurige Auftreten seiner Kindertage, doch Marie entnimmt seinen Erzählungen, dass er aus Berlin flüchten musste, weil er in zwielichtige Geschäfte verwickelt war. Seine Schwester Vicki, erfährt sie, hat einen wohlhabenden

Anwalt zum Mann. Kurt will sich in Warmsdorf verstecken, bis seine Schwester und ihr Mann dafür gesorgt haben, dass er unbehelligt zurückkehren kann. Kurt wirbt in seiner launenhaften Art um Marie. Schon bald taucht auch Vicki in Warmsdorf auf: Kurt gesteht ihr, dass er Marie begehre. Gemeinsam hecken sie einen Plan aus: Sie laden Marie und Mingo ein. Vicki will dann den leichtsinnigen Mingo verführen, sodass Kurt freie Bahn bei Marie hat. Der Plan gelingt und Kurt schwängert Marie. Das uneheliche Kind stürzt Marie in noch tiefere Not. Vom unzuverlässigen Mingo hat sie sich enttäuscht getrennt, nur Kurt ist ihr geblieben, den es nach Berlin zurückzieht. Um ihn loszuwerden oder um ihm wirklich zu helfen, Marie kann dies selbst nicht entscheiden, stiehlt sie in Lübeck in einem Warenhaus neue Schuhe für ihn, wird jedoch dabei erwischt. Kurt verschwindet mit dem Diebesgut, Marie wird zu vier Wochen Gefängnis verurteilt. In ihrer Verzweiflung wirft sie sich, vor Antritt der Haftstrafe, im Bahnhof mit ihrem Kind vor einen Zug. Sie überlebt verletzt. Im Krankenhaus wird sie von Vicki besucht, die sie nach Berlin einlädt. Marie könne in ihrem Haus als Näherin arbeiten.

Kann Marie dieser Person wirklich trauen oder muss sie auf neue Intrigen und Gemeinheiten gefasst sein? Immerhin scheint dieses Angebot der einzige Ausweg aus ihrer misslichen Lage. Nach Verbüßung ihrer Haftstrafe zieht Marie nach Berlin. Das Familienleben Vickis bietet ein bizarres Schauspiel. Vickis Mann, der korrupte Rechtsanwalt Bäuerlein, lässt seine Frau beschatten, weil er sicher ist, dass sie ihn bei nächstbester Gelegenheit beseitigen lassen würde. Er kennt Vicki: »›Wenn die entsprechende Konjunktur einträte, würde Vicki mich umbringen‹, sagte er klar und die Augen rund.«[585] Im Gegenzug belauert auch Vicki ihren Mann und versucht ihm auf die Schliche zu kommen. Kurt taucht nur gelegentlich auf. Er lebt bei der über zwanzig Jahre älteren Barbesitzerin Adele Fuchs. Marie erfährt bald den Grund für seine damalige Flucht aus Berlin: Er hatte seiner Geliebten ein kostbares Juwel gestohlen, das bis dato noch nicht wieder aufgetaucht ist. Offensichtlich befindet es sich im Besitz seiner geliebten Schwester Vicki. Adele hofft, das Schmuckstück zurückzuerhalten, wenn sie Kurt verzeiht. Kurt benimmt sich merkwürdig distanziert. Marie geht auf das Spiel ein, weil Vicki ihr eingeschärft hat, dass niemand wissen dürfe, wer der Vater ihres Kindes sei. Bald begreift sie, warum.

Vicki möchte das Kind ihres Bruders für sich gewinnen. Das Inzest-Tabu hindert sie daran, selbst ein Kind mit ihrem Bruder zu zeugen, deshalb möchte sie das Kind besitzen, das eine andere Frau von ihrem Bruder empfangen hat. Ihr Drang nach diesem Kind ist so groß, dass sie vor nichts zurückschreckt. Mit dem Kind kann sie die Kontrolle über ihren Bruder ausüben, denn Vicki fühlt sich nur lebendig, wenn sie Macht und Gewalt über andere hat. Sie sorgt dafür, dass der gestohlene Schmuck bei der vorbestraften Diebin Marie auftaucht. Die Polizei kann Marie keine Beteiligung nachweisen, und diese beteuert hartnäckig, dass sie nichts von dem Schmuck gewusst habe. Der erste Versuch, Marie loszuwerden, ist damit gescheitert, doch kann sie auch als Näherin nicht länger beschäftigt bleiben.

Adele Fuchs macht schon bald Marie ein finanziell lukratives Angebot: Sie verschafft ihr eine Stelle als Animierdame in ihrer Bar. Solange sie die Kontrolle über Marie hat, hofft sie auch den sichtlich verliebten Kurt weiterhin an sich binden zu können. Vicki redet der alternden Frau ein, dass sie Maries Kind rauben müsse, um Kurt nicht zu verlieren. Adele folgt Vickis Vorschlag. Gerade das Kind ist für Marie von besonders großer Bedeutung. Ihm will sie die verlässliche Liebe geben, nach der sie sich selbst verzehrt. Die Entführung des Kindes macht sie rasend. Sie hofft auf die Unterstützung Mingos, der ihr auch zu Hilfe eilt. Gemeinsam suchen sie ganz Berlin ab, dabei stellt sich allmählich heraus, wer die Anstifterin ist. Marie sucht die offene Konfrontation mit Vicki, stürmt in deren Zimmer und verlangt die Herausgabe ihres Babys. Die hasserfüllte Vicki schießt auf sie und verletzt sie schwer. Bäuerlein kann schließlich die Situation bereinigen: Nichts dringt an die Öffentlichkeit, Bäuerlein sorgt außerdem dafür, dass das Kind in ein Heim geschafft wird. Marie gegenüber begründet er diesen Schritt mit seiner Sorge um weitere Intrigen seiner Frau: »›Das hindert nicht, daß ich das Kind in ein Heim bringen mußte, um es vor ihr zu retten.‹ Er wiederholte stark: ›Damit Vicki nicht schließlich doch mit Ihrem Kind nach der Schweiz verschwand.‹«[586] Ohnmächtig muss Marie es geschehen lassen.

Nachdem sich Marie von der Schussverletzung erholt hat, wirkt sie nach außen ruhig und gefasst. Tatsächlich sinnt sie in ihrem Inneren auf Rache. Dabei verstrickt sie sich immer tiefer in die Intrigen ihrer Umwelt. Sie redet Kurt ein, dass er sie zurückgewinnen könne, wenn er Adele Fuchs tötet – oder hat sie ihn doch nicht angestiftet? Waren es nur Gedanken, die unbewusst laut geworden sind? Kurt tötet Adele. Aber begeht er die Tat wirklich, weil Marie ihn dazu getrieben hat, wie Vicki behauptet, oder ist es nicht vielleicht sein verzweifelter Versuch, sich aus dem scheinbar ausweglosen Netz von Abhängigkeiten zu befreien? Hirsch lässt Kurt und Vicki verhaften, Marie und Mingo fliehen in der Nacht nach Warmsdorf, wo Hirsch sie bereits erwartet, um sie zu beruhigen: Niemand verfolgt sie, ihnen droht keine Verhaftung, der Verdacht gegen sie ist ausgeräumt. Er glaubt an die Unschuld Maries, soweit überhaupt ein Mensch in dieser Welt unschuldig bleiben kann.

Wie bereits erwähnt, verbirgt sich hinter der Gestalt Maries teilweise Heinrich Manns neue Lebensgefährtin Nelly Kröger. Heinrich Mann hatte sie in einer Bar kennen gelernt, wo sie als Animierdame arbeitete. Zu diesem Zeitpunkt dürfte Trude Hesterberg noch seine Geliebte gewesen sein, doch so wie diese sich ihre Freiheiten gönnte, erlaubte sich auch Heinrich Mann seine Eskapaden. Reminiszenzen aus seiner ersten Zeit in Berlin tauchen auf, wenn er abends stundenlang die Friedrichstraße auf und ab ging, um eine für ihn reizvolle Prostituierte zu finden. War vielleicht sogar Nelly Kröger in diesem Gewerbe tätig, wie einige Biografen vermuten lassen?[587] Joachim Seyppel bestreitet dies heftig. Er verteidigt Nelly Kröger als Arbeiterkind mit positiver kommunistischer Gesinnung an der Seite des linksliberalen Schriftstellers, der auf dem Weg zum Unterstützer der Arbeiterklasse gewesen sei.[588] Im Milieu der Bars und Nachtklubs dürften die Grenzen jedoch fließend gewesen sein. Mit Sicherheit war es den Damen verboten, sexuelle Kontakte zu den Kunden in der Bar zu suchen. Sie hatten nur dafür zu sorgen, dass sie blieben und Getränke konsumierten. Alles andere wäre den Betreibern einer Bar als Zuhälterei ausgelegt worden. Was die Animierdamen in ihrer Freizeit machten, mit wem sie sich trafen, lag außerhalb der Kontrolle ihres Arbeitgebers, und Prostitution war sicherlich ein finanziell lukratives Zubrot.

Was reizte Heinrich Mann an dieser Frau? Nelly Kröger stammte aus Ahrensbök, 17 Kilometer nördlich von Lübeck gelegen. 1898 wurde sie dort als uneheliche Tochter einer Dienstmagd in einer Kate geboren. 22 Jahre nach ihrer Geburt wurde sie von ihrem Stiefvater, dem Fischer Nicolaus Wilhelm Heinrich Kröger aus Niendorf, adoptiert. Der Vater selbst blieb unbekannt. Irgendwann nach Ende des Ersten Weltkriegs kam das junge Mädchen nach Berlin, heiratete bald darauf einen Bankangestellten namens Schmidt. Mitte der zwanziger Jahre erfolgte die Scheidung. Einige Zeit verdingte sie sich wohl als Näherin, dann als Animierdame in einer Bar, wo sie Heinrich Mann kennen lernte. Will man Seyppels Angaben Glauben schenken, hatte sie zu dieser Zeit noch ein weiteres Verhältnis mit einem aktiven Mitglied der KPD aus dem Untergrund, der später für mehrere politische Morde verantwortlich gemacht wurde. Nachdem er 1933 aus Deutschland geflohen war, soll er noch einige Wochen bei Heinrich Mann und Nelly Kröger in Nizza gewohnt haben. Dies erklärt unter Umständen Aussagen von Exilierten, dass Heinrich Mann in Nizza von zwielichtigen Personen umgeben gewesen sei, mit denen seine Lebensgefährtin gerne kokettiert habe. Heinrich liebte es, mit ihr in Mundart zu sprechen. Ein Gespräch mit ihr war ihm wie eine Rückkehr in die idyllischen Tage seiner Kindheit, und dies war wohl auch der Grund für seine Liebe zu ihr. In ihrer Gegenwart konnte er den Zeitumständen entfliehen, die immer hoffnungsloser zu werden drohten.

12. Triumph des Hasses

Ein Rückblick auf die vier Romane zeigt, dass Heinrich Manns Hoffnungen schwankend sind: Ist ›Mutter Marie‹ noch voller Optimismus, was die Erziehbarkeit der Menschen angeht, so zeigt ›Eugénie oder Die Bürgerzeit‹ Zugeständnisse an den Materialismus der Leser; ›Die große Sache‹ kennt wiederum keinen Zweifel, während ›Ein ernstes Leben‹ fast schon resignierend wirkt. In diesem Schwanken zeigt sich, dass der Schreibrausch dieser Jahre sich nicht nur neuer Hoffnung verdankt, er gründet auch in ängstlichen Zweifeln, ob die Republik Bestand haben wird: »Ich schrieb meine Romane, sie behandelten Gegenstände von leidlicher Friedfertigkeit, nur der Boden schwankte: Von Mal zu Mal spürten die dargestellten Personen, die als erste von meinen Handschriften Kenntnis nahmen: ›Wenn Deutschland ist, wie Sie es schildern, verdient es die Nazis.‹ Das Wort ist wahr geworden. Ein anderes auch: ›Wie lange soll das Romaneschreiben noch dauern?‹ Sehr richtig, und wie lange die hohen Einnahmen, das behütete Arbeitszimmer mit den angesammelten Büchern und Möbeln, ererbten, alterworbenen? Wie lange bleiben die Erinnerungen eines Lebens noch verschont?«[589] Lange Zeit war die Erinnerung der Rückzugsort für die Idylle. Hier konnte sie unberührt von der Realität fortbestehen. Nun, auf dem schwankenden Grund der zugrunde gehenden Republik sieht Heinrich Mann selbst diese gefährdet. Die Weltwirtschaftskrise hatte Deutschland in diesen Jahren erfasst. Mit Anleihen vornehmlich aus den USA hatte man in der Vergangenheit die Stabilität erkauft. Der Börsenkrach in New York führte zum Zusammenbruch der internationalen Finanzmärkte. Das Kapital schwand, die Anleihen lösten sich in nichts auf. Die deutschen Unternehmen verloren binnen kürzester Zeit ihre wichtigsten Kapitalgeber: Firmenpleiten und Massenentlassungen waren die Folge.

Eine Präsidialregierung unter Reichskanzler Brüning, die ohne parlamentarische Zustimmung schalten und walten konnte, versuchte die Probleme zu lösen, doch die verzweifelte Menge suchte ihr Heil bei den Parteien der extremen Rechten und Linken. Die Situation ähnelte der Katastrophe von 1923. Der Gewinner war erneut die Wirtschaft: »1931 auf einer Terrasse in der Nähe von Innsbruck hörte ich am Nebentisch flüstern, daß die Berliner Banken gesperrt seien. Reichskanzler Brüning, ein frommer Katholik, denn Stützen der Republik waren die Katholiken, hat mit den unfähigen Männern der Wirtschaft erregte Auseinandersetzungen gehabt. Sie kamen zu dem Ende, daß der Staat die Verluste der Banken übernahm, dagegen die Gewinne ihnen allein überließ. Eine Beteiligung des Staates an den Gewinnen wäre, so scheint es, sozialistisch gewesen: das ging nicht. Erlaubt waren staatliche Zuschüsse: der Landwirtschaft die ›Osthilfe‹, der Industrie die dreifach ersetzten Löhne – die erste amerikanische Anleihe, achthundert Millionen, wurde von einem Reichskanzler, der Luther hieß, an die Industriellen abgeführt, ohne daß er irgendjemand um Erlaubnis bat. Alle diese Klienten der Republik haben bares Geld gehabt, um es in die Kasse Hitlers, ein Loch ohne Boden, zu werfen. Kein Geld hatten sie, sieben Millionen Arbeitsloser [sic] zu beschäftigen. Die mußten sein, sonst half dem ganzen Hitler ihr Geld nicht.«[590]

Der schwankende Boden trieb Heinrich Mann zu neuen Anstrengungen: Vielleicht ließe sich noch etwas retten. Aus dem optimistischen Schreibrausch wurde ein Akt der Verzweiflung. Diese Republik wollte nicht kämpfen, sie ergab sich ihren Feinden, finanzierte die Wirtschaft, die wiederum Hitler finanzierte. Rätselnd steht Heinrich Mann diesem Faktum gegenüber, weiß keine ausreichende Erklärung. Auch seine eigene Rolle unterzieht er einer kritischen Prüfung: »Übrigens schrieb ich Festtagsartikel, sie [die Nationalsozialisten – S. R.] aber redeten das ganze Jahr, ihr Boß so gut wie gleichzeitig an zwei entfernten Grenzen. Mich beanspruchten einige Zeitungen, ausschließlich in Berlin, zu Weihnacht, Ostern und Pfingsten, wenn sie eine ungewöhnlich hohe Ebene aufsuchten, wenn sie, im Schutz der festlichen Ausnahme, eine starke Sprache zu wagen wünschten. Ich war bereit, ich deutete ihren zahlreichen Lesern die Vorgänge – niemals nach den Regeln einer Partei, ich maß sie einfach an den Gesetzen des menschlichen Anstandes. Dabei gewannen die Vorgänge nicht, ich lieferte ein saftiges Stück Prosa. Den Druckorganen des abgebrühten Berlin war es gerade recht. Zuweilen hören die vorgeschrittenen Zeitgenossen die Wahrheit gern: wer zwänge sie denn, danach zu handeln.«[591] So habe er sich als ›moralischen Sonntagsprediger‹ gebrauchen lassen, habe diese Rolle auch immer wieder gerne erfüllt, weil jeder Essay ein Ausbruch seines gequälten Gewissens gewesen sei, ein Resultat seiner im Nachhinein unverständlichen Hoffnung, noch etwas retten zu können und zu müssen im Namen der Vernunft. Hatte er noch nicht genug geschrieben, hätte er seine Anstrengungen noch steigern sollen? Nichts hätte es genutzt, weil niemand nach seinen Ratschlägen zu handeln gezwungen werden konnte. In seinem Essay ›Bekenntnis zum Übernationalen‹ von 1933 schreibt er: »Es liegt an Menschen, an ihrer Bereitschaft und ihrem Willen, ob ein Zeitalter der Vernunft anbricht. Der Irrationalismus hatte sich mühelos durchgesetzt, aber die Vernunft siegt nie von selbst; keine selbsttätigen Ursachen führen sie ohne weiteres in das Geschehen ein, sie muß erkämpft werden.«[592] Am Ende der Weimarer Republik hat das Gefühl der Ohnmacht über den Willen, das Menschengeschlecht zu erziehen, triumphiert. Das Gefühl der Ohnmacht macht sich auch beim Intellektuellen Heinrich Mann bemerkbar; es ist der wahre Geist von Weimar. Heinrich Mann prangert in seinen Romanen der Weimarer Republik die Wirtschaftsunternehmen als die Schuldigen an, damit zumindest ihre Schuld allen vor Augen stehe. Die Kunst als moralische Anstalt betrachtet – letzter Anklang an Schiller und die europäische Aufklärung. Ansonsten: Nichts lässt sich verhindern, nichts lässt sich aufhalten, nur Vereinzelte kann man noch retten. Nur wer flieht, rettet einen Rest seiner ramponierten Unschuld.

Der Nationalsozialismus ist nach Ansicht Heinrich Manns eine »Weltanschauung für Imbéciles«[593]. In ihr entdeckt er die radikalisierte Wiedergeburt der Ideologie des Kaiserreichs: »Das Land quälte sich nur selbst. Im Hintergrund arbeiteten die Gehirne an ihrem düsteren Traum von Weltherrschaft: höchst merkwürdig bei einer Nation, die sich selbst weder beherrscht noch auch nur regieren will. Die Republik wäre das Mittel gewesen – ein geschenktes Mittel, sie wollten es nicht. Anstatt jedes Versuches, ihr Schicksal zu begreifen, um es zu bestimmen, suchten sie lieber nach seinem boshaften Urheber.«[594] Die Deutschen hatten in der Weimarer Republik die historische Chance, ihr Schicksal selbst in die Hand zu nehmen. Stattdessen gefielen sie sich im Gefühl der Ohnmacht, empfanden sich boshaften Mächten hilflos ausgeliefert. Hitler benannte nun diesen heimlichen Feind: Der Antisemitismus ist die Ausgeburt einer grotesken Paranoia, die sich bereits in der Weimarer Republik zu einem kollektiven Phänomen auswuchs. Hinter dem albernen Gefasel von der jüdischen Weltverschwörung verbirgt sich nach Meinung Heinrich Manns der Hass: »Es drückt den deutschen Welthaß aus. Es ist Wirklichkeit geworden aufgrund einer uralten, jetzt akuten, virulenten und aggressiven Mißbilligung der gesamten Geschichte, der Kultur – des Christentums und Mittelmeeres.«[595] Im deutschen Volk schlummert nach seinen Worten seit urdenklicher Zeit der Hang zur Barbarei; seit jeher war die Kultur, wie sie aus dem südeuropäischen Raum nach Norden vorgedrungen sei, der heimliche Feind im deutschen Denken. Vernunft, Menschlichkeit, Mündigkeit, Verantwortungsbewusstsein für sich und für andere – alle Errungenschaften der europäischen Aufklärung und Kultur waren in Deutschland niemals heimisch.

Mit diesen Idealen aufs engste verbunden ist auch die

Selbstachtung. Deshalb verachten die Deutschen in ihrem allumfassenden Hass nicht nur die Welt, sondern auch sich selbst. Zieht man die Folgerungen aus diesen Gedankengängen Heinrich Manns, so ist die kriegerische Zerstörung der Welt durch die Nationalsozialisten nur die Vorstufe zur Selbstzerstörung. Hitlers Kriegswut offenbart tatsächlich diesen selbstzerstörerischen Zug: Nicht der Sieg ist das Ziel, sondern der Kampf als Bewährungsprobe. Ein Friede nach einem Sieg ist in der nationalsozialistischen Ideologie nicht vorgesehen; das Schlachtfeld ist der natürliche Schauplatz des Lebens. Unter diesen Vorzeichen ist der Krieg bis zur totalen Erschöpfung eingeplant, bis zum eigenen Untergang. Den physischen Untergang des deutschen Volkes hat Hitler nicht erreicht, aber den moralischen.

Das Volk wird in seiner Neigung zum Irrationalismus zum Träger des Nationalsozialismus – mit dieser Beurteilung rückt Heinrich Mann erstmals deutlich von seinem Versuch ab, das Volk erziehen zu wollen. Wie soll man jemanden zum Gebrauch der Vernunft erziehen, der aufgrund seiner Wesensart einen unwiderstehlichen Zug zum Irrationalismus in sich trägt? Aber Heinrich Mann revidiert diese Position wieder. Im Exil schreibt er in einem Artikel für die ›Dépêche de Toulouse‹: »Ce n'est pas le peuple allemand l'initiateur de tout cela. L'ayant fréquenté pendant toute ma vie, je peux affirmer qu'il est capable de bonté autant que celui de toute autre nation.«[596] Plötzlich attestiert er den Deutschen wieder die Fähigkeit zur Vernunft und zum Guten, kein Wort mehr von dem natürlichen Irrationalismus bei diesem Volk. Selbst in ›Ein Zeitalter wird besichtigt‹, wo er die These vom unheilbaren Irrationalismus der Deutschen aufgestellt hat, finden sich auch andere Erklärungen: »Im Grunde war es der bösartige Wille einer Minderheit, der sich durchsetzte«, heißt es hier.[597] Generäle, Großgrundbesitzer und Industrielle seien jene bösartige Minderheit gewesen, die die Republik zu ihrem Nutzen ausgebeutet hätten. Das Volk habe diesem Treiben gleichgültig gegenübergestanden: »Die Mehrheit hat nichts gewollt, weder Böses noch Gutes.

Sie nahm vorlieb mit der formalen Gesetzlichkeit, unter der sie leben durfte.«[598] Diese Gleichgültigkeit sei ein Erbteil des Kaiserreichs gewesen. Die Revolution von 1918 habe nichts geändert, weil sie keine Revolution gewesen sei. Kurzzeitig sei ein Vakuum entstanden, ehe das alte Denken wieder in sein Recht eingesetzt worden sei. Nach wie vor suchten die Deutschen ihr Glück nicht in der Zusammenarbeit mit den anderen Völkern Europas, sondern im Kampf gegen diese. Hasserfüllt, aggressiv und geprägt von dem Gefühl, überall nur von Feinden umgeben zu sein, präsentiert sich die Weimarer Republik wie ihr Vorgänger, das Kaiserreich. Der deutsche Untertan sei unbemerkt vom Kaiserreich in die Republik entlassen worden. So habe er nie die Möglichkeiten des neuen Staates begriffen und sich stattdessen treuherzig auf die Versprechungen seiner Unterdrücker verlassen. Die Großindustrie habe Inflation und Weltwirtschaftskrise genutzt, um ihren Reichtum zu vergrößern und das Volk darben zu lassen. Der Hungernde wagt nicht zu protestieren, aus Angst, auch noch seinen letzten Lebensunterhalt einzubüßen. Neben der geistigen Kontinuität sei die Armut eine weitere Quelle für die Gleichgültigkeit der Menschen gewesen.

Kann man entmündigte Massen für den Nationalsozialismus verantwortlich machen? Heinrich Mann sieht in den Deutschen die unglückseligen Opfer der Verhältnisse. Durch die Kontinuität vom Kaiserreich zur Weimarer Republik seien sie niemals auch nur für einen Augenblick in den Genuss der Freiheit gelangt, die die Vernunft dem Menschen schenke. So seien sie nahtlos vom Kaiser zum Führer übergegangen. Die Schuld hierfür sei nicht beim deutschen Volk zu suchen, denn schließlich wisse es nichts anderes. Vielmehr müsse man ihm helfen. Es wird der Tag kommen, wo das Schreckensregime der Nationalsozialisten sein Ende finden werde, dann gilt es das Verlorene nachzuholen. Heinrich Mann kehrt zu seiner Forderung an den Intellektuellen zurück, er müsse das deutsche Volk erziehen. Unter dem Titel ›Es kommt der Tag‹ wird Heinrich Mann im französischen Exil 1936 seine Überzeugungen niederlegen. Die Essay-

Sammlung ist in Kapitel unterteilt, deren Überschriften den Weg aufzeigen sollen. Sie lauten »Sehen«, »Verachten« und »Lernen«. Auf der ersten Stufe sollen die Deutschen sehen, was die Nationalsozialisten wirklich verkörpern. Unvermeidlich wird diese Einsicht dazu führen, dass die Deutschen auf der zweiten Stufe ihre Unterdrücker verachten werden. Auf der dritten Stufe schließlich lernen sie die wahren Werte menschlichen Lebens schätzen und lieben. Angereichert ist die Sammlung mit Auszügen aus den Werken großer deutscher Schriftsteller und Philosophen: Friedrich Schiller, Wilhelm von Humboldt, Theodor Fontane, Friedrich Nietzsche, Richard Nikolaus Graf von Coudenhove-Kalergi, Immanuel Kant, Matthias Claudius, Franz Grillparzer, Gottfried Keller, August von Platen und Friedrich von Gentz. Ergänzt wird diese Reihe durch Zitate aus Horaz und der Bibel. Heinrich Mann nennt seine Sammlung ein ›Deutsches Lesebuch‹.

Wenn aber nicht das deutsche Volk Träger des Nationalsozialismus ist – und die Beiträge großer deutscher Schriftsteller und Philosophen sollen den deutschen Anteil an der Geschichte der europäischen Vernunft heraufbeschwören und auch von dieser Seite beweisen, wie wenig das wahre Deutschland an dieser Barbarei schuld sei –, wer hat dann den Nationalsozialisten zur Macht verholfen? Heinrich Mann sieht in Hitler vor allem den Agenten der Industrie. Er zerschlägt für sie die Gewerkschaften und sorgt auf diese Weise für Ruhe im Sinne der Unternehmer, die keine Gefahr durch die Sozialisten mehr fürchten müssen. Er schenkt ihnen den Krieg, den die Schwerindustrie braucht, um die größten Gewinne machen zu können. Heinrich Mann bescheinigt Hitler, dass er niemals aus eigenem Antrieb gehandelt habe: »Gehorsam, für alles brauchbar, aber so weit wir zurückdenken, mußte er jedesmal gestoßen werden, außer vielleicht bei individuellen Morden.«[599] Diese ambitionslose Gestalt sei von der Industrie an die Spitze des Staates gestellt worden, selbst ein ohnmächtiger Popanz und Befehlsempfänger.

Aber warum lässt sich dieser ambitionslose Charakter in diese Rolle hineindrängen? Heinrich Mann glaubt seine psychische Disposition zu kennen: »Seine tiefgefühlte Minderwertigkeit liegt im aussichtslosen Kampf mit seinem Größenwahn.«[600] Hitler ist der Schwache, der aus Angst vor der eigenen Schwäche Stärke mimt. Nach Heinrich Manns Worten lässt sich auf Hitler der gesamte Freudsche Wortschatz wie Verdrängung, Überkompensation und Komplexe anwenden. Der Schwache, der nicht kraft seiner Vernunft überzeugen und siegen kann, braucht ein anderes Mittel: Gewalt. Er tötet alle, die anderer Ansicht sind als er, er unterdrückt die Massen, um sich selbst an diesem Anblick als Beweis seiner Stärke zu weiden. Das Großkapital gab dem komplexbeladenen Hitler die ungeheure Chance, seine Minderwertigkeitsgefühle zu kompensieren. Mit den Mitteln des Kapitals konnte er seinen Repressionsapparat errichten. Er will stark sein! Wenn er bis heute schwach erschien, so liegt das aus seiner Sicht nur daran, dass er von der ganzen Welt nicht richtig eingeschätzt wurde. Er fühlt sich missachtet und ungeliebt. Aber die ganze Welt soll erfahren, wie stark er ist. Auf der Basis dieser wahnhaften Folgerungen erwächst aus seiner Selbstverachtung der Welthass, der zum Antrieb seines Handelns wird. Heinrich Mann sieht selbst im Antisemitismus Hitlers nur eine Facette seines allumfassenden Hasses. Der von Minderwertigkeitsgefühlen geplagte Hitler konnte zum lang ersehnten Tribun der Republik aufsteigen, weil im deutschen Volk die gleichen Gefühle virulent vorhanden waren. Wie im Kaiserreich sah es in sich die zu spät und darum auch zu kurz gekommene Nation, von allen anderen Staaten am Aufstieg zur wahren Größe gehindert. Hitler lieh diesem Gefühl seine kreischende Stimme, und viele erkannten in ihm sich selbst.

Die Machterschleichung Hitlers vollzog sich ganz langsam, war jedoch vorhersehbar. Bereits im Jahre 1930 wies Heinrich Mann in einem Manifest auf die Gefahr von rechts hin: »Wir warnen und fordern! An die Reichsregierung und alle Republikaner, gegen die Feinde und Zerstörer der Republik. Wer diesen Warnungen und Forderungen zustimmt, wer helfen will, die Republik gegen alle Anschläge, von welcher Seite sie auch kommen mögen, zu verteidigen, wen die Kulturschande unseres Jahrhunderts – wie Zola den Antisemitismus getauft hat – anwidert, wer sich den ersten Unterzeichnern des Manifestes anschließen und mit ihnen kämpfen will gegen alle Diktatoren und Abenteurer, die sich als ›Retter‹ der Republik vermummt haben, – der trete in unsere Reihen. An keine Partei gebunden, abseits aller Cliquen stellt sich der Bund der radikalen Republikaner keine andere Aufgabe als den Schutz der Republik. Wir wissen, wie unvollkommen ihre Einrichtungen sind, wir wissen, wie viel noch zu tun bleibt, wir wissen, daß nur die schonungslose Bekämpfung der Korruption der Anfang einer Säuberung des öffentlichen Lebens sein kann. Dennoch ist selbst diese Republik mit all ihren Krankheiten ein unvergleichlich besserer und fruchtbarerer Boden für die geistige, moralische und soziale Entfaltung ihrer Mitglieder als eine Diktatur oder Monarchie.«[601] Zu den ersten Unterzeichnern des Aufrufs gehörten neben Heinrich Mann Wilhelm Herzog und der Präsident der Akademie der Künste, der Maler Max Liebermann. Heinrich Mann schien jedoch von den Erfolgsaussichten eines solchen Aufrufs wenig überzeugt. Wilhelm Herzog zitiert ihn sinngemäß: »Hoffnungslos die Lage in Deutschland, angesichts dieser Republikaner.«[602]

Dennoch gibt Heinrich Mann nicht auf. 1931 äußert er sich vehement gegen die aufsteigenden Nationalsozialisten: »Das Reich der falschen Deutschen und falschen Sozialisten wird gewiß unter Blutvergießen errichtet werden, aber das ist noch nichts gegen das Blut, das fließen wird bei seinem Sturz.«[603] Die Machtübernahme durch Hitler sei kein Unfall der deutschen Geschichte, sondern die Konsequenz aus ihr, die Konsequenz der inneren Widerstandslosigkeit, die Heinrich Mann bei den Deutschen wirksam sieht. Bezeichnend findet er seinen Besuch im preußischen Innenministerium, wo er gegen die Verbreitung nationalsozialistischer Propaganda angehen will: »… für meinen Teil unterbreitete ich dem Preußischen Ministerium des Inneren meine Anregungen, die nationalsozialistische Propaganda zu überbieten, sie mit ihren eigenen Griffen zu ersticken. Der Staatssekretär, heute ein Schweizer Fürsprech, von jeher ein wohlwollender Mann, ließ seine Angestellte ein Stenogramm aufnehmen und verlangte die Reinschrift. Wir warteten eine Stunde, bis wir erfuhren, die Abschreiberin sei zum Essen gegangen. So ernst wurde an der Stelle, die, mehr als jede andere, die Republik verantwortete, ihre Erhaltung genommen.«[604] Wilhelm Herzog, der seinen Freund bei diesem Besuch begleitete, weiß zu ergänzen, dass die Sekretärin, nach seiner Beschreibung ein etwas verblühtes deutsches Gretchen mit blondem Haarkranz, sich später als Spitzel der Nazis entpuppte.[605] Niemand interessiert sich für seine Warnungen, niemand hört ihn an, so müssen Heinrich Manns Erfahrungen dieser Tage gewesen sein: Seine mahnenden Worte werden übertönt von dem heiseren Geschrei Hitlers, von seinen beschwörend-tremolierenden Tönen, wenn er von der zukünftigen Größe Deutschlands schwatzt, von seiner kreischend-berstenden Stimme, wenn er von der jüdisch-kapitalistisch-kommunistischen Weltverschwörung gegen Deutschland faselt – ein Orgasmus des Hasses: »Fascismus heißt dagegen ein Zustand, bei dem Popanze das Höchste sind, nicht Menschen. ›Der Führer‹ – und wenn er ein bösartiger Trottel wäre! ›Die Nation‹ – und wenn es gar nicht die Nation, sondern nur die Herrschsucht der Machthaber bedeutete! ›Gleichberechtigung‹, sogar ›Freiheit‹ – lauter verlogene Schlagworte, um euch darüber zu täuschen, daß ihr unfrei und rechtlos sein sollt, schlimmer als unter jeder Fremdherrschaft!«[606]

Bei seinem Kampf gegen das Aufkommen des Nationalsozialismus half ihm auch nicht, dass er seit 1931 die Position eines Präsidenten der Sektion Dichtkunst an der Preußischen Akademie der Künste bekleidete. Nach zahlreichen inneren Kämpfen hatte sich die Sektion zu einem klaren Bekenntnis für die Weimarer Republik durchgerungen. Zuvor sah Heinrich Mann die praktische Arbeit der Sektion oft genug blockiert, wenn sie nicht sogar als Plattform für die Agitation gegen den Staat benutzt wurde: »Es waren ungünstige Arbeitsbedingungen. Die meisten von uns saßen mit kameradschaftlicher Gesinnung um den langen Tisch in einem hellen Zimmer des Hauses Pariser Platz 4, sie waren herzlich bereit, zu tun, was der Geltung der Literatur nützen konnte, und als Grundlage der Bestrebungen betrachteten sie unter anderem ihre eigene, lebenslange, verantwortliche Arbeit. Da fing jedesmal einer an, uns vorzuhalten, mit dem deutschen Volkstum hätten wir nichts zu tun. Er dagegen ja. Es war nichts mehr zu machen.«[607] Zeitweise fürchtete Heinrich Mann um den Fortbestand der Abteilung, doch schließlich kam es im Januar 1931 zum Austritt der Deutsch-Völkischen Erwin Guido Kolbenheyer, Wilhelm Schäfer und Emil Strauss. Von ihrer Fraktion blieb alleine Josef Ponten weiterhin Mitglied, konnte aber mit seinen Anträgen nicht mehr durchdringen. Die Akademie stand nun geschlossen hinter der Republik und zeigte Flagge, insbesondere durch Thomas Mann, der seit 1929 seinen Nimbus als Literatur-Nobelpreisträger einbringen konnte. Thomas und Heinrich arbeiteten in der Sektion eng zusammen; außerdem konnten sie jederzeit auf die Unterstützung Alfred Döblins vertrauen.

Thomas hatte den Literatur-Nobelpreis, Heinrich die Präsidentschaft der Sektion Dichtkunst: »Meine Feinde konnten mich mit niemandem verwechseln. Auch Geschäfte mit mir zu machen ergaben sich ungeahnte Gelegenheiten, als die persönliche Namhaftigkeit verstärkt wurde durch staatliche Geltung. Ich hatte von jeher in Vortragsreisen gewilligt, sooft sie mir angeboten wurden. Jetzt beriefen mich nicht nur literarische Vereine, sondern Theater, politische Parteien, die Hamburger Demokraten, ihr großer Bürgermeister Petersen; und andererseits Warenhäuser. Ich hätte es nie geglaubt, aber sie wünschten mein Auftreten – den Rhein entlang von Stadt zu Stadt oder in Berlin.«[608] Hat Heinrich Mann wirklich noch gehofft, die politischen Entwicklungen aufhalten zu können?

Seit 1930 regierte ein Kabinett unter Vorsitz des Zentrumspolitikers Heinrich Brüning auf der Grundlage von präsidialen Notverordnungen. Als der Reichstag einen Antrag der SPD annimmt, die Notverordnung aufzuheben, wird er von Reichspräsident Hindenburg aufgelöst. Die folgenden Wahlen vom 14. September des Jahres brachten der NSDAP einen Stimmenzuwachs von 12 auf 107 Mandate. Brüning setzt seine Regierungsarbeit fort und weiß sich dabei unterstützt von General Kurt von Schleicher, seit 1929 Chef des neu errichteten Ministeramts im Reichswehrministerium. Schleicher ist der neue starke Mann im Hintergrund. Wie schon einst im Obersten Heereskommando, als Ludendorff der starke Mann und Hindenburg nur die Galionsfigur war, so ist nun Schleicher die treibende Kraft. Schleicher strebt die Wiederherstellung einer monarchisch-autoritären Staatsverfassung an, wie sie von vielen Mitgliedern der Reichswehr und der ostelbischen Junker gewünscht wird. Die Nationalsozialisten dienen bestenfalls als Instrument, um diesen Plan zu verwirklichen, keinesfalls sollen sie eine eigenständige Rolle spielen, am besten wäre, wenn man sie gar nicht bräuchte. Sein Plan einer rechtsbürgerlichen Koalition unter Einbeziehung der DNVP scheitert, weil die DNVP mittlerweile mit der NSDAP ein Bündnis eingegangen ist, doch noch kann Schleicher auf Brüning und seine Präsidialregierung bauen.

Die nächste Machtprobe sind die Präsidentschaftswahlen im Frühjahr 1932. Zur Wahl stellen sich Adolf Hitler, Ernst Thälmann von der KPD, Theodor Duesterberg, der von der DNVP und dem Stahlhelm, einer national orientierten Kriegsveteranenorganisation, unterstützt wird, sowie der bisherige Amtsinhaber Hindenburg. Angesichts dieser Konstellation wird aus dem ehemaligen Oberbefehlshaber der Wehrmacht im Ersten Weltkrieg, aus der Symbolfigur des Kaiserreichs, der von vielen als ›Ersatz-Kaiser‹ eingeschätzt wurde, plötzlich der Hoffnungsträger der Demokraten, wobei sich Hindenburg unverhohlen über die Unterstützung durch die SPD beschwert, die ihm Brüning gesichert hatte. Auch Heinrich Mann hatte 1925 in der Wahl des Generalfeldmarschalls noch einen Beweis für die bedenkliche Kontinuität in Deutschland erblickt. Konnte er nun bei seiner Wiederwahl den Alten als Bewahrer der Republik akzeptieren? In dieser Situation schreckte ihn ein Vorschlag auf, den plötzlich Kurt Hiller unterbreitete: Heinrich Mann solle als Präsidentschaftskandidat gekürt werden.

Kurt Hiller hatte vor dem Ersten Weltkrieg dem Expressionismus nahe gestanden. Während des Kriegs propagierte er seine Idee einer besseren Zukunft, die demokratiefeindlich durch die Lenkung durch politisch aktive ›Geistige‹ herbeigeführt werden sollte: »Der Aktivismus will keine Kratie der Demos, also der Massen und Mittelmäßigkeit, sondern eine Kratie des Geistes, also der Besten.«[609] Zur Verwirklichung dieses Ziels gründete Hiller einen »Bund zum Ziel«, der die Aktivisten zusammenführen sollte. Nach dem Zusammenbruch des Kaiserreichs übernahm Hiller in Berlin den Vorsitz des »Politischen Rats geistiger Arbeiter«. Nach der – teilweise gewaltsamen – Auflösung der Rätebewegung engagierte sich der Berliner Fabrikantensohn in verschiedenen Friedensbewegungen, bis er 1926 die »Gruppe Revolutionärer Pazifisten« gründete. Die Gruppe sollte sozialistisch und pazifistisch orientiert sein. In puncto Sozialismus trat Hiller dabei für eine Einheitsfront von Sozialdemokraten und Kommunisten ein. Pazifismus und Sozialismus gehörten für Hiller unauflöslich zusammen, weil er der Ansicht war, »eine Hauptquelle der Kriege in der kapitalistischen Gesellschaftsordnung erblicken« zu können, und er »deshalb jede Arbeit für den Frieden als illusorisch ansehen« müsse, »die nicht zugleich Arbeit für die soziale Revolution« sei.[610] Die Wahl Hindenburgs zum Reichspräsidenten 1925 war für den konsequenten Pazifisten eine ungeheure Enttäuschung. An dieser Ansicht hatte sich bis 1932 nichts geändert: Hindenburg war für Hiller unannehmbar. Deshalb unterbreitete er am 9. Februar 1932 in der Zeitschrift ›Weltbühne‹, die ihm schon lange als Organ zur Veröffentlichung seiner Ansichten offen stand, seinen Vorschlag, Heinrich Mann zum Präsidentschaftskandidaten einer vereinigten Linken zu machen.

Warum gerade ihn? Hiller wollte und konnte keinen Parteipolitiker präsentieren. Die vereinigte Linke, auf die er als Gegengewicht zur NSDAP hoffte, existierte nämlich nicht. Die Sozialdemokraten sahen in der KPD die Agenten Moskaus, die die deutsche Demokratie gegen eine Diktatur des Proletariats nach sowjetischem Vorbild austauschen wollten; die KPD machte die SPD für die Entwicklung des Faschismus mitverantwortlich. Der Faschismus sei ein Endprodukt des Kapitalismus, dessen Träger weltweit die Bourgeosie sei, die deshalb mit allen Mitteln bekämpft werden müsse. Die SPD habe sich jedoch mit der Bourgeosie arrangiert und damit das Aufkommen des Faschismus begünstigt. Diese Ansichten wurden von Stalin 1928 als kommunistische Plattform gegen den Faschismus vorgeschrieben. Alle moskautreuen Organisationen hatten dieser Auslegung zu folgen. Die Theorie vom Sozialfaschismus einerseits, die Angst vor der kommunistischen Diktatur andererseits sorgten dafür, dass niemals ein Sozialdemokrat oder ein Kommunist Stimmen aus beiden Lagern auf sich hätte vereinigen können. Persönlichkeiten aus kleineren sozialistischen Vereinigungen und Verbänden wie Georg Ledebour von der SAP oder Willi Eichler vom Internationalen Sozialistischen Kampfbund schieden wegen ihres geringen Bekanntheitsgrades aus. Ernst Toller oder Albert Einstein hätten wegen ihrer jüdischen Herkunft wahrscheinlich nur geringe Akzeptanz in der deutschen Bevölkerung gefunden. Aus diesen Erwägungen heraus ergriff Hiller schließlich Partei für Heinrich Mann. Darüber hinaus galt Mann spätestens seit seinem Essay »Zola« in expressionistischen Kreisen als »Vater« des expressionistischen Aktivismus. Sein Ideal der Einheit von Geist und Tat unterschied sich jedoch grundlegend vom Aktivismus der Expressionisten, wie Heinrich Mann im Gegensatz zu Hiller richtig einzuschätzen wußte.[611]

Die Resonanz auf den Vorschlag war nur gering: »Hillers Vorschlag fand wenig Beachtung. Nachdem Hillers Artikel im Februar 1932 erschienen war, ging auch kein anderer Weltbühne-Autor auf seinen Vorschlag ein, obwohl gerade die

Reichspräsidentenwahl und die damit verbundene Kandidatendiskussion intensiv in dem Blatt verfolgt und kommentiert wurden. Weltbühne-Autoren wie Carl von Ossietzky, die mit Kritik an der KPD nicht sparten, empfahlen ähnlich wie die SAP die Wahl Thälmanns. Sie begründeten diese Empfehlung mit dem Hinweis, daß mit einem guten Abschneiden des Kandidaten der KPD deutlich werden würde, welchen Erfolg ein sozialistischer Einheitskandidat hätte haben können.«[612]

Heinrich Mann reagierte nicht direkt auf den Vorschlag Hillers in der ›Weltbühne‹. In einer Erklärung vom 12. März 1932 befürwortete er jedoch die Wahl Hindenburgs. Auch er sah in ihm die einzige Chance, die politische Mitte zu vereinen und auf diese Weise einen Erfolg des nationalsozialistischen Bewerbers Adolf Hitler abzuwenden. Das Kalkül war erfolgreich. Bereits im ersten Wahlgang sammelte Hindenburg 18,7 Millionen Stimmen, auf Hitler entfielen 11,3 Millionen, auf Thälmann fünf und auf Duesterberg 2,6. Der zweite Wahlgang ergab schließlich 19,4 Millionen Stimmen für Hindenburg und 13,4 Millionen Stimmen für Hitler. Hindenburg war weiterhin Reichspräsident. Hatte Heinrich Mann in diesem Frühjahr 1932 eine Chance versäumt? Hätte er als Präsident die Machterschleichung Hitlers verhindern können?

Der Vorschlag kam von einem politischen Außenseiter. Die politische Basis, auf die Hiller hoffte, war nie gegeben. Wie aussichtslos unter diesen Umständen eine Kandidatur gewesen wäre, zeigen die ausbleibenden Reaktionen der Öffentlichkeit. Wäre Heinrich Mann dennoch angetreten, mit wessen Stimmen hätte er rechnen können? Möglicherweise wären ihm einige Stimmen aus der SPD, die zweifellos ihre Schwierigkeiten mit einem Reichspräsidenten Hindenburg hatte, zugefallen. Auch die linksliberale DDP wäre als Stimmenfundus in Frage gekommen. Doch spätestens bei der Zentrumspartei und rechts von ihr endete sein Wählerpotenzial. In dieser Hinsicht hätte eine Kandidatur Heinrich Manns sogar verhängnisvoll werden können: Womöglich hätte er Hindenburg der Stimmen beraubt, die dieser im Kampf gegen Hitler benötigte. Hindenburg deckte ein breiteres Wählerspektrum ab, als Heinrich Mann es jemals vermocht hätte, und war daher der geeignetere Kandidat. Hillers Vorschlag ist nur eine Randepisode im wirren politischen Geschehen im Vorfeld des 30. Januar 1933.

Der Erfolg Hindenburgs stärkt das bürgerliche Lager, das sich nun offen gegen die Nationalsozialisten vorzugehen traut: Am 13. April, nur drei Tage nach Hindenburgs Wahlsieg, werden SA und SS verboten. Im Laufe der folgenden Wochen geht die Zahl der politisch motivierten Anschläge und Straßenkämpfe deutlich zurück. Aber am 30. Mai 1932 sieht sich Brüning zum Rücktritt gezwungen. Er wird ein Opfer der Intrigen ostelbischer Junker, die ihrem Favoriten von Schleicher an die Macht verhelfen wollen. Bei allen Einschränkungen repräsentierte Brüning in ihren Augen das verhasste demokratische System, das man beseitigen wollte.

Schleicher griff jedoch nicht nach der Macht, sondern schlug den Zentrumsabgeordneten Franz von Papen als Nachfolger Brünings vor. Papen war ein Kompromiss-Kandidat: »Papen galt als hochkonservativ, war ansonsten jedoch ein weithin unbeschriebenes Blatt, versprach also ein lenkbarer Kanzler zu werden. Gegenüber dem Grafen Westarp, dem Hindenburg gern die Nachfolge Brünings übertragen hätte, hatte der westfälische Gutsbesitzer vom Jahrgang 1879 den großen Vorteil, daß er kein persönlicher Feind Hugenbergs war. Seine Mitgliedschaft im Zentrum mochte es aus Schleichers Sicht der Partei Brünings erleichtern, sich mit dem Kanzlerwechsel abzufinden und die neue Regierung zu unterstützen. Für Hindenburg war die katholische Konfession von Schleichers Kandidat gewiß kein Grund zu Freude. Dafür entstammte Papen dem Adel, und seine Zuneigung zu Hindenburg hatte er schon 1925, bei dessen erster Wahl zum Reichspräsidenten, öffentlich zu Protokoll gegeben.«[613] Papen hatte darüber hinaus noch eine mehrjährige Offizierslaufbahn hinter sich, was ihm bei Hindenburg weitere Sympathien einbrachte.

Schleichers Kalkül trog jedoch in mehreren Punkten: Das Zentrum war nicht bereit, von Papen als neuen Kanzler zu akzeptieren. Ebenso wenig war Hugenberg geneigt, von Papen zu unterstützen. Am 2. Juni musste schließlich der Reichstag aufgelöst werden, um eine Niederlage der Regierung bei einem Misstrauensantrag, den die SPD eingebracht hatte, zu verhindern. In der Zeit bis zum 31. Juli, dem Tag der Reichstagswahlen, versuchten von Schleicher und von Papen möglichst viele Signale zu setzen, um die Stimmen der Rechtsbürgerlichen und der Rechten für sich zu gewinnen. Schleicher, der als Reichswehrminister dem »Kabinett der Barone«, wie die SPD-Zeitung ›Vorwärts‹ die Regierungsmannschaft nannte, angehörte, ließ sich auf Verhandlungen mit der NSDAP ein. Am 14. Juni wurde das Verbot von SA und SS aufgehoben. Unmittelbar danach schnellte die Zahl der Opfer politischer Anschläge wieder nach oben. Hitlers Taktik war klar: Er wollte Deutschland in bürgerkriegsähnliche Zustände stürzen, bis man ihn als Retter aus der Not rufen würde. Am 20. Juli wurde die preußische Landesregierung abgesetzt: damit war die letzte Regierung mit SPD-Beteiligung beseitigt. In seiner Regierungserklärung, die von Papen demonstrativ nicht vor dem Reichstag, sondern über den Rundfunk an das deutsche Volk hielt, beschimpfte er die »Mißwirtschaft der Parlamentsdemokratie« und den »Staatssozialismus«, der den Staat »zu einer Art Wohlfahrtsanstalt« gemacht habe. Kurze Zeit später kürzte er per Notverordnung die Arbeitslosenunterstützung um durchschnittlich 23 Prozent und reduzierte die Zahlungen von 20 auf sechs Monate. Die daran anschließende so genannte Krisenfürsorge wurde um 17 Prozent gesenkt; außerdem wurden die gemeindlichen Wohlfahrtssätze um 15 Prozent zurückgenommen. Immerhin war es der Regierung durch ihre Maßnahmen gelungen, die Unterstützung der DNVP zu erlangen.

Die soziale Not, die durch die Reduzierung der sozialen Hilfsmaßnahmen entstanden war, verschärfte sich und trieb noch mehr Wähler der NSDAP in die Arme. Am 31. Juli errang sie 37,4 Prozent der Stimmen und damit einen Zuwachs von 19,1 Prozent gegenüber der Wahl im September 1930. Leichte Gewinne gab es noch für die Kommunisten und die beiden katholischen Parteien, Zentrum und Bayerische Volkspartei. Alle übrigen Parteien der politischen Mitte und der gemäßigten Rechte, aber auch die DNVP erlitten schwere Verluste zugunsten der Nationalsozialisten. Die Regierung von Papen tangierte das Wahlergebnis kaum: Sie stützte sich schließlich auf Notverordnungen. Sie hoffte mit einer Etablierung monarchisch-autoritärer Strukturen den Nationalsozialisten mittelfristig beikommen zu können. Da man die Gefahr von rechts nur gering einschätzte – für von Schleicher und von Papen drohte die wahre Gefahr von links, von der KPD –, unterbreitete man den Nationalsozialisten sogar das Angebot einer Regierungsbeteiligung. Die Absicht war klar: Man wollte die Nationalsozialisten in die politische Verantwortung einbinden, um sie auf diese Weise besser kontrollieren zu können.

Doch Hitler wollte mehr. Bei einem informellen Treffen mit von Schleicher forderte er die Kanzlerschaft, die Ministerpräsidentschaft in Preußen sowie die Ressorts für Inneres, Justiz, Erziehung und Landwirtschaft im Reich und in Preußen. Schleicher überbrachte dem Reichspräsidenten die Forderungen Hitlers, woraufhin dieser seinen unumstößlichen Willen bekundete, den ›böhmischen Gefreiten‹ niemals zum Reichskanzler zu berufen. Hitler demonstrierte jedoch seine Macht. Kurz vor einem neuerlichen Treffen mit Vertretern der Regierung ließ er starke SA-Kräfte rund um Berlin aufmarschieren. Außerdem verschob er das für den 12. August anberaumte Gespräch kurzfristig auf den 13. In dem Gespräch bot von Papen Hitler die Vizekanzlerschaft an, doch Hitler beharrte auf dem Posten des Reichskanzlers, sodass auch dieses Treffen ergebnislos blieb. Genüsslich verbreitete von Schleicher die Forderungen Hitlers über die Presse, um zu demonstrieren, mit welcher Unverfrorenheit dieser Mann die Macht im Staate an sich reißen wolle. Allerdings wurde die NSDAP mittlerweile noch von einer anderen Partei umworben: Das Zentrum hatte bereits auf Länderebene gescheiterte Versuche zur Bildung von Regierungskoalitionen mit den Nationalsozialisten unternommen. Auch auf Reichsebene unternahm man gemeinsam mit der BVP entsprechende Anläufe. In einem Schreiben an die SPD-Fraktion rechtfertigte der Zentrums-Abgeordnete Wirth diese Maßnahmen: »Das Zentrum setzt seinen Versuch, die Nationalsozialisten zur praktischen Verantwortung im Reiche zu bringen, fort. Wir sind wohl beide der Meinung, daß dieser Versuch ein großes Risiko darstellt. Aber so habe ich wiederholt argumentiert, ohne ein solches Risiko zu übernehmen, führt eben alles zur Ausschaltung des Reichstags und zur Zerstörung der Rechte des Volkes. Um der Demokratie willen geht das Zentrum in diese Sache hinein.«[614] In der Tat hatte das Zentrum gemeinsam mit den Nationalsozialisten die Möglichkeit, eine mehrheitsfähige Regierung zu bilden; eine Fortsetzung des Systems der Präsidialkabinette wäre damit nicht länger nötig gewesen. Hugenberg musste solche Versuche als gegen ihn gerichtete Kampagne begreifen. Dass die mit ihm verbündete NSDAP auf die Pläne einging, musste ihn zusätzlich in seinen Zweifeln bestärken, dass er in Hitler einen zuverlässigen Partner habe. Allerdings hätte auch das Zentrum angesichts dieser Konstellation weniger Vertrauen in die Zuverlässigkeit seines Verhandlungspartners setzen sollen.

Insgesamt glaubten von Papen und von Schleicher nun unter besseren Bedingungen eine Neuwahl des Reichstags riskieren zu können; sie hofften dabei auf einen Stimmenrückgang der NSDAP und Zugewinne für ihre Parteien, sodass die Regierung endlich die Mehrheit im Parlament gewinnen könnte. Am 6. November sollten die Neuwahlen stattfinden; bis dahin hoffte die Regierung mit konjunkturellen Programmen die Arbeitslosigkeit reduzieren und damit weitere Stimmen verbuchen zu können. Die Taktik schien sich zu bewähren: Der 6. November brachte der NSDAP Verluste von 4,2 Prozent. Dennoch war noch immer keine ausreichende Mehrheit vorhanden. Permanent mussten neue Notverordnungen vom Reichspräsidenten erlassen werden, um die Regierung an der Macht zu halten. Verzweifelt suchte von Papen Koalitionspartner, um seine Regierung zu retten, doch die SPD verweigerte die Zusammenarbeit mit dem Monarchisten ebenso wie die NSDAP.

In dieser Phase erreichte den Reichspräsidenten ein Schreiben von mittelständischen Unternehmern, Bankiers und Gutsbesitzern. Prominentester Name unter diesen war der Großindustrielle Fritz Thyssen. In diesem Schreiben forderten die Unterzeichner Hindenburg auf, Hitler den Posten des Reichskanzlers zu übertragen. Auch sie nahmen an, dass die NSDAP, einmal an der Macht, »die Schwächen und Fehler, die jeder Massenbewegung notgedrungen anhaften, ausmerzen« werde.[615] Offensichtlich waren Teile der Industrie über den Stimmenzuwachs der Kommunisten bei den letzten Wahlen erschrocken und machten von Papens Regierungspolitik hierfür verantwortlich; Hitler erschien ihnen als der geeignete Mann, die Gefahr von links einzudämmen.

Nun sah sich Hindenburg erstmals gezwungen, Hitler den Posten des Reichskanzlers anzubieten. Er machte dessen Ernennung jedoch von einer parlamentarischen Mehrheit der neuen Regierung abhängig. Es war klar, dass Hitler keine Koalitionspartner finden würde, wenn er keine Abstriche von seinen Maximalforderungen machen würde, doch dazu war er nicht bereit. Auch weitere Politiker scheiterten im Laufe der folgenden Wochen an der Aufgabe einer parlamentarischen Regierungsbildung. Schließlich war Hindenburg genötigt, ein neuerliches Präsidialkabinett zu berufen, doch wurde ihm von allen Seiten deutlich gemacht, dass man von Papen an der Spitze einer solchen Regierung nicht dulden werde. In dieser Situation wandte sich Hindenburg an Kurt von Schleicher. Dieser genoss größere Sympathie als von Papen, konnte bei geschicktem Taktieren mit der Unterstützung der Christlichen und der Freien Gewerkschaften, eventuell sogar des ADGB rechnen. Auch das Zentrum und die Parteien der bürgerlichen Mitte konnten sich einen Reichskanzler von Schleicher vorstellen. Wenn es ihm gelänge, die gefährliche politische Lage zu stabilisieren, war auch ein Stimmungsumschwung der Wirtschaft nicht auszuschließen. Doch von Papen wollte seinen Posten nicht räumen. Schließlich war es sein eigenes Kabinett, das ihn zu diesem Schritt zwang, weil es bei einer erneuten Regierung unter seiner Führung mit Bürgerkrieg rechnete. So wurde am 2. Dezember Kurt von Schleicher Reichskanzler.

In den letzten Tagen hatte von Schleicher bereits mehrere Sondierungsgespräche mit dem NSDAP-Politiker Gregor Strasser geführt. Er nutzte dabei Rivalitäten in der Führung der Nationalsozialisten geschickt aus. Sein Ziel war die Spaltung der Partei: Strasser sollte Teile des NSDAP ins Regierungslager überführen. Hitler mit seinen radikalen Forderungen wäre damit der Weg an die Macht abgeschnitten gewesen. Tatsächlich brach ein ernsthafter Machtkampf bei den Nationalsozialisten aus, der zum Leidwesen von Schleichers jedoch mit einem Sieg Hitlers endete. Die Lage spitzte sich zu: Die Präsidialregierung brauchte Rückhalt im Volk, um die bürgerkriegsähnlichen Vorgänge, die von der SA, SS und den Kampftrupps der KPD provoziert wurden, in den Griff zu bekommen. Von allen Seiten drang man auf ein Ende der unruhigen Verhältnisse. Schleicher war dafür, den Konflikt offen auszutragen, indem Hindenburg ihm befristet diktatorische Vollmachten geben solle. Doch schon längst liefen im Hintergrund Verhandlungen zwischen Hitler, von Papen und Hindenburg über eine Regierungsbildung. Von Papen, der seine Entlassung aus dem Amt auf die Intrigen von Schleichers schob, wollte sich rächen. Er bot Hitler den Posten des Reichskanzlers an, beanspruchte für sich selbst den Posten des Vizekanzlers. Der misstrauische Hugenberg ließ sich überreden; der Vorsitzende des Zentrums, Kaas, signalisierte die Bereitschaft seiner Partei, eine solche Regierung im Parlament mitzutragen. Am 30. Januar 1933 wurde Adolf Hitler von Hindenburg zum Reichskanzler ernannt.

Die deutsche Demokratie, für die Heinrich Mann vehement eingetreten war, war frühestens mit der Berufung des Präsidialkabinettes Brüning, spätestens aber mit der Bildung der Regierung von Papen an ihrem Ende angelangt. Die offene Frage war zu diesem Zeitpunkt nur noch, in welche Form die Weimarer Republik überführt werden würde. Die Restauration der Monarchie war ebenso denkbar wie eine autoritär-präsidiale Ordnung. Die Machtübernahme durch Hitler war in diesem geschichtlichen Moment noch nicht zwingend. Hitler und seine Nationalsozialisten kamen erst durch die Ränkespiele der nach der Macht strebenden Parteien verstärkt ins Spiel. Als stärkste Fraktion im Reichstag wurden sie umworben, erschienen aber eher als Spielball denn als Akteur. Zweifellos glaubten die Parteien mit den Nationalsozialisten spielen zu können: Ausgegrenzt aus dem bisherigen politischen Geschehen wäre nur ein Bündnis mit einer etablierten Partei für die NSDAP die Eintrittskarte für die politische Bühne gewesen. Ganz deutlich wird hierdurch, wie sehr die Etablierten Hitler und seine Partei unterschätzt haben. Waren viele unter ihnen auch keine Demokraten, bemühten sie sich doch, den Boden der Verfassung formal nicht zu verlassen; die Radikalität, mit der Hitler, einmal an der Macht, Verfassungsbedenken aus dem Weg räumen würde, war für sie wohl unvorstellbar. Einmal an der Macht brauchte Hitler keine Bündnispartner mehr, was jedoch vonseiten der etablierten Parteien nie begriffen wurde, obwohl dies aus der Art, wie er SA und SS in den Jahren 1931/32 agieren ließ, nur allzu ersichtlich sein musste.

Das Volk führte keinen ideologischen Kampf um gut oder böse, es rang um seine Existenz. In den Großstädten lebten zahllose Familien in den Lauben der Gartenkolonien, weil sie sich die teuren Mieten in der Stadt nicht mehr leisten konnten. Auf den Straßen des Reiches traf man umherwandernde Arbeiterfamilien, die ihr geringes Hab und Gut auf Schubkarren vor sich her schoben, auf der Suche nach Arbeit. Diese Menschen interessierten moralische Fragen nicht; sie verlangten nach einer Existenzgrundlage, nach der Überwindung ihres wirtschaftlichen Elends. Heinrich Manns Fragestellungen hätten hier keinen Widerhall gefunden, selbst wenn er von diesen Menschen gelesen worden wäre. Die sozial Verelendeten hätten ihre Zukunft jedem anvertraut, der ihnen glaubhaft eine bessere versprochen hätte. Hinzu kam der breite Mittelstand, der sich durch die Wirtschaftskrise in seiner Existenz bedroht sah. Bereits 1923 hatten viele von ihnen ihr Vermögen verloren. Nun kehrte die Wirtschaftskrise wieder, zwar ohne Inflation, denn die bekämpfte die Regierung Brüning, aber mit ständiger Sorge um den Arbeitsplatz. Ihr Heil suchten diese Menschen bei der NSDAP und der KPD. Hier wurde ihnen eine bessere Zukunft versprochen – im materialistischen Sinne besser. Am Anfang wählten sie die extreme Rechte und Linke aus Protest gegen die offenkundige Unfähigkeit der etablierten Parteien, ihre Probleme zu lösen – aus welchen Gründen, fragten sie nicht. Der Protestcharakter zeigt sich deutlich am Rückgang der Stimmen für die Extremisten, wenn sich die wirtschaftliche Lage zu normalisieren schien, oder im Anstieg der Stimmen für die Protestparteien, wenn die Wahlbeteiligung besonders hoch war, also auch jene zur Wahl gingen, die sich sonst frustriert und unentschlossen ihrer Stimme enthielten. Nach der Machtergreifung Hitlers folgten sie ihrem Führer dann bereitwillig, denn er hatte Erfolg. Sie fragten weder wie noch warum plötzlich die Arbeitslosenzahlen zurückgingen, sondern beteten – wie einst im Kaiserreich – den Erfolg an. Sie sahen in ihm ihren Retter und waren für die weiteren Erfolge, die eintraten, bereit, vieles zu verdrängen, was ihnen ohnehin zu ungeheuerlich erschien.

Heinrich Manns Appelle verhallten nutzlos. Radikalismus war in seinen Augen eine Folge des Hasses auf die ganze Welt, mithin auch auf sich selbst. Aus dieser Ansicht heraus bemühte er sich um die Herstellung von Selbstachtung und Brüderlichkeit und ignorierte die soziale Not weitestgehend. Der Mensch, der zur Selbstachtung gefunden hat, der in seine Talente und Fähigkeiten vertraut, kann durch harte Arbeit an und mit diesen Fähigkeiten Wohlstand erwerben, so lautete Heinrich Manns Botschaft. Ein Scheitern des Arbeitenden trotz besten Willens war für ihn unvorstellbar. Kein gerechtes politisches System könne dem Arbeitenden seinen Lohn verweigern, und wenn es doch ein solches System gäbe, so würde es durch Selbstachtung und Brüderlichkeit überwunden werden. Golo Mann erinnert sich, dass Heinrich Mann einmal geäußert habe, »die zwölf Jahre der Weimarer Republik seien die glücklichsten in der deutschen Geschichte gewesen«. Er sieht hierin ein Beispiel für die »wunderliche Weltfremdheit« seines Onkels.[616]

Im Sommer 1932 hatte Heinrich Mann einen Appell zum Zusammengehen von SPD und KPD für die Reichstagswahlen am 31. Juli mitunterzeichnet, also genau jenen illusorischen Pakt angemahnt, den schon Kurt Hiller verwirklicht sehen wollte. Nach der Machtergreifung Hitlers wurde der Appell noch einmal gedruckt, um Einfluss auf die Wahl vom 5. März zu nehmen, die der rechtsbürgerlich-braunen Koalition endgültig die Mehrheit bringen sollte. Was vor etwas mehr als einem halben Jahr keinerlei Anstoß erregt hatte, wurde nun zum Anlass genommen, Heinrich Mann aus der Preußischen Akademie der Künste auszuschließen. Am 15. Februar 1933 tagte in dieser Frage die Akademie unter ihrem neuen Präsidenten, dem Komponisten Max von Schillings, der im Oktober des vergangenen Jahres Max Liebermann aus Altersgründen abgelöst hatte. Neben Heinrich Mann hatte mit Käthe Kollwitz noch ein weiteres Mitglied der Akademie den Aufruf unterzeichnet. Sie hatte mittlerweile bereits ihren Austritt erklärt, sodass es nur noch um Heinrich Mann ging. Schillings stellte den Fall zur Debatte, in deren Verlauf sich erwies, dass niemand Heinrich Mann bisher über die Vorgänge unterrichtet hatte. Er wusste gar nichts von der Sitzung und seinem geplanten Ausschluss. Auf Verlangen der Sektion Dichtkunst wurde Heinrich Mann hinzugeholt, durfte jedoch nicht vor das Plenum treten, sondern wurde zu einem Gespräch mit dem Präsidenten und dem Sekretär der Sektion für Dichtkunst, Oskar Loerke, gebeten. Das offizielle Protokoll gibt folgenden Verlauf wieder: »Um ¾ 10 trifft Heinrich Mann ein. Der Präsident spricht zunächst in seinem Dienstzimmer mit ihm, nur in Gegenwart des Herrn Loerke. Nach einer kurzen persönlichen Aussprache eröffnet der Präsident die Sitzung wieder und gibt bekannt, daß Herr Heinrich Mann sein Amt als Vorsitzender der Dichterabteilung niederlegt und auf seine Mitgliedschaft verzichtet. – Heinrich Mann erkennt an, daß der Präsident nicht anders handeln konnte, da er an das Wohl und Bestehen des Ganzen denken müsse. Er habe seinen Entschluß gefaßt, um der Akademie aus einer schweren Lage herauszuhelfen.«[617] Loerke vermerkt in seinem Tagebuch lediglich: »Mittwoch, 15. zur Akademie, durch von Schillings berufen. Eröffnung, daß die Austritte erzwungen werden müßten. Dann die schreckliche Sitzung. Käthe Kollwitz und Heinrich Mann traten aus der Akademie aus. Wegen parteipolitischer Betätigung. Säulenplakat: ›Setzt die Verantwortlichen unter Druck!‹ Natürlich griff die Regierung zu, voran Herr Rust. Schweigegebot. Aber Leonhard Frank und Döblin hatten nichts Eiligeres zu tun als alles herumzutratschen – in die Zeitungen, in die ›Gesellschaft‹.«[618] Aus den Notizen Loerkes kann man Angst herauslesen.

Mit der Rücktrittserklärung Heinrich Manns trat von Schillings vor das Plenum. Lediglich Alfred Döblin und ein Berliner Stadtbaurat namens Martin Wagner wagten einen Einspruch. Döblin verlangte, dass Heinrich Mann das Recht zukommen solle, seinen Standpunkt vor dem Plenum zu vertreten; Wagner bezweifelte grundsätzlich das Recht der Akademie, Mitglieder auszuschließen, nur weil diese von ihrem demokratischen Recht auf freie Meinungsäußerung Gebrauch gemacht hätten. Es waren die einzigen Gegenstimmen an diesem Abend. Was war jedoch hinter den geschlossenen Türen geschehen? Heinrich Mann berichtet in seiner Autobiografie: »Am 15. Februar 33 ließ der Präsident der Akademie, ein Musiker, der gleich nachher so sehr wie möglich verstarb, mich überall suchen. Ich sollte großartig ausgestoßen werden von den Mitgliedern aller Abteilungen, bildende Künste, Musik und Literatur. Ihre Gesamtsitzung war einberufen, ohne daß ich davon wußte. Der Minister, aus der üblichen Irrenanstalt geradewegs in den Palast Unter den Linden versetzt – dort waltet er noch jetzt, falls der Palast noch steht –, hatte in festlicher Rede den Studenten meine Entfernung zugesichert. Als ich gefunden war und eintraf, war sie beschlossen. Wie hätten alle die wohlbestallten Kulturträger anders beschließen können. Die Wahl war ihnen gegeben: entweder sie verleugnen mich oder werden aufgelöst. Ein vereinzelter Mann, Stadtbaurat Wagner, schlug die Tür hinter sich zu. Erst in der Türkei ist er wiedergesehen worden, dort empfing er die verdiente Anerkennung.«[619] Dies war also die Alternative. Mit Hilfe des Druckmittels ›Auflösung der Akademie‹ brachte man deren Mitglieder auf die vorgegebene Linie.

Wenige Tage später traf sich noch einmal die Sektion für Dichtkunst, um in ihrem Kreis über den Fall zu diskutieren. Anwesend waren Amersdorffer, Benn, Binding, Döblin, Leonhard Frank, Fulda, Loerke und Stucken. Die Sektion einigte sich auf eine gemeinsame Linie: Sie dankte Heinrich Mann für sein langjähriges Engagement. Gleichzeitig zog sie eine strenge Trennung zwischen Kunst und Politik. Aufgabe der Akademie sei es nicht, zu politischen Fragen Stellung zu nehmen. Deshalb verweigere man auch eine Stellungnahme im Falle Heinrich Manns. Eine solche Erklärung – und hier entlarven sich die wahren Ängste der Sektionsmitglieder – könne den Bestand der Akademie gefährden. Initiator dieser Lösung war Gottfried Benn, der sich »bereits ... mit mehreren anderen Mitgliedern den Hakenkreuzrittern angeschlossen hatte«, wie Wilhelm Herzog mitzuteilen weiß.[620] In den folgenden Wochen erklärten Alfred Döblin, Ricarda Huch, Thomas Mann, Jakob Wassermann, Rudolf Pannwitz und René Schickele ihren Austritt aus der Akademie. Am 5. Mai 1933 erhielten Ludwig Fulda, Franz Werfel, Bernhard Kellermann, Georg Kaiser, Alfred Mombert, Fritz von Unruh und Leonhard Frank ein Schreiben des Präsidenten der Akademie folgenden Wortlauts: »Nach an maßgebender amtlicher Stelle eingeholten Informationen muß ich Ihnen leider mitteilen, daß Sie nach den für die Neuordnung der kulturellen staatlichen Institute Preußens geltenden Grundsätze künftig nicht mehr zu den Mitgliedern der Abteilung für Dichtkunst gezählt werden können.«[621] Am gleichen Tag traf sich die Sektion für Dichtkunst und ergänzte sich durch Zuwahl neuer Mitglieder, unter ihnen Hans Grimm, Will Vesper, Hanns Johst und die ehemals verstoßenen Wilhelm Schäfer, Emil Strauss und Erwin Guido Kolbenheyer.

Schon in den Wochen vor seiner Demission wurde Heinrich Mann von Freunden geraten, Deutschland zu verlassen, er hatte den Rat aber stets ignoriert. Im Januar 1933 sprach Wilhelm Herzog auf Einladung der »Liga für Menschenrechte« in Berlin. Nach Beendigung seines Vortrags, der, wie Herzog bemerkte, von einigen Spitzeln sorgfältig mitgeschrieben worden war, kam der sozialistische Reichstagsabgeordnete Oskar Cohn auf ihn zu und legte ihm dringend nahe, Deutschland möglichst noch heute Nacht zu verlassen. Herzog lebte bereits seit 1930 in Sanary-sur-Mer in der Nähe von Toulon, weil er schon seit längerem einen gefährlichen Rechtsruck in Deutschland befürchtete. In Sorge um seinen Freund gab Herzog den Ratschlag Cohns an Heinrich Mann weiter, der an diesem Abend die einleitenden Worte gesprochen hatte. Dieser habe jedoch die Warnung ignoriert und ihm entgegnet: »Nein, das kann ich leider nicht. Ich muß am 3. April in der Akademie eine Rede zur Feier des 60. Geburtstages von Jakob Wassermann halten.«[622] Herzog zeigte sich vom Optimismus seines Freundes verblüfft, doch habe sich Heinrich Mann nicht überzeugen lassen. Schließlich habe er ihm versichert, dass er im Falle einer Gefahr jederzeit zu ihm nach Sanary kommen könne, er brauche nur zu telegraphieren. Daraufhin schieden sie voneinander.

Am 22. Februar 1933 erhielt Herzog ein Telegramm von Heinrich Mann, er möchte ihn bitte vom Bahnhof in Toulon abholen. Das Telegramm kam aus Straßburg: »Ich holte ihn am Bahnhof ab. Wir gingen in ein kleines Hotel, auf dessen Terrasse er mir seine Erlebnisse und seine schnelle Flucht erzählte. Er stellte sie gar nicht traurig, sondern eher komisch dar.«[623] Zwei Tage vor seiner Abreise folgte Heinrich Mann noch einer Einladung zu einem Fest in Berlin. Die Atmosphäre sei bizarr gewesen: Alle hätten sich höchst angeregt gegeben, man habe geplaudert und sich bei Musik und einem übervollen Büffet bestens unterhalten. Aber nahezu alle hätten gewusst, dass dies ihr letztes Fest in Deutschland sei. Selbst der Gastgeber habe schon auf gepackten Koffern gesessen, die Möbelpacker hätten bereits vor der Tür gewartet. Heinrich Mann traf den Staatssekretär wieder, dessen Sekretärin damals so dringend in die Mittagspause geeilt war. Nun sei er außer sich gewesen und habe von einem Kampf bis zum Letzten gesprochen – einige Monate zu spät. Er begegnete auch dem französischen Botschafter André François-Poncet, der seine Gedanken zu erraten schien: »Er sprach nur diesen Satz: ›Wenn Sie über den Pariser Platz kommen, mein Haus steht Ihnen offen.‹«[624] Die Bedeutung der Worte war klar: Der Botschafter sprach von der Flucht ins Exil, bot ihm seine Botschaft als Zuflucht an.

Am Morgen des 21. Februar nahm Heinrich Mann seinen Regenschirm und spazierte zu seiner neu eingerichteten Wohnung hinaus. Er wusste, dass sein Appartement bereits seit Tagen überwacht wurde, deshalb vermied er jedes Anzeichen einer größeren Reise: kein Gepäck, kein Wagen, nur ein Regenschirm. Zu Fuß ging er zur nächsten Straßenbahnhaltestelle, fuhr zum Bahnhof. Dort wartete ein Zug nach Frankfurt am Main, weiter reichte die Fahrkarte nicht, um kein Misstrauen zu erregen, falls man seine Schritte verfolgte. In Frankfurt übernachtete er, ehe er nach Karlsruhe weiterfuhr. Am 22. Februar passierte er zu Fuß bei Kehl die Grenze nach Frankreich. So verließ Heinrich Mann Deutschland und sollte nicht mehr zurückkehren.

Am 25. August erstellten die Nationalsozialisten ihre ersten Ausbürgerungslisten: Heinrich Mann hatte die zweifelhafte Ehre auf Liste Nr. 1 an erster Stelle stehen zu dürfen. Sein gesamtes Vermögen – Bankguthaben, Wohnungseinrichtung und Bücher – wurde konfisziert. Mit Hilfe der tschechischen Gesandtschaft gelang es seiner Tochter Leonie, auf Wunsch ihres Vaters im Laufe des Jahres die Wohnungseinrichtung und die Bibliothek zu retten. Sie wurde nach Prag geschafft, von wo aus sie nach dem Kriege nach Ost-Berlin an die Deutsche Akademie der Künste gelangte.

13. Im Land des guten Königs

Oft schon war Heinrich Mann in Nizza gewesen. Gerne hielt er sich an der französischen Mittelmeerküste mit ihrem milden Klima auf. Zahlreiche Werke hatte er hier abgeschlossen. Nun musste ihm Nizza zur Heimat werden. Aber wie lange konnte dieses Exil dauern? Wie viele Exilanten rechnete Heinrich Mann mit keinem lang anhaltenden Erfolg der Nationalsozialisten. Er gab ihnen höchstens zwei Jahre: »Es hat sich herumgesprochen, auch bis hierher, daß die deutsche Verkehrsstockung 2 Jahre dauern wird. Fragt man: warum? – weiß niemand die Antwort. Aber diese allgemein angenommene Befristung könnte am Ende suggestiv wirken. Schlimm ist nur, daß man nach Ablauf der 2 Jahre den Krieg erwartet.«[625] Die Erwartung eines nahen Endes der Nationalsozialisten in Deutschland wurde von Nachrichten aus der Heimat genährt: »Ein Banquier, dessen Eindrücke mir, auf Umwegen, mitgeteilt wurden, ist überzeugt, daß die Machthaber allenfalls noch diesen Winter, aber bestimmt dann keinen mehr überdauern.«[626] Große Teile des deutschen Volkes, ja sogar Vertreter der Wirtschaft, hätten sich innerlich bereits von dem Regime losgesagt, zeigt sich Heinrich Mann in einem Brief vom 3. November 1933 überzeugt. Heinrich Mann schmiedet schon Pläne für die Zeit nach dem Sturz Hitlers. Sollte Kurt von Schleicher an die Macht gelangen, ist er recht optimistisch. Schleicher sei zwar General, doch lasse sich vernünftig mit ihm reden. Das deutsche Volk jedoch, das sich wieder zum Untertanen herabwürdigen ließ, müsse eine harte Schule der Erneuerung durchlaufen. Nach wie vor hält Heinrich Mann an seinem Programm einer Erziehung der Menschen fest.

In den ersten Monaten lebt Heinrich Mann im Hôtel de Nice, das er schon bei früheren Besuchen Nizzas bezogen hatte. Offensichtlich bemüht er sich, seinem Aufenthalt einen normalen Anstrich zu geben: Nichts soll endgültigen Charakter haben, alles eher an eine etwas ausgedehnte Reise erinnern. Frankreich lag nicht nur wegen der dringenden

Einladung Wilhelm Herzogs als Asylland nahe: Heinrich Mann war schließlich oft in diesem Land gewesen und hatte hier zahlreiche Freunde. Er sprach und schrieb perfekt Französisch und fühlte sich hier stärker verwurzelt als in Deutschland. In einem Brief an Klaus Pinkus vom 3. Januar 1939 resümiert er rückblickend über seine Flucht von Berlin nach Nizza: »Diese war nicht weiter heroisch, ich hatte nicht sehr viel aufzugeben, und das wurde immer weniger, seit von dem Lande, das wir kannten, nichts übrig ist.«[627] Der Kampf um Deutschland war gescheitert, die Erziehung der Menschen zur Demokratie misslungen; in Frankreich lebte Heinrich Mann nun in einem Land, das seine Ideale verwirklicht hatte. Ohne Heimweh habe er in Frankreich gelebt, gesteht er, Deutschland nicht vermisst: »Gern gestehe ich, daß die sinnlose Sehnsucht nach einem zugrunde gegangenen Deutschland mich in der Verbannung nie belästigt hat. Hitler-Deutschland hätte mich abgestoßen, wäre ich keines seiner vorgesehenen Opfer gewesen.«[628]

Überhaupt war Frankreich ein beliebtes Ziel für deutsche Flüchtlinge, weil die Einreise- und Aufenthaltsbestimmungen sehr entgegenkommend waren und zudem vielfach auch recht lax gehandhabt wurden. Deutsche und Staatenlose brauchten für die Einreise nach Frankreich ein Visum. Am Zielort angekommen, benötigte man eine sogenannte Carte d'Identité, die beim zuständigen Bürgermeister zu erhalten war. Die Ausstellung dieses Papiers lag im Ermessen des Präfekten, hing also von einer willkürlichen Entscheidung der Polizeibehörden ab. Einmal ausgestellt, war es zwei Jahre gültig, konnte aber gegen eine Gebühr von 100 Francs, etwa 16 Mark, nach Ablauf dieser Frist jeweils verlängert werden, was allerdings wiederum im Ermessen der Präfektur lag. Für Heinrich Mann bedeutete die Erlangung der Carte d'Identité kein Hindernis, da er in Frankreich recht bekannt war und einflußreiche Freunde bis hinauf zu Minister Herriot hatte. Überhaupt war es vorteilhaft, gute Freunde in einflussreichen Positionen zu haben. Das willkürliche Verfahren zahlreicher Behörden wurde dadurch positiv beeinflusst, außerdem konnte der nachlässige Umgang mit den gesetzlichen Bestimmungen nicht nur positive Folgen zeitigen, sondern auch negative – viele Verfahren wurden ohne erkennbaren Grund verschleppt, so wartete etwa Alfred Döblin sieben Monate auf die Erteilung seiner Carte d'Identité.

Dieser Zustand währte jedoch nicht lange. Die große Zahl der Emigranten sorgte schon bald für Unruhe in der Bevölkerung. Rechte politische Kreise heizten die Stimmung mit fremdenfeindlichen und antisemitischen Kampagnen weiter an. Erst der Wahlsieg der Volksfront unter Léon Blum 1936 sorgte wieder für Entspannung. Am 19. September des Jahres wurden die Aufenthaltsbedingungen für Deutsche per Dekret neu geregelt. Auf der Grundlage der Genfer Vereinbarung des Völkerbunds erhielten deutsche Emigranten einen besonderen »Ausweis für die aus Deutschland stammenden Flüchtlinge«. Mit diesem Ausweis konnten ausgebürgerte Deutsche in alle Länder reisen, die die Genfer Vereinbarung anerkannten. Auf der Grundlage dieses Ausweises erhielten die Betroffenen nämlich einen so genannten »Titre de voyage«, der ihnen Reisen ins Ausland ermöglichte. Das Dekret wurde erst mit Kriegsbeginn hinfällig.[629]

Im Sommer 1933 kommt Thomas mit seiner Familie nach Bandol bei Toulon. Wenige Tage nach der Machtergreifung Hitlers hatte er sich auf einer Lesereise ins Ausland begeben und auf Zureden seiner Kinder hin auf eine Rückkehr nach Deutschland verzichtet, obwohl sie zu diesem Zeitpunkt noch möglich schien – tatsächlich lag bereits ein vorbereiteter Haftbefehl vor, der nur noch auf seine Bestätigung wartete. Noch hatte sich Thomas Mann innerlich nicht recht von Deutschland gelöst: Zwar suchte er eine Wohnung im Ausland, wobei er die Schweiz, Südtirol und die Côte d'Azur bevorzugte, doch lag ihm viel daran, dass seine Bücher weiterhin in Deutschland erscheinen konnten.

Die Tage in Bandol wurden zum ersten großen Wiedersehen der Manns nach der Flucht aus Deutschland. Golo erinnert sich an das erste Zusammentreffen mit seinem Onkel: »6. Juni. Gestern Abend mit Heinrich am Meer promeniert;

er tut mir wirklich leid, trägt sein Schicksal mit viel Würde, ja selbst mit Charme, und nicht so damenhaft in seinen Schmerzen, von aller Welt beleidigt wie der Alte.«[630] Gemeinsam verbrachten die Manns ein paar Monate und besuchten auch emigrierte deutsche Schriftsteller-Kollegen in Sanary-sur-Mer, wo sich eine ganze Gruppe von geflohenen Intellektuellen niedergelassen hat. Der kleine Fischerort in der Nähe von Toulon galt zeitweilig als die Hauptstadt der deutschen Exilliteratur. Sanary bestand, wie die nahe gelegenen Ortschaften Cassis und Bandol, aus einem halben Dutzend kleiner Hotels, einigen Pensionen und etwa zwanzig bis vierzig unbeheizbaren Villen, die im Sommer vermietet wurden. Die Bevölkerung lebte vorwiegend vom Export von Gemüse, Blumen und Fisch. Seit mehreren Jahren war Sanary bereits ein beliebter Aufenthaltsort für Künstler aus aller Welt. Als Klaus und Erika Mann auf einer ihrer zahlreichen Reisen 1931 den Ort kennen lernten, lebten hier der französische Schriftsteller André Salmon und der Maler Moïse Kisling. Aus Deutschland stammten Rudolf Levy, Wilhelm Herzog und der Kunsthistoriker und Schriftsteller Julius Meier-Graefe mit seiner Frau. Beide lebten bereits seit 1930 in der Nähe Sanarys, in Saint-Cyr-sur-Mer. Nach 1933 wurde ihr Haus ein beliebter Anlaufpunkt für geflohene Künstler. Die Meier-Graefes brachten die Flüchtlinge zunächst einmal bei sich unter, ehe man sich auf die Suche nach einem Domizil für die Neuankömmlinge machte. Eine ähnliche Rolle spielte Sybille von Schönebeck, Tochter einer Berlinerin und eines Italieners, die schon seit ihrer Jugend in Sanary wohnte. Auch sie half vielen Exilsuchenden weiter, schloss sich aber mehr den englischsprachigen Bewohnern im Ort an, zu denen der Schriftsteller Aldous Huxley zählte. So entstand allmählich in diesen Ortschaften eine deutsche Kolonie von etwa 450 Personen.

Im Laufe des Jahres 1933 trafen René Schickele, Lion Feuchtwanger, Arnold Zweig, Ludwig Marcuse und Hermann Kesten mit ihren Familienangehörigen ein. Mit diesem Personenkreis waren die Manns während der Monate in Sanary zusammen: »Um 9 Uhr kamen Schickeles und Meyer-Graefes, 5 Personen, mit Heinrich 6, und es gab einen Gesellschaftsabend wie in der Poschingerstraße, mit Brötchen, Gebäck, Thee und Wein und zunehmend lebhafter Konversation über die deutschen Dinge.«[631] Die Geflüchteten versuchten in diesen Tagen und Wochen ihr Verhältnis zu Deutschland zu klären und Perspektiven für ihr Leben im Exil zu entwickeln. In dieser Zeit traf aus Amsterdam kommend Fritz Helmut Landshoff in Sanary ein. Landshoff war im Februar aus Deutschland entkommen, wo er zuvor mehrere Jahre als Lektor beim Gustav Kiepenheuer Verlag beschäftigt gewesen war. Im März hatte ihn eine überraschende Anfrage aus den Niederlanden erreicht: Der Verleger Emanuel Querido fragte an, ob er interessiert wäre, unter dem Dach seines Verlages eine Abteilung für in Deutschland verbotene oder unerwünschte Autoren zu gründen. Der Jude Querido war ein überzeugter Sozialist, der den Faschismus hasste. Deshalb war die Schaffung eines Verlages für antifaschistische deutschsprachige Literatur ihm eine Herzensangelegenheit. Landshoff reiste nach Amsterdam und wurde innerhalb eines Tages mit Querido handelseinig. Unter dem Namen Querido Verlag wurde eine Aktiengesellschaft gegründet, die je zur Hälfte dem Verlag Em. Querido's Uitgevers Maatschappij und Fritz Helmut Landshoff gehören sollte. Der Verlag sollte das neu gegründete Unternehmen durch Anleihen finanzieren sowie Buchhaltung und Vertrieb übernehmen. Das Direktorium bildeten Landshoff und eine Vertraute Queridos, Alice van Nahuys.

Mit dieser Zusage in der Tasche bereiste Landshoff nun Europa auf der Suche nach geeigneten Autoren. Im Juni traf er sich in Paris mit Klaus Mann, der über einem Konzept für eine Exil-Zeitschrift brütete. Relativ schnell einigte man sich, und am 16. Juni 1933 unterschrieb Klaus Mann in Amsterdam bereits einen Vertrag über ›Die Sammlung‹. Von Paris aus ging es für Landshoff weiter nach Sanary. Dort traf er den überwiegenden Teil der Schriftsteller, die für den Querido Verlag in Frage kamen. Eine Vertragsunterzeichnung mit dem umtriebigen Landshoff bedeutete für die meisten jedoch eine schwierige Entscheidung. Viele hofften immer noch darauf, ihre Bücher auch in Deutschland weitervertreiben zu können. Ein Vertragsabschluss mit einem in Amsterdam ansässigen Exilverlag hieß, mit dieser Hoffnung zu brechen. Dennoch wusste Landshoff seine Gesprächspartner von der Notwendigkeit dieses Schrittes zu überzeugen. Mit Zusagen von Lion Feuchtwanger, Heinrich Mann, Valeriu Marcu, Gustav Regler, Joseph Roth, Anna Seghers, Ernst Toller, Arnold Zweig, Alfred Döblin, Emil Ludwig und Ludwig Marcuse im Gepäck kehrte er in die Keizersgracht 333 nach Amsterdam zurück. Noch im Herbst erschien beim Querido Verlag Heinrich Manns Essay-Sammlung ›Der Haß‹, die es auf eine Auflage von 7000 Exemplaren brachte.

Ausgerechnet die Zeitschrift ›Die Sammlung‹ sollte das bereits Erreichte nochmals in Frage stellen. Klaus Mann hatte die Zeitschrift als literarisches und kulturpolitisches Forum konzipiert und Heinrich Mann, André Gide und Aldous Huxley für das Protektorat gewonnen. Zu den Schriftstellern, die Beiträge zugesagt hatten, zählten Thomas Mann, Alfred Döblin und Stefan Zweig. Als das Erscheinen der Zeitschrift angekündigt wurde, gerieten unter anderen diese drei Autoren unter Druck ihrer einheimischen Verlage. Eine Mitarbeit bei einer solchen Zeitschrift könnte als Angriff auf Deutschland gedeutet werden und das weitere Erscheinen der Bücher dieser Autoren in Deutschland gefährden. Tatsächlich hatte das Propagandaministerium unter Joseph Goebbels in dieser Hinsicht auf die Verlage eingewirkt. Umgehend zogen die Autoren ihre gegebenen Zusagen zurück. Diese Episode zeigt deutlich, dass viele Exilautoren sich immer noch nicht von ihrem Heimatland lossagen konnten.

Trotz aller Schwierigkeiten gelang es Fritz Helmut Landshoff, in den folgenden Jahren den Querido Verlag zu etablieren. Die Bilanzen des Verlags waren oft genug ein Nullsummen-Spiel: Gewinne warf die deutschsprachige Abteilung selten ab, dass keine Verluste entstanden, verdankte man dem gemeinsamen Vertrieb mit dem Stammhaus und einigen buchhalterischen Tricks, mit denen Emanuel Querido seine Aktionäre täuschte. Als besonders nützlich erwies sich das Ratensystem, das Landshoff für seine Autoren einführte. Landshoff bezahlte nicht wie üblich einen Teil des Honorars bei Vertragsabschluss, einen weiteren bei Ablieferung des Manuskripts und das restliche Honorar bei entsprechendem Verkauf des Buches, sondern ließ seinen Autoren das Honorar als monatliche Rate für die Dauer der Arbeit an dem neuen Buch zugehen. Dadurch waren die Lebensunterhaltskosten der Schriftsteller gedeckt, während sie an ihrem neuen Werk schrieben. Ein solches Ratensystem war natürlich sehr riskant: Niemand konnte wissen, ob der Verkauf am Ende das vorabgezahlte Honorar hereinbringen würde, doch Landshoffs Kalkulationen gingen meistens auf.[632] So hatte denn auch Heinrich Mann einen neuen Verlag gefunden, nachdem der Wiener Zsolnay Verlag aus Rücksicht auf seine deutschen Geschäftsinteressen sich geweigert hatte, weitere Werke Heinrich Manns in sein Programm aufzunehmen. Außerdem liefen die Werke Heinrich Manns auch nur noch sehr schlecht: Vom April bis September 1933 waren lediglich 12 Bücher von Heinrich Mann verkauft worden. Diese mangelnde Nachfrage war für den Verlag sogar der eigentliche Grund für das Ende der Geschäftsbeziehungen. Heinrich Mann, der von Anfang an ein gestörtes Verhältnis zum Verlag an den Tag gelegt hatte, war erbost und verbittert. Als er im April 1935 eine Halbjahres-Abrechnung des Verlages mit Bitte »um freundliche Kenntnisnahme« erhielt, antwortete er brieflich: »Sie werden diesmal ›zur Kenntnis nehmen‹ müssen, daß ich Zuschriften von Ihnen von jetzt an weder öffne, noch lese, noch beantworte.«[633]

Für Heinrich Mann hielten die Tage in Sanary und Umgebung neben dem Zusammensein mit der Familie seines Bruders und den zahlreichen Schriftsteller-Kollegen noch eine weitere Freude bereit: »Die Tür meiner Sommerwohnung in Bandol am Meer, nahe Toulon, geht auf, meine Frau tritt ein. Sie war mir in das fremde Exil gefolgt, für sie war es mehr Exil, mehr Fremde als für mich.«[634] Nelly war über Dänemark aus Deutschland nach Frankreich geflüchtet: Auf einem Fischerboot hatte sie ihr Halbbruder August von Niendorf nach Dänemark gebracht. Von dort war sie weiter nach Nizza gereist. Für Nelly Kröger war der Schritt nach Frankreich eine einschneidende Entscheidung. Zu diesem Zeitpunkt kannte sie Heinrich Mann etwa fünf Jahre. 1930 war Heinrich Mann von seiner ersten Frau Mimi geschieden worden. Obwohl nun eine neue Heirat möglich gewesen wäre, hatte er sie bisher nicht geheiratet. Dennoch folgte ihm Nelly nach Frankreich und entschied sich damit bewusst für ein Zusammenleben mit Heinrich Mann und für das Exil – ein großes Zeichen ihrer Liebe. Zweifellos hätte sie weiterhin in Deutschland leben können, wenn sie den Kontakt zu ihm abgebrochen hätte. Schließlich war auch Trude Hesterberg trotz ihrer publicityträchtigen Beziehung zu ihm in Deutschland geblieben, wo sie offensichtlich ohne größere Schwierigkeiten ihre Karriere fortsetzen konnte. Der Gang ins Exil band Heinrich Mann und Nelly Kröger endgültig aneinander; auch ohne Trauschein waren sie nun ein Paar.

René Schickele lernte Nelly Kröger am 4. August 1933 kennen: »Am Spätnachmittag kommt Heinrich Mann, leicht angezogen und schwitzend, den Garten herauf, hinter ihm in großer Sommertoilette Frau Kröger. Sie schwitzt nicht. Sie schwebt prall und luftig heran. Ihr Lübeckisch-Deutsch fügt sich mit seinem etwas schwerfälligen Gezwitscher angenehm in das Vogelkonzert ein, von dem der Garten widerhallt.«[635] An diesem 4. August hat Schickele Geburtstag. Am Abend versammelt sich die deutsche Kolonie. Schickele beobachtet Nelly Kröger eingehend und zieht folgendes Fazit: »Jeder bemüht sich, Frau Kröger auszuzeichnen, was aber meist mißlingt. Sie bleibt stumm, nur auf ihrem Gesicht steht deutlich zu lesen, sie sei aus ebenso guter Familie wie wir ... Ohne diese verdammten Minderwertigkeitsgefühle ... wäre sie reizend. Welche hohe Gabe ist die Natürlichkeit! Fast so selten wie echtes Talent. Selbst schwer erträgliche Eigenschaften werden erträglich durch Natürlichkeit. Fehlt sie, muß der Geist sich sehr anstrengen, um das Manko wettzumachen. ...

Frau Kröger, die Bardame war, vermag es nicht.«[636] Bei Nelly zeichnen sich die gleichen Schwierigkeiten ab, mit denen Mimi zu kämpfen hatte: Sie genießt bei den Schriftsteller-Kollegen ihres Mannes nur wenig Respekt. Wenn die Anwesenden die Diskussion interessant finden, macht sich bei Nelly Kröger Langeweile breit, weil sie dem Gang des Gesprächs nicht folgen kann. Der natürliche Verlauf eines Gesprächs führt dazu, dass die Gesprächsteilnehmer sich immer stärker in die Diskussion vertiefen, während sie am Rande steht, was sie als Zurückweisung ihrer Person feindselig empfindet. Der feine Beobachter Schickele stellt allerdings auch fest, wie sehr sie die Verachtung ihrer Umwelt durch eigene Minderwertigkeitskomplexe unterstützt. Nelly neigt wohl dazu, aus einem Gefühl der Unterwertigkeit heraus über Gebühr aufzutrumpfen, was bei ihrem Gegenüber Verstimmung und Abwehr hervorruft. Schickele beobachtet auch Heinrich Manns Verhalten: seiner Ansicht nach zeige dieser Stolz auf dieses ungeregelte Verhältnis. Bewusst zelebriere er den Verstoß gegen die bürgerliche Ordnung, was, wie Schickele auffällt, besonders bei Katia Mann Missstimmung hervorrufe. Was allerdings auch Schickele entgeht, ist, wie sehr Heinrich Mann diese Frau liebt. Ihm geht es nicht allein um die Inszenierung einer anti-bürgerlichen Lebensweise. Seine Liebe zu Nelly ist mindestens ebenso stark wie es die Zuneigung zu seiner Schwester Carla gewesen war. Der liebevolle Spötter Ludwig Marcuse charakterisiert Nelly und ihre Schwierigkeiten in der Welt der Intellektuellen kurz und bündig mit folgenden Worten: »... die liebe Nelly, die Dörflerin aus der Lübecker Bucht, die aussah wie eine blonde weite Seemanns-Braut und von ihrem respektablen Mann behandelt wurde, als wäre sie raffiniertestes Achtzehntes Jahrhundert und man wäre immer noch von umständlicher Galanterie – diese lustige, derbe, gutmütige und recht deplacierte Nelly ...«[637]

Am 22. September verließen Thomas und seine Familie Sanary und kehrten in die Schweiz zurück. Auch für Heinrich war dies das Zeichen zum Aufbruch. Er wollte in Sanary nicht bleiben, ihn zog es nach Nizza mit seinem städtischen Leben. Noch oft besuchte er Sanary-sur-Mer und Umgebung, um Freunde zu sehen. Meist wohnte er dann im benachbarten Bandol. Marta Feuchtwanger erzählt von seinen Visiten: »Er kam oft zu Fuß. Doch einmal brach ein furchtbares Unwetter los, und ich fuhr ihn zurück. Ich mußte den Wagen vor seinem Haus in einer Sackgasse umwenden. Heinrich Mann blieb vor der Türe stehen im strömenden Regen, den Hut in der Hand, bis ich außer Sicht war. Er war der letzte Ritter.«[638] Schon bald kamen weitere Deutsche: Die Schriftsteller Bertolt Brecht, Ferdinand Bruckner, Bruno Frank, Walter Hasenclever, Alfred Kantorowicz, Arthur Koestler, Annette Kolb, Alfred Neumann, Robert Neumann, Joseph Roth und Stefan Zweig, der ›rasende Reporter‹ Egon Erwin Kisch und der Verleger Kurt Wolff hielten sich im Laufe der folgenden Jahre für kürzere oder längere Zeit in Sanary-sur-Mer auf. Ihnen allen wurde im September 1987 eine Gedenktafel im Hafen der Stadt gewidmet.[639]

Nach seiner Rückkehr nach Nizza lebte Heinrich Mann zunächst mit Nelly im Hôtel du Louvre. Schließlich nahmen sie sich eine Wohnung im Haus 11, rue du Congrès. Sein Leben in Frankreich finanzierte Heinrich Mann im Wesentlichen aus vier Quellen: Am 27. April 1933 erschien sein erster Artikel in der französischen Provinzzeitung ›Dépêche de Toulouse‹. Für seine monatliche Kolumne erhielt er ein regelmäßiges Gehalt. Hinzu kamen Einkünfte aus Veröffentlichungen in der Exilpresse. Dritte Erwerbsquelle waren Übersetzungen, und die vierte war die monatliche Rate des Querido Verlags. Für seinen geplanten Roman über Heinrich IV. von Frankreich wurde Heinrich Mann ein monatlicher Betrag von 250 Gulden, etwa 400 Mark, zugesichert. Er war damit der Spitzenverdiener im Hause.

Wann genau die Arbeit an diesem Roman begann, lässt sich nicht mehr exakt feststellen. Die Liebe zu Frankreich habe ihn an diese Gestalt herangeführt, denn König Heinrich IV. sei in der gesamten Bevölkerung äußerst populär gewesen: »›Der einzige König lebt bis heute bei – den Armen‹, sagt ein Vers des 18. Jahrhunderts sogar.«[640] Als er 1927 zu seinem Freund Félix Bertaux in die Pyrenäen reiste, musste ihm diese Gestalt schon vorgeschwebt haben. Gemeinsam besuchten sie das heimatliche Schloss Henris in Pau, das auch schon Heinrich Manns Vater vor langen Jahren einmal besichtigt hatte: »Sein Schloß, Renaissance in höchster Vollendung, prunkt am Abschluß der Terrasse. Es ist restauriert unter Louis Philippe, der seinen Viollet-le-Duc hatte, wie Wilhelm II. den seinen gehabt hat. Man sagt von Restauratoren nur Schlimmes, aber das Schloß des Königs Henri Quatre wäre sonst wahrscheinlich ein Trümmerhaufen, und jetzt sieht man in ihm sein Leben – den König selbst in hundert Szenen, bis zu jener im Haus des Müllers. Es ist ein flämischer Gobelin, und der Tag scheint dargestellt, als der König aussprach, daß jeder Bauer sein Huhn im Topf haben solle. Oder es ist der Tag, als er seinen Wunsch erfüllt zu haben hoffte. Denn er ist hier alt, die meisten seiner Mühen und Kämpfe sind vollbracht, und aus dem Bilde blicken seine großen dunklen Augen entrückt vom Schmerz und vom Glück zugleich. Zum Schloß des guten Königs Heinrich strömten die Besucher hinein und hinaus. Es waren lauter Franzosen.«[641] In diesen Räumen saß Heinrich Mann und fühlte sich unruhig, besann sich nach seinen eigenen Worten »auf alte Antriebe«, die endlich ihre Befriedigung kommen fühlten, aber: »Was war es doch? Er wußte nicht, während es ihn verlangte.«[642]

Heinrich Mann stand hier einer historischen Gestalt gegenüber, die die Vernunft zum leitenden Prinzip ihres Handelns gemacht hatte. Henri Quatre war für ihn die Verkörperung der Menschlichkeit. Er hatte bewiesen, dass ein politisch Handelnder die humanen Ideale der Vernunft befolgen kann, dass nicht jedes politische Handeln notwendig zum Verrat an den Idealen werden muss. Heinrich Manns Utopie von einer besseren Welt lag plötzlich nicht mehr in ferner Zukunft, sondern war schon einmal verwirklicht, zu jener Zeit nämlich, als der gute König Heinrich IV. Frankreich regierte: »Wunderbare Ermutigung, leibhaftig zu sehen: der menschliche Reichtum – nicht die gewohnte verkümmerte Natur ohne Wissen – kann machtvoll sein. Ein Mächtiger kann auch lieben, wie dieser König seine Menschen: trotz ihnen und in voller Kenntnis ihrer Gebrechlichkeit, nur um seine weiß er ebensogut.«[643] Der Roman ›Jugend und Vollendung des Königs Henri Quatre‹ ist eine Idylle, jedoch keine aufgehoben in verklärender Erinnerung oder entrückt in utopische zeitliche Ferne, sondern historisch gewesene.

Mit dieser Entdeckung begann die eigentliche Arbeit am Roman. Heinrich Mann sammelte Quellen über das Leben des guten Königs. Die Fülle des Materials übertraf alles, was er bisher für Romane angehäuft hatte. Hatte er sich bereits für ›Der Untertan‹ oder ›Der Kopf‹ persönlicher Anschauung und zahlreicher bildlicher und schriftlicher Quellen bedient, so war doch die Menge des Materials für diese Romane gering im Vergleich zu den Vorarbeiten an ›Henri Quatre‹. Für ›Der Untertan‹ und ›Der Kopf‹ konnte er noch aus persönlicher Anschauung schöpfen, denn er war Zeitzeuge gewesen. Dieser Vorteil war hier nicht gegeben, deshalb benötigte er mehr Quellen als gewöhnlich. Dabei suchte er Berichterstatter, die seinem Verständnis der historischen Gestalt nahe kamen. Der demokratisch gesinnte Chronist der Französischen Revolution, Jules Michelet, sah in seiner ›Histoire de France‹ in Heinrich IV. einen fortschrittlichen Geist, der die Ideale der Französischen Revolution erstmals ins Volk hineintrug, wenngleich er ein König war. Voltaire maß Heinrich IV. an den Gedanken der europäischen Aufklärung und fand zu einer ähnlich positiven Einschätzung. Doch Heinrich Mann beschränkte sich nicht nur auf seine Geistesverwandten, die ihm gewissermaßen die eigenen Augen ersetzen mussten. Als weitere schriftliche Quelle diente ihm eine Monographie de Vaissières, die ihm die historischen Daten lieferte. Ferner stützte er sich auf die Berichte und Schilderungen von Zeitzeugen: Er las die Memoiren des königlichen Ministers, des Herzogs von Sully, die Erinnerungen des königlichen Kampfgefährten Agrippa d'Aubigné und die Berichte von einigen Geliebten des Königs. Außerdem die Briefe Heinrichs IV., denn hier sprach der König selbst. Neben diesen schriftlichen Quellen nutzte Heinrich Mann zahllose Bildquellen, angefangen bei den Gobelins im Schloss zu Pau, über die Gemälde Rubens' bis hin zu zeitgenössischen Bildern und Stichen.[644] Verlässlicher Gewährsmann und Helfer bei der Suche nach Material war Félix Bertaux, mit dem Heinrich Mann in intensivem brieflichem und persönlichem Verkehr stand.

Wer war nun dieser gefeierte König Heinrich IV.? Anfang des 16. Jahrhunderts tobte in Frankreich ein innerstaatlicher Konflikt zwischen dem Königshaus Valois in Paris und den mächtigen Provinzfürsten, die nach größerer Unabhängigkeit strebten. Mit dem Aufkommen des Protestantismus nahmen zahlreiche Provinzfürsten das neue Glaubensbekenntnis an, um auf diese Weise ihre Autonomie gegenüber den katholischen Valois zu betonen. Frankreich drohte in einem Glaubenskrieg zu versinken. Zu den mächtigen Provinzfürstentümern gehörte auch das Haus Navarra. Seine Besitzungen lagen entlang der Pyrenäen, Pau war die Hauptstadt des kleinen Königtums, an dessen Spitze die Königin Jeanne d'Albret, eine überzeugte Protestantin, stand. Ihr musste man zugute halten, dass sie die Religion nicht zu Machtzwecken instrumentalisierte, sondern wirklich von dem neuen Glaubensbekenntnis durchdrungen war. Deshalb genoss sie unter den französischen Protestanten, den Hugenotten, großes Ansehen. Ihr Mann war Antoine de Bourbon, ein General des Königs, der, ganz den Machtspielen jener Zeit entsprechend, schon mehrfach das Glaubensbekenntnis gewechselt hatte. Ihre Mutter war eine Schwester des Königs Franz I., sodass ihr Sohn Henri, der 1553 geboren wurde, in der Thronfolge an vierter Stelle hinter den Söhnen des Königspaars Heinrich II. und Katharina von Medici stand.

Die verwitwete Katharina von Medici, die in Paris an Stelle ihres minderjährigen Sohnes regierte, versuchte erfolglos, den Religionsstreit im Lande beizulegen. Insbesondere der Admiral Coligny erwies sich im Laufe der Zeit als gefährlicher Gegner. Anfangs paktierte Katharina noch mit ihm, weil sie die Protestanten im Kampf gegen das mächtige katholische Haus Guise brauchte, das nach dem Thron griff. Doch schon bald drohte gleiche Gefahr von Coligny, der von einem Protestanten auf Frankreichs Thron träumte. Erster protestantischer Anwärter auf die Krone wäre der Sohn der mittlerweile verstorbenen Jeanne d'Albret, Henri de Navarra, gewesen. Um diese Gefahr abzuwenden, vermählte sie Henri mit ihrer Tochter Marguerite. Gleichzeitig schmiedete sie ein Mord-Komplott gegen Coligny, das jedoch scheiterte. Coligny wusste nun, von welcher Seite ihm Gefahr drohte, und war nun ein offener Feind der Valois. Katharina plante deshalb, die gesamte protestantische Führung mit einem Schlag zu vernichten. Die Aktion lief jedoch aus dem Ruder: Aus der Ermordung Einzelner wurde ein Blutrausch, der ganz Paris ergriff. In der Bartholomäusnacht wurden über 10 000 Protestanten in Paris und Umgebung niedergemetzelt. Sie alle hatten der Heirat Henris mit Marguerite beigewohnt und wurden im Verlauf der mehrwöchigen Festlichkeiten vom Ausbruch der Gewalttätigkeiten überrascht. Henri konnte sich nur retten, indem er zum Katholizismus konvertierte.

Fortan lebte Henri wie ein Gefangener an der Seite seiner Gattin im Louvre. Katharinas Söhne starben einer nach dem anderen, sodass die Thronfolge für Henri immer näher rückte. Dadurch musste er damit rechnen, Opfer eines Mordanschlags seiner Gegner zu werden. Schließlich floh er aus Paris und kehrte in sein Fürstentum Navarra zurück. Er nahm wieder den protestantischen Glauben an und wurde dadurch über Nacht zum Anführer und Hoffnungsträger der Hugenotten im Lande. Nach dem Tod des letzten Sohnes Katharinas, Heinrich III., war Henri König von Frankreich, doch stieß er überall im Land auf Widerstand, organisiert von den Herzögen von Guise. Erst mit seinem erneuten Übertritt zum Katholizismus wurde er nach Jahren kriegerischer Auseinandersetzungen als König anerkannt. Im Laufe seiner Regierungsjahre entmachtete er die mächtigen Provinzfürsten und begründete den absolutistischen französischen Zentralstaat. Alle Macht lag fortan beim König. Mit dem Edikt von Nantes, das Glaubensfreiheit zusicherte, entschärfte er die innerstaatlichen Religionskämpfe. Mit Hilfe seines Ministers, des Herzogs von Sully, schließlich sanierte er die Staatsfinanzen. 1610 wurde er von einem Religionsfanatiker ermordet.

Heinrich Mann macht aus dieser historischen Gestalt einen großen Liebenden. Schon früh entwickelt sich sein Interesse für das weibliche Geschlecht: »Er war ungemein neugierig auf die Körper der Mädchen. Wie sie sich entkleideten und bewegten, ihre Art zu sprechen und zu blicken, alles machte sie zu völlig anderen Wesen als er selbst, besonders aber die Formen ihrer Beine, Hüften, Schultern. Eine von ihnen, deren Brust sich schon entwickelte, begeisterte ihn, er beschloß, um sie zu kämpfen.«[645] Die Frauen werden zu einem wichtigen Bestandteil im Leben Henris. Seine Geliebten kommen aus dem Adel, aus dem Bürgertum und vom Lande: Er kennt und macht keine Unterschiede. Alle Frauen sind vor seinen Augen gleich. Er kämpft um jede einzelne, und erringt er schließlich ihre Liebe, so zieht er aus diesem Erfolg die Kraft für seine übrigen Vorhaben und Kämpfe.

Seine Liebe zu den Frauen aller Stände ist ein Abbild seiner Zuneigung zu allen Menschen seines Volkes, ja noch weiter gehend, zum Leben an sich. Henri genießt sein Leben in vollen Zügen. Selbst die negativen Seiten akzeptiert er: Sie gehören zu seiner Arbeit, weshalb er sie mit einem Lächeln erträgt. Seine glücklichsten Momente erlebt er, wenn er die Menschen durch Menschlichkeit von seiner Sache überzeugen kann. Der Roman schildert einen solchen gelungenen Moment: Wochenlang hat die kleine Stadt Eauze der Belagerung durch die königlichen Truppen widerstanden: »Eauze gehörte zu den kleinen bösen Städten, die ihn nicht einließen und von keiner Unterwerfung wissen wollten. Recht besehen waren es nur die Schöffen und einzelne Bürger, die mehr Land besaßen als die übrigen, und die Ärmeren arbeiteten für sie. Das niedrige Volk hielt zu dem König von Navarra, der in die Häuser der Armen ging und ihre Töchter liebte. Dafür wurde auch ihm Liebe. Die Armen hätten ihm gewiß das Tor geöffnet; sie konnten es nicht, wegen der Besatzung, und weil diese den Reichen dienstbar war.«[646] Als ihm schließlich die Eroberung von Eauze durch einen Trick gelungen ist, verschont er die Stadt und ihre Bürger: »Niemand wird gehängt. Geplündert wird auch nicht. Aber ich will essen und trinken.«[647] Woraufhin auf dem Marktplatz Tische und Bänke aufgestellt werden, sodass jedermann mit dem König feiern kann. Die Bevölkerung, die bisher nur Mord und Plünderung kannte, ist überrascht, bis ihr klar wird, welcher ungeheuren Neuerung sie beiwohnt: »Menschlichkeit ist es. Die große Neuerung, der wir beiwohnen, ist die Menschlichkeit.«[648] Auf diese Weise gewinnt Henri die Menschen für sich: »Nihil tam populare quam bonitas«[649] – nichts ist so volkstümlich wie die Güte.

Doch läuft es nicht immer so. Oft genug sind die Menschen verblendet von der Propagandahetze von Henris Feinden, sodass er gewaltsam vorgehen muss. Jede Schlacht gegen seinen Feind, die katholische Liga der Herzöge von Guise, bereitet ihm Gewissensqualen. Er weiß um die Notwendigkeit des Krieges, doch wenn er nach einem Sieg über das Schlachtfeld schreitet und die vielen Landsleute sieht, die ihr Leben lassen mussten, dann empfindet er tiefes Leid. Er will die Menschen nicht mit Gewalt zwingen, sondern sie von seiner besseren Sache überzeugen. Wenn sie ihm, von seinen Feinden aufgehetzt, kein Gehör schenken, dann versucht er sie mit Geld zu bestechen: Gewalt ist das letzte Mittel, um Gefolgschaft herzustellen.

Doch ist diese Liebe niemals unproblematisch. Von Böswilligen kann Liebe und Menschlichkeit als sanftmütige Schwäche verstanden werden und sie ermutigen, gegen den König zu intrigieren: »Es ist eine Gattung Mensch: sie will die düstere Gewalt, die Erdenschwere, und Ausschweifungen liebt sie im Grauen und in der unreinen Verzückung. Das werden seine ewigen Gegenspieler sein, er aber ist ein für alle Male der Abgesandte der Vernunft und des Menschenglückes.«[650]

Im Roman wird dieser Menschentypus durch die katholische Liga, ihre Gefolgsleute und Initiatoren, repräsentiert. Da ist der bellende, kreischende und hassgeifernde Prediger Boucher, der im Auftrag der Liga in Paris die Bevölkerung aufstachelt, und da ist der Herzog Henri von Guise, der in seiner Eitelkeit nur sich selbst liebt. Der Geldgeber der Liga ist König Philipp von Spanien. Er unterdrückt jede Zuneigung zum weiblichen Geschlecht und lebt asketisch, bis eines Tages die Sexualität unaufhaltsam aus ihm herausbricht: Er lässt eine Hure zu sich in den Palast holen und zieht sich bei ihr eine Geschlechtskrankheit zu. Sie alle stützen ihre Macht auf den Hass: Solange Menschen sich hassen, können sie gegeneinander aufgehetzt werden, verlangen sie nach Führern im Kampf gegen die Verhassten.

Der Hass ist der große Gegenspieler Henris. Geboren wird er aus dem Gefühl der Unterlegenheit. Der Arme hasst den Reichen, der Unglückliche den Glücklichen, der Einsame den Liebenden. Den Hass bekämpfen bedeutet daher, dafür zu sorgen, dass niemand sich unterlegen fühlen muss, bedeutet also die Herstellung der allgemeinen Gleichheit unter den Menschen. Leider lässt sich das Volk leichter zum Hass verlocken als zur Liebe verführen. Der Hass appelliert nämlich an die niedrigsten Instinkte im Menschen, während die Liebe einen riskanten Entschluss erfordert: Der Hass wird vom Misstrauen genährt, die Liebe setzt Vertrauen voraus. Der Hass wird oktroyiert, der Hassende ist nicht zur Selbstständigkeit aufgerufen, sondern folgt den Volksverhetzern. Der Liebende muss arbeiten, um seine Liebe zu verwirklichen, muss die Widerstände bei seiner Geliebten überwinden und sie davon überzeugen, dass sie ihm vertrauen kann, so wie Henri immer wieder neu um die Liebe seiner Frauen und seines Volkes kämpft. Wer einem wankelmütigen Volk seine Liebe bezeugt, muss damit rechnen, auf Hass zu stoßen. Deshalb ist die vertrauensvolle Liebe Henris zum Volk stets risikoreich.

Angesichts der vielfachen Bedrohung muss die Menschlichkeit eine kämpfende sein. Sie muss bereit sein, sich zu verteidigen. Beschwört Heinrich Mann damit nicht herauf, was in den vorherigen Kapiteln als das Dilemma der Tat bezeichnet wurde? Auch Henri macht sich schuldig: Jedes Mal, wenn er über ein Schlachtfeld schreitet, wird ihm seine Schuld vor Augen geführt: Hier liegen tote und verstümmelte Männer, die unter anderen Umständen seine Freunde hätten sein können. Aber auch in seinen persönlichsten Beziehungen wird er schuldig: Kurz vor seiner Konversion führt ihm ein Pastor eine ehemalige Geliebte, Esther, vor. Aus ihr ist mittlerweile eine verhärmte und kranke alte Frau geworden; Henri hatte sie seit ihrer gemeinsamen Liebesnacht vergessen: »Ihm ging wahrhaftig ein Licht auf, und er staunte, was ihm zustieß. Er machte Opfer. Nach allen Regeln und seinem wirklichen Bewußtsein hätte er anders handeln müssen, da er die Mühen des Lebens aus eigenem sehr wohl kannte und der inneren Festigkeit immer bedurft hatte, sowohl in der Schule des Unglücks wie auf dem Weg zum Thron. Unsere gute Haltung wird aber bezahlt mit einigen geopferten Wesen.«[651] Später wird er seine große Liebe, Gabriele d'Estrées, trotz ihrer Todesangst alleine nach Paris zurückschicken, wo sie sterben wird – ob an Gift oder an den Auswirkungen ihrer dritten Schwangerschaft, lässt sich nicht exakt bestimmen. Das Dilemma der Tat ist unausweichlich. Was entschuldigt den Handelnden?

Genügt allein seine gute Gesinnung, auch wenn sie negative Folgen zeitigt? Im gesellschaftlichen Kampf befindet sich Henri stets in der Defensive. Nicht er geht mit gewaltsamen Mitteln gegen den Hass vor, sondern der Hass fordert ihn. Wenn es nach Henri geht, überwindet die Güte durch ihre Kraft das Böse. Der Hass zwingt ihm die bösen Mittel auf. Aber die Menschlichkeit greift erst zu den Waffen, wenn alle anderen Mittel ausgeschöpft sind. Dabei ist viel Geduld gefragt, um sich nicht von der Wankelmütigkeit der Menschen entmutigen zu lassen. Durch diese defensive Haltung der kämpferischen Menschlichkeit wird die Schuld, die aus dem Dilemma der Tat erwächst, auf das geringstnötige Maß reduziert. Dennoch bleibt das Dilemma weiterhin gültig:

»›So ist die Welt‹, dachten sie. ›Kein Königtum bleibt rein von Fehl und Buße.‹«[652] Unter diesen Umständen kann man sich nur auf die gute Gesinnung berufen und sich bemühen, das Ausmaß der Schuld auf ein möglichst geringes Maß zu reduzieren. Die Alternative gegenüber der kämpferischen Menschlichkeit wäre der Hass, der seine Opfer nicht zählt. Ihm die Macht zu überlassen, wäre eine größere Schuld.

Dem defensiven Charakter der Menschlichkeit entspricht deren fehlende ideologische Ausrichtung. Henris Menschlichkeit, so kämpferisch sie sich gegen ihre Feinde beweist, ist ideologische Festlegung fremd. Seine weltanschauliche Neutralität zeigt sich in der Skepsis Henris, denn sein Grundsatz lautet: que sais-je – was weiß ich?! Sein Lehrer auf diesem Gebiet ist der Philosoph, Essayist und spätere Bürgermeister von Bordeaux, Michel de Montaigne. Henri lernt ihn bei der Belagerung von La Rochelle kennen und führt am Meeresstrand ausgiebige Gespräche mit dem Gelehrten. Dabei kommt die Rede auch auf die Religion und welche die richtige sei: Protestantismus oder Katholizismus. Montaigne antwortet darauf mit seinen berühmten Worten: Was weiß ich?! Wichtiger als eine ideologische Festlegung ist ihm die Schaffung eines Modus Vivendi, einer Grundlage menschlichen Zusammenlebens, die verschiedenste Ansichten und Meinungen duldet und nebeneinander bestehen lässt.

Montaignes Einstellung bezüglich der Religion hat prägenden Einfluss auf Henri. Er lernt die Religion nur insofern zu akzeptieren, als sie vernünftig ist: »Sein eigener Dank an Gott den Herrn war, daß er ihn vernünftig nannte. ›Gott ist immer auf seiten der Vernunft‹, sagte Henri, hier kniend nach der Schlacht; später aber aufrecht auf dem Thron sprach er dasselbe.«[653] Gott steht für Henri jenseits der Religionen. Nur wer das Vernünftige tut, hat ihn auf seiner Seite: »Gott hat nicht hingehört, ihn langweilen die Dinge des Glaubens, und ob ein Bekenntnis oder das andere, ihn rührt es nicht. Er nennt unseren Eifer kindisch, unsere Reinheit aber verwirft er als baren Hochmut. Meine Protestanten kennen ihn nicht, da er sie diesen dornigen Weg nie geführt hat, und maßen sich an, Verrat zu sagen, wo einer dem Leben folgt und gehorcht der Vernunft.«[654] So findet Henri zur Ablehnung des Protestantismus, dessen Glaubenseifer und innige Überzeugung, die richtige Religion zu sein, ihn abstößt. Der Katholizismus ist eher Herrschaftsinstrument. Die Herzöge von Guise nutzen die Religion, um Hass in der Bevölkerung zu säen, die politische Einheit Frankreichs zu unterwandern und damit den eigenen Herrschaftsanspruch durchzusetzen.

Skepsis ermöglicht Toleranz, starre Überzeugungen führen unweigerlich zum Fanatismus, der Menschen um der rechten Sache willen opfert. Henri weiß nicht, was richtig oder falsch ist, und lehnt es daher ab, Menschen deswegen zu töten. Seine Skepsis lehrt ihn, dass er dem Menschen die Freiheit belassen muss, sich selbst zu entscheiden. Dort, wo der Mensch dieser Freiheit beraubt wird, hat er einzuschreiten, notfalls auch mit Gewalt: »So spricht der alte Freund des Königs von Frankreich, jetzt hochberühmt, Montaigne genannt; derselbe, der auch spricht: ›Was weiß ich.‹ Unvergeßlich war aber dem König sein Wort: ›Ich bin kein Zweifler.‹ Nein, gewisse Seiten der äußeren Welt machen uns die Unentschiedenheit verhaßt und zerbrechen unsere Milde.«[655] Keinerlei Zweifel darf es an der Freiheit als Grundlage menschlichen Zusammenlebens geben. Dies ist ein unabdingbares Gebot der Vernunft. Deshalb gilt der Kampf Henris auch nicht der Durchsetzung irgendeiner Ideologie, sondern der Durchsetzung der Möglichkeit, die Vernunft frei zu gebrauchen.

Das oft benutzte Schlagwort der ›Humanität‹ erhält auf diese Weise eine inhaltliche Konkretisierung. Humanität bedeutet den Respekt vor der Freiheit des Individuums. Die Anerkennung der individuellen Souveränität ist das leitende Prinzip im politischen Handeln Henris. In ihrer Skepsis gegenüber Ideologien und ihrer Anerkennung der menschlichen Freiheit liegt jedoch auch eine nicht zu unterschätzende Schwäche der Humanität. Der Handelnde ist stets auf die Dialogbereitschaft und die vernünftige Einsicht seines Gegenübers angewiesen. Er muss überzeugen, kann nicht vorschreiben. Wo Dialogbereitschaft und Einsicht fehlen, steht er auf verlorenem Posten und gerät rasch in die Defensive. Diese Erfahrung hatte Heinrich Mann am Ende der Weimarer Republik gemacht. Er hatte darauf mit verstärkter Arbeit reagiert – vergeblich. Auch Henri Quatre zweifelt am Ende seines Lebens oft daran, dass sein Kampf aussichtsreich ist. Trost findet er in einem Stich, den er eines Tages findet. Er zeigt ein Skelett, das einen Acker bestellt. Das Bild zeigt ihm, dass mit seinem Tod der Kampf noch lange nicht endet. Kommende Generationen werden die von ihm begonnene Arbeit fortsetzen. Dabei wird die Arbeit, die er geleistet hat, und die Erinnerung an seine Person für sie eine wichtige Grundlage für zukünftige Erfolge sein können.

Der Roman ›Henri Quatre‹ bildet eine Summe der gewachsenen Überzeugungen Heinrich Manns. Vor 1927 im Konzept begonnen, seit 1933 niedergeschrieben, musste dieser Roman wie eine Entgegnung auf die mittlerweile eingetretenen politischen Entwicklungen in Deutschland und Europa wirken. Tatsächlich hat sich Heinrich Mann während der Niederschrift bemüht, aktuelle Bezüge zum Dritten Reich herzustellen. Der Prediger Boucher wirkt wie eine Karikatur auf den Redner Hitler. In der Katholischen Liga spiegelt sich die NSDAP wider. Henri von Guise schwören die Mitglieder der Katholischen Liga unbedingten Gehorsam: »Was man künftig auch beging, niemand verantwortete seine Taten, denn hier schwuren sie im voraus blinden Gehorsam dem Führer.«[656] Ihren Führer heißen sie mit Heil-Rufen willkommen. Doch Henri von Guise ist nur der bezahlte Agent Spaniens. König Philipp finanziert mit seinem Gold den Bürgerkrieg in Frankreich. So wie Heinrich Mann in Hitler den Strohmann des Großkapitals sah, so stellt er die Herzöge von Guise als Agenten Spaniens dar. Ihr Antrieb sei die Gier nach Macht und Reichtum.[657] Offensichtlich kann Heinrich Mann die Nationalsozialisten nach wie vor nicht ernst nehmen. Ihre so genannte Weltanschauung ist in seinen Augen ein Vorwand zur Bereicherung, ein Instrument, das die Errichtung eines Repressionsapparates ermöglicht. Gegen diese verteidigt er seinen Glauben an die Macht der gütigen Vernunft.

Für den ersten Teil des Henri-Romans erhielt Heinrich Mann vom Querido Verlag 3 500 Gulden, der zweite Teil, der 1938 erschien, brachte ihm weitere 3 600 Gulden. Der Verkauf lief jedoch nur schleppend: Bis zum Ende des Jahres 1935 waren trotz des erhofften Weihnachtsgeschäftes vom ersten Band 1776 Leinenbände und 653 Broschuren verkauft worden. Auch die Vermarktung von Übersetzungsrechten brachte nur wenig ein: Bis zum 31. Dezember 1935 waren für fremdsprachige Ausgaben 850 Mark eingegangen. Auch das 1. Quartal 1936 brachte keinen Aufschwung. Resignierend schrieb Fritz H. Landshoff am 22. April an Heinrich Mann: »Ich schicke Ihnen die Abrechnung über das letzte Quartal. Das Resultat wird sie nicht weniger enttäuschen als uns. In der Tat wird der Verkauf ja von Tag zu Tag schwieriger. Übrigens erklärt sich die sehr niedrige Absatzziffer z. T. auch daraus, daß wir genötigt sind, hier und da Sendungen zurückzunehmen.«[658] Heinrich Mann hatte bereits im Vorfeld der Veröffentlichung den seiner Meinung nach zu hohen Preis des Buches moniert. Landshoff sah sich angesichts dieser Vorwürfe zu einer energischen Gegendarstellung gezwungen: »Ich bedaure es aufrichtig, daß Sie noch immer annehmen, wir hätten Ihr Buch, dessen Vertreibung uns besonders am Herzen liegt, durch die Festsetzung eines zu hohen Preises geschädigt. Darf ich Sie nochmals daran erinnern, daß der unzweifelhaft nicht umfangreichere Roman von Wassermann, ›Joseph Kerkhoven‹, den gleichen Preis gehabt hat. Nehmen Sie ein Buch durchschnittlichen Umfangs, wie den ›Cervantes‹ von Bruno Frank, so werden Sie sehen, daß der Preis von fl 3.90, den wir für das Buch verlangen, im Verhältnis erheblich höher ist als der Preis für Ihr Buch.«[659] Umfangreiche Bücher bildeten generell ein Problem für den Verlag, weil die größte potenzielle Lesergruppe, die Exildeutschen, kaum über genügend Geldmittel verfügten, um sich dicke und damit teure Bücher kaufen zu können. Der ›Henri Quatre‹-Roman war für den Querido Verlag ein Prestigeobjekt, bei dem man ohnehin schon äußerst knapp kalkuliert hatte.

Dem Autor Heinrich Mann waren diese Zusammenhänge

nur schwer zu vermitteln. Wie die meisten seiner Kollegen wollte er nicht verstehen, mit welchen Problemen der Verlag beim Absatz der Bücher konfrontiert war. In dem enttäuschenden Absatz seines antifaschistischen Buches sah er wohl lediglich einen weiteren Beweis dafür, wie schwer die Menschen zu erreichen waren. Hatte er in der Weimarer Republik schon mit ähnlichen Schwierigkeiten zu kämpfen, so schien sich dies im Exil fortzusetzen. Heinrich Mann begegnete diesen Schwierigkeiten mit mehr Arbeit, um mehr Menschen zu erreichen. Seine Aufklärungsarbeit musste intensiviert werden. In den Jahren seines Exils verfasste Heinrich Mann etwa 400 Essays für Exilzeitschriften und französische Zeitungen, insbesondere für die ›Dépêche de Toulouse‹.

René Schickele, der wegen seines schulpflichtigen Sohnes das abgelegene Sanary verlassen hatte und nun auch in Nizza lebte, traf ihn eines Tages im Café Monnot. Er erschrickt über Heinrich Manns Aussehen: »Er wird fett. Doppelkinn, das die Bewegungen des Kopfes nicht immer ganz mitmacht. Der Kopf geht weg, und das Kinn bleibt liegen.«[660] Sie sprechen über ihre Arbeit: »Er arbeitet an seinem Roman (Heinrich IV. von Frankreich). Den ganzen Tag am Schreibtisch. Seine einzige Erholung der kurze Café-Besuch zwischen fünf und sechs. ›Seit zwei Jahren geht es so mit der Arbeit. Ich brauche Ferien.‹ Im Augenblick, da er es ausspricht, breitet sich eine maßlose Müdigkeit über ihn. Sein Gesicht zerfällt. Die Augen blicken traurig in die Ferne. Die Arme hängen.«[661] Klaus Mann gewinnt bei seinen Besuchen andere Eindrücke von seinem Onkel: »In Nizza sitzt Heinrich Mann in einer kleinen Wohnung, nicht weit von der prachtvollen Promenade des Anglais, und arbeitet an seinem ›Henri Quatre‹, zwei starke Bände: erst die ›Jugend‹, dann die ›Vollendung‹. Beim Autor aber scheinen Vollendung und zweite Jugend zusammenzufallen; nicht seit den Tagen der ›Kleinen Stadt‹ und des ›Professor Unrat‹ ist dieser Schriftsteller in solcher Form gewesen. Nun kommt zur schöpferischen Phantasie und zum erzählerischen Elan die Weisheit, der geistig-moralische Ertrag eines langen, bewußt und leidenschaftlich gelebten Lebens. Der ›Henri Quatre‹ wird sein Meisterwerk.«[662] Möglicherweise sahen beide nur eine Seite des Heinrich Mann in diesen Tagen von Nizza. Der Kampf gegen Nazideutschland erforderte die Anstrengung aller Kräfte; Klaus erlebt, wie sein Onkel durch diesen Kampf noch einmal zu gewaltigen Arbeitsleistungen angespornt wurde. Im Vergleich zu seinem Vater Thomas, der sich bis 1936 noch nicht zu einer definitiven Haltung gegenüber Deutschland hatte durchringen können, musste der kämpferische Elan seines Onkels Heinrich auf Klaus beeindruckend gewirkt haben. Schickele erkennt hinter dem Kampfesmut die aufsteigende Erschöpfung: Wie viel Arbeit muss noch geleistet werden, ehe die Menschen zur Vernunft finden?

Heinrich Manns essayistische Arbeit sollte zwei Aufgaben erfüllen: Aufklärung und Aufmunterung. Das Ausland musste über die Vorgänge in Deutschland aufgeklärt werden. Mit aufmunternden Worten wandte er sich an die Emigrierten in ihren Exilländern, so heißt eine Sammlung von Aufsätzen aus der Emigrationszeit auch kurz ›Mut‹. Zum Zweck der Aufklärung veröffentlichte Heinrich Mann ohne Unterlass Aufsätze in zahllosen fremdsprachigen Zeitungen und Zeitschriften: »Auch ich kam aus Deutschland, mit der sehr merkwürdigen Aufgabe, Franzosen zu gemahnen, wer sie seien. Ich tat es von 33 bis 40, an die acht Jahre, in einer Zeitung, deren Leser bis in die Regierung reichten. Ich konnte mein aufgegebenes Land zeigen, wie es nun war, mit seinen Folterkellern und den Märtyrern der Freiheit, ihrer Enthauptung durch das Beil. Mir war erlaubt zu warnen: in Deutschland beginnt es nur. Gebt wohl acht, wie es fortgeht!«[663]

Außer der monatlichen Kolumne bei der ›Dépêche‹ erwies es sich aber als schwierig, in französischen Blättern zu publizieren, wobei viele Artikel in der ›Dépêche‹ deutliche Spuren der Zensur zeigen. Die großen Zeitungen und Zeitschriften blieben ihm verschlossen. Wolfgang Klein konnte nur vier Artikel Heinrich Manns in führenden Presseorganen Frankreichs nachweisen: In ›Paris-Soir‹ erschien im Sommer 1933 ein Artikel über das Schicksal von Asylanten, in dem auch Heinrich Mann zu Wort kam; im ›Intransigeant‹ durfte er sich neben anderen Schrifstellern zu der Frage »Que pensez-vous de la France?« äußern; eine Beileidsbekundung zum Tod Henri Barbusses erschien in der ›Humanité‹, und der ›Populaire‹ brachte am 25. Februar 1938 einen Solidaritätsaufruf Heinrich Manns für das besetzte Österreich. Ansonsten finden sich Beiträge Heinrich Manns lediglich in kleineren Zeitungen und Zeitschriften. Insgesamt kommt Wolfgang Klein zu dem Schluss: »Es zeigt sich in alledem: Noch ein so berühmter und aktiver Emigrant wie Heinrich Mann war in diesen Jahren weit davon entfernt, in der früheren Weise auf die Öffentlichkeit jenes Landes zu wirken, in dem er lebte. Er konnte sich äußern, aber die einflußreichen Presseorgane waren ihm verschlossen, Äußerungen ohne unmittelbaren Zeitbezug, die sich sonst kaum noch fanden, dagegen überdurchschnittlich häufig vertreten.«[664]

Seine Beiträge in den Exilzeitschriften waren für die Emigrierten gedacht. Besonders in dem Aufsatz ›Der Sinn dieser Emigration‹ versuchte er, ihnen ihre vom Schicksal auferlegte Aufgabe zu verdeutlichen: »Die Emigration ist eingesetzt vom Schicksal, damit Deutschland das Recht behält, sich zu messen an der Vernunft und an der Menschlichkeit! Ohne die Emigration könnte es dies heute nicht, sie allein ist übrig als ein Deutschland, das lernt, denkt und Zukunft erarbeitet. Eine Emigration, die sich behauptet, wird ihre leidvoll und kämpfend erworbene innere Zucht einst übertragen auf ihr ganzes Volk, dem so sehr, so sehr zu gönnen wäre, daß es die Gegend der Katastrophen verläßt und seinen Frieden mit der Welt macht.«[665] Die Emigration müsse beweisen, dass es noch ein anderes, besseres Deutschland gebe. Keinen Zweifel lässt Heinrich Mann daran aufkommen, dass der Sieg der Vernunft, im Exil errungen, eines Tages auf Deutschland zurückstrahlen und dort das feindliche Regime beseitigen werde. In diesem Sinne spricht Heinrich Mann den Emigrierten Mut zu und fordert sie zur gemeinsamen Aktion auf.

Im Sommer 1933 wurde in Paris der Schutzverband Deutscher Schriftsteller gegründet. Eine solche gewerkschaftliche Organisation für alle deutschen Schreibenden hatte auch in Berlin existiert, war mittlerweile jedoch gleichgeschaltet und später in Reichsverband Deutscher Schriftsteller umbenannt worden. Treibende Kraft bei der Neugründung in Paris war der Publizist Rudolf Leonhard, der sich dabei auf die ehrenamtliche Mitarbeit von David Luschnat stützen konnte. Eine im Juli 1933 veröffentlichte Presseinformation nannte als unmittelbare Aufgaben »die Vertretung der Rechte gegenüber ausländischen Verlegern und gegenüber Vertragsbrüchen deutscher Verlage, vor allem aber die Verpflichtung, für die in Deutschland gebliebenen, vom Faschismus verfolgten, verhafteten und mißhandelten Kollegen einzutreten«[666]. Im Zuge seiner Tätigkeit begann der SDS seit dem Herbst 1933 mit der Organisation von Vortrags- und Diskussionsabenden, anfangs monatlich, später vierzehntägig, seit 1935 wöchentlich.[667] Versammlungsort war im Souterrain des kleinen Cafés Mephisto am Boulevard St.-Germain. Nach Angaben von Alfred Kantorowicz erschienen zwischen fünfzig und hundert Gäste zu den Veranstaltungen. Mit Hilfe von Spendengeldern, die nicht zuletzt im Verlauf dieser Abende gesammelt wurden, finanzierte der SDS eine Zeitschrift, die getarnt auch nach Deutschland versandt wurde. Zusätzlich gab der SDS eine Verbandszeitschrift ›Der Deutsche Schriftsteller‹ heraus, die über die zahlreichen Aktivitäten der Organisation informierte.

Zu diesen Aktivitäten gehörte eine umfangreiche Materialsammlung über das nationalsozialistische Regime in Deutschland, das »Internationale Antifaschistische Archiv«. Dieses Archiv bildete die Grundlage für die Dokumentation ›Braunbuch über Reichstagsbrand und Hitlerterror‹. Es folgten weitere dokumentarische Publikationen über den so genannten Röhm-Putsch sowie über die Judenverfolgung. Das größte Projekt des SDS war jedoch die Schaffung einer »Deutschen Freiheitsbibliothek«, in der in Deutschland verbotene Bücher gesammelt werden sollten. Die Präsidentschaft dieser Bibliothek übernahm Heinrich Mann. In einem Aufruf am

14. April 1934 fasste er den Gedanken dieser Initiative wie folgt zusammen: »Dies ist seit der deutschen Katastrophe von 1933 das erste umfassende kulturelle Unternehmen zur Rettung und Erhaltung aller historischen und lebendigen Kulturgüter, die das Deutschland des achtzehnten, neunzehnten und zwanzigsten Jahrhunderts hervorgebracht und der Welt übergeben hat. Werke vergangener Jahrhunderte, nicht nur die Bücher von Lebenden, sind unter dem Beifall nationalsozialistischer Minister, Professoren, Studenten auf den deutschen Plätzen verbrannt, aus deutschen Bibliotheken entfernt worden. Die Tradition, die in Deutschland gewaltsam abbricht, sie ruht jetzt auf denselben Intellektuellen, die darangehen, die Deutsche Freiheitsbibliothek zu errichten – und sie einweihen wollen am Jahrestage der schändlichen Brandstiftung.«[668] Nicht nur Bücher lebender Autoren sollten also nach Ansicht Heinrich Manns vertreten sein, sondern der gesamte geistige Besitz der Deutschen, der von den Nationalsozialisten verboten und verdammt worden war. Er sollte als Mittel zur Erziehung der Deutschen für die Zeit nach dem Sieg gegen Hitler aufbewahrt werden.

Im Januar 1935 wurde Heinrich Mann in den Vorstand des SDS gewählt. In der darauf folgenden Zeit erlebte die Organisation jedoch ihre tiefste Krise: in der zweiten Hälfte des Jahres 1936 bildete sich der liberale »Bund Freie Presse und Literatur – Verband deutscher unabhängiger Schriftsteller und Journalisten im Exil«. Unter Vorsitz von Konrad Heiden gehörten der Gruppe Hermann Kesten, Annette Kolb, Ludwig Marcuse, Walter Mehring, Joseph Roth und Leopold Schwarzschild an. Sie empfanden ihre Interessen im SDS nicht adäquat vertreten und verwiesen auf den starken kommunistischen Einfluss im Schutzverband. Tatsächlich versuchte man von kommunistischer Seite den SDS als eine eigene Hervorbringung darzustellen, doch öffnete sich die Organisation durchaus auch für Vertreter anderer politischer Richtungen. Ungeachtet dessen bemühten sich die Kommunisten, führende Positionen im SDS einzunehmen, um die Organisation auf diese Weise zu kontrollieren. Viele fürchteten daher, von diesen für deren Interessen vereinnahmt zu werden. Heinrich Manns Engagement galt der Einheit der deutschen Schriftsteller im Exil: Seiner Ansicht nach mussten sie einen geschlossenen Block gegen Hitler-Deutschland bilden. Solche Sezessionen erfüllten ihn daher mit Sorge.

In den folgenden Jahren bemühte sich der SDS darum, international um Verständnis für die emigrierten Intellektuellen aus Deutschland zu werben. Als besonders publicityträchtig erwies sich dabei die Beteiligung des SDS an der Pariser Weltausstellung von 1937 mit einer Ausstellung ›Das deutsche Buch in Paris 1837–1937‹. Eine französische Zeitung berichtet: »An der Kopfseite des Saales ziehen ein großes Porträt des Friedensnobelpreisträgers Carl von Ossietzky und die Fotos zweier von den Nazis ermordeter deutscher Schriftsteller, Erich Mühsam und Theodor Lessing, die Blicke auf sich.«[669] Die Ausstellung zog einen Bogen von der deutschen Literatur seit Goethe, Schiller und Klopstock bis zur gegenwärtigen Emigration. Verbindendes Element waren die Ideale von Freiheit und Humanismus. Hier wurde ganz besonders betont, dass Frankreich quasi die Heimstatt von Freiheit und Humanismus und somit der natürliche Gegner des Nationalsozialismus sei. In einer solchen Konzeption wird der Einfluss des Ehrenpräsidenten des SDS, Heinrich Mann, spürbar. Ein weiterer Höhepunkt in den Aktivitäten des SDS war die »Deutsche Kulturwoche in Paris« zwischen dem 4. und 27. November 1938. Mit dieser Veranstaltung sollte erneut auf das Schicksal der emigrierten deutschen Schriftsteller hingewiesen und der Zusammenhalt deutscher und französischer Intellektueller im Kampf gegen den Faschismus demonstriert werden. Es war die größte Veranstaltung des SDS und zugleich eine seiner letzten, denn mit Kriegsbeginn wurde die Arbeit des Schutzverbandes Deutscher Schriftsteller zunehmend schwieriger, bis sie schließlich unmöglich wurde.

In einer weiteren Organisation nahm Heinrich Mann eine herausragende Stellung ein. Im Dezember 1933 erreichte Heinrich Mann ein Rundschreiben seiner vier Kollegen Lion Feuchtwanger, Ernst Toller, Rudolf Olden und Max Herrmann-Neiße. Sie bezogen sich darin auf einen Beschluss des internationalen PEN-Clubs: Das Exekutiv-Komitee der internationalen Schriftsteller-Organisation hatte festgestellt, dass die deutsche PEN-Gruppe gegen die Grundsätze des PEN-Clubs verstoßen habe, worauf die deutsche Sektion ausgeschlossen wurde. Die deutschen Schriftsteller im Exil wollten nun einen deutschen PEN-Club gründen, »representing free German literature in the spirit of the International PEN Club«[670]. Der Exil-PEN erhielt die Anerkennung durch den internationalen PEN-Club, sodass er ab sofort um Mitglieder werben konnte. Als Sekretär engagierte sich Rudolf Olden, der eine bekannte Hitler-Biografie veröffentlicht hatte. Am 20. Januar 1934 antwortete Heinrich Mann auf das Rundschreiben: Er schloss sich der Organisation an. Am 16. April 1934 bestätigte ihm Rudolf Olden der Erhalt des Schreibens und informierte ihn über den weiteren Verlauf der Dinge: »Es wird sich in erster Linie um zwei Dinge handeln, die zu erledigen sind. Einmal um die Bestimmung eines Präsidenten. Dann um die Nominierung zweier Haupt-Delegierter zu dem Internationalen PEN-Kongreß, der vom 17. bis zum 22. Juni in Glasgow und Edinburgh stattfinden wird und zu dem die Schotten uns eingeladen haben. Ich halte die Zusammenkunft für wichtig, es wird dort die Gelegenheit zu einer ernsten Kundgebung sein. Als Präsidenten und ersten Delegierten werde ich Sie vorschlagen. Ich bitte, mir freundlichst antworten zu wollen, ob Sie bereit sind, beide Ehrenstellen oder vielleicht nur die des Präsidenten zu übernehmen.«[671] Heinrich Mann entgegnete: »Ihren Brief vom 16. 4. bestätige ich und folge Ihren Wünschen gern, soweit es mir möglich ist. Reisen müssen leider ausgeschlossen bleiben: ich bin durch Arbeit gebunden. Als Vorsitzender diene ich zwar schon dem Bibliotheks-Verein. Wenn Ihnen wirklich kein anderer gleich geeignet erscheint, nehme ich die ehrenvolle Berufung auch im P. E. N.-Club dankend an und bitte nur zu entschuldigen, daß ich mich vorläufig kaum nützlich machen kann.«[672] Damit war Heinrich Mann auch Präsident des deutschen PEN-Clubs im Exil. Die anfallenden Arbeiten waren so verteilt, wie es sich Heinrich Mann gewünscht hatte: Rudolf Olden übernahm als Sekretär sämtliche organisatorischen Aufgaben, von Reisen zu den internationalen PEN-Kongressen blieb Heinrich Mann ebenfalls weitestgehend verschont.

Die Zusammenarbeit mit dem internationalen PEN-Club verlief nicht reibungslos. Oft beklagten sich die Exildeutschen über die geringe Bereitschaft der Organisation, auf ihre Probleme und Anliegen einzugehen. Ein Beispiel hierfür ist der Kongress in Buenos Aires im August 1936. Im Mai des Jahres musste der mittlerweile 65-jährige Heinrich Mann aus gesundheitlichen Gründen die Reise absagen, obwohl er im Januar entgegen seiner bisherigen Gepflogenheiten sein Kommen zugesagt hatte. Doch waren die gesundheitlichen Probleme nicht der einzige Grund. In einem Brief an Rudolf Olden spricht er noch einen anderen an: »Dieser, oder sein Sekretär Aita, wollte anfangs, daß ich zu dem Thema L'Ecrivain dans la Société spreche. Ich fragte zurück, ob ich die Auffassung des emigrierten Schriftstellers vertreten könne. Hierauf erfolgte lange nichts, dann aber das Ersuchen, ich möchte auf dem Kongreß die argentinische Literatur behandeln.«[673]

Auch zu anderen Schriftsteller-Organisationen im Exil war das Verhältnis eher gespannt. Olden verweigerte beispielsweise eine engere Zusammenarbeit mit dem SDS, weil ihm der kommunistische Einfluss in dieser Organisation zu stark erschien. Interne Zwistigkeiten und die Distanz, die vom Internationalen PEN-Club an den Tag gelegt wurde, erschwerte im Laufe der Jahre die Arbeit immer mehr. Seit 1937 betrieb Olden die Arbeit aus England, wo er bis 1939 Vorlesungen an der Oxford University hielt. In seinem neuen Heimatland fühlte er sich, der als aristokratische Erscheinung von manchmal dandyhafter Eleganz beschrieben wird, sichtlich wohl. Er kämpfte um Unterstützung für emigrierte Schriftsteller – oft vergeblich. Ein Hilfsfonds, der P. E. N. Refugee Writer's Fund, stellte am 15. Juli 1939 seine Hilfe ein, weil die finanziellen Mittel nicht mehr ausreichten, um den zahllosen Flüchtlingen aus der annektierten Tschechoslowakei helfen zu können. Ein Hilfsersuchen beim englischen PEN-Club für internierte deutsche Schriftsteller in Frankreich erbrachte ganze zehn Pfund. Nach Kriegsausbruch wurde Olden in England als feindlicher Ausländer interniert, woran er innerlich zerbrach. Sechs Wochen verbrachte Olden auf der Isle of Man, ehe Freunde seine Freilassung erreichten. Eine neue Anstellung an einer Hochschule in New York wartete auf ihn, der als Mittfünfziger wie ein Siebzigjähriger gewirkt haben soll. Bei der Überfahrt nach Amerika wurde sein Schiff »City of Benares« torpediert. Zu den 247 Todesopfern gehörten Rudolf Olden und seine Frau. An Bord war auch Thomas Manns frischvermählte Tochter Monika mit ihrem Gatten. Sie konnte gerettet werden, ihr Mann starb. Mit dem Tod Oldens endet die Geschichte des deutschen PEN-Clubs im Exil unter der Präsidentschaft von Heinrich Mann.

Das wichtigste politische Betätigungsfeld Heinrich Manns während seines französischen Exils war jedoch die Volksfront-Bewegung, weil sie seinem Ziel einer Vereinigung aller antifaschistischen Gruppierungen am nächsten kam. Das französische Beispiel, initiiert unter anderem von Heinrich Manns Freund, dem Schriftsteller Henri Barbusse, bewies ihm, dass ein solcher Zusammenschluss bürgerlicher und linker Antifaschisten möglich war. Um eine Volksfront zustande zu bringen, mussten allerdings die Parteien ihre Vorbehalte untereinander reduzieren, was insbesondere für die Vorbehalte gegenüber den Kommunisten galt. In einem Brief an seinen Bruder Thomas vom 21. April 1933 legte Heinrich Mann seine Ansicht dar, dass jeder angesichts der Nazidiktatur in Deutschland überlegen müsse, »wie er zum Bolschewismus steht«[674]. Diese Bemerkung erklärt sich aus einem vorhergehenden Brief vom 15. April 1933, in dem sich Heinrich Mann empört zeigt, dass die westlichen Staaten das Hitler-Regime dulden: »Das Schlimmste ist, daß die Welt im Grunde geneigt ist zu glauben, alles sei nur eine Aktion gegen den Kommunismus.«[675] Die Angst vor dem Kommunismus habe den Kapitalismus sein Heil bei Hitler suchen lassen. Alle kapitalistischen Länder seien dementsprechend ebenfalls eher bereit, Hitler zu dulden als die Kommunisten. Dabei steht für Heinrich Mann fest, dass der Marxismus eine Blüte der europäischen Aufklärung ist. Marx teile die Ideale von Freiheit, Gleichheit und Brüderlichkeit. Von daher sei der richtig verstandene Marxismus ein natürlicher Verbündeter des aufgeklärten Bürgertums und Hitler der gemeinsame Feind. Ganz in diesem Sinne hatte Heinrich Mann auch stets die Kommunisten in der Sowjetunion beschworen, von ihrer materialistischen Denkweise abzurücken.

Die Vorbehalte gegen den Bolschewismus hatten nach Ansicht Heinrich Manns die Gegnerschaft Hitlers zu lange getrennt. Die Zersplitterung des bürgerlich-liberal-sozialdemokratisch-kommunistischen Blocks habe vielmehr Hitler die Machtergreifung beträchtlich erleichtert, weil er die Parteien gegeneinander ausspielen konnte. Damit dies nicht weiterhin, selbst im Exil, der Fall sei, forderte Heinrich Mann von allen Seiten die Bereitschaft, von dogmatischen Positionen und Forderungen abzurücken. Einen ersten Erfolg bei den Bemühungen, die Schriftsteller aus unterschiedlichen politischen Lagern zusammenzubringen, konnte man mit dem »Internationalen Schriftstellerkongreß zur Verteidigung der Kultur« feiern. Organisiert von französischen Schriftstellern wie André Malraux, André Gide und Jean-Richard Bloch war der Kongress im Juni 1935 in Paris ein großer Erfolg. Zu den Themenschwerpunkten der mehrtägigen Veranstaltung gehörten: »1. Das Kulturerbe, 2. Humanismus, 3. Nation und Kultur, 4. Das Individuum, 5. Die Würde des Denkens, 6. Die Rolle des Schriftstellers in der Gesellschaft, 7. Literarisches Schaffen, 8. Die Tätigkeit der Schriftsteller zur Verteidigung der Kultur.«[676] Mit diesem allgemein gehaltenen Programm konnte eine Vielzahl von Schriftstellern angesprochen werden.

Im darauf folgenden Monat traf sich die Komintern zu ihrem VII. Weltkongress. Während des Kongresses der Kommunistischen Internationalen zeigte sich alsbald, dass man von dieser Seite zu Zugeständnissen bereit war. Man distanzierte sich von der These des Sozialfaschismus, behauptete nicht länger, dass jede Unterstützung der Bourgeosie gleichbedeutend sei mit der Unterstützung des Faschismus. Stalin musste von seiner bisherigen Position abrücken, weil er durch die Bereitschaft der Kommunisten in Frankreich und Spanien, sich mit anderen antifaschistischen Gruppierungen zusammenzuschließen, unter Druck geraten war. Er musste fürchten, bei einem Beharren auf dem bisherigen Standpunkt die Kontrolle über die kommunistischen Parteien in Europa zu verlieren. Dies machte den Weg frei für eine Zusammenarbeit mit den Sozialdemokraten. Darüber hinaus gelang es Dimitroff und Barbusse die Demokratie als zumindest vorübergehendes Ziel antifaschistischer Politik zu etablieren, ehe dann in der weiteren Zukunft die klassenlose kommunistische Gesellschaft errichtet werden sollte.

Auf der Grundlage der Beschlüsse des VII. Weltkongresses der Komintern wurde schließlich Willi Münzenberg beauftragt, in Paris an der Schaffung einer deutschen Volksfront mitzuwirken. Ein wichtiger Ansprechpartner war für ihn dabei Heinrich Mann, den er aus gemeinsamen Berliner Tagen kannte. Im Herbst 1934 war bei einer Tagung in Prag von kommunistischer Seite bereits Johannes R. Becher an Heinrich Mann herangetreten, um die Möglichkeiten einer Zusammenarbeit auszuloten. Was damals nur ein vorsichtiger Kontaktversuch war, konnte nach der neuen Beschlusslage nun ausgebaut werden. Von Juli bis September traf sich in Paris eine Gruppe von etwa zwanzig Personen in einem ›Vorbereitenden Ausschuß zur Schaffung einer deutschen Volksfront‹, dem Heinrich Mann bereits angehörte. Im August 1935 wurde beschlossen, einen engeren Ausschuss für die tägliche Arbeit zu bilden, dem unter der Leitung Heinrich Manns zwei Kommunisten, zwei Sozialdemokraten und drei Vertreter bürgerlicher Gruppierungen angehörten. Insbesondere durch das Verhandlungsgeschick Willi Münzenbergs gelang es, den Mitglieder-Kreis um diesen engeren Ausschuss permanent zu erweitern. Am 26. September 1935 wurde schließlich ein größerer Kreis gegründet, der den Vorbereitenden Ausschuss und die neuen Mitglieder um

Willi Münzenberg umfasste. Die Gruppe, bestehend aus 22 Sozialdemokraten, 4 KPD-Funktionären und 25 weiteren Persönlichkeiten, tagte im Hotel Lutetia in Paris, weshalb man diese Gruppe schon bald den ›Lutetia-Kreis‹ nannte. Wichtigster Vermittler in dieser heterogenen Gruppe war Heinrich Mann. Schon bald zeigte sich, dass sein Vermittlungsgeschick gefragt war, denn die Meinungsunterschiede traten rasch hervor. Die kleine Gruppe der Revolutionären Sozialisten forderte, die Volksfront als eine straff organisierte proletarische Einheitspartei zu konstituieren. Georg Bernhard und Leopold Schwarzschild, beide Vertreter des bürgerlich-demokratischen Lagers, legten jeweils eine Verfassung für das befreite Deutschland vor. Die Vertreter der KPD konnten und wollten hierauf nicht eingehen, weil eine Demokratie für sie nur Durchgangsstadium hin zur klassenlosen Gesellschaft war. Die SPD mahnte zur Vorsicht gegenüber den Kommunisten und sah sich natürlich durch solche Verhaltensweisen bestätigt.

Insgesamt zeigte sich die SPD gegenüber den Annäherungsversuchen der Kommunisten gespalten. In ihrem Buch über die SPD im Exil unterscheiden Buchholz/Rother mehrere Phasen: Bis Mitte 1934 habe der Vorstand jegliche Zusammenarbeit mit der KPD abgelehnt. Wegen der kommunistischen Sozialfaschismustheorie sei keine Annäherung möglich gewesen. Nach Aufnahme der Volksfrontverhandlungen sei es zu Auseinandersetzungen über das weitere Vorgehen gekommen. Die Vorstandsmitglieder Aufhäuser und Böchel hätten Verhandlungen befürwortet, obwohl sie nach wie vor skeptisch waren, ob die KPD wirklich von ihren Dogmen abzuweichen bereit sei. Aber gerade in Verhandlungen – so ihr Argument – könne dies am ehesten überprüft werden. Wels sei ein entschiedener Gegner von Gesprächen mit der KPD gewesen und habe auch die Mehrheit des Vorstandes auf seiner Seite gehabt. Im Jahr 1935 habe die KPD mehrfach versucht, Kontakt mit der Exil-SPD aufzunehmen. Wels und Geyer hätten weiterhin jedem Annäherungsversuch widersprochen. Crummenerl und Hertz hingegen hätten für

›freundschaftliche Beziehungen‹ plädiert, eine formelle Zusammenarbeit mit der KPD jedoch abgelehnt. Sie hätten die Mehrheit für sich verbuchen können, sodass es am 23. November 1935 zu einem lockeren Gespräch mit Vertretern der KPD gekommen sei, das jedoch ergebnislos verlaufen sei. Danach habe die SPD die Möglichkeit einer organisatorischen Verbindung mit der KPD endgültig ad acta gelegt. Erst 1937 habe sich diese Einstellung verändert, weil sich Berichte über eine gedeihliche Zusammenarbeit kommunistischer und sozialdemokratischer Widerstandsgruppen im deutschen Untergrund gehäuft hätten. Hertz, Vogel und Stampfer hätten sich unter dem Eindruck dieser Berichte für eine Überprüfung der bisherigen Position ausgesprochen. Die SPD könne im Kampf gegen Hitler nicht abseits stehen, indem sie die Zusammenarbeit mit anderen Widerstandsgruppen verweigere, so diese drei. Wels und Ollenhauer hätten sich jedoch geweigert, mit der KPD Verhandlungen aufzunehmen. Ein Beschluss sei unter diesen Umständen nicht zustande gekommen. Im Vorfeld des Zweiten Weltkrieges habe sich dann die ablehnende Haltung der Exil-SPD gegenüber den Kommunisten wieder verfestigt: Gespräche oder gar eine Zusammenarbeit seien nicht mehr möglich gewesen.[677]

Vor diesem Hintergrund ist die Mitarbeit der SPD am Lutetia-Kreis zu sehen, wobei hinzugefügt werden muss, dass es erhebliche Differenzen zwischen Mitgliedern der Exil-SPD in Paris und dem Parteivorstand mit Sitz in Prag gab. In einem Protokoll einer Vorstandssitzung wird mitgeteilt, welche Eindrücke das Vorstandsmitglied Hertz von einem Treffen mit Pariser Sozialdemokraten gewonnen hat: »In der Besprechung mit den Genossen in Paris waren es vor allem folgende Punkte, die im Vordergrund des Interesses standen: Notwendigkeit des Zusammenarbeitens mit der KPD, Vorwürfe gegen die Sopade [der Name der Exilorganisation der SPD – S. R.] wegen des Zusammenarbeitens mit Strasser und den Volkssozialisten, Vorwürfe wegen der abgeblichen Untätigkeit des PV [d. i. Partei-Vorstand – S. R.]. Vorwürfe gegen Reinbold. Persönliche Diffamierung wegen des ›bolschewistischen Goldstromes‹. Vorwürfe wegen der Absonderung von den Emigranten.«[678] Aus diesen Vorwürfen wird klar, dass die Sozialdemokraten in Paris durchaus zu einer Zusammenarbeit mit der KPD bereit waren und dem Parteivorstand in diesem Punkt zu große Distanz zur Basis vorwarfen. Heinrich Mann konnte also auf die Vertreter der SPD im Lutetia-Kreis wie Breitscheid, Braun oder Hilferding bauen, musste sich aber darüber im Klaren sein, dass diese nicht unbedingt mit der Zustimmung ihrer Parteispitze handelten.

Die größten Probleme bereiteten die Vertreter des bürgerlichen Lagers. Lange blieben die Katholiken den Treffen fern und bezogen später nur einen Beobachterstatus. Besonders massiv war der Widerspruch Leopold Schwarzschilds, der die Mitwirkung der KPD als gefährlich erachtete. Deshalb schied er auch im Dezember 1936 aus dem Volksfrontausschuss aus. Beim Versuch, eine bürgerliche antifaschistische Koalition zu gründen, wandte er sich auch an Klaus Mann, der daraufhin sofort einen Brief seines Onkels erhielt: »Du warst wirklich sehr bedrängt, sogar bestürzt warst Du mit Recht und hast versucht Dich loszubitten, die Rücksicht auf Deinen armen Onkel hast Du als mildernden Umstand angeführt. Der Unerbittliche hat sich ins Fäustchen gelacht. Den ›Ausschuss zur Bildung der Volksfront‹, dessen Vorsitzender Dein Onkel ist, will er doch gerade sprengen: diesem uneigennützigen Ziel weiht er seinen Bund und sein Blatt. Für ihn ist die Volksfront, seitdem sie ihn ausgeschieden hat, ein kommunistisches Unternehmen. Auch Hitler bekämpft die Volksfronten und nennt es Antikommunismus. Dich hat man eingeladen, einem antifascistischen Verband beizutreten. Es wäre zu verstehen, wenn Du Dich betrogen fühltest. Man hat Dir telegraphiert: ›Ihr Name fehlt noch‹ – ohne zu gestehen, daß auch der Name Deines Vaters fehlt: der war für den Zweck nicht zu brauchen.«[679] Klaus verstand das Ringen seines Onkels um die Einheit innerhalb der deutschen Emigration und zog daraufhin seinen Beitritt zu der Neugründung zurück. Ein weiterer ehemaliger Vertreter des Volksfrontausschusses, der ehemalige preußische Finanzminister Klepper, gründete später die »Deutsche Freiheitspartei«, die ebenfalls als Sammelbecken bürgerlicher Antifaschisten gedacht war.

Den endgültigen Todesstoß erteilten jedoch die Kommunisten der deutschen Volksfront. Von einer Reise in die Sowjetunion im Jahre 1935 zurückgekehrt, äußerte sich André Gide in einem Bericht ›Retour de l'USSR‹ über die Zustände unter Stalin. Wilhelm Herzog fasst die Kritikpunkte Gides, zuvor ein Freund des Marxismus, zusammen: »1. Die Diktatur des Proletariats ist eine Stalin-Diktatur geworden … 2. Es bilden sich neue Klassen: eine bevorrechtete Bürokratie; große Unterschiede der Löhne und Gehälter. 3. Ein geradezu widerliches Kriechertum in allen Kreisen vor Stalin. 4. Kein Kommunismus, kein Sozialismus; vielmehr eine Entfernung von den ersten Fundamentalsätzen des Bolschewismus, opportunistische Anpassung an eine reformistische Arbeiterbourgeoisie, die dem französischen Kleinbürgertum sehr ähnelt. 5. Der Geist der Unterwerfung, der Gleichförmigkeit herrscht. Stalin hat immer recht. Er kann nicht unrecht haben. Wer es zu äußern wagt, ist ein Konterrevolutionär. 6. Außerordentliche Unwissenheit über das Ausland. Sie wird nicht bekämpft, sondern sorgsam gepflegt.«[680] Herzog teilte die Ansichten Gides; sie bestärkten ihn in seiner Ablehnung des sowjetischen Systems, ja des Kommunismus überhaupt. Seine Haltung brachte ihn in zunehmende Distanz zu seinem ehemaligen Freund Heinrich Mann. Schonend formuliert er: »Aber irgend etwas war zwischen uns gekommen. Ich kann nicht mit Bestimmtheit sagen, was es war«[681], erzählt dann jedoch offen von einer Diskussion über die Schauprozesse in Moskau: »Ich habe es ihm in Paris, als wir einen Abend zusammen ausgingen und in einem kleinen Restaurant zu Abend aßen, sehr deutlich gesagt, indem ich mich bemühte, ihm klarzumachen, wie er sein großes moralisches Kapital verschwende. Leichtsinnig und unverantwortlich. Und daß es mich schmerzte, ihn in seinem Irrtum verharren zu sehen. Er war, wie mir schien, nicht gekränkt, versicherte mir vielmehr, daß er von den Interna der Stalinschen Politik zu wenig verstände, um sich ein objektives Urteil über die Verfolgungen der alten Revolutionäre bilden zu können. Ich hätte sie persönlich gekannt, das wisse er, und er begreife sehr wohl meine Trauer und meinen Unwillen über die Verleumdungen, die man gegen sie als Hitler-Agenten gerichtet habe. Aber, so warf er in naiver Ahnungslosigkeit ein, sie hätten sich doch selbst schuldig bekannt. Die Geständnisse in der Untersuchung und vor Gericht wären doch nicht abzuleugnen.«[682]

Die Aussagen Heinrich Manns über seine geringen Kenntnisse über die Schauprozesse in Moskau – sie waren Gegenstand heftiger Debatten im Exil – sind nicht richtig. Intensiv hatte sich Heinrich Mann mit den Prozessakten beschäftigt. Auch kannte er André Gide persönlich, konnte sich also jederzeit bei ihm – über dessen Buch hinaus – nach dessen eigenen Erfahrungen erkundigen. Heinrich Manns wichtigste Informationsquelle über die Zustände in der UdSSR war jedoch Lion Feuchtwanger, der sich lange positiv zur Stalin-Herrschaft stellte. Tatsächlich billigte Heinrich Mann die Moskauer Prozesse, vertrat die Ansicht, dass die Verurteilten wirklich schuldig seien. Noch in seiner Autobiografie schreibt er: »Gerade die Prozesse haben erwiesen – die Zeit wäre gekommen, es einzusehn –, daß die Sowjet-Union für ihre Verteidigung gerüstet, moralisch gerüstet war.«[683] Er vergleicht die Verhöre vor Gericht mit Dialogen Dostojewskis, in deren Verlauf den Personen ihre Schuld eigentlich erst bewusst wird, weil sie jetzt erst zur Wahrheit finden: »Der Verräter, Quasi-Verräter oder nur ein Unglücklicher, hatte den ersten falschen Schritt getan, noch unbewußt, infolge verführerischer Gedanken, denen er glaubte und auch nicht. Er gerät in ein Getriebe, möchte sich zurücknehmen, kann es nicht mehr.«[684] So deutet Heinrich Mann die Geständnisse in den Moskauer Prozessen, die in ihrer historischen Gestalt eher an den Prozess in Kafkas gleichnamigem Roman erinnern, wo ein Unschuldiger zum Schuldbekenntnis getrieben wird.

Politische Blindheit? Naivität? Wohl kaum! Während des

Spanischen Bürgerkriegs, in dem zahlreiche europäische Antifaschisten gegen die Armee Francos kämpften, gingen die moskautreuen Kommunisten energisch gegen die trotzkistische spanische Partei POUM vor, was besonders von der kleinen Sozialistischen Arbeiter-Partei, die im Lutetia-Kreis durch Herbert Wehner und zeitweise Willy Brandt vertreten wurde, scharf kritisiert wurde. Heinrich Manns Kontakte zu Vertretern der spanischen Volksfront, die in diesem Bürgerkrieg unterliegen sollte, was den deutschen Volksfrontbemühungen einen weiteren Rückschlag brachte, hätten ihn über diese Vorgänge belehren können. Er wollte sie nicht wahrhaben. Solche Meldungen und Vorgänge waren Nahrung für den Anti-Bolschewismus, der in seinen Augen Hitler erst möglich gemacht hatte und jetzt die Bemühungen um eine Volksfront untergrub. Deshalb leugnete er wider bessere Einsicht und bemühte sich verzweifelt darum, die Kommunisten an die Volksfront zu binden und gleichzeitig die dadurch ausgelösten Absetzbewegungen der Bürgerlichen und Sozialdemokraten zu verhindern. Dieser Spagat wurde immer schwieriger, insbesondere nachdem der weltanschaulich offene Willi Münzenberg als Vertreter der KPD in Paris durch einen neuen Mann ersetzt wurde. Münzenberg hatte sich in einer Rede vor dem Volksfront-Ausschuss energisch gegen Winkelzüge von kommunistischer Seite verwahrt und war damit untragbar geworden. An seine Stelle rückte Walter Ulbricht. Sein Auftrag war, die Hegemonie der KPD innerhalb der deutschen Volksfront zu sichern.

Sogleich begann Ulbricht damit, die einzelnen Parteien innerhalb der Volksfront gegeneinander auszuspielen. Einerseits umwarb er rechtsbürgerliche Kreise, andererseits schlug er Heinrich Mann die Schaffung eines engeren Büros vor, das auf den ersten Blick ausgeglichen besetzt war, doch konnte man in einem Vertreter der SAP einen Doppelagenten vermuten. Heinrich Mann durchschaute das Spiel, wie aus einem Brief an den SPD-Politiker Max Braun hervorgeht: »Ihre Mitteilungen vom 23. Oktober zeigen mir, daß Ulbricht tatsächlich eine eigene Volksfront, die ihm unterstehen soll, ins

Werk setzen möchte. So ungern ich Mitglieder der deutschen Opposition als Gegner ansehe, einige wollen es offenbar nicht anders. Ich bin daher gegen eine Zusammenberufung des Gesamtausschusses, solange U (Ulbricht) als Hauptvertreter oder auch nur als ein Vertreter seiner Partei dort erscheinen darf.«[685] Doch Heinrich Mann kam an Ulbricht nicht vorbei; Willi Münzenberg war als Ansprechpartner aus dem Verkehr gezogen worden. Lange hoffte er auf einen neuerlichen Sinneswandel in der KPD und in der Komintern. Seinen Traum von einer breiten Allianz antifaschistischer Kräfte sah er nur durch eine Beteiligung auch der KPD realisiert. Selbst der Hitler-Stalin-Pakt konnte diesen Traum Heinrich Manns nicht zerstören. Für die Bemühungen um die Schaffung einer deutschen Volksfront bedeutete dieser Pakt jedoch das endgültige Aus.

Heinrich Manns Wunschträume von einer deutschen Volksfront waren gescheitert: Sie gingen an dem Zwiespalt innerhalb der deutschen Emigration zugrunde. Die Ziele, die Heinrich Mann der Volksfront steckte, waren unter diesen Bedingungen unerfüllbar: »… den festen Block zu bilden und den Feind auszusperren, bis zu dem Punkt, wo er geistig und praktisch als vollendeter Fremdkörper wirkt«[686]. Die Volksfront war kein fester Block, und die Ausgesperrten waren die Emigranten. Der skeptische Blick Ludwig Marcuses auf den Lutetia-Kreis war daher nur allzu berechtigt: »In den Dreißigern, im Pariser Hôtel ›Lutetia‹, bauten die Emigranten einen Bahnhof, von dem der Zug nach Deutschland abgehen sollte … man wusste nur noch nicht: wann. Als Parallele zur Front populaire hatte sich eine deutsche ›Volksfront im Exil‹ gebildet. An vielen Nachmittagen wurde vom neuen Deutschland geredet, man war schon fast zu Haus – nur das Dritte Reich störte noch. Es tagte die Große Koalition der Exilierten: Münzenberg war da, Verbindungsoffizier zwischen Kommunisten und Liberalen, Sozialist Hilferding sprach und Breitscheid und der liberale Schwarzschild, der das beste Emigrantenblatt herausgab: ›Das Neue Tagebuch‹. Toller war da und Emil Ludwig … den Vorsitz hatte Heinrich Mann,

Reichspräsident in spe. Bei diesen rhetorischen Ausflügen war auch ich dabei, wartete aber noch nicht auf den Zug nach Berlin. Zwar glaubte ich nicht an die tausend Jahre, aber ebensowenig, daß einer von uns das Land wiedersehen würde.«[687]

In der kommunistischen Geschichtsschreibung wird oft behauptet, dass der Hitler-Stalin-Pakt dazu gedient habe, die Gefahr eines deutschen Angriffs auf die Sowjetunion wenn nicht abzuwenden, so doch zumindest hinauszuzögern. Gegen diese Behauptung, der sich auch Heinrich Mann anschließt, sprechen drei Punkte: Erstens wird die Sowjetunion vom deutschen Angriff im Juni 1941 offensichtlich überrascht. Obwohl man diesen Schritt beim Hitler-Stalin-Pakt vorausgeahnt haben will, ist man zwei Jahre später nicht für diesen Fall gerüstet. Zweitens ist die Rote Armee beim Angriff auf Polen in der Weise beteiligt, dass die im Vertrag der UdSSR zugesicherten Teile Polens umgehend besetzt werden. Drittens greift die Sowjetunion Ende November 1939 Finnland an, wird also selbst aggressiv, obwohl der Hitler-Stalin-Pakt Ausdruck der angeblichen Friedfertigkeit der Sowjetunion sein soll. Der Hitler-Stalin-Pakt war der Versuch, der Bedrohung durch Nazideutschland dadurch zu entgehen, dass man Abmachungen zu bilateralem Nutzen traf. Die gescheiterte Entspannungspolitik Großbritanniens und Frankreichs hätte die Sowjetunion darüber belehren müssen, welchen Wert Verträge für Hitler hatten.

Der Hitler-Stalin-Pakt eröffnete den Weg zum Überfall auf Polen am 1. September 1939. Die Zusicherungen Großbritanniens und Frankreichs an Polen zwangen diese in den Krieg. Für die deutschen Emigranten hatte dies gravierende Folgen. In der Presse und durch Plakate wurde von der französischen Regierung verlautbart: »A) Les ressortissants du sexe masculin de l'Empire allemand ayant plus de dix-sept ans et moins de cinquante ans devront rejoindre immédiatement et sans délai le centre de rassemblement fixé par les affiches. B) Les ressortissants des deux sexes de l'Empire allemand devront se présenter immédiatement et sans délai à la mairie ou au commissariat de police de leur résidence pour y faire connaître leur situation et obtenir, s'il y a lieu, les pièces d'identité nécessaires; ils ne peuvent jusqu'à nouvel ordre quitter sans autorisation spéciale la localité où ils habitent. Ils seront immédiatement mis en état d'arrestation s'ils contreviennent à ces dispositions.«[688] Der erste Passus wurde schon bald für Personen männlichen Geschlechtes bis zum 65. Lebensjahr ausgedehnt. Sie alle wurden ohne Unterschied in Internierungslagern untergebracht: Niemand fragte, ob die Deutschen und Österreicher vor dem Hitlerregime nach Frankreich geflohen waren oder sich zum Zeitpunkt des Kriegsausbruchs nur zufällig im Land befunden hatten.

Zentrales Lager für die Côte d'Azur wurde Les Milles in der Nähe von Toulon, wo unter anderem Lion Feuchtwanger, Walter Hasenclever, Wilhelm Herzog, Alfred Kantorowicz, Rudolf Leonhard, Golo Mann, Franz Schoenberner und Friedrich Wolf untergebracht waren.[689] Die Lage in den provisorischen Lagern war teilweise katastrophal. Die gesamte Internierung war nicht von langer Hand vorbereitet, sondern improvisiert worden, sodass es an sanitären Einrichtungen, Zelten und medizinischer Versorgung fehlte. Besonders schlimm waren die Zustände in Paris, wo etwa 12 000 Deutsche und Österreicher im Stade de Colombes interniert waren. Viele Kommunisten waren bereits in den Tagen vor Öffnung der Internierungslager verhaftet worden. Der Hitler-Stalin-Pakt hatte sie zu Kollaborateuren Nazideutschlands abgestempelt. Erschwerend kam hinzu, dass seit 1938 nicht mehr die Volksfront in Frankreich regierte, sondern ein Kabinett unter Führung von Edouard Daladier, der, antibolschewistisch eingestellt, noch immer die Sowjetunion und die Kommunisten für einen gefährlicheren Gegner hielt als Deutschland und deshalb auch an der Appeasement-Politik gegenüber Hitler mitwirkte, die davon ausging, dass man die Gefahr durch Hitler mittels Zugeständnissen eindämmen könne.

Heinrich Mann war von den Maßnahmen nicht betroffen. Erstens war er zu diesem Zeitpunkt bereits 68 Jahre alt, zweitens besaß er die tschechische Staatsangehörigkeit. In einem außerordentlichen Akt war sie ihm 1936 geschenkt worden: »1934, Deutschland hatte den 30. Juni seines Führers mit Glück bestanden, besuchte ich Prag, konnte meinen kranken Freund [den tschechoslowakischen Staatspräsidenten Masaryk – S. R.] nicht sehen, aber sein Kanzler übermittelte mir seine Zusage, mich einzubürgern. Eine tschechische Ortschaft nahe der deutschen Grenze gewährte mir gern die Zugehörigkeit, dann nahm die Republik mich auf. Es bedurfte keiner gesetzlichen Frist, nicht einmal eines besonderen Aufenthaltes im Lande. Der Tag des Jahres 1936 ist unter meinen feierlichen.«[690] Am 9. September 1939 heiratete er Nelly Kröger. Damit war auch seine zweite Eheschließung überschattet von einem Kriegsanfang. Die Hochzeit war wohl auch als Absicherung für Nelly gedacht, sollte in den zu befürchtenden turbulenten Zeiten Heinrich Mann etwas zustoßen. Die Angst war groß, denn nicht immer schützte eine andere Staatsangehörigkeit einen Deutschstämmigen, und darüber hinaus gab es die Tschechoslowakei zu diesem Zeitpunkt als eigenständigen Staat nicht mehr. Einem Brief an Louis Gillet, Mitglied der Académie Française, vertraut Heinrich Mann seine Ängste an: »Bien que naturalisé tchécoslovaque, je prévois le moment où moi aussi, je serai compris dans la même réprobation que les crimes d'Hitler attirent sur tous les hommes parlant sa langue.«[691] In einem Gasthaus außerhalb seines Wohnortes verleugnete er gegenüber der Wirtin seine deutsche Herkunft: Er durfte nicht mehr Deutscher sein, wollte er nicht mit den Verbrechen in Zusammenhang gebracht werden, die Hitler in deutschem Namen beging.

Aus seiner dennoch relativ sicheren Position heraus versuchte Heinrich Mann in den Wochen nach Kriegsbeginn zahlreichen internierten Kollegen zu helfen. In dem bereits zitierten Brief vom 24. September 1939 an Louis Gillet bat er diesen, sich für die Freilassung von Lion Feuchtwanger und Wilhelm Herzog einzusetzen. Tatsächlich intervenierte der französische Innenminister de Monzie daraufhin zugunsten Lion Feuchtwangers. Allerdings hatten sich zwischenzeitlich noch weitere Bürgen gefunden, wie Lion Feuchtwanger selbst berichtet: »Ich wurde am 1. Oktober durch eine Order Daladiers, zwei Wochen später durch eine von Sarraut und nach weiteren zwei Wochen durch eine De Monzies entlassen. In Wirklichkeit war ich bereits am 27. September herausgekommen.«[692] Freilich war die Tragikomödie um Lion Feuchtwanger damit noch nicht beendet: Jetzt fürchtete man für einige Zeit den kommunistischen Sympathisanten Feuchtwanger; schließlich hatte dieser in seinem Buch ›Moskau 1937‹ Partei für Stalin ergriffen. Mitte 1940, als Deutschland Frankreich angriff, wurde er erneut interniert. Wieder kam er nach Les Milles. Diesmal machte er noch die Verlegung des Lagers nach Nîmes mit, nachdem die Lagerinsassen den Kommandanten von Les Milles endlich davon überzeugen konnten, dass sie durch das Anrücken deutscher Truppen gefährdet seien. Auf der Reise dorthin gelang Feuchtwanger vorübergehend die Flucht, doch erreichte ihn eine dringende Bitte des Lagerkommandanten, er möge zurückkehren. In der Gegend seien deutsche Kontrollkommissionen aufgetaucht. Außerhalb des Lagers könne er nichts für Feuchtwanger tun, innerhalb des Lagers sei er jedoch halbwegs sicher. So begab sich Lion Feuchtwanger in das nach St.-Nicolas verlegte Internierungslager. Aus diesem Lager entführte ihn schließlich der amerikanische Vizekonsul Bingham. Heimlich fuhr er dort mit einem Wagen vor, nahm Feuchtwanger mit und steckte ihn wegen möglicher Straßenkontrollen in Frauenkleider. Einige Tage versteckte er ihn dann noch in seiner Marseiller Villa.[693] Auch Wilhelm Herzog kam später frei, kämpfte dann in Marseille lange um ein Visum für die USA. Im Mai 1941 gelang es ihm, eine Passage an Bord eines französischen Schiffes nach New York zu erlangen. Zehn Kilometer vor Martinique wurde das Schiff gekapert. Herzog und seine Frau verbrachten weitere vier Jahre auf Trinidad, ehe sie 1945 endlich in Kalifornien eintrafen.

Der Krieg zwischen Deutschland und Frankreich dauerte nicht lange und endete in einem militärischen Desaster. Innerhalb von nur sechs Wochen erreichten die Deutschen

Paris und zwangen Frankreich am 22. Juni 1940 zur Kapitulation. Das Land wurde aufgeteilt: Der Norden und Westen wurde von deutschen Truppen besetzt, der südöstliche Teil von einer machtlosen Regierung unter Marschall Pétain regiert. Der Waffenstillstandsvertrag enthielt unter Artikel 19 die Bestimmung: »Die französische Regierung verpflichtet sich, alle Deutschen, die von der deutschen Regierung in Frankreich namentlich aufgeführt werden, wie auch die in den französischen Besitzungen, Kolonien, Territorien und Mandatsgebieten, auszuliefern.« Nach dieser Bestimmung waren alle Emigranten auf französischem Boden, auch auf unbesetztem Gebiet, in größter Gefahr. Das Anrücken der deutschen Truppen hatte bereits unter den deutschen Emigranten zu Panik und zahlreichen Selbstmorden geführt – so hatte beispielsweise Walter Hasenclever im Internierungslager eine Überdosis Veronal genommen. Faktisch wurden nur wenige Personen auf der Grundlage des Artikels 19 an Deutschland ausgeliefert. Hans-Albert Walter äußert den Verdacht, dass die Gestapo überhaupt keine Liste vorbereitet hatte, wen sie ausgeliefert sehen möchte. Offensichtlich habe man auf deutscher Seite auf eine französische Namensliste gewartet, die jedoch wegen des Chaos des Zusammenbruchs nur langsam vorankam. Die Geduld der Deutschen, bis eine solche Liste wirklich vorlag, lasse außerdem darauf schließen, dass der Artikel 19 kein vordringliches Interesse der Deutschen gewesen sei. Walter kann lediglich sechs Prominente benennen, die auf der Grundlage dieser Bestimmung an Deutschland übergeben wurden: Rudolf Breitscheid, Franz Dahlem, Rudolf Hilferding, Siegfried Rädel, Heinrich Rau und Theodor Wolff, in der Hauptsache also Vertreter von SPD und KPD. Hinzu kam freilich eine große Zahl von Nichtprominenten, hauptsächlich Juden.

Trotzdem fühlten sich viele bedroht und versuchten, aus Frankreich zu entkommen. Mitte August 1940 traf in Marseille der amerikanische Journalist Varian Fry ein, der in der Stadt ein ›Centre Américain de Secours‹ gründete. Nach außen hin diente das Zentrum der karitativen Hilfe für Emigranten, tatsächlich organisierte Fry Fluchtmöglichkeiten nach Übersee. Träger des ›Centre Américain‹ war das in New York ansässige ›Emergency Rescue Committee‹, zu dessen Gründern unter anderem Thomas Mann gehörte.[694] Fry blieb bis zu seiner Verhaftung und Abschiebung im August 1941 in Marseille. Er profitierte bei seiner Arbeit von der – häufig offen zur Schau gestellten – Nachlässigkeit der französischen Polizeibehörden. Von einigen Beamten erhielt Fry sogar versteckte Hinweise auf Razzien und Untersuchungen. Lediglich Interventionen aus Vichy sorgten hie und da dafür, dass Aktionen Frys unterbunden wurden.[695]

Fry kümmerte sich um die illegale Beherbergung von Flüchtigen, beschaffte ihnen Pässe und Reisegeld und organisierte ihre illegale Ausreise. Er brachte die gefährdeten Emigranten in Stundenhotels, bei Privatpersonen und manchmal sogar in den Privathäusern von Diplomaten unter. Pässe erhielt er vom amerikanischen, polnischen und litauischen Konsulat, aber vor allem vom Konsul der ehemaligen Tschechoslowakischen Republik, Vladimir Vochoč. Vochoč belieferte Fry meist mit Blanko-Pässen, die dann mit den notwendigen Daten versehen wurden.

Ein solcher Fall war Heinrich Mann; er erhielt einen tschechoslowakischen Pass auf den Namen Heinrich Ludwig. Mit ihm hoffte er, unerkannt über die Grenze und durch das faschistische Spanien nach Lissabon zu gelangen. In seinen Erinnerungen hat er das Fluchtunternehmen geschildert: »Mein Gefühl wollte noch immer leugnen, daß dieser Boden im Ernst für mich verloren sein sollte. Sieben und ein halbes Jahr früher hatte ich es weniger abenteuerlich gefunden, unsere Berliner Wohnung zu verlassen, als ginge ich in das nächste Café.«[696] Ihm wird das Einschneidende dieses Schrittes klar: Die Flucht aus Nizza ist gleichbedeutend mit seiner Verbannung aus Europa. Er stand in der Tradition der europäischen Aufklärung, sah sich deshalb als Europäer. Als er Deutschland verließ, ging er nach Frankreich, für ihn das Ursprungsland der Aufklärung und des europäischen Geistes. Nun sollte er dieses Land, den Nährboden seiner Ideale, verlassen. »Die Cannebière, Hauptstraße von Marseille, wurde 1940 lebhaft kontrolliert von französischer Polizei, wenn auch in höherem Auftrag. Wen wollten sie eigentlich noch festnehmen, die Verschwörer regierten schon. Aber Papiere: wer keine Papiere oder nicht die richtigen hat, wird aus dem Grand Café geholt. ... Eines schwülen Abends blieben wir zu lange auf der Straße sitzen. Wir sahen eine Truppe gegen uns anrücken, es blieb nur übrig, ihr die Stirn zu bieten. Als wir aufbrachen, hielt sie den Rand des Gehsteiges besetzt, der Offizier spähte jedem Passanten unter den Hut, der bei einigen tief im Gesicht saß. Ich fand es geraten, den Kopf höher als sonst zu tragen. Die Gelegenheit empfahl mir dringend, etwas vorzustellen, womöglich den Präfekten der Bouches-du-Rhône. Der Kommandant des Ordnungsdienstes glaubte es mir, er ließ von mir ab, wir waren vorüber.«[697] Fry hatte die Manns nach Marseille bestellt und im Hotel Normandie untergebracht. Er plante, Heinrich und Nelly Mann zusammen mit dem Ehepaar Werfel, dem Ehepaar Feuchtwanger und Golo Mann irgendwie nach Lissabon zu bringen.

Die Probleme bestanden darin, dass außer Fry niemand ein französisches Ausreisevisum hatte und es von der spanischen Regierung hieß, dass sie zur Zeit keinen Staatenlosen durchreisen lasse, was für die Feuchtwangers zutraf, weshalb sie zunächst in Marseille zurückblieben. Angesichts dieser Schwierigkeiten fällt es kaum ins Gewicht, dass die Werfels mit zwölf Koffern zur Abreise kamen. Folgt man den Erinnerungen von Varian Fry, fuhr die Gruppe im September 1940 im Zug nach Cerbère. Heinrich Mann erinnert sich: »Der Tag brach an. In Wirklichkeit war er um drei Uhr durchaus nicht angebrochen, aber der früheste Zug wurde am wenigsten kontrolliert – meinte unser Geleiter, der wackere Unitarier. ... Schwerlich vergesse ich die ansteigende Straße nach dem Bahnhof, weithin nur wir, mit unseren Rucksäcken, die wir der Unbefangenheit wegen am Arm schlenkerten. Sie enthielten aber alles, was wir greifbar besaßen. Unser Gepäck sollte folgen, wenn ein ansässiger Geschäftsmann es besorgte.«[698] In Cerbère scheiterte ein Versuch, mit den normalen Papieren – ohne Ausreisevisa – die Grenze zu passieren. Der Grenzbeamte riet ihnen, so schnell wie möglich den Weg über die Berge zu suchen, denn jeden Tag könnte er Befehl bekommen, sie verhaften zu müssen. Kurz entschlossen riskierte man den Weg über die Pyrenäen, was insbesondere für den fast 70-jährigen Heinrich Mann eine Strapaze bedeutete, die er aber bereitwillig auf sich genommen habe, so Fry. Während die Gruppe den Weg über die Berge nahm, wollte Fry das Gepäck per Zug über die Grenze bringen und seine Schutzbefohlenen in Port-Bou erwarten. Sein Kollege Dick Ball sollte die Führung in den Pyrenäen übernehmen. Der erste Teil des Weges führte die Gruppe hinauf zum Friedhof von Cerbère. Nachdem man diesen Punkt passiert hatte, muss sich die Gruppe verirrt haben, zumindest berichtet Heinrich Mann: »Wir fragten einen Einheimischen, der uns gleich verstand. ›Nach Spanien? Hier.‹ Die Hand des Mannes riet uns, von der Straße abzuweichen auf einen kaum gebahnten Anstieg. Bald verlor der Weg sich im Gestrüpp. Von einem Steinblock zum anderen mußten wir die leidliche Verbindung finden. Am besten versetzte man sich in die Gewohnheiten der Ziegen, die hier sonst verkehrten. Heute, Sonntag, blieben sie zu Hause. Unterwegs waren nur wir. Eine Wendung, die wir machten, legte unterhalb unseres Klettersteiges die bequeme Straße frei. Sie wäre länger gewesen; außerdem hätte sie uns genötigt, das französische Zollhaus zu betreten. Zwei Gendarmen gingen davor auf und ab. So gut wie sie sahen, bemerkten sie uns. Sie konnten uns anrufen. Sie wendeten uns den Rücken, und wir entschwanden.«[699] Nach dem Bericht Frys war es sogar eine französische Patrouille, der man im Gebirge begegnet sei, die die Gruppe auf den Schleichweg gewiesen habe.

Während dieser Erlebnisse wartete Fry ungeduldig auf spanischer Seite. Aber noch kletterte die Gruppe über unbefestigte Wege: »Der Ziegensteig nach dem Exil überhob vieler peinlicher Eindrücke, er strengte körperlich an. Ich hatte seit Jahrzehnten keinen beträchtlichen Berg mehr bestiegen, war nunmehr ungeschickt und nicht jung: ich fiel recht oft auf die Dornen. In die Füße drangen sie ohnedies, fehlte noch, mit den Händen hineinzugreifen. Mehrmals unterstützte mein Neffe mich, dann überließ er es meiner Frau, die an sich selbst genug gehabt hätte.«[700] Schließlich hatten sie die Pyrenäen überquert; sie waren in Spanien: »Der Gendarm im Zollhaus bekundete mehr Mitgefühl als Neugier, verkaufte übrigens Zigaretten. Der Weg zum Städtchen erwies sich reich an Schleifen, aber man wanderte, als wäre das Ziel ein Pyrenäenbad mit seiner entschlafenen Fremdenindustrie. ... Angelangt, warteten wir, nicht bis das Bad bereitet wäre, sondern daß man geruhte, unsere Papiere zu prüfen.«[701] Die Prüfung ergab nichts Verdächtiges. Einem Polen, der zeitgleich eingetroffen war, erging es schlechter. Seine Beteuerungen, siebzehn Jahre zu sein, glaubte man nicht. Man entdeckte die Fälschung in seinem Pass und wies den heulenden Mann zurück. Er musste nun in die deutsche Wehrmacht einrücken.

»Unser eigenes Papier war keineswegs gefälscht, es traf nur nicht zu. Es diente hier, es diente in Barcelona bei der deutschen Lufthansa: diese einzige Gebieterin der spanischen Lüfte beförderte uns willig nach Madrid und bis Lissabon.«[702] Heinrich und Nelly Mann mussten alleine von Barcelona nach Lissabon fliegen, weil nur zwei Plätze in der Maschine frei waren. Der Rest der Gruppe, Golo Mann, Varian Fry und die Werfels, fuhren mit dem Zug nach Madrid. Von dort aus flogen die Werfels nach Lissabon. Wie Golo Mann in die portugiesische Hauptstadt gelangte, weiß Fry nicht mehr zu sagen. Bei der Einreise nach Portugal gab es die ersten wirklich ernsthaften Schwierigkeiten für die Manns, die sich jedoch auch glücklich lösten: »Im Flughafen Lissabon hatten wir Gründe, unser Papier zu verheimlichen. Wir behaupteten, es befände sich in unsrem Gepäck – morgen sollte der Koffer eintreffen, illusorisch, wie er war. Der portugiesische Herr über Sein oder Nichtsein betrachtete den Fall, er ließ ihn im Zweifel, bis wir von den zahlreichen Ausgeschifften der Lufthansa als letzte übrigblieben. Ein deutscher Graf, der mich zu erkennen schien, hatte geschwiegen. ... Wir kamen durch. Vielleicht, daß unsere naive Unkenntnis uns vertrauenswürdig machte. Wer es wagt, papierlos aufzutreten, könnte zum Schluß das beste haben? Oder war der Herr von geradezu entsetzlichem Scharfsinn, durchschaute die dichte Materie eines vorgeschützten Koffers und gefiel sich als unsere Vorsehung? Auch ist zu bedenken, daß er endlich schlafen gehen wollte. Die kleinen Stunden, le ore piccine, brachen an. So entließ er uns nach der Stadt, mit dem Versprechen, morgen unsere Papiere bei der Polizei vorzuweisen. Das Versprechen unterlag mentalen Vorbehalten, auch von seiner Seite. Wir selbst – ach! dem Überschwang der papiernen Sucht begegnen zu müssen macht treulos. Wir haben uns nie gemeldet.«[703]

In ganz Lissabon waren die Hotels ausgebucht. Ein portugiesischer Taxifahrer fuhr sie die ganze Nacht hindurch auf der Suche nach einer Unterkunft. Schließlich bringt er sie in ein Seebad, etwa anderthalb Stunden von Lissabon entfernt. Vor dem Hotel lag zum Meer hin ein kleiner Garten: »Ein Jx im letzten Gärtchen gedenkt der Vergänglichkeit. Der Unrechte, sich von ihr ängstigen zu lassen, war der Christ Pascal, er fühlte es selbst. ›Grauenvoll, daß alles, was man besitzt, fortwährend dahinfließt und daß man sich anklammert und gar nicht suchen möchte, ob es nichts gibt, was dauert.‹ – ›Durum: sed levius fit patientia. Quidquid corrigere est nefas‹, antwortet ihm Voltaire mit Horaz. ›Du trägst es leichter in Geduld. Es ändern wollen wäre – Schuld‹ – da vom Unheil, das niemand abwendet, die Schuld zu subtrahieren ist.«[704] In den letzten Tagen in Europa erinnert sich Heinrich Mann noch einmal des Unheils, das über Europa gekommen ist. Er konnte es nicht abwenden, unaufhaltsam brach es über diesen Kontinment herein und verschlang alles, was ihm bedeutsam und erhaltenswert erschien. Der Hass hat gesiegt. Er hat gegen das Unabwendbare angekämpft, ist wie jeder Tätige schuldig geworden. Mit Gelassenheit und Geduld scheidet er von Europa, seinem Lebenswerk.

Nach unzähligen Besuchen bei Agenturen und Ämtern gelang es seiner Frau endlich, die Schiffskarten für eine Überfahrt in die USA zu bekommen. An Bord des griechischen Dampfers »Nea Hellas« verlässt Heinrich Mann den alten Kontinent: »Der Blick auf Lissabon zeigte mir den Hafen. Es wird der letzte gewesen sein, wenn Europa zurückbleibt. Er erschien mir unbegreiflich schön. Eine verlorene Geliebte ist nicht schöner. Alles, was mir gegeben war, hatte ich an Europa erlebt, Lust und Schmerz eines seiner Zeitalter, das meines war; aber mehreren anderen, die vor meinem Dasein liegen, bin ich auch verbunden. Überaus leidvoll war dieser Abschied.«[705]

14. Jenseits von Europa

Heinrich Mann fällt der merkwürdige Sprachgebrauch auf, wenn man von Amerika spricht: »Drüben, wie man es nennt, als gäbe es noch ein Diesseits.«[706] Sein Diesseits hatte in Europa gelegen, doch da war nichts mehr. Es gab nur noch das Jenseits – drüben. An seinem letzten Tag in Europa war sein Blick über den Hotelgarten hinweg über den Atlantik geschweift – am unsichtbaren Gegenüber lag das Jenseits – dort war drüben. Nun lebte er sogar an den Gestaden des Pazifiks. Wenn sein Blick jetzt über den Ozean schweifte, war am jenseitigen Ufer die Ostküste Asiens mit Japan, Korea, China und im Südwesten Neuseeland und Australien.

Der Empfang in New York war freudig: »13. Oktober. Ankunft des griechischen Dampfers ›Nea Hellas‹ mit einer Ladung emigrierter deutscher Dichter und Literaten, darunter Heinrich Mann mit seiner Frau und Golo; Franz Werfel mit Alma Mahler-Werfel und viele andere bekannte Gesichter. Große Begrüßung am Hafen, zu der auch Zauberer und Mielein sich einfinden.«[707] Mit ›Zauberer‹ und ›Mielein‹ meint Klaus seine Eltern Thomas und Katia Mann. Thomas Mann war seit 1938 in den USA. Eine Honorarprofessur in Princeton hatte ihm die Einreise ermöglicht. War Heinrich Mann in Frankreich die zentrale Figur der deutschen Emigration gewesen, so war es in den USA sein Bruder. Er gehörte zahlreichen Hilfskomitees und Organisationen an und pflegte Kontakte bis hinauf zu US-Präsident Franklin D. Roosevelt. In den letzten Wochen war er in großer Sorge um seinen Bruder und seinen Sohn Golo gewesen. Kurzzeitig war man ohne Nachricht geblieben, ehe Erika am 26. August 1940 vermeldet hatte, dass die Gesuchten glücklich in Lissabon eingetroffen seien. Nun war noch die Frage einer Schiffspassage zu klären. Thomas ließ seine Kontakte spielen, schaltete einen ehemaligen Botschafter ein, doch glücklicherweise fand sich das griechische Schiff, das noch über freie Plätze verfügte.

Die ersten Tage nach der Rettung waren ausgefüllt mit Festlichkeiten. Das Emergency Rescue Committee feierte seine Erfolge mit einem großen Bankett im Hotel »Commodore« in New York. Anschließend reisten Heinrich und Nelly Mann mit Thomas und seiner Familie nach Princeton, wo sie zunächst einmal noch einige Zeit blieben, ehe sie Ende 1940 nach Kalifornien weiterreisten, wo auf Heinrich eine Anstellung wartete. Im April 1941 wollte auch Thomas mit seiner Familie folgen: Er baute sich in Santa Monica bei Los Angeles, eine halbe Stunde von seinem Bruder entfernt, ein Haus.

Das Emergency Rescue Committee hatte in Zusammenarbeit mit dem European Film Fund einigen Emigranten Verträge bei großen Hollywood-Studios verschafft, darunter auch Heinrich Mann. Hinter diesem European Film Fund standen europäische Einwanderer, die sich in Hollywood bereits hatten etablieren können. Wichtigster Mann des Unternehmens war der Agent Paul Kohner. Die Agentur Kohner ist bis zum heutigen Tag eine der größten Filmagenturen Hollywoods. Mit Hilfe seiner Kontakte bemühte sich Kohner, die Studiobosse der Filmmetropole von den Neuankömmlingen zu überzeugen: »Er präsentierte den Studiochefs den Vorschlag als gutes finanzielles Risiko. Obwohl die meisten Schriftsteller, die er vertrat, in Amerika kaum bekannt waren, hatten sie sich in Europa einen guten Namen geschaffen, weshalb sich von ihnen gutes Filmmaterial erwarten ließ. Die Studios sollten die Autoren zu einem festen

Gehalt anstellen. Eine einzige gute Filmidee würde genügen, um die Ausgaben für die ganze Reihe von Verträgen wieder hereinzubringen. Und obendrein würde das Studio, das sich zu dem Plan entschließen könnte, natürlich eine humanitäre Tat vollbringen.«[708] Tatsächlich erhielt er von Warner Brothers die Zusage, vier Flüchtlinge zunächst für ein Jahr unter Vertrag zu nehmen; Metro-Goldwyn-Mayer konnte er überreden, sechs Verträge an Flüchtlinge zu vergeben. Unterstützt wurde Kohner bei seinen Bemühungen von Ernst Lubitsch. Lubitsch war nach einigen Ufa-Erfolgen bereits 1923 in die USA gegangen und hatte sich mit seinen geistreich-charmant-frivolen Komödien rasch etabliert. Er fungierte als Präsident des Funds; Vizepräsident war neben Paul Kohner William Dieterle, der 1929 nach Hollywood gekommen war und Warner Brothers mit einer seiner Filmbiografien, ›The Life of Emile Zola‹, 1937 einen Oscar beschert hatte. Standen Lubitsch und Dieterle mit ihrem Renommee sowie Kohner mit seinen Kontakten für den Fund ein, so erledigten Charlotte Dieterle und die Frau von Bruno Frank, Elisabeth, die schriftlichen Arbeiten. Sie verfassten Briefe an die Europäer in Hollywood und baten um Spenden für die Arbeit des Funds, beschafften Visa und Bürgschaften für die Einreisenden.

Die Verträge waren für die Immigranten äußerst wichtig. Sie mussten entsprechende Kontrakte und Empfehlungen eines Ortsansässigen vorweisen, damit sie überhaupt in die USA einreisen durften. Das gesellschaftliche Klima in den USA war zu Beginn der vierziger Jahre ausländerfeindlich. Man befürchtete von einer fünften Kolonne Deutschlands – Spione, Saboteure und Attentäter – unterwandert zu werden. Diese Ängste nahmen teilweise hysterische Formen an, insbesondere nach dem japanischen Angriff auf Pearl Harbor im Dezember 1941. Neben Heinrich Mann waren bei Warner Brothers Leonhard Frank, Alfred Neumann und Friedrich Torberg angestellt worden. Ihre Verträge waren mit 100 Dollar die Woche dotiert und hatten eine Laufzeit von einem Jahr. Damit verdienten Heinrich Mann und seine

Kollegen ebenso viel wie ein Universitätsprofessor, doch bei den Drehbuchautoren in Hollywood lagen sie damit am unteren Ende der Lohnskala. Nach Angaben der Gewerkschaft der Filmautoren aus dem Jahr 1945 verdienten 28 Prozent ihrer Mitglieder weniger als 5 000 Dollar jährlich, 57 Prozent dagegen mehr (der Rest war arbeitslos).

Dennoch reichte das Geld allemal für Heinrich Mann und seine Frau, um sich ein Häuschen in Beverly Hills zu mieten und sich ein Auto zu kaufen. Ein Auto war und ist in einer Stadt wie Los Angeles lebensnotwendig. Heinrich Mann ist zunächst einmal glücklich über den Verlauf der ersten Wochen und zuversichtlich: »Wir sind noch ein bischen [sic] uneingewöhnt u. fremd hier, haben aber ein ganz nettes Haus. Alles Andere wird die Zukunft bringen.«[709] Mit dem Umzug von Thomas Mann und seiner Familie waren alle Manns wieder vereint, wie zuletzt in Sanary-sur-Mer. Auch stellte sich schon bald die merkwürdige Heiterkeit jener Tage in Südfrankreich wieder ein. Mit etwas Verspätung – Thomas Mann musste noch einigen Verpflichtungen nachkommen – feierte man Anfang Mai 1941 den 70. Geburtstag Heinrich Manns. Gastgeber waren Berthold und Salka Viertel, die sich in Hollywood erfolgreich als Drehbuchautoren niedergelassen hatten. Mit spöttischem Blick beschreibt Alfred Döblin die Feier: »Als wir neulich den 70. Geburtstag von H. Mann feierten bei der Salka Viertel, war es wie einstmals: Th. Mann zückte sein Manuskript und gratulierte daraus. Dann zückte der Bruder sein Papier und dankte auch gedruckt daraus, wir saßen beim Dessert, etwa 20 Mann und Weib, und lauschten deutscher Literatur unter sich. Da waren noch Feuchtwanger, Werfel, Mehring, die Reinhardts, einige vom Film.«[710]

Die Arbeit bei den Filmstudios war für viele Emigranten eine Enttäuschung. Heinrich Mann beklagt sich nur selten, doch seine Erfahrungen dürften sich mit jenen der anderen Inhaber eines Jahresvertrages gedeckt haben. Sie konnten machen, was sie wollten, Ideen und Konzepte entwickeln, Drehbücher schreiben – niemand schien sich für ihre Arbeit zu interessieren. Anscheinend erwartete man von ihnen nur, dass sie morgens in ihr Büro kamen, den Tag über die Zeit irgendwie totschlugen und abends nach Hause gingen. An eine aktive Mitarbeit war nicht gedacht. Die Gründe dafür sind vielfältig, aber im Einzelnen nur schwer nachzuvollziehen. Zweifellos wusste keiner der maßgeblichen Studiobosse mit den eingestellten Emigranten etwas anzufangen. Sie waren in den USA weitestgehend unbekannt. Bekanntere deutsche Autoren und Regisseure bekamen in Hollywood zumindest eine erste Chance: Max Reinhardt, der vor seiner Emigration bereits an New Yorker Bühnen inszeniert hatte, durfte unter Mithilfe William Dieterles eine Verfilmung seiner berühmten ›Sommernachtstraum‹-Inszenierung drehen. Danach blieben weitere Aufträge aus. Heinrich Mann, Alfred Neumann, Leonhard Frank oder Alfred Döblin waren demgegenüber unbekannte Größen. Viele Studiobosse sahen die Verträge wohl nur unter dem Gesichtspunkt einer zeitlich beschränkten humanitären Hilfe. Alfred Neumann wurde von Jack Warner anvertraut, dass man ihn eigentlich nur angestellt habe, um US-Präsident Roosevelt einen Gefallen zu tun. Die Emigranten waren für ein Jahr versorgt, konnten versuchen, in diesem Jahr Kontakte zu knüpfen und danach vielleicht als freie Drehbuchautoren ihr Dasein fristen. Wenn sie dauerhaft Erfolge vorweisen konnten, winkte dann vielleicht ein richtiger Vertrag.

Hans-Albert Walter vermutet zudem, dass man in Hollywood von Autoren, die 100 Dollar wöchentlich erhielten, auch nicht viel erwartet habe. Maßstab für die Qualität eines Drehbuchautors sei in der Filmmetropole sein Einkommen gewesen. Wer wenig verdiene, tauge dementsprechend auch nichts. Für solche Autoren sei darüber hinaus der Aufstieg in Hollywood schwierig gewesen. Zu den Parties der Erfolgreichen seien sie nicht eingeladen worden, weshalb sie auch keine Kontakte knüpfen konnten.[711] So richtig diese Einschätzung auch ist: Eine Teilschuld am Scheitern in der Filmindustrie lag auch bei den Autoren selbst.

Geringes Ansehen und fehlende Kontaktmöglichkeiten reichen als Gründe nicht aus. Hollywood erlebte zu Anfang der vierziger Jahre, also gerade in der Zeit, als die Emigranten ihre Einjahres-Verträge wahrnahmen und danach versuchten, in der Filmindustrie Fuß zu fassen, eine Phase des Umbruchs. Neue, junge Regisseure etablierten sich an der Seite jener, die bereits seit der Stummfilmzeit hier lebten und arbeiteten. Regisseure wie John Huston, Orson Welles, Billy Wilder, Fred Zinnemann und Alfred Hitchcock gaben in dieser Zeit ihr Debüt in Hollywood. Ihre Filme waren kein überwältigend-prächtiges Kintopp der großen Gefühle, sie drehten schwarz-weiß, ihr Stil war nüchtern-lakonisch mit einem Hauch bitterer Ironie, wenn nicht gar schon Zynismus. Billy Wilder beispielsweise war 1934 via Paris nach Hollywood gekommen. Er hatte in Berlin als Journalist gearbeitet und dort bereits für die Ufa nebenbei Drehbücher verfasst. Er begann in seiner neuen Heimat zunächst als Drehbuchautor für Ernst Lubitsch und Mitchell Leisen. Als Koautor gab man ihm den Dialogspezialisten Charles Leigh Brackett an die Seite, damit Wilder eine Hilfe bei sprachlichen Probleme hatte. Dieses Beispiel zeigt, dass die Sprachbarriere kein unüberwindbares Hindernis sein musste. Fred Zinnemann befand sich bereits seit 1929 in Hollywood. Er schlug sich anfangs als Kleindarsteller und Kamera-Assistent durch. Diese jungen Leute waren offen für neue Stoffe. Da ein Teil von ihnen selbst deutschsprachige Einwanderer waren, gab es auch eine gemeinsame Basis. Es kann nicht überraschen, dass Zinnemann 1943 mit einer Verfilmung von Anna Seghers' Roman ›Das siebte Kreuz‹ mit Spencer Tracy in der Rolle des KZ-Flüchtlings erste Aufmerksamkeit gewann. Selbst wenn der Kontakt zu etablierten deutschsprachigen Regisseuren wie dem Elsässer William Wyler, dem Ungarn Michael Curtiz, dem Russen Lewis Milestone, dem Deutschen Fritz Lang und anderen misslang, hier gab es eine Möglichkeit, sich im Schlepptau junger Filmemacher zu profilieren. Um diese Chance zu erkennen, musste man allerdings Gespür für Strukturen und Vorgänge in Hollywood mitbringen, und hieran fehlte es offensichtlich den Neuankömmlingen.

Nur wenige konnten und wollten sich den Erfordernissen

und der Arbeitsweise in den großen Hollywood-Studios anpassen. Beispielsweise sahen die meisten in einem Drehbuch ihr genuines Werk. Sie wollten nicht akzeptieren, dass sie im Studiobetrieb nur die Vorstufe für ein späteres Drehbuch lieferten. Ihre Idee, ihr Konzept, ihr Drehbuch wurde weitergereicht an andere Autoren, die Änderungen und Überarbeitungen vornahmen. Anschließend kamen der Produzent und der Regisseur ins Spiel, die nochmals Änderungswünsche vorbrachten. Ein Drehbuch lag in Hollywood eben nicht von der Idee bis zur Vollendung in der Hand eines einzelnen Schriftstellers, sondern war das Produkt eines arbeitsteiligen Prozesses, der sich dann in der Gestalt der Dreharbeiten weiter fortsetzte und nochmals Änderungen verlangte und hervorbrachte. Jede Idee ging automatisch in den Besitz des Studios über, das damit nach eigener Willkür verfahren konnte. Für die meisten europäischen Schriftsteller war dies eine Erfahrung, die sie als Entmündigung erlebten.

Darüber hinaus besaßen die meisten Schriftsteller wenig Sinn für filmtaugliche Stoffe. Ihnen fehlte einfach die Erfahrung mit diesem Medium. Viele empfanden den Film als trivial und unter ihrem künstlerischen Niveau. Der Film à la Hollywood war ein Massenmedium, das auf weltweiten Erfolg ausgerichtet war. Der elitäre Kunstanspruch europäischer Schriftsteller war hier deplatziert. Diejenigen, die in Hollywood als Autoren Karriere gemacht haben, waren – und das kann vor dem Hintergrund dieser Überlegung kaum überraschen – Autoren populärer Literatur und Journalisten, die es gelernt hatten, die Erwartungen des Publikums in ihre Schreibweise einfließen zu lassen.

Diese Punkte gelten nur in eingeschränktem Maße für Heinrich Mann. Bei ihm muss sein fortgeschrittenes Alter in die Erwägungen einbezogen werden. Vielfach zeigte er nur wenig Lust, sich »einspannen« zu lassen: »Mein Zustand hier ergibt sich dem menschlichen Ermessen gemäß. Man schwankt zwischen Ehrerbietung oder Schonung, und dem Bedürfniss, mich regelrecht einzuspannen.«[712] Schon bald begann Heinrich Mann mit der Umarbeitung eines Romans für eine Verfilmung, vermutlich handelte es sich dabei um ›Ein ernstes Leben‹. Doch das Projekt zerschlug sich. Niemand schien sich ernsthaft für seine Arbeit zu interessieren. Zweifellos gab es auch für Heinrich Mann die Gelegenheit zu Kontakten: Erich Pommer, Produzent des ›Blauen Engel‹, lebte als unabhängiger Filmproduzent in den USA, Marlene Dietrich, berühmt geworden durch ihre Rolle in diesem Film, gehörte zu den Topstars der Branche. Hätte sich Heinrich Mann an sie gewandt, wäre er bestimmt nicht abgewiesen worden. Aus brieflichen Andeutungen geht hervor, dass er Paul Kohner eingeschaltet hatte, der versuchen sollte, Filmrechte an neuen und älteren Werken zu verkaufen. Aber erst 1959 gab es eine US-amerikanische Heinrich-Mann-Verfilmung: ein Remake vom ›Blauen Engel‹ unter der Regie von Edward Dmytryk. In Unkenntnis der Gepflogenheiten der Filmmetropole verließ er sich auf Agenten, statt selbst gesellschaftliche Kontakte zu knüpfen.

Überhaupt reduzierte er – häufig unter dem Vorwand seiner beruflichen Verpflichtungen – seine ohnehin geringen gesellschaftlichen auf ein Minimum: »Die gesellschaftliche Inanspruchnahme ist mäßig, und unter Berufung auf die geschäftliche kann ich sie noch weiter mäßigen.«[713] Er zog sich ins Privatleben zurück. Die Repräsentation liege ihm nicht, wie er mit einem Seitenblick auf seinen Bruder oder auch Lion Feuchtwanger eingestand. Von den norddeutschen Lauten Nellys umflossen, war ihm das häusliche Dasein eine Idylle. Nur wenige Gäste kamen, ausschließlich deutsche Emigranten: Werfels schauten vorbei, Feuchtwangers ließen sich öfter blicken und luden Heinrich Mann und seine Frau Nelly auch immer wieder ein, Ludwig Marcuse und Frau wurden zum Essen eingeladen. Der wichtigste Kontakt war die Familie des Bruders. Erschwert wurden die gesellschaftlichen Kontakte durch Nelly. Nach wie vor wurde sie im Kreis der Intellektuellen nur um ihres Mannes willen geduldet. Ludwig Marcuse erwähnt den hohen Alkoholkonsum von Heinrich Manns Frau[714]; Thomas Mann formuliert seine Ansichten über Nelly in einem Brief an Wilhelm Herzog wesentlich drastischer: »Aber eine Frau hat er leider, die ist eine arge Hur'. Da haben Sie meine Gemütlosigkeit.«[715] Die Bedeutung dieser Frau für Heinrich Mann wurde allgemein unterschätzt, seine Liebe zu ihr missachtet.

Auch seine politischen und kulturpolitischen Aktivitäten reduzierte Heinrich Mann auf ein Minimum, wobei er auch nie als Handelnder in Erscheinung trat. Er gab lediglich seinen repräsentativen Namen. So war er Mitglied der Deutschen Akademie der Künste in New York, in deren Vorstand sein Bruder Thomas mitwirkte und die von der American Guild for German Cultural Freedom finanziell unterstützt wurde. Er war außerdem Ehrenpräsident des »Lateinamerikanischen Komitees der Freien Deutschen«, das von Kommunisten und kommunistischen Sympathisanten gegründet worden war und seinen Sitz in Mexico City hatte. 1944 wurde er Mitglied beim »Council for a Democratic Germany«, dem der protestantische Theologe Paul Tillich vorstand, und dem auch Bertolt Brecht, Erwin Piscator, Hermann Budzislawski und Hans Marchwitza angehörten. Von den amerikanischen Behörden wurde der Council der kommunistischen Ausrichtung verdächtigt und dementsprechend überwacht. Überhaupt war die Furcht vor Kommunisten in den USA mindestens ebenso groß wie die Angst vor Nationalsozialisten, manchmal sogar größer. Der Chef des FBI, J. Edgar Hoover, sah im Kommunismus die eigentliche Bedrohung für den ›american way of life‹. Daher kann es nicht überraschen, dass Heinrich Mann während seines Aufenthaltes in den USA von den einschlägigen Geheimdiensten überwacht wurde.[716] Zwar gelangte man rasch zu der Einsicht, dass man es mit einem alten, gebrechlichen und kranken Mann zu tun habe, der keinerlei politische Aktivitäten mehr unternahm, dennoch wurden die Beobachtungen fortgesetzt. Wie bei Geheimdiensten üblich, wurde im Auftrag der nationalen Sicherheit zahlreiches unnützes Material zusammengetragen, um die eigene Paranoia durch Aktionismus ausleben zu können.

Im Herbst 1941 lief der Vertrag mit Warner Brothers aus

und wurde nicht verlängert. Das Haus in Beverly Hills, 264 Doheny Drive, ließ sich nicht länger halten. Heinrich Mann und seine Frau bezogen daraufhin eine kleinere Wohnung direkt in Los Angeles, 301 S. Swall Drive. Für dreißig Wochen hatte Heinrich Mann Anspruch auf Arbeitslosengeld in Höhe von 15 bis 18 Dollar wöchentlich. Danach stand er ohne regelmäßige Einkünfte da. Wovon lebte Heinrich Mann also in der Folgezeit? Sein Bruder Thomas kam ihm zu Hilfe: Er übermittelte seinem Bruder monatlich 150 Dollar, wofür er insbesondere von seinem Intimfeind im Exil, Bertolt Brecht, heftig kritisiert wurde. Der reiche Thomas Mann, der in einer prachtvollen Villa in Pacific Palisades gelebt habe, habe seinen Bruder mit einer winzigen Summe abgespeist und ihn beinahe verhungern lassen, heißt es von seiner Seite. Hans-Albert Walter stellt demgegenüber klar, dass Thomas Mann selbst nur über regelmäßige Einkünfte in Höhe von 1 000 Dollar monatlich verfügte. Thomas Mann habe vom US-amerikanischen Verleger A. Knopf eine monatliche Rente in Höhe von 500 Dollar erhalten; hinzu kam noch einmal der gleiche Betrag für seine Tätigkeit als Berater bei der Library of Congress. Nur auf diese Einkünfte konnte er regelmäßig bauen; die Einnahmen aus Büchern, Vortragsreisen und Rechteverkauf ließen sich nicht vorhersagen. Auf dieser finanziellen Grundlage habe er nicht nur seinen Bruder Heinrich unterstützt, sondern auch zum Lebensunterhalt seiner sechs Kinder beigetragen, die, mit Ausnahme von Erika, kaum über eigene Einnahmen verfügten.[717] Diese Auskünfte lassen einordnen, welche Last 150 Dollar monatlich für Thomas Mann bedeuteten.

Außerdem gebot es Heinrich Manns Stolz, dass er nicht von den Zuwendungen seines Bruders abhängig sein wollte: »Ich weiß durchaus, was Du Dir und den Deinen schuldest; auch das Haus ist berechtigt, auf die Dauer wird nichts daran verloren sein. Aber selbst ein, wenn auch staatlicher Lektor sein müssen, und dann den Bruder erhalten sollen, das überschreitet eigentlich den erlaubten Zustand. Ich werde zusehen müssen, daß ich mich durchbringe und daß Dein monatlicher Beistand nicht wieder nötig wird.«[718] Heinrich Mann wollte von den Erträgen seiner schriftstellerischen Arbeit leben können. In der Zeit seines US-amerikanischen Exils vollendete er drei Romane – ein Roman blieb Fragment –, schrieb seine Autobiografie und Aufsätze und Artikel für Exilzeitschriften und -zeitungen. Doch der Verkauf lief schlecht. Sein Roman ›Lidice‹, der im mexikanischen Exilverlag El libro libre erschien, brachte ihm ganze 70 Dollar ein. Darüber hinaus erfolgten die Zahlungen von El libro libre nur sehr unregelmäßig. Dennoch gab Heinrich Mann nicht auf. Zusammen mit den emigrierten Schriftsteller-Kollegen Ernst Bloch, Bertolt Brecht, Ferdinand Bruckner, Alfred Döblin, Lion Feuchtwanger, Oskar Maria Graf, Berthold Viertel, Ernst Waldinger und F. C. Weiskopf gründete er den Aurora-Verlag, der ihre Werke verlegen sollte. Wieland Herzfelde, Gründer und Leiter des Malik-Verlags (1917–1939), sollte die Leitung übernehmen. Der Verlag warf während seiner gesamten Zeit keine Gewinne ab, im Gegenteil, er brachte nur Schulden ein. Immerhin konnte Herzfelde die Verbindlichkeiten bis zur Auflösung des Verlages 1949 ausgleichen. Thomas versuchte seinem Bruder zu helfen, indem er ihm Kontakte zu Literaturagenten vermittelte. Einer von ihnen, Barthold Fles, erzielte sogar einige Erfolge, die Heinrich Mann jedoch nicht zufrieden stellten.[719]

Ein Lichtblick war in dieser Zeit der sowjetische Botschafter in den USA, Litwinow. Er überbrachte Heinrich Mann sporadisch Geldbeträge, die angeblich von Veröffentlichungen seiner Werke in der UdSSR herrührten. An dieser Version sind jedoch Zweifel anzumelden. Die eingehenden Beträge stützten sich niemals auf irgendwelche beigefügten Abrechnungen, sodass nicht nachvollziehbar ist, woher diese Gelder stammten. Ferner sollte man bedenken, welche Schwierigkeiten andere Autoren mit Einkünften aus Veröffentlichungen in der Sowjetunion hatten. Da keine Devisen ausgeführt werden durften, erhielten sie meistens an Stelle von Geldüberweisungen Naturalien (Thomas Mann bekam beispielsweise auf diesem Wege einen kostbaren Pelzmantel), wenn sie überhaupt für ihre Bücher in der UdSSR bezahlt wurden. Einiges spricht daher dafür, dass es sich bei dieser Transaktion entweder um eine inoffizielle oder möglicherweise sogar um eine private Maßnahme handelte.

Vereinzelt ist der Verdacht geäußert worden, bei den Geldzahlungen an Heinrich Mann habe es sich um Gelder des russischen Geheimdienstes KGB gehandelt. Eine aus stalinistischer Sicht verdächtige Person wie Litwinow wäre aber wohl kaum zum Überbringer eines ›Agentengehalts‹ benutzt worden. Sehr viel näher liegt daher die Annahme, dass das Geld aus den Sammelaktionen von Litwinow stammte und er damit einen verdienten Vertreter der Volksfront-Bewegung unterstützen wollte. Für diese These spricht auch der Umstand, dass mit der Abberufung Litwinows 1943 die Zahlungen auch stoppten.[720]

Jedenfalls erhielt Heinrich Mann einmal durch Litwinow sogar eine Summe von 750 Dollar. Freudig teilte er seinem Bruder mit, dass er nicht länger auf dessen monatlichen Scheck angewiesen sei. Er wollte das Geld nutzen, um nach New York überzusiedeln. Da durch Arbeiten für die Filmindustrie an der Westküste keine Einnahmen zu erzielen waren, wollte er sich am Sitz der wichtigsten US-amerikanischen Verlagshäuser niederlassen. Er hoffte, auf diese Weise seine Werke besser vermarkten zu können. Doch das Geld war rasch aufgezehrt. Heinrich Mann musste sich im Frühjahr 1942 einer Kieferoperation unterziehen und benötigte anschließend ein Gebiss, was ihn 225 Dollar kostete. Das Auto war damals mit einem Ratenkredit gekauft worden: Hier standen noch 300 Dollar zu Buche. Von den 750 Dollar blieben am Ende gerade einmal 225 übrig. Der Umzug nach New York kam unter diesen Umständen nicht zustande. Ebenso wenig kam es zu einer Übersiedlung nach Mexiko, die Golo Mann vorgeschlagen hatte. Die Höhenluft von Mexiko, so argumentierte er, sei für das Asthmaleiden, an dem Heinrich Mann wieder verstärkt litt, günstiger als die Stadtluft, außerdem sei die spanische Landessprache für den Liebhaber romanischer Länder erträglicher als das Yankee Doodle.

Nelly Mann fühlte sich in besonderer Weise für ihren Mann verantwortlich: »Ich verzweifle bald. Hätte ich 5 000 Dollar, könnte ich eine sehr gute Existenz kaufen, und damit ermöglichen, daß Heinrich Mann arbeiten kann, wie und was er will, das wäre für später sehr gut. Jetzt ist es uns nicht möglich das Essen für Morgen zu beschaffen. Wie kann man da arbeiten?«, schreibt sie am 25. September 1941 an ihre Freundin Salomea Rottenberg.[721] Zweifellos dramatisiert sie die Lage. Für den Lebensunterhalt war durchaus gesorgt, doch gab es immer wieder finanzielle Engpässe, wenn unvorhergesehene Ereignisse eintraten. In der Zeit, als sie diesen Brief schreibt, drohte gerade eine Versteigerung von Heinrich Manns Bibliothek aus Nizza. Sie war mit dem Schiff vor einiger Zeit von Frankreich nach New York geschafft worden, wo sie in einem Lagerhaus lag. Nach dem Verlust der Anstellung bei Warner Brothers konnte Heinrich Mann die Mietkosten nicht mehr aufbringen. Schließlich sprangen Alfred Kantorowicz, Kurt Rosenfeld und Lion Feuchtwanger ein und wendeten mit ihren Spenden die Versteigerung ab.

Nelly sah alle Verantwortung auf ihren Schultern liegen: Sie hatte damals in Lissabon die Schiffskarten erkämpft, hatte das Haus in Beverly Hills ausgesucht, hatte das Auto gekauft. Einerseits war es ihr ein Bedürfnis, ihrem Mann auf diese Weise beizustehen, andererseits wurde es für sie eine immense Last, der sie kaum gewachsen war. Den zitierten Brief an Salomea Rottenberg beendet sie mit dem Satz: »In solch einer Situation war ich natürlich noch nieeeeeeee.«[722] Sie reagierte mit einer Mischung aus hektischem Aktionismus und tiefer Niedergeschlagenheit, die sie durch Alkohol betäubte. Immer wieder verwickelte sie sich in Prozesse, so bezichtigte sie einmal Erna Budzislawski, die kurzzeitig als Sekretärin für Heinrich Mann gearbeitet hatte, 25 Dollar gestohlen zu haben. Erna Budzislawski zog vor Gericht, um sich gegen diese Verdächtigungen zur Wehr zu setzen, und gewann. Übrigens haben ihr Thomas und Katia Mann ausdrücklich zu diesem Schritt geraten, was zusätzlichen Zündstoff barg.[723]

Neben der materiellen Situation bereiteten ihr mit Sicherheit auch die wenigen gesellschaftlichen Kontakte Kummer. Als gesellige Person wünschte sie sich ein regeres Leben, auf das Heinrich gänzlich verzichtete. Sie empfand sich deshalb als einsam und isoliert. Überhaupt bewahrte Heinrich Mann trotz der mitunter prekären Situation einen merkwürdigen Gleichmut, »lieber sage ich Gottergebenheit als Resignation«, wie er seinem Bruder Thomas in einem Brief vom 15. April 1942 schreibt.[724] Er hatte sich zurückgezogen und ließ alles auf sich zukommen. Manchmal fühlte er sich in die Zeit seiner Jugend zurückversetzt, als er schon einmal einsam und unbedankt habe vor sich hin arbeiten müsse, ehe dann der Ruhm eingesetzt habe. Besonders ein Brief vom 2. Januar 1942 bezeugt jene seltsame Gelassenheit, mit der Heinrich Mann seine Situation trägt: »Meine frühesten Bücher wurden mir 15 Jahre nach ihrem Erscheinen bezahlt. Dich versetzt Euer kleiner Enkel zurück, mich die Einsamkeit und Unbedanktheit: das war alles schon einmal, als ich noch gar nichts hinter mir hatte. Diese Feststellungen gewähren einige Seelenruhe: bis zu der Einbildung wieder jung zu sein, reichen sie nicht. Was ich Dir schulde und wofür ich Dir danke, müssen meine Erben begleichen, gesetzt, ich selbst hätte die Gelegenheit nicht mehr. Sie kann in wenigen Monaten eintreten, gleich oder gar nicht; da ich es nicht in der Hand habe, handelt der Zufall.«[725] Diesem Zufall schien er alles überlassen zu wollen, während Nelly verzweifelt um ihren gemeinsamen – ihrer Ansicht nach gefährdeten – Lebensunterhalt kämpfte. Sie nahm Jobs an, zunächst als Näherin, später als Krankenschwester.

Natürlich reichten diese Maßnahmen nicht, um den täglichen Lebensbedarf zu sichern, bedurfte es auch weiterhin der Mithilfe von Thomas Mann. Bis 1950 schickte er Heinrich monatlich einen Scheck. Ab 1942 änderte sich lediglich das Verfahren. Thomas selbst klärt seinen Bruder über die Neuerung auf: »Du wirst bemerken, daß der monatliche Check diesmal vom European Film Fund ausgestellt ist. Das wird Dich nicht verwirren. Die Sache verhält sich einfach so, daß wir mit vereinten Kräften einen Fonds aufgebracht haben, der den hervorragenden, durch die augenblicklichen Umstände in ihrem Erwerb behinderten deutschen und oesterreichischen Schriftstellern zugute kommen soll. Er wird von dem European Film Fund verwaltet. Wir gehören zu den Beitragenden, die über die Verwendung zu bestimmen haben. Es ist nicht mehr als selbstverständlich, daß Du einer der Ersten bist, die berücksichtigt werden. Da mein Beitrag zu dem Fonds nicht dem bisherigen zu Deinem Haushalt gleichkommt und außerdem steuerlich angerechnet wird, ist dieser modus für mich eine Erleichterung, die ins Gewicht fällt und Dir keinerlei Nachteil bringt.«[726] Nachdem die Hollywood-Studios die Ein-Jahres-Verträge nicht verlängert hatten, hatte der European Film Fund die Schaffung eines Hilfsfonds beschlossen, um den nunmehr Erwerbslosen finanziell helfen zu können. Thomas Mann zahlte fortan an diesen Hilfsfonds, der dann das Geld an die Hilfsbedürftigen weiterleitete. Wie aus dem Brief hervorgeht, hatte Thomas wie alle Beitragenden die Möglichkeit, über die Verwendung der eingegangenen Gelder zu bestimmen. Dieses Verfahren brachte zwei Vorteile: Weitere Beitragszahler entlasteten Thomas Mann ein wenig, er musste also die Summe von 150 Dollar nicht allein aufbringen. Zusätzlich konnte er seinen Beitrag als Spende an eine gemeinnützige Organisation steuerlich geltend machen, was für ihn eine weitere Erleichterung bedeutete.

Kurz nach seiner Entlassung bei Warner Brothers hatte Heinrich Mann einen Roman begonnen: ›Empfang bei der Welt‹. Er unterbrach jedoch bald schon die Arbeiten an dem Werk, um möglichst rasch auf ein politisches Ereignis reagieren zu können: Am 4. Juni 1942 war der NS-Reichsprotektor für Böhmen und Mähren, Reinhard Heydrich, bei einem Attentat in Prag von tschechischen Freiheitskämpfern getötet worden. Aus Rache hatten die Nationalsozialisten die gesamte männliche Bevölkerung des Dorfes Lidice, rund 190 Männer über 16 Jahre, erschossen, die Frauen wurden in ein KZ abtransportiert, die Kinder nach Deutschland verschleppt, das Dorf dem Erdboden gleichgemacht. Heinrich

Mann entschloss sich, über diese Vorgänge einen Roman zu schreiben. Der Text ist in Dialogen abgefasst, unterbrochen von kurzen Ortsbeschreibungen und versehen mit knappen Regieanweisungen. Heinrich Mann begründete dieses Verfahren damit, dass er dadurch schneller produzieren könne. Die Dialogform lässt auch die Annahme zu, dass Heinrich Mann sich die Option offen halten wollte, diesen Roman als Drehbuch an ein Filmstudio zu verkaufen. Noch hatte er in dieser Hinsicht 1942 die Hoffnung nicht aufgegeben.

›Lidice‹ greift die bekannten Themen Heinrich Manns auf. Ein junger Mann aus dem Dorf Lidice, Pavel Ondracek, versteht es glänzend, den neuen Reichsprotektor Heydrich zu imitieren. Verkleidet begibt er sich nach Prag, wo er die Position des kurzzeitig Abwesenden einnimmt. Er tritt so überzeugend auf, dass er sogar das telefonische Lob des Führers erhält. Nach außen hin gibt er sich nämlich den Anschein eines brutalen Machtmenschen, seine Handlungen verkünden jedoch anderes. Die Tschechen durchschauen das Spiel ihres Pavel Ondracek und spielen listig mit. Als Heydrich wieder in Prag eintrifft, ist er gezwungen, die vom zwischenzeitlich verschwundenen Ondracek eingeleiteten Maßnahmen in dessen Sinne fortzuführen, denn schließlich hatte der Führer selbst den anderen als den richtigen Protektor bezeichnet, und auf den Führer und sein Urteil kommt alles an. Heydrich lernt die Schauspielerin Milo Schatzova kennen, die sein anderes Ich angeblich zu seiner Geliebten gemacht hat. Gerührt von ihrer liebevollen Zuneigung, zeigt selbst Heydrich Gefühle. Die Gestapo ist über die Vorgänge irritiert: Sie ist mittlerweile zur Überzeugung gelangt, dass es zwei Heydrichs gebe, weiß jedoch nicht zu sagen, welcher der richtige und welcher der falsche ist. Um dem bösen Spiel ein Ende zu bereiten, töten sie Heydrich. Pavel Ondracek kann mit seiner Familie und seinen Freunden nach Jugoslawien fliehen, wo er sich den Partisanen anschließt. Dort erfährt er, dass die Nazis sein Heimatdorf dem Erdboden gleichgemacht haben, weil sie herausgefunden hatten, dass der falsche Protektor aus diesem Dorf kommt. Pavel ist entsetzt über die Schuld, die er auf sich geladen hat. Noch in der Maske Heydrichs hatte er Angst davor, welche Folgen sein Spiel zeitigen könnte, doch im Lichte seiner Erfolge glaubte er, die Schuld rechtfertigen und Schlimmeres abwenden zu können. Nun erschrickt er über das Ausmaß seiner Schuld: Er stürmt auf ein besetztes Dorf zu, in der Hoffnung, getötet zu werden, doch die Kugel verwundet ihn nur, und seine Freunde retten ihn. Er muss lernen, mit seiner Schuld zu leben.

Einmal mehr erhebt Heinrich Mann Liebe und Vernunft zu den leitenden Prinzipien eines menschenwürdigen Daseins. Hass und Unterdrückung, wie sie von den Nationalsozialisten ausgehen, zerstören jegliche menschliche Gemeinschaft. Auch das Dilemma der Tat taucht im Roman auf: Wer immer versucht, im Namen des Guten zu handeln, wird Schuld auf sich laden. Seine einzige Rechtfertigung ist sein gutes Wollen. Doch was kann im Namen des Guten noch gerechtfertigt werden und was nicht mehr? Heinrich Mann weiß auch in diesem Roman keine definitive Antwort zu geben, weil es hierauf keine endgültige Antwort geben kann. Sie ist abhängig von der jeweiligen Situation.

Die nationalsozialistischen Schergen erscheinen in diesem Roman als schreckliche Komödianten. Sie verbergen ihr wahres Menschentum, ihre Sehnsucht nach Liebe und menschlicher Nähe, hinter einer Maske. Weil sie nur spielen, kann Pavel Ondracek in der Maske des Bösen das Gute befördern. Nicht die Handlungen sind wichtig, sondern die Maske muss überzeugend sein, dann lässt sich beliebig handeln, denn die Nationalsozialisten verfügen wie alle Hassenden über keine Überzeugung. Indem die Tschechen scheinbar auf das Spiel eingehen, werden sie selber zu Akteuren, die über den Verlauf des Spieles mitentscheiden. Sie sind in diesem Augenblick nicht mehr passive Opfer, wie ihnen eigentlich zugedacht wäre, sondern die eigentlich Handelnden.

Heinrich Mann war enttäuscht, dass seine Absicht nicht begriffen wurde und man in der Tschechoslowakei distanziert auf sein Buch reagierte: »Was das Volk betrifft, sehe ich es rührend, sympathisch, tapfer und weiß von keiner Kränkung, die ihm zugefügt wäre.« Viele Leser reagierten irritiert, dass Heinrich Mann die Nationalsozialisten als lächerliche Figuren hinstellte und die Zerstörung des Dorfes Lidice wie eine – wenn auch böse – Komödie behandelte. Dies schien in ihren Augen dem Ernst des Vorfalls nicht angemessen. Heinrich Mann versuchte sich zu rechtfertigen: »Gewisse Greuel gehen für mich ins Groteske über und werden fantastisch. Hier ist der Absprung in die Fabel das Abstruse, dann folgt die im Grunde vernünftige Szenenreihe, abenteuerlich machen sie die Umstände.«[727] Heinrich Mann konnte in den Nationalsozialisten niemals etwas anderes als armselige Schauspieler sehen, die von einem begabten Imitator wie Pavel Ondracek mühelos übertroffen werden konnten. In dieser Hinsicht trifft er sich mit Ernst Lubitsch, der 1942 seinen Film ›Sein oder Nichtsein‹ in die Kinos brachte. In diesem Film gelingt es einer polnischen Schauspielertruppe, einen gefährlichen Nazi-Spion unschädlich zu machen, indem sie SS-Uniformen anziehen und ihn auf diese Weise täuschen. Besonders dem ›Helden‹ des Films, Joseph Tura, als Schauspieler ein Alptraum für jeden Shakespeare-Liebhaber, gelingt es, den Warschauer Gestapo-Chef Ehrhardt perfekt zu imitieren – eben weil er ein miserabler Schauspieler ist.

Noch einen zweiten Roman in Dialogform geht Heinrich Mann 1942 an, doch ›Die traurige Geschichte von Friedrich dem Großen‹ blieb Fragment. Heinrich Mann porträtiert den Preußenkönig als hoffnungsvollen Jüngling, der durch das rigorose Regiment seines Vaters und das stumpfsinnige preußische Umfeld, in dem er aufwächst, zu einem misstrauischen und hasserfüllten Monarchen wird und mit seinen aussichtslosen Kriegen den Niedergang Deutschlands herbeiführt: »Er endet als der letzte bedeutende Vertreter seiner Gattung: das ›gekrönte Haupt‹ mit dem einzigen Beruf, sich auszuleben, und das ist geschehen, sonst nichts. Späte Folgen für Deutschland, Europa und die Welt können vorausgesehen werden und müssen von selbst hervorgehen aus den Bildern und Scenen dieser ›Traurigen Geschichte von Friedrich dem Großen‹.«[728] Hätte Friedrich seinen frühen Neigungen folgen können, so hätte er ein Bündnis mit Frankreich herbeigeführt, als dessen Folge Preußen an den Fortschritten der französischen Kultur in den darauf folgenden Jahren teilgehabt hätte. Die Französische Revolution von 1789 hätte unvermeidlich auch Deutschland ergriffen und es innerlich modernisiert. Der Zusammenschluss von Frankreich und Deutschland hätte zu einem Schrittmacher der europäischen Modernisierung werden können. Friedrich der Große hat dies durch seine persönliche Entwicklung versäumt. Das Romanfragment erscheint vor diesem Hintergrund als Beschwörung der Europa-Idee, die Heinrich Mann seit der Zeit des Ersten Weltkriegs verfolgt hat.[729]

Im Laufe des Jahres 1943 wurde Nelly Mann zweimal wegen Alkohol am Steuer verhaftet. Nelly war verzweifelt, denn wer sollte die alltäglichen Besorgungen machen, wenn man ihr den Führerschein abnehmen würde? Heinrich konnte nicht Auto fahren. Am 4. Januar 1944, am Tag des Gerichtsverfahrens, unternahm sie einen ersten Selbstmordversuch, konnte jedoch noch gerettet werden. Ende des Jahres, am 17. Dezember, fand Heinrich Mann sie erneut bewusstlos im Schlafzimmer: Sie hatte eine Überdosis Schlaftabletten genommen. Der herbeigerufene Hausarzt versuchte sie wiederzubeleben, machte eine Magenspülung und rief einen Krankenwagen: »Der Arzt machte mir Hoffnung, aber ihre Organe hatten zu sehr gelitten unter der vorigen Vergiftung. Das Auswaschen des Magens vertrug sie nicht mehr. Sie starb auf dem Wege zum Krankenhaus in der Ambulanz, um 12h30, die Nacht von Sonnabend auf Sonntag.«[730] Eva Lips vertraut er an, dass ihr letzter Versuch bereits der fünfte gewesen sei. Schon in Frankreich habe sie dreimal ihrem Leben ein Ende zu setzen versucht. Nelly Mann war den seelischen Belastungen des Exils nie gewachsen: Selbst der relative Wohlstand in Frankreich konnte sie nicht beruhigen; die finanziellen Probleme in den USA schienen ihr endgültig unüberwindbar. Heinrich Mann hatte versucht, durch seine Gelassenheit ihren Depressionen entgegenzusteuern. Dieses Signal hat

Nelly Mann nie angenommen. Nach ihrem ersten Selbstmordversuch hatte er sie auf Drängen von Thomas zur Behandlung in eine Nervenklinik überwiesen. Dort eingeliefert, hatte sie Heinrich beschworen, sie zurückzuholen, weil sie es in der Heilanstalt nicht aushalte. Schließlich floh sie kurzerhand aus der Klinik, und Heinrich nahm sie wieder auf. Wenige Wochen später erkrankte Heinrich schwer. Er hatte einen Anfall von Bronchialasthma und musste deswegen ein Gebirgssanatorium aufsuchen, wo er etwa zwei Monate zubrachte. In dieser Zeit hatte Heinrich Mann, der zeitweise sogar bettlägerig war, keine Gelegenheit, beruhigend auf seine Frau einzuwirken. So nahm die Katastrophe ihren Lauf. Vieles an dieser Konstellation erinnert an die Endphase von Heinrich Manns erster Ehe. Auch damals war es ihm nicht gelungen, Mimi Sorge und Furcht zu nehmen. Hätte er zu anderen Mitteln greifen müssen, um damals seine Ehe zu retten, um jetzt Nelly vor dem Selbstmord zu bewahren? Er benutzte das Mittel, das ihm das beste schien und seinem Wesen entsprach: seine Gelassenheit. Wenn sein Verhalten ohne Wirkung blieb, so liegt dies nicht alleine an ihm: Das Problem erwächst vielmehr aus der Konstellation der Charaktere. Sowenig Heinrich Mann zu anderen Mitteln greifen konnte, so wenig fanden seine Frauen den Zugang zu ihm. Von individueller Schuld zu sprechen, verbietet sich. Mit fataler Konsequenz handelten beide Seiten, wie es ihrem Charakter entsprach. Die Möglichkeiten der Beeinflussung erweisen sich als gering: Geradezu autistisch steuerte Nelly in die Katastrophe. Für Heinrich Mann war der Verlust seiner Frau ein schwerer Schicksalsschlag. Thomas kommentiert ihn mit den Worten: »Es war hohe Zeit, daß dieses Bündnis durch den Tod gelöst wurde. Es war ruinös, und wir haben viel zu sanieren.«[731] Selbst die tote Nelly verfolgt er noch mit seiner Verachtung.

Am 17. Juni 1944 hatte Heinrich Mann seine Autobiografie ›Ein Zeitalter wird besichtigt‹ abgeschlossen, wie er selbst im Schlusskapitel vermerkt. Vehement trat er darin noch einmal für ein Bündnis der Bürgerlich-Liberalen und Sozialdemokraten mit den Kommunisten ein. Eine bessere Zukunft musste seiner Ansicht nach sozialistisch sein, d. h., die Macht des Großkapitals musste gebrochen werden, damit es nicht erneut einen Agenten wie Hitler gegen Freiheit, Gleichheit und Brüderlichkeit einsetzen konnte. Er feiert die Sowjetunion als die fortschrittlichste Nation, erhebt Stalin zum intellektuellen Verehrer des Geistes. Ermutigt betrachtet er Äußerungen von US-Präsident Franklin D. Roosevelt und dem englischen Premierminister Winston Churchill, die ihren Respekt vor dem Geist und ihre Einsicht in die Notwendigkeit einer sozialistischen Umgestaltung der Gesellschaft bezeugten. Enttäuscht musste er jedoch die weitere Entwicklung miterleben: die Teilung Europas in einen von der UdSSR kontrollierten Osten und einen Westen, der sich den USA anschloss. Der Antibolschewismus, der seiner Ansicht nach einen Hitler erst möglich gemacht hatte, schien fortzubestehen. Trotzdem hielt er am Volksfront-Ideal weiter fest. Die Erfahrungen mit einem stalinistischen Politiker wie Ulbricht hatten ihn nicht entmutigt. Nach wie vor glaubte er, dass beide Seiten voneinander lernen könnten: Personen wie Ulbricht seien in einem breiten Volksfront-Bündnis ebenso wenig tragbar wie auf bürgerlich-liberaler Seite das Festhalten an dem verschwörerischen kapitalistischen System. ›Ein Zeitalter wird besichtigt‹ ist eine große Beschwörung des Traumes von einem dritten Weg.

Nach dem Tod seiner Frau zog sich Heinrich Mann noch weiter aus der Öffentlichkeit zurück. Die Familie seines Bruders bildete neben den Feuchtwangers nun den wichtigsten Bezugspunkt. Man drängte ihn, seine alte Wohnung aufzugeben und in die Nähe zu ziehen, sodass Katia sich um ihn kümmern könne. Heinrich lehnt dies zunächst ab: Er möchte in der alten Wohnung mit ihren teuer gewordenen Erinnerungen bleiben. Eine Haushälterin wird engagiert, die ihn versorgt. Seine Existenzweise erinnert ein wenig an eine Gestalt in seinem Roman ›Empfang bei der Welt‹, den er nach vierjähriger Arbeit 1945 abschließt. Er hoffte, dass sein neues Buch im Ljus-Verlag in Stockholm erscheinen könne, der bereits ›Ein Zeitalter wird besichtigt‹ publiziert hatte. Dort lag jedoch das Manuskript bis nach seinem Tod. Erst 1956 erschien der Roman im Aufbau-Verlag. In diesem Roman gibt es die Gestalt des 90-jährigen Balthasar, der sich selbst als einen Toten bezeichnet. Zurückgezogen und – wie man allgemein annimmt – verarmt lebt er mit einer Haushälterin, die vor langen Jahren eine seiner Geliebten war, in einem großen Haus. Wenn Gäste kommen, was nur selten geschieht, empfängt er sie in der Livree und in der Gestalt seines verstorbenen Dieners, führt sie ins Haus, verschwindet für einen Moment und taucht dann in eigener Gestalt wieder auf.

Seinem Sohn hat er den Vornamen Arthur gegeben, in Erinnerung an Schopenhauer, der als Philosoph die Entsagung vom Leben als einzigen Weg preist, ohne Leiden seine Existenz bewältigen zu können. Leider erweist sich der Sohn als unwürdig, diesen Namen zu tragen. Er ist ein »Existenzkämpfer«, der mit leidenschaftlichem Einsatz nach Reichtum und Besitz trachtet. Alles, was er sich erkämpft, verliert er rasch wieder, weil er bei seinem nächsten Coup wieder alles riskiert. Sein neuestes Projekt ist ein Opernhaus, für das er reiche Investoren gewinnen will. Er gibt einen großen Empfang, bei dem ein weltberühmter Tenor auftritt, der auch im neuen Opernhaus singen soll. Die Spitzen der Industrie sind versammelt. Arthur sorgt dafür, dass sie von gut aussehenden jungen Mädchen hofiert werden. Der Liederabend erinnert in vielen Zügen an die Theateraufführung in ›Die kleine Stadt‹. Vor dem Auftritt des Tenors Tamburini tobt im Saal ein wilder Kampf um die besten Plätze. Als jedoch der bucklige Tenor seine Kunst zum Besten gibt, endet der Tumult. Verzaubert lauschen die Gäste den Klängen seiner Arie. Doch die Verzauberung währt nur für den Augenblick des Kunstgenusses. Kurze Zeit später stürmt die Meute das reichhaltige Buffet und plündert es restlos.

Auch seinen Vater bittet Arthur um sein Erscheinen. Einst war Balthasar Millionär, doch er beteuert stets, nichts für seinen Reichtum getan zu haben. Er besaß einige Unternehmen, die ihm der Staat teuer abgekauft habe. Für seine Bereitschaft, seine Unternehmen zu verkaufen, hat er damals einen hohen Orden erhalten. Arthur will sich mit dem Ruhm seines Vaters schmücken und bei den Investoren an Seriosität gewinnen. Balthasar erfüllt ihm den Wunsch: Er taucht bei dem Empfang im Frack und mit dem Grand Cordon auf der Brust auf. Doch schon bald zieht er sich erschrocken zurück: Für den abgeschieden Lebenden, der sich im Leben bereits mit dem Tod angefreundet hat, ist der Kontakt mit der Welt ein verstörendes Erlebnis. Er fühlt den übermächtigen Drang zu leben wieder in sich.

Ist Arthur ein hoffnungsloser Fall, so vertraut Balthasar auf seinen Enkel André. Ohne Ambitionen lebt dieser in den Tag hinein. Seinen Lebensunterhalt verdient er sich als Werbezeichner unter dem Pseudonym ›Lindi‹, das als Abkürzung für ›L'indifferent‹ steht. Im Laufe des Romans lernt André Stephanie, die Tochter einer Geschäftsfreundin seines Vaters, kennen und lieben. Sie teilt seine Lebenseinstellung. Ihr vermacht Balthasar am Ende sein Vermögen, denn in seinem Keller lagern Fässer voller Gold. Der ganzen Welt hat er seinen Reichtum verheimlicht, damit er sein weltabgewandtes Leben unbeeinträchtigt führen konnte. Dabei besaß das Gold immer noch eine verführerische Macht für ihn: Heimlich bettete er sich in seinem Keller auf die Münzen und badete darin, anschließend schaufelte der 90-Jährige das Gold unter großen körperlichen Anstrengungen zurück in die Fässer. In André sieht er verwandte Charakterzüge: Er befürchtet, dass auch sein Enkel der Verführung durch das Gold trotz aller zur Schau getragenen Gleichgültigkeit erliegen könnte. Deshalb macht er Stephanie zu seiner Erbin. Am Tag nach dem Empfang bei der Welt finden André und Stephanie Balthasar tot in seinem Keller. Nun erfahren sie von seinem Geheimnis und beschließen, das Gold ihren Eltern zu geben. Sie sind sich sicher, dass es auf diese Weise bald verloren sein wird und sie sorglos leben können, unbelastet vom Reichtum.

Balthasar tritt in diesem Roman in der Gestalt des Mentors auf, ähnlich dem Ingenieur Birk in ›Die große Sache‹ oder dem Schriftsteller Heines in ›Eugénie oder Die Bürgerzeit‹. Objekt seiner pädagogischen Maßnahmen ist jedoch nicht der Sohn; ihn hat er aufgegeben. Er konzentriert sich auf seinen Enkel. Dabei wirkt er auch weniger erzieherisch auf ihn ein, sondern beobachtet nur, wie er auf das erschreckende Vorbild seines Vaters reagiert. Die Abkehr vom Lebensstil seines Vaters, die Gleichgültigkeit gegenüber materiellen Gütern, beruhigt Balthasar. Erblickt man in Balthasar ein Selbstporträt Heinrich Manns, so lässt sich daraus schließen, dass Heinrich Mann die Generation nach ihm aufgegeben hat. Sie ist hoffnungslos den Versprechungen des Kapitalismus verfallen. Er setzt seine Erwartungen in die nachfolgende Generation. Er zeigt sich hoffnungsvoll, dass das Vorbild der Väter auf diese abschreckend genug wirke, damit sie dem Materialismus abschwören.

Am 7. Mai 1945 wurde der Weg frei für ein neues Deutschland. In Reims unterzeichnet Generaloberst Jodl die bedingungslose Kapitulation der Wehrmacht. Am 8. Mai wiederholt sich der Vorgang an der Ostfront. Einen Tag später ist der Krieg endgültig beendet. Hitler lebt zu diesem Zeitpunkt schon nicht mehr: Vermutlich am 30. April hat er Selbstmord begangen. Eine Reihe seiner Vertrauten folgt seinem Beispiel. Im Kreis der Emigranten werden die Nachrichten aus Europa mit merkwürdiger Zurückhaltung aufgenommen. Thomas Mann notiert in seinem Tagebuch: »Es ist nicht gerade Hochstimmung, was ich empfinde. Natürlich ist die gegenwärtige deutsche Regierung nur episodisch. Instrument der Kapitulation, da Eisenhower keinen Himmler ins Zelt lassen konnte. Übrigens aber/wird dies oder das mit Deutschland, aber nichts in Deutschland geschehen,/und bis jetzt fehlt es an jeder Verleugnung des Nazitums, jedem Wort, daß die ›Machtergreifung‹ ein fürchterliches Unglück, ihre Zulassung, Begünstigung ein Verbrechen ersten Ranges war. Die Verleugnung u. Verdammung der Taten des Nationalsozialismus innen und außen, die Erklärung, zur Wahrheit, zum Recht, zur Menschlichkeit zurückkehren zu wollen, – wo sind sie?«[732] Thomas Manns Skepsis gegenüber Deutschland ist repräsentativ für viele deutsche Emigranten. Auch Heinrich Mann verhält sich abwartend. Wie stehen die Deutschen zu ihrer Vergangenheit? Wann kommt ein Wort der Entschuldigung, das auf Einsicht schließen lässt? Kann man dies überhaupt erwarten, oder ist die gewachsene Verbitterung beiderseits zu groß?

Auf Bitten des lateinamerikanischen Komitees »Freies Deutschland« verfasst Heinrich Mann einen Aufruf an das Volk von Berlin, der noch einmal seine Hoffnungen und Zukunftswünsche beinhaltet. Er fordert darin die Bürger von Berlin auf, alle lebenswichtigen Unternehmen von privatem in öffentlichen Besitz zu überführen. Nur auf diesem Wege sei die dauerhafte Errichtung einer Demokratie möglich. Doch darf es nicht bei der einmaligen revolutionären Tat einer Vergesellschaftung bleiben. Heinrich Mann appelliert auch an die Deutschen, ihre Gesinnung dauerhaft zu ändern. Die Vergesellschaftung ist sinnlos, wenn sie nicht einhergeht mit einer geistigen Veränderung. Die Erziehung und Schulung des Geistes hat für Heinrich Mann immer noch absoluten Vorrang. Der Aufruf bleibt ein fast einmaliges Ereignis, denn ansonsten kümmerte ihn das politische Geschehen in Europa nicht mehr. Sein ehemaliger Freund Wilhelm Herzog übermittelte ihm im März 1948 einen Geburtstagsgruß, auf den er am 29. März reagierte: »Das Glück besteht aus Kleinigkeiten. Ich z. B. habe von meinem guten Feuchtwanger eine Gänseleberpastete geschenkt bekommen; ich frühstücke, als ob Paris vor meiner Türe wäre. Wo ist es überhaupt?«[733] Sein Paris gab es nicht mehr; es war verschwunden so wie die ganze Welt, die seine war. ›Empfang bei der Welt‹ spielt an einem imaginären geographischen Ort. Die Sprachen vermischen sich, man spricht Deutsch, Englisch, Französisch, Italienisch. Ein multikultureller Ort also, der sich am ehesten noch mit einer Stadt in den USA vergleichen lässt, wo Einwanderer aus vielen Ländern aufeinander treffen, einer Stadt wie Los Angeles. Die USA ist für Heinrich Mann das große Nirgendwo, das Land jenseits der Realität. Karl Lemke erzählt er von einem Brief, den er von einem Berliner Arbeiter erhalten habe: »›Am meisten hat mich gewundert, daß Sie noch leben.‹ Der hatte die Lage erfaßt.«[734] Ort und Zeit spielen keine Rolle mehr. Ob 1946, 1947, 1948 oder 1949 – die Tage verrinnen für Heinrich Mann ohne klare zeitliche Konturen. Klaus Pinkus berichtet er von seinem Tagesablauf: »Je sors peu, je lis des livres de toujours, j'écoute la musique que je sais par cœur. Ce n'est pas mal, c'est l'existence exemplaire d'un vieil homme.«[735] Erinnerungen und Gegenwärtiges verschmelzen zu einem Einerlei. Das einzige Erlebnis, das er noch wahrnimmt, ist das eigene Altern. Seit dem Tod seiner Frau sei er rapide gealtert.

In den Sommertagen 1945 erreicht ihn eine Nachricht aus Europa. Klaus Mann war Soldat in der US-amerikanischen Armee und stößt in diesen Tagen im KZ Theresienstadt auf Heinrich Manns erste Frau Mimi. In einem Brief an Eva Herrmann vom 1. August 1945 schildert er das Wiedersehen: »Erinnerst Du Dich an Tante Mimi, Onkel Heinrichs geschiedene Frau? Eine Pragerin – Du weißt schon noch, so eine Dicke, Bunte, Muntere. Nun, ich habe sie wiedergesehen, vor vierzehn Tagen etwa, in einer böhmischen Ortschaft namens Theresienstadt. ... Zu ihrem Glück (das Wort klingt paradox und zynisch in solchem Zusammenhang!) hatte sie ein ›halbarisches‹ Töchterlein aufzuweisen, Kind des politisch suspekten, aber nicht-jüdischen Heinrich Mann, weshalb Auschwitz und die Gaskammer ihr erspart geblieben sind. Theresienstadt galt als ›Vorzugslager‹. ... Ich habe es mir also angeschaut, dies vergleichsweise privilegierte Ghetto, es ist die Hölle. ... Ich habe mir die Tante Mimi angeschaut. Wie sieht sie aus, nach fünf Jahren ›Vorzugslager‹? Nicht mehr dick und bunt, auch nicht mehr munter! Ein Schatten ihrer selbst ist Tante Mimi, vom Fleisch gefallen, halb gelähmt, gebückt, verhutzelt, eingeschnurrt, mit dünnem weißem Haar, zittrigen Krallenfingern, die fahle Miene grimassenhaft verzerrt mit schiefem Mund und starrem Leidensblick. Eine Gerettete? Nein, ein Gespenst. Sie trägt das Zeichen.«[736] Seit 1939 war Mimi in Theresienstadt gewesen; ihre gemeinsame Tochter Leonie war als Halbarierin lediglich mit einem

Berufsverbot belegt worden, hatte irgendwie den Krieg überlebt. Klaus informierte sofort seinen Onkel, woraufhin Heinrich Mann an Johannes R. Becher schrieb, den er noch in Moskau vermutete. Er bat ihn, alle Zahlungen für die russischen Ausgaben seiner Werke an seine geschiedene Frau und seine Tochter – »my God, she will be 29«[737], für einen Augenblick kehrt die Zeit zurück – umzuleiten, um ihnen zu helfen. Doch die Hilfe kam zu spät: wenige Monate nach ihrer Befreiung starb Mimi Mann in Prag.

1946 meldete sich überraschend ein alter Freund: Maximilian Brantl. Er war in den Jahren des Krieges aus München geflüchtet und lebte nun in Prien am Chiemsee. Ein Brief aus München bewies, dass auch der jüngste Bruder Viktor noch am Leben war. Gespenstergleich tauchten die Gestalten aus der Vergangenheit auf, riefen Erinnerungen hervor, die sich vermischten mit Gegenwärtigem zu einer zeitlosen Allgegenwart. Lebende und Tote traten in der Erinnerung unterschiedslos nebeneinander. Und die Schar der Toten wird zunehmend größer: Im Oktober 1948 erfahren Thomas und Heinrich vom Tod Félix Bertaux'. Am 21. April 1949 stirbt der jüngste Bruder Viktor im Alter von nur 59 Jahren. Alle treten endgültig hinüber in das zeitlose Reich der Erinnerungen. Exakt einen Monat später erreicht Heinrich Mann eine weitere Schreckensmeldung aus Europa: Sein Neffe Klaus hat in Cannes Selbstmord begangen. Über die Jahre des Exils hatten sie die politischen Ansichten geteilt, gemeinsam hatten sie für die Einheit des deutschen Exils gestritten, hatten ebenfalls gemeinsam um die Schaffung einer deutschen Volksfront gekämpft. Auch er gehörte nun zu der Schar der Toten, die jenseits von Zeit und Raum nur noch in der Erinnerung fortlebten. Die Erinnerung und die Utopie waren schließlich seit jeher die unzerstörbaren Fluchtpunkte aller Träume von einer besseren Welt. Unverlierbar lebten die Toten in der Erinnerung, unauslöschlich lebte das Ideal von einer besseren Welt als utopische Zukunftshoffnung fort.

Die Durchdringung von Vergangenheit und Gegenwart, der Aufbruch einer neuen Generation in die Utopie wird zum Strukturprinzip des letzten Romans von Heinrich Mann, den er 1946 beginnt: ›Der Atem‹. Die meisten Menschen in Nizza kennen die Frau, die jeden Morgen zur Bank geht, nur unter ihrem Spitznamen ›Kobalt‹. Einige wenige erinnern sich noch an die Zeiten vor dem Ersten Weltkrieg, als sie zur mondänen Gesellschaft gehörte, die die Côte d'Azur bevölkert hat. Noch kleiner ist der Kreis derjenigen, die ihren wahren Namen kennen: Maria-Theresia Dolores Lydia Gräfin von Traun. Sie entstammt einem alten Adelsgeschlecht der Donaumonarchie. Ihre Schwester Marie-Louise, zu der der persönliche Kontakt verloren gegangen ist, ist ihrer Herkunft treu geblieben, hat nach Belgien geheiratet und ist seither eine Prinzessin de Vigne. Die abenteuerlustige Kobalt hatte einen reichen Mann, den Baron Kowalsky, geheiratet, mit dem sie vor vielen Jahren nach Nizza gekommen war: »Mein Gatte war sehr reich, aber abhängig von politischen Zufällen, neben den anderen. Obendrein spielte er. Wir konnten vor dem Ruin stehen, mehrmals habe ich es erwartet. Um so mehr warf ich mit dem Geld, das hätte niemals den Ausschlag gegeben«, weiß sie von ihm und sich zu erzählen.[738] Sie hatten in Villen und Schlössern entlang der Küste, in Cap Martin, SaintRaphael und Cannes, gewohnt, wobei nie ganz klar gewesen war, ob die Häuser ihnen wirklich noch gehörten oder schon einem ihrer Freunde, etwa dem Großfürsten Cyrill. Ihr Mann war bald gestorben, Kobalt vermögend zurückgeblieben. Zunächst hat sie das mondäne Leben weitergeführt, bis sie Fernand kennen gelernt hat. Fernand war ein leichtlebiger Charakter von unklarer Herkunft. Er wurde ihr Liebhaber. Eines Tages verschwand er mit ihrem Geld. Der Erste Weltkrieg kam und brachte den Untergang dieser Gesellschaft mit sich. Die verarmte Kobalt verdingte sich als Industriearbeiterin, engagierte sich für die sozialen Rechte der Arbeiter. Aus dieser Zeit rühren ihre Kontakte zu den Kommunisten und ihre Feindschaft zum Großindustriellen Laplace de Revers. Gealtert und im Ruhestand führt sie nun ihr täglicher Weg zur Bank in die Stadt; noch immer hofft sie, dass ihr ehemaliger Liebhaber Fernand bereue und ihr das geraubte Geld von irgendwoher, wo er sich auch gerade befinden mag, zurückerstatte. Ihre Liebe wäre groß genug, ihm alles zu verzeihen.

An dem Tag, an dem die Romanhandlung beginnt, ist manches anders. Die Bäckerin Vogt wird Zeugin, wie sich Kobalt erschöpft an den schmerzenden Kopf greift. Dies ist deshalb bemerkenswert, weil die alte Dame stets die Form wahrt und keine Gefühle nach außen dringen lässt. In der Stadt herrscht an diesem Tag große Aufregung: Der Zweite Weltkrieg hat begonnen. Laplace de Revers, der auch Inhaber der Bank ist, gehört zum Kreis der Synarchisten, das sind die 200 einflussreichsten Familien des Landes, die Frankreich gerne den Faschisten überlassen würden, um ihren Reichtum vor den Kommunisten zu retten. Ihnen kommt der Krieg gegen Deutschland recht, wenn er denn mit einer Niederlage für Frankreich endet. Durch die synarchistische Verschwörung gerät auch Kobalt in große Gefahr. Ihre einflussreiche Herkunft und ihr linkes politisches Engagement machten sie verdächtig. Beim Direktor der Bank wird sie von einem Geheimagenten, Leon Jammes, erwartet, der sie vor dem Risiko für ihre Person warnen will. Kobalt begreift auch ohne die mahnenden Worte Jammes'. In der Vorhalle wird sie von einem Fremden heimlich angesprochen, der sie an Fernand erinnert. Die Stimme, die Haltung, das leichtlebige Naturell teilt er mit ihrem ehemaligen Geliebten. Rasch begreift sie, dass man einen solchen Charakter als Mörder auf sie angesetzt haben könnte. Ihr Besuch bei der Frau des Bankdirektors bringt ähnliche Eindrücke mit sich: Estelle hat offensichtlich den Auftrag erhalten, Kobalt zu vergiften. Der Bankdirektor, Frédéric Conard, übergibt ihr schließlich einen größeren Geldbetrag, der angeblich von ihrer besorgten Schwester stamme. Kobalt misstraut dieser Erklärung, denn das Verhältnis zu ihrer Schwester ist zu schlecht, als dass diese plötzlich Geld offerieren würde. In den Augen ihrer Schwester hat Kobalt die Familienehre verraten, schon als sie damals Kowalsky geheiratet hat. Ihr weiteres Leben bildet nur die konsequente Fortführung dieses ersten Fehltritts. Dennoch nimmt Kobalt das Geld auf Drängen Conards, dem sie während der Stunde ihres Zusammenseins in seinem Büro sehr nahe gekommen ist. Beide gestehen sich ihre Liebe ein. Ein schwerer Asthmaanfall führt schließlich zum Zusammenbruch Kobalts. Sie wird in ein altes Hotel gebracht, ein ehemaliger Mittelpunkt der mondänen Welt.

Nach einigen Stunden Schlaf und Erholung verschwindet Kobalt aus dem Hotel. Wohin sie will, weiß sie nicht. Getrieben von Todesahnungen, der Angst vor ihrem Mörder, bereist sie in den folgenden Stunden die Stationen ihres früheren Lebens. Sie fährt mit dem Zug nach Monte Carlo, betritt das Spielcasino zusammen mit einer Gruppe von Touristen. Entgegen ihrer Absicht setzt sie beim Roulette und gewinnt durch Zufall und durch Mithilfe eines Croupiers ein riesiges Vermögen. Aus ihrem Mörder wird ihr treuester Helfer. Er hilft ihr die Jetons einzulösen und das Geld abzutransportieren. Kobalt ist sich nicht ganz sicher, ob dieser Mann, den Leon Jammes unter mehreren Namen kennt, wirklich der Mörder aus der Bank ist. Jedenfalls erinnert auch Krapotnikoff, das ist einer seiner Namen, an Fernand. Überhaupt verschwimmen für Kobalt schon bald Gegenwart und Vergangenheit. Sie begegnet Gestalten aus ihrem früheren Leben, ohne sagen zu können, ob es wirklich noch die alten Bekannten sind oder sie nur von ihrem Typ her an alte Bekannten erinnern. So war es ihr auch beim Croupier ergangen, den sie ganz im Stil ihrer Zeit behandelt hatte und der ihr daraufhin in besonderem Maße gewogen war.

Am nächsten Morgen erscheint ihr Bild in allen Zeitungen mit der Nachricht, was sich in Monte Carlo zugetragen hat. Kobalt befindet sich zu diesem Zeitpunkt bereits auf dem Weg zurück nach Nizza. Unbewusst sucht sie die nächste Station ihres früheren Lebens auf: eine Tanzbar. Der Sohn des ehemaligen Besitzers leitet mittlerweile das heruntergekommene Etablissement. Die Nachtschwärmer feiern die reiche Frau, die mit ihrem neu erworbenen Vermögen plötzlich nicht mehr Kobalt ist, sondern für alle sich zurückverwandelt in die Gräfin Traun. Selbst als Kobalt wirkte sie zwar wie eine Erscheinung aus einer vergangenen Welt, aber ihre Zeit selbst war eben dahin. In diesen Stunden und Tagen erlebt diese Zeit und damit auch die Gräfin Traun noch einmal eine Wiedergeburt. Im Verlauf der turbulenten Feiern versucht ein Agent Laplaces das Geld an sich zu bringen, auf die Gräfin selbst wird geschossen. Kobalt erleidet einen neuerlichen Asthmaanfall, der einen schweren Blutsturz nach sich zieht. Jammes schafft sie zurück in ihr Hotel, wo sie bald darauf stirbt. An ihrem Sterbebett finden sich Personen aus allen Teilen der Gesellschaft ein: Freunde aus früheren Tagen, Arbeiter aus der Fabrik von Laplace, Gestalten, denen sie während ihres Streifzugs durch ihr früheres Leben begegnet ist. Selbst Laplace, bester Hoffnung, in Kürze französischer Präsident zu sein, erscheint mit mehreren Polizisten: Er will die Sterbende festnehmen lassen. Jammes tritt ihm entgegen und erschießt ihn. Ein Polizeikommissar lässt ihn und weitere gefährdete Personen zum Flughafen entkommen, wo bereits ein Flugzeug wartet, das eigentlich Kobalt in die Sowjetunion hätte fliegen sollen.

Der gesamte Roman ist geprägt von der Nähe des Todes. Kobalt leidet unter Asthma und stirbt am Ende, Leon Jammes hat ein Leberleiden und erwartet ebenfalls seinen Tod, Krapotnikoff hat ein Herzleiden, und Conard ist sich sicher, auf dem Schlachtfeld zu fallen. Aber nicht nur Personen tragen die Zeichen der Todesnähe, die gesamte Gesellschaft ist davon befallen. Der Beginn des Zweiten Weltkriegs markiert ihr Ende. Niemand weiß, was ihn morgen erwartet. Diese Ungewissheit ruft die Atmosphäre der Zeit vor dem Ersten Weltkrieg noch einmal wach, freilich übertriebener und grotesker, weil nicht mehr so selbstverständlich wie einst: »Sie wollen die Stimmung von einst zurückbeschwören. Das geht nicht. Die Heutigen wagen keine Lächerlichkeiten. Ein lächerliches Leben war unser größter Luxus.«[739] Das frühere Leben wurde von allen an einem Nichts aufgehängt. Die Formen verbargen die innere Leere. Aber diese Form war Größe. Kobalt wird noch bei ihrer letzten Ölung Haltung wahren, nicht wegen des Glaubens an dieses Sakrament, sondern aus bloßer Ehrfucht vor der Zeremonie, an der sie mitwirkt. Die Gesellschaft vor dem Zweiten Weltkrieg weiß die Formen nicht zu wahren. Überall brechen Besitzgier und Existenzangst hervor, die die frühere mondäne Gesellschaft durch Wahrung der Formen negierten.

Das Jahr 1948 brachte für Heinrich Mann unangenehme Veränderungen. Sein Vermieter bestand darauf, dass er seine Wohnung verlassen müsse. Er sollte aus der Umgebung gerissen werden, in der er mit seiner Nelly gelebt hatte, wo ihn jedes Stück mit ihr verband. Thomas schaltete einen Anwalt ein, doch die Lage war aussichtslos. Im Oktober 1948 musste er in eine andere Wohnung umziehen. Sie lag in der Nähe von Thomas' Domizil in der Montana Avenue in Santa Monica. Trotz der schmerzlichen Trennung von der alten Wohnung fand Heinrich Mann in dem Wechsel auch sein Gutes. An Karl Lemke schreibt er am 26. Oktober des Jahres: »Dies ist mein erstes Schriftstück in der neuen Wohnung. Die alte war besser, sie hatte Erinnerungen, jedes Stück Boden bewahrte die Schritte meiner verlorenen Frau. Hier misse ich nichts, erwarte nichts, habe dafür das träumerische Alter.«[740] Nichts missen, nichts erwarten, nur träumen – ein gewisser Trost lag bei aller Wehmut in dieser Aussicht.

Seit 1946 bemühte man sich von kommunistischer Seite um eine Rückkehr Heinrich Manns nach Deutschland. Er reagierte auf die Wünsche, die ihm von Johannes R. Becher brieflich vorgetragen wurden, nur verhalten. In einem Brief an Carl Rössler legt er die Gründe für sein zögerliches Verhalten dar: »Solange die Dinge für Deutschland ›gut‹ gingen, ist meiner nur einmal gedacht worden: 1940 wurde ich tot gesagt. Jetzt 1946, soll ich erstens auf der Wartburg wohnen (mit Centralheizung). Zweimal bin ich dringend nach Berlin berufen; dort gäbe es mehr für mich zu tun. Leider sehe ich nicht deutlich, was. Und das Wiedersehen mit so vielen Feinden, die sich verstellen oder nicht, beides peinlich.«[741] Um sich nicht entscheiden zu müssen, richtete Heinrich Mann immer neue Forderungen an seine Briefpartner. Er verlangte eine Villa, eine Haushälterin, ein Auto mit Chauffeur – und alles wurde ihm bewilligt. Offensichtlich bestand auf der anderen Seite wirklich der dringende Wunsch, dass er kommen solle. Dies ehrte ihn, aber hier lebte er glücklich in dem Jenseits seiner Erinnerungen. Was würde ihn diesseits des Atlantiks erwarten? Der Ruhm lockte ihn nicht, wie er Carl Rössler gestand: »Das Vergessenwerden tut uns nichts. Erstens ist es so unzuverlässig wie der Ruhm. Plötzlich ist man wieder da; wer lange lebt, ist mehrmals berühmt und vergessen. Die Anonymität des Vergessenen ist eine Pause, sie verpflichtet zu nichts; auch gut.«[742] Das Leben ist unbeständig, beständig sind alleine das Jenseits der Träume und das utopische Ideal. Beides besaß er: Was konnte er mehr verlangen?

Der Gesundheitszustand Heinrich Manns verschlechterte sich rapide. Das Asthmaleiden wurde heftiger, hinzu kamen verstärkt, wie Thomas sie nennt, Beängstigungszustände, die Heinrich schon seit dem Tod Nellys plagten.[743] Ein Sauerstoffapparat musste angeschafft und mit Rücksicht auf Katia, die sich nicht ausschließlich um den Gebrechlichen kümmern konnte, eine Krankenschwester engagiert werden. Thomas kam widerwillig für die Kosten auf. Im September 1949 wurden ihm die finanziellen Belastungen jedoch zu hoch. Er suchte das Gespräch mit seinem Bruder, wollte ihn unbedingt dazu bewegen, die Einladung nach Ost-Berlin anzunehmen. Nach einem langen Gespräch notiert er in sein Tagebuch: »Lebensauftrieb oder beschleunigtes Ableben? Dunkle Angelegenheit. Denke nicht aufrichtig daran, ihn in Berlin zu besuchen, was ebenfalls dunkel.«[744] Thomas zweifelt, ob Heinrich nach Ost-Berlin gehen werde. Die Lage in Europa hatte sich zugespitzt: Der Kontinent war in zwei Blöcke aufgeteilt. Wer sich jetzt für eine der beiden Seiten entschied, verdarb es sich notwendig mit der anderen. Auch Heinrich, der sich kurzzeitig für den Gang nach Ost-Berlin entschieden hatte, widerrief seine Absicht bald darauf mit Blick auf die politische Situation. Aber Thomas Mann ahnte noch weitere Gründe im Verhalten seines Bruders, die jedoch für ihn im Dunkeln blieben. Die Tatsache, dass er niemals ernsthaft erwog, seinen Bruder in Berlin zu besuchen, empfand er ebenfalls als einen dunklen Hinweis auf eine tiefere

Ahnung. Offenkundig rechnete er gar nicht damit, dass Heinrich jemals in Berlin eintreffen werde. Die dunkle Ahnung, die ihn befiel, war die Voraussicht von Heinrichs Tod.

Es folgten dennoch weitere lange Gespräche über Heinrichs Abreise. Schließlich waren nur noch die technischen Details zu klären. Mit welchem Schiff sollte wann die Überfahrt angetreten werden, und wie sollte der Transfer nach Ost-Berlin vonstatten gehen? Endlich stand fest, dass die Reise mit dem polnischen Schiff »Batory« erfolgen sollte; die Ankunft war nach einer Fahrt von elf Tagen für den 28. April geplant, und Alfred Kantorowicz sollte ihn im Zielhafen Gdynia abholen und nach Ost-Berlin bringen. Nun mussten noch die Aus- und Einreisepapiere über das tschechoslowakische Konsulat beschafft und gepackt werden.

Am 10. März 1950 besuchte Thomas seinen Bruder, erfüllt von seinen dunklen Ahnungen. Heinrich machte auf ihn einen »greisenhafte[n] Eindruck körperlich«[745]. An diesem Tag sollte er ihn letztmals lebend sehen. Am darauf folgenden Tag erhält er gegen Mittag die Nachricht, dass man Heinrich bewusstlos aufgefunden habe. In der Nacht habe sein Bruder eine Gehirnblutung erlitten. Die Pflegerin, die sich im Nebenzimmer aufgehalten habe, habe nichts gehört. Keinen Laut habe der Schlafende von sich gegeben. Der Arzt stellt den Gehirntod fest, aber noch arbeitet das Herz schwach. Man lässt ihn in die Klinik bringen, ohne Hoffnung, dass er nochmals aus dem Koma erwachen könnte. Eigentlich, so Thomas, sei sein Ableben nur noch eine Frage von Stunden: »Natürliche Erschütterung ohne Widerstand gegen dies Geschehen, da es nicht zu früh kommt und die gnädigste Lösung ist.«[746] Die dunkle Ahnung hatte sich bestätigt. In der Nacht zum Sonntag, den 12. März 1950 um halb zwölf, stirbt Heinrich Mann.

15. Verklärung

›Verklärung‹ ist ein vieldeutiger Begriff. Ursprünglich entstammt er der christlichen Überlieferung. Auf dem Berg Tabor hat Gott Jesus endgültig als den Messias offenbart, indem er ihn verklärte. Das bis dahin verborgen gebliebene wahre Wesen Jesu wurde plötzlich für alle sichtbar. Verklärung bedeutet in diesem Zusammenhang also, dass eine verborgene Wahrheit sichtbar wird. Doch der Begriff hat auch die entgegengesetzte Bedeutung. ›Verklärung‹ meint auch etwas beschönigen, es besser aussehen zu lassen, als es ist. Ganz in diesem Sinne wird der Begriff verwendet, wenn etwa davon gesprochen wird, dass sich in der Erinnerung etwas verklärt habe. ›Verklärung‹ steht also sowohl für die Offenbarung von Wahrheit als auch für deren Kaschierung. Wie ist dies möglich? Ehedem sah man in der Offenbarung Gottes die Wahrheit. Die Aufklärung hat den Glauben an die Offenbarung erschüttert. Nun muss der Mensch selbst mit seinen begrenzten Vermögen die Wahrheit erkunden. Der Mensch schafft auf der Grundlage seiner begrenzten Vernunft Modelle, die der Realität möglichst nahe kommen sollen. Sie gelten als wahr, solange sie sich nicht als falsch erweisen. Ohne vorgegebene Wahrheit kann niemand mit Bestimmtheit sagen, ob ein Modell das wahre Wesen einer Erscheinung erfasst oder kaschiert. Que sais-je? Das erarbeitete Modell könnte ebenso gut richtig wie falsch sein. Der Begriff der Verklärung hat den Verlust der Offenbarung durchlaufen und ist dadurch vieldeutig geworden: Nun umschließt er Offenbarung und Kaschierung.

Heinrich Mann selbst hat das letzte Kapitel seines ›Zola‹-Essays mit dem Titel »Verklärung« überschrieben. Zurückgezogen von der Welt lebe Zola am Ende seines Lebens. Er sitze in seinem Garten, beschienen von der Abendsonne, und wende sich noch einmal einem großen Werk zu: ›Les quatre Evangiles‹. So wie Gott in den vier Evangelien des Neuen Testaments seine Wahrheit offenbart habe, so offenbare Zola in seinen vier Evangelien seine Wahrheit. Noch einmal spreche er von dem Bemühen, das Leben zu durchschauen, von seinem Drang, die Wahrheit zu erkennen, und auf der Grundlage dieser Erkenntnis eine gerechte Welt zu erschaffen. Er verkünde seinen Glauben an den zukünftigen Sieg der Gerechtigkeit, wohl wissend, dass er stets Utopie bleiben wird: »Den Sieg, wir wissen es, erlebt man nicht. Wir können ihm nur entgegenträumen, wenn wir endlich ruhen vom Kampf. Geduld und Liebe werden ihn ... erwerben für die Späteren.«[747] In der Hoffnung auf den einstigen Sieg sei Zola dahingeschieden und eingezogen in das Pantheon der Menschheit, jener säkularisierten Form des christlichen Himmelreichs, in das Jesus der biblischen Überlieferung nach aufgefahren ist.

Heinrich Manns Trauerfeier vollzog sich ohne großen Pomp im Familienkreis, arrangiert von Thomas, der vom Verlauf der Feier am 14. März auf dem Friedhof in Santa Monica Folgendes berichtet: »Die Feier würdig. Orgel-Vorspiel. Ein sehr schöner langsamer Satz von Debussy, gespielt vom Temianka-Quartett. Ansprachen Feuchtwangers und Fritschmans [einem Reverend der Unitarian Church – S. R.]. Die Teilnehmer nicht eben zahlreich. Kränze und Blumen ein schöner Anblick. Mein Kranz mit ›Meinem großen Bruder in Liebe‹. Kondolationen. Fahrt hinter dem Leichenwagen zum Friedhof. Folgte dem Sarg über den Rasen zwischen den Gräbern. Kurze Ceremonie. Der Sarg wurde nicht hinabgesenkt. – Telegramm des tschechischen Botschafters.«[748] Den Nachmittag füllten schon wieder Geschäfte. Möglichst wenig Gefühle sollten nach außen dringen, Thomas versucht wie stets die Form zu wahren. Negativ vermerkt wird das Ausbleiben eines Kondolenzschreibens der Bundesrepublik Deutschland, positiv ein schöner Brief Hermann Hesses. Wie würde die Welt sich Heinrich Manns erinnern? Welche Rolle wird Thomas in den Erinnerungen ferner Tage zugewiesen werden? Dieser Gedanke verlässt ihn selbst jetzt nicht. Er fürchtet, dass er und sein Bruder wieder gegeneinander ausgespielt werden könnten, wie schon so oft in der Vergangenheit. Nicht aneinander messen soll man sie, sondern jedem von ihnen möglichst gerecht werden, dann bleibt unbeschatteter Ruhm für beide. Aber wer war sein Bruder? Katia hinterbringt ihm eine beunruhigende Nachricht: »K. berichtet von dem Fund einer Menge obszöner Zeichnungen in des Verstorbenen Schreibtisch. Die Nurse wußte davon, daß er jeden Tag gezeichnet, dicke nackte Weiber. Das Sexuelle in seiner Problematik bei uns Geschwistern, Lula, Carla, Heinrich und mir.«[749] Erschreckend für Thomas, wie der Erotomane Heinrich selbst noch im hohen Alter in seinen Zeichnungen die Fülle des Weibes feierte. In diesen Zeichnungen offenbarte sich Heinrichs Lust am Leben, zu dem Thomas stets in einem distanziert-ironischen Verhältnis verharrte. Bis zuletzt musste ihm Heinrichs Herleitung politischer Vorstellungen aus Liebe und Sexualität suspekt bleiben. Thomas' Sexualität hätte die angemessenen Formen gesprengt: Sie hatte keinen Platz in seinem Leben. Vielmehr stand sie in einem engen Kontext zum Tod: Ein begehrenswerter, engelsgleicher Junge winkt dem Künstler am Strand und entführt ihn hinaus aufs Meer. Sein bürgerliches Leben war ein selbst geschaffenes Kunstwerk, abgerungen den Abgründen seiner Existenz. Die strikte Einhaltung der Form rettete ihn vor sich selbst. Heinrich war nun tot, und Tochter Erika wurde von Thomas damit beauftragt, die Blätter nebst einem fragwürdigen Manuskript über Klaus aus der Wohnung verschwinden zu lassen.

Die DDR feierte den Verstorbenen auf ihre Weise: »Das geistige Erbe von Heinrich Mann ist in der DDR lebendig. Seine Bücher sind bekannt und beliebt. Sie gehören in Betriebs- und Gemeindebibliotheken zu den bevorzugt ausgeliehenen Titeln. Jede neue Auflage eines Heinrich-Mann-Werks ist im Buchhandel in kürzester Zeit vergriffen.«[750] Die DDR hat sich der Verklärung Heinrich Manns angenommen, hat ihn und sein Werk nach den Worten von Volker Ebersbach zu einem »wesentliche[n] Bestandteil des kulturellen Erbes der Arbeiterklasse« gemacht.[751] Ein Jahr nach seinem Tod richtete die Deutsche Akademie der Künste in Ost-Berlin eine Gedenkveranstaltung zu seinem 80. Geburtstag aus. Im Begleitheft verkündet Alfred Kantorowicz: »Seine Heimat sah er bei uns in der Deutschen Demokratischen Republik, die wahrhaft republikanisch und im richtigen Begriff der so abscheulich mißbrauchten Worte demokratisch und sozial sein wird, ein Deutschland, das die Friedenstüchtigkeit an die Stelle der Kriegstüchtigkeit zu setzen entschlossen ist, ein Deutschland, das im Streben nach sozialer Gerechtigkeit nicht allein seine Millionen tatkräftiger Arbeiter und Bauern von der verruchten Fessel der Ausbeutung des Menschen durch den Menschen freisetzen will, sondern auch dem geistigen Menschen, dem Dichter und Denker, dem Forscher und Künstler seinen echten sozialen Rang zuweist – zum erstenmal in unserer deutschen Geschichte.«[752] Kantorowicz verklärt die Gestalt Heinrich Manns gleichzeitig mit dem jungen Staat, der DDR. Er versäumt nicht, die Schlussworte aus Heinrich Manns Zola-Essay auf dessen Verfasser zu übertragen: Auch Heinrich Mann werde in das Pantheon einziehen.

Das Pantheon für Heinrich Mann sollte auf dem Dorotheenstädtischen Friedhof in Berlin liegen. Die Tschechoslowakei ließ die Asche ihres Staatsbürgers 1961 überführen. Am 24. März wurde die Urne in Prag an eine Delegation der DDR feierlich übergeben. In einem Wagenkonvoi, begleitet von Fahrzeugen der Nationalen Volksarmee, wurde sie anschließend von der Grenze bei Schmilka über Dresden nach Berlin geleitet, wo sie in der Deutschen Akademie der Künste aufgebahrt wurde. Am darauf folgenden Tag versammelte sich die Staatsspitze unter der Führung des Staatsrats-Vorsitzenden Walter Ulbricht zu einer Feierstunde im Haus der Ministerien, anwesend war auch Heinrich Manns Tochter Leonie. Im Anschluss wurde die Urne zum Friedhof überführt und an der Seite Bertolt Brechts und Johannes R. Bechers beigesetzt.

Heinrich Mann wurde dem nationalen Erbe der DDR einverleibt. Beglaubigt wurde dies durch die Anwesenheit Ulbrichts, eben jenes Ulbrichts, der einst in Paris zu den Totengräbern von Heinrich Manns Traum einer vereinigten

Volksfront aller antifaschistischen Kräfte gehört hatte. Nach dem Tod des obersten Repräsentanten der deutschen Volksfront-Bewegung, die eigentlich nie existiert hatte, gelang Ulbricht, was ihm damals misslungen war: Er fügte die deutsche Volksfront nahtlos in die Tradition des deutschen Kommunismus und der DDR ein, indem man ihren obersten Hüter zu einem der Seinen verklärte. Sein Weg habe ihn an die Seite der Arbeiter- und Bauernschaft geführt. Verschwiegen wurde dabei sein Festhalten am Primat des Geistes, verschwiegen wurde sein Festhalten am demokratischen Mehrheitsprinzip, das den Kommunisten keine Vorrangstellung zubilligte. Verklärt wurde vieles.

Heinrich Manns Biografie entwickelte sich aus dem Leiden an der Haltlosigkeit. Daraus erwuchs die Sehnsucht nach einer festen Basis des Lebens. Gerade die menschliche Schwäche, das Bedürfnis nach Zuwendung, wurde hier zum Ausweg, weil dies seine Aufmerksamkeit auf die Liebe lenkte. In der Liebe zueinander werden zwei schwache Menschen stark. Aus dem privaten Raum wächst die Liebe hinaus in die Öffentlichkeit. Das eigene Glück macht empfänglich für das Unglück anderer, weckt Mitleid, wodurch die Liebe zur sozialen Tugend wird. Am Ende stand schließlich das Ideal einer brüderlich untereinander verbundenen Gesellschaft der Freien und Gleichen. Dieses Ideal galt es für Heinrich Mann zu verwirklichen, woraus das Dilemma der Tat resultierte. Die Arbeit, die Mühe, die Opfer, die die Verwirklichung des Ideals erforderte, durften sie der gegenwärtigen Generation aufgebürdet werden? Wie groß durften die Opfer sein? Eine klare Antwort hierauf ließ sich nicht finden. Heinrich Mann neigte zu situativer Radikalität: Je widerwärtiger ihm die Gegenwart erschien, desto größer die erlaubten Opfer. Aber die Realität verweigerte sich. Das aus der Vernunft hervorgegangene Ideal wurde von den Menschen nicht gewürdigt. Fehlte ihnen die Einsicht? Mangelte es ihnen an der Bereitschaft, die gegenwärtigen Opfer für das zukünftige Glück späterer Generationen auf sich zu nehmen? Das Ideal wurde immer mehr zur Utopie. Diente es am Anfang noch als Leitprinzip politischen Handelns, so entzog es sich immer mehr Raum und Zeit, verflüchtigte sich in eine ferne Zukunft oder in die verklärte Vergangenheit eines Henri Quatre: »Die Hoffnungen Heinrich Manns, die sich in solchen wie in ungezählten anderen Zeugnissen bekundeten, waren gewiß nicht nur rhetorische Durchgängerei, sosehr er sich häufig vom eigenen Überschwang, dem alten Schwärmerwesen, überrennen ließ. Sie waren aber doch so hochgespannt und alle jene überständig wirkenden Begriffe, die ihm anscheinend leicht aus der Feder gerieten, mit so pedantischer Strenge ernst gemeint, daß keine Wirklichkeit, wie immer sie aussehen mochte, ihnen hätte gerecht werden können. Nie wäre ihm begreiflich gewesen, daß die Abstriche von den äußersten Erwartungen zur Politik gehören, ja das Wesen der Politik selber sind.«[753] Diese Quintessenz eines Lebens zieht Joachim Fest. Er rechnet Heinrich Mann zur Gruppe der politisierenden Intellektuellen mit ihrem unstillbaren Utopiebedürfnis. Letztlich sei Heinrich Mann ein apolitischer Mensch gewesen, dem der Bezug zur Realität gefehlt habe. Der Maßstab seines Handelns sei nicht das Machbare, sondern das Ideal gewesen. Doch war Heinrich Mann kein unwissender Magier, wie Fest unterstellt, sondern sich des Widerspruches zwischen Realität und Utopie schmerzlich bewusst. Das unüberwindbare Hindernis des Dilemmas der Tat beweist dies. In ›Henri Quatre‹ ist es nur noch die Verteidigung der Freiheit, der individuellen Souveränität, die Opfer rechtfertigt. Dem Menschen muss die Möglichkeit verbleiben, sich frei seiner Vernunft zu bedienen. Den Gegnern der Freiheit muss wirksam begegnet werden: Keine Freiheit für die Feinde der Freiheit! Nicht mehr die Utopie wird verteidigt, sondern nur noch die Möglichkeit, eine Utopie überhaupt hervorbringen zu können und zu dürfen. Dies erscheint auf den ersten Blick wenig, doch in einem Jahrhundert, das totalitäre Herrschaftssysteme von brutaler Perfektion hervorgebracht hat, ist es viel. Traum und Utopie sind zweifellos apolitisch, aber die Freiheit zu träumen, die Freiheit zur Utopie, ist es nicht.

Heinrich Mann fand sich in zahlreiche Widersprüche verstrickt. Das Dilemma der Tat ist nicht das einzige. Auch sein Anspruch, die Menschen erziehen zu wollen, wirft Probleme auf. Wie verträgt sich der Anspruch auf Erziehung mit dem Bild des freien und mündigen Menschen? Beraubt der Erzieher seinen Schützling nicht der Freiheit, indem er ihm sagt, was richtig und was falsch ist? Im Grunde genommen kann der Mentor keine inhaltlichen Aussagen oktroyieren, sondern seinen Schützling nur im richtigen Gebrauch der Vernunft unterweisen. Anschließend muss er darauf hoffen, dass der richtige Gebrauch der Vernunft auch die richtigen Ergebnisse zeitigt. Aber wann ist der Mensch mündig? Wann verfügt er über genügend Kenntnisse, um seine Vernunft richtig zu gebrauchen? Etwa dann, wenn er die richtigen Resultate hervorbringt? Prompt tritt die Bevormundung ein, und Heinrich Mann verfängt sich in einer weiteren Aporie. Lag es auch nur an der fehlenden Mündigkeit, die nach weiterer Erziehung verlangte, dass die Deutschen kaum Fortschritte in ihrer Entwicklung machten, eher sogar Rückschritte, als sie Hitler an der Macht nicht nur duldeten, sondern ihm sogar willig folgten?

Dem Utopisten bleibt der Mensch und die Welt ein ewiges Rätsel, das ihm schlaflose Nächte bereitet. Warum folgt niemand seiner Utopie? Im Erleben und Durchleben dieser Problematik liegt die geistesgeschichtliche Bedeutung Heinrich Manns, jenes Prototypen des modernen Intellektuellen in Deutschland, trotz der in Einzelfällen zweifelhaften literarischen Qualität seiner Werke.[754] Als Utopist fühlt er sich einsam auf der Höhe seiner Träume. Heinrich Mann war einsam in seinen letzten Lebensmonaten. Die Welt schien ihn verlassen zu haben, seine Frau hatte ihn verlassen. Wie kann überhaupt jemand schlafen, der weiß, was in der Welt vorgeht und vor sich gegangen ist? Madame Legros fand keine Ruhe mehr, ehe nicht zumindest ein Unrecht beseitigt worden war. Wie viel Unrecht noch? Warum überhaupt Unrecht?

Schlaflose Nächte. Niemand schläft. Niemand kann und darf schlafen. Heinrich Mann wachte und hörte Musik, vertraute Musik, die er schon hunderte Male gehört hatte. Damit füllte er seine letzten Lebtage bis tief in die Nacht. Im Osten lag das Land, das ihm so viele Rätsel aufgegeben hatte und hat. Wie sehr liebte er dieses Land, das in Kälte und Barbarei versunken war. Könnte er nur seine Rätsel lösen, um die Liebe dieses Landes zu gewinnen. Irgendwo in diesem kalten Herz musste Liebe noch schlummern, so wie in allen Menschen. Wie sehr liebte er dieses Volk. Verraten sollte es ihn, seine Werke nicht mehr lesen, ansonsten drohte ihnen Folter und Tod. Eine war gewesen, die hatte ihn nicht verraten, war ihm gefolgt ins Exil. Aus Liebe zu ihm hat sie alles Leid auf sich genommen, bis sie sich selbst den Tod gab. Liebender Calaf, treue Liù, rätselhaftes Deutschland, unterdrücktes Volk. Was bleibt, ist die Hoffnung, schon so oft verloren, aber immer wieder neugeboren. Was bleibt, ist das Blut, das liebende Blut, das ihn zu Deutschland hindrängt. Was bleibt, ist Deutschland, das Eis, an dem er sich verbrennt. Am Ende bleibt das Wagnis des Vertrauens aus Liebe. Doch nur in der Oper ist dieses Wagnis geglückt. Heinrich Mann hat nie erfahren, ob sein Vertrauen belohnt worden wäre, ein bitterer Tod, fern von der Heimat: »Bei der Uraufführung an der Scala hat im letzten Akt der Dirigent Toscanini den Stab gesenkt. Nach dem Hause umgewendet, hat er gesprochen: ›Qui finisce la partizione del maestro …‹ Hier endet – viel.«[755]

Anmerkungen

1 Vgl. Briefwechsel Johannes R. Becher – Heinrich Mann [1936–1948]. In: Sinn und Form 18 (1966), H. 2, S. 325–333.
2 Becher, Johannes R.: Gesammelte Werke, Bd. 12, Berlin/Weimar 1969, S. 192.
3 Mann, Thomas: Brief über das Hinscheiden meines Bruders Heinrich. In: Gesammelte Werke in zwölf Bänden, Bd. 10, Frankfurt a. M. 1975, S. 521.
4 Ebd., S. 521.
5 Bereits am 21. Dezember 1948 insistiert Johannes R. Becher ungeduldig und nachdrücklich auf eine Antwort Heinrich Manns, der offensichtlich keine Reaktion auf das ihm unterbreitete Angebot zeigte. Es ist der letzte Brief, der im Briefwechsel zwischen Johannes R. Becher und Heinrich Mann in der Zeitschrift ›Sinn und Form‹ abgedruckt ist (vgl. Briefwechsel Johannes R. Becher – Heinrich Mann. In: Sinn und Form 18 (1966), H. 2, S. 333).
6 Dittberner, Hugo: Heinrich Mann. Eine kritische Einführung in die Forschung, Frankfurt a. M. 1974.
7 Reingard Nethersole sieht die unterschiedliche Wirkung der Brüder in einer Bevorzugung des Affirmativen gegenüber dem Kritischen in der literaturgeschichtlichen Kanonbildung begründet: Thomas Mann verhelfe seinen Lesern zu einer »affirmativen Kraft zur Bewältigung des Lebens«, während Heinrich das Kritikwürdige an der sozialen Realität betone (vgl. Nethersole, Reingard: Wirkungsgeschichte als Bedingung für die Literaturgeschichte dargestellt am Beispiel der Kanonbildung der Werke Heinrich und Thomas Manns. In: Heinrich-Mann-Jahrbuch 10 (1992), S. 177–192. Das Zitat befindet sich auf S. 192).
8 Jasper, Willi: Der Bruder. Heinrich Mann. Eine Biographie, München/Wien 1992.
9 Mann, Thomas: Der Zauberberg. In: Gesammelte Werke in zwölf Bänden, Bd. 3, Frankfurt a. M. 1960, S. 9.

10 Mann, Heinrich: Ein Zeitalter wird besichtigt, Frankfurt a. M. 1988, S. 164.
11 Ebd.
12 Ebd.
13 Ebd., S. 260.
14 Vgl. Haffner, Sebastian: Preußen ohne Legende, Hamburg 1981, S. 348 ff.
15 In ›Ein Zeitalter wird besichtigt‹ zitiert Heinrich Mann immer wieder bewundernd diesen Grundsatz des deutschen Reichskanzlers.
16 Mann, Heinrich: Ein Zeitalter wird besichtigt, S. 509.
17 Ebd., S. 514.
18 Vgl. Haffner, Sebastian: Preußen ohne Legende, Hamburg 1981, S. 348 ff.
19 Mann, Viktor: Wir waren fünf. Bildnis der Familie Mann, Konstanz 1949, S. 12.
20 Zur wirtschaftlichen Entwicklung Lübecks Ende des 19. Jahrhunderts vgl. insbesondere Ebersbach, Volker: Heinrich Mann. Leben – Werk – Wirken, Frankfurt a. M. 1978, S. 13 ff.
21 Mann, Viktor: Wir waren fünf, S. 14.
22 Ebd., S. 14.
23 Mann, Heinrich: Ein Zeitalter wird besichtigt, S. 239 f.
24 Ebd., S. 239.
25 Mann, Heinrich: »Die beiden Gesichter« aus dem Zyklus »Das Kind«. In: Novellen III, Berlin/Weimar 1978, S. 420.
26 Mann, Heinrich: »Herr Gewert« aus dem Zyklus »Das Kind«. In: Novellen III, S. 429 f.
27 Zu Lebensgewohnheiten und -stil der hanseatischen Kaufmannsfamilien vgl. Kommer, Björn R.: Lübeck in der Frühzeit von Heinrich und Thomas Mann. In: Heinrich-Mann-Jahrbuch 9 (1991), S. 149–158.
28 Mann, Julia: Erinnerungen aus Dodos Kindheit. In: Ich spreche so gern mit meinen Kindern. Erinnerungen, Skizzen, Briefwechsel mit Heinrich Mann, Berlin/Weimar 1991, S. 7
29 Mann, Viktor: Wir waren fünf, S. 21 f.
30 Mann, Julia: Erinnerungen aus Dodos Kindheit. In: Ich spreche so gern mit meinen Kindern, S. 47 f.
31 Mann, Heinrich: »Die beiden Gesichter« aus dem Zyklus »Das Kind«. In: Novellen III, S. 421.
32 Ebd., S. 421.

33 Mann, Heinrich: Ein Zeitalter wird besichtigt, S. 198.
34 Ebd., S. 193 f.
35 Ebd., S. 194 f.
36 Ebd., S. 195.
37 Ebd., S. 196.
38 Ebd.
39 Mann, Heinrich: »Herr Gewert« aus dem Zyklus »Das Kind«. In: Novellen III, S. 429.
40 Mann, Heinrich: »Der Freund« aus dem Zyklus »Das Kind«. In: Novellen III, S. 442.
41 Mann, Heinrich: »Die beiden Gesichter« aus dem Zyklus »Das Kind«. In: Novellen III, S. 420.
42 Wie tief dieses Empfinden reichte, ist schwer nachzuvollziehen. Marianne Krüll behauptet in ihrem Buch ›Im Netz der Zauberer‹, dass Heinrich seine Mutter in jenen Jahren als eine Frau erlebte, »die in ihrem Lebenshunger bis an die Grenzen des Anstandes ging, die einer bürgerlichen Dame damals gesetzt waren« (S. 55). Durch die Ehe aus dem Internat befreit, habe Julia Mann einen überbordenden Lebenshunger entfaltet, der seinen Ausdruck in durchtanzten Ballnächten und amourösen Abenteuern gefunden hätte, was die Mutter in den Augen ihres ältesten Sohnes diskreditiert habe. Krüll stützt sich dabei auf die Frauengestalten Dora in ›In einer Familie‹ und Gabriele West in ›Eugénie‹, die Heinrich nach dem Vorbild der Mutter entworfen haben soll. Außerdem zeigen Zeichnungen Heinrichs die Mutter beim Flirt mit einem jungen Offizier, während der Vierjährige im Garten spiele. Auch in Thomas Manns ›Buddenbrooks‹ fänden sich bei Gerda Buddenbrook vergleichbare Charakterzüge. Die Gleichsetzung literarischer Gestalten mit realen Personen ist jedoch riskant. Ebenso wenig, wie aus den ›Buddenbrooks‹ simplifizierend die Familiengeschichte der Manns herausgelesen werden kann, sollte man Heinrichs Frauengestalten mit der Mutter gleichsetzen. Außerdem verschwimmen bei der Beurteilung von nahe stehenden Charakteren die Grenzen zwischen subjektivem Empfinden und objektivem Tatbestand sehr leicht, sodass die Urteile Heinrichs über seine Mutter mit gebührender Vorsicht zu behandeln sind. Auf die Suche nach autobiografischen Spuren im literarischen Werk Heinrich Manns begibt sich auch Abold, Brigitte: Heinrich Mann – Zwischen Dichtung und Leben. Studien zur Autobio-

grafik, Frankfurt a. M./Berlin/Bern/New York/Paris/Wien 1992. Abold berücksichtigt im Gegensatz zu Krüll die Brechung, die autobiografisches Erleben durch seine Umsetzung in Fiktion erfährt. Die Einbeziehung von Selbsterlebtem in eine fiktive Geschichte soll ihrer Ansicht nach Authentizität gewährleisten.

43 Mann, Heinrich: »Der Freund« aus dem Zyklus »Das Kind«. In: Novellen III, S. 449.

44 Mann, Heinrich: »Zwei gute Lehren« aus dem Zyklus »Das Kind«. In: Novellen III, S. 426.

45 Ebd., S. 426.

46 Ebd., S. 427.

47 Ebd.

48 Ebd.

49 Mann, Heinrich: Ein Zeitalter wird besichtigt, S. 206.

50 Ebd.

51 Mann, Heinrich: »Die beiden Gesichter« aus dem Zyklus »Das Kind«. In: Novellen III, S. 421.

52 Mann, Heinrich: Ein Zeitalter wird besichtigt, S. 198.

53 Mann, Heinrich: »Das verlorene Buch« aus dem Zyklus »Das Kind«. In: Novellen III, S. 428.

54 Ebd., S. 428.

55 Mann, Heinrich: »Herr Gewert« aus dem Zyklus »Das Kind«. In: Novellen III, S. 429.

56 Ebd., S. 434.

57 Ebd., S. 435.

58 Ebd., S. 436.

59 Ebd., S. 441.

60 Ebd., S. 442.

61 Ebd., S. 441.

62 Mann, Heinrich: Ein Zeitalter wird besichtigt, S. 240.

63 Ebd., S. 18.

64 Mann, Heinrich: Was ist ein Schriftsteller? In: Sieben Jahre. Chronik der Gedanken und Vorgänge. Essays, Frankfurt a. M. 1994, S. 253.

65 Mann, Thomas: Kinderspiele. In: Werke in zwölf Bänden, Bd. 11, S. 328.

66 Mann, Heinrich: Ein Zeitalter wird besichtigt, S. 235.

67 Zit. n. Heinrich Mann 1871–1950. Werk und Leben in Dokumenten und Bildern, hrsg. v. Sigrid Anger, Berlin/Weimar 1977, S. 21.

68 Ebd., S. 23.
69 Ebd.
70 Ebd., S. 24.
71 Mann, Heinrich: Was ist ein Schriftsteller? In: Sieben Jahre, S. 278.
72 Heine, Heinrich: Ideen. Das Buch Le Grand. In: Sämtliche Schriften, Bd. 2, hrsg. v. Klaus Briegleb, München 1976, S. 271.
73 Mann, Heinrich: Fantasieen über meine Vaterstadt L. In: Heinrich Mann 1871–1950, S. 12.
74 Ebd., S. 13.
75 Ebd., S. 14.
76 Ebd.
77 Ebd., S. 15.
78 Ebd.
79 Ebd.
80 Ebd., S. 15 f.
81 Ebd., S. 16.
82 Mann, Heinrich: »Die beiden Gesichter« aus dem Zyklus »Das Kind«. In: Novellen III, S. 422.
83 Heinrich Mann: Briefe an Karl Lemke und Klaus Pinkus. Hamburg 1963, S. 86.
84 Zit. n. Heinrich und Thomas Mann. Ihr Leben und Werk in Text und Bild. Katalog zur ständigen Ausstellung im Buddenbrookhaus der Hansestadt Lübeck, hrsg. v. Eckhard Heftrich, Peter-Paul Schneider und Hans Wißkirchen, Lübeck 1994, S. 89 (Hervorheb. im Original unterstrichen).
85 Mann, Heinrich: Briefe an Ludwig Ewers 1889–1913, Berlin/Weimar 1980, S. 77.
86 Mann, Heinrich: Nietzsche. In: Maß und Wert 2 (1939), H. 3, S. 277 f.
87 Ebd., S. 277.
88 Vgl. Brief an Ludwig Ewers v. 24. Januar 1891: »Im Geschäft benutze ich die unbeschreiblich öde Beschäftigung des Lagerumordnens (für Ostern) dazu, jeden ungesehenen Augenblick Nietzsche zu widmen« (Mann, Heinrich: Briefe an Ludwig Ewers 1889–1913, Berlin/Weimar 1980, S. 209). Diese Stelle bezeugt eine intensive Lektüre Nietzsches. Schäffners Behauptung, »der vielfach unterstellte weltanschauliche Einfluß Friedrich Nietzsches geht auf eine von Heinrich Mann selbst gelegte falsche Spur zurück und ist für jene Zeit nicht nachweisbar«

(Schäffner, Gerhard: Heinrich Mann – Dichterjugend, Heidelberg 1995, S. 80), ist somit unhaltbar. Manns Auseinandersetzung mit Nietzsche setzt nicht erst 1894 ein. Auch ist seine deutschnationale Publizistik der folgenden Jahre durchaus mit einer Rezeption Nietzsches vereinbar.

89 Nietzsche, Friedrich: Die fröhliche Wissenschaft. In: Werke in drei Bänden, Bd. 2, hrsg. v. Karl Schlechta, Darmstadt 1997, S. 127.

90 Mann, Golo: Deutsche Geschichte des neunzehnten und zwanzigsten Jahrhunderts, Frankfurt a. M. 1964, S. 487 f.

91 Röhl, John C. G.: Kaiser, Hof und Staat. Wilhelm II. und die deutsche Politik, München 1987, S. 33.

92 Ebd., S. 34.

93 Mann, Heinrich: Nietzsche. In: Maß und Wert 2 (1939), H. 3, S. 282.

94 Mann, Heinrich: Es kommt der Tag. Essays, Frankfurt a. M. 1992, S. 33.

95 Ebd.

96 Mann, Heinrich: Briefe an Ludwig Ewers, S. 85.

97 Vgl. ebd., S. 305 ff.

98 Mann, Heinrich: Haltlos. In: Novellen I, Berlin/Weimar 1978, S. 20.

99 Gerhard Loose gibt in seinem Buch ›Der junge Heinrich Mann‹ eine Auflistung und kurze Inhaltsübersicht über die Texte in dieser Mappe, S. 34 ff.

100 Mann, Heinrich: Haltlos. In: Novellen I, S. 6.

101 Ebd., S. 6.

102 Ebd., S. 7.

103 Auch Manfred Dierks bewundert die »für einen Neunzehnjährigen ungemein subtile ›Seelenanalyse‹«. (Dierks, Manfred: Heinrich Mann und die Psychologie. Zum Frühwerk. In: Heinrich-Mann-Jahrbuch 12 (1994), S. 137.) Er erblickt die Basis dieser Subtilität in der Selbstbeobachtung. Nur dadurch könne ein Neunzehnjähriger zu einer solchen Präzision gelangen.

104 Mann, Heinrich: Haltlos. In: Novellen I, S. 38

105 In dieser Konzeption der Liebe, des Begehrens, lassen sich mit Sicherheit Bezüge zu Platons Deutung des Eros in seinem Dialog ›Symposion‹ finden: »Vom Eros aber hast du doch eingestanden, daß er aus Bedürfnis nach dem Schönen und Guten eben das begehre, dessen er bedürftig ist? – Das habe ich ein-

gestanden« (Platon: Symposium. In: Sämtliche Werke, Bd. 2, hrsg. v. Ernesto Grassi unter Mitarbeit von Walter Hess, Hamburg 1957, S. 232).

106 Mann, Heinrich: Haltlos. In: Novellen I, S. 47.

107 Gerhard Loose zeigt sich mit dem Ende der Novelle unzufrieden, nennt es ein »sentimentales und moralinsaures« (Loose, Gerhard: Der junge Heinrich Mann, S. 47). Dem Urteil wäre zuzustimmen, wenn dieses Ende nicht durch den Charakter der beiden handelnden Personen motiviert wäre. Das Bedürfnis nach Sentimentalität und Moralität ist bei beiden vorhanden, wenngleich sie nicht bereit sind, sich dies einzugestehen. Im Gegenteil wird eine überlegene Haltung als Zeichen der Stärke verstanden. Diese Stärke ist aber nur oberflächlicher Schein. Mit dem Brief am Ende stößt die Novelle in den Kern der beiden Gestalten vor, und damit auch in den Kern, um den sich das gesamte Geschehen entwickelt.

108 Vgl. Mann, Heinrich: Briefe an Ludwig Ewers, S. 182: »Um nur etwas hinzuzufügen: Ich glaube das eigentliche Problem, die Gegenüberstellung des Pessimismus (ich habe das Wort so selten wie möglich angewandt), der durch Selbstschau und Nachdenken erworben, und desjenigen, den das Leben selbst gezüchtet, immer noch nicht deutlich genug herausgekriegt zu haben. Dass ich für den Vertreter des ersteren mich selbst in weitgehender Weise benutzt habe, brauche ich Dir wohl nicht zu sagen. Aber ganz bin ich's zum Glück doch nicht! 'n paar lumpige Ideale hab ich mir in die verzweifeltste resp. resigniertеste Décadence hinübergerettet!« Den Pessimismus, vom Leben gezüchtet, repräsentiert das Mädchen. Sie ist sich darüber im Klaren, dass sie aufgrund ihres gesellschaftlichen Herkommens nie weiter als bis zur Tabakverkäuferin aufsteigen kann. Der aus Erkenntnis erwachsene Pessimismus liegt beim jungen Mann, wobei Heinrich Mann den autobiografischen Hintergrund insofern einschränkt, als er darauf hinweist, dass er sich durchaus noch Ideale bewahrt habe.

109 Mann, Heinrich: Briefe an Ludwig Ewers, S. 44 f.

110 Ebd., S. 45.

111 Ebd., S. 46.

112 Ebd., S. 47.

113 Vgl. ebd., S. 137: »Und die Kunst wechselt ihre Gesetze (wenn man von Gesetzen in der Kunst überhaupt reden darf). Die

Ästhetik humpelt hinterher. Sie hat nichts zu tun, als das, was die Kunst selbständig schafft, zu formulieren.«

114 Ebd., S. 68.

115 Vgl. auch ebd., S. 123: »…, da der wahre Realismus sich zu allen Zeiten gleich geblieben ist.«

116 Ebd., S. 207.

117 Ebd., S. 90.

118 Ebd., S. 80.

119 Ebd., S. 53.

120 Vgl. Loose, Gerhard: Der junge Heinrich Mann, S. 50 ff.

121 Ebd., S. 77 (Hervorh. im Original).

122 Ebd.

123 Ebd., S. 38.

124 Ebd., S. 198.

125 Ebd., S. 199.

126 Vgl. auch ebd., S. 221: »Aber ich möchte meinem guten Vater die Suppe, die ich einbrocke, zuckern, dadurch, daß ich ihn trösten kann: Hier ist es nun allerdings nichts mehr; aber ich habe gleich was Besseres in petto, sogar mit Salär.«

127 Ebd., S. 221.

128 Zit. n. Heinrich Mann 1871–1950, S. 44.

129 Brief an den Vater vom 28. Mai 1890, zit. n. Heinrich Mann 1871–1950, S. 45.

130 Ebd., S. 46 f.

131 Ebd., S. 47.

132 Zit. n. Mendelssohn, Peter de: S. Fischer und sein Verlag, Frankfurt a. M. 1970, S. 30.

133 Ebd., S. 52.

134 Ebd., S. 121. Später wechselte die Farbe: Ab dem 14. Heft sei die Zeitschrift rosa gewesen und ab 1892 dann blaugrün.

135 Ebd., S. 161.

136 Ebd., S. 237. In der Folge erscheinen auch in M. G. Conrads Zeitschrift ›Die Gesellschaft‹ mehrere Theaterrezensionen Heinrich Manns zu Aufführungen der »Freien Bühne«.

137 Ebd., S. 112 (Hervorh. im Original).

138 Ebd., S. 205 (Hervorh. im Original).

139 Ebd., S. 232.

140 Ebd., S. 235.

141 Ebd.

142 Mann, Julia: Ich spreche so gerne mit meinen Kindern, S. 124.

143 In seiner Studie ›Die Anfänge Heinrich Manns‹ von 1965 hat Klaus Schröter die wesentlichen Einflussfaktoren und ihr Zusammenspiel mit außerordentlicher Präzision zusammengetragen und beschrieben. Auch diese Arbeit kann die Ergebnisse der Untersuchung lediglich referieren.

144 Mann, Heinrich: Briefe an Ludwig Ewers, S. 253 f.

145 Du Bois-Reymond, Emil: Über die Grenzen des Naturerkennens. Die sieben Welträtsel. Zwei Vorträge. Des ersten Vortrages zehnte, der zwei Vorträge sechste mit der dritten übereinstimmende Auflage, Leipzig 1907, S. 51.

146 Vgl. Zitat auf S. 55.

147 Bahr, Hermann: Zur Überwindung des Naturalismus. Theoretische Schriften 1887–1904, ausgewählt, eingeleitet und erläutert von Gotthart Wunberg, Stuttgart/Berlin/Köln/Mainz 1968, S. 87.

148 Mann, Heinrich: Neue Romantik. In: Die Gegenwart. Bd. 42, Nr. 29 v. 16. Juli 1891, S. 40.

149 Ebd., S. 41.

150 Ebd.

151 Mann, Heinrich: Briefe an Ludwig Ewers, S. 284.

152 Ebd., S. 329 f.

153 Mann, Heinrich: Briefe an Karl Lemke und Klaus Pinkus, S. 43.

154 Mann, Heinrich: Briefe an Ludwig Ewers, S. 263.

155 Ebd., S. 244 f.

156 Marianne Krüll liest den Erstling Heinrich Manns als eine unbewusste Manifestation ödipaler Konflikte. Aufgrund der Herkunft Doras im Roman stellt sie Parallelen zu Heinrichs Mutter Julia fest. Wenn darüber hinaus der junge Mann in der Novelle ›Haltlos‹ ein Selbstporträt Heinrich Manns sei, so müsse dies auch auf Erich Wellkamp zutreffen. Der Liebesaffäre zwischen Dora und Wellkamp läge somit ein inzestuöses Verlangen zugrunde. Der Autor zeige dabei viel Verständnis für die Gestalt Doras, wenngleich er ihr unkontrollierbares Triebleben verurteile. Das Ende des Romans – den Tod Doras und das Glück ihres Mannes im Hause seiner Kinder – interpretiert Krüll als die Rache des Sohnes für seinen verstorbenen Vater, der seiner Frau nicht gewachsen war. Wellkamps Glück an der Seite von Anna deutet Krüll schließlich als Heinrichs Verlangen nach einer dauerhaften Liebe zu einer

›Heiligen‹, die ihn von seiner ödipalen Lust befreie, die ihn von seiner Lust nach der ›Hure‹, der Mutter, kuriere. Nur in Andeutungen und deshalb vorsichtiger verfolgt Gerhard Schäffner ähnliche Argumentationsstränge (Schäffner, Gerhard: Heinrich Mann – Dichterjugend, S. 134 ff.). Vor Krülls Gleichsetzung literarischer Gestalten aus dem Werk Heinrich Manns mit realen Personen war bereits an anderer Stelle gewarnt worden (vgl. Anmerkung 42). Mit aller gebotenen Vorsicht lässt sich folgende Behauptung aufstellen: Dora ist eine kosmopolitische Figur. Paul Bourget erblickt im kosmopolitischen Zuschnitt der Moderne einen Faktor für die zeitgenössische Haltlosigkeit. In diesem Sinne ist die Gestalt Doras zweifellos einzuordnen. Auch Heinrich Mann erlebt sich als haltlosen Kosmopolit. Seine Reisen führen ihn durch ganz Europa. In Dora wie in Erich Wellkamp schuf er Figurationen dieses modernen Typs Mensch, dem er sich selbst zurechnet.

157 Mann, Heinrich: Briefe an Ludwig Ewers, S. 346.

158 Mann, Heinrich: Das Wunderbare. In: Novellen I, S. 214.

159 Ebd., S. 217.

160 Ebd., S. 207.

161 Ebd., S. 316.

162 Ebd., S. 334.

163 Ebd., S. 335.

164 Ebd.

165 Zum kulturellen Leben im Paris jener Zeit vgl.: Kikis Paris. Künstler und Liebhaber 1900–1930, hrsg. v. Billy Klüver u. Julie Martin, Köln 1989.

166 France, Anatole: L'Orme du Mail. In: Œuvres complètes illustrées, Bd. 11, Paris 1951, S. 146.

167 Mann, Heinrich: Ein Zeitalter wird besichtigt, S. 406.

168 Ebd., S. 408.

169 Gidel, Henri: Le Vaudeville, Paris 1986, S. 72.

170 Heinrich Mann 1871–1950, S. 55 f.

171 Cronin, Vincent: Paris on the eve, London 1989, S. 27.

172 Ebd., S. 56 f.

173 In seiner Erzählung ›Drei-Minuten-Roman‹ reflektiert er sein Wunschdenken auch auf literarischer Ebene. Die Kreation eines passiven Helden, an dem dieses exquisite Leben spurlos vorüberzieht, weil es für ihn nur Spiel ist, zeigt die kritische Distanz Heinrich Manns gegenüber seinem eigenen Wunschden-

ken (vgl. Mann, Heinrich: Drei-Minuten-Roman. In: Flöten und Dolche. Novellen, Frankfurt a. M., S. 75–82).

174 Mann, Heinrich: Briefe an Ludwig Ewers, S. 346.

175 Mann, Heinrich: Auf Reisen. In: Novellen I, S. 144.

176 Mann, Heinrich: Briefe an Ludwig Ewers, S. 348.

177 Mann, Heinrich: Eine Erinnerung. In: Novellen I, S. 95.

178 Zit. n. Loose, Gerhard: Der junge Heinrich Mann, S. 100.

179 Mann, Heinrich: Briefe an Ludwig Ewers, S. 369.

180 Zit. n. Loose, Gerhard: Der junge Heinrich Mann, S. 107.

181 Gerhard Loose gibt in ›Der junge Heinrich Mann‹ seinen Lesern einen Überblick über die Aufsätze Heinrich Manns für die Zeitschrift. Die nachfolgenden Passagen basieren auf seiner präzisen Darstellung, weil ›Das Zwanzigste Jahrhundert‹ nur in sehr wenigen Bibliotheken vorhanden ist, was Looses Zusammenfassungen umso verdienstvoller macht. Auf eine Seitenangabe zu einzelnen Zitaten wird deshalb im Wesentlichen verzichtet; die als Zitate gekennzeichneten Stellen finden sich allesamt in Looses Buch ab S. 109 ff.

182 Zit. n. Loose, Gerhard: Der junge Heinrich Mann, S. 120.

183 Zit. n. ebd., S. 116.

184 Loose zitiert eine Strophe, die von Heinrich Mann selbst als Exempel ausgewählt wurde:

> Auf einer Insel hinter blauen Wogen
> liegt eines Thales tiefe Träumerei
> Da kommen leise Lüfte nun gezogen
> und gehen hin wie Mädchenwunsch im Mai

(Loose, Gerhard: Der junge Heinrich Mann, S. 132). Zu dieser Dichtung erübrigt sich jeder Kommentar.

185 Ebd., S. 115.

186 Vgl. Ebersbach, Volker: Heinrich Mann, S. 62 f.

187 Vgl. Hahn, Manfred: Heinrich Manns Beiträge in der Zeitschrift »Das Zwanzigste Jahrhundert«. In: Weimarer Beiträge 13 (1967), S. 996–1019.

188 Kraske, Bernd M.: Heinrich Mann als Herausgeber der Zeitschrift »Das Zwanzigste Jahrhundert«. In: Wolff, Rudolf (Hrsg.): Heinrich Mann. Das essayistische Werk, Bonn 1986, S. 7–24.

189 Loose, Gerhard: Der junge Heinrich Mann, S. 143 f.

190 Schäffner, Gerhard: Heinrich Mann – Dichterjugend, S. 185 f.

191 Jasper, Willi: Der Bruder, S. 250.

192 Werner, Renate: Skeptizismus, Ästhetizismus, Aktivismus. Der frühe Heinrich Mann, Düsseldorf 1972, S. 39 f.

193 Mann, Thomas: Briefe an Otto Grautoff (1894–1901) und Ida Boy-Ed (1903–1928), hrsg. v. Peter de Mendelssohn, Frankfurt a. M. 1975, S. 93.

194 Vgl. Langewiesche, Dieter: Nationalismus im 19. und 20. Jahrhundert. Zwischen Partizipation und Aggression, Bonn 1994.

195 Glaser, Hermann: Bildungsbürgertum und Nationalismus. Politik und Kultur im Wilhelminischen Deutschland. München 1993, S. 213 f. Unter Berufung auf Carl Amery: Die Kapitulation oder Deutscher Katholizismus heute, Reinbek bei Hamburg 1963, glaubt Glaser seine Feststellung auch auf die katholische Kirche übertragen zu können.

196 An dieser Stelle sei darauf hingewiesen, dass einer der bedeutendsten Vertreter des Rassismus der Franzose Joseph Arthur Comte de Gobineau gewesen ist. In seinem ›Essai sur l'inégalité des races humaines‹ vertritt er die Auffassung, dass der Niedergang von Völkern durch rassische Vermischung verursacht worden sei. Er nimmt ein arisches Urmenschentum an, das in geschichtlicher Vorzeit in die Welt hinausgezogen sei. Dort, wo es sich mit unterjochten Rassen vermischte, verfiel es der Dekadenz und dem Untergang; wo es sich jedoch rein erhielt, sei es nach wie vor der alleinige Träger des welthistorischen Fortschrittes. Überraschenderweise sieht der Franzose Gobineau in den Germanen das Volk, das noch die meisten arischen Elemente in sich trage. Deshalb konnte Gobineau kaum zur Grundlage eines französischen Rassismus dienen.

197 Vgl. Mann, Golo: Deutsche Geschichte des 19. und 20. Jahrhunderts, S. 500: »Was in den achtziger Jahren die Improvisation einzelner war, deren die Staaten sich nachträglich annahmen, wurde in den neunzigern zur öffentlichen Philosophie. Der Ton änderte sich. Allerlei schrille Theorien kamen auf, wonach die Erde jetzt in einige wenige Großreiche geteilt wurde und, wer da nicht mitmachte, bald überhaupt nichts mehr darstellen konnte.« Oder auch Dann, Otto: Nation und Nationalismus in Deutschland 1770–1990. München 1993, S. 202: »Schon seit der Mitte des Jahrhunderts (Krimkrieg) wurde Europa nicht mehr als eine Gesamtheit, als ein System von Staaten verstanden. Die Regierungen gingen dazu über, Außenpolitik allein unter dem Gesichtspunkt der eigenen na-

tionalstaatlichen Interessen zu betreiben, und so wurde der ›sacro egoismo‹ des Nationalstaates zum Gesetz der internationalen Politik. Dieser Antagonismus der Nationalstaaten wurde häufig sogar in sozialdarwinistischer Einkleidung zum Prinzip erhoben: Nicht mehr der Interessensausgleich zwischen den Staaten war Tenor der internationalen Politik, sondern der ›Kampf ums Dasein‹ zwischen den Nationen.«

198 Vgl. Schoeps, Julius H.: Deutsch-jüdische Symbiose oder Die mißglückte Emanzipation, Berlin/Potsdam/Bodenheim 1996, S. 157: »Die Judenfeindschaft war bis zum Beginn der Neuzeit auf Diffamierung, allenfalls auf Ausgrenzung, nicht aber auf Vernichtung abgestellt. Die Juden sah man als von Gott verflucht an, zur Knechtschaft verurteilt und über die Welt verstreut. Sie konnten sich aber jederzeit von dem göttlichen Fluch lösen, wenn sie die Taufe nahmen und zum Christentum übertraten. Die zu Beginn des 19. Jahrhunderts aufkommenden Rassenlehren ließen diesen Ausweg jedoch nicht mehr zu. Die religiöse Verfluchung und die Verwerfung durch Gott wurde durch den Topos des nicht veränderbaren Rassencharakters ersetzt, der im Falle der Juden als minderwertig erklärt wurde.«

199 Zum Antisemitismus bei Heinrich Mann vgl. Thiede, Rolf: Stereotypen vom Juden. Die frühen Schriften von Heinrich und Thomas Mann. Zum antisemitischen Diskurs der Moderne und dem Versuch seiner Überwindung, Berlin 1998.

200 Rürup, Reinhard: Emanzipation und Antisemitismus, Göttingen 1975, S. 90.

201 Ebd., S. 105.

202 1893/95 wurde nach Angaben Rürups von Parteiantisemiten der »Deutschnationale Handlungsgehilfenverband« gegründet, die wichtigste Gewerkschaftsorganisation der Angestellten, die dezidiert antisemitisch ausgerichtet war. In der Studentenschaft verschafften sich die »Vereine deutscher Studenten« mit antisemitischen Parolen Gehör.

203 Rürup nennt in diesem Zusammenhang den »Bund der Landwirte«, der, 1893 gegründet, vor allem in seiner Dorfagitation und seiner Publizistik antisemitische Hetze betrieb.

204 Die erste antisemitische Partei des Kaiserreichs, die Christlich-Soziale Arbeiterpartei, wurde 1878 von dem protestantischen Berliner Hofprediger Adolf Stöcker gegründet. Wenn-

gleich diese Partei in erster Linie versuchte, die Arbeiterschaft für sich zu gewinnen, um die SPD zu schwächen, fanden sich in dieser Partei starke antisemitische Ressentiments. Insbesondere Stöcker selbst fiel mehrfach durch antisemitische Predigten und Artikel auf, vgl. Pulzer, Peter: The Rise of Political Anti-Semitism in Germany and Austria, London 1988, S. 83 ff.

205 Vgl. Peters, Michael: Der Alldeutsche Verband am Vorabend des Ersten Weltkriegs (1908–1914). Ein Beitrag zur Geschichte des völkischen Nationalismus im spätwilhelminischen Deutschland, Frankfurt a. M./Bern/New York/Paris 1992, S. 24.

206 Auffallend ist ein Irrtum Heinrich Manns: Auf dem Manuskript hat er fälschlicherweise vermerkt, seine Novelle ›Beweise‹ erscheine in der ›Eisenbahnzeitung‹. Tatsächlich brachte sie die Berliner ›Eisenzeitung‹ am 29. September 1889. Bei der ›Deutschen Eisenbahnzeitung‹ handelte es sich um eine 1874 von Joachim Gehlsen gegründete bismarckfeindliche und antisemitische Zeitung, die später in ›Die Reichsglocke‹ umbenannt wurde (vgl. Pulzer, Peter: The Rise of Political Anti-Semitism in Germany and Austria, S. 84). Im April 1890 erschien in dieser Zeitung eine Rezension Heinrich Manns von Sudermanns Schauspiel ›Ehre‹. Er hatte also durchaus Kontakte zu dieser Zeitung, was die Verwechselung erklären mag, was aber auch zeigt, dass Heinrich Mann schon in dieser Zeit Kontakte zu rechten Blättern hatte. Sein Gang zu ›Das Zwanzigste Jahrhundert‹ kann unter diesen Umständen nicht überraschen.

207 Vgl. Mann, Heinrich: Barbey d'Aurevilly. In: Die Gegenwart, Bd. 48, Nr. 47 v. 23. November 1895, S. 325: »Bis zuletzt hat er seinen Anspruch aufrecht erhalten, mit allen seinen Ideen und Empfindungen im alten Frankreich zu wurzeln, im Lager des Lilienwappens, das mit Ehre zum letzten Male in der Vendée aufgepflanzt war. Die spätere Restauration gewinnt ihm wenig Sympathie ab. … Gerade weil sie nutzlos sind, haben diese Heldenthaten seinen Beifall; er liebt, wie jeder Romantiker, die unnütze Schönheit.« Heinrich Mann macht aus Barbey d'Aurevilly einen französischen Fouqué.

208 Mann, Heinrich: Briefe an Ludwig Ewers, S. 288.

209 Ebd.

210 Ebd.

211 Ebd., S. 252.
212 Ebd.
213 Ebd., S. 288.
214 Loose, Gerhard: Der junge Heinrich Mann, S. 135.
215 Zit. n. Heinrich Mann 1871–1950, S. 80.
216 Mann, Heinrich: Briefe an Ludwig Ewers, S. 19.
217 Vgl. ebd., S. 106: »Bei Lektüre seiner letzten Gedichte (die ich beifüge) bin ich aus dem peinlichen Gefühl gar nicht herausgekommen, das mir in ähnlicher Weise nur Platen, der Ritter vom heiligen Arsch, verursacht hat.« Heinrich Heine hatte den homosexuellen Platen in ›Die Bäder von Lucca‹ als »ein Mann von Steiß« (Heine, Heinrich: Sämtliche Schriften, Bd. 2, S. 457) bezeichnet, worauf Heinrich Mann anspielt.
218 Ebd., S. 195.
219 Mann, Thomas: Briefe an Otto Grautoff (1894–1901) und Ida Boy-Ed (1903–1928), S. 79.
220 Ebd., S. 99.
221 Ebd.
222 Mann, Heinrich: Briefe an Ludwig Ewers, S. 382.
223 Mann, Thomas: Lebensabriß. In: Gesammelte Werke, Bd. 11, S. 103.
224 Mann, Viktor: Wir waren fünf, S. 292.
225 Mann, Heinrich: Briefe an Karl Lemke und Klaus Pinkus, S. 44.
226 Mann, Heinrich: Im Schlaraffenland, Frankfurt a. M. 1988, S. 23.
227 Ebd.
228 Ebd., S. 52.
229 Ebd., S. 290.
230 Mann, Heinrich: Briefe an Ludwig Ewers, S. 81.
231 Renate Werner sieht im dionysischen Charakter der Kunst den Antrieb zur ungehemmten Triebentfaltung (vgl. Werner, Renate: Skeptizismus, Ästhetizismus, Aktivismus, S. 78 ff.). Diese These lässt sich durch die Frage entkräften, ob ein Stück, das statt eines Umsturzes die bestehenden Gesellschaftsverhältnisse affirmativ schildert, wohl den gleichen Furor auslösen könnte. In diesem Fall wäre wohl Skepsis angebracht.
232 Vgl. Loose, Gerhard: Der junge Heinrich Mann, S. 238: »Türkheimer ist ein zur Karikatur verzerrter Bleichröder. Jener war

ein gewissenloser Schwindler, dieser war es nicht. Trotz seines Reichtums ist und bleibt Türkheimer ein ordinärer Parvenü; Bleichröder war, was auch die Antisemiten über ihn schrieben, ein angesehener Mann, dessen Haus den ›Schlaraffen‹ nicht offen stand.« Loose muss jedoch einschränken: »Was Heinrich Mann von Bleichröder wußte, als er dessen Zerrbild zeichnete, ist nicht nachzuweisen. In seinen Beiträgen zum ›Zwanzigsten Jahrhundert‹ fällt nicht einmal der Name.«

233 Türkheimer hat sich an der Spitze der feinen Gesellschaft etabliert, weshalb er auch kein Parvenü ist, wie Gerhard Loose behauptet. Gerade die Schlussapotheose, die Kutschfahrt der Bewohner des ›Schlaraffenlandes‹, untermauert deren gefestigte gesellschaftliche Position. In der gefestigten Stellung der Personen in diesem System liegt auch der Grund für das Scheitern von Einsteigern, die sich an die Spitze setzen wollen. Die durchlässige französische Gesellschaftsordnung gewährt einem Georges Duroy die Möglichkeit, sich zu etablieren, in Deutschland ist dies nicht der Fall. Für das ›Schlaraffenland‹ gilt, was Norbert Elias über die feine Gesellschaft sagt: »›Gute Gesellschaften‹ sind soziale Formationen spezifischer Art. Sie bilden sich überall als Korrelate von Establishments heraus, die ihre Monopolstellung über eine einzelne Generation hinaus aufrechtzuerhalten vermögen, als Verkehrskreise der Menschen oder Familien, die zu diesen Establishments gehören« (Elias, Norbert: Studien über die Deutschen. Machtkämpfe und Habitusentwicklung im 19. und 20. Jahrhundert, hrsg. v. Michael Schröter, Frankfurt a. M. 1989, S. 66). Deshalb ist es bedeutsam, dass der Entschluss, Andreas Zumsee aus dem ›Schlaraffenland‹ auszustoßen und mit der ebenfalls deklassierten Agnes Matzke zu verheiraten, im Familienrat der Türkheimers unter dem Diktat von Tochter Asta zustande kommt. Sie tritt sozusagen die Nachfolge ihres Vaters an, der in dieser Situation bedenkliche Schwächen zeigt.

234 Brief an seinen Verleger Albert Langen v. 24. Februar 1901, zit. n. Heinrich Mann 1871–1950, S. 84.

235 Diese Zitattechnik ist der wesentliche Grund, warum eine Zugangsweise, wie sie Marianne Krüll in ihrem Buch ›Im Netz der Zauberer‹ praktiziert, letztlich scheitern muss. Krüll versucht, die Personenkonstellationen aus den Werken Heinrich Manns auf familiäre Beziehungen zu übertragen, und über-

sieht dabei, dass familiäre Bezüge nur ein Element unter vielen sind.

236 Zur Zitattechnik bei Heinrich Mann vgl. Ritter-Santini, Lea: Die Verfremdung des optischen Zitats. Anmerkungen zu Heinrich Manns Roman »Die Göttinnen«. In: Jahrbuch der Deutschen Schiller-Gesellschaft 15 (1971), S. 297–325; Hirschberg, Dagny-Bettina: »Kunststadt München«. Zur Genese des München-Bildes in Heinrich Manns Roman »Die Jagd nach Liebe«. In: Heinrich-Mann-Jahrbuch 6 (1988), S. 1–30.

237 Mann, Thomas: Ein Wort zuvor. In: Gesammelte Werke, Bd. 11, S. 627.

238 Ausdrücklich ausnehmen möchte ich Thomas Manns ›Doktor Faustus‹. Die kritische Auseinandersetzung mit dem Künstlertum beinhaltet in diesem Fall auch eine Kritik an der Künstlichkeit der Werke. Doch geschieht dies wiederum im Roman, einem artifiziellen Gebilde also, der allerdings auf diese Weise selbst zum Gegenstand der kritischen Reflexion wird.

239 Abret, Helga: Albert Langen. Ein europäischer Verleger, München 1993, S. 71 f.

240 Zit. n. Heinrich Mann 1871–1950, S. 87.

241 Ebd., S. 87 f.

242 Ebd., S. 84.

243 Ebd., S. 81 f.

244 Mann, Heinrich: Briefe an Ludwig Ewers, S. 384.

245 Ebd.

246 Ebd., S. 392.

247 Ebd.

248 Zit. n. Heinrich Mann 1871–1950, S. 88.

249 Mann, Heinrich: Briefe an Ludwig Ewers, S. 421.

250 Mann, Viktor: Wir waren fünf, S. 117.

251 Mann, Heinrich: Briefe an Karl Lemke und Klaus Pinkus, S. 77.

252 Mann, Heinrich: Briefe an Ludwig Ewers, S. 385.

253 Der Brief an die Schwester ist nicht das einzige Dokument eines überschäumenden Nonsens. Während ihrer gemeinsamen Zeit in Italien haben Thomas und Heinrich Mann ein ›Bilderbuch für artige Kinder‹ verfasst, das sie ihrer Schwester Carla zur Konfirmation zukommen ließen. Das Buch enthält Parodien auf berühmte Gedichte, Moritaten und zahlreiche Karikaturen, die häufig auf Werke der Brüder Bezug nahmen, so

beispielsweise auf Thomas Manns ›Luischen‹: Dieser Novelle galt eine Zeichnung, »die einen krankhaft verfetteten Unglücksmenschen neben einer frivolen Dame, einem mondänen Sexappeal-Luder zeigte« (Mann, Viktor: Wir waren fünf, S. 55). Manchmal jedoch versprühten sie nur pure Lust am Nonsens, so etwa »eine scheußliche alte Vettel in Unterrock und kurzem Korsett, das verblühte, aber starke Formen preisgab. Sie stemmte die Arme in die Hüften, grinste übermäßig gemein und war ›Mutter Natur‹ betitelt« (ebd., S. 56). Das Buch ist im Original nicht mehr erhalten und nur aus den Schilderungen Viktor Manns bekannt.

254 Mann, Heinrich: Die Göttinnen. Die drei Romane der Herzogin von Assy, Bd. 3: Venus, Frankfurt a. M. 1987, S. 234.

255 Ebd., S. 227.

256 Noack, Hermann: Die Philosophie Westeuropas, Darmstadt 1976, S. 43.

257 Heinrich Mann 1871–1950, S. 93.

258 Mann, Heinrich: Bourget als Kosmopolit. In: Die Gegenwart, Bd. 45, Nr. 4 v. 27. Januar 1894, S. 57.

259 Mann, Heinrich: Pippo Spano. In: Ders.: Flöten und Dolche. Novellen, Frankfurt a. M. 1988, S. 14.

260 Ebd., S. 26.

261 Ebd., S. 58.

262 Die Novelle ›Pippo Spano‹ wurde noch mehr als die Roman-Trilogie ›Die Göttinnen‹ zum Anknüpfungspunkt für die Faschisten. Heinrich Mann selbst berichtet von zwei Begebenheiten dieser Art: »Später, es gab nachgerade den Typ, der bald fascistisch heißen sollte, schrieb ein Unbekannter, der wohl Schulen besucht hatte: ›Von ihnen liebe ich eine Novelle.‹ Ich riet sogleich auf ›Pippo Spano‹ – und auf einen Fascisten, dem nur nicht aufgefallen war, dass der Möchtegern-Pippo elend zusammenbricht« (Mann, Heinrich: Briefe an Karl Lemke und Klaus Pinkus, S. 67). Die Verherrlichung der eigenen Stärke sei faschistisch. Der Zusammenbruch, den Heinrich Mann seinen Mario Malvolto erleben lässt, verweist darauf, dass die Stärke nur angenommene Attitüde ohne inneren Rückhalt ist. Von der zweiten Begebenheit berichtet Heinrich Mann in seiner Autobiografie: »Nur noch elf Jahre hatten die anderen bis zu ihrem Tatenrausch ohne Erwachen. Als dieser nahe bevorstand, berichtete mir ein künftiger Nazi, der nur seinen nom de guerre

oder nickname noch nicht kannte: die eine Novelle wenigstens billige er. Ihr Held ist ein Feigling, der sich übernimmt. Das merkten sie nicht und traten an, wofür die sich bestimmten.« (Mann, Heinrich: Ein Zeitalter wird besichtigt, S. 581). Ein Nationalsozialist oder Faschist wäre nach diesen Zeilen ein Mensch vom Typus Mario Malvoltos, der jedoch nicht aus seinem Rausch erwacht, sondern jemand, der ohne Erwachen bis in den Tod an seinem Rausch festhält. Mithin wäre die Herzogin von Assy eine faschistoide Persönlichkeit.

263 Vgl. S. 108.

264 Mann, Heinrich: Die Jagd nach Liebe, Frankfurt a. M. 1987, S. 341.

265 Ebd., S. 320.

266 Ebd., S. 484.

267 Ebd., S. 476.

268 Ebd., S. 478.

269 Ebd.

270 Ebd., S. 485.

271 Thomas Mann/Heinrich Mann: Briefwechsel 1900–1949, hrsg. v. Hans Wysling, Frankfurt a. M., S. 90.

272 Ebd., S. 82.

273 Ebd., S. 86 f.

274 Ebd., S. 83.

275 Ebd., S. 89.

276 Mann, Julia: Ich spreche so gern mit meinen Kindern, S. 131 f.

277 Zit. n. Heinrich Mann 1871–1950, S. 97.

278 Diese schriftstellerische Freiheit muss einmal mehr gegen Marianne Krüll ins Feld geführt werden. Ihre Schlussfolgerungen bezüglich ›Die Jagd nach Liebe‹ sind allzu simpel: Claude trage autobiografische Züge Heinrichs, die Gestalt Utes rekurriere auf Carla, folglich enthülle der Roman eine heimliche inzestuöse Leidenschaft.

279 Thomas Mann/Heinrich Mann: Briefwechsel, S. 89.

280 Mann, Heinrich: Professor Unrat, S. 133.

281 Ebd., S. 137.

282 Ebd., S. 184.

283 Mann, Heinrich: Briefe an Ludwig Ewers, S. 406.

284 Ebd., S. 406.

285 Mann, Heinrich: Ein Zeitalter wird besichtigt, S. 581.

286 Thomas Mann/Heinrich Mann: Briefwechsel, S. 90.

287 Ebd., S. 91.
288 Heinrich und Thomas Mann. Ihr Leben und Werk in Text und Bild, S. 180.
289 Thomas Mann/Heinrich Mann: Briefwechsel, S. 97 f.
290 Mann, Katia: Meine ungeschriebenen Memoiren, hrsg. v. Elisabeth Plessen und Michael Mann, Frankfurt a. M. 1974, S. 35.
291 Ebd., S. 35 f.
292 Ebd., S. 36.
293 Ebd.
294 Thomas Mann/Heinrich Mann: Briefwechsel, S. 89 f.
295 Mann, Heinrich: Choderlos de Laclos. In: Essays, Hamburg 1960, S. 25.
296 Ebd., S. 37.
297 Ebd., S. 38.
298 Mann, Viktor: Wir waren fünf, S. 291 f.
299 Julia Mann in einem Brief an Ludwig Ewers vom 20. April 1908, zit. n. Thomas Mann/Heinrich Mann: Briefwechsel, S. 452.
300 Heinrich Mann 1871–1950, S. 106 f.
301 Ebd., S. 106.
302 Ebd., S. 107.
303 Ebd.
304 Mann, Heinrich: Zwischen den Rassen, Frankfurt a. M. 1987, S. 42 f.
305 Ebd., S. 123.
306 Ebd., S. 135.
307 Ebd., S. 153 f.
308 Briefwechsel Heinrich Mann – Maximilian Harden 1904–1921. In: Frank Wedekind/Thomas Mann/Heinrich Mann: Briefwechsel mit Maximilian Harden, hrsg. v. Ariane Martin, Darmstadt 1996, S. 165.
309 Ebd., S. 165.
310 Mann, Heinrich: Zwischen den Rassen, S. 176.
311 Ebd., S. 194.
312 Ebd., S. 249.
313 Ebd., S. 315.
314 Ebd., S. 372.
315 Ebd., S. 462.
316 Ebd., S. 313.
317 Ebd., S. 316.

318 Thomas Mann/Heinrich Mann: Briefwechsel, S. 123.
319 Ebd., S. 123 f.
320 Mann, Julia: Ich spreche so gern mit meinen Kindern, S. 168.
321 Ebd., S. 171.
322 Inés Schmied an Heinrich Mann am 6. Januar 1909, zit. n. Heinrich und Thomas Mann. Ihr Leben und Werk in Text und Bild, S. 202 f.
323 Die Beziehung zu Inés hatte für einige Zeit die enge Verbindung zwischen Heinrich und seiner geliebten Schwester Carla getrübt. Vgl. Brief von Inés Schmied an Heinrich Mann vom 25. Juni 1905 (Briefe einer Liebe. Heinrich Mann und Inés Schmied 1905 bis 1909. In: Heinrich-Mann-Jahrbuch 17 (1999), S. 163). Während einiger gemeinsamer Tage in Pracchia hatte Inés die Bücher von Heinrich kritisiert. Vgl. Brief von Heinrich Mann an Inés Schmied vom 13. Juli 1905: »Von Anderen, sagte ich mir, denen ich nahe stand, habe ich mich zurückgezogen, weil sie meine Bücher ablehnten; weil sie nicht begriffen, daß Mensch und Künstler im Grunde eins sein müssen, oder daß doch die Bücher aus gewissen, vielleicht unglücklichen Umständen des Menschen hervorgehen müssen. Die Bücher ablehnen, heißt also, von dem Menschen nur das Glückliche wollen, ihn nur oberflächlich wollen, sich wenig für ihn interessieren ... So machten es Andere; – und so macht es nun Die, Die ich liebe (sagte ich mir) und mit der ich eins werden möchte! Das ist ja namenlos schrecklich!« (Ebd., S. 171). Ein andermal setzte die Ankündigung von Inés, sie wolle sich als Schriftstellerin versuchen. Heinrich Mann in Angst und Schrecken. Offensichtlich konnte und wollte er sich eine Schriftstellerin als Frau an seiner Seite nicht vorstellen.
324 Herzog, Wilhelm: Menschen, denen ich begegnete, Bern 1959, S. 227 ff.
325 Mann, Heinrich: Briefe an Ludwig Ewers, S. 442.
326 Mann, Heinrich: Briefe an Karl Lemke und Klaus Pinkus, S. 46.
327 Thomas Mann/Heinrich Mann: Briefwechsel, S. 143.
328 Vgl. Mann, Heinrich: Die kleine Stadt, Frankfurt a. M. 1986, S. 375: »›Fragt nicht länger nach dem Brandstifter! Er hat gebeichtet, und er ist fort. Ihr habt ihn nicht gekannt. Beschuldigt niemand! Seine Tat gehört nicht ihm; wir selbst –‹, und Don Taddeo schlug sich, ›haben sie begangen! Denn wir hatten

nicht genug Liebe. Wir hassten uns, wir befeindeten uns; jeder hielt sich für den Gerechten, und dadurch wurden wir eine Stadt von Ungerechten, die brennen musste.‹«

329 Zum Zusammenhang von Liebe und politischer Gemeinschaft vgl. insbesondere Martin, Ariane: Erotische Politik. Heinrich Manns erzählerisches Frühwerk, Würzburg 1993.

330 Mann, Heinrich: Die kleine Stadt, S. 430.

331 Lessing, Gotthold Ephraim: Hamburgische Dramaturgie. In: Werke, Bd. IV, hrsg. v. Herbert G. Göpfert, München 1973, S. 580 f. Überhaupt hat die Dramentheorie Lessings eine vorbildhafte Funktion für die Ansichten Heinrich Manns zur Wirkungsabsicht der Kunst, worauf in diesem Buch jedoch nicht näher eingegangen werden kann.

332 Mann, Heinrich: Ein Zeitalter wird besichtigt, S. 310.

333 Ebd., S. 314.

334 Mann, Heinrich: Zwischen den Rassen, S. 359. Heinrich Manns Worte sind eine Reaktion auf eine briefliche Bemerkung Inés Schmieds: »Wissen Sie was im Allgemeinen der italienischen Musik fehlt die Originalität und deshalb ist sie oft monoton und banal« (Briefe einer Liebe. Heinrich Mann und Inés Schmied 1905–1909. In: Heinrich-Mann-Jahrbuch 17 (1999), S. 199. Inés' Abwertung der von Heinrich geliebten italienischen Musik musste diesen treffen.

335 Heinrich Mann. 1871–1950, S. 114.

336 Zit. n. Heinrich und Thomas Mann. Ihr Leben und Werk in Text und Bild, S. 192 f.

337 Wilhelm Herzog berichtet, dass der Kontakt zum Verlag durch seine persönliche Bekanntschaft mit dem Leiter des Verlags, Dr. Kippenberg, zustande gekommen sei.

338 Brief an Maximilian Brantl vom 11. Januar 1910, zit. n. Heinrich Mann 1871–1950, S. 118.

339 Abret, Helga: Albert Langen, München 1993, S. 127

340 Brief Heinrich Manns an René Schickele v. 27. Dezember 1909, zit. n. Heinrich Mann 1871–1950, S. 112.

341 Mann, Heinrich: Briefe an Ludwig Ewers, S. 452.

342 Zit. n. Heinrich und Thomas Mann. Ihr Leben und Werk in Text und Bild, S. 213 ff.

343 Mann, Viktor: Wir waren fünf, S. 305.

344 Ebd., S. 316.

345 Thomas Mann/Heinrich Mann: Briefwechsel, S. 152.

346 Mann, Heinrich: Zola. In: Macht und Mensch. Essays. Frankfurt a. M. 1989, S. 43.
347 Mann, Katia: Meine ungeschriebenen Memoiren, S. 37.
348 Mann, Heinrich: Ein Zeitalter wird besichtigt, S. 254.
349 Zit. n. Kennert, Christian: Paul Cassirer und sein Kreis, Frankfurt a. M./Berlin/Bern/New York/Paris/Wien 1996, S. 92; vgl. ferner Löhneysen, Wolfgang Freiherr von: Paul Cassirer – Beschreibung eines Phänomens. In: Imprimatur. Ein Jahrbuch für Bücherfreunde N. F. 7 (1972), S. 153–180.
350 Durieux, Tilla: Meine ersten neunzig Jahre. Erinnerungen. Die Jahre 1952–1971 nacherzählt von Joachim Werner Preuß, München/Berlin 1971, S. 143.
351 Mann, Heinrich: Ein Zeitalter wird besichtigt, S. 253.
352 Durieux, Tilla: Meine ersten neunzig Jahre, S. 162.
353 Kerr, Alfred: Gesammelte Schriften in zwei Reihen. 1. Reihe: Die Welt im Drama, Bd. 3, Berlin 1917, S. 102.
354 Zit. n. Heinrich Mann 1871–1950, S. 124.
355 Mann, Heinrich: Briefe an Ludwig Ewers, S. 422.
356 Ebd.
357 Heinrich Manns Briefe an Maximilian Brantl. In: Weimarer Beiträge 14 (1968), H. 3, S. 406.
358 Zit. n. Heinrich Mann 1871–1950, S. 129.
359 Mann, Heinrich: Der Untertan, München 1964, S. 5.
360 Ebd.
361 Ebd.
362 Vgl. ebd., S. 5: »Als der Vater einmal mit seinem invaliden Bein die Treppe herunterfiel, klatschte der Sohn wie toll in die Hände – worauf er weglief.«
363 Vgl. ebd., S. 8: »Denn Diederich war so beschaffen, daß die Zugehörigkeit zu seinem unpersönlichen Ganzen, zu diesem unerbittlichen, menschenverachtenden, maschinellen Organismus, der das Gymnasium war, ihn beglückte, daß die Macht, die kalte Macht, an der er selbst, wenn auch nur leidend, teilhatte, sein Stolz war.«
364 Ebd., S. 24.
365 Ebd., S. 26.
366 Ebd., S. 75.
367 Rohkrämer, Thomas: Der Militarismus der »kleinen Leute«. Die Kriegervereine im Deutschen Kaiserreich 1871–1914, München 1990, S. 16.

368 Vgl. ebd., S. 16: »Erst die Dominanz militärischer Mittel bei der deutschen Einigung legte den Grundstein für eine Versöhnung zwischen Bevölkerung und Heer. Das nunmehr hohe Prestige des Militärs, die Idealisierung kriegerischer Tugenden und ihre Übertragung auf den zivilen Bereich, die Akzeptanz kompromißloser Machtpolitik und der Autonomiebestrebungen des Militärs, all das, was wir unter dem Militarismus der Kaiserzeit verstehen, ist ohne die preußisch-deutschen Erfolge in den Einigungskriegen nicht vorstellbar.«

369 Vgl. Mann, Heinrich: Der Untertan, S. 348: »Worauf hoffen, Vater? Sie hüten sich, die Dinge auf die Spitze zu treiben wie jene Privilegierten vor der Revolution. Aus der Geschichte haben sie leider Mäßigung gelernt. Ihre soziale Gesetzgebung baut vor und korrumpiert. Sie sättigt das Volk gerade so weit, daß es ihm sich nicht mehr verlohnt, ernstlich zu kämpfen um Brot, geschweige Freiheit.«

370 Ebd., S. 356.

371 Ebd., S. 358.

372 Berghahn, Volker: Wettrüsten und Kriegsgefahr vor 1914. In: Deutschland und der erste Weltkrieg. Ringvorlesung an der Technischen Hochschule Darmstadt im WS 1984/85, Darmstadt 1987, S. 78.

373 Thomas Mann/Heinrich Mann: Briefwechsel, S. 168 f.

374 Mann, Julia: Ich spreche so gern mit meinen Kindern, S. 223.

375 Fries, Helmut: Die große Katharsis. Der Erste Weltkrieg in der Sicht deutscher Dichter und Gelehrter. Bd. 1: Die Kriegsbegeisterung von 1914. Ursprünge – Denkweisen – Auflösung, Konstanz 1994, S. 157.

376 Mann, Thomas: Gedanken zum Kriege. In: Gesammelte Werke, Bd. 13, S. 533.

377 Mommsen, Wolfgang J.: Bürgerliche Kultur und künstlerische Avantgarde. Kultur und Politik im deutschen Kaiserreich 1870 bis 1918, Frankfurt a. M. 1994, S. 130 f.

378 Thomas Mann/Heinrich Mann: Briefwechsel, S. 169. Am 2. August hatte Viktor seine Verlobte geheiratet, ehe er ins Feld zog.

379 Ebd., S. 172.

380 Ebd.

381 Heinrich Mann 1871–1950, S. 134.

382 Mann, Heinrich: Macht und Mensch, S. 11.

383 Zur Kontinuität von Französischer Revolution und italienischem Risorgimento bei Heinrich Mann vgl. Segelcke, Elke: »Die kleine Stadt« als Hohelied der Demokratie. Heinrich Manns Naturrechtsidee im geschichtsphilosophischen Kontext von französischer Aufklärung und italienischem Risorgimento. In: Heinrich-Mann-Jahrbuch 5 (1987), S. 1–28.
384 Mann, Heinrich: Macht und Mensch, S. 15.
385 Ebd., S. 15.
386 Ebd.
387 Ebd., S. 16 f.
388 Ebd., S. 17.
389 Ebd., S. 21.
390 Ebd., S. 22.
391 Ebd., S. 24.
392 Ebd., S. 77.
393 Ebd., S. 79.
394 Ebd.
395 Ebd., S. 49.
396 Ebd., S. 69.
397 Ebd., S. 53.
398 Ebd., S. 52.
399 Ebd., S. 53.
400 Ebd., S. 86 f.
401 Ebd., S. 63.
402 Ebd., S. 87.
403 Ebd., S. 97.
404 Mann, Heinrich: Die kleine Stadt, S. 358.
405 Vgl. Mann, Heinrich: Ein Zeitalter wird besichtigt, S. 435: »Maximilien Robespierre hat in hundertfünfzig Jahren an seinem Geburtsort Arras einen Stein, sonst über das ganze Land kein Zeichen bekommen. Keine Inschrift sagt, daß er gelebt, blutig gelebt hat, bis er selbst in seinem Blut lag auf einem Tisch des Rathauses; aber daß er die Revolution gerettet hat, noch anders als mit dem Fallbeil. Mit dem Schwert.«
406 Mann, Heinrich: Macht und Mensch, S. 105.
407 Ebd., S. 121.
408 Ebd., S. 117.
409 Heinrich Mann 1871–1950, S. 111.
410 Thomas Mann an Ernst Bertram. Briefe aus den Jahren 1910 bis 1955, hrsg. v. Inge Jens, Pfullingen 1960, S. 28.

411 Mann, Thomas: Briefe 1889–1936, hrsg. v. Erika Mann, Frankfurt a. M. 1961, S. 127.
412 Mann, Thomas: Gesammelte Werke in zwölf Bänden, Bd. 12, S. 519.
413 Kurzke, Hermann: Betrachtungen eines Unpolitischen. In: Thomas-Mann-Handbuch, hrsg. v. Helmut Koopmann, Stuttgart 1990, S. 679.
414 Ebd., S. 680.
415 Kant, Immanuel: Grundlegung zur Metaphysik der Sitten. In: Akademie-Ausgabe, Bd. 4, Berlin 1978, S. 429.
416 Mann, Heinrich: Dichtkunst und Politik. In: Sieben Jahre, S. 450.
417 Kant, Immanuel: Grundlegung zur Metaphysik der Sitten. In: Akademie-Ausgabe, Bd. 4, S. 394.
418 Zum Verhältnis Heinrich Manns zur praktischen Philosophie Kants vgl. König, Hanno: Heinrich Mann. Dichter und Moralist, Tübingen 1972, S. 216 ff.
419 Thomas Mann an Ernst Bertram, S. 107.
420 Mann, Heinrich: Ein Zeitalter wird besichtigt, S. 190.
421 Kutscher, Artur: Wedekind. Leben und Werk. Zum hundertsten Geburtstag des Dichters bearbeitet und neu herausgegeben von Karl Ude, München 1964, S. 318.
422 Mann, Heinrich: Ein Zeitalter wird besichtigt, S. 231.
423 Ebd., S. 231.
424 Ebd., S. 260.
425 Schnitzler, Arthur: Tagebuch 1909–1912, Wien 1981, S. 143.
426 Zit. n. Wolff, Kurt: Briefwechsel eines Verlegers 1911–1963, hrsg. v. Bernhard Zeller und Ellen Otten, Frankfurt a. M. 1966, S. XXIX.
427 Ebd., S. 222.
428 Ebd., S. 224.
429 Kurt Wolff/Ernst Rowohlt. Doppelheft des Marbacher Magazins für die Ausstellung von Juni bis Dezember 1987 im Schiller-Nationalmuseum Marbach a. Neckar, Marbach 1987, S. 61 f.
430 Mann, Heinrich: Ein Zeitalter wird besichtigt, S. 228 f.
431 Heinrich Mann 1871–1950, S. 470.
432 Ebd., S. 470.
433 Ebd., S. 479.
434 Mann, Heinrich: Ein Zeitalter wird besichtigt, S. 43.
435 Ebd., S. 43.

436 Ebd., S. 44.
437 Ebd., S. 63.
438 Ebd.
439 Zit. n. Kurt Wolff/Ernst Rowohlt. Doppelheft des Marbacher Magazins, S. 60.
440 Wolff, Kurt: Briefwechsel eines Verlegers 1911–1963, S. 233.
441 Ebd.
442 Mann, Golo: Deutsche Geschichte des 19. und 20.Jahrhunderts, S. 606.
443 Niedhart, Gottfried: Deutsche Geschichte 1918–1933. Politik in der Weimarer Republik und der Sieg der Rechten, Stuttgart/Berlin/Köln 21996, S. 45.
444 Zur Biografie Kurt Eisners vgl. Eisner, Freya: Kurt Eisner. Der Publizist und Politiker. Seine Einschätzung durch Zeitgenossen und in jüngerer Literatur, Diss. Bremen 1991.
445 Zit. n. Mitchell, Allan: Revolution in Bayern 1918/1919. Die Eisner-Regierung und die Räterepublik, München 1967, S. 279.
446 Zu den Ereignissen in München vgl. neben dem bereits genannten Allan Mitchell: Revolution in Bayern 1918/1919 vor allem die Zusammenfassung der Geschehnisse im Vorwort zu: Die Regierung Eisner 1918/19. Ministerratsprotokolle und Dokumente, eingeleitet und bearb. von Franz J. Bauer, Düsseldorf 1987.
447 Zit. n. Berle, Waltraud: Heinrich Mann und die Weimarer Republik. Zur Entwicklung eines politischen Schriftstellers in Deutschland, Bonn 1983, S. 71 f.
448 Zum Europagedanken bei Heinrich Mann vgl. Lützeler, Paul Michael: Heinrich Mann 1923. Die Europa-Idee zwischen Pragmatik und Religionsersatz. In: Heinrich-Mann-Jahrbuch 7 (1989), S. 85–103.
449 Zit. n. Herzog, Wilhelm: Menschen, denen ich begegnete, S. 352 f.
450 Mann, Heinrich: Sinn und Idee der Revolution. In: Macht und Mensch, S. 159.
451 Ebd., S. 160.
452 Ebd., S. 161.
453 Schoenberner, Franz: Bekenntnisse eines europäischen Intellektuellen, Icking/München 1964, S. 129 f.
454 Mann, Heinrich: Kurt Eisner. In: Macht und Mensch, S. 171.

455 Ebd., S. 171.
456 Simplicissimus vom 13. Mai 1919, S. 94.
457 Mann, Thomas: Tagebücher 1918–1921, S. 250.
458 Thomas Mann/Heinrich Mann: Briefwechsel, S. 173.
459 Ebd., S. 174.
460 Ebd.
461 Ebd.
462 Ebd., S. 175.
463 Ebd.
464 Ebd., S. 178.
465 Ebd.
466 Ebd., S. 179.
467 Mann, Thomas: Tagebücher 1918–1921, hrsg. v. Peter de Mendelssohn, Frankfurt a. M. 21979, Notiz v. 29. 12. 1918, S. 119.
468 Zur Rolle Erich Mühsams während der Münchner Räterepublik vgl. Fritton, Michael Hugh: Literatur und Politik in der Novemberrevolution 1918/1919. Theorie und Praxis revolutionärer Schriftsteller in Stuttgart und München (Edwin Hoernle, Fritz Rück, Max Barthel, Ernst Toller, Erich Mühsam), Frankfurt a. M./Bern/New York 1986.
469 Mann, Viktor: Wir waren fünf, S. 427 f.
470 Mann, Thomas: Tagebücher 1918–1921. Notiz v. 19. 02. 1920, S. 382.
471 Vgl. ebd., S. 391: »Wahrhaftig, es lohnt sich nicht, sich durch Eifersuchtsgram die Verdauung stören zu lassen.«
472 Ebd., Notiz v. 19. 04. 1919, S. 204.
473 Ebd., Notiz v. 06. 07. 1919, S. 279.
474 Ebd., Notiz v. 21. 05. 1921, S. 521.
475 Thomas Mann/Heinrich Mann: Briefwechsel, S. 179.
476 Thomas Mann an Ernst Bertram, S. 107.
477 Heinrich freut sich ehrlich über die erfolgte Aussöhnung. Nach seiner Rückkehr nach München schreibt er am 20. September 1922 an Maximilian Brantl: »Dann war ich von dort aus noch einige Tage an der Ostsee, zusammen mit meinem Bruder. Das war sogar der beste Theil des Sommers« (Heinrich Manns Briefe an Maximilian Brantl. In: Weimarer Beiträge 14 [1968], H. 3, S. 408).
478 Ebd., S. 108.
479 Das Verhältnis zwischen Heinrich und Thomas Mann ist Gegenstand zahlreicher Abhandlungen. Stellvertretend seien an

dieser Stelle genannt: Banuls, André: Thomas Mann und sein Bruder Heinrich. Eine repräsentative Gegensätzlichkeit. Stuttgart/Berlin/Köln/Mainz 1968; Kantorowicz, Alfred: Heinrich und Thomas Mann. Die persönlichen, literarischen und weltanschaulichen Beziehungen der Brüder, Berlin 1956; Winston, Richard: Being Brothers. Thomas and Heinrich Mann. In: Perspectives and Personalities. Studies in Modern German Literature. Honoring Claude Hill, Heidelberg 1978, S. 349–361.

480 Kracauer, Siegfried: Von Caligari zu Hitler. Eine psychologische Geschichte des deutschen Films, Frankfurt a. M. 1984, S. 71.

481 Vgl. ebd., S. 7: »Ich behaupte, daß mittels einer Analyse der deutschen Filme tiefenpsychologische Dispositionen, wie sie in Deutschland von 1918 bis 1933 herrschten, aufzudecken sind: Dispositionen, die den Lauf der Ereignisse zu jener Zeit beeinflußten und mit denen in der Zeit nach Hitler zu rechnen sein wird.«

482 Zit. n. Groh, Dieter: Der Umsturz von 1918 im Erlebnis der Zeitgenossen. In: Zeitgeist der Weimarer Republik, hrsg. v. Hans Joachim Schoeps, Stuttgart 1968, S. 14.

483 Niedhart, Gottfried: Deutsche Geschichte 1918–1933, S. 25.

484 Ebd., S. 51 ff.

485 Ebd., S. 54.

486 Mann, Heinrich: Kaiserreich und Republik. In: Macht und Mensch, S. 223 f.

487 Ebd., S. 222.

488 Ebd., S. 223.

489 Ebd., S. 221.

490 Ebd., S. 224.

491 Ebd., S. 210.

492 In seinen ›Studien über die Deutschen‹ analysiert auch Norbert Elias diesen Effekt: »Und hier setzte dann die eigentümlich dialektische Dynamik des Gewaltgebrauchs ein. Den russophilen Bewegungen außerhalb Rußlands, die – entsprechend diesem Vorbild – ihre Ideale letzten Endes durch außerstaatliche Gewalt zu verwirklichen suchten und die sich vor allem auf Teile der Arbeiterschaft und auf kleinere Gruppen der bürgerlichen Intelligenz stützten, stellten sich andere Gruppen entgegen, die nun ihrerseits planten, der Gefahr des Gewaltgebrauchs durch diese Gruppen mit Hilfe eigener außerstaatlicher Gewalt

zu begegnen. Um die gewaltsame Eroberung der Staatsmonopole durch die andere Seite zu verhindern, schickten sie sich selbst zur Eroberung dieser Monopole an. Das war das Problem. Bis heute ist das Verständnis dafür noch relativ gering, daß der Gewaltgebrauch einer bestimmten Gruppe gegen eine andere mit sehr hoher Wahrscheinlichkeit den Gewaltgebrauch der anderen Gruppen gegen die erste hervorruft, sowie sich auch nur die geringste Chance dafür bietet. Die Gewalttätigkeit der zweiten löst dann in vielen Fällen eine verstärkte Gewalttätigkeit der ersten Gruppe aus. Wenn einmal ein solcher Prozeß, ein Doppelbinderprozeß, in Gang gekommen ist, dann ist er überaus schwer zu stoppen; dann gewinnt er häufig eine Eigenbewegung. Er gewinnt eine sich selbst fortsetzende und oft genug eskalierende Macht über die Menschen, die gegnerischen Gruppen, die ihn bilden, und wird zu einer Falle, die jede der beteiligten Seiten zwingt, aus Furcht vor der Gewalttätigkeit der Gegenseite diese selbst mit Gewalt zu bekämpfen« (Elias, Norbert: Studien über die Deutschen, S. 284).

493 Mann, Heinrich: Kaiserreich und Republik, S. 207.

494 Dederke, Karlheinz: Sinngebungen der Novemberrevolution in den Jahren 1918/1919 und 1928/1929. In: Die Deutschen und die Revolution, hrsg. v. Michael Salewski, Göttingen/Zürich 1984, S. 396.

495 Ebd., S. 405.

496 Mann, Heinrich: Sinn und Idee der Revolution. In: Macht und Mensch, S. 160.

497 Mann, Heinrich: Kaiserreich und Republik, S. 191.

498 Vgl. Kant, Immanuel: Erneuerte Frage: Ob das menschliche Geschlecht im beständigen Fortschreiten zum Besseren sei. In: Akademie-Ausgabe, Bd. 7, S. 79 ff.

499 Schiller, Friedrich: Über die ästhetische Erziehung des Menschen in einer Reihe von Briefen. In: Sämtliche Werke in fünf Bänden, Bd. 5, S. 575 f.

500 Vgl. Berle, Waltraud: Heinrich Mann und die Weimarer Republik, S. 129 f.: »Die Erfahrungen mit Verlauf und Ausgang der Revolution hatten seinen Glauben an die Notwendigkeit, als Intellektueller in die Sphäre der Realpolitik korrigierend einzuwirken, zunächst eher noch bestärkt. Speziell in der freieren Staatsform der Republik war es die Funktion der Intellek-

tuellen, zu wachen über die kulturellen, philosophischen und politischen Leitwerte; gerade in einer als dynamisch betrachteten Gesellschaft war er der Vermittler zwischen Ideal und politisch-sozialer Wirklichkeit, mit dem Ziel, diese Wirklichkeit zu transformieren; und in der demokratischen Gesellschaft bestand seine besondere Aufgabe darin, als Erzieher demokratisierend auf das Bewußtsein der Individuen einzuwirken.«

501 Mann, Heinrich: Zola. In: Macht und Mensch, S. 79.

502 Unter diesen Voraussetzungen ergeben sich überraschende Parallelen zum Werk des Bruders: Die großen Spieler im Werk Thomas Manns, beispielsweise Joseph im Josephs-Roman, erringen ihre Souveränität über das Leben auch erst durch ihre Einsicht in den geheimen Plan der Schöpfung. Fortan spielen sie aus freiem Entschluss die ihnen in diesem Plan zugewiesene Rolle und emanzipieren sich dadurch von der Natur, als deren Getriebene sie sich als Unwissende noch empfanden. Die großen Unterschiede zwischen Thomas und Heinrich Mann bestehen in ihrer Vorstellung vom Plan der Natur: Thomas sieht ihn in der ewigen Wiederkehr des Gleichen, womit er Positionen Goethes wiederholt; Heinrich bewegt sich mit seiner Vorstellung eines Fortschritts hin zum Besseren deutlich in der Tradition der Aufklärung.

503 Die Übereinstimmung von Heinrich Mann und Friedrich Schiller in diesen Ansichten vom Verlauf der Menschheitsgeschichte ist auffallend, jedoch nicht verwunderlich. Beide fußen mit Sicherheit auf entsprechenden Thesen Kants, wie sie dieser in seinem Aufsatz ›Muthmaßlicher Anfang der Menschengeschichte‹ dargelegt hat (vgl. Kant, Immanuel: Akademie-Ausgabe, Bd. 8, Berlin 1968, S. 107–123).

504 Mann, Heinrich: Mutter Marie. In: Mutter Marie/Eugénie oder Die Bürgerzeit, Berlin/Weimar 1975, S. 93 f.

505 Mann, Heinrich: Tragische Jugend. Bericht nach Amerika über Europa. In: Sieben Jahre, S. 61.

506 Vgl. Schnitzler, Arthur: Tagebuch 1920–1922. Wien 1993, S. 251.

507 Die Zeitung kommentiert einige Tage später die antisemitischen Demonstrationen wie folgt: »Die Überflutung Deutschlands mit wurzellosen, land- und artfremden Elementen aus Galizien oder den russischen Randstaaten ist in der Tat eine Frage, der jeder ernste Politiker seine Sorge zuwenden muß; schon vor

Jahr und Tag, bald nach der Revolution haben die ›M. N. N.‹ darauf hingewiesen, daß das Ostjudentum eine überaus ernste Gefahr für unser Volk zu werden beginnt« (zit. n. Asmuss, Burkhard: Republik ohne Chance. Akzeptanz und Legitimation der Weimarer Republik in der deutschen Tagespresse zwischen 1918 und 1923, Berlin/New York 1994, S. 234). Diese Aussagen belegen, dass es einen weit verbreiteten Antisemitismus gibt, der sich nahtlos vom Kaiserreich und seinem Rassismus über die Weimarer Republik bis zum Dritten Reich hinzieht.

508 Ebd., S. 235.

509 Buchheim, Karl: Die Weimarer Republik. Grundlagen und politische Entwicklung, München 1961, S. 75 f.

510 Heinrich Manns Briefe an Maximilian Brantl, S. 407.

511 Schnitzler, Arthur: Tagebuch 1913–1916, Wien 1983, S. 61.

512 Vgl. Tagebuchnotiz vom 31. Mai 1914: »Zum Thee Heinrich Mann und seine dicke, ziemlich unmögliche Frau, vulgäre Prager Jüdin« (ebd., S. 117).

513 Marcuse, Ludwig: Mein zwanzigstes Jahrhundert. Auf dem Weg zu einer Autobiographie, Zürich 1975, S. 206.

514 Mann, Viktor: Wir waren fünf, S. 487.

515 Ebd., S. 490.

516 Mann, Heinrich: Wirtschaft 1923. In: Sieben Jahre, S. 101.

517 Mann, Heinrich: Wir feiern die Verfassung. Rede, gehalten am 11. August 1923 in der Dresdener Staatsoper. In: Sieben Jahre, S. 131. Nach Angaben von Gottfried Niedhart beliefen sich die Kosten für die Aufrechterhaltung des passiven Widerstandes im Ruhrgebiet täglich auf 40 Millionen Goldmark (vgl. Niedhart, Gottfried: Deutsche Geschichte 1918–1933, S. 83).

518 Mann, Heinrich: Ein Zeitalter wird besichtigt, S. 267.

519 Vgl. Rosenberg, Arthur: Geschichte der Weimarer Republik, Frankfurt a. M. 1961, S. 153.

520 Mann, Heinrich: Sie gehen bis zum Verrat. Oktober 1923. In: Sieben Jahre, S. 149.

521 Ebd., S. 148.

522 Ebd., S. 149.

523 Niedhart, Gottfried: Deutsche Geschichte 1918–1933, S. 91.

524 Mann, Heinrich: Briefe an Félix Bertaux. In: Neue Deutsche Literatur 19 (1971), H. 3, S. 12.

525 Waltraud Berle weist auf die Problematik hin, die sich hieraus für Heinrich Mann ergibt. Einerseits gilt es, die Weimarer Re-

publik trotz aller Kritik an ihren Fehlentwicklungen wegen dieser Offenheit zu schützen, andererseits jedoch die Kritik nicht zu verschweigen: »Heinrich Manns Kritik an der realexistierenden Weimarer Republik orientierte sich dabei am idealen Bild der Republik, das ihn selbst nötigte, seine Kritik zu zügeln. Eine zwiespältige Situation, in der jeder politische Zorn in eine positive Aussage gekleidet werden muß, da der Zürnende die Hoffnung braucht auf eine sukzessive gesellschaftliche Weiterentwicklung; auf eine Annäherung der doch gleichzeitig als immer desolater empfundenen Republik an ihre utopische Gestalt. Vor diesem Hintergrund erklärt sich die Permanenz der Appells an die Zeitgenossen, sich für die Republik zu engagieren, der die Spannung zwischen Kritik und Loyalität zu lösen versucht, und ein wesentliches Element der Kritik war. ›Die Idee der Republik muß zur Gewohnheit werden – das ist die Formel, die er zwei-, drei-, viermal während des Interviews ausspricht. Und er fordert von der Jugend, daß sie sich dieser Aufgabe widmet‹, schrieb Willy Haas zu einem Gespräch mit Heinrich Mann« (Berle, Waltraud: Heinrich Mann und die Weimarer Republik, S. 130 f.).

526 Ebd., S. 346.
527 Heinrich Mann: Briefe an Félix Bertaux, S. 13.
528 Ebd., S. 15.
529 Mann, Heinrich: Ein Zeitalter wird besichtigt, S. 269.
530 Mann, Heinrich: Die Literatur und die deutsch-französische Verständigung. In: Sieben Jahre, S. 312.
531 Ebd., S. 311.
532 Ebd., S. 314.
533 Martin Du Gard, Roger: Souvenirs. In: Œuvres complètes, Bd. 1, Paris 1955, S. LXXXVIII f.
534 Ebd., S. LXXXIX.
535 Mann, Heinrich: Sieben Jahre, S. 312 f.
536 Ebd., S. 315.
537 Ebd., S. 316.
538 Mann, Heinrich: Ein Zeitalter wird besichtigt, S. 271.
539 Zur Person und Biografie Paul Desjardins, zu den »Entretiens de Pontigny«, ihrer Vorgeschichte und ihrem weiteren Verlauf, sowie zum Besuch Heinrich Manns 1923 und seinen Folgen finden sich ausführliche und detailreiche Informationen in Blattmann, Ekkehard: Heinrich Mann und Paul Desjardins.

Heinrich Manns Reise nach Pontigny anno 1923, Frankfurt a. M./Bern/New York 1985.

540 Mann, Heinrich: Gespräch mit Masaryk. In: Sieben Jahre, S. 154.

541 Ebd., S. 154.

542 Ebd., S. 155.

543 Mann, Heinrich: Ein Zeitalter wird besichtigt, S. 328.

544 Vgl. ebd., S. 326.

545 Ebd., S. 275.

546 Vgl. Heinrich Mann 1871–1950, S. 229: »C'est pour moi un grand plaisir et un grand honneur d'être en relations directes avec vous, et de pouvoir vous dire toute mon admiration pour votre œuvre. Je profite d'ailleurs de toutes les occasions qui me sont offertes pour parler de vous autour de moi.«

547 Hall, Murray G.: Der Paul Zsolnay Verlag. Von der Gründung bis zur Rückkehr aus dem Exil, Tübingen 1994, S. 91.

548 Winkler, Heinrich August: Weimar 1918–1933. Die Geschichte der ersten deutschen Demokratie, München 1998, S. 277.

549 Ebd., S. 278.

550 Jens, Inge: Dichter zwischen rechts und links. Die Geschichte der Sektion für Dichtkunst an der Preußischen Akademie der Künste, dargestellt nach den Dokumenten, Leipzig 1994, S. 112.

551 Zit. n. ebd., S. 83 f.

552 Zit. n. ebd., S. 74 f.

553 Vgl. Mann, Heinrich: Ein Zeitalter wird besichtigt, S. 342: »Sie [die Republik – S. R.] hat die Literatur amtlich anerkannt und hat sie geehrt. Jede vorige Literatur war dem Staate fremd gewesen: die unsere nicht. Die Preußische Akademie der Künste, eine Gründung Friedrichs des Großen, hatte so lange die bildenden Künste und die Musik umfaßt; sie bekam endlich eine Sektion für Dichtung. Das war nötig und darauf berechnet, daß die Literatur eine Macht sei.« Inge Jens spricht in ihrem Buch ebenfalls vom erzieherischen Anspruch, der im Wirken Heinrich Manns deutlich erkennbar sei: »Wie Wassermann (nur wesentlich gegenwartsbezogener) sah Heinrich Mann die Möglichkeit zur Repräsentation, zu ›Sichtbarsein‹, ›Von sich reden machen‹ und ›Autorität werden‹, nur durch ein sehr genau definiertes pädagogisches Engagement gegeben: 1. durch aktive Mitarbeit bei allen die Literatur betreffenden staatlichen

Maßnahmen, 2. durch die Verpflichtung, alle öffentlichen Veranstaltungen der Sektion ›bewußt und grundsätzlich‹ auf die ›hohe Wichtigkeit der Literatur im Leben der Nation‹ zu beziehen, um so ein Gegengewicht ›gegen die bestehende Alleinherrschaft ungeistiger Kräfte‹ zu schaffen« (Jens, Inge: Dichter zwischen rechts und links, S. 88).

554 Mann, Heinrich: Unser Einfluß auf diese Zeit. In: Sieben Jahre, S. 321.

555 Ebd., S. 320.

556 Bertaux, Félix: Heinrich Mann vor 5 000 Hörern in Paris. Bilanz seines Aufenthaltes. In: Mann, Heinrich: Sieben Jahre, S. 701.

557 Mann, Heinrich: Réponse de M. Edouard Herriot. In: Sieben Jahre, S. 408.

558 Mann, Viktor: Wir waren fünf, S. 520.

559 Mann, Klaus: Der Wendepunkt. Ein Lebensbericht, Darmstadt 1989, S. 304.

560 Mann, Golo: Erinnerungen und Gedanken. Eine Jugend in Deutschland, Frankfurt a. M. 31986, S. 221.

561 Mann, Monika: Vergangenes und Gegenwärtiges. Erinnerungen, München 1956, S. 35.

562 Mann, Golo: Erinnerungen und Gedanken. Eine Jugend in Deutschland, S. 221.

563 Ebd.

564 Ebd.

565 Diwald, Hellmut: Literatur und Zeitgeist in der Weimarer Republik. In: Zeitgeist der Weimarer Republik, hrsg. v. Hans Joachim Schoeps, Stuttgart 1968, S. 206 f.

566 Herzog, Wilhelm: Menschen, denen ich begegnete, S. 229.

567 Rösler, Walter: Das Chanson im deutschen Kabarett 1901–1933, Berlin 1980, S. 166.

568 Hesterberg, Trude: Was ich noch sagen wollte ..., Berlin 1971, S. 108.

569 Ebd., S. 85.

570 Ebd., S. 85 f.

571 Zuckmayer, Carl: Als wär's ein Stück von mir. In: Werkausgabe in zehn Bänden, Bd. 1, Frankfurt a. M. 1976, S. 38 f.

572 Borgelt, Hans: Die Ufa – ein Traum. Hundert Jahre deutscher Film. Ereignisse und Erlebnisse, Berlin 1993, S. 170.

573 Zuckmayer, Carl: Als wär's ein Stück von mir, S. 39.

574 Borgelt, Hans: Die Ufa – ein Traum, S. 178.
575 Zit. n. ebd., S. 178.
576 Vogt-Praclik, Kornelia: Bestseller in der Weimarer Republik 1925–1930. Eine Untersuchung, Herzberg 1987, S. 29.
577 Mann, Heinrich: Mutter Marie/Eugénie oder Die Bürgerzeit, Berlin/Weimar 1975, S. 87.
578 Heinrich Manns Briefe an Maximilian Brantl, S. 410 f.
579 Ebd., S. 414.
580 Zit. n. Nachbemerkung. In: Mann, Heinrich: Mutter Marie/Eugénie oder Die Bürgerzeit, S. 391.
581 Mann, Heinrich: Mutter Marie/Eugénie oder Die Bürgerzeit, S. 154 f.
582 In der materialistischen Denkweise sieht Heinrich Mann eine Kontinuität zwischen Kaiserreich und Weimarer Republik. Von daher lassen sich die Ereignisse aus dem Jahre 1873 problemlos auf die neue Zeit übertragen. Der wirtschaftliche Erfolg der Spekulanten stellt die althergebrachten Handelshäuser und ihre solide kaufmännische Führung in Frage. Geld ist nicht länger Grundlage für ein wohlgeordnetes bürgerliches Leben, sondern wird zum Handelsobjekt, das rücksichtslos vermehrt werden muss, ohne Blick auf Sinn und Nutzen der Kapitalanhäufung (vgl. Rasch, Wolfdietrich: Krisenbewußtsein und Moralität. Zu Heinrich Manns Romanen der zwanziger Jahre. In: Historizität in Sprach- und Literaturwissenschaft. Vorträge und Berichte der Stuttgarter Germanistentagung 1972, hrsg. v. Walter Müller-Seidel, München 1974, S. 467–477).
583 Mann, Heinrich: Ein ernstes Leben. Roman, Frankfurt a. M. 1998, S. 225.
584 Ebd., S. 275.
585 Ebd., S. 131.
586 Ebd., S. 234.
587 Vgl. Schröter, Klaus: Heinrich Mann, Reinbek 1996, S. 135.
588 Seyppels Notizen über Nelly Mann ergehen sich in vagen Andeutungen. Die Quellen und Zeugen werden häufig nur mit Pseudonym genannt. Nachforschungen sind daher nicht möglich.
589 Mann, Heinrich: Ein Zeitalter wird besichtigt, S. 345.
590 Ebd., S. 347 f.
591 Ebd., S. 366.

592 Mann, Heinrich: Das Bekenntnis zum Übernationalen. In: Der Haß. Deutsche Zeitgeschichte. Essays, Frankfurt a. M. 1987, S. 29.
593 Mann, Heinrich: Ein Zeitalter wird besichtigt, S. 337.
594 Ebd.
595 Ebd., S. 340.
596 Zit. n. Banuls, André: Heinrich Mann. Stuttgart/Berlin/Köln/Mainz 1970, S. 141.
597 Mann, Heinrich: Ein Zeitalter wird besichtigt, S. 360.
598 Ebd.
599 Ebd., S. 385.
600 Ebd., S. 391.
601 Zit. n. Herzog, Wilhelm: Menschen, denen ich begegnete, S. 248 f.
602 Ebd., S. 249.
603 Mann, Heinrich: Die deutsche Entscheidung. In: Das öffentliche Leben, Berlin/Wien/Leipzig 1933, S. 311.
604 Mann, Heinrich: Ein Zeitalter wird besichtigt, S. 349.
605 Herzog, Wilhelm: Menschen, denen ich begegnete, S. 258.
606 Mann, Heinrich: Die lebensnothwendige Demokratie: In: Heinrich und Thomas Mann. Ihr Leben und Werk in Text und Bild, S. 314.
607 Zit. n. Jens, Inge: Dichter zwischen rechts und links, S. 170.
608 Mann, Heinrich: Ein Zeitalter wird besichtigt, S. 346.
609 Zit. n. Bockel, Rolf von: Kurt Hiller und die Gruppe Revolutionärer Pazifisten (1926–1933). Ein Beitrag zur Geschichte der Friedensbewegung und der Szene linker Intellektueller in der Weimarer Republik, Hamburg 1990, S. 25.
610 Zit. n. ebd., S. 69.
611 Zum Verhältnis zwischen Heinrich Mann und den Expressionisten vgl. Fähnders, Walter: Avantgarde und Moderne 1890 bis 1933. Stuttgart/Weimar 1998. S. 145: »Nun bedeutete Heinrich Manns Konzept trotz seiner radikaldemokratischen Grundierung eine ungemeine Aufwertung des Intellektuellen, genauer: des oppositionellen, demokratisch-kämpferischen Intellektuellen. Dessen politische Verantwortlichkeit ist durch die Kriterien einer auf Gesellschaftsveränderung zielenden Praxis eindeutig festgelegt, und gerade dieses aktivistische Moment (und weniger der demokratische Impuls) stieß auf enthusiastischen Widerhall im Expressionismus.« Der Ruhm

Heinrich Manns war einmal mehr nur ein weit verbreiteter Irrtum über seine Person.

612 Bockel, Rolf von: Kurt Hiller und die Gruppe Revolutionärer Pazifisten. S. 195

613 Winkler, Heinrich August: Weimar 1918–1933, S. 477.

614 Zit. n. ebd., S. 541.

615 Zit. n. ebd., S. 540.

616 Mann, Golo: Erinnerungen und Gedanken. Lehrjahre in Frankreich, hrsg. v. Hans-Martin Gauger und Wolfgang Mertz, Frankfurt a. M. 1999, S. 27 f.

617 Zit. n. Jens, Inge: Dichter zwischen rechts und links, S. 223.

618 Loerke, Oskar: Tagebücher 1903–1939, hrsg. v. Hermann Kasack, Heidelberg/Darmstadt 1955, S. 261 f.

619 Mann, Heinrich: Ein Zeitalter wird besichtigt, S. 372.

620 Ebd., S. 260.

621 Zit. n. Jens, Inge: Dichter zwischen rechts und links, S. 255.

622 Herzog, Wilhelm: Menschen, denen ich begegnete, S. 259.

623 Ebd., S. 260.

624 Mann, Heinrich: Ein Zeitalter wird besichtigt, S. 375.

625 Thomas Mann/Heinrich Mann: Briefwechsel, S. 206.

626 Ebd., S. 210.

627 Mann, Heinrich: Briefe an Karl Lemke und Klaus Pinkus, S. 139.

628 Mann, Heinrich: Ein Zeitalter wird besichtigt, S. 197.

629 Zur Situation der Emigranten in Frankreich wie im restlichen Europa siehe die detailreichen Bände ›Deutsche Exilliteratur 1933–1950‹ von Hans-Albert Walter. Den juristischen und ökonomischen Rahmenbedingungen widmet sich als Schwerpunkt der Band 2 der Reihe: Walter, Hans-Albert: Asylpraxis und Lebensbedingungen in Europa, Darmstadt/Neuwied 1972.

630 Mann, Golo: Erinnerungen und Gedanken. Eine Jugend in Deutschland, S. 541.

631 Mann, Thomas: Tagebücher 1933–1934, S. 115.

632 Über die Geschichte des Querido Verlags informiert neben den Memoiren Fritz H. Landshoffs »Amsterdam, Keizersgracht 333, Querido Verlag« auch ein Sonderheft des Marbacher Magazins: »Fritz H. Landshoff und der Querido Verlag 1933–1950«, bearbeitet von Hans-Albert Walter, Marbach 1997.

633 Zit. n. Hall, Murray G.: Der Paul Zsolnay Verlag, S. 109.

634 Zit. n. Ebersbach, Volker: Heinrich Mann, S. 236.
635 Schickele, René: Tagebücher. In: Werke in drei Bänden, Bd. 3, Köln/Berlin 1959, S. 1051.
636 Ebd., S. 1052.
637 Marcuse, Ludwig: Mein zwanzigstes Jahrhundert, S. 206.
638 Feuchtwanger, Marta: So sah ich Heinrich Mann. In: Neue Deutsche Literatur 19 (1971), H. 3, S. 8.
639 Zu der Kolonie deutscher Exilkünstler in Sanary-sur-Mer und Umgebung vgl. Wunderlich, Heinke/Menke, Stefanie: Sanary-sur-Mer. Deutsche Literatur im Exil, Stuttgart/Weimar 1996.
640 Mann, Heinrich: Ein Zeitalter wird besichtigt, S. 490.
641 Mann, Heinrich: Nach einer Reise. In: Sieben Jahre, S. 381.
642 Mann, Heinrich: Ein Zeitalter wird besichtigt, S. 490.
643 Ebd.
644 Ekkehard Blattmann hat sich in einem dreibändigen Werk ›Henri Quatre Salvator. Studien und Quellen zu Heinrich Manns ›Henri Quatre‹‹, Freiburg 1972 ff. bemüht, alle schriftlichen Quellen zum Roman zusammenzutragen. Hier findet sich die umfangreichste Übersicht zu diesem Thema. In einem gesonderten Band befasst er sich mit den Bildquellen zum Roman: Blattmann, Ekkehard: Die Bildvorlagen zum Henri-Quatre-Roman, Frankfurt a. M./Berlin/Bern/New York/Paris/Wien 1997.
645 Mann, Heinrich: Die Jugend des Königs Henri Quatre, Reinbek bei Hamburg 1964, S. 12.
646 Ebd., S. 549.
647 Ebd., S. 552.
648 Ebd.
649 Mann, Heinrich: Die Vollendung des Königs Henri Quatre, Reinbek bei Hamburg 1964, S. 363.
650 Ebd., S. 576.
651 Ebd., S. 161.
652 Ebd., S. 188.
653 Ebd., S. 42.
654 Ebd., S. 213.
655 Ebd., S. 130.
656 Mann, Heinrich: Die Jugend des Königs Henri Quatre, S. 421.
657 Über den Roman als Gegenbild zum nationalsozialistischen Deutschland vgl. insbesondere Jöckel, Wolf: Heinrich Manns »Henri Quatre« als Gegenbild zum nationalsozialistischen

Deutschland, Worms 1977. Siehe auch Müller, Gerd: Geschichte, Utopie und Wirklichkeit. Vorstudie zu Heinrich Manns »Henri Quatre«-Roman. In: Wolff, Rudolf: Heinrich Mann – Das Werk im Exil, Bonn 1985, S. 104–133 und König, Hanno: Heinrich Mann. Dichter und Moralist, S. 303 ff.

658 Landshoff, Fritz H.: Amsterdam, Keizersgracht 333. Querido Verlag. Erinnerungen eines Verlegers. Mit Briefen und Dokumenten, Berlin/Weimar 1991, S. 255.

659 Brief von Fritz H. Landshoff an Heinrich Mann v. 19. November 1935. In: Landshoff, Fritz H.: Amsterdam, Keizersgracht 333, Querido Verlag, S. 247 f.

660 Schickele, René: Tagebücher, S. 1071.

661 Ebd., S. 1071. Dazu Golo Mann einschränkend: »Übrigens ging es ihm damals finanziell so schlecht nicht, dank des Erfolges, der dem ersten Band seines ›Henri Quatre‹ in den USA beschieden war. ... Auch machte das Paar nun Sommerreisen, im Bus, in die französischen Alpen. Es war nicht mehr ganz die Einsamkeit und Härte des Lebens, wie René Schickele sie in seinem Tagebuch beschrieben hatte« (Mann, Golo: Erinnerungen und Gedanken. Lehrjahre in Frankreich, S. 145).

662 Mann, Klaus: Der Wendepunkt, S. 363.

663 Mann, Heinrich: Ein Zeitalter wird besichtigt, S. 409.

664 Klein, Wolfgang: Heinrich Manns Pressebeiträge in Frankreich 1933–1939. In: Roussel, Hélène/Winckler, Lutz (Hrsg.): Deutsche Exilpresse und Frankreich 1933–1940, Bern/Berlin/Frankfurt a. M./New York/Paris/Wien 1992, S. 38.

665 Heinrich Mann und ein junger Deutscher: Der Sinn dieser Emigration, Paris 1934, S. 42 f.

666 Schiller, Dieter/Pech, Karlheinz/Hermann, Regine/Hahn, Manfred (Hrsg.): Exil in Frankreich, Frankfurt a. M. 1981, S. 137. Diese Veröffentlichung betont mit Nachdruck den Anteil kommunistischer Schriftsteller an der Gründung des SDS. Die Organisation sei der erste Versuch zur Schaffung einer Volksfront von kommunistischer Seite gewesen. Mit Freude wird registriert, dass bei einer Veranstaltung des SDS über dem Rednerpult ein Bild Ernst Thälmanns gehangen habe. Alfred Kantorowicz, seit Januar 1935 Vorstandsmitglied des SDS, betont hingegen, dass der Verband »keine der Tarnorganisationen Willi Münzenbergs« gewesen sei, der damals als Vertreter der KPD in Paris aktiv war (Kantorowicz, Alfred:

Politik und Literatur im Exil. Deutschsprachige Schriftsteller im Kampf gegen den Nationalsozialismus, Hamburg 1978, S. 149). An solchen Vereinnahmungen und Abgrenzungen noch vierzig Jahre später wird deutlich, wie innerlich zerstritten das deutsche Exil gewesen war.

667 Eine ausführliche Übersicht über Vortragende und Themen dieser Veranstaltungen gibt der bereits erwähnte Alfred Kantorowicz: Politik und Literatur im Exil, S. 156 ff.

668 Zit. n. Schiller, Dieter u. a. (Hrsg.): Exil in Frankreich, S. 140.

669 Zit. n. ebd., S. 262.

670 Zit. n. Der deutsche PEN-Club im Exil 1933–1948. Eine Ausstellung der Deutschen Bibliothek Frankfurt am Main, Frankfurt a. M. 1980, S. 46.

671 Zit. n. ebd., S. 88.

672 Zit. n. ebd., S. 91.

673 Zit. n. ebd., S. 141.

674 Thomas Mann/Heinrich Mann: Briefwechsel, S. 205.

675 Ebd., S. 204.

676 Schiller, Dieter u. a. (Hrsg.): Exil in Frankreich, S. 207.

677 Vgl. Buchholz, Marlis/Rother, Bernd: Der Parteivorstand der SPD im Exil. Protokolle der Sopade 1933–1940, Bonn 1995, S. XLV ff.

678 Ebd., S. 164.

679 Mann, Klaus: Briefe und Antworten, Bd. 1: 1922–1937, hrsg. v. Martin Gregor-Dellin, München 1975, S. 310 f.

680 Herzog, Wilhelm: Menschen, denen ich begegnete, S. 322 f.

681 Ebd., S. 261 f.

682 Vgl. einen Brief von Heinrich Mann an Lion Feuchtwanger vom 2. März 1937: »Lieber, sehr verehrter Herr Doctor, in den Zeitungen las ich Ihre Meinung von der SU, und sie leuchtete mir sehr ein. Natürlich würde ich gern mehr hören.« (Feuchtwanger, Lion: Briefwechsel mit Freunden 1933–1958, hrsg. v. Harold von Hofe und Sigrid Washburn. Bd. 1. Berlin/Weimar 1991. S. 302.

683 Mann, Heinrich: Ein Zeitalter wird besichtigt, S. 126.

684 Ebd., S. 127.

685 Zit. n. Jasper, Willi: Heinrich Mann und die Volksfrontdiskussion, Bern/Frankfurt a. M. 1982, S. 151 f.

686 Mann, Heinrich: Kampf der Volksfront. In: Mut. Essays, Frankfurt a. M. 1991, S. 275.

687 Marcuse, Ludwig: Nachruf auf Ludwig Marcuse, Zürich 1975, S. 50.
688 Zit. n. Walter, Hans-Albert: Deutsche Exilliteratur 1933–1950, Bd. 3: Internierung, Flucht und Lebensbedingungen im Zweiten Weltkrieg, Stuttgart 1988, S. 7.
689 Eine Liste der bekanntesten Insassen des Lagers findet sich bei Fontaine, André: L'internement au camp des Milles. In: Grandjonc, Jacques/Grundtner, Theresia (Hrsg.): Zone d'ombres 1933–1944. Exil et internement d'Allemands et d'Autrichiens dans le sud-est de la France, Aix-en-Provence 1990, S. 243 ff.
690 Mann, Heinrich: Ein Zeitalter wird besichtigt, S. 472.
691 Heinrich Mann an Louis Gillet am 24. September 1939. Zit. n. Betz, Albrecht: »Contre la barbarie envahissante«. Quelques lettres inédites de Heinrich Mann et de Franz Werfel à Louis Gillet. In: Grandjonc, Jacques/Grundtner, Theresia (Hrsg.): Zone d'ombres 1933–1944, S. 183.
692 Zit. n. Walter, Hans-Albert: Deutsche Exilliteratur, Bd. 3, S. 101.
693 Weitere Informationen zu den Fluchtversuchen Lion Feuchtwangers bietet: Skierka, Volker: Lion Feuchtwanger. Eine Biographie, hrsg. v. Stefan Jaeger, Berlin 1984, S. 189 ff.
694 Zur Geschichte des Komitees vgl. Elfe, Wolfgang D.: Das Emergency Rescue Commitee. In: Deutsche Exilliteratur seit 1933, Bd. 1: Kalifornien, hrsg. v. John M. Spalek und Joseph Strelka, Bern/München 1976, S. 214–291 und Walter, Hans-Albert: Deutsche Exilliteratur 1933–1950, Bd. 3: Internierung, Flucht und Lebensbedingungen im Zweiten Weltkrieg, Stuttgart 1988, S. 318 ff.
695 Varian Fry hat seine Erinnerungen an seine Tätigkeit in Marseille in einem Buch festgehalten: Fry, Varian: Auslieferung auf Verlangen. Die Rettung deutscher Emigranten in Marseille 1940/41, hrsg. und mit einem Anhang versehen von Wolfgang D. Elfe und Jan Hans, München/Wien 1986.
696 Mann, Heinrich: Ein Zeitalter wird besichtigt, S. 474.
697 Ebd., S. 475.
698 Ebd., S. 477.
699 Ebd., S. 479.
700 Ebd.
701 Ebd., S. 482.

702 Ebd., S. 482.
703 Ebd., S. 482 f.
704 Ebd., S. 487.
705 Ebd., S. 485.
706 Ebd., S. 487.
707 Mann, Klaus: Der Wendepunkt, S. 470.
708 Johnson, E. Bond: Der European Film Fund und die Exilschrifsteller. In: Deutsche Exilliteratur seit 1933, Bd. 1: Kalifornien, S. 138.
709 Thomas Mann/Heinrich Mann. Briefwechsel, S. 327.
710 Zit. n. Weisstein, Ulrich: Heinrich Mann. In: Deutsche Exilliteratur seit 1933, Bd. 1: Kalifornien, S. 449.
711 Siehe Walter, Hans-Albert: Deutsche Exilliteratur 1933–1950, Bd. 3, S. 478 ff.
712 Thomas Mann/Heinrich Mann: Briefwechsel, S. 326.
713 Ebd.
714 Marcuse, Ludwig: Mein zwanzigstes Jahrhundert, S. 206.
715 Mann, Thomas: Briefe 1937–1947, S. 350. Die Aussage lässt sich durch zahlreiche Stellen aus den Tagebüchern Thomas Manns ergänzen, wo er sich ebenfalls abfällig zur Frau seines Bruders äußert, beispielsweise am 3. März 1942: »Zum Abendessen Heinrich und seine entsetzliche Frau« (Mann, Thomas: Tagebücher 1940–1943, S. 400), am 1. April des gleichen Jahres: »Desolate Aufführung des Weibes« (ebd., S. 412), oder am 26. Juni 1942: »Heinrich und Frau zum Abendessen. Das Weib betrunken, laut und frech« (ebd., S. 445). Dennoch waren Heinrich Mann und seine Frau häufig zu Gast, meist sonnabends.
716 Einen kurzen Überblick über die Überwachungsmaßnahmen und die Aktenlage gibt Stephan, Alexander: Im Visier des FBI. Deutsche Exilschriftsteller in den Akten amerikanischer Geheimdienste, Stuttgart/Weimar 1995 (insbesondere S. 136 ff.).
717 Vgl. Walter, Hans-Albert: Deutsche Exilliteratur 1933–1950, Bd. 3, S. 531 f.
718 Thomas Mann/Heinrich Mann: Briefwechsel, S. 338 f.
719 Heinrich Manns Briefwechsel mit Barthold Fles wurde 1993 veröffentlicht, s. Heinrich Mann, Briefwechsel mit Barthold Fles 1942–1949, hrsg. v. Madeleine Rietra, Berlin/Weimar 1993.

720 Maxim Litwinow, war von 1930 bis 1939 sowjetischer Außenminister. Im Vorfeld des Hitler-Stalin-Paktes wird er von Stalin seines Amtes enthoben und als ›Feind des Volkes‹ verdammt. Litwinow, der mit einer Britin verheiratet war, galt als Sympathisant der Volksfront-Bewegung. Mit dem Angriff deutscher Truppen auf die UdSSR stieg das Interesse Stalins an einer konstruktiven Zusammenarbeit mit den USA. Zu diesem Zweck wurde Litwinow reaktiviert und zum Botschafter der Sowjetunion mit Sitz in San Francisco berufen. Litwinows freundschaftliche Kontakte zu US-amerikanischen und englischen Politikern verhalf der UdSSR zu neuem Prestige. Mit großen Geldsammel-Aktionen in den USA verschaffte Litwinow seinem Heimatland auch zusätzliche finanzielle Mittel. Anfang 1943 wurde er plötzlich abberufen und im Sommer durch Andrej Gromyko als Botschafter ersetzt. Am 1. Januar 1952 stirbt er in Moskau als persona non grata. Zur Person von Maxim Litwinow vgl. Šejnis, Zinovij S.: Maksim Maksimovič Litvinov: revoljucioner, diplomat, čelovek. Moskau 1989.

721 Zit. n. Heinrich Mann 1871–1950, S. 328.

722 Ebd., S. 329.

723 Es wäre gar zu leicht, Thomas Mann die Abneigung gegen seine Schwägerin als infame Diffamierung auszulegen, wie es beispielsweise Joachim Seyppel tut (vgl. Seyppel, Joachim: Wer war Nelly Mann. In: Heinrich-Mann-Jahrbuch 4 [1986], S. 39 bis 55). Nelly war nicht unschuldig an der Ablehnung, die ihr entgegenschlug. Ihr exzentrisches Verhalten suchte häufig auch bewusst den Affront, wie schon Schickele beobachten konnte.

724 Thomas Mann/Heinrich Mann: Briefwechsel, S. 337.

725 Ebd., S. 336.

726 Ebd., S. 340.

727 Ebd., S. 99.

728 Mann, Heinrich: Die traurige Geschichte von Friedrich dem Großen. Ein Fragment/Der König von Preußen. Ein Essay. Mit einem Nachwort von Jürgen Haupt, Düsseldorf 1986, S. 131.

729 Zum Friedrich-Fragment Heinrich Manns s.Konow, Marei: Heinrich Mann und Friedrich der Große. »Die traurige Geschichte von Friedrich dem Großen«, »Der König von Preußen«. Studien zur Genesis und Gestaltung des Friedrich-Stoffs bei Heinrich Mann, Heidelberg 1993.

730 Brief Heinrich Manns an Salomea Rottenberg vom 18. Dezember 1944, zit. n. Heinrich Mann 1871–1950, S. 329.
731 Mann, Thomas: Briefe, Bd. 2, S. 408.
732 Tagebucheintrag vom 7. Mai 1945. In: Mann, Thomas: Tagebücher 1944–1946, S. 200.
733 Zit. n. Herzog, Wilhelm: Menschen, denen ich begegnete, S. 264.
734 Mann, Heinrich: Briefe an Karl Lemke und Klaus Pinkus, S. 39.
735 Ebd., S. 158.
736 Mann, Klaus: Der Wendepunkt, S. 567 f.
737 Brief an Johannes R. Becher vom Juli 1945, zit. n. Stephan, Alexander: Im Visier des FBI, S. 151.
738 Mann, Heinrich: Der Atem. Frankfurt a. M. 1993, S. 138.
739 Ebd., S. 358.
740 Mann, Heinrich: Briefe an Karl Lemke und Klaus Pinkus, S. 83.
741 Brief an Carl Rössler v. 19. Juni 1946, zit. n. Heinrich und Thomas Mann. Ihr Leben und Werk in Text und Bild, S. 386.
742 Ebd., S. 385.
743 Vgl. Tagebuchnotiz v. 17. September 1947. In: Mann, Thomas: Tagebücher 1946–1948, S. 158.
744 Notiz v. 11. September 1949. In: Mann, Thomas: Tagebücher 1949–1950, S. 96.
745 Ebd., S. 174.
746 Ebd., S. 175.
747 Mann, Heinrich: Macht und Mensch, S. 124.
748 Mann, Thomas: Tagebücher 1949–1950, S. 176.
749 Ebd., S. 175.
750 Hocke, Brigitte: Heinrich Mann. Leipzig 1983, S. 99.
751 Ebersbach, Volker: Heinrich Mann, S. 312.
752 Kantorowicz, Alfred: Das Vermächtnis Heinrich Manns. In: Aus dem Lebenswerk des Dichters Heinrich Mann zu seinem 80. Geburtstag. Gedenkausstellung der Deutschen Akademie der Künste, Ost-Berlin 1951, S. 32.
753 Fest, Joachim: Die unwissenden Magier. Über Thomas und Heinrich Mann. Frankfurt a. M. 1993, S. 104 f.
754 Vgl. Reich-Ranicki, Marcel: Thomas Mann und die Seinen. Frankfurt a. M. 1990, S. 122: »Er liebte schrille Töne, grelle Farben und starke Effekte, scharfe Linien und harte, sofort leicht erkennbare Konturen. Was immer er schrieb – seiner Neigung

zum Outrierten konnte oder wollte er nicht widerstehen, und stets gab er seiner fatalen Schwäche für die Kolportage nach. Man kann ihm manches nachrühmen, gleichwohl läßt es sich nicht verheimlichen, daß diesem doch ungewöhnlichen Schriftsteller etwas fehlte … – nämlich Geschmack.« Reich-Ranicki kommt zu dem Schluss: »Es wird wohl Zeit, sich von Heinrich Mann zu verabschieden – mit Respekt, versteht sich, und auch mit Dank. Für manche von uns Älteren ist es noch ein Abschied von unserer Jugend – ein Abschied nicht ohne Wehmut« (S. 151).

755 Mann, Heinrich: Ein Zeitalter wird besichtigt, S. 317.

Zeittafel

1871 Luis Heinrich Mann wird am 27. März als erstes Kind von Senator Thomas Johann Heinrich Mann und dessen Ehefrau Julia, geb. da Silva-Bruhns, in Lübeck geboren

1875 Geburt des Bruders Thomas

1877 Geburt der Schwester Julia

1881 Geburt der Schwester Carla

1885 Erste erzählerische und lyrische Versuche

1889 Abgang vom Gymnasium aus der Unterprima, Beginn einer Buchhändlerlehre in Dresden

1890 Geburt des Bruders Viktor

1891 Beginn eines Volontariats beim S. Fischer Verlag in Berlin, Tod des Vaters

1892 Blutsturz, danach Kuraufenthalt in Wiesbaden, im Schwarzwald und in Lausanne

1893 Reisen nach Paris und nach Italien (Riva, Florenz). Übersiedlung der Familie nach München

1894 Veröffentlichung des Debütromans »In einer Familie«

1895 Beginn des Aufenthaltes in Rom, Aufnahme einer Herausgebertätigkeit bei der Zeitschrift »Das zwanzigste Jahrhundert« (bis 1896)

1896 Eintreffen des Bruders Thomas in Rom und gemeinsames Leben in Italien bis zur Abreise Thomas' 1898 in Palestrina

1897 Die Novellensammlung »Das Wunderbare und andere Novellen« erscheint bei Albert Langen

1900 »Im Schlaraffenland«

1903 »Die Göttinnen oder Die drei Romane der Herzogin von Assy« und »Die Jagd nach Liebe«

1905 Heinrich Mann lernt in Florenz Inés Schmied kennen, der Roman »Professor Unrat oder Das Ende eines Tyrannen« wird veröffentlicht

1906 Beginn der Arbeiten am Roman »Der Untertan«, inoffizielle Verlobung mit Inés Schmied

1907 »Zwischen den Rassen«

1909 Der Roman »Die kleine Stadt« erscheint im Insel Verlag, Inés Schmied löst die Verlobung auf

1910 Niederschrift der Essays »Voltaire – Goethe« und »Geist und Tat«, Selbstmord der Schwester Carla, Entstehung und Aufführung der ersten Theaterstücke, Beginn des Kontakts mit dem Verleger Paul Cassirer

1912 Bekanntschaft mit der Prager Schauspielerin Maria Kanová

1914 »Der Untertan« erscheint als Fortsetzungsroman in der Zeitschrift »Zeit im Bild« (abgebrochen mit Beginn des Ersten Weltkriegs), Heirat mit Maria Kanová (geb. 1886) und Übersiedlung nach München

1915 Erstdruck des Essays »Zola« in »Die weißen Blätter«

1916 Geburt der Tochter Henriette Maria Leonie

1917 Veröffentlichung des Romans »Die Armen«, Uraufführung des Stückes »Madame Legros«

1918 »Der Untertan« erscheint beim Kurt Wolff Verlag, Wahl zum Präsidenten des »Politischen Rats geistiger Arbeiter« in der Münchner Räterepublik

1919 Essay-Sammlung »Macht und Mensch« erscheint im Kurt Wolff Verlag

1922 Lebensbedrohliche Erkrankung, Aussöhnung mit dem Bruder Thomas

1923 Erster persönlicher Kontakt mit Félix Bertaux, Reise nach Pontigny, Stellungnahmen zum Ruhrkampf und zur Inflation (»Diktatur der Vernunft«), Tod der Mutter Julia Mann, geb. da Silva-Bruhns

1924 Reise nach Prag, Treffen mit dem tschechischen Staatspräsidenten Masaryk

1925 Erscheinen des Romans »Der Kopf«, dritter Teil der so genannten »Kaiserreich-Trilogie« im Zsolnay Verlag, Reise mit Félix Bertaux durch Südfrankreich, Besuch des Schlosses von Heinrich IV. in Pau

1926 Aufnahme in die Sektion Dichtkunst der Preußischen Akademie der Künste

1927 Reise nach Paris, Rede auf der Jahrhundertfeier Victor Hugos im Palais du Trocadéro, Veröffentlichung des Romans »Mutter Marie«, Selbstmord der Schwester Julia

1928 Trennung von Maria Kanová, Übersiedlung nach Berlin, Erscheinen des Romans »Eugénie oder Die Bürgerzeit«, Beginn der Beziehung mit der Kabarettistin Trude Hesterberg

1929 Bekanntschaft mit Nelly Kroeger, Verleihung des Nobelpreises für Literatur an den Bruder Thomas

1930 Der Roman »Die große Sache« erscheint, Verfilmung von »Professor Unrat« unter dem Titel »Der blaue Engel«, Scheidung von Maria Kanová, Trennung von Trude Hesterberg

1931 Berufung zum Präsidenten der Sektion Dichtkunst an der Preußischen Akademie der Künste

1932 »Ein ernstes Leben«

1933 Ausschluss aus der Preußischen Akademie der Künste, Emigration nach Frankreich, die Essay-Sammlung »Der Hass« erscheint im Querido Verlag, Ausbürgerung aus Deutschland

1934 Übernahme des Vorsitzes bei der »Deutschen Freiheitsbibliothek« des »Schutzverbandes Deutscher Schriftsteller«, Annahme der Präsidentschaft beim deutschen Exil-PEN

1935 Veröffentlichung des ersten Teils des Henri-Quartre-Romans, »Die Jugend des Königs Henri Quatre« im Querido Verlag, Bemühungen um die Schaffung einer deutschen Volksfront unter der Leitung von Heinrich Mann (»Lutetia-Kreis«)

1936 Erhalt der tschechischen Staatsbürgerschaft

1938 Erscheinen des zweiten Teils des »Henri Quatre«, »Die Vollendung des Königs Henri Quatre«, im Querido Verlag

1939 Heirat mit Nelly Kroeger (geb. 1898) in Nizza

1940 Flucht aus Frankreich über die Pyrenäen durch Spanien und Portugal in die USA, Übersiedlung nach Los Angeles, Einjahresvertrag beim Filmstudio »Warner Brothers«

1943 Beginn der Arbeiten am Fragment gebliebenen Friedrichs-Roman, Veröffentlichung des Romans »Lidice« im Verlag El libro libre

1944 Selbstmord von Nelly Mann, geb. Kroeger

1945 Veröffentlichung der autobiografischen Erinnerungen »Ein Zeitalter wird besichtigt« im schwedischen Ljus Verlag, Abschluss der Arbeiten am Roman »Empfang bei der Welt«, der erst 1956 im Aufbau-Verlag erscheint

1947 Maria Mann-Kanová stirbt an den Folgen ihrer Haft im KZ Theresienstadt

1948 Tod von Félix Bertaux

1949 Im Querido Verlag erscheint der Roman »Der Atem«, Tod von Bruder Viktor, Selbstmord des Neffen Klaus, Berufung zum ersten Präsidenten der neugegründeten Deutschen Akademie der Künste in Ost-Berlin

1950 Heinrich Mann stirbt am 12. März in Santa Monica

1961 Überführung der Urne Heinrich Manns in die DDR und feierliche Beisetzung auf dem Dorotheenstädtischen Friedhof in Berlin

Literatur

Werke

Bahr, Hermann: Zur Überwindung des Naturalismus. Theoretische Schriften 1887–1904, ausgewählt, eingeleitet und erläutert von Gotthart Wunberg, Stuttgart/Berlin/Köln/Mainz 1968.

Becher, Johannes R.: Gesammelte Werke, Berlin/Weimar 1966 ff.

France, Anatole: L'Orme du Mail. In: Œuvres complètes illustrées, Bd. 11, Paris 1951.

Heine, Heinrich: Sämtliche Schriften, hrsg. v. Klaus Briegleb, 6 Bde., München 1968 ff.

Kant, Immanuel: Kants Werke. Akademie-Textausgabe, Berlin 1968.

Kerr, Alfred: Gesammelte Schriften in zwei Reihen, Berlin 1920.

Lessing, Gotthold Ephraim: Werke in acht Bänden, hrsg. v. Herbert G. Göpfert, München 1970 ff.

Mann, Heinrich und ein junger Deutscher: Der Sinn dieser Emigration, Paris 1934.

Mann, Heinrich: Barbey d'Aurevilly. In: Die Gegenwart. Bd. 48, Nr. 47 v. 23. November 1895, S. 325–328 u. Nr. 48 v. 30. November 1895, S. 342–346.

Mann, Heinrich: Bourget als Kosmopolit. In: Die Gegenwart. Bd. 45, Nr. 4 v. 27. Januar 1894, S. 53–58.

Mann, Heinrich: Das öffentliche Leben, Berlin/Wien/Leipzig 1933.

Mann, Heinrich: Der Untertan. Roman, München 1964.

Mann, Heinrich: Die Armen/Der Kopf, Berlin/Weimar 1987.

Mann, Heinrich: Die große Sache/Ein ernstes Leben, Berlin/Weimar 1972.

Mann, Heinrich: Die traurige Geschichte von Friedrich dem Großen. Ein Fragment/Der König von Preußen. Ein Essay. Mit einem Nachwort von Jürgen Haupt, Düsseldorf 1986.

Mann, Heinrich: Essays, Hamburg 1960.

Mann, Heinrich: In einer Familie, Frankfurt a. M. 2000.

Mann, Heinrich: Jugend und Vollendung des Königs Henri Quatre, 2 Bde., Reinbek bei Hamburg 1964.

Mann, Heinrich: Lidice. Roman. Mit einer Nachbemerkung von Sigrid Anger, Düsseldorf 1985.

Mann, Heinrich: Mutter Marie/Eugénie oder Die Bürgerzeit, Berlin/Weimar 1975.
Mann, Heinrich: Neue Romantik. In: Die Gegenwart. Bd. 42, Nr. 29 v. 16. Juli 1891, S. 40–42.
Mann, Heinrich: Nietzsche. In: Maß und Wert 2 (1939), H. 3, S. 277 bis 304.
Mann, Heinrich: Novellen, 3 Bde., Berlin/Weimar 1978.
Mann, Heinrich: Professor Unrat. Roman, Hamburg 1951.
Mann, Heinrich: Studienausgabe in Einzelbänden, hrsg. v. Peter-Paul Schneider, Frankfurt a. M. 1986 ff.
Mann, Thomas: Gesammelte Werke in zwölf Bänden, Frankfurt a. M. 1960 ff.
Martin Du Gard, Roger: Œuvres complètes, Paris 1955.
Nietzsche, Friedrich: Werke in drei Bänden, hrsg. v. Karl Schlechta, Darmstadt 1997.
Platon: Sämtliche Werke, hrsg. v. Ernesto Grassi unter Mitarbeit von Walter Hess, Hamburg 1957.
Schickele, René: Werke in drei Bänden, hrsg. v. Hermann Kesten unter Mitarbeit von Anna Schickele, Köln/Berlin 1959.
Schiller, Friedrich: Sämtliche Werke in fünf Bänden, hrsg. v. Gerhard Fricke und Herbert G. Göpfert, München 1987.
Zuckmayer, Carl: Werkausgabe in zehn Bänden, Frankfurt a. M. 1976.

Memoiren, Erinnerungen, Tagebücher, Briefwechsel, Dokumente, Kataloge

[Becher, Johannes R.]: Briefwechsel Johannes R. Becher – Heinrich Mann [1936–1948]. In: Sinn und Form 18 (1966), S. 325–333.
Buchholz, Marlis/Rother, Bernd: Der Parteivorstand der SPD im Exil. Protokolle der Sopade 1933–1940, Bonn 1995.
Durieux, Tilla: Meine ersten neunzig Jahre. Erinnerungen. Die Jahre 1952–1971 nacherzählt von Joachim Werner Preuß, München/Berlin 1971.
[Eisner, Kurt]: Die Regierung Eisner 1918/19. Ministerratsprotokolle und Dokumente, eingeleitet und bearb. von Franz J. Bauer, Düsseldorf 1987.
Feuchtwanger, Lion: Briefwechsel mit Freunden 1933–1958, hrsg. v. Harold von Hofe und Sigrid Washburn. 2 Bde. Berlin/Weimar 1991.

Feuchtwanger, Marta: So sah ich Heinrich Mann. In: Neue deutsche Literatur 19 (1971), H. 3, S. 7–9.

Fry, Varian: Auslieferung auf Verlangen. Die Rettung deutscher Emigranten in Marseille 1940/41, hrsg. und mit einem Anhang versehen von Wolfgang D. Elfe und Jan Hans, München/Wien 1986.

Herzog, Wilhelm: Menschen, denen ich begegnete, Bern 1959.

Hesterberg, Trude: Was ich noch sagen wollte …, Berlin 1971.

Künstler und Theater der Avantgarde. Illustrierte Theaterprogramme Paris 1890–1900. Städtische Kunsthalle Mannheim 14. März bis 26. April 1992, hrsg. v. Geneviève Aitken in Zusammenarbeit mit Samuel Josefowitz, Mannheim 1992.

Landshoff, Fritz H.: Amsterdam, Keizersgracht 333, Querido Verlag. Erinnerungen eines Verlegers. Mit Briefen und Dokumenten, Berlin/Weimar 1991.

Loerke, Oskar: Tagebücher 1903–1939, hrsg. v. Hermann Kasack, Heidelberg/Darmstadt 1955.

Mahler-Werfel, Alma: Mein Leben, Frankfurt a. M. 1963.

Mann, Golo: Erinnerungen und Gedanken. Eine Jugend in Deutschland, Frankfurt a. M. 1986.

Mann, Golo: Erinnerungen und Gedanken. Lehrjahre in Frankreich, hrsg. v. Hans-Martin Gauger und Wolfgang Mertz, Frankfurt a. M. 1999.

[Mann, Heinrich]: Aus dem Lebenswerk des Dichters Heinrich Mann zu seinem 80. Geburtstag. Gedenkausstellung der Deutschen Akademie der Künste, Ost-Berlin 1951.

[Mann, Heinrich]: Heinrich Mann 1871–1950. Werk und Leben in Dokumenten und Bildern, hrsg. v. Sigrid Anger, Berlin/Weimar 1977.

[Mann, Heinrich]: Heinrich Mann. Texte zu seiner Wirkungsgeschichte in Deutschland. Mit einer Einleitung hrsg. v. Renate Werner, Tübingen 1977.

[Mann, Heinrich]: Heinrich Manns Briefe an Maximilian Brantl [1907–1931]. Mitgeteilt von Ulrich Dietzel. In: Weimarer Beiträge 14 (1968), S. 393–422.

[Mann, Heinrich]: Heinrich und Thomas Mann. Ihr Leben und Werk in Text und Bild. Katalog zur ständigen Ausstellung im Buddenbrookhaus der Hansestadt Lübeck, hrsg. v. Eckhard Heftrich, Peter-Paul Schneider und Hans Wißkirchen, Lübeck 1994.

Mann, Heinrich: Briefe an Félix Bertaux. In: Neue deutsche Literatur 19 (1971), H. 3, S. 10–29.

Mann, Heinrich: Briefe an Karl Lemke und Klaus Pinkus, Hamburg 1963.

Mann, Heinrich: Briefe an Ludwig Ewers 1889–1913, Berlin/Weimar 1980.

Mann, Heinrich: Briefwechsel mit Barthold Fles 1942–1949, hrsg. v. Madeleine Rietra, Berlin/Weimar 1993.

[Mann, Heinrich/Schmied, Inés]: Briefe einer Liebe. Heinrich Mann und Inés Schmied 1905–1909, hrsg. v. Günter Berg, Anke Lindemann-Stark und Ariane Martin. In: Heinrich-Mann-Jahrbuch 17 (1999). S. 145–231.

Mann, Julia: Ich spreche so gern mit meinen Kindern. Erinnerungen, Skizzen, Briefwechsel mit Heinrich Mann, Berlin/Weimar 1991.

Mann, Katia: Meine ungeschriebenen Memoiren, hrsg. v. Elisabeth Plessen und Michael Mann, Frankfurt a. M. 1974.

Mann, Klaus: Briefe und Antworten, hrsg. v. Martin Gregor-Dellin, 2 Bde., München 1975.

Mann, Klaus: Der Wendepunkt. Ein Lebensbericht, Darmstadt 1989.

Mann, Monika: Vergangenes und Gegenwärtiges. Erinnerungen, München 1956.

Mann, Thomas/Mann, Heinrich: Briefwechsel 1900–1949, hrsg. v. Hans Wysling, Frankfurt a. M. 1995.

Mann, Thomas: Briefe 1889–1955 und Nachlese, hrsg. v. Erika Mann, 3 Bde., Frankfurt a. M. 1961 ff.

Mann, Thomas: Briefe an Otto Grautoff (1894–1901) und Ida Boy-Ed (1903–1928), hrsg. v. Peter de Mendelssohn, Frankfurt a. M. 1975.

Mann, Thomas: Tagebücher, hrsg. v. Peter de Mendelssohn [1918 bis 1921] und Inge Jens [ab 1944], Frankfurt a. M. 1977 ff.

Mann, Viktor: Wir waren fünf. Bildnis der Familie Mann, Konstanz 1949.

Marcuse, Ludwig: Mein zwanzigstes Jahrhundert. Auf dem Weg zu einer Autobiographie, Zürich 1975.

Marcuse, Ludwig: Nachruf auf Ludwig Marcuse, Zürich 1975.

[PEN-Club]: Der deutsche PEN-Club im Exil 1933–1948. Eine Ausstellung der Deutschen Bibliothek Frankfurt am Main, Frankfurt a. M. 1980.

Schnitzler, Arthur: Briefe 1913–1931, hrsg. v. Peter Michael Braunwarth, Richard Miklin, Susanne Pertlik und Heinrich Schnitzler, Frankfurt a. M. 1984.

Schnitzler, Arthur: Tagebücher, Wien 1981 ff.

Schoeller, Wilfried F.: Heinrich Mann. Bilder und Dokumente, München 1991.
Schoenberner, Franz: Bekenntnisse eines europäischen Intellektuellen, Icking/München 1964.
[Mann, Thomas]: Thomas Mann an Ernst Bertram. Briefe aus den Jahren 1910–1955, hrsg. v. Inge Jens, Pfullingen 1960.
Wedekind, Frank/Mann, Thomas/Mann, Heinrich: Briefwechsel mit Maximilian Harden, hrsg. v. Ariane Martin, Darmstadt 1996.
Wolff, Kurt: Briefwechsel eines Verlegers 1911–1963, hrsg. v. Bernhard Zeller und Ellen Otten, Frankfurt a. M. 1966.
[Wolff, Kurt]: Kurt Wolff/Ernst Rowohlt. Doppelheft des Marbacher Magazins für die Ausstellung von Juni bis Dezember 1987 im Schiller-Nationalmuseum Marbach a. Neckar, Marbach 1987.

Sekundärliteratur

Abold, Brigitte: Heinrich Mann – Zwischen Dichtung und Leben. Studien zur Autobiographik, Frankfurt a. M./Berlin/Bern/New York/Paris/Wien 1992.
Abret, Helga: Albert Langen. Ein europäischer Verleger, München 1993.
Amery, Carl: Die Kapitulation oder Deutscher Katholizismus heute, Reinbek bei Hamburg 1963.
Asmuss, Burkhard: Republik ohne Chance. Akzeptanz und Legitimation der Weimarer Republik in der deutschen Tagespresse zwischen 1918 und 1923, Berlin/New York 1994.
Banuls, André: Heinrich Mann, Stuttgart/Berlin/Köln/Mainz 1970.
Banuls, André: Thomas Mann und sein Bruder Heinrich. Eine repräsentative Gegensätzlichkeit, Stuttgart/Berlin/Köln/Mainz 1968.
Berle, Waltraud: Heinrich Mann und die Weimarer Republik. Zur Entwicklung eines politischen Schriftstellers in Deutschland, Bonn 1983.
Blattmann, Ekkehard: Die Bildvorlagen zum Henri-Quatre-Roman, Frankfurt a. M./Berlin/Bern/New York/Paris/Wien 1997.
Blattmann, Ekkehard: Heinrich Mann und Paul Desjardins. Heinrich Manns Reise nach Pontigny anno 1923, Frankfurt a. M./Bern/New York 1985.
Blattmann, Ekkehard: Henri Quatre Salvator. Studien und Quellen zu Heinrich Manns ›Henri Quatre‹, Freiburg 1972 ff.

Bockel, Rolf von: Kurt Hiller und die Gruppe Revolutionärer Pazifisten (1926–1933). Ein Beitrag zur Geschichte der Friedensbewegung und der Szene linker Intellektueller in der Weimarer Republik, Hamburg 1990.

Borgelt, Hans: Die Ufa – ein Traum. Hundert Jahre deutscher Film. Ereignisse und Erlebnisse, Berlin 1993.

Buchheim, Karl: Die Weimarer Republik. Grundlagen und politische Entwicklung, München 21961.

Cronin, Vincent: Paris on the eve, London 1989.

Dann, Otto: Nation und Nationalismus in Deutschland 1770–1990, München 1993.

Dederke, Karlheinz: Sinngebungen der Novemberrevolution in den Jahren 1918/1919 und 1928/1929. In: Die Deutschen und die Revolution, hrsg. v. Michael Salewski, Göttingen/Zürich 1984.

Dierks, Manfred: Heinrich Mann und die Psychologie. Zum Frühwerk. In: Heinrich-Mann-Jahrbuch 12 (1994), S. 131–156.

Dittberner, Hugo: Heinrich Mann. Eine kritische Einführung in die Forschung, Frankfurt a. M. 1974.

Du Bois-Reymond, Emil: Über die Grenzen des Naturerkennens. Die sieben Welträtsel. Zwei Vorträge. Des ersten Vortrages zehnte, der zwei Vorträge sechste mit der dritten übereinstimmenden Auflage, Leipzig 1907.

Ebersbach, Volker: Heinrich Mann. Leben – Werk – Wirken, Frankfurt a. M. 1978.

Eisner, Freya: Kurt Eisner. Der Publizist und Politiker. Seine Einschätzung durch Zeitgenossen und in der jüngeren Literatur, Diss. Bremen 1991.

Elias, Norbert: Studien über die Deutschen. Machtkämpfe und Habitusentwicklung im 19. und 20. Jahrhundert, hrsg. v. Michael Schröter, Frankfurt a. M. 1989.

Fähnders, Walter: Avantgarde und Moderne 1890–1933. Stuttgart/Weimar 1998.

Fest, Joachim: Die unwissenden Magier. Über Thomas und Heinrich Mann, Frankfurt a. M. 1993.

Fries, Helmut: Die große Katharsis. Der Erste Weltkrieg in der Sicht deutscher Dichter und Gelehrter, 2 Bde., Konstanz 1994/95.

Fritton, Michael Hugh: Literatur und Politik in der Novemberrevolution 1918/1919. Theorie und Praxis revolutionärer Schriftsteller in Stuttgart und München (Edwin Hoernle, Fritz Rück,

Max Barthel, Ernst Toller, Erich Mühsam), Frankfurt a. M./Bern/New York 1986.
Gidel, Henri: Le Vaudeville, Paris 1986.
Glaser, Hermann: Bildungsbürgertum und Nationalismus. Politik und Kultur im Wilhelminischen Deutschland, München 1993.
Grandjonc, Jacques/Grundtner, Theresia (Hrsg.): Zone d'ombres 1933–1944. Exil et internement d'Allemands et d'Autrichiens dans le sud-est de la France, Aix-en-Provence 1990.
Haffner, Sebastian: Preußen ohne Legende, Hamburg 1981.
Hahn, Manfred: Heinrich Manns Beiträge in der Zeitschrift »Das Zwanzigste Jahrhundert«. In: Weimarer Beiträge 13 (1967), S. 996 bis 1019.
Hall, Murray G.: Der Paul Zsolnay Verlag. Von der Gründung bis zur Rückkehr aus dem Exil, Tübingen 1994.
Herden, Werner: Wege zur Volksfront. Schriftsteller im antifaschistischen Bündnis, Berlin 1978.
Hirschberg, Dagny-Bettina: »Kunststadt München«. Zur Genese des München-Bildes in Heinrich Manns Roman »Die Jagd nach Liebe«. In: Heinrich-Mann-Jahrbuch 6 (1988), S. 1–30.
Hocke, Brigitte: Heinrich Mann. Leipzig 1983.
Jasper, Willi: Der Bruder. Heinrich Mann. Eine Biographie, München/Wien 1992.
Jasper, Willi: Heinrich Mann und die Volksfrontdiskussion, Bern/Frankfurt a. M. 1982.
Jens, Inge: Dichter zwischen rechts und links. Die Geschichte der Sektion für Dichtkunst an der Preußischen Akademie der Künste, dargestellt nach den Dokumenten, Leipzig 1994.
Jöckel, Wolf: Heinrich Manns »Henri Quatre« als Gegenbild zum nationalsozialistischen Deutschland, Worms 1977.
Kafitz, Dieter: Heinrich Mann und der deutsche Naturalismus. In: Heinrich-Mann-Jahrbuch 13 (1995), S. 7–30.
Kantorowicz, Alfred: Heinrich und Thomas Mann. Die persönlichen, literarischen und weltanschaulichen Beziehungen der Brüder, Berlin 1956.
Kantorowicz, Alfred: Politik und Literatur im Exil. Deutschsprachige Schriftsteller im Kampf gegen den Nationalsozialismus, Hamburg 1978.
Kennert, Christian: Paul Cassirer und sein Kreis, Frankfurt a. M./Berlin/New York/Paris/Wien 1996.

Kikis Paris. Künstler und Liebhaber 1900–1930, hrsg. v. Billy Klüver und Julie Martin, Köln 1989.
Köpf, Gerhard: Humanität und Vernunft. Eine Studie zu Heinrich Manns Roman »Henri Quatre«, Bern/Frankfurt a. M. 1975.
König, Hanno: Heinrich Mann. Dichter und Moralist, Tübingen 1972.
Kommer, Björn R.: Lübeck in der Frühzeit von Heinrich und Thomas Mann. In: Heinrich-Mann-Jahrbuch 9 (1991), S. 149–158.
Konow, Marei: Heinrich Mann und Friedrich der Große. »Die traurige Geschichte von Friedrich dem Großen«, »Der König von Preußen«. Studien zur Genesis und Gestaltung des Friedrich-Stoffs bei Heinrich Mann, Heidelberg 1993.
Koopmann, Helmut/Schneider, Peter-Paul (Hrsg.): Heinrich Mann. Sein Werk in der Weimarer Republik. Zweites Internationales Symposion Lübeck 1981, Frankfurt a. M. 1983.
Kracauer, Siegfried: Von Caligari zu Hitler. Eine psychologische Geschichte des deutschen Films, Frankfurt a. M. 1984.
Krüll, Marianne: Im Netz der Zauberer. Eine andere Geschichte der Familie Mann, Frankfurt a. M. 1993.
Kurzke, Hermann: Betrachtungen eines Unpolitischen. In: Thomas-Mann-Handbuch, hrsg. v. Helmut Koopmann, Stuttgart 1990, S. 678–695.
Kutscher, Artur: Wedekind. Leben und Werk. Zum hundertsten Geburtstag des Dichters bearbeitet und neu herausgegeben von Karl Ude, München 1964.
[Landshoff, Fritz H.]: Fritz H. Landshoff und der Querido Verlag 1933–1950. Sonderheft des Marbacher Magazins, bearbeitet von Hans-Albert Walter, Marbach 1997.
Langewiesche, Dieter: Nationalismus im 19. und 20. Jahrhundert. Zwischen Partizipation und Aggression, Bonn 1994.
Löhneysen, Wolfgang Freiherr von: Paul Cassirer – Beschreibung eines Phänomens. In: Imprimatur. Ein Jahrbuch für Bücherfreunde N. F. 7 (1972), S. 153–180.
Loose, Gerhard: Der junge Heinrich Mann, Frankfurt a. M. 1979.
Mann, Golo: Deutsche Geschichte des neunzehnten und zwanzigsten Jahrhunderts, Frankfurt a. M. 1964.
[Mann, Heinrich]: Heinrich Mann. Sonderband der Reihe Text + Kritik, hrsg. v. Heinz Ludwig Arnold, München 1974.
Martin, Ariane: Erotische Politik. Heinrich Manns erzählerisches Frühwerk, Würzburg 1993.

Mendelssohn, Peter de: S. Fischer und sein Verlag, Frankfurt a. M. 1970.
Mitchell, Allan: Revolution in Bayern 1918/1919. Die Eisner-Regierung und die Räterepublik, München 1967.
Mommsen, Wolfgang J.: Bürgerliche Kultur und künstlerische Avantgarde. Kultur und Politik im deutschen Kaiserreich 1870 bis 1918, Frankfurt a. M. 1994.
Nestler, Brigitte: Heinrich-Mann-Bibliographie. Das Werk. Morsum/Sylt 2000.
Nethersole. Reingard: Wirkungsgeschichte als Bedingung für die Literaturgeschichte dargestellt am Beispiel der Kanonbildung der Werke Heinrich und Thomas Manns. In: Heinrich-Mann-Jahrbuch 10 (1992), S. 177–192.
Niedhart, Gottfried: Deutsche Geschichte 1918–1933. Politik in der Weimarer Republik und der Sieg der Rechten, Stuttgart/Berlin/Köln 1996.
Noack, Hermann: Die Philosophie Westeuropas, Darmstadt 1976.
Peters, Michael: Der Alldeutsche Verband am Vorabend des Ersten Weltkriegs (1908–1914). Ein Beitrag zur Geschichte des völkischen Nationalismus im spätwilhelminischen Deutschland, Frankfurt a. M./Bern/New York/Paris 1992.
Peuckert, Detlev J. K.: Die Weimarer Republik. Krisenjahre der Klassischen Moderne, Frankfurt a. M. 1987.
Pulzer, Peter: The Rise of Political Anti-Semitism in Germany and Austria, London 1988.
Rasch, Wolfdietrich: Krisenbewußtsein und Moralität. Zu Heinrich Manns Romanen der zwanziger Jahre. In: Historizität in Sprach- und Literaturwissenschaft. Vorträge und Berichte der Stuttgarter Germanistentagung 1972, hrsg. v. Walter Müller-Seidel, München 1974, S. 467–477.
Reich-Ranicki, Marcel: Thomas Mann und die Seinen, Frankfurt a. M. 1990.
Ritter-Santini, Lea: Die Verfremdung des optischen Zitats. Anmerkungen zu Heinrich Manns Roman »Die Göttinnen«. In: Jahrbuch der Deutschen Schiller-Gesellschaft 15 (1971), S. 297 bis 325.
Röhl, John C. G.: Kaiser, Hof und Staat. Wilhelm II. und die deutsche Politik, München 1987.
Rösler, Walter: Das Chanson im deutschen Kabarett 1901–1933, Berlin 1980.

Rohkrämer, Thomas: Der Militarismus der »kleinen Leute«. Die Kriegervereine im Deutschen Kaiserreich 1871–1914, München 1990.

Rosenberg, Arthur: Geschichte der Weimarer Republik, Frankfurt a. M. 1961.

Roussel, Hélène/Winckler, Lutz (Hrsg.): Deutsche Exilpresse und Frankreich 1933–1940, Bern/Berlin/Frankfurt a. M./New York/Paris/Wien 1992.

Rürup, Reinhard: Emanzipation und Antisemitismus, Göttingen 1975.

Schäffner, Gerhard: Heinrich Mann – Dichterjugend. Eine werkbiographische Untersuchung, Heidelberg 1995.

Schiller, Dieter/Pech, Karlheinz/Hermann, Regine/Hahn, Manfred (Hrsg.): Exil in Frankreich, Frankfurt a. M. 1981.

Schoeps, Hans Joachim (Hrsg.): Zeitgeist der Weimarer Republik, Stuttgart 1968.

Schoeps, Julius H.: Deutsch-jüdische Symbiose oder Die mißglückte Emanzipation, Berlin/Potsdam/Bodenheim 1996.

Schröter, Klaus: Die Anfänge Heinrich Manns. Zu den Grundlagen seines Gesamtwerks, Stuttgart 1965.

Schröter, Klaus: Heinrich Mann, Reinbek bei Hamburg 1996.

Segelcke, Elke: »Die kleine Stadt« als Hohelied der Demokratie. Heinrich Manns Naturrechtsidee im geschichtsphilosophischen Kontext von französischer Aufklärung und italienischem Risorgimento. In: Heinrich-Mann-Jahrbuch 5 (1987), S. 1–28.

Seyppel, Joachim: Wer war Nelly Mann? Biographische Notizen zur zweiten Ehefrau Heinrich Manns. In: Heinrich-Mann-Jahrbuch 4 (1986), S. 39–55.

Skierka, Volker: Lion Feuchtwanger. Eine Biographie, hrsg. v. Stefan Jaeger, Berlin 1984.

Spalek, John M./Strelka, Joseph (Hrsg.): Deutsche Exilliteratur seit 1933, Bd. 1: Kalifornien, Bern/München 1976.

Stephan, Alexander: Im Visier des FBI. Deutsche Exilschriftsteller in den Akten amerikanischer Geheimdienste, Stuttgart/Weimar 1995.

Thiede, Rolf: Stereotypen vom Juden. Die frühen Schriften von Heinrich und Thomas Mann. Zum antisemitischen Diskurs der Moderne und dem Versuch seiner Überwindung, Berlin 1998.

Ullmann, Hans-Peter: Das deutsche Kaiserreich 1871–1918, Frankfurt a. M. 1995.

Vogt-Praclik, Kornelia: Bestseller in der Weimarer Republik 1925 bis 1930. Eine Untersuchung, Herzberg 1987.
Walter, Hans-Albert: Deutsche Exilliteratur 1933–1950, Bd. 1: Bedrohung und Verfolgung bis 1933, Darmstadt/Neuwied 1973; Bd. 2: Asylpraxis und Lebensbedingungen in Europa, Darmstadt/Neuwied 1973.
Walter, Hans-Albert: Deutsche Exilliteratur 1933–1950, Bd. 2: Europäisches Appeasement und überseeische Asylpraxis, Stuttgart 1984; Bd. 3: Internierung, Flucht und Lebensbedingungen im Zweiten Weltkrieg, Stuttgart 1988; Bd. 4: Exilpresse, Stuttgart 1978.
Weisstein, Ulrich: Heinrich Mann. Eine historisch-kritische Einführung in sein dichterisches Werk. Mit einer Bibliographie der von ihm veröffentlichten Schriften, Tübingen 1962.
Werner, Renate: Skeptizismus, Ästhetizismus, Aktivismus. Der frühe Heinrich Mann, Düsseldorf 1972.
Winkler, Heinrich August: Weimar 1918–1933. Die Geschichte der ersten deutschen Demokratie, München 1998.
Winston, Richard: Being Brothers. Thomas and Heinrich Mann. In: Perspectives and Personalities. Studies in Modern German Literature. Honoring Claude Hill, Heidelberg 1978, S. 349–361.
Winter, Helga: Naturwissenschaft und Ästhetizismus. Untersuchungen zum Frühwerk Heinrich Manns, Würzburg 1994.
Wolff, Rudolf (Hrsg.): Heinrich Mann. Das essayistische Werk, Bonn 1986.
Wolff, Rudolf (Hrsg.): Heinrich Mann. Das Werk im Exil, Bonn 1985.
Wunderlich, Heinke/Menke, Stefanie: Sanary-sur-Mer. Deutsche Literatur im Exil, Stuttgart/Weimar 1996.
Zenker, Edith: Heinrich-Mann-Bibliographie. Werke, Berlin/Weimar 1967.

Personenregister

Adorno, Theodor W. 337
Albers, Hans 381
Albret, Jeanne d' 438 f.
Amersdorffer, Alexander 423
Andrejanoff, Victor von 122
Arent, Wilhelm 79
Arndt, Ernst Moritz 127
Arnim, Achim von 25, 35
Aubigné, Agrippa d' 437
Auer, Erhard 292 f.

Bahr, Hermann 72, 85, 88, 150, 231, 369
Ball, Dick 473
Balzac, Honoré de 260, 276
Bamm, Peter 231
Barbey d'Aurevilly, Jules Amédée 133
Barbusse, Henri 297 f., 352, 450, 456, 458
Barlach, Ernst 231
Bauer, Erwin 117
Bauer, Gustav 316
Baumbach, Rudolf 69 f.
Bebel, August 291
Becher, Johannes R. 7, 458, 502, 507, 513
Benjamin, Walter 7
Benn, Gottfried 369, 375, 423
Bernhard, Georg 458
Bernhard, Lucian 288
Bertaux, Félix 344 f., 351 f., 371, 436, 438, 502
Bertaux, Pierre 351
Bertram, Ernst 302 f., 307, 309 f.
Bethmann Hollweg, Theobald von 245 f., 359
Binding, Rudolf Georg 423
Bingham, Hiram 468
Bismarck, Otto von 16 ff., 26, 34, 39 f., 53, 55, 58 f., 130, 240, 244, 357
Björnson, Björnstjerne 154
Bleibtreu, Karl 72
Bloch, Ernst 485
Bloch, Jean-Richard 457
Blum, Léon 428
Borgelt, Hans 380 f.
Bourbon, Antoine de 438
Bourget, Paul 82 f., 85, 87 ff., 95, 101, 115 f., 133, 173
Brackett, Charles Leigh 481
Brahm, Otto 80
Brandt, Willy 464
Brantl, Maximilian 219, 232 f., 251, 275, 306 f., 328, 385 ff., 502
Braun, Max 464
Braun, Otto 365, 460
Brecht, Bertolt 369, 377, 435, 484 ff., 514
Breitscheid, Rudolf 461, 465, 469

Brentano, Lujo 296
Briand, Aristide 339, 352
Bruckner, Ferdinand 435, 486
Bruhns, Johann Ludwig 24
Brüning, Heinrich 399, 408 f., 413 f., 418 f.
Budzislawski, Erna 488
Budzislawski, Hermann 484
Bülow, Bernhard Heinrich Martin Fürst von 244, 353, 359

Caillaux, Joseph 246
Canterbury, Dean of 13
Capus, Alfred 156
Cassirer, Bruno 229
Cassirer, Paul 228–231, 242, 251
Cervantes, Miguel de 35
Cézanne, Paul 229
Chamberlain, Houston Stewart 128 f.
Chamson, André 347
Chapentier, Gustave 372
Choderlos de Laclos, Pierre Ambroise François 196, 199 f.
Chopin, Frédéric 25
Churchill, Winston 496
Claudius, Matthias 404
Cohn, Oskar 424
Coligny, Gaspard de 439
Conrad, Michael Georg 74, 81
Conradi, Hermann 72
Corinth, Lovis 229
Coudenhove-Kalergi, Richard Nikolaus Graf von 296 f., 403
Courteline, Georges 104
Croce, Benedetto 298
Cuno, Wilhelm 332, 334
Curtius, Ernst Robert 347
Curtiz, Michael 481

Dahlem, Franz 470
Daladier, Edouard 466 ff.
Damm, Alfred 119
Danton, Georges 263
Darwin, Charles 60
da Silva-Bruhns, Maria 24
Däubler, Theodor 369
Dehmel, Richard 139
Desjardins, Paul 346 ff.
Dieterle, Charlotte 448
Dieterle, William 478, 480
Dietrich, Marlene 379–382, 483
Dimitroff, Georgi 458
Diwald, Helmut 375
Dmytryk, Edward 483
Döblin, Alfred 369, 371, 408, 422 ff., 428, 431, 478 ff., 486
Dostojewski, Fjodor 79, 463
Dreyfus, Alfred 160 ff., 264 f.
Du Bois-Reymond, Emil 85 ff., 89, 136
Du Bos, Charlie 347
Duesterberg, Theodor 409, 412
Duhamel, Georges 352
Dühring, Karl Eugen 131
Dunin, Lyonel 383
Durieux, Tilla 229 f., 307

Ebert, Friedrich 287, 313, 317, 363 ff.
Edschmid, Kasimir 231
Ehrenberg, Paul 184

Eichler, Willi 411
Eiffel, Gustave 104
Einstein, Albert 277, 298, 411
Eisenhower, Dwight D. 499
Eisner, Kurt 291 ff., 300 f., 320, 326 f.
Elchinger, Richard 306
Ernst Ludwig, Großherzog von Hessen und bei Rhein 277
Erzberger, Matthias 287, 326
Evers, Franz 122
Ewers, Ludwig 53, 58, 69, 74, 86, 91 ff., 95, 101 f., 112, 114 f., 117, 133, 137 f., 148, 158 f., 162, 210, 220, 260

Fabre-Luce, Alfred 351
Falkenhayn, Erich von 246
Fernandez, Ramon 347
Fest, Joachim 515
Feuchtwanger, Lion 7, 273 ff., 429, 431, 453, 463, 467, 469, 472, 479, 483, 486, 488, 500, 511
Feuchtwanger, Marta 435, 472, 483
Feuerbach, Ludwig 128
Feydeau, Georges 108
Fichte, Johann Gottlieb 125 f.
Fischer, Samuel 78 ff., 84, 139
Flake, Otto 231, 369
Flaubert, Gustave 257
Fles, Barthold 486
Fontane, Theodor 72, 85, 94, 276, 404
Forel, Auguste 298
Fouqué, Friedrich Baron de la Motte 25, 35
France, Anatole 103, 196
François-Poncet, André 425
Frank, Bruno 7, 307, 369, 435, 447, 478
Frank, Elisabeth 478
Frank, Leonhard 369, 422 ff., 478, 480
Franz I., König von Frankreich 438
Franz Ferdinand, österr. Erzherzog 244
Frick, Wilhelm 328
Friedenthal, Joachim 273, 302, 307
Friedrich (III.), preußischer König und Kaiser 55 f.
Frost, Lucia Dora 218
Fry, Varian 471 ff.
Fulda, Ludwig 368, 423

Galsworthy, John 347
Geibel, Emanuel 27, 70, 72, 127
Gentz, Friedrich von 404
George, Stefan 368
Gide, André 347 f., 351, 431, 457, 462 f.
Gillet, Louis 468
Gobineau, Joseph-Arthur Comte de 131
Goebbels, Joseph 341
Goethe, Johann Wolfgang von 11, 69, 95, 256 ff., 266 ff., 321, 324, 453
Gogh, Vincent van 229
Goldoni, Carlo 188
Gorki, Maxim 285, 320
Grabowsky, Norbert 119
Graf, Oskar Maria 486
Grautoff, Otto 123 f., 137
Grazie, Marie Eugenie delle 122

Greif, Martin 94
Grillparzer, Franz 404
Grimm, Hans 424
Groener, Wilhelm 314
Gutzkow, Karl 72

Haas, Willy 375
Hagen, Herta von 307
Halbe, Max 369
Hall, Murray G. 361
Harden, Maximilian 80, 359
Hart, Julius und Heinrich 82
Hartungen, Christoph von 113, 154, 158, 160
Hasenclever, Walter 7, 231, 435, 467, 470
Hasse, Ernst 359
Hauptmann, Gerhart 80, 82 f., 87, 105, 150, 368 f.
Hausenstein, Wilhelm 306
Heiberg, Gunnar 94
Heiden, Konrad 452
Heine, Heinrich 44 ff., 65, 70, 72, 74, 81 f., 103
Heine, Th. Th. 155 f.
Heinrich II., König von Frankreich 438
Heinrich III., König von Frankreich 439
Heinrich IV., König von Frankreich 435 ff.
Heller, Leo 376
Helm, Brigitte 381
Helmholtz, Hermann von 26, 136
Hermann, Eva 501
Herriot, Edouard 372, 427
Herrmann-Neiße, Max 453
Herzfelde, Wieland 486
Herzog, Wilhelm 210, 231, 251, 273, 277, 297, 307, 376, 406 f., 424, 427, 429, 462, 467, 469, 483, 500
Hesse, Hermann 249, 298, 369, 511
Hesterberg, Trude 376 ff., 381, 396, 432
Heuss, Theodor 8
Heydrich, Reinhard 491 f.
Heymann, Werner Richard 376
Hilferding, Rudolf 461, 465, 470
Hiller, Kurt 410–413, 421
Himmler, Heinrich 498
Hindenburg, Paul von Beneckendorff und von 9, 286, 290, 366, 409 ff., 412 f., 416 ff.
Hirschfeld, Magnus 277, 307
Hitchcock, Alfred 481
Hitler, Adolf 312 f., 365, 399, 401 f., 404 ff., 409, 412 f., 415 ff., 421, 426 f., 445 f., 452, 456 f., 460 ff., 466, 468, 496, 498, 515
Hobbes, Thomas 238
Hoffmann, E. T. A. 25, 35
Hoffmann, Josef 294 f.
Hofmannsthal, Hugo von 369
Hollaender, Friedrich 379
Holm, Korfiz 156
Holz, Arno 83, 368
Hoover, J. Edgar 484
Horaz 404, 474
Horkheimer, Max 337
Horváth, Ödön von 7
Huch, Ricarda 369, 423
Hugenberg, Alfred 362, 378, 380, 413 f., 416, 418

Hugo, Victor 257, 345, 371 f.
Humboldt, Wilhelm von 404
Huston, John 481
Huxley, Aldous 429, 431

Ibsen, Henrik 79 f., 150

Jahn, Friedrich Ludwig 127
Jannings, Emil 377–381
Janowitz, Hans 311
Janowitz, Horst 376
Jarres, Karl 365
Jens, Inge 367
Jodl, Alfred 499
Johst, Hanns 424

Kaas, Ludwig 418
Kafka, Franz 463
Kahr, Gustav von 327 f., 338
Kaiser, Georg 369, 381, 423
Kamper, F. 118
Kant, Immanuel 268 f., 321 f., 404
Kantorowicz, Alfred 123, 435, 451, 467, 488, 509, 513
Kapp, Wolfgang 327 f.
Katharina II., Zarin von Russland 43
Kautsky, Karl 291
Keller, Gottfried 404
Kellermann, Bernhard 369, 423
Kerr, Alfred 230
Kesten, Hermann 429, 452
Kisch, Egon Erwin 435
Kisling, Moïse 429
Klein, Wolfgang 450
Klepper, Otto 462
Klopstock, Friedrich Gottlieb 453
Knopf, Alfred A. 485
Koestler, Arthur 435
Kohner, Paul 477 f., 483
Kolb, Annette 435, 452
Kolbenheyer, Erwin Guido 369, 408, 424
Kollwitz, Käthe 277, 422
Kracauer, Siegfried 312
Kraus, Karl 276 f.
Krupp, Alfred 359

La Jana 381
Labiche, Eugène 108
Lagarde, Paul de 131
Lamartine, Alphonse de 257
Landauer, Gustav 296
Landshoff, Fritz Helmut 430 ff., 447
Lang, Fritz 312, 377, 391, 481
Langen, Albert 141, 154 ff., 219, 231
Lasker-Schüler, Else 231
Ledebour, Georg 411
Lehmann, Heinrich 136, 139
Leisen, Mitchell 481
Lemke, Karl 51, 141, 161, 500, 507
Lenbach, Franz von 197
Lenin 285, 318
Leo XIII. 160
Leonhard, Rudolf 451, 467
Lessing, Theodor 453
Leviné, Eugen 296
Levy, Rudolf 429
Lichnowsky, Fürstin Mechthilde von 277
Liebermann, Max 229, 368, 406, 421
Liebknecht, Wilhelm 291
Liebmann, Robert 380

Lienhard, Friedrich 118, 121
Liliencron, Detlev von 72
Lips, Eva 494
Litwinow, Maxim 486 f.
Loerke, Oskar 369, 422 f.
Löhr, Josef 186, 208, 373
Löhr, Julia (geb. Mann) 25, 186 f., 209, 226, 231, 330, 373 ff.
Loubet, Emile 109 f.
Louis Napoléon III., Kaiser von Frankreich 16, 44, 103
Lubitsch, Ernst 478, 481, 493
Ludendorff, Erich 286, 289 f., 314, 365, 409
Ludwig, Emil 431, 465
Ludwig, Ernst 277
Ludwig II., König von Bayern 17, 57
Luschnat, David 451
Luther, Hans 362 f., 399
Lüttwitz, Walter von 328

Mackensen, August von 290
Madlung (Oberstleutnant im Generalstab) 277
Maeterlinck, Maurice 83, 88, 90, 105
Magda Lena 306
Mahler-Werfel, Alma 473, 476, 482
Malraux, André 347, 457
Manet, Edouard 229
Mann, Carla 25, 160, 186 f., 195, 197, 208, 220–223, 226 ff., 231, 265 f., 373 f., 512
Mann, Catharina (geb. Grotjahn) 21
Mann, Elisabeth (geb. Marty) 21
Mann, Emilie (geb. Wunderlich) 21
Mann, Erika 429, 476, 484, 512
Mann, Golo 56, 289, 373 f., 420, 428, 467, 472, 474, 476 f., 487
Mann, Johann Siegmund jr. 21
Mann, Johann Siegmund sen. 20
Mann, Julia (geb. da Silva-Bruhns) 22 ff., 84, 112, 187, 208, 248, 302, 330 f.
Mann, Katia (geb. Pringsheim) 197 f., 209, 330, 434, 487, 496, 508, 512
Mann, Klaus 373, 429 ff., 449, 460 f., 501 f., 512
Mann, Leonie (verh. A kenazi) 265, 425, 502, 513
Mann, Maria (gen. Mimi, geb. Kanová) 231 ff., 247, 250, 252, 306, 309, 327, 329 ff., 374, 433 f., 495, 501 f.
Mann, Monika 373, 456
Mann, Nelly (geb. Kilian) 330 f.
Mann, Nelly (geb. Kröger) 392, 396 f., 432 ff., 468, 472, 473, 476 f., 483 ff., 488 ff., 494 f., 507 f.
Mann, Thomas 7 ff., 25, 28 f., 81, 84, 123 f., 137 ff., 150, 153 ff., 157, 159, 183 ff., 196 f., 207 ff., 211, 226 ff., 232, 236, 243, 247, 249–252, 266 ff., 271, 273, 300, 302 ff., 307 ff., 326, 330 f., 368 f., 373, 382, 408, 423, 428, 431, 434, 448,

456 f., 470, 477, 479, 483 ff., 486 , 488 ff., 495, 499, 502, 507 ff., 511 f.
Mann, Thomas Johann Heinrich 22, 25, 35, 50 ff., 235
Mann, Viktor 20 f., 25, 141, 160 f., 200, 248, 303, 306, 330 f., 502
Mannheim, Lucie 381
Marchwitza, Hans 484
Marcu, Valeriu 431
Marcuse, Ludwig 329, 429, 431, 434, 452, 465, 483 f.
Martens, Kurt 273
Martin du Gard, Roger 346 ff., 351
Marx, Karl 461
Marx, Wilhelm 365 f.
Masaryk, Tomáš 350, 359, 468
Maupassant, Guy de 106, 151 f.
Maurois, André 347
Mauthner, Fritz 94
Max von Baden 287
Mayer, Carl 311
Medici, Katharina von 438
Mehring, Walter 376, 452, 479
Meier-Graefe, Julius 429 f.
Meyer, Georg Heinrich 275 f., 278, 287 f.
Meyrink, Gustav 273, 275
Michelet, Jules 437
Milestone, Lewis 481
Molo, Walter von 369
Moltke, Helmuth von 246
Mombert, Alfred 369, 423
Monet, Claude 106, 229
Montaigne, Michel de 444 f.
Mozart, Wolfgang Amadeus 188, 321
Mühsam, Erich 273, 292, 306, 453
Munch, Edvard 229, 312
Münzenberg, Willi 458 f., 464 ff.
Murnau, Friedrich Wilhelm 377

Nestroy, Johann 107
Neumann, Alfred 435, 478, 480
Neumann, Robert 435
Niekisch, Ernst 293 f., 296
Nietzsche, Friedrich 54 f., 57, 61 f., 73, 123, 134, 160, 163, 172 f., 255, 404
Nikolaus II., Zar von Russland 245
Nolde, Emil 229
Nösselt, Friedrich 25
Nostitz-Wallwitz, Helene von 277

Offenbach, Jacques 107 f.
Olden, Rudolf 454 ff..
Ollenhauer, Erich 460
Oppenheimer, Max 275, 307
Ossietzky, Carl von 412, 453

Pannwitz, Rudolf 423
Papen, Franz von 413 ff., 417 f.
Pascal, Blaise 474
Pétain, Henri Philippe 470
Peter der Große, Zar von Russland 43
Pinkus, Klaus 427, 500
Piscator, Erwin 484

Platen, August von 404
Pöhner, Ernst 328
Pommer, Erich 311, 377 ff., 381, 483
Ponten, Josef 369, 408
Pringsheim, Klaus 251
Puccini, Giacomo 216, 238
Puttkamer, Jesko von 277
Putz, Leo 307

Querido, Emanuel 430 ff.

Rädel, Siegfried 470
Raimund, Ferdinand 107
Ranke, Leopold 26
Rathenau, Walther 326
Rau, Heinrich 470
Regler, Gustav 431
Reinhardt, Max 230, 479
Reinhold, Peter 277
Remarque, Erich Maria 383
Remmele, Hermann 364
Renoir, Auguste 229
Reuter, Fritz 25
Rilke, Rainer Maria 306, 369
Ritscher, Helene 307
Rivière, Jacques 347
Roberts, Alexander von 94
Robespierre, Maximilien de 263 f., 271, 301
Rochefort, Henri 257
Roda Roda, Alexander 307
Röhm, Ernst 328
Roland, Ida 296
Rolland, Romain 297
Roosevelt, Franklin D. 477, 480, 496
Rosenfeld, Kurt 488
Rössler, Carl 307, 507 f.
Roth, Joseph 7, 431, 435, 452
Rottenberg, Salomea 488
Rousseau, Jean-Jacques 203, 213, 238, 253, 258, 320, 341
Rubens, Peter Paul 437
Russell, Bertrand 298
Rust, Bernhard 422
Rysselberghe, Théo Van 347

Sainte-Beuve, Charles Augustin 257
Salmon, André 429
Schäfer, Wilhelm 369, 408, 424
Scheidemann, Philipp 287
Schickele, René 231 f., 249, 277, 369, 423, 429f., 433 f., 448f.
Schikaneder, Emanuel 107
Schiller, Friedrich 69, 321–324, 404, 453
Schillings, Max von 422
Schlaf, Johannes 83
Schleicher, Kurt von 409 413 ff., 418, 426
Schlumberger, Jean 347 f.
Schmidtbonn, Wilhelm 369
Schmied, Inés 200, 202, 207–221, 219 f., 228, 238, 252
Schnitzler, Arthur 274, 307, 327, 329, 369
Schoenberner, Franz 299 f., 467
Scholz, Wilhelm von 369
Schönburg-Waldenburg, Günther Fürst zu 277
Schönebeck, Sybille von 429
Schönherr, Karl 369
Schopenhauer, Arthur 101, 119, 496

Schwarzschild, Leopold 452, 459, 461, 465
Seghers, Anna 431, 481
Seidel, Ina 369
Seurat, Georges 229
Shakespeare, William 268
Sievers, Gustaf (Onkel von Heinrich Mann) 42
Signac, Paul 229
Simmel, Georg 250
Slevogt, Max 229
Stalin 411, 458, 462, 468, 496
Stehr, Hermann 368
Steinrück, Albert 273 f., 307
Sternberg, Josef von 378–382
Stieler, Kurt 307
Strasser, Gregor 418, 460
Strauss, Emil 369, 408, 424
Strauss, Richard 197
Stresemann, Gustav 334, 336, 338 ff., 352, 362, 364
Strindberg, August 105
Stuck, Franz von 197
Stucken, Eduard 369, 423
Sudermann, Hermann 72, 369
Sully, Maximilien de Béthune Herzog von 437, 440

Thälmann, Ernst 356 f., 409 f., 412
Thyssen, Fritz 417
Tieck, Ludwig 122
Tillich, Paul 484
Tirpitz, Alfred von 246, 359
Toller, Ernst 7, 231, 294, 296, 411, 431, 453, 465
Tolstoi, Leo 13, 79, 285, 320
Torberg, Friedrich 478
Toscanini, Arturo 517
Tracy, Spencer 481
Traz, Robert de 347
Treitschke, Heinrich von 127, 131
Tucholsky, Kurt 7, 376

Ulbricht, Walter 464 f., 496, 513 f.
Ulitz, Arnold 288
Unruh, Fritz von 369, 423

Vaissières, Pierre de 437
Valois, Marguerite de 438
Vaucaire, Maurice 104
Vesper, Will 424
Viertel, Berthold 479, 486
Viertel, Salka 478
Viktoria, preußische Königin und Kaiserin 55
Vochoč, Vladimir 471
Vollmoeller, Karl 380
Voltaire 13, 256 ff., 320, 437, 474

Wagner, Martin 423
Wagner, Richard 128, 233, 238
Waldau, Gustav 273, 307
Waldersee, Georg von 246
Walter, Hans Albert 480, 485
Waldinger, Ernst 486
Walter, Hans Albert 470
Warner, Jack 480
Wassermann, Jakob 369, 423 f., 447
Weber, Max 313
Wedekind, Frank 155 f., 184, 273 f., 307
Wedekind, Tilly 307

Wehner, Herbert 464
Weiskopf, Franz Carl 486
Weiss, Ernst 369
Welles, Orson 481
Wels, Otto 460
Werfel, Franz 7, 298, 369, 423, 472, 474, 476, 479, 483
Wilder, Billy 481
Wilhelm I., preußischer König und Kaiser 16, 55, 242
Wilhelm II., preußischer König und Kaiser 55 ff., 62, 130, 155, 160, 245 f., 248, 276, 287, 436
Wilson, Woodrow 286, 321
Winterfeld, Joachim von 277
Wirth, Joseph 415
Wolf, Friedrich 467
Wolff, Julius 69 f.
Wolff, Kurt 275 ff., 360, 435
Wolff, Theodor 80, 470
Wolff-Merck, Elisabeth 277
Wolzogen, Ernst von 94
Wyler, William 481

Zarek, Otto 307
Zinnemann, Fred 481
Zola, Emile 79, 106, 257–260, 264 f., 276, 405, 511 f.
Zoozmann, Richard 75, 77
Zuckmayer, Carl 379 f.
Zweig, Arnold 7, 429, 431
Zweig, Stefan 7, 298, 431, 435

Bildnachweis

Heinrich- und Thomas-Mann-Zentrum, Lübeck 1, 2, 3, 6, 10, 13, 14, 15
Akademie der Künste, Berlin, Heinrich Mann Archiv 4, 8, 12
Ullstein Bilderdienst, Berlin 5, 9
Stiftung Deutsches Kabarettarchiv, Mainz 11
Süddeutscher Verlag Bilderdienst, München 16